유튜브 선생님에게 배우는

유·선·배 데이터분석 준전문가 ADsP 합격노트

저자 직강 **무료 족집게 강의** 제공

빠른 합격을 위한 맞춤 학습 전략을
무료로 경험해 보세요.

| 혼자 하기 어려운 공부, 도움이 필요할 때 | 체계적인 커리큘럼으로 공부하고 싶을 때 | 온라인 강의를 무료로 듣고 싶을 때 |

 정미나 선생님의 쉽고 친절한 강의,
지금 바로 확인하세요!

 SQL전문가 정미나

2026 시대에듀 유선배 데이터분석 준전문가 ADsP 합격노트

Always with you

사람의 인연은 길에서 우연하게 만나거나 함께 살아가는 것만을 의미하지는 않습니다.
책을 펴내는 출판사와 그 책을 읽는 독자의 만남도 소중한 인연입니다.
시대에듀는 항상 독자의 마음을 헤아리기 위해 노력하고 있습니다. 늘 독자와 함께하겠습니다.

저 자 정미나

인하대학교에서 컴퓨터 공학을 전공하고 2006년부터 개발자의 길을 걷기 시작했다. 대우자동차 판매 전산실에서 신입 딱지를 떼고 퇴사 후 프리랜서 생활을 하며 하나카드 차세대 프로젝트, 제일모직 일모스트릿 프로젝트, 행정안전부 웹 표준화 프로젝트에 참여하였다. 그 후 한동안 SBS 방송국에서 웹사이트 제작에 참여하다 서른을 맞으며 프리했던 생활을 접고 SK커뮤니케이션즈에 입사했지만 또 다시 퇴사와 이직(한참 방황할 시기잖아요?), 한화 갤러리아를 거쳐 신세계 아이앤씨에서 근무했다. SQL 작성하는 것에 흥미가 있으며 튜닝을 잘하고 싶은 마음에 오랜 공부 끝에 SQLP를 취득하였고 현재 「SQL전문가 정미나」라는 유튜브 채널을 운영 중이다.

검 수 김용찬

은둔 고수를 고집하는 DB계의 (맑게) 고인물. DB 엔지니어 영역을 마스터하고 현재는 모델링, 튜닝, DBA의 롤까지 모두 섭렵하였다. 존재감을 드러내는 것을 별로 좋아하지 않으므로 소개는 이쯤으로 한다. (「SQL전문가 정미나」 채널에서 이 분의 영상을 볼 수 있음)

자격증 · 공무원 · 금융/보험 · 면허증 · 언어/외국어 · 검정고시/독학사 · 기업체/취업
이 시대의 모든 합격! 시대에듀에서 합격하세요!
www.youtube.com ➡ 'SQL전문가 정미나' 검색 ➡ 구독

PREFACE 머리말

도전은 등산과 닮았다. 처음엔 누구나 정상에 오른 내 모습을 상상하며 출발하지만, 조금만 올라가도 숨이 가빠지고 한 걸음 한 걸음 내디딜 때마다 이 길이 맞는지에 대한 확신이 없어 불안함이 불쑥불쑥 고개를 내밀기도 한다.

여러분에게 ADsP 자격증 공부도 그런 여정 중 하나일 수 있다. 누가 강제로 시키는 것도 아니고 꼭 따야만 하는 것도 아니지만, '한 번쯤 해보고 싶다'는 마음에서 시작한 이 도전이 어느 순간 부담처럼 느껴질지도 모른다. 그래서 더더욱 방향을 잃지 않기 위해서는 나만의 리듬과 동기, 그리고 꾸준함이 필요하다.

이 책은 데이터분석이라는 낯선 산에 처음 발을 들인 분들을 위한 지도와도 같은 책이다. 비전공자, 사회 초년생, 혹은 커리어 전환을 고민하는 분들이 배경지식이 없더라도 차근차근 따라올 수 있도록 구성했고, 데이터분석이 무엇인지 감을 잡을 수 있도록 최대한 쉽게 설명하려 노력했다.

새로운 자격증에 도전하는 지금, 멈춰 있던 일상에서 새로운 가능성의 문을 두드린 이 시간이 여러분에게 도약의 발판이 되어주리라 생각한다. 그리고 그 시작을 함께할 수 있어 진심으로 기쁘고 감사하다.

저자 **정미나**

시험안내

※ 정확한 시험 일정 및 세부사항에 대해서는 시행처에서 반드시 확인하시기 바랍니다.

기본정보

구분	내용
응시자격	제한 없음
합격기준	총점 60점 이상(과목별 40% 미만 취득 시 과락)

시험일정(2025년 기준)

회차	접수기간	시험일	결과발표
제44회	01.20~01.24	02.22	03.21
제45회	04.14~04.18	05.17	06.13
제46회	07.07~07.11	08.09	09.05
제47회	09.22~09.26	11.02	11.28

출제문항

과목명	문항수(객관식)	배점(객관식)	시험시간
데이터 이해	10문항	100점 (각 2점)	90분 (1시간 30분)
데이터분석 기획	10문항		
데이터분석	30문항		
계	50문항	100점	

과목 및 내용

데이터분석 준전문가 자격검정 시험의 과목은 총 3과목으로 구성되어 있으며, 데이터 이해 과목을 바탕으로 데이터를 분석하는 능력을 검정합니다.

구분		내용
데이터 이해	데이터의 이해	데이터와 정보, 데이터베이스의 정의와 특징, 데이터베이스 활용
	데이터의 가치와 미래	빅데이터의 이해, 빅데이터의 가치와 영향, 비즈니스 모델, 위기 요인과 통제 방안, 미래의 빅데이터
	가치 창조를 위한 데이터 사이언스와 전략 인사이트	빅데이터분석과 전략 인사이트, 전략 인사이트 도출을 위한 필요 역량, 빅데이터 그리고 데이터 사이언스의 미래
데이터분석 기획	데이터분석 기획의 이해	분석 기획 방향성 도출, 분석 방법론, 분석 과제 발굴, 분석 프로젝트 관리 방안
	분석 마스터 플랜	마스터 플랜 수립, 분석 거버넌스 체계 수립
데이터분석	R기초와 데이터 마트	R기초, 데이터 마트, 결측값 처리와 이상값 검색
	통계분석	통계학 개론, 기초 통계분석, 다변량 분석, 시계열 예측
	정형 데이터 마이닝	데이터 마이닝 개요, 분류분석(Classification), 군집분석(Clustering), 연관분석(Association Analysis)

자격 취득 절차

원서 접수
검정센터 홈페이지에서 원서접수신청을 통해 수험원서를 접수한 후 검정수수료를 납부합니다.

수험표 발급
검정센터에서 공시한 날짜부터 검정센터 홈페이지를 통해 확인 및 출력할 수 있습니다.

시험 응시
검정센터가 공고하는 일정 및 장소에서 자격검정시험을 치르게 됩니다.

합격 여부 확인
검정센터가 공시한 합격자 발표일에 홈페이지를 통해 발표되며, 자격증은 별도 배송 없이 온라인 출력을 통해 제공됩니다.

구성과 특징

쉽게 풀어 쓴 핵심이론

이 중에서 데이터 분석에서 가장 많이 쓰이는 명령어는 DML이며 주요 구문들은 다음과 같다.

구문	설명	예제
SELECT	원하는 데이터를 조회	SELECT name, age FROM users;
FROM	데이터를 가져올 테이블 지정	SELECT * FROM employees;
WHERE	특정 조건을 만족하는 데이터 필터링	SELECT * FROM orders WHERE amount > 100;
GROUP BY	특정 컬럼을 기준으로 그룹화	SELECT department, COUNT(*) FROM employees GROUP BY department;
HAVING	그룹화된 데이터에 조건을 적용	SELECT department, AVG(salary) FROM employees GROUP BY department HAVING AVG(salary) > 5000;
ORDER BY	데이터를 정렬 (오름차순/내림차순)	SELECT * FROM students ORDER BY score DESC;

6. 데이터 레이크 vs 데이터 웨어하우스 vs 데이터 마트

데이터 레이크(Data Lake), 데이터 웨어하우스(Data Warehouse), 데이터 마트(Data Mart) 모두 데이터베이스의 일종이지만 앞서 설명한 일반적인 데이터베이스와는 목적이 다른 데이터베이스라고 할 수 있다. 여기서는 편의상 일반적인 데이터베이스를 '데이터베이스'라고 표기하고 다른 데이터베이스들은 각각 '데이터 레이크', '데이터 웨어하우스', '데이터 마트'로 표기할 예정이니 참고하도록 하자.

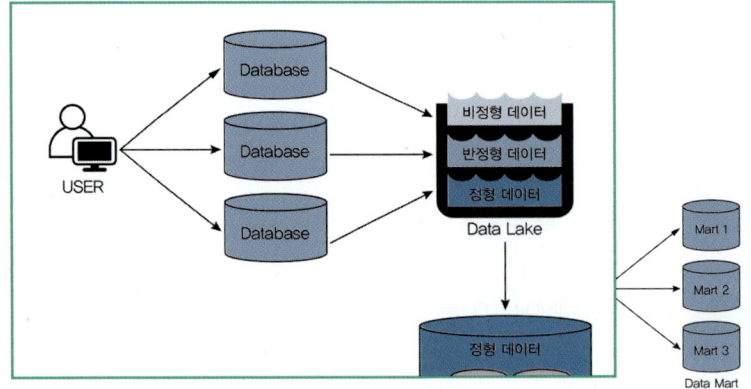

[별도의 데이터 레이크가 없는 조직의 경우 데이터베이스에서 바로 데이터 웨어하우스로 데이터가 이동하기도 함]

▶ ADsP 시험의 노하우를 가진 저자가 출제경향을 분석하여 수험생이 어렵게 느낄 수 있는 부분을 콕 짚어서 친절하고 쉽게 설명해 줍니다. 알기 쉽게 풀어 쓴 이론과 이해를 돕는 그림, 표와 함께 효율적으로 학습해 보세요!

Warming Up으로 이론 다지기

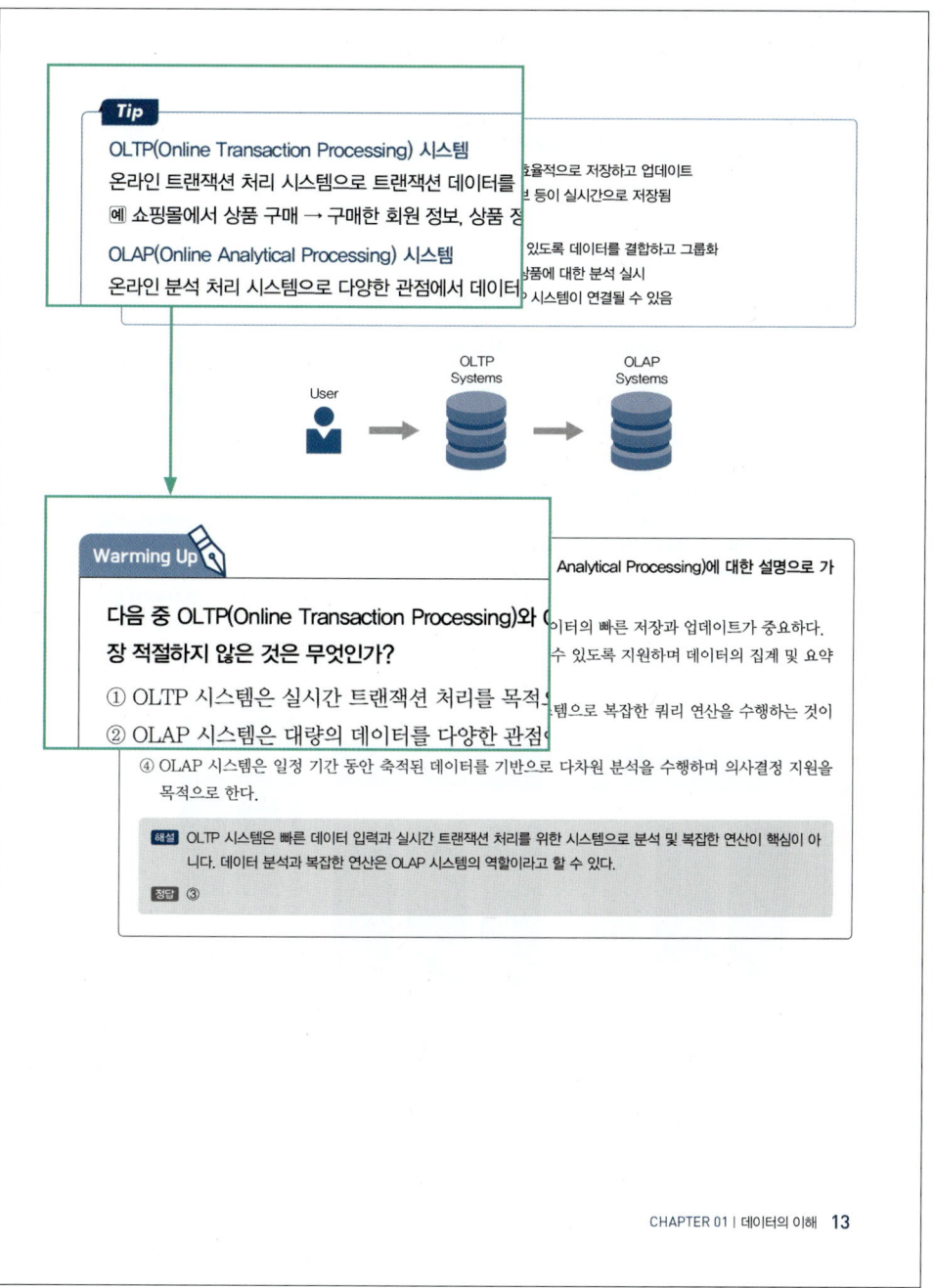

▶ 방대하게만 느껴지는 이론! 시험 문제로 어떻게 출제되는지 재빠른 확인이 가능하도록 이론마다 'Warming Up' 문제를 수록했습니다. 학습한 이론이 어떤 식으로 출제되는지를 체크하며 출제 포인트를 바로바로 내 것으로 만들 수 있습니다.

구성과 특징

적중예상문제로 실전 감각 익히기

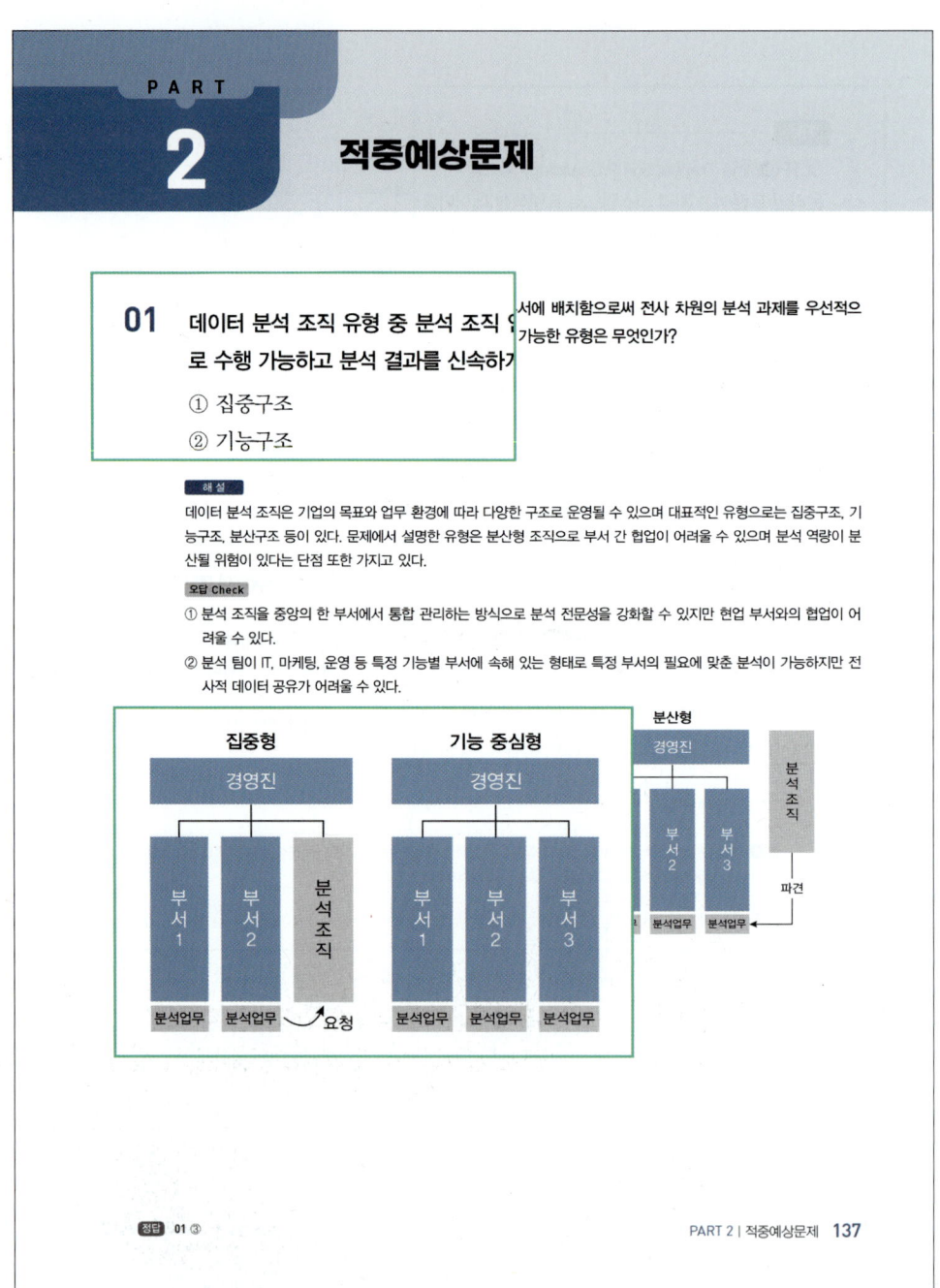

▶ 적중예상문제는 실제 시험과 비슷한 수준으로 문제를 생성하였으므로 어떤 문제가 출제될지 예측할 수 있습니다. 파트별 예상문제를 풀면서 실전 감각을 익히고 해설을 통해 한번 더 복습할 수 있습니다.

상세한 해설로 실력 다지기

08 다음 중 표본 추출 방법에 대한 설명으로 가장 적절하지 않은 것은 무엇인가?

① 단순 랜덤 추출법은 모집단의 모든 원소가 동일한 확률로 선택될 수 있도록 무작위로 추출하는 방법이다.
② 계통 추출법은 모집단을 여러 개의 군집으로 나눈 후 특정 군집을 선택하여 데이터를 추출하는 방법이다.
③ 집락 추출법은 모집단을 여러 개의 집락으로 구분한 뒤 단순 랜덤 추출법으로 선택된 집락의 모든 데이터를 사용하는 방법이다.
④ 층화 추출법은 모집단을 층(집락)으로 나누고 각 층에서 일정한 개수의 데이터를 추출하는 방법이다.

해설
계통 추출법은 모집단의 원소에 일정한 번호를 부여한 후 일정한 간격을 두고 데이터를 추출하는 방법이다. 모집단을 군집으로 나누는 것은 집락 추출법에 해당한다.

09 다음 중 K-Means 군집분석에 대한 설명으로 가장 적절하지 않은 것은 무엇인가?

① K개의 중심을 기준으로 데이터를 그룹화하며 사용자가 미리 군집의 개수를 지정해야 한다.
② K값을 설정할 때 엘보우(Elbow) 메소드를 사용할 수 있다.
③ 초기 K값의 선택은 결과에 큰 영향을 주지 않는다.
④ 탐욕적 알고리즘을 적용하여 안정적인 군집을 보장할 수 있다.

해설
K-Means 군집분석에서 초기 K값을 어떻게 설정하느냐는 최종 군집화 결과에 큰 영향을 미친다. K값을 임의로 설정할 경우 군집의 중심이 적절하지 않으면 최적의 군집을 찾기 어려워지기 때문이다. 이러한 문제를 해결하기 위해 엘보우(Elbow) 메소드를 사용하여 적절한 K값을 찾는다. 또한 초기 중심을 랜덤하게 선택하면 결과가 불안정할 수 있으므로 초기 중심을 최적화하는 기법이 활용되기도 한다.

오답 Check
① K-Means 군집분석은 사용자가 군집의 개수(K)를 설정해야 하는 군집화 알고리즘이다. 알고리즘은 K개의 중심을 초기화하고 각 데이터 포인트를 가장 가까운 중심으로 할당하여 군집을 형성한다. 이후 각 군집의 중심을 업데이트하면서 수렴할 때까지 반복한다.
② 최적의 K값을 선택하는 것은 중요한 과정이며 보통 엘보우 메소드를 사용한다. 엘보우 메소드는 군집 내 제곱합을 계산한 후 K값을 변화시키며 그래프를 그리는데, 그래프에서 급격한 감소가 멈추는 지점(팔꿈치 모양)이 최적의 K값이 될 가능성이 높다.

정답 08 ② 09 ③

▶ 많은 문제를 푸는 것보다 중요한 것은 한 문제를 정확히 파악하고 이해하는 것입니다. 한 문제, 한 문제마다 완벽한 해설, 상세한 해설을 수록했습니다. 자세하고 꼼꼼한 해설로 모르는 문제도 충분히 해결할 수 있습니다.

구성과 특징

실전 모의고사 2회분으로 실력 파악하기

CHAPTER 02 실전 모의고사 2회

1과목 ▶ 데이터 이해

01 빅데이터를 21세기의…
① 빅데이터는 가공…
② 빅데이터는 산업… 되기 때문이다.
③ 빅데이터는 모든…
④ 빅데이터는 한정된…

해설
원유가 정제 과정을 거쳐…
전을 위한 중요한 자원으로…

02 다음 중 빅데이터 시대…
① 데이터 수집 비용이…
② 클라우드 기술과…
③ 데이터의 정확성이…
④ 데이터 수집이 어…

해설
과거에는 데이터 수집 비…
발전하면서 전수조사가…

정답 01 ② 02 ②

---

26 어떤 데이터셋의 요약 데이터가 다음과 같을 때 가장 적절하지 않은 설명은 무엇인가?

```
   Min.  1st Qu.  Median  Mean  3rd Qu.  Max.
   5.0    12.0     18.0   20.2   25.0    50.0
```

① 데이터의 중앙값은 18.0이며 데이터의 절반은 18.0 이하, 절반은 18.0 이상이다.
② 평균은 20.2로 중앙값보다 크므로 데이터는 오른쪽으로 꼬리가 긴 분포일 가능성이 있다.
③ 이상값 판단 기준을 계산하면 이상값으로 판정될 수 있는 값은 존재하지 않는다.
④ 데이터의 최솟값은 5.0, 최댓값은 50.0이므로 전체 데이터 범위는 45.0이다.

해설 각 요약 통계량의 의미
- Min(최솟값) : 5.0
- Q1(1사분위수, 1st Qu.) : 12.0
- Median(중앙값) : 18.0
- Mean(평균) : 20.2
- Q3(3사분위수, 3rd Qu.) : 25.0
- Max(최댓값) : 50.0

이상값 기준을 IQR(사분위 범위)을 사용하여
IQR = Q3 − Q1 = 25.0 − 12.0 = 13.0

서 최댓값 50.0이 이상값 상한(44.5)을 초과하므로 이…

27 다음 중 계통 추출 방법의 특징으로 가장 적절한 것은 무엇인가?
① 모집단의 모든 구성원이 동일한 확률로 선택될 수 있도록 난수를 이용해 표본을 추출하는 방법이다.
② 모집단에서 일정한 간격(K)을 두고 표본을 추출하는 방법이다.
③ 모집단을 특정 특성에 따라 여러 층으로 나누고 각 층에서 랜덤하게 표본을 추출하는 방법이다.
④ 모집단을 여러 개의 군집(클러스터)으로 나눈 후 일부 군집을 선택하여 표본을 추출하는 방법이다.

해설
계통 추출법은 모집단의 순서를 정한 후 일정 간격(K)을 두고 표본을 선택하는 방법으로 무작위로 시작점을 정한 후 K번째마다 추출하는 것이 특징이다.

오답 Check
① 단순 랜덤 추출법에 대한 설명이다.
③ 층화 추출법에 대한 설명이다.
④ 집락 추출법에 대한 설명이다.

정답 26 ③ 27 ②

▶ 실제 시험과 유사한 유형으로 출제된 모의고사를 풀어보며, 이론을 통해 학습한 실력을 확인해 보세요. 어려운 내용도 쉽게 이해할 수 있도록 상세한 해설을 수록했습니다.

기출변형 모의고사 3회분으로 최종 마무리

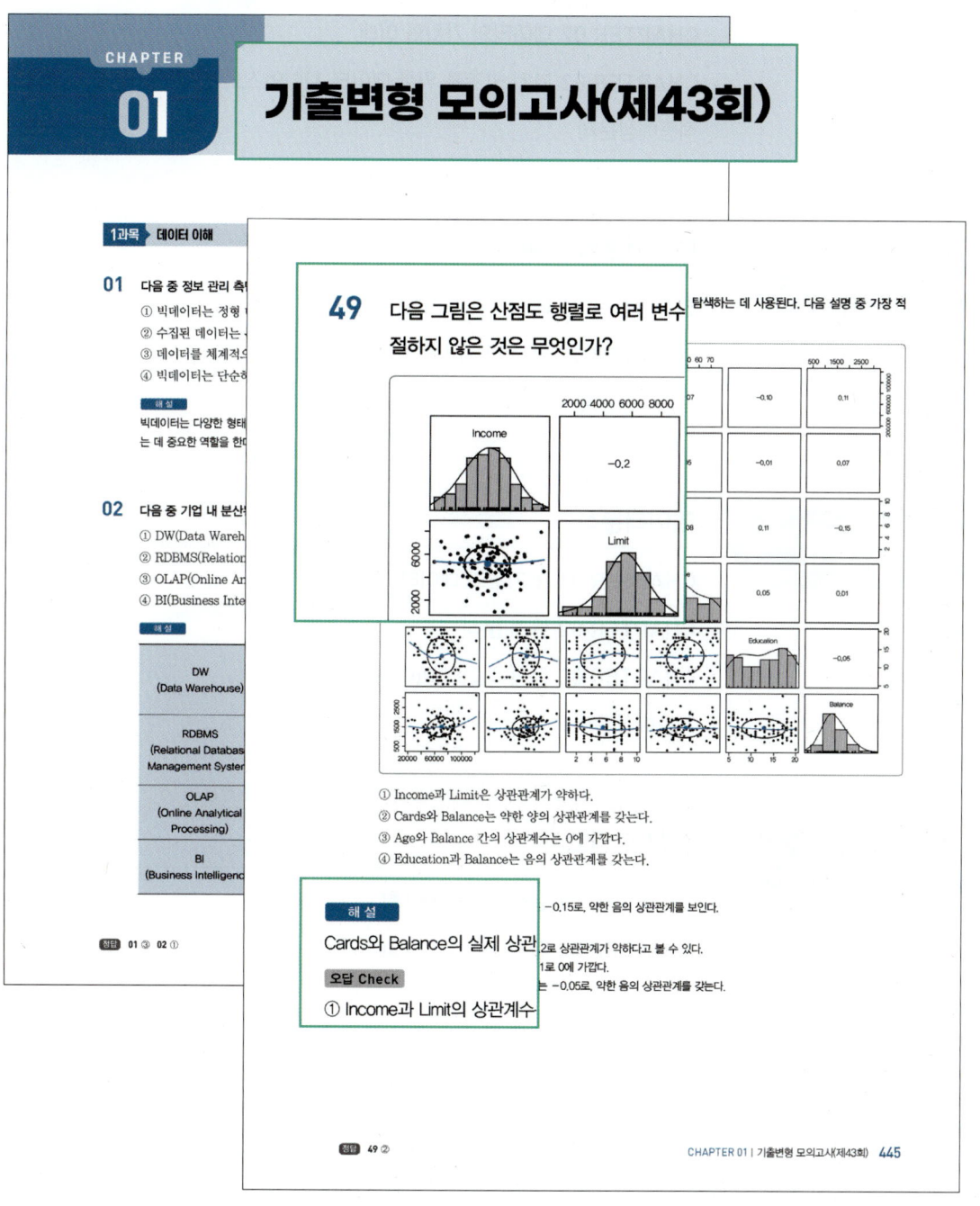

▶ 실제 기출문제를 변형한 모의고사 3회분을 수록했습니다. 실전처럼 타이머를 맞춘 후 문제를 풀어보세요. 유선배와 함께라면 ADsP 초보도 걱정 없습니다!

이 책의 목차

PART 1 데이터의 이해

- CHAPTER 01 데이터의 이해 — 3
- CHAPTER 02 데이터의 가치와 미래 — 29
- CHAPTER 03 가치 창조를 위한 데이터 사이언스와 전략 인사이트 — 48
- 적중예상문제 — 57

PART 2 데이터분석 기획

- CHAPTER 01 데이터분석 기획의 이해 — 73
- CHAPTER 02 분석 마스터플랜 — 117
- 적중예상문제 — 137

PART 3 데이터분석

- CHAPTER 01 R 기초와 데이터 마트 — 157
- CHAPTER 02 통계 분석 — 201
- CHAPTER 03 정형 데이터 마이닝 — 269
- 적중예상문제 — 339

PART 4 실전 모의고사

- CHAPTER 01 실전 모의고사 1회 — 375
- CHAPTER 02 실전 모의고사 2회 — 399

PART 5 기출변형 모의고사

- CHAPTER 01 기출변형 모의고사(제43회) — 421
- CHAPTER 02 기출변형 모의고사(제42회) — 447
- CHAPTER 03 기출변형 모의고사(제41회) — 473

PART 1
데이터의 이해

CHAPTER 01   데이터의 이해
CHAPTER 02   데이터의 가치와 미래
CHAPTER 03   가치 창조를 위한 데이터 사이언스와 전략 인사이트
적중예상문제

합격의 공식 시대에듀

유선배 데이터분석 준전문가 ADsP 합격노트
이 시대의 모든 합격! 무료 동영상 강의와 함께 합격하세요!
www.youtube.com → 'SQL 전문가 정미나' 검색 → 구독

CHAPTER 01 데이터의 이해

01 데이터와 정보

1. 데이터의 정의 ★

(1) 데이터란 무엇인가?

여러분이 면접 자리에서 위와 같은 질문을 받았다고 가정해 보자. 어떻게 대답할 것인가? 데이터의 정의를 처음부터 한 문장으로 내뱉기 위해서는 별도의 암기가 필요할 것 같지만 그 본질을 이해하고 있다면 굳이 암기하지 않아도 자연스럽게 답변할 수 있을 것이다.

우리가 매일 들여다보는 유튜브를 예로 데이터가 무엇인지 살펴보도록 하자. 유튜브에는 각국에서 생성된 수많은 채널이 존재하고 각 채널에는 채널명, URL, 해당 채널의 계정(gmail), 채널 소개글 등이 존재하는데, 이 각각의 요소들이 데이터이다. 그리고 그 수많은 채널에 업로드된 동영상도 데이터이고 거기에 달린 댓글과 좋아요 수 등도 모두 데이터이다. 요즘은 유튜브로 돈을 버는 시대가 되면서 이런 데이터들을 수집하여 어떤 동영상이 인기가 많은지, 어떤 섬네일이나 제목이 구독자를 많이 끌어들이고 조회수를 많이 올릴 수 있는지 예측하는 사이트까지 등장하게 되었는데, 이런 사례들만 보아도 우리는 데이터의 정의를 쉽게 떠올려 볼 수 있다.

> **Tip**
> 데이터는 추론과 추정의 근거를 이루는 사실이다.

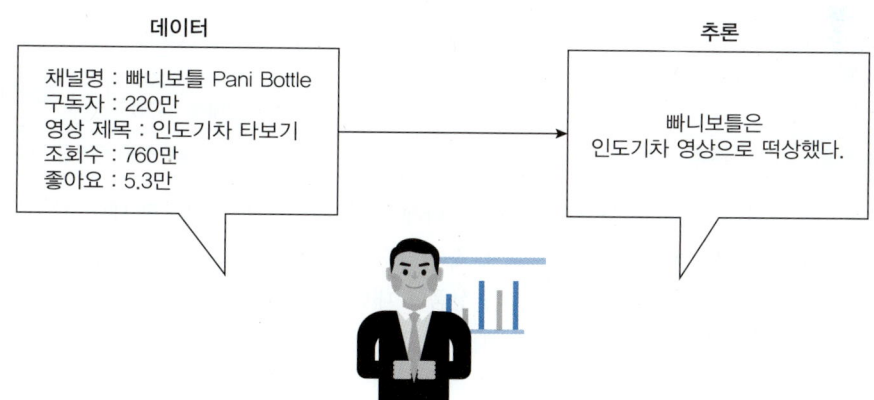

여기서 우리는 데이터의 특성을 도출해 볼 수 있다.

- 데이터는 객관적인 사실이다. [존재적 특성]
- 데이터는 추론과 추정 및 예측, 전망을 위한 근거가 된다. [당위적 특성]

데이터는 그 자체만으로는 별 의미가 없는 객관적인 사실에 해당하지만, 가공 및 처리 과정을 거쳐 의미 있는 정보로 거듭날 수 있다.

Warming Up

다음 중 데이터의 정의로 가장 적절하지 않은 것은 무엇인가?

① 객관적인 사실이다.
② 데이터는 가공되지 않은 상태 그대로 정보를 포함하고 있으며 추가적인 처리 없이 직접 활용할 수 있다.
③ 데이터는 추론과 추정의 근거를 이루는 사실이다.
④ 데이터는 현실 세계의 사실이나 개념을 일정한 형식으로 표현한 것이다.

> **해설** 데이터는 가공되지 않은 원시 상태(Raw Data)이므로 분석이나 처리 없이 바로 의미 있는 정보를 제공하지 못하며 정제, 분석, 가공하는 과정을 거쳐야 유의미한 정보가 될 수 있다.
>
> **정답** ②

(2) 존재적 특성과 당위적 특성

객관적인 사실로서의 데이터가 갖는 특성을 존재적 특성이라고 하고 추론, 추정, 예측, 전망을 위한 근거로서의 데이터가 갖는 특성을 당위적 특성이라고 한다. 그리고 객관적 사실로서의 데이터는 다시 언어, 문자 등으로 이루어진 정성적 데이터(Qualitative Data)와 수치, 기호, 도형으로 표시되는 정량적 데이터(Quantitative Data)로 구분할 수 있다.

특성	의미	예시	
존재적 특성	객관적 사실(Fact, Raw-material)	상품 판매량이 증가함	정성적 데이터
		지난달 판매량 : 100 이번달 판매량 : 120	정량적 데이터
당위적 특성	추론, 추정, 예측, 전망을 위한 근거(Basis)	상품 판매 증가량: 20	

상품의 가격이나 판매 수량, 반품 수량과 같이 정확하게 수치화할 수 있는 정량적 데이터는 시스템에 의해 관리하기가 용이하며 비교적 손쉽게 저장, 검색, 분석이 가능한데, 이를 다른 말로 정형 데이터라고 한다. 하지만 상품에 대한 리뷰 또는 블로그나 SNS의 상품에 대한 홍보 게시물과 같은 정성적 데이터는 고정된 형식이 없으므로 저장, 검색, 분석하는 데에 상대적으로 많은 비용과 기술이 필요하며, 이를 다른 말로 비정형 데이터라고 한다.

> **Tip**
> 존재적 특성 ─┬─ 정성적 데이터 → 비정형 데이터
>   └─ 정량적 데이터 → 정형 데이터

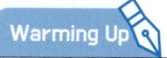

> **다음 중 데이터에 대한 설명으로 가장 적절하지 않은 것은 무엇인가?**
> ① 데이터는 객관적 사실로서의 가치와 추론과 추정, 예측, 전망의 근거로서의 가치를 가지고 있다.
> ② 정량적 데이터로 표현되는 데이터를 정형 데이터라고도 한다.
> ③ 설문조사의 주관식 답변과 같이 언어나 텍스트로 이루어진 데이터를 정성적 데이터라고 한다.
> ④ 사람의 키, 몸무게, 혈액형과 같이 정확하게 수치화할 수 있는 데이터를 비정형 데이터라고 한다.
>
> 해설 사람의 키, 몸무게, 혈액형과 같이 정확하게 수치화할 수 있는 데이터를 정량적 데이터라고 하고, 이를 다른 말로 정형 데이터라고 부른다.
>
> 정답 ④

(3) 데이터의 분류

데이터는 구조화된 정도에 따라 정형 데이터, 반정형 데이터, 비정형 데이터로 구분되는데, 각각의 데이터 유형은 저장 방식과 활용 방법이 다르며 분석과 처리 방식에서도 차이가 있다.

① **정형 데이터(Structured Data)**

정형 데이터는 일정한 형식과 구조를 가지고 있고 연산이 가능하며 관계형 데이터베이스에서 쉽게 저장, 검색, 분석할 수 있는 데이터이다. (21페이지 '4. 데이터베이스 종류' 참고)

예 은행의 고객 정보(이름, 계좌번호, 잔액, 거래 내역 등)
ERP 시스템의 인사 데이터(직원번호, 부서, 급여 정보 등)
기상청 시스템의 기상 데이터(온도, 습도, 기압, 강수량 등)

② **반정형 데이터(Semi-Structured Data)**

반정형 데이터는 정형 데이터처럼 일정한 구조를 가지지만 고정된 스키마(사이즈, 타입 등)를 따르지 않는 데이터를 의미한다. 즉, 일부는 구조화되어 있지만 특정 필드가 가변적일 수 있어 관계형 데이터베이스에 저장하기 어려운 데이터이다.

예 HTML 문서, XML 및 JSON 형식의 로그 파일
IoT 센서 데이터(일부 구조화된 값과 비구조적인 로그 데이터 혼합)

③ **비정형 데이터(Unstructured Data)**

비정형 데이터는 사전에 정의된 구조 없이 저장되는 데이터로 관계형 데이터베이스에서 다루기 어려운 데이터 유형이다. 주로 텍스트, 이미지, 오디오, 영상과 같은 데이터가 포함된다.

예 SNS 게시물(트윗, 댓글, 블로그 글)
영상 및 오디오 데이터(유튜브 영상, 팟캐스트, 음성 녹음)
의료 영상 데이터(MRI, CT 스캔 이미지)
콜센터 녹음 데이터(고객 상담 내역 분석)

> 다음 중 비정형 데이터가 아닌 것은 무엇인가?
> ① 온도
> ② SNS 댓글
> ③ 의료 영상 데이터(MRI, CT 스캔 이미지)
> ④ 음성 녹음 파일
>
> **해설** 온도는 정량적 데이터(숫자로 표현 가능)이며 정형 데이터로 저장될 수 있다. 예를 들어 기상청에서는 온도를 숫자로 기록(예 25.3℃, 30.1℃)하며 이는 데이터베이스의 테이블 형태로 저장된다.
>
> **정답** ①

2. 암묵지와 형식지 ★★

데이터는 지식이 가지는 형태에 따라 암묵지(暗默知, Tacit Knowledge)와 형식지(形式知, Explicit Knowledge)로 나뉘게 된다. 암묵지는 학습과 체험을 통해 개인에게 습득되어 있지만 겉으로 드러나지 않는 지식을 말하며, 대표적인 예로 무형 문화재로 지정된 분들을 떠올리면 이해하기가 쉽다. 형식지는 암묵지가 명시적인 형태와 형식을 갖추어 표현된 것으로 교과서, 매뉴얼, 온라인 강의와 같이 형상화된 지식을 의미하는데, 무형 문화재로 지정된 분이 자신의 지식이나 기술을 온라인 강의로 출시한다면 이것이 형식지가 된다고 볼 수 있다.

> **Tip**
> - '암묵적'의 사전적 의미 : 자기의 생각이나 의견을 겉으로 드러내지 않는 것
> - '형식적'의 사전적 의미 : 사물이 외부로 나타나 보이는 모양을 위주로 하는 것

암묵지는 비교적 공유가 어렵기 때문에 조직의 발전과 성장을 위해서는 암묵지와 형식지의 상호작용이 필연적으로 일어나야 한다. 조직 구성원 개인에게 축적된 암묵적인 지식을 문서화하여 표출함으로써 형식적인 지식으로 만들고, 이를 다시 다른 구성원들이 개인의 지식으로 내면화하여 암묵지로 만듦으로써 선순환이 일어나게 되는 것인데, 실제로 기업에서는 각 팀의 업무 노하우를 회사 위키에 작성하여 조직 내에 공유함으로써 이를 실제화시키고 있다.

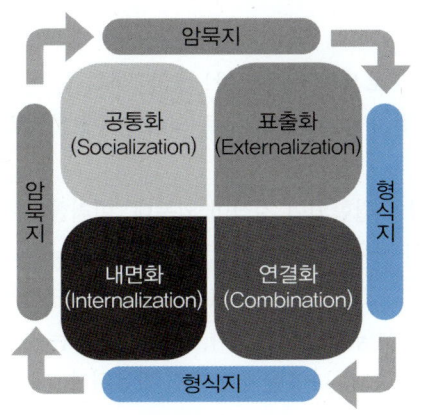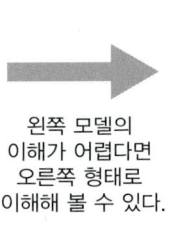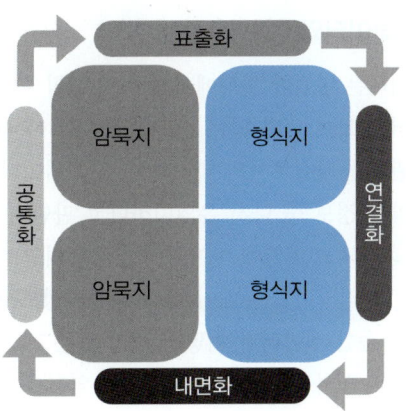

[SECI 모델]

> 왼쪽 모델의 이해가 어렵다면 오른쪽 형태로 이해해 볼 수 있다.

Tip

공통화 (Socialization)	• 암묵지 → 암묵지로의 상호작용 • 사람들 간의 대화나 문서화되지 않은 공유를 통해 암묵지에서 암묵지로 이어지는 상호작용 예 구성원 A가 팀원들에게 구두로 업무 방식 공유
표출화 (Externalization)	• 암묵지 → 형식지로의 상호작용 • 개인의 지식(암묵지)을 문서화된 형태로 외부에 노출함으로써 형식지로 이어지는 상호작용 예 구성원 A가 위키를 작성하여 팀원들에게 업무 방식 공유
연결화 (Combination)	• 형식지 → 형식지로의 상호작용 • 표출화된 형식지에 본인의 지식을 연결(결합)함으로써 새로운 형식지를 창출하는 상호작용 예 구성원 A가 공유한 위키에 구성원 B가 내용을 추가하여 업데이트
내면화 (Internalization)	• 형식지 → 암묵지로의 상호작용 • 개인이 형식지를 학습하여 체화함으로써 암묵지로 이어지는 상호작용 예 구성원 A가 공유한 위키를 구성원 B가 학습하여 내재화

Warming Up

다음 중 암묵지와 형식지의 상호작용에 대한 설명으로 가장 적절한 것은 무엇인가?

① 공통화는 형식지에서 암묵지로의 전환을 의미한다.
② 표출화는 암묵지에서 형식지로의 전환을 의미한다.
③ 연결화는 암묵지에서 암묵지로의 전환을 의미한다.
④ 내면화는 형식지에서 형식지로의 전환을 의미한다.

해설
• 공통화는 암묵지에서 암묵지로의 전환 과정이다.
• 표출화는 개인의 경험과 노하우(암묵지)를 문서화하거나 언어로 표현하여 형식지로 바꾸는 과정이다.
• 연결화는 형식지에서 형식지로의 전환 과정이다.
• 내면화는 형식지에서 암묵지로의 전환 과정이다.

정답 ②

3. 데이터와 정보의 관계 ★★★

데이터는 평범한 일상에서 흔하게 접할 수 있지만 모든 데이터가 정보로서의 가치를 갖는 것은 아니다. 여러 데이터가 모여 의미 있는 결과를 도출할 때 데이터는 정보가 되고 그렇지 않은 데이터, 즉 의미가 중요하지 않은 객관적인 사실로서의 데이터는 그냥 데이터(자료)로 남게 된다.

다양한 정보 중 다시 유의미하다고 판단된 정보들과 개인적인 경험이 결합되어 지식이 되는데, 이러한 지식들이 축적되고 여기에 아이디어가 결합되면 비로소 지혜라는 창의적인 산물이 탄생하게 된다.

DIKW 피라미드는 데이터(Data) → 정보(Information) → 지식(Knowledge) → 지혜(Wisdom)의 4단계를 통해 단순한 데이터가 어떻게 의미 있는 지식과 지혜로 발전하는지를 설명하는 개념이다. 이 피라미드는 데이터 분석과 의사결정 과정에서 중요한 역할을 하며 기업 경영, IT, 인공지능 등 다양한 분야에서 활용된다.

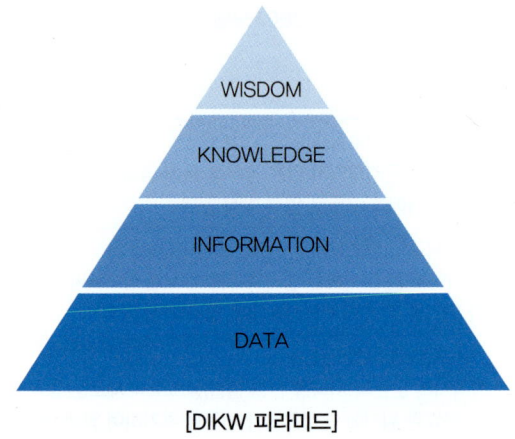

[DIKW 피라미드]

데이터 (Data)	• 데이터 자체만으로는 별로 의미가 없는 객관적인 사실 • 다른 데이터와의 연관 관계를 갖지 않는 가공하기 전의 순수한 수치나 기호 예 A마트는 우유를 2,000원에, B마트는 우유를 2,300원에 판매한다.
정보 (Information)	데이터 간의 연관 관계나 가공 및 처리 과정에서 의미가 도출된 데이터 예 A마트의 우유가 더 저렴하다.
지식 (Knowledge)	• 다양한 정보를 구조화하여 유의미한 정보를 분류하고 개인적인 경험을 결합하여 고유의 지식으로 내재화한 것 • 정보들의 상호 연관 관계를 이해하여 이를 토대로 예측한 결과물 예 가격이 저렴한 A마트에서 우유를 사야겠다.
지혜 (Wisdom)	• 축적된 지식과 아이디어가 결합된 창의적 산물 • 근본 원리에 대한 깊은 이해를 바탕으로 도출된 창의적 아이디어 예 A마트의 다른 상품들도 저렴할 것이다.

> 다음 중 DIKW 피라미드에 대한 설명으로 가장 적절하지 않은 것은 무엇인가?
> ① 데이터(Data)는 그 자체만으로는 별로 의미가 없는 객관적인 사실을 의미한다.
> ② 정보(Information)는 데이터 간의 연관 관계나 가공 및 처리 과정에서 의미가 도출된 데이터를 의미한다.
> ③ 지식(Knowledge)은 근본 원리에 대한 깊은 이해를 바탕으로 도출된 창의적 아이디어를 의미한다.
> ④ 지혜(Wisdom)는 축적된 지식과 아이디어가 결합된 창의적 산물을 의미한다.
>
> **해설** 근본 원리에 대한 깊은 이해를 바탕으로 도출된 창의적 아이디어는 지혜(Wisdom)에 대한 설명이다.
>
> **정답** ③

02 데이터베이스의 정의와 특징

1. 데이터베이스의 역사

데이터베이스(Database)라는 용어는 '데이터(Data)의 기지(Base)'라는 의미로 컴퓨터가 탄생하기 이전인 1950년대부터 존재했지만 그 시절의 데이터는 종이로 된 문서로 관리 및 보관되었다. 따라서 데이터의 탐색과 백업이 매우 어려웠으며 수많은 문서를 보관할 물리적인 공간 또한 필요했다. 간단한 예로 병원에서 환자가 진료받는 상황을 생각해 보자. 지금은 의사나 간호사들이 환자의 질병 및 증상을 의료 시스템에 입력하여 병원 데이터베이스에 저장하고 있지만 과거에는 모두 진료 기록지에 펜으로 기록하여 문서로 보관하였다.

우리나라에서 데이터베이스가 처음 사용된 것은 1975년이었는데 당시에는 지금과 같은 온라인 시스템이 아니라 미국의 CAC(Chemical Abstracts Condensates) 데이터베이스를 KORSTIC(한국과학기술정보센터)을 통해 서비스한 것으로, 자기(磁氣) 테이프 형태였다.

> **Tip**
> CAC(Chemical Abstracts Condensates)란?
> 화학 초록지에 수록된 문헌 정보와 키워드 색인을 컴퓨터를 이용하여 처리하도록 한 데이터베이스로 자기 테이프에 수록해서 분포되고 있음

2. 데이터베이스의 정의

데이터베이스는 데이터를 저장하는 창고 정도의 개념이라고 생각할 수 있다. 다음과 같이 여러 곳에서 데이터베이스에 대한 정의를 다양하게 해놓았으니 참고하도록 하자.

EU (데이터베이스의 법적 보호에 관한 지침)	체계적이거나 조직적으로 정리되고 전자식 또는 기타 수단으로 개별적으로 접근할 수 있는 독립된 저작물, 데이터 또는 기타 소재의 수집물
대한민국 (저작권법)	소재를 체계적으로 배열 또는 구성한 편집물로서 개별적으로 그 소재에 접근하거나 검색이 가능하도록 한 것(기술 기반의 저작물로 인정)
정보통신 용어사전 (TTA)	동시에 여러 가지 업무를 지원할 수 있도록 다양한 이용자의 요구에 대응하여 데이터를 받아들이고 저장 및 공급하기 위해 일정한 구조에 따라 편성된 데이터의 집합
위키피디아 (Wikipedia)	여러 사람이 공유하여 사용할 목적으로 체계화해 통합·관리하는 데이터의 집합, 소프트웨어로는 데이터베이스 관리 시스템(DBMS ; Database Management System)을 의미
한국데이터산업진흥원	문자, 기호, 음성, 화상, 영상 등 상호 관련된 다수의 콘텐츠를 정보처리 및 정보통신 기기에 의해 체계적으로 수집 및 축적하여 다양한 용도와 방법으로 이용할 수 있도록 정리한 정보의 집합체

3. 데이터베이스의 특징 ★★

(1) 데이터베이스의 일반적인 특징

앞서 데이터베이스의 정의를 살펴보며 데이터베이스가 대략적으로 어떤 기능을 하는 시스템인지 파악했으리라고 본다. 지금부터는 데이터베이스가 어떤 특징을 가지고 있는 시스템인지 좀 더 상세하게 살펴보도록 하자.

통합된 데이터 (Integrated Data)	데이터베이스에는 여러 데이터가 통합되어 있으며 데이터는 서로 중복되지 않음
저장된 데이터 (Stored Data)	컴퓨터가 접근할 수 있는 저장 매체에 저장된 데이터
공용 데이터 (Shared Data)	여러 사용자들이 서로 다른 목적으로 데이터베이스의 데이터를 공유하여 사용. 데이터는 보통 대용량이며 복잡한 구조를 가지고 있음
변화하는 데이터 (Changed Data)	데이터베이스에는 늘 새로운 데이터의 삽입이나 기존 데이터의 변경 및 삭제 작업이 행해지며, 이로 인해 계속 변화하면서도 항상 정확하게 최신의 데이터를 유지해야 함

> **다음 중 데이터베이스(Database)의 특징에 대한 설명으로 가장 적절하지 않은 것은 무엇인가?**
> ① 데이터베이스 내에서 여러 데이터가 통합되며 데이터의 중복을 허용하여 다양한 목적에 맞게 저장된다.
> ② 저장된 데이터는 컴퓨터가 접근할 수 있는 저장 매체에 저장된 데이터이다.
> ③ 여러 사용자가 다양한 목적에 맞게 데이터를 공유하여 사용할 수 있으며 일반적으로 대용량이며 복잡한 구조를 가진다.
> ④ 데이터의 삽입, 수정, 삭제가 지속적으로 이루어지며 항상 최신 상태를 유지해야 한다.
>
> **해설** 데이터베이스에서는 데이터의 중복을 최소화(정규화)하여 저장 공간을 절약하고 데이터 무결성을 유지하는 것이 원칙이다.
>
> **정답** ①

(2) 다양한 측면에서의 데이터베이스 특징

① 정보의 축적 및 전달

데이터베이스는 기계 가독성, 검색 가능성, 원격 조작성의 특징을 갖는다.

> **Tip**
> • 기계 가독성 : 대량의 정보를 컴퓨터가 읽고 쓸 수 있음
> • 검색 가능성 : 다양한 방법으로 필요한 정보를 검색할 수 있음
> • 원격 조작성 : 정보통신망을 통해 원거리에서도 온라인으로 이용할 수 있음

② 정보 이용

이용자의 요구에 따른 다양한 정보의 신속한 획득이 가능하고 원하는 정보를 정확하고 경제적으로 찾아낼 수 있게 해준다.

③ 정보 관리

정보를 일정한 질서와 구조에 따라 정리 및 저장하고 검색, 관리할 수 있도록 함으로써 방대한 양의 정보를 체계적으로 축적할 수 있고 새로운 정보에 대한 추가나 기본 정보의 변경이 용이하다.

④ 정보기술 발전

정보처리, 검색 및 관리 소프트웨어, 관련 하드웨어, 정보 전송을 위한 네트워크 기술 등의 발전을 견인할 수 있다.

⑤ 경제와 산업

필요에 따라 다양한 정보를 신속하게 제공하여 이용 가능하게 해주는 인프라의 역할을 함으로써 경제, 산업, 사회 활동의 효율성을 제고하고 국민의 편의를 증진하는 수단이 된다.

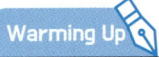

> 다음 중 데이터베이스의 역할 및 기능에 대한 설명으로 가장 적절하지 않은 것은 무엇인가?
> ① 데이터베이스는 기계 가독성, 검색 가능성, 원격 조작성의 특징을 가지며 정보를 축적하고 전달하는 역할을 한다.
> ② 데이터베이스는 이용자의 요구에 따라 다양한 정보를 신속하고 정확하게 검색할 수 있도록 한다.
> ③ 데이터베이스는 정보의 저장 및 검색 기능만을 제공하며 새로운 정보의 추가나 변경이 어렵다.
> ④ 데이터베이스는 경제와 산업 전반에서 정보 인프라 역할을 하며 사회적 효율성을 높이는 데 기여한다.
>
> **해설** 데이터베이스는 단순한 정보 저장소가 아니라 정보를 체계적으로 관리하고 새로운 데이터를 추가하거나 기존 정보를 수정·삭제할 수 있는 기능을 제공한다. 예를 들어 고객 데이터베이스에서는 신규 고객을 추가하고 기존 고객 정보를 변경하며 불필요한 데이터를 삭제하는 작업이 가능하다.
>
> **정답** ③

03 데이터베이스 활용

1. 기업에서의 데이터베이스 ★

한국데이터산업진흥원은 1993년 국민의 정보이용 활성화와 정보사회 실현을 위해 설립되어 지금까지 데이터베이스와 관련된 많은 일들을 수행하고 있다. 이 말은 이 무렵부터 우리나라에서 데이터베이스 시스템이 본격적으로 사용됐다는 것을 의미하기도 한다.

1990년대에 들어 정보통신망 구축이 가속화되면서(당시 한창 붐이었던 천리안, 하이텔, 나우누리 등을 떠올려 보면 바로 납득이 될 것이다) 기업에서도 데이터베이스를 구축 및 운영하기 시작했는데 이를 '기업 내부 데이터베이스'라는 의미의 '인하우스 DB'라고 한다. 인하우스 DB는 주로 기업 경영 전반에 관한 데이터를 관리하기 위한 목적으로 구축되었는데 쉽게 말해 직원이 어떤 부서로 발령이 났는지, 이번 달 급여는 얼마를 받았는지 등의 인사부터 시작해서 그 기업의 조직, 생산, 영업 활동 등을 데이터베이스로 관리했다고 생각하면 이해가 쉽다(응답하라 시리즈에 보면 현금이 든 월급봉투를 들고 오는 아버지를 볼 수가 있는데 인하우스 DB가 구축되기 전의 모습이라고 할 수 있다).

1990년대 중반이 되면서 데이터베이스에 저장된 데이터를 좀 더 의미 있게 활용하고자 하는 움직임이 시작되었다. 이로 인해 그동안 행해졌던 데이터베이스에 단순히 데이터를 쌓고 그걸 이용하는 패턴에서 한 단계 더 나아가 이제는 쌓여 있는 데이터를 집계하고 통계를 내 이를 분석하는 패턴으로 변화하게 되었는데, 여기서 전자를 OLTP 시스템이라 하고 후자를 OLAP 시스템이라고 한다.

> **Tip**
>
> **OLTP(Online Transaction Processing) 시스템**
> 온라인 트랜잭션 처리 시스템으로 트랜잭션 데이터를 안정적이고 효율적으로 저장하고 업데이트
> 예) 쇼핑몰에서 상품 구매 → 구매한 회원 정보, 상품 정보, 결제 정보 등이 실시간으로 저장됨
>
> **OLAP(Online Analytical Processing) 시스템**
> 온라인 분석 처리 시스템으로 다양한 관점에서 데이터를 분석할 수 있도록 데이터를 결합하고 그룹화
> 예) 매일 아침, 전날 판매된 상품들의 정보를 집계하여 베스트셀러 상품에 대한 분석 실시
> * 규모가 큰 시스템의 경우 하나의 OLAP 시스템에 여러 개의 OLTP 시스템이 연결될 수 있음

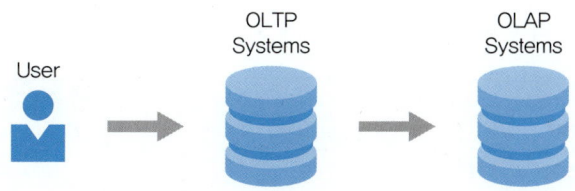

> **Warming Up**
>
> 다음 중 OLTP(Online Transaction Processing)와 OLAP(Online Analytical Processing)에 대한 설명으로 가장 적절하지 않은 것은 무엇인가?
> ① OLTP 시스템은 실시간 트랜잭션 처리를 목적으로 하며 데이터의 빠른 저장과 업데이트가 중요하다.
> ② OLAP 시스템은 대량의 데이터를 다양한 관점에서 분석할 수 있도록 지원하며 데이터의 집계 및 요약이 주요 기능이다.
> ③ OLTP 시스템은 주로 데이터 분석과 의사결정을 위한 시스템으로 복잡한 쿼리 연산을 수행하는 것이 핵심 기능이다.
> ④ OLAP 시스템은 일정 기간 동안 축적된 데이터를 기반으로 다차원 분석을 수행하며 의사결정 지원을 목적으로 한다.
>
> **해설** OLTP 시스템은 빠른 데이터 입력과 실시간 트랜잭션 처리를 위한 시스템으로 분석 및 복잡한 연산이 핵심이 아니다. 데이터 분석과 복잡한 연산은 OLAP 시스템의 역할이라고 할 수 있다.
>
> **정답** ③

2000년대에 들어서면서 기업 내에 CRM(Customer Relationship Management) 시스템과 SCM(Supply Chain Management) 시스템 구축의 붐이 일어나기 시작했다.

CRM은 고객 관계 관리 시스템으로 예를 들면 쇼핑몰을 운영하는 관리자들(MD나 마케터 등)이 고객들의 데이터를 관리하기 위해 사용하는 플랫폼이라고 이해하면 된다. 내가 쇼핑몰에 가입하면 해당 쇼핑몰의 CRM 시스템에서 나의 가입 정보를 조회할 수 있고(물론 개인정보는 암호화되거나 마스킹 처리되어 보인다), 내가 콜센터에 전화하여 문의한 사항도 이 CRM을 통해 모두 조회할 수 있다. 진상 고객과 같은 블랙 컨슈머에 대한 관리 역시 여기서 이루어지고 있어서 블랙 컨슈머로 등록된 고객의 전화는 연결되지 않고 통화 중이라는 안내만 반복적으로 나가게 함으로써 통화 종료를 유도하는 등의 대응을 할 수도 있다.

기업에서는 이런 CRM을 통해 신규 고객을 창출한다거나 기존 고객의 이탈을 방지하고 고객별 구매 이력 데이터를 분석하여 이를 바탕으로 각종 마케팅 전략을 펼치게 되었다.

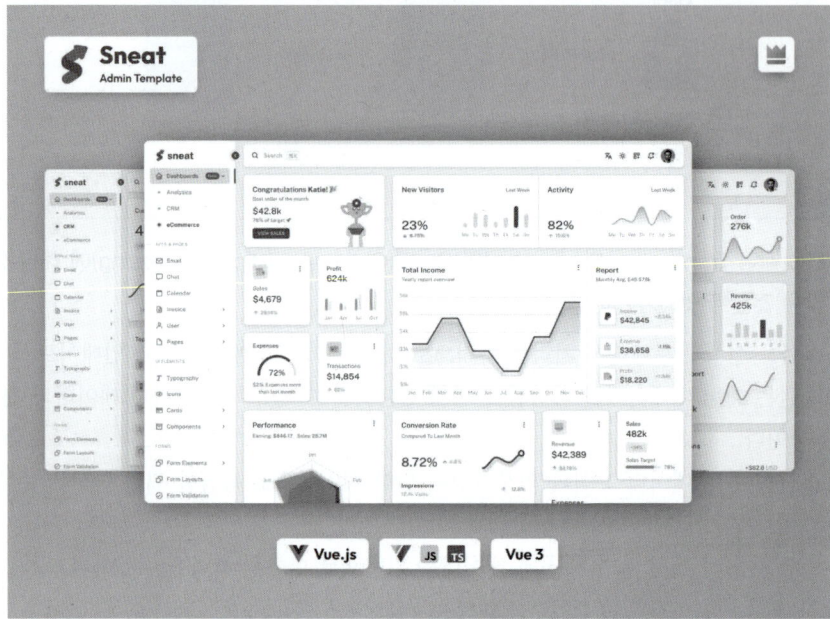

[https://themeselection.com/crm-admin-template/ 사이트에서 무료로 제공되는 여러 가지 CRM 템플릿을 볼 수 있음]

SCM은 공급망 관리 시스템으로 CRM처럼 관리자 시스템이라고 이해하면 되는데 용도나 목적에서 CRM과 차이가 있다. CRM이 고객들의 데이터를 관리하는 시스템이었다면 SCM은 유통에 관련된 데이터를 관리하는 시스템이라고 볼 수 있으며, 원자재 조달부터 제품 생산, 재고 관리, 물류 및 배송까지 공급망 전반의 데이터를 통합적으로 관리하여 효율성을 극대화하는 역할을 한다. 예를 들어 아마존 같은 경우 전 세계에 물류 창고를 구축하여 고객과 가까운 곳에서 빠르게 배송할 수 있도록 하고 있는데, 고객이 주문하면 SCM 시스템이 자동으로 가장 빠른 경로를 결정하고 배송 상태를 실시간으로 업데이트해 주는 역할을 하고 있다.

이렇게 SCM은 일반적으로 상품, 재고, 판매, 고객 데이터 등으로 구성되고 여기에서 판매 및 고객 데이터가 CRM의 데이터와 연동되기 때문에 이 둘은 밀접한 관계가 있다.

다음에서 설명하는 시스템으로 가장 적절한 것은 무엇인가?

> 이 시스템은 원자재 조달부터 생산, 재고 관리, 유통, 배송까지 공급망 전체를 관리하는 시스템이다. 기업이 제품을 생산하고 고객에게 전달하는 과정에서 비용을 절감하고 운영 효율성을 높이기 위해 사용된다. 대표적인 활용 사례로는 아마존의 물류 최적화, 테슬라의 생산 및 부품 조달 관리, 나이키의 스마트 공급망 운영 등이 있다.

① CRM(Customer Relationship Management)
② OLAP(Online Analytical Processing)
③ ERP(Enterprise Resource Planning)
④ SCM(Supply Chain Management)

해설 SCM은 공급망(원자재 조달, 생산, 유통, 배송)을 최적화하여 운영 효율성을 높이는 시스템이다.
정답 ④

2. 산업 부문별 데이터베이스의 변화 과정 ★

(1) 제조 부문

제조업이란 공장에서 제품을 생산하는 공업 위주의 산업을 의미하는데 대표적으로 현대자동차 생산직이나 삼성전자의 생산직을 떠올릴 수 있다. 우리나라는 선진국 중에서 제조업의 비중이 매우 높은 나라이기 때문에 제조 부분은 데이터베이스 기술을 적용하는 분야 중 가장 중요한 부문에 해당한다.

제조 부분의 데이터베이스 사용 형태를 보면 다음 표와 같다.

2000년대 이전	2000년대 이후
• 부품, 재고 관리 • 기업별 고유 시스템 형태	• 부품의 설계, 제조, 유통 등 전 공정을 포함 • 솔루션 형태

2000년대 중반이 되면서 인하우스 DB 구축에 대한 범위가 대기업에서 중소기업까지 확대되었고, 이에 따라 실시간 기업(RTE ; Real Time Enterprise)이라는 개념이 대표적인 화두로 떠오르게 되었다. 실시간 기업이란 기업의 비즈니스 프로세스를 투명하고 긴밀하게 운영함으로써 환경 변화에 신속하게 대응하여 지연시간을 최소화하는 정보화 전략을 의미한다. 이를 통해 대기업과 중소기업 간의 IT 협업의 비중이 점차 확대되고 있으며 최근에는 ERP, DW, BI 등의 더욱 고도화된 시스템의 인하우스 DB 구축이 주를 이루고 있다.

> **Tip**
>
> **ERP(Enterprise Resource Planning)**
> - 경영 자원 통합 관리 시스템
> - 기업의 모든 업무를 통합 관리할 수 있는 시스템(관리자 시스템)
> - 재고, 회계, 인사, 급여 등 기업이 필요로 하는 여러 기능을 제공
> - 대표적인 ERP 시스템 구축 업체로 SAP가 있음
>
> **BI(Business Intelligence)**
> - 기업이 비즈니스 데이터를 분석하여 데이터 기반의 의사결정을 내리는 데 사용하는 프로세스와 툴
> - 다양한 데이터 시각화 화면들로 구성됨

Warming Up

다음 설명 중 가장 적절하지 않은 것은 무엇인가?

① ERP는 기업의 내부 업무(회계, 인사, 재고 등)를 통합 관리하여 운영 효율성을 높이는 시스템이다.
② OLAP는 대량의 데이터를 다차원적으로 분석하여 의사결정을 지원하는 시스템이다.
③ CRM은 고객 데이터를 분석하고 맞춤형 서비스를 제공하여 고객 만족도를 높이는 데 기여한다.
④ ERP는 기업의 비즈니스 데이터를 분석하여 경영진이 전략적 결정을 내리는 데 활용하는 시스템이다.

해설 ERP는 비즈니스 데이터 분석이 아니라 기업 내부 운영을 관리하는 시스템으로, 비즈니스 데이터를 분석하여 경영진이 전략적 결정을 내리는 것은 BI(Business Intelligence)의 역할이다.

정답 ④

(2) 금융 부문

우리나라에 실질적으로 인터넷 뱅킹이 도입된 것은 1999년이다. 그렇다면 컴퓨터가 없던 시절의 은행은 어땠을까? 지금은 찬밥 신세가 되어 버린 통장에 나의 모든 거래 기록이 담겨 있었고 매번 통장과 도장을 챙겨서 은행에 직접 방문해야 했다.

2000년대 초반이 되면서 금융 업계에서는 EAI, ERP, CRM 등과 함께 데이터베이스를 활용한 정보의 통합과 공유 및 고객 정보 활용의 중요성이 대두되기 시작했다. 특히 CRM을 이용한 고객 정보의 전략적 활용은 후일 인터넷 뱅킹 발전을 위한 마중물이 되었다.

2000년대 중반에 와서는 데이터 분석의 중요성이 높아지면서 DW 시스템을 적극 도입하여 데이터 기반의 마케팅을 증대시키기 시작하였고, 이에 따른 BI 시스템과 EDW 시스템 구축 또한 확장을 이루게 되었다.

> **Tip**
>
> **DW(Data Warehouse)**
> - 사용자의 의사결정에 도움을 주기 위하여 여러 데이터베이스에 축적된 데이터를 공통된 포맷으로 변환하여 관리하는 데이터베이스
> - OLTP → DW → OLAP, OLTP 시스템과 OLAP 시스템의 중간 매개자 역할
>
> **EAI(Enterprise Applications Integration)**
> 기업 시스템 간의 정보 교환이 자동으로 이루어지게 하는 기술 및 프로세스를 의미
> 예) ERP, CRM, SCM 시스템의 데이터 동기화 지원
>
> **EDW(Enterprise Data Warehouse)**
> 기존 DW(Data Warehouse)를 전사적으로 확장한 모델

(3) 유통 부문

우리나라 전자상거래의 역사를 살펴보면 다음과 같다.

- 1996년 인터파크, 롯데닷컴 오픈
- 1997년 신세계닷컴, e-현대, 한솔 CS클럽 오픈
- 1998년 삼성몰, 예스24(서적), 알라딘(서적) 오픈, 옥션 경매 사이트 오픈
- 2000년 다음쇼핑(디앤샵, 2015년 서비스 종료) 오픈, 인터파크 구스닥 설립(현재 G마켓)
- 2000년 GS이숍 오픈
- 2001년 CJ몰 오픈
  ⋮

유통 부문에서 본격적인 CRM과 SCM의 구축이 이루어진 것은 2000년대 이후였다. 특히 특정 지역이나 타겟 고객을 중심으로 운영되어야 하는 이커머스의 특성상 CRM 시스템의 구축은 필연적이었다고 볼 수 있다. SCM을 통해서는 전자 계약과 같은 전자문서 교환이 이루어졌고 이 외에도 온라인 결제를 위한 각종 인프라 및 KMS를 위한 별도의 백업시스템도 구축되었다.

> **Tip**
>
> **KMS(Knowledge Management System, 지식 관리 시스템)**
> 기업이나 조직 내에서 지식을 체계적으로 수집, 저장, 공유, 활용할 수 있도록 지원하는 시스템. 즉, 조직 내 경험과 노하우를 효과적으로 관리하여 업무 생산성을 높이고 경쟁력을 강화하는 데 도움을 주는 시스템
> 예) 기업 내 사내 위키, 전문가 Q&A 시스템 등

2000년대 중반이 되면서 유통 업계에도 데이터 분석의 바람이 일기 시작했다. 각 기업에서는 체계적인 고객 정보의 수집 및 분석, 균형성과관리(BSC), 핵심성과지표(KPI), 웹 리포팅 등의 다양한 고객 분석 툴을 데이터베이스에 연결하였고 이를 바탕으로 데이터를 업무에 적극 활용하게 되었다.

3. 사회기반구조로서의 데이터베이스 ★

1990년대 이후 정보통신 기술이 급격히 발전하면서 데이터베이스 구축도 폭발적으로 늘어나기 시작했다. 특히 1990년대 중반부터는 도로, 철도, 항만, 전력, 통신 등 사회기반시설(SOC)이 데이터와 손을 잡고 본격적인 디지털 변신을 시작했으며, 전자문서 교환 시스템(EDI)과 부가가치통신망(VAN)을 활용한 정보망이 구축되면서 이전까지는 상상하기 어려웠던 빠르고 똑똑한 인프라 관리가 가능해졌다.

이전까지 데이터는 개별 시스템에서 관리되었지만 이후 데이터베이스(DB) 통합 시스템이 구축되면서 효율성이 크게 향상되었다. 예를 들어 지도 애플리케이션을 사용할 때 단순히 지도만 보여주는 것이 아니라 실시간 교통 정보를 반영해 최적의 경로를 안내하는 기능까지 제공하게 되었는데 이는 교통 관련 데이터베이스가 고도화되었기에 가능한 것이었다.

또한 교육 및 행정 부문에서도 공공 데이터베이스(DB) 구축이 확대되었다. 인터넷을 통해 주민등록등본을 발급받거나 정부24를 통해 다양한 민원 서비스를 신청할 수 있는 것도 이러한 데이터베이스의 발전 덕분이라고 할 수 있다. 과거에는 행정처리를 위해 주민센터를 방문해야 했지만, 이제는 온라인 시스템을 통해 몇 번의 클릭만으로 업무를 처리할 수 있다.

(1) 물류 부문

과거에는 화물차의 위치나 도착 시간을 정확히 파악하는 것이 어려웠다. 이를 해결하기 위해 1995년 국가기간전산망사업으로 종합물류정보망이 구축되었으며 1998년에는 본격적인 서비스가 시작되었다.

종합물류정보망 시스템은 실시간 차량추적 기능을 통해 운행 중인 차량의 위치와 상태를 실시간으로 파악할 수 있도록 한다. 이를 통해 운송회사 및 화주(화물을 맡긴 사람)가 보다 합리적인 의사결정을 할 수 있도록 지원한다.

종합물류정보망은 크게 CVO 서비스(상업용 차량 운영 시스템), 화물운송 정보, EDI 서비스, 데이터베이스 서비스(물류 정보), 부가 서비스로 구성된다. 그중 데이터베이스 서비스(물류 정보)는 기업의 물류 활동을 지원하고 정책 · 법령 · 물류시설 · 장비 등의 정보를 제공한다.

2000년대 이후 민간 기업들도 물류 정보 시스템을 적극 도입했다. 대표적으로 현대택배의 HYDEX 시스템(택배 관련 정보 서비스), 대한통운의 SPAT-CONSIS(화물 결과 및 이동 추적 시스템), 한진의 GIOVAN 시스템(물류 비즈니스 서비스) 등이 있다.

2003년 이후에는 종합물류정보망의 활용도를 높이기 위해 내륙 화물 기지와 같은 주요 물류 거점 시설의 디지털화가 추진되었다. 또한 인터넷 기반의 데이터베이스 제공과 전자 태그(RFID)를 활용한 서비스 도입으로 더욱 효율적인 물류 관리가 가능해졌다.

(2) 지리 부문

과거에는 지도를 손으로 그리고 종이에 보관하는 방식이 일반적이었다. 하지만 이런 방식은 공간을 많이 차지하고 수정이 어렵다는 단점이 있었다. 이를 해결하기 위해 1995년 국가지리정보체계(NGIS)가 도입되었다. 이 시스템은 국가가 보유한 지리 정보를 디지털 데이터로 변환하고 이를 효율적으로 활용할 수 있도록 표준을 설정하는 것이 핵심 목표이다.

> **NGIS의 발전**
>
> **Step 1. 기본 데이터 구축(1995~2000)**
> 국가 수치지형도를 전국 단위로 구축하였다. 1/1,000(도시지역), 1/5,000(국가 전역), 1/25,000(산악지형) 등 다양한 축척의 디지털 지도 데이터를 만들었다. 하지만 초기 데이터는 데이터베이스 형식이 아니라 데이터 포맷인 DXF(Data eXchange Format)라는 형식으로 저장되어 지형 정보를 제대로 표현하지 못하는 한계가 있었다.
>
> **Step 2. 데이터 보완 및 활용 확대(2001~2005)**
> 기존 지도 데이터를 수정·갱신하여 더 정확한 지형 정보를 제공하였다. 국토 정보(토지종합정보망, LMIS), 공공기관 정보, 지하 시설물 데이터 등을 포함하여 보다 체계적인 GIS(Geographic Information System) 활용 환경을 마련하였다.

2000년 이후 위성 기술과 GPS, 원격 탐사, 위치기반 서비스(LBS), 지리정보 관리 시스템(SIM) 등과 결합하면서 NGIS의 활용도가 급격히 높아졌다. 과거에는 데스크톱 GIS로 PC에서만 사용할 수 있었지만 현재는 웹 GIS(인터넷 기반 서비스)로 발전하였고 도로, 철도, 항만 등의 교통 시스템 관리는 물론 재난 예측, 환경 보호, 도시 계획에도 활용되고 있다.

2005년 이후 건설교통부(현 국토교통부)를 중심으로 NGIS 사업이 본격적으로 진행되었다. 지자체 및 공공기관이 지리 정보를 통합 관리하고 일반 국민에게도 지도 데이터를 제공할 수 있도록 했으며 현재는 전자정부 시스템과 연계하여 더욱 정밀한 공간 정보 서비스 제공을 목표로 하고 있다.

(3) 교통 부문

예전에는 교통량을 조사하려면 사람이 직접 도로에 나가 차량을 세고 기록해야 했다. 하지만 이런 방식은 시간이 오래 걸리고 정확도가 떨어지는 문제가 있었다. 이를 해결하기 위해 1998년, 국가교통 데이터베이스(NTDB) 구축이 시작되었다. 이 시스템은 교통 정보를 체계적으로 수집하고 분석하여 보다 효율적인 교통 정책을 수립하는 것이 핵심 목표이다.

> **NTDB의 발전**
>
> **Step 1. 기본 데이터 구축(1998~2000)**
> 전국의 여객·화물 통행 실태 조사를 실시하여 지역 간 교통량 데이터를 축적하고 신규 도로 건설 및 교통 시설 투자 계획 수립을 위한 기초 자료를 만들었다.
>
> **Step 2. 활용 및 신뢰성 강화(2001~2007)**
> 수도권 및 광역시의 교통량, 대중교통 이용 실태, 주요 교통 유발원 분석 등을 추가하였다. 2002년부터는 공공근로사업에서 정보화 사업으로 전환하여 데이터의 분석 및 활용을 본격화하였고, 2003년부터는 중복 조사 방지 및 예산 절감을 목표로 신뢰성을 더욱 강화하는 방향으로 발전하였다.

2000년 이후 NTDB는 지능형교통시스템(ITS), 위치 기반 서비스(LBS), 교통 시뮬레이션, 스마트시티 교통 관리 등과 결합하면서 활용도가 급격히 증가하였다. 실시간 교통 정보를 제공하여 운전자들이 내비게이션에서 실시간 도로 정보를 받을 수 있도록 지원하였고 대중교통 최적화를 통해 버스·지하철 노선 조정 및 배차 간격을 최적화하였다. 그리고 도시 내 교통 패턴을 분석하여 신호 체계를 개선하고 도로 확장 계획을 세움으로써 교통 혼잡 해소에 이바지하였다.

현재 NTDB는 도로교통공단 및 국토교통부를 중심으로 더욱 정교한 교통 분석 시스템을 구축하고 있다. 빅데이터와 AI를 활용한 교통 예측 시스템 도입이 진행 중이며 민간 기업(카카오맵, 티맵 등)과 협업하여 실시간 교통 정보 제공 범위를 확대하고 있다. 그리고 스마트 모빌리티 및 자율주행 차량을 위한 교통 데이터 플랫폼으로 진화하고 있다.

(4) 의료 부문

의료 분야에서도 정보화가 빠르게 진행되고 있다. 1990년대부터 의료 정보를 효율적으로 관리하기 위해 의료 정보망 구축이 추진되었으며 1996년부터는 53개 기관을 대상으로 의료 EDI(전자 데이터 교환) 서비스가 제공되기 시작했다.

2002년 의료법 개정으로 전자 의무기록(EMR)이 법적 효력을 가지게 되면서 의료 정보 시스템은 본격적으로 자리 잡기 시작했다. 현재 병원에서는 처방 전달 시스템, 입·퇴원 및 병실 관리 시스템, 전자 의무기록(EMR), 영상 처리 시스템(PACS), 원격 의료 시스템 등 다양한 정보 시스템을 활용하고 있다.

2005년부터는 국제 의료 정보 표준(HL7)이 국내에서도 적용되면서 병원 간 의료 정보 공유 체계 구축이 추진되었다. 또한 유비쿼터스 헬스(u-Health) 기술이 발전하면서 언제 어디서든 의료 서비스를 받을 수 있는 환경이 조성되었다. 예를 들어 스마트폰으로 건강 상태를 모니터링하거나, 원격 진료를 받는 것이 가능해졌다.

최근에는 환자를 중심으로 한 고객 맞춤형 의료 서비스가 강조되고 있으며 병원에서도 ABC(Activity-Based Costing), BSC(Balanced Scorecard), 6시그마(Six Sigma)와 같은 경영 기법을 도입해 효율적인 운영을 추구하고 있다.

(5) 교육 부문

교육 정보화는 학생들의 학습 환경을 개선하고 교육 행정을 효율적으로 운영하기 위한 중요한 과정이다. 1997년부터 시작된 교육 정보화 종합계획은 초기에는 정보 소양 교육을 중심으로 진행되었지만 2001년 이후에는 정보통신기술(ICT)을 활용한 교육 정보 개발과 활용에 초점을 맞추었고 이를 통해 대학 정보화와 교육 행정 정보화가 활발하게 이루어졌다.

특히 대학 도서관의 자료가 데이터베이스화되면서 학술 정보의 접근성이 향상되었고 2003년부터는 원문까지 제공하는 시스템이 구축되었다. 이후 모바일 기술이 발전하면서 일부 대학에서는 모바일 캠퍼스 환경을 조성하고 교육 행정에서도 학생 중심의 CRM 시스템이 도입되기 시작했다.

2002년에는 전국 교육 정보 공유체계가 도입되었으며 이를 통해 시·도 교육청과 산하기관, 각급 학교가 보유한 교육 자료를 표준화하고 체계적으로 관리할 수 있게 되었다. 2003년부터는 교육행정정보시스템(NEIS ; National Education Information System)이 적용되어 학생·교직원 관련 정보를 통합적으로 관리하는 체계가 마련되었다. 이를 통해 초·중·고등학교와 16개 시·도 교육청, 교육 인적자원부를 연결하여 교육 행정 전반을 인터넷을 통해 처리할 수 있게 되었다.

결과적으로 교육 정보화는 학생, 교사, 학부모 모두에게 편리한 환경을 제공하며 효율적인 교육 행정 운영을 가능하게 만들고 있다. 앞으로도 정보 기술의 발전과 함께 더욱 발전된 교육 정보 시스템이 구축될 것으로 기대된다.

다음에서 설명하는 정보 시스템으로 가장 적절한 것은 무엇인가?

> 실시간 교통 정보를 수집·분석하여 도로 상황을 운전자에게 제공하고 신호 제어, 사고 감지, 대중교통 관리 등을 통해 교통 흐름을 최적화하는 지능형교통시스템이다.

① ERP
② SCM
③ ITS
④ CRM

해설 ITS(지능형교통시스템)는 실시간 교통 정보를 수집·분석하여 도로 상황을 운전자에게 제공하는 시스템이다. 신호 제어, 사고 감지, 대중교통 관리, 교통 흐름 최적화 등의 기능을 수행하여 보다 효율적인 교통 체계를 구축하는 것이 목적이다.

정답 ③

4. 데이터베이스 종류 ★

데이터베이스는 여러 가지 형태를 가질 수 있고 그 형태에 따라 관계형, NoSQL, 시계열, 계층형, 네트워크형, 객체지향 등으로 나눌 수 있다. 이 중 기업에서 가장 많이 사용하고 있는 데이터베이스는 관계형이며 NoSQL도 점차 범위를 확대해 가고 있는 추세이다.

> **Tip**
>
> **관계형 데이터베이스(RDB ; Relational Database)**
> - 관계형 데이터 모델에 기초를 둔 데이터베이스
> - 모든 데이터를 2차원 테이블 형태로 표현한 뒤 각 테이블 간의 관계를 정의
>
> **NoSQL(Not only SQL)**
> - 비관계형 데이터베이스 유형
> - 비정형 데이터나 대용량 데이터의 처리 및 분석에 유리

DBMS(DataBase Management System)는 데이터베이스를 관리하고 컨트롤하기 위한 소프트웨어로, 데이터베이스 종류별로 사용 가능한 DBMS가 따로 존재한다.

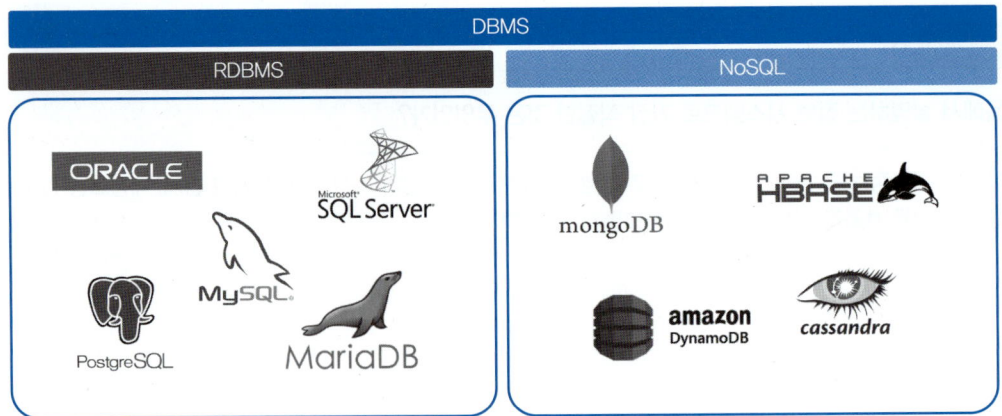

다음 중 성격이 다른 DBMS는 무엇인가?

① MongoDB
② MariaDB
③ SQL Server
④ PostgreSQL

해설 MongoDB는 NoSQL 데이터베이스로 전통적인 관계형 데이터베이스(RDBMS)와 다르게 비정형 데이터를 저장하고 관리하는 방식이다. JSON과 유사한 문서(Document) 기반의 데이터 모델을 사용하며 스키마가 고정되어 있지 않아 유연한 데이터 구조를 가질 수 있다.

정답 ①

> **Tip**
>
> **다양한 유형의 DBMS 이해하기**
>
> 데이터베이스 관리 시스템(DBMS)은 데이터를 효율적으로 저장하고 관리하기 위해 다양한 방식으로 설계되었으며, 그중에서도 계층형 DBMS, 네트워크형 DBMS, 분산형 DBMS, 객체지향 DBMS는 각각의 특성과 장점을 가지고 있음
>
> | | |
> |---|---|
> | 계층형 DBMS | • 트리(Tree) 구조를 기반으로 데이터를 관리하는 방식
• 데이터를 부모-자식 관계로 저장하며 하나의 부모 노드는 여러 자식 노드를 가질 수 있지만 자식 노드는 반드시 하나의 부모만 가져야 함
예 IBM의 IMS(Information Management System) |
> | 네트워크형 DBMS | • 계층형 DBMS의 한계를 극복하기 위해 개발된 모델
• 데이터 간의 관계를 그래프 형태로 저장
• 하나의 자식 노드가 여러 부모 노드를 가질 수 있으며 M:N(다대다) 관계를 지원
예 CODASYL DBTG 모델 |
> | 분산형 DBMS | • 하나의 데이터베이스를 여러 개의 서버에 나누어 저장하는 방식
• 네트워크를 통해 서로 다른 위치에 있는 데이터베이스를 하나처럼 운영할 수 있음
예 Google Spanner, Apache Cassandra |
> | 객체지향 DBMS | • 객체지향 프로그래밍(OOP)의 개념을 도입한 데이터베이스
• 객체(Object) 단위로 데이터를 저장
• 객체란 데이터(속성)와 이를 처리하는 메서드(기능)를 함께 포함하는 단위를 의미
예 db4o, ObjectDB |

다음은 데이터베이스에서 기본적으로 알아두어야 할 용어에 대한 설명이다.

엔터티(Entity)	• 데이터의 집합 • 하나 이상의 속성을 가짐 • 두 개 이상의 인스턴스를 가짐 • 테이블의 개념
인스턴스(Instance)	• 하나의 객체 • 로우의 개념
속성(Attribute)	• 객체를 나타내는 특성 • 컬럼의 개념
메타데이터(Metadata)	• 데이터를 설명해 주는 데이터 • 데이터의 구조, 속성, 관계 등을 설명하는 정보
인덱스(Index)	검색 속도를 빠르게 하기 위한 자료 구조

다음은 데이터베이스의 구성요소에 대한 설명이다. 각각 무엇을 의미하는가?

(가) 데이터를 설명하는 데이터로 데이터의 특성, 구조, 정의 및 관리 정보를 포함한다.
(나) 데이터를 빠르고 쉽게 찾을 수 있도록 도와주는 자료 구조이다.

① (가) 엔터티 (나) 인덱스
② (가) 메타데이터 (나) 인덱스
③ (가) 메타데이터 (나) 속성
④ (가) 엔터티 (나) 속성

해설 (가) 메타데이터(Metadata)에 대한 설명이다. 메타데이터는 데이터를 설명하는 데이터로 테이블의 구조, 컬럼의 데이터 타입, 제약 조건, 관계 등을 정의한다. 쉽게 말해 '이 데이터는 어떤 형식이며, 어떻게 저장되고 관리되는가?'를 설명하는 정보이다.
(나) 인덱스(Index)에 대한 설명이다. 인덱스는 데이터를 빠르게 검색할 수 있도록 도와주는 자료 구조로 책의 색인처럼 특정 데이터를 찾을 때 효율적으로 탐색할 수 있도록 도와준다.

정답 ②

5. SQL 개요

SQL(Structured Query Language)은 RDBMS에서 사용되는 표준 언어이다. RDBMS의 종류가 다양한 만큼 각각의 특징들이 존재하지만 거기서 사용되는 언어인 SQL의 문법은 크게 다르지 않다. 물론 디테일한 부분이나 함수와 같은 영역은 차이가 있을 수 있지만 똑같은 영어라도 미국식, 영국식, 인도식이 조금씩 차이가 있는 것과 비슷하다고 생각하면 이해가 쉽다.

SQL 명령어는 기능에 따라 크게 네 가지로 구분할 수 있다.

구분	명령어
DDL (Data Definition Language)	• CREATE : 테이블 생성 • ALTER : 테이블 구조 변경(예 컬럼 추가 및 삭제 등) • DROP : 테이블 삭제 • RENAME : 테이블 이름 변경
DML (Data Manipulation Language)	• SELECT : 테이블의 데이터 조회 • INSERT : 테이블에 데이터 입력 • UPDATE : 테이블의 데이터 변경 • DELETE : 테이블의 데이터 삭제
DCL (Data Control Language)	• GRANT : 사용자에게 권한 부여 • REVOKE : 사용자에게 권한 회수
TCL (Transaction Control Language)	• COMMIT : 변경 및 삭제된 데이터 영구 반영 • ROLLBACK : 변경 및 삭제된 데이터 되돌리기 • SAVEPOINT : 데이터 복구 지점을 지정(윈도우 복구와 비슷한 개념)

이 중에서 데이터 분석에서 가장 많이 쓰이는 명령어는 DML이며 주요 구문들은 다음과 같다.

구문	설명	예제
SELECT	원하는 데이터를 조회	`SELECT name, age FROM users;`
FROM	데이터를 가져올 테이블 지정	`SELECT * FROM employees;`
WHERE	특정 조건을 만족하는 데이터 필터링	`SELECT * FROM orders` `WHERE amount > 100;`

GROUP BY	특정 컬럼을 기준으로 그룹화	`SELECT department, COUNT(*)`
		`FROM employees`
		`GROUP BY department;`

HAVING	그룹화된 데이터에 조건을 적용	`SELECT department, AVG(salary)`
		`FROM employees`
		`GROUP BY department`
		`HAVING AVG(salary) > 5000;`

ORDER BY	데이터를 정렬 (오름차순/내림차순)	`SELECT * FROM students` `ORDER BY score DESC;`

6. 데이터 레이크 vs 데이터 웨어하우스 vs 데이터 마트

데이터 레이크(Data Lake), 데이터 웨어하우스(Data Warehouse), 데이터 마트(Data Mart) 모두 데이터베이스의 일종이지만 앞서 설명한 일반적인 데이터베이스와는 목적이 다른 데이터베이스라고 할 수 있다. 여기서는 편의상 일반적인 데이터베이스를 '데이터베이스'라고 표기하고 다른 데이터베이스들은 각각 '데이터 레이크', '데이터 웨어하우스', '데이터 마트'로 표기할 예정이니 참고하도록 하자.

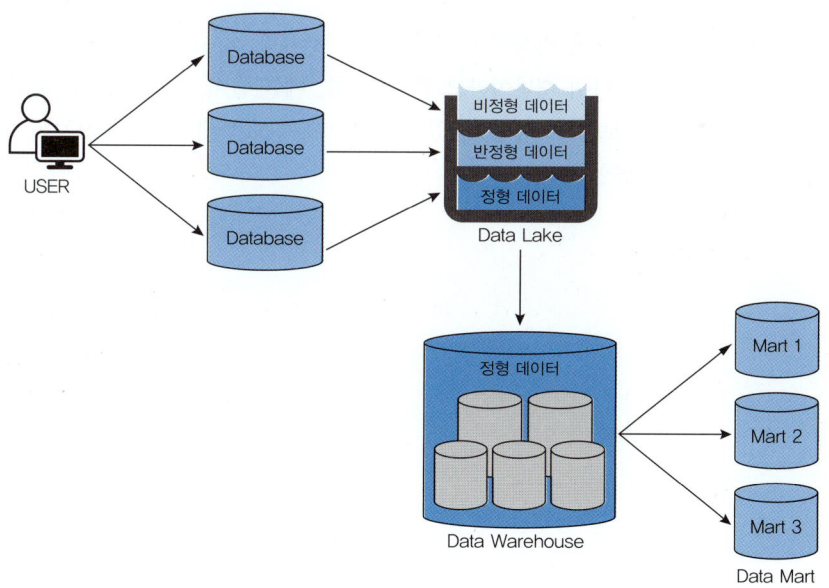

[별도의 데이터 레이크가 없는 조직의 경우 데이터베이스에서 바로 데이터 웨어하우스로 데이터가 이동하기도 함]

(1) 데이터 레이크(Data Lake)

앞서 데이터베이스에는 정형 데이터, 반정형 데이터, 비정형 데이터 등이 쌓일 수 있음을 알았다. 데이터 레이크는 이렇게 다양한 형태로 다양한 출처에서 수집된 대규모 데이터를 원시 형태로 저장하는 중앙 저장소이다. 모든 데이터베이스의 데이터들이 모이는 곳이기 때문에 대용량의 데이터를 효율적으로 저장하고 관리할 수 있도록 설계되어 있고 대량의 데이터를 비용 효율적으로 저장할 수 있는 저렴한 스토리지를 사용하는 경우가 많다.

(2) 데이터 웨어하우스(Data Warehouse)

데이터 웨어하우스는 조직의 의사결정을 돕기 위해 다양한 출처의 데이터(예 ERP 시스템, CRM 시스템, SCM 시스템)를 통합하여 구조화된 형식으로 저장하는 중앙 저장소이다. 데이터 웨어하우스에 저장된 데이터는 일반적으로 수정되거나 삭제되지 않으며 그로 인해 시간이 지남에 따라 데이터가 어떻게 변화했는지 분석할 수 있다.

> **Tip**
>
> **ETL(Extract, Transform, Load)**
> 여러 데이터를 데이터 웨어하우스로 이동시키는 시스템
>
> **ETL 프로세스**
> - 추출(Extract) : 이동시킬 데이터를 추출
> - 변환(Transform) : 추출한 데이터를 웨어하우스의 요구에 맞게 변환, 여기에는 데이터 클렌징, 데이터 타입 변환, 집계, 데이터 정제 등의 과정이 포함됨
> - 적재(Load) : 변환된 데이터를 데이터 웨어하우스에 적재

(3) 데이터 마트(Data Mart)

데이터 마트는 데이터 웨어하우스에 저장된 데이터를 특정 주제나 비즈니스 영역별로 구분하여 저장하는 저장소로 데이터 웨어하우스의 하위 개념이라고 할 수 있다. 예를 들어 판매 부서의 데이터 마트는 고객, 판매, 상품 등 판매와 관련된 정보를 포함할 수 있는데 이렇게 특정 주제에 집중함으로써 사용자에게 필요한 데이터를 신속하고 쉽게 제공할 수 있다.

Warming Up

다음 중 데이터 저장소에 대한 설명으로 가장 적절하지 않은 것은 무엇인가?

① 데이터 레이크는 다양한 형식의 데이터를 원시 상태 그대로 저장하는 중앙 저장소이며 대량의 데이터를 비용 효율적으로 저장할 수 있도록 설계된다.
② 데이터 웨어하우스는 다양한 출처의 데이터를 통합하여 구조화된 형태로 저장하며 데이터는 일반적으로 수정 및 삭제가 가능하다.
③ 데이터 마트는 특정 주제나 비즈니스 영역별로 데이터를 저장하는 저장소로 특정 부서나 사용자가 빠르게 데이터를 활용할 수 있도록 돕는다.
④ ETL(Extract, Transform, Load)은 데이터 웨어하우스로 데이터를 이동시키는 프로세스로 추출(Extract), 변환(Transform), 적재(Load) 단계를 포함한다.

> **해설** 데이터 웨어하우스에 한 번 저장된 데이터는 일반적으로 수정되거나 삭제되지 않으며 이를 통해 시간이 지나면서 데이터가 어떻게 변화하는지 분석할 수 있다.
>
> **정답** ②

Warming Up

데이터 마트와 데이터 웨어하우스에 대한 설명으로 가장 적절하지 않은 것은 무엇인가?

① 데이터 웨어하우스와 데이터 마트의 차이는 제공되는 기능의 범위에 따라 구분된다.
② 데이터 마트는 기업의 원천(Source) 데이터를 포함한 대규모 데이터 웨어하우스이다.
③ 데이터 마트는 전사적 관점보다 특정 조직의 업무 분야에 초점을 맞춘다.
④ 데이터 웨어하우스에는 대량의 데이터가 저장되어 있지만 사용자가 원하는 데이터를 검색할 수 있다.

> **해설** 데이터 마트는 기업의 원천 데이터를 직접 보유하는 것이 아니라 데이터 웨어하우스에서 필요한 데이터를 가져와 활용한다.
>
> **정답** ②

> **Tip**
>
> **데이터 엔지니어링(Data Engineering)**
> - 데이터를 수집, 저장, 처리, 변환하여 분석할 수 있도록 준비하는 과정
> - 데이터 엔지니어는 대량의 데이터를 다룰 수 있는 데이터 파이프라인을 구축하고, ETL(추출, 변환, 적재) 작업을 수행하며 데이터베이스 및 빅데이터 플랫폼을 관리
> - 이를 통해 데이터 사이언티스트나 애널리스트가 데이터를 효율적으로 분석할 수 있도록 지원하는 역할을 함
> - 주요 역할
>   - 데이터 수집 : API, 로그, 센서 등에서 데이터 가져오기
>   - 데이터 저장 : SQL, NoSQL, 데이터 레이크 등 저장소 구축
>   - 데이터 처리 : ETL, 데이터 정제 및 변환
>   - 데이터 배포 : 분석 시스템 및 머신러닝 모델을 위한 데이터 제공

데이터베이스에 저장되는 데이터의 크기는 일반적으로 다음과 같은 단위를 사용하여 측정된다.

- KB(Kilobyte, 킬로바이트) = 1,024 바이트
- MB(Megabyte, 메가바이트) = 1,024 KB
- GB(Gigabyte, 기가바이트) = 1,024 MB
- TB(Terabyte, 테라바이트) = 1,024 GB
- PB(Petabyte, 페타바이트) = 1,024 TB
- EB(Exabyte, 엑사바이트) = 1,024 PB
- ZB(Zettabyte, 제타바이트) = 1,024 EB
- YB(Yottabyte, 요타바이트) = 1,024 ZB

Warming Up

다음 중 데이터의 크기 단위가 작은 것부터 큰 순서로 올바르게 나열된 것은 무엇인가?

① KB < MB < GB < TB < PB < EB < ZB < YB
② KB < MB < GB < TB < EB < PB < ZB < YB
③ KB < MB < TB < GB < PB < EB < ZB < YB
④ KB < MB < GB < TB < PB < ZB < EB < YB

> **해설** 데이터 크기 단위는 작은 것부터 킬로바이트(KB), 메가바이트(MB), 기가바이트(GB), 테라바이트(TB), 페타바이트(PB), 엑사바이트(EB), 제타바이트(ZB), 요타바이트(YB) 순서로 커진다.
>
> **정답** ①

CHAPTER 02 데이터의 가치와 미래

01 빅데이터의 이해

1. 빅데이터의 정의 ★

빅데이터(Big Data)는 여러 가지 관점에서 정의될 수 있다.

(1) 데이터 규모 관점(Mckinsey, 2011)

빅데이터는 일반적인 데이터베이스 소프트웨어로 저장, 관리, 분석할 수 있는 범위를 초과하는 규모의 데이터이다.

(2) 분석 비용 및 기술 관점(IDC, 2011)

빅데이터는 다양한 종류의 대규모 데이터로부터 저렴한 비용으로 가치를 추출하고 데이터의 초고속 수집, 발굴, 분석을 지원하도록 고안된 차세대 기술 및 아키텍처이다.

(3) 사람까지도 빅데이터에 포함시키자는 관점(일본 노무라연구소)

데이터뿐만 아니라 데이터를 저장 및 처리하고 분석하여 의미 있는 정보를 도출해 내는 인재나 조직까지도 빅데이터라는 개념에 포함시키자고 제안하였다.

(4) 새로운 도전과 기회로서의 관점(가트너그룹의 더그래니, 3V)

빅데이터는 데이터의 크기(Volume), 데이터의 다양성(Variety), 데이터를 수집하고 처리하는 속도(Velocity), 즉 3V가 급격하게 증가하여 나타난 현상이다.

크기(Volume)	테라바이트에서 페타바이트에 이름
다양성(Variety)	다양한 소스 및 형식을 가짐(예 웹 로그, SNS, OTT, 금융 트랜잭션 등)
속도(Velocity)	짧은 시간 내에 수집, 저장, 처리 및 분석이 가능해야 함

(5) 사회·정치·경제·문화의 관점(빅토르 마이어 쇤베르거&케네스 쿠키어, 2013)

빅데이터란 대용량 데이터를 활용해 작은 용량에서는 얻을 수 없었던 새로운 통찰이나 가치를 추출하는 일이다. 나아가 이를 활용해 시장, 기업 및 시민과 정부의 관계 등 많은 분야에 변화를 가져오는 일이다.

(6) 일반적이고 대중적인 관점(한국데이터베이스진흥원)

빅데이터란 기존의 작은 데이터 처리 분석으로는 얻을 수 없었던 통찰과 가치를 창출하는 새로운 방식이다.

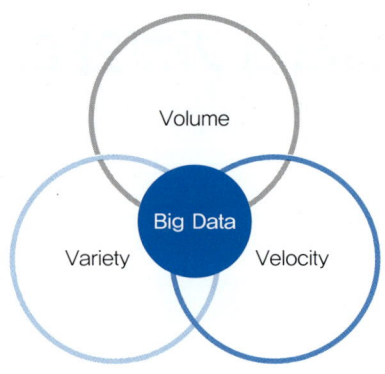

> **Tip**
> 빅데이터의 3V에 가치(Value)나 정확성(Veracity)을 추가하여 4V로 설명하기도 함

Warming Up

다음은 빅데이터의 3V 중 어떤 것에 대한 설명인가?

> 소셜 미디어, 센서 데이터, 로그 데이터 등 다양한 형태와 출처에서 생성된 데이터를 처리하는 것이 중요하다.

① 속도(Velocity)
② 다양성(Variety)
③ 크기(Volume)
④ 정확성(Veracity)

해설 문제에서 언급된 다양한 형태와 출처에서 생성된 데이터는 다양성(Variety)에 해당한다.

정답 ②

2. 빅데이터의 출현 배경 ★

빅데이터가 개념화되어 본격적으로 부각되기 시작한 것은 2008년부터이다. 2008년 말 빅데이터는 미국의 컴퓨터 과학 연구자 그룹인 CCC(Computing Community Consortium)의 주요 연구 주제로 채택되었고, 이때 발간된 '빅데이터 컴퓨팅 : 상업, 과학 및 사회에서 혁신적인 돌파구 창출(Big-Data Computing : Creating Revolutionary Breakthroughs in Commerce, Science and Society)'이라는 백서가 향후 빅데이터 발전에 큰 영향을 주게 되었다.

하지만 빅데이터가 존재하지 않다가 갑자기 2008년에 짠 하고 등장한 것은 아니다. 기존 데이터의 증가와 처리 방식의 변화로 인해 거기에 관련된 사람들과 조직 또한 변화할 수밖에 없었고 그로 인해 빅데이터라는 주제가 이슈화된 것이라고 볼 수 있겠다.

(1) 기술의 발전

1990년대 후반 초창기 MP3 플레이어의 용량은 16MB 정도였다. 노래 10곡을 넣기도 빡빡할 정도로 저장 공간이 비좁았는데 이유는 당시 저장 장치의 비용이 매우 비쌌기 때문이다(16MB짜리 MP3 플레이어가 당시 가격으로 50만원 상당이었다는 사실이 그것을 증명한다).

그 후 기술 발전이 이루어지면서 저장 장치의 가격은 계속해서 하락하였고 이것은 빅데이터를 저장할 공간을 충분히 가질 수 있다는 의미가 되었다. 특히 클라우드 컴퓨팅의 등장은 빅데이터의 처리 비용을 획기적으로 낮출 수 있게 해주었는데 이로 인해 빅데이터 기술의 발전은 더욱 박차를 가하게 되었다.

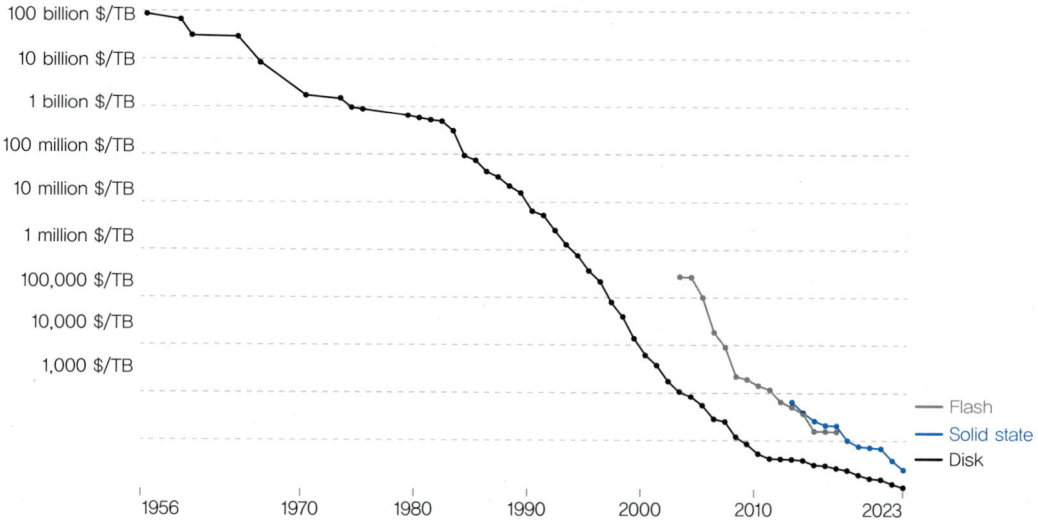

[출처 : https://ourworldindata.org/]

2000년대 인터넷의 발전도 빅데이터 출현에 한몫했다. 인터넷 광고가 주요한 사업 모델로 활용되기 시작하면서 인터넷 기업들이 가지고 있는 사용자 정보의 가치가 올라갔고 이를 더욱 효율적으로 활용하기 위해 기업들은 사용자 로그를 쌓기 시작했다. 사용자가 인터넷에 접속한 시간과 장소, 검색 기록 등을 로그로 쌓고 이를 분석하여 사용자에게 맞는 광고를 매칭하였는데 쇼핑몰 화면의 상품 추천이나 유튜브의 추천 영상, 알고리즘도 모두 같은 맥락이라고 볼 수 있다.

2010년대 스마트폰이 등장하면서 빅데이터는 더욱 빠르게 진화하기 시작했다. SNS에 데이터가 쏟아지기 시작했고 스마트폰에 내장된 GPS, 가속센서, 거리센서 등도 시시각각 끊임없이 데이터를 만들어 냈다.

> **Tip**
>
> 빅데이터 시대는 컴퓨팅 기술의 발전과 데이터 저장 및 처리 기술의 향상과 함께 점진적으로 변화해 왔다. 데이터를 생성하고 활용하는 방식이 시대별로 어떻게 변화했는지 정리해 보자.
>
> - 메인프레임 컴퓨터 시대(1970년대)
>   1970년대에는 대형 중앙 컴퓨터(메인프레임)가 주요 데이터 처리 장치였다. 이 시기에는 기업 내부에서 생성되는 데이터를 저장하고 활용하는 것이 주된 목적이었으며 네트워크 기술이 미비하여 데이터는 중앙 집중식으로 관리되었다.
> - PC 시대(1980년대)
>   1980년대는 개인용 컴퓨터(PC)의 보급이 활발해지면서 점차 개인이 데이터를 생성하고 활용하는 환경이 조성되었다. 인터넷이 등장하면서 기업뿐만 아니라 개인 사용자도 데이터를 생산하고 저장할 수 있게 되었다. 이 시기의 데이터는 정형 데이터가 중심이었으며 주로 데이터베이스(DB)와 사무 정보 시스템에 저장되었다. 데이터 규모는 EB(엑사바이트) 단위로 확장되었으며 데이터는 명확한 구조를 가지는 것이 특징이었다.
> - 인터넷 및 모바일 시대(2000년대)
>   2000년대에 들어서면서 인터넷과 모바일 기술의 발전으로 인해 데이터 생성 속도가 폭발적으로 증가했다. 특히 웹 2.0과 SNS(소셜 네트워크 서비스)의 등장은 개인이 데이터를 생산하고 공유하는 환경을 만들었다. 이 시기부터는 비정형 데이터가 본격적으로 증가했는데 텍스트뿐만 아니라 이미지, 동영상, 음성 데이터 등이 포함되며 데이터의 복잡성과 다양성 또한 증가하였다. 데이터 규모는 ZB(제타바이트) 단위로 확장되었으며 데이터의 특성으로는 다양성, 복합성, 소셜 데이터의 중요성이 강조되었다.
> - 인공지능(AI) 및 사물인터넷(IoT) 시대(2020년대)
>   2020년대에는 인공지능(AI), 사물인터넷(IoT), 초연결 사회가 주요 키워드가 되었다. 데이터는 단순히 저장하는 것이 아니라 실시간으로 처리하고 분석하는 방향으로 발전했다. 특히 IoT 기술의 발전으로 인해 RFID, 센서 데이터, 인공지능 기반의 인지정보와 같은 새로운 유형의 데이터가 생성되었다. 데이터의 특성으로는 현실성(Realism)과 실시간성(Real-time Processing)이 강조되었으며 데이터의 활용이 즉각적으로 이루어지는 시대가 되었다.
> - IT Everywhere 시대(2030년대 이후 전망)
>   2030년대에는 초연결 사회(Ubiquitous Computing)가 더욱 발전하여 모든 사물과 데이터가 실시간으로 연결되는 환경이 조성될 것으로 예상된다. 인공지능의 고도화, 6G 통신 기술, 자율주행, 메타버스 등의 기술이 더욱 발전하면서 데이터는 더욱더 중요한 자원이 될 것이다.

(2) 산업계의 변화

각 기업은 오랜 기간 데이터를 축적해 왔다. 이제 그 데이터가 의미 있는 가치를 창출하기에 충분한 양에 도달했고 거기에 빅데이터 기술이 접목됨으로써 질적인 변화와 더불어 거대한 가치를 창출할 수 있게 되었다. 이제 기업들은 그들이 보유한 데이터에 숨어 있는 가치를 발굴하여 새로운 성장 원동력으로 만들 수 있어야 하며 그런 이유로 빅데이터 기술을 확보하는 것은 기업이 가진 중요 과제 중 하나라고 할 수 있다.

> **Tip**
>
> **양질 전환의 법칙**
> 헤겔의 변증법에 기초를 둔 개념으로 양적인 변화가 축적되면 질적인 변화도 함께 이루어진다는 개념

(3) 학계의 변화

빅데이터의 중요성이 대두되면서 학계에서도 거대한 데이터를 다루는 학문 분야가 늘어나고 있다. 빅데이터 융합, 빅데이터 비즈니스, 빅데이터 사이언스 등의 새로운 학과들이 등장하기 시작했고 데이터 분석가나 데이터 사이언티스트와 같은 새로운 직종들도 생겼다. 이렇게 빅데이터를 다루는 학문 분야가 늘어나면서 필요한 기술이나 통계를 위한 툴도 지속적으로 발전하고 있다.

Warming Up

다음 중 빅데이터의 출현 배경으로 가장 적절하지 않은 것은 무엇인가?

① 인터넷과 모바일 기술의 발전으로 데이터 생성 속도가 급격히 증가하였다.
② 소셜 네트워크 서비스(SNS) 및 온라인 플랫폼의 확산으로 데이터 공유가 활성화되었다.
③ 정형 데이터의 활용만으로도 대부분의 비즈니스 의사결정이 가능해졌다.
④ 사물인터넷(IoT)과 인공지능(AI) 기술의 발전으로 실시간 데이터 분석이 가능해졌다.

해설 기존에는 정형 데이터만으로도 비즈니스 의사결정이 가능했지만 최근에는 비정형 데이터(텍스트, 이미지, 영상 등)의 중요성이 커지면서 빅데이터의 필요성이 더욱 높아졌다.

정답 ③

---

3. 빅데이터의 기능 ★

> "빅데이터는 OOO이다."

(1) 빅데이터는 산업혁명의 석탄과 철이다.

석탄과 철로 인해 18세기 산업혁명이 일어났듯이 빅데이터는 4차 산업혁명의 주역이 되어 로봇이나 인공지능(AI)을 통해 실제와 가상이 통합되어 사물을 자동적·지능적으로 제어하는 데에 핵심 역할을 할 것이다.

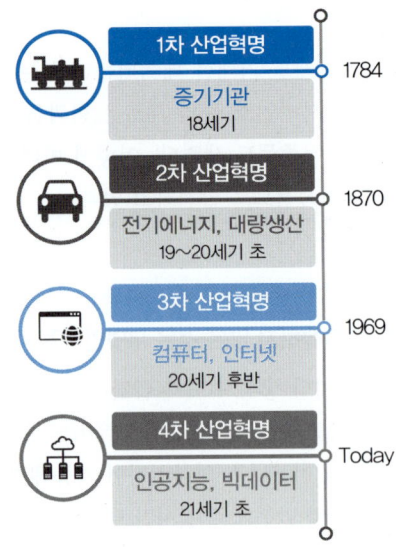

(2) 빅데이터는 21세기의 원유다.

각종 동력의 원천인 원유처럼 빅데이터도 비즈니스, 공공기관 대국민 서비스, 경제 성장에 필요한 정보를 제공함으로써 산업 전반의 생산성을 향상시키고 새로운 범주의 산업을 만들어 낼 것이다.

(3) 빅데이터는 렌즈 역할을 한다.

현미경의 렌즈가 생물학 발전에 큰 영향을 미친 것처럼 빅데이터 역시 산업 전반에 큰 영향을 미칠 것으로 기대된다. 실제 사례로는 구글의 엔그램 뷰어(Ngram Viewer) 서비스가 있는데 구글 북스 라이브러리에 디지털화되어 있는 책(1,000만 권 이상)에서 키워드를 검색해 주는 뷰어이다.

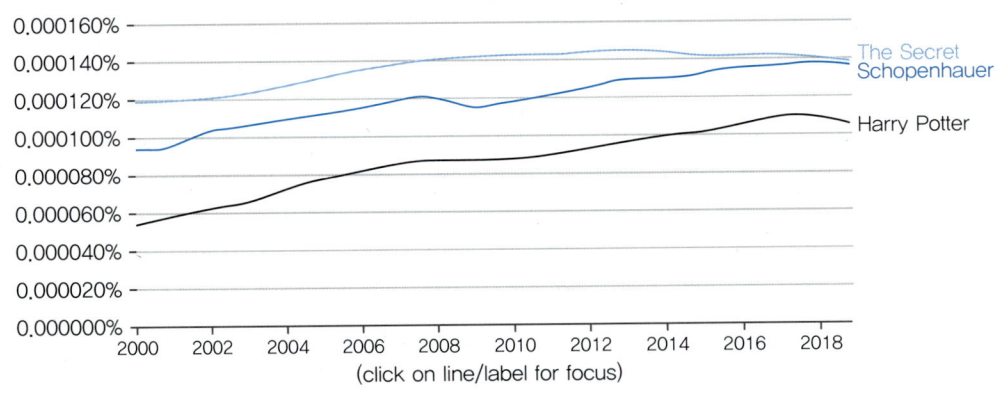

[출처 : 구글의 Ngram Viewer]

(4) 빅데이터는 플랫폼 역할을 한다.

플랫폼은 디지털 공간에서 다양한 사용자들이 서로 관계를 맺으며 가치를 만들어 내는 체계, 즉 시스템을 의미한다. 근래 들어 다양한 서비스들이 각자의 데이터를 빅데이터 형태로 외부 개발자들에게 공개함으로써 플랫폼의 역할을 하고 있다. 대표적인 예로 페이스북이 있는데 SNS 서비스였던 페이스북은 그들의 소셜그래프(Social Graph)를 공개하여 개발자들에게 페이스북 기반으로 작동하는 앱 개발을 허용함으로써 플랫폼의 역할을 하게 되었다.

Warming Up

다음 중 빅데이터의 특성과 역할에 대한 비유로 가장 적절하지 않은 것은 무엇인가?

① 빅데이터는 산업혁명의 석탄과 철과 같다.
② 빅데이터는 21세기의 원유와 같은 가치를 가진다.
③ 빅데이터는 불순물이 제거되지 않은 순수한 금과 같다.
④ 빅데이터는 플랫폼의 역할을 수행할 수 있다.

> **해설** 빅데이터는 방대한 양의 데이터를 포함하지만 그 자체가 무조건 가치 있는 것은 아니다. 데이터를 가공하고 분석하여 의미를 도출해야 비즈니스 및 산업에서 활용할 수 있으므로 불순물이 제거되지 않은 순수한 금이라는 표현은 빅데이터의 속성을 정확히 반영하지 않는다.
>
> **정답** ③

Warming Up

빅데이터의 기능 중에서 여러 사람이 공동으로 사용 가능하도록 지원하는 구조적 기반의 역할을 하는 것은 무엇인가?

① 플랫폼
② 렌즈
③ 철 또는 석탄
④ 원유

> **해설** 빅데이터는 다양한 기능을 수행하며 그중 여러 사람이 공동으로 활용할 수 있는 구조적 기반의 역할을 하는 것은 플랫폼이다. 빅데이터 플랫폼은 데이터를 저장하고 공유하며 분석할 수 있는 공동의 인프라 역할을 한다. 예를 들어 구글 클라우드, 아마존 AWS, 데이터 마켓 등이 빅데이터 플랫폼의 대표적인 사례이다.
>
> **정답** ①

4. 빅데이터가 몰고 온 변화의 바람 ★★★

빅데이터가 만들어 내는 본질적인 변화는 크게 네 가지 정도로 나눠볼 수 있다.

(1) 사전처리 → 사후처리

Before	After
필요한 정보만 수집하고 필요하지 않은 정보는 버림으로써 당시 시스템이 감당할 수 있는 정보의 양만 허용	가능한 많은 데이터를 모으고 그 데이터를 다양한 방식으로 조합하여 숨은 정보를 찾아냄 예 구글의 로그 수집

(2) 표본조사 → 전수조사

Before	After
데이터 수집 비용, 대용량 데이터 처리 도구, 비용 등의 이슈로 표본조사에 의존할 수밖에 없었음	클라우드의 발전으로 인한 데이터 처리 비용의 급격한 감소와 거대한 데이터의 허용이 가능한 다양한 통계 도구로 인해 전수조사가 가능해짐

(3) 질 → 양

Before	After
샘플링에 의존하던 시대에는 가능한 정확하고 모든 조건을 충족시키는 데이터를 확보하는 것이 중요했음	데이터의 양이 많아질수록 양질의 정보가 오류성 정보보다 압도적으로 많아지기 때문에 결과적으로는 높은 퀄리티를 보장하게 됨 예 IBM은 정확하게 번역된 데이터만 수집, 구글은 오역이 있는 웹 사이트 정보까지 모두 수집 → 결국 구글 번역기만 성공함

(4) 인과관계 → 상관관계

Before	After
데이터 획득 비용이 비쌌기 때문에 특정한 인과관계가 중요시됨	데이터가 넘쳐나게 되면서 인과관계를 몰라도 일단 현상 파악으로 인한 상관관계를 도출하여 상황에 신속하게 대응하는 것이 중요시됨

[상관관계는 인과관계를 포함한다]

Tip	
인과관계	한쪽이 다른 한쪽의 원인이 된다면 이 둘은 '인과관계'라고 함 예 기온이 높아지면 팥빙수의 판매량이 올라감
상관관계	한쪽의 값이 바뀌었을 때 다른 쪽의 값도 바뀐다면 이 둘은 '상관관계'라고 함 예 키가 커질수록 체중이 늘어남

Warming Up

다음 중 빅데이터가 만들어 낸 본질적인 변화에 대한 설명으로 가장 적절하지 않은 것은 무엇인가?

① 데이터 분석 방식이 기존의 사전처리 중심에서 사후처리 방식으로 변화하였다.
② 데이터 수집 비용 감소 및 대용량 데이터 처리 기술 발전으로 인해 표본조사보다 전수조사가 가능해졌다.
③ 데이터 분석의 초점이 인과관계에서 상관관계 중심으로 변화하여 신속한 의사결정이 가능해졌다.
④ 데이터의 양이 많아질수록 오류성 데이터가 증가하기 때문에 정확도가 낮아진 측면이 있다.

> **해설** 빅데이터 환경에서는 데이터의 양이 많아질수록 오류성 정보 또한 증가할 수 있지만, 동시에 양질의 정보가 더욱 압도적으로 많아지는 경향을 보이기 때문에 전체적인 분석 정확도는 오히려 향상될 수 있다. 예를 들어 IBM은 번역 데이터를 정제하여 사용했지만 구글은 오역이 포함된 방대한 데이터를 수집하여 학습한 결과 최종적으로 구글 번역기가 더 뛰어난 성능을 보이게 되었다.
>
> **정답** ④

02 빅데이터의 가치와 영향

1. 빅데이터의 가치 ★

대표적인 데이터 기업 중의 하나인 메타(과거 페이스북)는 2021년 기업 가치가 시가총액 기준 1조 달러를 돌파했다가 2022년 반토막이 났었는데 2024년 다시 1조 달러를 넘어섰다. 극단적인 예이긴 하지만 이것은 빅데이터의 가치를 절대적으로 평가할 수 없다는 것을 의미한다.

빅데이터의 가치를 산정하는 것이 어려운 이유를 세 가지로 정리해 보면 다음과 같다.

(1) 데이터 활용 방식

빅데이터에 대한 활용 범위가 넓어지면서 빅데이터의 재사용이나 재조합, 다목적용 데이터 개발 등이 일반화되었다. 이것은 특정 데이터를 누가, 언제, 어디서, 어떻게, 어떤 목적으로 활용하는지 파악하기가 어렵게 되었다는 것을 의미하며, 따라서 가치를 산정하는 것도 어렵게 되었다.

[공공데이터포털은 다양한 데이터를 공개하여 데이터 활용 방식을 다양화함]

Tip

빅데이터 활용에 필요한 3요소
- 데이터 : 모든 것의 데이터화(IoT)
- 기술 : 진화하는 알고리즘, 인공지능
- 인력 : 데이터 사이언티스트, 알고리즈미스트

Warming Up

다음 중 빅데이터 활용에 필요한 3요소에 해당하지 않는 것은 무엇인가?

① 데이터 : 빅데이터 분석을 위해 필수적인 원천 정보
② 기술 : 데이터를 저장, 처리, 분석하는 데 필요한 기술적 요소
③ 인력 : 데이터를 해석하고 가치 있는 인사이트를 도출하는 전문가
④ 가치 : 데이터를 활용하여 얻을 수 있는 부가가치

해설 빅데이터 활용을 위해서는 데이터, 기술, 인력, 3요소가 필요하다.

정답 ④

(2) 가치 창출 방식

무심코 유튜브를 보다가 내가 인터넷으로 검색했던 키워드와 관련된 영상이 알고리즘에 떠서 놀란 경험들이 한 번쯤은 있을 것이다. 구글의 경우 사용자의 행동, 구매 이력, 소셜 미디어 활동 등을 분석하여 각 개인에게 맞춤형 광고나 추천 영상들을 제공하는데 이것은 빅데이터 분석을 통해 기존에는 알 수 없었던 소비자의 숨겨진 니즈를 발견하고 이를 기반으로 더욱 효과적인 마케팅 전략을 수립한 것이라고 볼 수 있다.

이 밖에도 의료 분야의 개인화된 치료 방식, 금융 분야의 사기 탐지 프로그램, 교통 흐름을 분석하고 최적화한 스마트 시티 등이 모두 빅데이터를 활용하여 기존에 없던 새로운 가치를 창출한 예라고 볼 수 있으며, 따라서 그 가치를 측정하기가 어렵게 되었다.

(3) 분석 기술의 발전

인스타그램, 메타, X 등에 올라온 수많은 피드들은 특정한 포맷이 없는 비정형 데이터에 속한다. 과거에는 이런 비정형 데이터를 분석하는 데에 많은 어려움이 있었지만 근래에는 텍스트 마이닝 기법 등을 통해 분석이 가능해졌다. 그리고 클라우드를 활용하여 빅데이터에 대한 분석 비용이 낮아짐으로써 데이터 분석 기술은 현저한 발전을 이루게 되었다.

이런 발전으로 인해 데이터의 가치를 절대적으로 평가하기가 더욱 어렵게 되었는데 지금은 가치가 없는 데이터일지라도 새로운 기술의 발전으로 향후 거대한 가치를 만들 가능성이 생겼기 때문이다.

> **Tip**
> 텍스트 마이닝이란?
> - 비정형 데이터인 텍스트 데이터를 분석하여 의미 있는 정보를 추출하고 패턴을 발견하며 새로운 통찰력을 얻는 과정
> - 텍스트 마이닝은 자연어 처리(NLP ; Natural Language Processing)와 밀접하게 관련되어 있으며 언어학, 컴퓨터 과학, 통계학 등의 여러 학문이 융합된 기술이라고 할 수 있음

> 다음 중 빅데이터의 가치를 절대적으로 평가하기 어려운 이유로 가장 적절하지 않은 것은 무엇인가?
> ① 빅데이터는 활용 방식이 다양하며 재사용 및 다목적 활용이 가능하기 때문에 특정 데이터의 가치를 명확히 산정하기 어렵다.
> ② 빅데이터는 데이터가 많을수록 확실하게 높은 품질을 보장하므로 데이터의 가치 평가가 상대적으로 쉽다.
> ③ 데이터 분석 기술이 발전하면서 현재는 무가치해 보이는 데이터라도 향후 중요한 자산이 될 가능성이 있어 데이터의 절대적인 가치를 평가하기 어렵다.
> ④ 빅데이터 분석을 통해 새로운 가치를 창출할 수 있으며 이는 기존의 전통적인 가치 평가 방식과 다르기 때문에 정확한 가치 산정이 어렵다.
>
> **해설** 빅데이터는 양이 많다고 해서 반드시 높은 품질을 보장하는 것은 아니다. 데이터가 많아질수록 오류가 포함될 가능성도 증가하며 정제되지 않은 데이터는 분석에 오히려 방해가 될 수 있다. 따라서 데이터의 양이 많다는 것만으로 가치 평가가 쉬워진다고 볼 수 없다.
>
> **정답** ②

2. 빅데이터의 영향

빅데이터는 현대 사회의 여러 분야에 큰 영향을 미치고 있으며 기업, 정부, 개인의 관점에서 각각 다른 방식으로 중요한 변화를 가져왔다.

(1) 기업

판매 데이터 분석에 따른 미래 수요 예측, 소비자의 행동 패턴 분석에 따른 개인형 마케팅 전략 등의 데이터 기반 의사결정을 하게 되었다.
   예 구글 검색 기능, 월마트 매출 증대, 의료 부문 개선

(2) 정부

정부는 환경 탐색, 상황 분석, 미래 대응의 세 가지 측면에서 빅데이터를 활용하여 정책을 수립하고 사회 문제를 해결하며 국가 운영을 최적화하게 되었다.

환경 탐색	기상현상, 자연재해, 전염병 확산 등
상황 분석	범죄 발생 패턴, 교통 정책의 변경이 도로 혼잡에 미치는 영향 분석
미래 대응	인구 통계, 경제 성장률, 교육 수준 등의 데이터를 분석하여 국가의 장기적인 목표와 전략을 설정

   예 실시간 교통정보 수집, 기후 보정, 의료와 교육 개선

(3) 개인

개인의 필요에 따라 빅데이터를 활용하는 사례가 늘고 있으며 이로 인해 개인의 생활이 점차적으로 스마트 라이프로 변화하게 되었다.

예 정치인의 SNS 활용, 팬들의 음악 청취 기록 분석을 통한 콘서트 선곡 및 순서 결정

03 비즈니스 모델

1. 빅데이터 활용 기본 테크닉 ★★★

빅데이터 비즈니스 모델을 개발하기 위해 활용할 수 있는 기본적인 테크닉에는 다음 7가지가 있다.

(1) 연관규칙 학습(Association Rule Learning)

연관규칙은 "만약 A가 발생하면 B도 발생할 가능성이 높다"는 형태의 규칙을 발견하는 것이다. 예를 들어 대형마트 고객의 장바구니 데이터를 활용하여 구매 패턴을 분석한 뒤 다음과 같은 규칙을 발견하는 기법인 것이다.

> "기저귀를 사는 고객은 우유를 살 확률이 높다."

대형마트는 이를 활용하여 기저귀 진열대 가까이에 우유를 배치하는 방식으로 매출 개선을 시도해 볼 수 있다.

(2) 유형분석(Classification Tree Analysis)

이 기법은 특정 데이터를 기반으로 새로운 데이터를 어느 카테고리로 분류할지 예측하는 데 사용된다. 예를 들어 새로운 환자가 왔을 때 증상과 진단 결과를 바탕으로 어떤 질병을 가진 환자인지를 예측하는 방법이라고 볼 수 있다.

(3) 유전 알고리즘(Genetic Algorithms)

유전 알고리즘은 자연 선택(Natural Selection), 유전(Gene), 돌연변이(Mutation) 등과 같은 진화론적 개념을 이용하여 문제를 해결하는 기법으로, 더 나은 해결책이 다음 세대로 전달되고 덜 적합한 해결책은 도태되는 방식으로 최적의 해답을 찾아가는 과정이다. 예를 들어 최대 시청률을 얻기 위한 방송 편성표를 짠다고 가정했을 때 초기 집단에서는 편성을 무작위로 생성하고 시청률 예측 데이터를 바탕으로 적합도를 계산한다. 그리고 단계를 거쳐 가며 교차와 돌연변이를 통해 좀 더 나은 조합으로 변경해 가는 작업을 반복하고 결과적으로는 가장 높은 총 시청률을 달성할 수 있는 방송 편성표를 찾아내는 기법인 것이다.

(4) 기계 학습(Machine Learning)

기계 학습은 컴퓨터가 데이터를 기반으로 학습하여 새로운 데이터에 대한 예측을 수행하는 기법이다. 예를 들어 유튜브의 시청 기록을 학습한 뒤 고객이 좋아할 것 같은 영상을 추천하거나 이메일의 데이터셋을 학습한 뒤 스팸 메일을 필터링하는 기법 등이 그것이다.

(5) 회귀분석(Regression Analysis)

회귀분석은 독립변수(입력 변수)가 종속변수(출력 변수)에 미치는 영향 및 관계를 파악하고 이를 통해 종속변수를 예측하는 기법이다. 예를 들어 구매자의 나이(독립변수)가 바뀌면 구매 차량의 타입(종속변수)이 어떻게 변하는가를 예측할 때 활용하는 기법이라고 할 수 있다.

(6) 감정 분석(Sentiment Analysis)

감정 분석은 텍스트 데이터를 분석하여 작성자가 표현한 감정( 긍정, 부정, 중립)을 자동으로 추출하고 분류하는 자연어 처리(NLP) 기법이다. 예를 들어 제품이나 서비스에 대한 고객들의 리뷰를 분석하는 데에 활용할 수도 있고 경제 기사의 댓글이나 관련 트윗을 분석하여 주식 시장의 변동을 예측해 볼 수도 있다.

(7) 소셜 네트워크 분석(Social Network Analysis)

소셜 네트워크(사회 관계망) 분석 기법을 활용하면 소셜 미디어 데이터를 분석하여 영향력 있는 사용자를 식별하고 고객들 간 소셜 관계를 파악하여 최적의 마케팅 전략을 세울 수 있다.

Warming Up

다음 중 데이터 분석 기법에 대한 설명으로 가장 적절하지 않은 것은 무엇인가?

① 연관규칙 학습은 데이터에서 A가 발생하면 B도 발생할 가능성이 높다는 형태의 규칙을 발견하는 기법으로 장바구니 분석에 활용될 수 있다.
② 유전 알고리즘은 자연 선택, 유전, 돌연변이 등의 개념을 활용하여 문제를 해결하는 방식으로 최적의 해답을 도출하기 위해 전수조사를 수행한다.
③ 감정 분석은 텍스트 데이터를 분석하여 작성자의 감정을 자동으로 분류하는 기법으로 고객 리뷰나 소셜 미디어 데이터를 분석하는 데 활용된다.
④ 회귀분석은 독립변수가 종속변수에 미치는 영향을 분석하고 예측하는 기법으로 예를 들어 나이에 따른 자동차 구매 유형을 분석하는 데 사용할 수 있다.

해설 유전 알고리즘은 무작위로 생성된 초기 집단에서 적합한 해답을 찾아 점진적으로 진화시키는 방식이다. 특정 문제의 모든 경우를 전수조사하는 방식이 아니라 자연 선택과 변이를 통해 점진적으로 최적해를 찾아가는 방법이다.

정답 ②

> 다음 중 설명과 해당하는 데이터 분석 기법이 올바르게 연결되지 않은 것은 무엇인가?
>
> ① 기저귀를 구매한 고객은 우유를 함께 구매할 가능성이 높다. → 연관규칙 학습
> ② 새로운 환자의 증상을 분석하여 어떤 질병인지 예측한다. → 유형 분석
> ③ 트위터에서 특정 키워드가 확산되는 패턴을 분석하여 영향력 있는 사용자를 찾아낸다. → 소셜 네트워크 분석
> ④ 나이에 따른 소비 패턴을 분석하여 소비자의 구매 유형을 자동으로 그룹화한다. → 회귀분석
>
> **해설** 회귀분석은 연속형 변수 간의 관계를 분석하고 예측하는 기법으로 특정 변수(예 나이)가 다른 변수(예 소비 금액)에 미치는 영향을 분석하는 데 사용된다. 하지만 보기에서 설명한 소비자의 구매 유형을 자동으로 그룹화하는 것은 군집분석(Clustering)의 개념에 해당하며 회귀분석과는 다른 개념이다. (PART 3 데이터 분석의 CHAPTER 03 정형 데이터 마이닝 참고)
>
> **정답** ④

04 위기 요인과 통제 방안

1. 위기 요인 ★★★

(1) 사생활 침해

빅데이터의 활용이 늘어날수록 개인의 사생활 침해 가능성 또한 높아지고 있다. 구글이나 애플과 같은 기업들은 사용자의 위치 정보, 검색 기록, 앱 사용 패턴 등을 끊임없이 수집하고 있고 페이스북은 2016년 수백만 명의 사용자 데이터가 무단으로 수집되고 정치적 목적으로 악용된 '케임브리지 애널리티카' 사건으로 큰 논란을 일으켰다.

특정 데이터가 가공되어 본래의 목적 외에 2차, 3차 목적으로 활용될 가능성이 증가하면서 사생활 침해 문제는 개인의 범주를 넘어 사회·경제적 위협으로까지 번지게 될 가능성을 갖게 되었다. 이에 대한 대안으로 익명화 기술이 발전되고는 있으나 아직은 충분하지 않은 실정이다.

예 틱톡의 사용자 데이터 수집 논란, 스마트폰 앱의 위치 데이터 판매 등

(2) 책임 원칙 훼손

빅데이터로 인한 예측 결과를 맹신하게 되면 뜻하지 않은 희생양이 생겨날 가능성 또한 커지게 된다. 톰 크루즈 주연의 영화 마이너리티 리포트는 2054년을 배경으로 범죄 발생 지역과 범죄자를 예측하여 미리 체포함으로써 범죄를 사전에 차단한다는 스토리이다. 꼭 범죄자 처단의 영역까지 가지는 않더라도 이런 양상이 현실화된다면 회사의 직원 해고, 의사의 환자 수술 거절, 배우자의 이혼 소송 제기와 같은 상황이 발생할 수도 있을 것이다. 그리고 이는 명확하게 행동한 결과에 대해서만 책임을 묻는 민주주의 국가의 책임 원칙을 훼손하는 결과를 가져올 수 있다.

(3) 데이터 오용

빅데이터의 맹신으로 인한 부작용은 데이터 오용으로도 이어진다. 챗GPT가 잘못된 정보를 알려주는데 그것을 의심 없이 믿기만 한다면 어떻게 될까? 언론에 공개된 지표가 과장되었거나 반대로 축소된 데이터라면 그것으로 잘못된 인사이트를 얻어 비즈니스에서 적용한 사람들은 피해를 입게 될 것이다.

빅데이터는 과거의 데이터를 기반으로 미래를 예측한다. 이 말은 과거의 사례를 뒤엎는 창의적인 발상이 나오기를 기대하기는 어렵다는 의미이기도 하다. 실제로 스티브 잡스는 포드가 자동차를 만들기로 결심했을 때 사람들에게 의견을 물었다면(과거의 데이터에 의존했다면) 사람들은 더 빠른 말이 필요하다는 대답을 했을 것이라고 비유했다.

다음 중 빅데이터 활용의 위기 요인에 대한 설명으로 가장 적절하지 않은 것은 무엇인가?

① 빅데이터 기술이 발전함에 따라 개인의 위치 정보, 검색 기록 등의 수집이 증가하면서 사생활 침해 문제가 심화되고 있다.
② 빅데이터를 맹신할 경우 예측 결과에 기반한 부당한 해고, 의료 서비스 거부 등의 결정이 이루어질 가능성이 있으며 이는 책임 원칙을 훼손할 위험이 있다.
③ 빅데이터는 과거 데이터를 기반으로 미래를 예측하기 때문에 전례 없는 창의적 사고를 유도하는 데에도 효과적이다.
④ 데이터가 조작되거나 잘못된 정보를 기반으로 분석될 경우 비즈니스 및 정책 결정에서 심각한 오류를 초래할 수 있다.

해설 빅데이터는 기존 데이터를 기반으로 패턴을 분석하고 예측하는 기법이므로 과거에 존재하지 않았던 완전히 새로운 창의적 발상을 만들어 내기는 어렵다는 단점이 있다.

정답 ③

2. 통제 방안 ★★★

(1) 동의에서 책임으로(사생활 침해에 대한 통제 방안)

> **개인정보 수집 동의** *
> 1. 개인정보의 수집 이용 목적 : 파일 링크 전송
> 2. 수집하는 개인정보의 항목 : 이메일 주소, 휴대폰 번호
> 3. 개인정보의 보유 및 이용 기간 : 개인정보의 수집·이용 목적 달성시까지, 또는 고객이 자신의 개인정보 제공의 동의를 철회할 때. 단, 관련 법령의 규정에 의하여 개인정보를 보유할 필요가 있는 경우, 해당 법령에서 정한 기간까지.
> 4. 본 이벤트 참여 고객은 개인정보 수집, 활용에 대하여 동의를 거부할 권리가 있으며, 비동의 시 신청이 정상적으로 접수되지 않습니다.
>   동의하시는 경우, 체크박스를 클릭해 주십시오.
>   ☐ 네 동의합니다.

웹 사이트에 회원 가입을 하거나 특정 이벤트에 참여하고자 할 때 개인정보 수집 동의에 대한 항목을 한 번쯤은 본 적이 있을 것이다. 하지만 이런 동의제로는 사생활 침해 문제를 해결하기에 부족한 면이 많아 이것을 책임제로 변경함으로써 책임 소재를 제공자에서 사용자로 이동하게끔 하자는 방안이 논의되고 있다.

(2) 결과 기반 책임 원칙 고수(책임 원칙 훼손에 대한 통제 방안)

행동 결과가 아닌 데이터의 예측 자료로 인한 처벌이 있어서는 안 되고 채용 과정이나 대출 여부에 있어서도 불이익을 최소화하는 장치를 마련해야 한다.

(3) 알고리즘 접근 허용(데이터 오용에 대한 통제 방안)

EU는 2023년 4월 알고리즘 투명성 센터(ECTA)를 발족했다. 이 기관은 인공지능(AI)을 활용한 추천 시스템 같은 것들이 인종이나 성별에 대한 편견을 드러내지 않는지 감시하고 평가하는 역할을 하며 특히 검색 결과에 인종 편견이 작용하지는 않는지, 추천 시스템은 어떻게 작동하는지 등에 대해 집중 조사하는 역할을 한다.

이는 알고리즘 조작 등의 부당함에 대처하고 데이터가 오용되는 일을 방지하는 데에 일조할 것으로 보이며 최근에는 알고리즘을 분석하고 해석하여 피해를 예방하고 구제하는 역할을 수행하는 전문 인력인 알고리즈미스트가 주목받고 있다.

> 다음 중 빅데이터 활용에 따른 문제를 통제하기 위한 방안으로 가장 적절하지 않은 것은 무엇인가?
> ① 개인정보 수집에 대한 책임을 제공자에서 사용자로 이동시키는 책임제를 도입하여 사생활 침해 문제를 완화할 수 있다.
> ② 빅데이터의 예측 자료를 근거로 한 처벌을 금지하고 채용이나 대출 과정에서 불이익을 최소화하여 책임 원칙을 유지해야 한다.
> ③ AI 기반 추천 시스템과 검색 알고리즘이 특정 집단에 불리하게 작용하지 않도록 감시하는 알고리즘 투명성 제도를 도입할 필요가 있다.
> ④ 빅데이터 분석 결과는 신뢰할 수 있는 정보이므로 알고리즘의 상세 내용은 보호되어야 하며 외부 기관의 감시 없이 운영하는 것이 바람직하다.
>
> **해설** 빅데이터 분석 결과는 100% 정확하지 않으며 알고리즘의 오류나 편향이 존재할 가능성이 있다. 따라서 AI 및 데이터 기반 추천 시스템이 공정하게 작동하는지 감시하고 투명성을 확보하는 것이 중요하다. 특히 EU의 알고리즘 투명성 센터(ECTA)와 같은 기관이나 알고리즈미스트가 알고리즘의 공정성을 평가하고 감시하는 역할을 수행해야 한다.
>
> **정답** ④

3. 개인정보 비식별 기술(익명화 기술) ★

개인정보 비식별 기술은 데이터를 분석하거나 처리할 때 개인을 식별할 수 없도록 하는 기술이다. 이 기술은 개인정보 보호법에 따라 민감한 개인정보를 보호함으로써 빅데이터 분석, 연구, 마케팅, 공공 서비스 개선 등 다양한 분야에서 데이터의 활용도를 높이는 데 중요한 역할을 한다.

(1) 데이터 마스킹(Data Masking)

민감한 정보를 특정 패턴으로 대체하여 숨기는 방식이다.
예 고객 핸드폰 번호: 010-1234-5678 → 010-****-5678

(2) 가명처리(Pseudonymization)

원본 데이터에서 개인을 식별할 수 있는 식별자를 다른 임의의 값으로 대체하는 방식이다.
예 고객 성명 : 유선배 → 사용자A

(3) 총계 처리(Aggregation)

데이터를 개별적으로 분석하기보다는 여러 개의 데이터를 하나의 그룹으로 묶어 요약된 정보를 제공하는 방식이다.
예 학생 A의 성적 : 85, 학생 B의 성적 : 90, 학생 C의 성적 : 88
   → 반 평균 성적 : 87.7

(4) 데이터 값 삭제(Data Deletion)

데이터셋에서 개인을 식별할 수 있는 정보나 민감한 데이터를 완전히 제거하는 방식이다.

[예] 서울시 마포구 도화동 → 서울시 마포구

(5) 데이터 범주화(Data Generalization)

데이터를 일반적인 범주나 그룹으로 변환하여 세부적인 정보를 감추는 방식이다.

[예] 고객 나이 : 22, 23, 24, 25, 26, 27
→ 고객 나이 분포 : 20대 초반(22~24) 3명, 20대 중반(25~27) 3명

Warming Up

다음 중 개인정보 비식별화(익명화) 기술에 대한 설명으로 가장 적절하지 않은 것은 무엇인가?

① 데이터 범주화는 원본 데이터를 암호화하여 외부에서 접근할 수 없도록 보호하는 방식이다.
② 가명처리는 원본 데이터의 개인 식별자를 다른 임의의 값으로 대체하는 방식으로 예를 들어 '이상혁'을 '사용자A'로 변경하는 방법이 있다.
③ 총계 처리는 개별 데이터를 그룹 단위로 묶어 제공하는 방식이며 예를 들어 학생 개별 성적 대신 반 평균 성적을 제공하는 방법이 이에 해당한다.
④ 데이터 마스킹은 민감한 정보를 특정 패턴으로 대체하여 숨기는 방식으로 예를 들어 핸드폰 번호의 일부를 '****'로 변환하는 방법이 있다.

> **해설** 데이터 범주화는 세부적인 데이터를 보다 일반적인 범위로 변환하여 특정 개인을 식별할 수 없도록 하는 기법이다. 예를 들어 '22, 23, 24, 25, 26, 27세' → '20대 초반(22~24) : 3명, 20대 중반(25~27) : 3명'처럼 데이터를 범위화하여 개인정보가 드러나지 않도록 한다.
> 보기에서 설명한 '암호화하여 외부 접근을 차단한다'는 것은 비식별화 기술이 아니라 데이터 암호화 기법에 해당한다.
>
> **정답** ①

CHAPTER 03

가치 창조를 위한 데이터 사이언스와 전략 인사이트

01 빅데이터 분석과 전략 인사이트

1. 빅데이터 열풍과 회의론 – 혁신과 한계 사이

(1) 빅데이터 열풍 : 새로운 시대의 원유

21세기는 빅데이터(Big Data)의 시대라고 해도 과언이 아닐 만큼 인터넷, 모바일, 사물인터넷(IoT), 소셜 미디어 등의 발전과 함께 데이터가 폭발적으로 증가하며 다양한 산업과 사회 전반에서 혁신을 일으키고 있다. 데이터는 이제 단순한 기록이 아니라 경제적 가치와 의사결정의 핵심 요소가 되었다. '빅데이터는 21세기의 원유'라는 말처럼 데이터는 원석처럼 가공을 거쳐야 가치가 발생하며 이를 분석하여 새로운 인사이트를 도출하는 것이 현대 사회의 중요한 과제가 되었다.

정부와 기업들은 빅데이터를 활용하여 교통 흐름을 최적화하고 의료 시스템을 개선하며 맞춤형 광고를 제공하고 소비자의 행동을 예측하는 등 다양한 분야에서 데이터 기반의 의사결정(DDDM ; Data-Driven Decision Making)을 확대하고 있다. AI(인공지능) 기술과 결합된 빅데이터 분석은 자동화된 의사결정을 가능하게 하며 금융, 유통, 제조, 헬스 케어 등 거의 모든 산업에 영향을 미치고 있다고 할 수 있다.

(2) 빅데이터 회의론 : 만능 해결책이 될 수 있을까?

그러나 빅데이터에 대한 기대가 커질수록 이에 대한 회의론도 함께 증가하고 있다. 빅데이터가 과연 모든 문제를 해결할 수 있는 만능 도구인가?

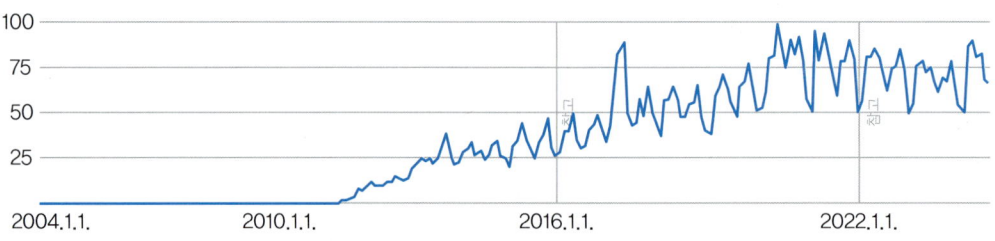

['빅데이터' 키워드 검색 추이, 2024년 8월 기준]
[성장세가 서서히 잦아드는 것을 볼 수 있음]

① 첫째, 데이터 편향성과 윤리적 문제가 지적된다.

데이터는 객관적일 것 같지만 실제로는 데이터를 수집하고 가공하는 과정에서 편향이 개입할 가능성이 높다. 예를 들어 AI 채용 시스템이 특정 성별이나 인종에 대해 차별적인 결정을 내리는 사례가 보고되었고 AI 의료 진단에서도 특정 인구집단을 배제하는 문제가 발생하였다. 빅데이터가 잘못된 데이터를 기반으로 분석되거나 편향된 결과를 낳는다면 오히려 의사결정의 오류를 초래할 수 있다.

② 둘째, 프라이버시 침해와 데이터 보호 문제가 대두된다.

빅데이터는 방대한 양의 개인정보를 포함할 수밖에 없으며 이를 어떻게 보호할 것인지가 중요한 문제로 떠오르게 되었다. 2016년 페이스북의 '케임브리지 애널리티카(Cambridge Analytica)' 사건처럼, 대량의 사용자 데이터가 동의 없이 수집되고 정치적 목적으로 악용된 사례는 빅데이터의 부작용을 단적으로 보여준다. 개인정보 보호와 데이터 활용 사이의 균형을 맞추는 것이 빅데이터 시대의 핵심 과제가 된 것이다.

③ 셋째, 데이터의 양이 많다고 무조건 정확한 것이 아니다.

빅데이터 분석이 성공하려면 데이터의 품질(Quality)이 보장되어야 한다. 데이터의 양이 많으면 자동으로 가치 있는 결과가 도출될 것이라는 생각은 오산이다. 분석의 정확성은 데이터의 양뿐만 아니라 데이터의 신뢰성과 분석 방법론의 적절성에 의해 결정된다. 데이터가 많아도 오류가 포함되어 있으면 잘못된 의사결정을 내릴 수 있는 것이다.

2. 빅데이터, 'Big'이 아니라 'Insight'가 핵심

빅데이터(Big Data)라는 용어에서 가장 강조되는 것은 'Big', 즉 데이터의 방대한 규모다. 하지만 데이터가 많다고 해서 반드시 가치 있는 결과가 도출되는 것은 아니다. 진정한 핵심은 얼마나 의미 있는 인사이트(Insight)를 도출할 수 있는가에 있다.

빅데이터가 주목받는 이유는 단순히 데이터의 양이 많아서가 아니라 데이터를 분석하고 해석하여 실질적인 가치를 창출할 수 있기 때문이다. 기업이 마케팅 전략을 세우거나 정부가 정책을 결정할 때 중요한 것은 무작정 많은 데이터를 모으는 것이 아니라 데이터 속에서 의미 있는 패턴을 발견하고 이를 활용하는 능력이다. 빅데이터 분석에서 중요한 것은 데이터의 질을 확보하고 맥락을 이해하며 올바른 해석을 통해 인사이트를 도출하는 것이 핵심인 것이다.

결국 데이터의 양보다 중요한 것은 이를 해석하고 활용하는 능력이며 빅데이터 분석의 진정한 가치는 크기가 아니라 인사이트에 있다.

3. 일차적인 분석 vs 전략 도출을 위한 가치 기반 분석

기업들이 빅데이터를 활용하는 방식은 크게 두 가지로 나뉜다.

첫 번째는 일차적인 분석으로 주로 내부 운영의 효율성을 높이고 의사결정을 최적화하는 것이다. 예를 들어 금융 서비스에서는 신용 점수를 산정하고 사기 탐지를 강화하며 제조업에서는 공급망 최적화와 품질 관리를 수행한다. 이러한 분석은 기업이 운영 비용을 절감하고 보다 신속하고 정확한 결정을 내리는 데 도움을 준다.

다음은 일차적인 분석 활용 사례이다.

산업	분석 활용 사례
금융 서비스	신용 점수 산정, 사기 탐지, 고객 리스크 평가, 프로그램 트레이닝, 클레임 분석, 고객 수익성 분석
소매업	판촉 전략 수립, 매장 관리, 수요 예측, 재고 최적화, 가격 및 제조 프로세스 최적화
제조업	공급망 최적화, 품질 관리, 수요 예측, 보증서 분석, 맞춤형 상품 개발, 신제품 개발
헬스 케어	약물 개발 최적화, 질병 진단 지원, 환자 치료 최적화
병원	환자 행동 분석, 고객 로열티 분석, 수익성 분석
에너지	전력 소비 패턴 분석, 공급망 관리, 수요 예측
통신·IT	네트워크 최적화, 고객 이탈 분석, 수요 예측, 생산 능력 계획, 데이터 트래픽 최적화
서비스 산업	콜센터 직원 분석, 서비스 품질 평가, 고객 만족도 분석
정부·공공기관	사기 탐지, 사례 관리, 법률 준수 모니터링, 수익 최적화
온라인 비즈니스	웹 사이트 트래픽 분석, 사용자 행동 패턴 분석, 개인화 추천 시스템 구축
모든 산업	성과 관리, 직원 성과 평가, 내부 운영 최적화

하지만 일차적인 분석만으로는 경쟁력을 지속적으로 유지하기 어렵다. 따라서 기업들은 한 단계 더 나아가 전략적 가치 기반 분석을 수행해야 한다. 이는 단순히 데이터를 활용하는 것을 넘어 데이터를 통해 경쟁 우위를 확보하는 데 집중하는 방식이다. 예를 들어 유통업에서는 고객의 구매 패턴을 분석하여 맞춤형 상품을 추천하고 통신업에서는 고객 행동을 분석하여 최적의 요금제를 제안할 수 있다. 이러한 전략적 분석은 기업이 변화하는 시장 환경에 유연하게 대응하고 새로운 비즈니스 기회를 창출하는 데 핵심적인 역할을 한다.

결국 빅데이터 분석은 단순한 운영 효율화를 넘어서 기업의 비즈니스 모델을 혁신하는 방향으로 발전해야 한다. 경쟁이 치열한 시장에서 살아남기 위해서는 데이터를 통해 차별화된 인사이트를 도출하고 이를 실행 가능한 전략으로 연결하는 능력이 필수적이다. 데이터는 단순한 숫자가 아니라 기업이 성장할 수 있는 기회를 제공하는 중요한 자산이기 때문이다.

02 전략 인사이트 도출을 위한 필요 역량

1. 데이터 사이언스의 의미와 역할 ★

데이터 사이언스는 데이터를 수집하고 분석하여 유의미한 정보를 추출하는 과정을 의미한다. 이 과정에서 문제를 해결하고 새로운 인사이트를 얻기 위해 수학, 통계학, 컴퓨터 과학 같은 여러 분야의 지식을 결합하는 것이 데이터 사이언스의 핵심이라고 할 수 있다.

데이터 사이언스는 데이터 분석의 기술을 넘어 통찰, 창조성, 영감, 인간에 대한 이해와 공감이 함께 결합되어야 하며 그로 인해 비즈니스의 성과를 이끌어 낼 수 있어야 한다.

초창기 별 반응이 없던 링크드인(LinkedIn)에 '알 수도 있는 사람(People You May Know)' 서비스를 제안한 것은 스탠퍼드 물리학 박사 출신인 골드만(Goldman)이라는 데이터 사이언티스트였다. 그는 링크드인의 사용자들이 왜 다른 유저들과 활발하게 인맥을 맺지 않는지 그 마음을 들여다보기 위해 연구했고 그에 대한 해결책으로 인맥을 소개해 주는 서비스를 생각해 내었다. 결과적으로 이 서비스로 인해 링크드인은 수백만의 새로운 PV를 창출하게 되었고 비즈니스는 놀라운 성과를 이룰 수 있었다.

다음 중 데이터 사이언스에 대한 설명으로 가장 적절하지 않은 것은 무엇인가?

① 데이터 사이언스는 통계학, 컴퓨터 과학, 도메인 지식을 결합하여 데이터를 분석하고 의미 있는 인사이트를 도출하는 학문이다.
② 데이터 사이언스는 빅데이터만을 대상으로 하며, 소규모 데이터는 분석 대상에서 제외된다.
③ 데이터 사이언스는 다양한 분석 기술을 활용하여 의사결정을 지원한다.
④ 데이터 사이언스는 과거 데이터를 바탕으로 패턴을 찾아 미래를 예측하는 데 활용될 수 있다.

> **해설** 데이터 사이언스는 빅데이터뿐만 아니라 소규모 데이터도 분석 대상이 될 수 있다. 데이터의 크기보다는 문제 해결을 위한 데이터 활용이 핵심이며 기업이나 연구 분야에서는 작은 데이터셋에서도 유의미한 패턴과 인사이트를 도출할 수 있다.
>
> **정답** ②

2. 데이터 사이언스의 구성요소 ★★

데이터 사이언스는 크게 다음 세 가지 영역으로 구성된다.

데이터 처리와 관련된 IT 영역	시그널 프로세싱, 프로그래밍, 데이터 엔지니어링, 데이터 웨어하우징, 고성능 컴퓨팅 등
분석적 영역	수학, 확률 모델, 머신러닝, 분석학, 패턴 인식과 학습, 불확실성 모델링 등
비즈니스 컨설팅 영역	커뮤니케이션, 프레젠테이션, 스토리텔링, 시각화 등

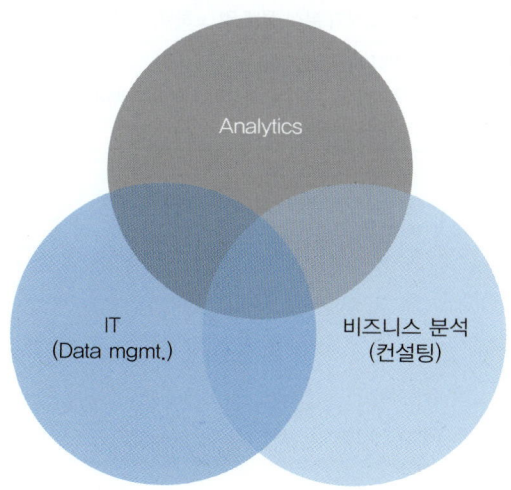

[데이터 사이언스의 핵심 구성요소]

다음 중 데이터 사이언스의 주요 영역에 해당하지 않는 것은 무엇인가?

① 데이터 엔지니어링 및 데이터 처리
② 확률 모델과 머신러닝을 활용한 분석 기법
③ 고객과의 소통을 위한 커뮤니케이션 및 스토리텔링
④ 물리적 하드웨어 설계를 통한 서버 인프라 구축

> **해설** 데이터 사이언스는 IT(데이터 처리), 분석, 비즈니스 컨설팅 세 가지 요소로 구성된다. 서버 인프라 구축은 데이터 관리와 관련된 IT 인프라의 일부일 수는 있으나 데이터 사이언스의 핵심 영역에는 포함되지 않는다. 반면 데이터 엔지니어링, 확률 모델, 머신러닝, 커뮤니케이션 및 스토리텔링 등은 데이터 사이언스에서 중요한 역할을 한다.
>
> **정답** ④

3. 데이터 사이언티스트 ★★★

데이터 사이언티스트는 다양한 데이터를 수집, 분석, 해석하여 유용한 정보를 추출하고 이를 기반으로 비즈니스나 조직이 더 나은 결정을 내릴 수 있도록 도와주는 역할을 한다.

데이터 사이언티스트에게 요구되는 역량은 크게 Hard Skill과 Soft Skill로 나뉘는데 Hard Skill은 이과적인 역량, Soft Skill은 문과적인 역량이라고 이해하면 쉽다.

Hard Skill	• 빅데이터에 대한 이론적인 지식 : 관련 기법에 대한 이해와 방법론 습득 • 분석 기술에 대한 숙련 : 최적의 분석 설계 및 노하우 축적
Soft Skill	• 통찰력 있는 분석 : 창의적 사고, 호기심, 논리적 비판 • 설득력 있는 전달 : 스토리텔링, 데이터 시각화(Visualization) • 여러 분야 간의 협력 : 커뮤니케이션 능력

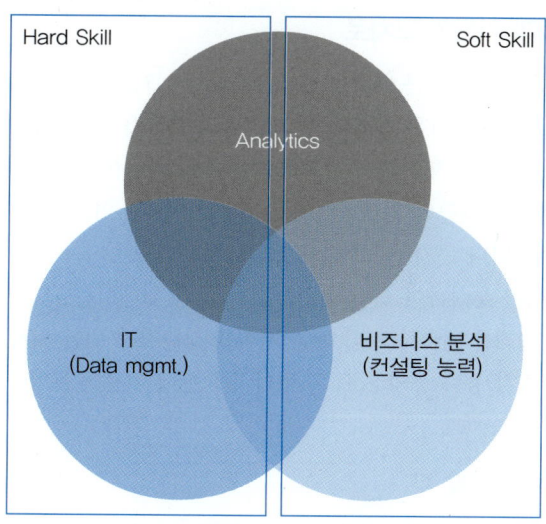

[데이터 사이언티스트에게 요구되는 역량]

> **Tip**
>
> **가트너가 제시한 데이터 사이언티스트가 갖춰야 할 역량**
> - 데이터 관리(Data Management) : 데이터에 대한 이해
> - 분석 모델링(Analytics Modeling) : 분석론에 대한 지식
> - 비즈니스 분석(Business Analysis) : 비즈니스 요소에 초점
> - 소프트 스킬(Soft Skill) : 커뮤니케이션, 협력, 리더십, 창의력, 규율, 열정

Warming Up

다음 중 데이터 사이언티스트에게 요구되는 역량이 같은 유형끼리 나열된 것은 무엇인가?

① 데이터 분석, 협업, 프로그래밍
② 논리적 사고, 머신러닝, 커뮤니케이션
③ 데이터 시각화, 협업, 스토리텔링
④ 알고리즘 이해, 확률 모델링, 설득력

> **해설** ③은 모두 Soft Skill과 관련된 역량이다.
>
> **정답** ③

4. 데이터 사이언스 : 과학과 인문의 교차로

스티브 잡스의 애플 신제품 발표회는 늘 큰 반향을 불러일으켰다. 그는 화려한 프레젠테이션 효과나 복잡한 그래픽보다는 메시지를 효과적으로 전달하는 데 집중했고 제품의 특징을 이야기 형식으로 풀어가면서 청중의 관심을 끌었다. 새로운 제품의 필요성과 혁신성을 강조하면서도 그 제품이 사용자에게 가져다 줄 가치를 감동적으로 표현했던 그의 발표는 매번 관객들의 기립 박수를 이끌어 냈는데, 이 대목은 과학적인 사고와 더불어 인문학적인 소통 능력의 중요성이 얼마나 큰지를 보여준다고 할 수 있다.

데이터 사이언티스트가 데이터를 분석하여 전략적인 통찰을 얻기 위해서는 단순한 통계나 데이터 처리와 관련된 지식만 있어서는 안 된다. 미래를 예측하고 더 높은 가치를 창출하기 위한 의사결정을 하기 위해서는 비즈니스에 대한 감각, 고객에 대한 공감 능력 등의 Soft Skill이 필요한데 이는 인문학을 통해 길러낼 수 있다.

5. 전략적 통찰력과 인문학의 부활 ★

인문학 열풍이 한때의 유행이라는 시각도 있지만 다음의 변화들로 볼 때 인문학 열풍은 앞으로도 계속될 것으로 보인다.

(1) 단순 세계화에서 복잡한 세계화로의 변화

과거	현재
• 컨버전스 • 규모의 경제 • 글로벌 효율성 • 표준화, 이성화가 주된 키워드	• 디버전스 • 복잡한 세계화 • 다양성 • 창조성

> **Tip**
> • 컨버전스(Convergence) : 특정한 방향으로 수렴하거나 서로 다른 요소들이 유사해지거나 일치되는 과정을 의미
> • 디버전스(Devergence) : 서로 다른 방향으로 발산하거나 구성요소들 간의 차이가 점점 더 커지는 과정을 의미

(2) 비즈니스의 중심이 제품 생산에서 서비스로 이동

과거	현재
• 효용 경제에 기초 • 고장이 나지 않는 뛰어난 품질의 제품을 생산하는 것이 핵심	• 체험 경제 • 제품이 고장나더라도 얼마나 뛰어난 고객 서비스를 제공해 주느냐가 관건 • 고객과의 관계 및 커뮤니케이션이 중요

(3) 경제와 산업의 논리가 생산에서 시장 창조로 변화

과거	현재
• 효율성 강조 • 제품 주도 • 제조와 공급망 중심	• 고객 중심 • 혁신과 창의성 • 제품을 사용하면서 얻게 되는 경험과 가치(무형 자산)가 중요

6. 데이터 사이언티스트에게 요구되는 인문학적 사고의 특성과 역할 ★

데이터 사이언티스트는 데이터를 통해 사람들의 행동, 사회적 현상, 문화적 맥락을 이해하고 해석해야 하며, 이를 위해서는 인문학적 사고가 필수적이다. 데이터 분석에서 인문학적 사고가 빠진다면 그것은 단순한 정보의 나열에 불과하다.

구분	정보 활용 단계	인사이트 도출 단계
과거	무슨 일이 일어났는가?	어떻게, 왜 일어났는가?
현재	무슨 일이 일어나고 있는가?	차선책은 무엇인가?
미래	무슨 일이 일어날 것인가?	최악 또는 최선의 상황은 무엇인가?

> **Tip**
> 데이터 사이언티스트가 가져야 할 가장 중요한 덕목은 강한 호기심이다. 특정 사건이 발생한 원인이 무엇인지, 어떤 방식으로 발생했는지, 결과를 개선하기 위해 무엇을 해야 하는지 등의 질문을 끊임없이 던짐으로써 통찰력을 얻어내야 하는 것이다.

Warming Up

다음 중 데이터 사이언티스트에게 요구되는 역량에 대한 설명으로 가장 적절하지 않은 것은 무엇인가?

① 데이터 사이언티스트는 사람들의 행동과 사회적 현상을 분석하여 인사이트를 도출해야 하므로 인문학적 사고가 필수적이다.
② 데이터 활용 단계에서 과거에 일어난 일을 파악하는 것보다 미래 예측이 더욱 중요한 역량이다.
③ 데이터 사이언티스트는 강한 호기심과 논리적 사고를 통해 데이터를 탐색하고 새로운 패턴을 발견해야 한다.
④ 복잡한 세계화 시대에서는 단순한 데이터 분석보다는 창의적 해석과 다각적 접근이 더욱 중요해지고 있다.

> **해설** 데이터 사이언스에서 미래 예측이 중요하기는 하지만 과거 데이터 분석 또한 필수적인 과정이다. 과거 데이터를 기반으로 현재를 분석하고 미래를 예측하는 것이 데이터 활용의 핵심이므로 과거보다 미래 예측이 더 중요하다는 표현은 적절하지 않다.
>
> **정답** ②

03 빅데이터 그리고 데이터 사이언스의 미래

1. 가치 패러다임의 변화 ★★

가치 패러다임은 시대와 환경에 따라 어떤 것을 가치 있다고 여기는 기준이나 인식이 변화하는 과정을 의미한다. 즉, 과거에는 중요하게 여겨지지 않았던 것이 현재에는 필수적인 요소가 되거나 반대로 기존의 핵심 가치가 점차 그 중요성을 잃어가는 현상을 포괄하는 개념이다.

가치 패러다임의 변화는 기술 발전, 경제 구조, 사회적 요구, 환경 변화 등에 의해 결정된다. 예를 들어 산업혁명 시대에는 대량 생산과 표준화가 핵심 가치였지만 21세기에는 맞춤형 서비스와 창의적 사고가 더 높은 가치를 인정받고 있다. 이러한 변화는 단순한 유행이 아니라 사회 전반의 의사결정과 행동 양식을 바꾸는 요인이 되며 기업, 정부, 개인 모두가 새로운 가치 패러다임에 적응해야 지속적인 성장을 이룰 수 있다.

가치 패러다임은 시대에 따라 변하며 최근에는 디지털화(Digitalization) → 연결(Connection) → 에이전시(Agency)라는 흐름으로 변화하고 있다. 과거에는 기술 중심의 디지털 전환이 가장 중요한 가치였다면 이후에는 연결성과 네트워크가 핵심이 되었으며 현재와 미래에는 개인과 조직이 스스로 주체적인 역할을 수행하는 능력(Agency)이 중요한 가치로 자리 잡고 있다.

디지털화 (Digitalization)	• 아날로그 정보를 디지털로 변환하는 과정 • 모바일, 클라우드, AI, IoT 발전 • 오프라인 → 온라인 전환 • 스마트 팩토리, 전자상거래, 모바일 금융
연결 (Connection)	• 디지털 데이터를 활용하여 사람, 기기, 기업을 연결 • 소셜미디어, 공유경제, 클라우드 서비스 • 네트워크 기반 비즈니스 모델 발전 • 플랫폼을 통한 정보 및 자원 공유
에이전시 (Agency)	• 개인과 조직이 데이터를 스스로 활용하고 의사결정하는 능력 • 사물인터넷의 발전으로 복잡해진 연결(Connection)을 얼마나 효과적이고 신뢰성 있게 관리하는가가 중요

과거에는 데이터를 많이 보유하는 것이 중요했지만 현재는 네트워크를 활용한 협력과 연결이 더 중요한 가치로 자리 잡고 있다. 그리고 앞으로는 각 개인과 조직이 데이터를 활용하여 독립적이고 능동적인 의사결정을 내리는 시대가 도래할 것이다. 이러한 변화 속에서 기업과 개인은 단순히 기술을 활용하는 것에서 벗어나 자신만의 인사이트를 발굴하고 능동적으로 대응하는 역량을 갖춰야 하겠다.

PART 1 적중예상문제

01 다음 중 데이터 분석가나 인공지능 전문가 등이 만든 알고리즘으로 인해 부당한 피해를 입는 사람을 방지하기 위해 생겨난 직업은 무엇인가?

① 빅데이터 전문가
② 알고리즈미스트
③ 데이터 분석가
④ 데이터 사이언티스트

해설 알고리즈미스트
데이터 분석가나 인공지능 전문가 등이 만든 알고리즘은 다양한 산업에서 의사결정을 자동화하고 최적화하는 데 활용된다. 하지만 잘못된 알고리즘 설계, 편향된 데이터, 윤리적 문제 등으로 인해 특정 집단이 부당한 피해를 입을 수 있다. 이를 방지하고 공정성을 유지하기 위해 등장한 직업이 알고리즈미스트이다.

오답 Check
① 대량의 데이터를 수집, 저장, 처리하고 분석하는 역할을 한다.
③ 데이터를 해석하고 인사이트를 도출하는 역할을 수행한다.
④ 머신러닝, 통계 모델링, 데이터 엔지니어링 등을 활용하여 복잡한 문제를 해결하는 역할을 한다.

02 데이터 사이언티스트에게 요구되는 역량 중 성격이 다른 하나는 무엇인가?

① 통찰력 있는 분석
② 커뮤니케이션 능력
③ 빅데이터에 대한 이론적인 지식
④ 스토리텔링

해설
데이터 사이언티스트에게 요구되는 역량은 크게 하드 스킬(Hard Skill)과 소프트 스킬(Soft Skill)로 나눌 수 있다.

하드 스킬	빅데이터에 대한 이론적인 지식, 분석 기술에 대한 숙련 등
소프트 스킬	통찰력 있는 분석, 설득력 있는 전달(스토리텔링), 여러 분야 간의 협력(커뮤니케이션 능력) 등

정답 01 ② 02 ③

03 다음 중 데이터 웨어하우스에 대한 설명으로 가장 적절한 것은 무엇인가?

① 데이터 웨어하우스에 저장된 데이터는 일반적으로 수정되거나 삭제되지 않는다.
② 데이터 웨어하우스는 실시간 트랜잭션 처리를 위해 최적화된 데이터베이스이다.
③ 데이터 웨어하우스는 주로 비정형 데이터를 저장하며 구조화된 데이터 저장에는 적합하지 않다.
④ 데이터 웨어하우스는 단일 부서의 데이터만을 저장하고 분석하는 데 사용된다.

해설 데이터 웨어하우스(DW)

의사결정 지원을 위해 대량의 데이터를 저장, 관리, 분석하는 시스템이다. 일반적인 운영 데이터베이스(OLTP)와 달리 OLAP(Online Analytical Processing) 처리를 위해 설계되며 기업의 다양한 시스템에서 데이터를 통합하여 장기간 보관한다. 데이터 웨어하우스는 과거 데이터를 분석하고 인사이트를 도출하는 목적으로 사용된다. 따라서 기록된 데이터는 수정이나 삭제 없이 그대로 유지되며 새로운 데이터를 추가하는 방식으로 운영된다. 따라서 데이터 변경이 거의 없고 주로 읽기(조회) 연산이 이루어진다.

오답 Check

② 실시간 트랜잭션 처리를 담당하는 것은 운영 데이터베이스(OLTP ; Online Transaction Processing) 시스템이다. 데이터 웨어하우스는 대량의 데이터 분석(OLAP)에 최적화되어 있으며 실시간 트랜잭션 처리에는 적합하지 않다.
③ 데이터 웨어하우스는 정형 데이터(구조화된 데이터)를 주로 저장하며 SQL 기반의 분석을 할 수 있다. 비정형 데이터(예 이미지, 동영상, 소셜미디어 데이터)는 일반적으로 데이터 레이크와 같은 시스템에서 저장하고 처리한다.
④ 데이터 웨어하우스는 기업 전체의 데이터를 통합하여 저장하며 여러 부서(마케팅, 영업, 재무 등)에서 공통으로 활용할 수 있다. 특정 부서만을 위한 데이터 저장소는 데이터 마트라고 하며 이는 데이터 웨어하우스의 하위 개념이라고 할 수 있다.

04 다음 중 조직 구성원 개인에게 축적된 암묵적인 지식을 문서화하여 형식적인 지식으로 만드는 것을 의미하는 용어는 무엇인가?

① 공통화
② 표출화
③ 연결화
④ 내면화

> **해설** 조직 내에서 지식은 크게 암묵지와 형식지로 나뉜다.
>
> | 암묵지 | 개인에게 내재된 경험적 지식으로, 문서화되거나 공식적으로 표현되지 않은 지식 |
> |---|---|
> | 형식지 | 문서, 매뉴얼, 데이터베이스 등의 형태로 공유 가능한 지식 |
>
>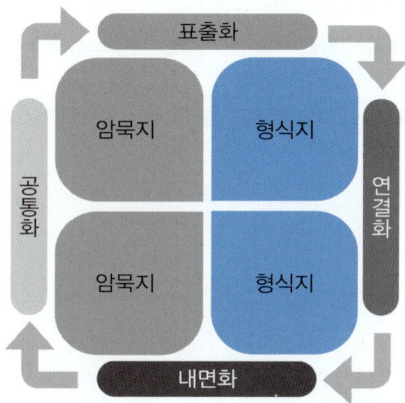
>
> 문제의 설명은 표출화에 대한 것이며 표출화는 암묵지 → 형식지의 변환 과정으로 조직 구성원이 개인적인 경험과 직관을 문서화하여 공식적인 지식으로 변환하는 과정을 의미한다. 예를 들어 전문가의 노하우를 매뉴얼로 정리한다거나 경험을 보고서로 작성하는 일 등이 여기에 속한다.

정답 04 ②

05 다음 중 기업의 모든 업무 및 경영을 통합하여 관리할 수 있는 시스템으로 가장 적절한 것은 무엇인가?

① SCM
② ITS
③ CRM
④ ERP

해설

기업에서는 업무 효율성을 높이고 데이터 관리 및 의사결정을 체계적으로 수행하기 위해 다양한 시스템을 활용한다. 이 중 기업의 모든 업무(재무, 회계, 인사, 생산, 물류 등) 및 경영을 통합하여 관리하는 시스템은 ERP(Enterprise Resource Planning, 전사적 자원 관리)이다.

오답 Check

① 공급망(Supply Chain) 내 물류, 재고, 생산, 유통 등을 최적화하는 시스템으로 주로 제품의 생산과 유통을 관리한다.
② 교통 시스템의 효율성을 높이기 위한 기술 및 시스템으로 도로, 철도, 항공 등의 교통 데이터를 분석하고 최적화하는 데 사용한다.
③ 고객 정보를 관리하고 마케팅 및 영업 활동을 최적화하는 시스템으로 고객 만족도 향상과 고객 유지율을 높이는 역할을 한다.

06 다음 중 빅데이터가 미치는 영향에 대한 설명 중 가장 적절하지 않은 것은 무엇인가?

① 기업은 빅데이터를 활용하여 판매 데이터 분석에 따른 미래 수요 예측, 소비자의 행동 패턴 분석에 따른 개인형 마케팅 전략 등의 데이터 기반 의사결정을 하게 되었다.
② 빅데이터의 구체적인 허용 범위가 아직 정해지지 않아 아직 개인이 활용하는 것은 불가능하다.
③ 정부는 빅데이터를 활용하여 인구 통계나 경제 성장률 등을 분석하여 국가의 장기적인 목표와 전략을 설정한다.
④ 빅데이터 기술의 발전으로 인해 실시간으로 대량의 데이터를 처리하고 분석하는 것이 가능해졌다.

해설

빅데이터는 기업과 정부뿐만 아니라 개인도 활용할 수 있는데, 예를 들면 개인이 구글 트렌드나 공공 데이터 포털에서 데이터를 분석하는 일, Python, R 등의 오픈소스 분석 도구를 활용하여 빅데이터를 처리하고 분석하는 일, 정치인의 SNS 활용, 팬들의 음악 청취 기록 분석을 통한 콘서트 선곡 및 순서 결정 등을 할 수 있다.

07 다음 데이터의 크기를 용량이 작은 순서대로 알맞게 나열한 것은 무엇인가?

> (가) 요타바이트(YB)
> (나) 제타바이트(ZB)
> (다) 페타바이트(PB)
> (라) 엑사바이트(EB)

① (다) − (나) − (라) − (가)
② (다) − (라) − (나) − (가)
③ (나) − (다) − (라) − (가)
④ (라) − (다) − (나) − (가)

해설
데이터 크기는 바이트(B) → 킬로바이트(KB) → 메가바이트(MB) → 기가바이트(GB) → 테라바이트(TB) → 페타바이트(PB) → 엑사바이트(EB) → 제타바이트(ZB) → 요타바이트(YB) 순서로 증가한다.

08 다음 중 빅데이터 시대의 위기 요인으로 가장 적절하지 않은 것은 무엇인가?

① 사생활 침해
② 데이터의 오용
③ 데이터 익명화
④ 책임 원칙의 훼손

해설
데이터 익명화는 위기 요인이 아니라 오히려 개인정보 보호를 위한 해결책 중 하나이다. 익명화 기법(예: 가명 처리, 데이터 마스킹)을 사용하면 개인 식별이 어렵게 되어 프라이버시 보호 강화가 가능하다.

정답 07 ② 08 ③

09 다음 중 데이터베이스의 특징에 대한 설명으로 가장 적절하지 않은 것은 무엇인가?

① 통합된 데이터 : 데이터베이스에는 여러 데이터가 통합되어 있으며 데이터는 서로 중복되지 않는다.
② 저장된 데이터 : 컴퓨터가 접근할 수 있는 매체에 저장된 데이터이다.
③ 공용 데이터 : 여러 사용자들이 서로 다른 목적으로 데이터베이스의 데이터를 공유하여 사용한다.
④ 변화하지 않는 데이터 : 기록된 데이터는 수정이나 삭제 없이 그대로 유지되며 새로운 데이터를 추가하는 방식으로 운영된다.

해설
데이터베이스의 데이터는 운영 과정에서 지속적으로 수정, 삭제, 갱신될 수 있다. 새로운 데이터가 추가되는 것뿐만 아니라 기존 데이터의 변경도 가능하며, 보기의 내용은 데이터 웨어하우스에 대한 설명이다.

10 다음 중 빅데이터의 관점에서 사물인터넷(IoT)의 역할로 가장 적절한 것은 무엇인가?

① 모든 것의 데이터화
② 알고리즘의 진화
③ 분석 기술의 발전
④ 데이터의 시각화

해설
IoT의 핵심 역할은 센서를 통해 온도, 습도, 위치, 소리, 동작 등 다양한 데이터를 자동으로 수집하고 이를 빅데이터 분석에 활용함으로써 현실 세계의 모든 사물을 데이터화하는 것이다. 예를 들어 IoT로 인해 스마트폰, 스마트 워치, 자율주행차, 스마트홈 기기 등이 실시간 데이터를 생성하여 클라우드로 전송하는 일 등이 가능해졌다고 볼 수 있다.

11 다음 중 빅데이터의 처리 비용을 낮추는 데 가장 큰 영향을 미친 기술은 무엇인가?

① 스마트폰의 발전
② 클라우드 컴퓨팅
③ NoSQL
④ 인터넷의 발전

해설
초기에는 빅데이터를 처리하는 데 전용 서버와 고가의 하드웨어 인프라가 필요했지만, 최근 기술 발전으로 인해 처리 비용이 크게 감소하였다. 클라우드 컴퓨팅은 필요한 만큼만 서버, 저장소, 네트워크 자원을 임대하여 사용할 수 있는 기술로 기존에는 기업이 자체적으로 고가의 서버 및 데이터센터를 구축해야 했지만, 클라우드를 이용하면 초기 투자 비용 없이 빅데이터를 저장하고 처리할 수 있다. 따라서 클라우드 컴퓨팅은 빅데이터 분석 비용을 대폭 절감하는 데 기여했다고 볼 수 있으며, 대표적으로 AWS(Amazon Web Services), Microsoft Azure, Google Cloud 등의 서비스가 있다.

12 다음 중 빅데이터의 가치를 산정하는 것이 어려운 이유로 가장 적절하지 않은 것은 무엇인가?

① 빅데이터의 재사용이나 재조합, 다목적용 데이터 개발 등이 일반화되었다.
② 기존에 없던 새로운 가치를 창출한다.
③ 분석 기술이 현저하게 발전을 이루었다.
④ 빅데이터는 비정형 데이터가 많아 정량적 평가가 어렵다.

오답 Check
① 빅데이터는 여러 용도로 재사용 및 재조합될 수 있으며 상황에 따라 다른 가치를 지닐 수 있다. 따라서 동일한 데이터라도 특정 분석 방식이나 응용 분야에 따라 전혀 다른 가치를 창출할 수 있기 때문에 고정된 가치 평가가 어렵다.
② 빅데이터 분석을 통해 새로운 패턴을 발견하거나 기존에 없던 가치를 창출할 수 있다. 예를 들어 고객 행동 패턴 분석을 통한 새로운 마케팅 전략 개발, 의료 데이터 분석을 통한 신약 개발 등 새로운 가치 창출 요소가 많아 기존 방식으로 평가하기가 어렵다.
③ 분석 기술의 발전으로 인해 데이터의 가치를 절대적으로 평가하기가 더욱 어렵게 되었는데, 지금은 가치가 없는 데이터일지라도 새로운 기술의 발전으로 향후 거대한 가치를 만들 가능성이 생겼기 때문이다.

13 다음 중 사용자의 요청에 따라 데이터를 처리하고, 데이터베이스를 관리하는 소프트웨어는 무엇인가?

① SQL
② Python
③ DBMS
④ SCM

해설
데이터베이스는 데이터를 체계적으로 저장하고 관리하는 시스템이며, 이를 효율적으로 운영하기 위해 데이터베이스 관리 시스템(DBMS ; Database Management System)이 필요하다. DBMS는 사용자의 요청에 따라 데이터를 검색, 저장, 수정, 삭제할 수 있도록 해주는 소프트웨어이다.

오답 Check
① 데이터베이스와 상호작용하기 위한 언어로 데이터를 조회하거나 조작하는 데 사용된다. 그러나 SQL 자체는 소프트웨어가 아니라 DBMS에서 데이터를 다루기 위한 언어이므로 정답이 아니다.
② 프로그래밍 언어로 데이터 분석, 웹 개발, 머신러닝 등 다양한 용도로 사용된다.
④ 제품의 생산, 유통, 공급망을 효율적으로 관리하는 시스템으로, 데이터베이스 관리와는 직접적인 관련이 없다.

14 다음 중 반정형 데이터에 해당하는 것으로 가장 적절한 것은 무엇인가?

① 관계형 데이터베이스(RDBMS)에 저장된 고객 정보
② JSON(JavaScript Object Notation) 형식의 로그 데이터
③ 종이에 인쇄된 신문 기사
④ 영상 파일(MP4)

> **해설**
>
> 데이터는 구조화 정도에 따라 정형 데이터, 반정형 데이터, 비정형 데이터로 구분된다. ①은 정형 데이터 ③·④는 비정형 데이터에 해당한다.
>
> | 정형 데이터
(Structured Data) | • 체계적인 스키마(테이블 구조)를 가진 데이터
• 관계형 데이터베이스(RDBMS)에서 관리됨
예) 엑셀 표 데이터, SQL 테이블 데이터, ERP 시스템 데이터 |
> |---|---|
> | 반정형 데이터
(Semi-Structured Data) | • 일정한 구조를 가지지만 완전히 정형화되지 않은 데이터
• 태그나 계층적 구조(XML, JSON 등)를 가지며 RDBMS에 저장되기 어려움
예) JSON, XML, HTML, 로그 파일, 센서 데이터 |
> | 비정형 데이터
(Unstructured Data) | • 명확한 구조가 없는 데이터
• 텍스트, 이미지, 오디오, 영상 등
예) PDF 파일, SNS 게시물, 동영상, 음성 녹음 파일 |

15 다음 중 DIKW 피라미드에서 지식(Knowledge)에 해당하는 예로 가장 적절한 것은 무엇인가?

① 온도 센서가 측정한 기온 데이터
② 여러 지역의 기온 데이터를 분석하여 날씨 패턴을 도출한 보고서
③ 날씨 패턴을 바탕으로 내일 비가 올 가능성이 높다고 판단하는 것
④ 기후 변화에 따른 장기적인 농업 전략을 수립하는 것

> **해설**
>
> 정보에서 패턴을 분석하고 해석하여 예측을 수행하는 단계로 지식에 해당한다.
>
> **오답 Check**
>
> ① 단순한 숫자 값(예) 25℃)이며 아직 의미를 해석하지 않은 원시 데이터에 해당한다.
> ② 개별 데이터를 분석하여 의미를 부여한 단계로 정보에 해당한다.
> ④ 지식을 바탕으로 장기적인 의사결정을 내리는 단계로 지혜에 해당한다.

14 ② 15 ③ **정답**

16 다음 중 빅데이터 활용에 필요한 3요소에 대한 설명으로 가장 적절하지 않은 것은 무엇인가?

① 시스템 : 빅데이터의 저장과 처리를 위해 대용량 분산 컴퓨팅 시스템이 필요하다.
② 데이터 : M2M, IoT 등의 발달로 인해 모든 것이 데이터화되었다.
③ 기술 : 인공지능의 발전으로 빅데이터 분석이 더욱 정교해지고 자동화되었다.
④ 인력 : 데이터 사이언티스트와 알고리즈미스트 등의 역할이 중요해지게 되었다.

> **해 설**
> 시스템은 빅데이터를 저장하고 처리하는 데 중요한 역할을 하지만 빅데이터 3요소에는 포함되지 않는다.
>
> **오답 Check**
> ② · ③ · ④ 빅데이터 활용에 필요한 3요소는 데이터, 기술, 인력이다. 이는 빅데이터를 효과적으로 활용하기 위해 필요한 핵심 요소로, 각각의 역할이 중요하다고 볼 수 있다.

17 다음 중 기업 내부의 시스템에 대한 설명으로 가장 적절하지 않은 것은 무엇인가?

① ERP : 전사적 자원 관리 시스템
② SCM : 기업의 데이터 분석 시스템
③ CRM : 고객 관계 관리 시스템
④ ITS : 지능형 교통 시스템

> **해 설**
> SCM(Supply Chain Management, 공급망 관리 시스템)은 공급망을 최적화하여 원자재 조달, 생산, 유통 과정을 효율적으로 관리하는 시스템으로, 기업의 데이터 분석 시스템이 아니라 제품과 서비스의 흐름을 관리하는 시스템이다.

18 다음 중 빅데이터 활용 기술에 대한 설명으로 가장 적절하지 않은 것은 무엇인가?

① 유형분석 : 데이터의 패턴을 분석하여 특정 그룹으로 분류하는 기법이다.
② 연관규칙 학습 : 데이터 간의 숨겨진 관계를 찾아 추천 시스템 등에 활용한다.
③ 머신러닝 : 데이터를 수집하고 정리하는 과정으로 분석 없이 단순 저장을 목적으로 한다.
④ 유전자 알고리즘 : 최적의 해결책을 찾기 위해 자연 선택과 돌연변이 개념을 적용하는 기법이다.

> **해 설**
> 머신러닝은 데이터에서 패턴을 학습하고 이를 바탕으로 예측하거나 분류하는 기법으로, 단순히 데이터를 수집하고 저장하는 것이 아니라 데이터를 분석하고 모델을 학습하는 것이 핵심이다.

19 다음 중 NoSQL 저장 방식이 아닌 것은 무엇인가?

① MongoDB
② HBase
③ MariaDB
④ DynamoDB

> **해 설**
>
> MariaDB는 관계형 데이터베이스로 MySQL에서 파생된 데이터베이스 시스템이며 SQL을 기반으로 정형 데이터를 저장하여 테이블 간 관계를 정의 및 관리한다.
>
> **NoSQL(Not Only SQL)**
> 전통적인 관계형 데이터베이스(RDBMS)와 달리 스키마가 유연하고 대량의 데이터를 분산 저장할 수 있는 데이터베이스를 의미하며 키-값(Key-Value), 문서(Document), 열(Column), 그래프(Graph) 모델 등 다양한 형태로 데이터를 저장할 수 있다. 반면 관계형 데이터베이스(RDBMS)는 정형화된 데이터를 저장하며 테이블 기반 구조를 사용하고 SQL을 통해 데이터를 관리한다.

20 다음 중 데이터 사이언스의 구성요소로 가장 적절하지 않은 것은 무엇인가?

① 네트워크 보안
② 데이터 엔지니어링
③ 머신러닝
④ 데이터 시각화

> **해 설**
>
> 네트워크 보안은 사이버 공격을 방어하고, 데이터 보호 및 무결성을 유지하는 기술로 데이터 사이언스에서 중요한 개념이지만 데이터 분석 및 활용의 핵심 요소는 아니다.
>
> **데이터 사이언스(Data Science)**
> 데이터를 수집, 처리, 분석하여 의미 있는 인사이트를 도출하는 학문으로 다음과 같은 항목이 요구된다.
> - Analytics : 수학, 확률 모델, 머신러닝, 분석학, 패턴 인식과 학습, 불확실성 모델링 등
> - IT(Data Management) : 시그널 프로세싱, 프로그래밍, 데이터 엔지니어링, 데이터 웨어하우징, 고성능 컴퓨팅 등
> - 비즈니스 분석 : 커뮤니케이션, 프레젠테이션, 스토리텔링, 데이터 시각화 등

정답 19 ③ 20 ①

21 다음 중 데이터베이스 관리 시스템에 속하지 않는 것은 무엇인가?

① Oracle
② Cassandra
③ MySQL
④ Tableau

> **해설**
>
> 데이터베이스는 데이터를 체계적으로 저장하고 관리하는 시스템으로 다양한 종류의 데이터베이스 관리 시스템(DBMS)이 존재한다.
>
> **Tableau(태블로)**
> 데이터 시각화 도구로 데이터 분석 결과를 차트, 그래프, 대시보드 등의 형태로 시각적으로 표현하는 데 사용된다.

22 다음 중 데이터 마트의 특징으로 가장 적절한 것은 무엇인가?

① 기업 전체 데이터를 저장하는 데이터베이스이다.
② 특정 부서나 주제 중심으로 구성된 데이터 웨어하우스의 하위 시스템이다.
③ 실시간 트랜잭션을 처리하는 시스템이다.
④ 비정형 데이터를 저장하는 시스템이다.

> **해설** **데이터 마트(Data Mart)**
>
> 데이터 웨어하우스(DW)의 하위 개념으로 특정 부서나 주제 중심으로 데이터를 저장하고 분석하는 시스템이다.
> - 데이터 웨어하우스 : 기업 전체 데이터를 저장하여 조직 전반에서 활용
> - 데이터 마트 : 부서별(예 마케팅, 영업, 재무) 또는 특정 주제(예 고객 분석, 매출 분석)에 초점을 맞춘 데이터 저장소
>
> **오답 Check**
> ① 데이터 웨어하우스는 기업 전체 데이터를 저장하지만, 데이터 마트는 특정 부서나 주제 중심의 데이터를 저장한다.
> ③ 실시간 트랜잭션 처리는 OLTP 시스템의 역할이며 데이터 마트는 분석용 시스템이다.
> ④ 데이터 마트는 정형 데이터 중심으로 운영되며 비정형 데이터 저장을 주요 목적으로 하지 않는다.

정답 21 ④ 22 ②

23 다음 중 빅데이터 기술의 발전으로 가능해진 활용 사례로 가장 적절한 것은 무엇인가?

① 기존 관계형 데이터베이스를 활용한 전통적인 데이터 분석
② 정형 데이터만을 활용한 마케팅 전략 수립
③ 실시간 교통 데이터 분석을 통한 최적 경로 추천
④ 단순한 엑셀 데이터 분석

> **해 설**
> 빅데이터 기술의 발전으로 대규모 데이터를 실시간으로 처리하고 분석하는 기술이 가능해졌다. 실시간 교통 데이터 분석은 스트림 데이터 처리 기술을 활용하여 도로 상황을 분석하고 최적 경로를 추천하는 서비스(예 내비게이션, 대중교통 앱)로 발전했다.
>
> **오답 Check**
> ② 빅데이터는 정형 데이터뿐만 아니라 비정형 데이터(소셜미디어, 영상 데이터 등)도 포함하여 분석한다.

24 다음 중 빅데이터 활용 시 발생할 수 있는 윤리적인 문제로 가장 적절하지 않은 것은 무엇인가?

① 개인정보 보호 문제
② 데이터 편향 및 차별 발생 가능성
③ 분석을 통한 정확한 예측
④ 알고리즘의 공정성 문제

> **해 설**
> 정확한 예측 자체는 윤리적 문제가 아니며 오히려 빅데이터 활용의 장점 중 하나라고 할 수 있다.
>
> **빅데이터 활용 시 발생할 수 있는 윤리적 문제**
> • 개인정보 보호 문제 : 사용자 데이터가 동의 없이 수집·활용될 가능성
> • 데이터 편향 및 차별 : 데이터 자체의 편향성으로 인해 특정 집단이 차별받을 가능성
> • 알고리즘의 공정성 문제 : 인공지능 및 자동화 시스템이 특정 그룹에 불공정한 결정을 내릴 가능성

25 다음 중 빅데이터에서 데이터를 수집하고 저장하는 과정에 해당하는 것은 무엇인가?

① 데이터 전처리
② 데이터 마이닝
③ 데이터 엔지니어링
④ 데이터 시각화

> **해설**
> • 빅데이터의 활용 과정은 데이터 수집 → 저장 → 처리 및 분석 → 시각화 및 활용으로 나뉜다.
> • 데이터 엔지니어링은 데이터를 수집하고 저장하는 과정을 포함하며 ETL(추출, 변환, 적재), 데이터베이스 구축, 분산 저장 기술(Hadoop, Spark) 활용 등을 수행한다.
>
> **오답 Check**
> ① 데이터 전처리는 수집된 데이터를 정제하고 가공하는 과정이다.
> ② 데이터 마이닝은 패턴 분석, 예측 모델링 등의 분석 과정이다.
> ④ 데이터 시각화는 분석 결과를 직관적으로 표현하는 과정이다.

26 다음 중 빅데이터가 만들어 내는 변화와 관련된 설명으로 가장 적절하지 않은 것은 무엇인가?

① 데이터 분석에서 인과관계를 찾는 것이 점점 더 중요해지고 있다.
② 빅데이터 환경에서는 전수조사가 가능해지면서 표본조사의 필요성이 감소하고 있다.
③ 기존에는 사전처리를 통해 데이터를 정리했지만 빅데이터에서는 사후처리를 통한 분석이 더 일반적이다.
④ 데이터 분석의 초점이 질적인 데이터에서 양적인 데이터로 이동하고 있다.

> **해설**
> 빅데이터 환경에서는 데이터 분석의 초점이 인과관계보다는 상관관계 분석으로 이동하고 있다. 전통적인 데이터 분석은 인과관계를 규명하는 것이 핵심이었지만 빅데이터 분석은 패턴을 찾고 예측하는 상관관계 분석이 중심이 된다.

27 다음 중 데이터의 가치 패러다임의 변화와 관련된 설명으로 가장 적절하지 않은 것은 무엇인가?

① 디지털화는 아날로그 정보를 효과적으로 디지털 형태로 변환하는 과정이다.
② 연결 단계에서는 디지털화된 정보들이 상호작용하며 효율적으로 제공되는 것이 중요하다.
③ 에이전시 단계에서는 사물인터넷(IoT)의 발전과 함께 증가하는 연결을 효과적으로 관리하는 것이 핵심이다.
④ 디지털화, 연결, 에이전시 단계는 독립적으로 작동하며, 서로 영향을 미치지 않는다.

> **해설**
> 데이터 가치 패러다임의 변화는 디지털화 → 연결 → 에이전시의 단계를 거치며 각 단계는 상호 영향을 미친다.

28 다음 중 빅데이터 활용의 위기에 대한 통제 방안으로 가장 적절하지 않은 것은 무엇인가?

① 사생활 침해 문제를 해결하기 위해 데이터 제공자의 동의보다는 사용자 책임을 강조하는 방식이 논의되고 있다.
② 빅데이터 분석 결과가 부정적인 영향을 미칠 경우 책임 원칙을 유지하여 결과 기반의 책임을 강조해야 한다.
③ 데이터 오용을 방지하기 위해 알고리즘의 접근을 개방하고 투명성을 높이는 노력이 필요하다.
④ 사생활 보호를 위해 빅데이터 분석에 사용되는 모든 데이터를 익명화하고 비공개로 유지해야 한다.

> **해설**
> 데이터 익명화는 사생활 보호를 위한 중요한 기법이지만 모든 데이터를 익명화하고 비공개로 유지하는 것은 현실적으로 불가능하며 데이터 활용을 저해할 수 있다. 따라서 적절한 개인정보 보호 조치(예 가명 처리, 암호화 등)와 데이터 활용의 균형을 맞추는 것이 필요하다.

29 다음 중 SQL 집계 함수를 적용한 결과에서 집계 값에 대한 특정 조건을 만족하는 데이터만 추출할 때 사용하는 함수는 무엇인가?

① WHERE
② HAVING
③ SELECT
④ GROUP BY

> **해설**
> SQL에서 집계 함수는 SUM( ), AVG( ), COUNT( ), MAX( ), MIN( ) 등의 함수로 여러 행의 데이터를 그룹별로 요약하여 계산하는 데 사용되며, 집계 함수 적용 후 특정 조건을 만족하는 결과만 필터링하려면 HAVING 절을 사용해야 한다.

30 다음 중 데이터의 형식이 가지는 특징으로 가장 적절하지 않은 것은 무엇인가?

① 형식지는 암묵지가 명시적인 형태와 형식을 갖추어 표현된 것이다.
② 암묵지는 주관적이며 개인의 경험과 직관에 의존하는 특성이 있다.
③ 형식지는 문서, 데이터베이스, 보고서 등 구체적인 형태로 저장 및 공유될 수 있다.
④ 암묵지는 문서화가 쉽고 체계적으로 정리하여 공유하기 용이하다.

> **해설**
> 암묵지는 개인의 직관, 경험을 기반으로 하며 언어로 표현하기 어렵다. 따라서 조직에서는 암묵지를 형식지로 변환하는 과정, 즉 표출화 과정이 필요하다.

PART 2
데이터분석 기획

CHAPTER 01　데이터분석 기획의 이해

CHAPTER 02　분석 마스터플랜

적중예상문제

 유선배 데이터분석 준전문가 ADsP 합격노트
이 시대의 모든 합격! 무료 동영상 강의와 함께 합격하세요!
www.youtube.com ➔ 'SQL 전문가 정미나' 검색 ➔ 구독

CHAPTER 01 데이터분석 기획의 이해

01 분석 기획 방향성 도출

데이터 분석을 수행하기 전에 선행되어야 할 것이 있다. 바로 어떤 목적을 가지고 무슨 데이터를 어떻게 분석할지 기획하는 것이다. 이렇게 분석을 수행할 과제를 정의하고 의도한 대로 결과를 도출할 수 있는 방안에 대해 계획하는 것을 분석 기획이라고 한다. 분석 기획은 분석 결과를 성공적으로 도출하기 위한 중요한 작업이라고 할 수 있다.

1. 분석 기획의 특징 ★★★

(1) 데이터 사이언스 역량

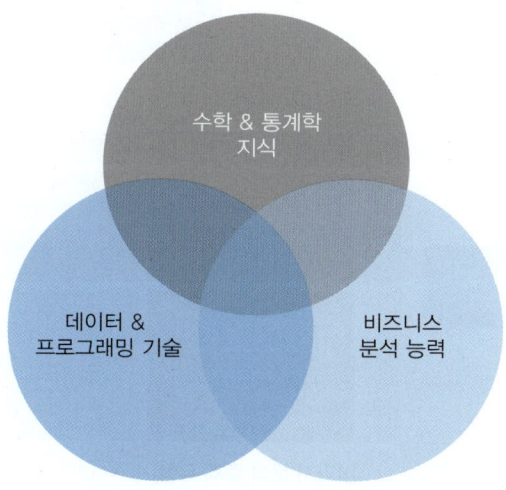

데이터를 분석하기 위해서는 데이터/프로그래밍 기술(분석 도구), 수학/통계학 지식뿐만 아니라 분석하려는 비즈니스에 대한 이해와 전문성까지 세 가지 역량이 골고루 있어야 한다.

다음 중 데이터 사이언티스트가 갖춰야 할 핵심 역량으로 가장 적절하지 않은 것은 무엇인가?

① 프로그래밍 및 데이터 처리 기술
② 그래픽 디자인 및 영상 편집 능력
③ 비즈니스 분석 및 도메인 지식
④ 수학 및 통계학 지식

해설 데이터 사이언티스트는 데이터 분석을 수행하기 위해 프로그래밍 및 데이터 처리 기술, 수학 및 통계학 지식, 비즈니스 분석 및 도메인 지식을 갖춰야 한다. 하지만 그래픽 디자인 및 영상 편집 능력은 데이터 분석과 직접적인 관련이 없는 분야이다.

정답 ②

(2) 분석의 분류

분석은 분석의 대상과 분석의 방식을 아느냐 모르느냐에 따라서 4가지로 구분될 수 있다.

[4가지 분석 주제 유형]

① 분석의 대상이 무엇인지 알고 있고 어떤 방식으로 분석해야 하는지도 알고 있는 경우
  → 최적화(Optimization) 형태로 분석 수행
② 분석의 대상이 무엇인지 알고 있지만 어떤 방식으로 분석해야 하는지 모르고 있는 경우
  → 솔루션(Solution)을 찾아내는 방식으로 분석 수행
③ 분석의 대상이 무엇인지 모르고 있지만 어떤 방식으로 분석해야 하는지는 알고 있는 경우
  → 통찰(Insight)을 도출하여 해결에 기여
④ 분석의 대상이 무엇인지 모르고 있고 어떤 방식으로 분석해야 하는지도 모르고 있는 경우
  → 탐색(Discovery) 접근법으로 분석 대상 자체를 새롭게 도출

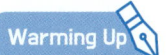

다음 중 분석 주제 유형과 그에 따른 분석 방식의 연결이 올바르지 않은 것은 무엇인가?

① 분석의 대상과 분석 방법을 알고 있는 경우 → 최적화(Optimization) 수행
② 분석의 대상은 알지만 분석 방법을 모르는 경우 → 솔루션(Solution) 도출
③ 분석의 대상은 모르지만 분석 방법을 알고 있는 경우 → 컨설팅(Consulting) 활용
④ 분석의 대상도 모르고 분석 방법도 모르는 경우 → 탐색(Discovery) 접근법 활용

해설 분석의 대상은 모르지만 분석 방법을 알고 있는 경우에는 통찰(Insight) 도출을 수행해야 한다.

정답 ③

(3) 목표 시점별 분석 기획 방안

분석은 또한 해결에 대한 목표 시점별로 나누어 기획해 볼 수도 있다.

구분	과제 중심적인 접근 방식	장기적인 마스터플랜 방식
목적	당면한 과제를 빠르게 해결	지속적인 분석의 내재화
1차 목표	Speed & Test	Accuracy & Deploy
과제의 유형	Quick-Win	Long Term View
접근 방식	Problem Solving	Problem Definition

궁극적으로 장기적인 마스터플랜 방식을 가져가는 것이 분석을 기획하는 데에 가장 바람직하지만, 재빠르게 분석의 가치를 증명하여 이해 관계자들의 동의를 구해야 하는 상황에서는 당면한 과제를 빠르게 해결하는 것이 필요하다. 결론적으로 이 두 방식을 적절하게 융합하여 적용하는 것이 분석 기획에서는 중요하다고 볼 수 있겠다.

다음 중 목표 시점별 분석 기획 방식에 대한 설명으로 가장 적절하지 않은 것은 무엇인가?

① 과제 중심적인 접근 방식은 빠른 실행과 테스트를 중시하며 문제 해결에 집중한다.
② 장기적인 마스터플랜 방식은 분석의 지속적 활용을 목표로 하며 문제 정의를 중시한다.
③ 과제 중심적인 접근 방식은 단기적인 성공보다는 장기적인 전략 수립을 더 중요하게 고려한다.
④ 장기적인 마스터플랜 방식에서는 분석의 정확성과 활용성을 중점적으로 다룬다.

해설
- 과제 중심적 접근 방식은 단기적인 성공(Quick-Win)을 목표로 하며 신속한 문제 해결(Speed & Test)에 집중한다.
- 장기적인 마스터플랜 방식은 장기적인 전략 수립(Long Term View)을 중요하게 고려하며 분석의 지속적인 내재화를 목표로 한다.

정답 ③

2. 분석 기획 시 고려사항 ★★★

(1) 가용 데이터

가장 먼저 분석을 위한 데이터가 확보되어야 한다. 그리고 데이터가 확보되었다면 데이터 유형에 대한 분석이 수행되어야 하는데, 이는 데이터의 유형에 따라 적용 가능한 솔루션 및 분석 방법이 다르기 때문이다.

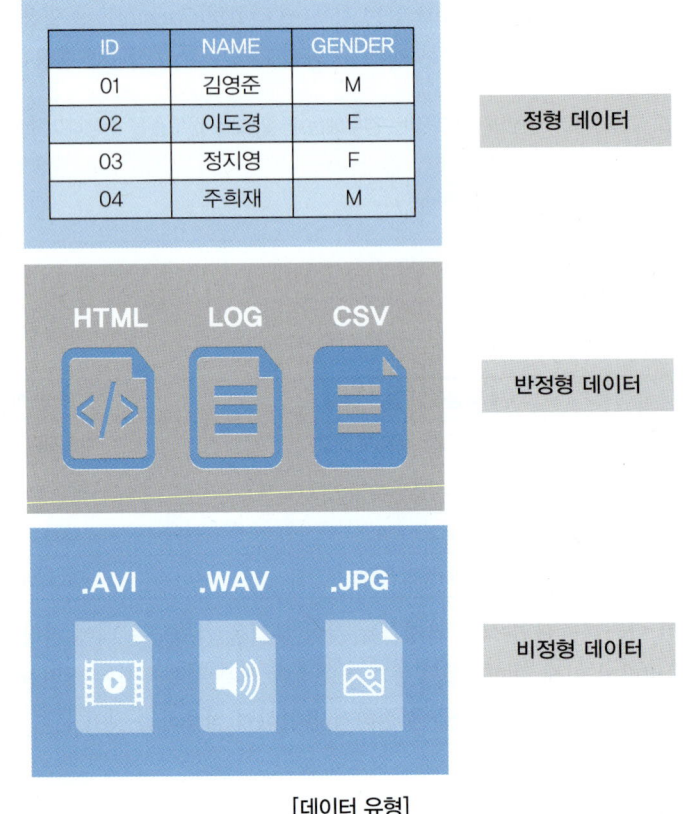

[데이터 유형]

(2) 가치 창출을 위한 적절한 Use Case 활용

기존의 잘 된 사례 중 유사한 분석 시나리오 및 솔루션이 있다면 이를 적극 활용한다. 이는 향후 분석 결과를 활용하게 될 사용자의 공감대를 얻는 데 용이할 것이며 원활한 분석 수행에도 도움이 될 것이다.

(3) 장애 요소에 대한 사전 계획 수립

분석을 수행하는 데 따를 것으로 예상되는 장애 요소로는 우선 정확도를 끌어올리기 위해 필요한 충분한 투입 기간과 리소스, 그로 인한 비용의 상승이 있다. 그리고 분석 결과에 대한 사용자의 이해도 및 실제 데이터 분석 시 발생할 수 있는 성능의 문제 등도 고려하여 사전 계획을 수립해야 한다.

다음 중 데이터 분석 기획 시 고려해야 할 사항으로 적절하지 않은 것은 무엇인가?

① 가용 데이터를 확보하고 데이터 유형을 분석해야 한다.
② 가치 창출을 위한 적절한 Use Case를 활용하여 분석 시나리오를 수립한다.
③ 장애 요소(비용, 리소스, 성능 문제 등)를 고려하여 사전 계획을 수립한다.
④ 분석의 정확도를 높이기 위해 최대한 많은 리소스를 투입한다.

> **해설** 무조건 많은 리소스를 투입하는 것은 바람직하지 않다. 분석 목표와 필요성에 따라 적절한 리소스를 배분하는 것이 효율적인 분석 수행에 필수적이다.
>
> **정답** ④

02 분석 방법론

1. 분석 방법론 개요 ★★

(1) 분석 방법론이란

최근 많은 기업에서 데이터 기반의 의사결정을 하기 위해 데이터 분석을 도입하고 데이터 분석가들을 채용하고 있다. 개인이나 소규모 조직이라면 별도의 분석 방법론이 필요하지 않을 수도 있겠으나 기업의 경우 많은 구성원들이 데이터 분석을 효과적으로 활용하기 위해 분석 방법론을 정하고 가는 것이 필수 코스이다.

> **Tip**
> 기업의 합리적인 의사결정을 가로막는 장애요소
> - 고정관념(Stereotype)
> - 편향된 생각(Bias)
> - 프레이밍 효과(Framing Effect)
>   (* 프레이밍 효과란? 동일한 사건이나 상황임에도 불구하고 문제의 표현 방식에 따라 개인의 판단이나 선택이 달라질 수 있는 현상)

다음에서 설명하는 개념은 무엇인가?

> 어떤 정보나 상황이 제시되는 방식에 따라 사람들의 판단이나 선택이 달라지는 현상을 의미한다. 예를 들어 같은 의료 시술이라도 '90% 성공률'이라고 표현하면 긍정적으로 인식하지만 '10% 실패 확률'이라고 하면 부정적으로 인식하는 경향이 나타난다.

① 프레이밍 효과
② 편향된 생각
③ 고정관념
④ 확증 편향

> **해설** 문제에서 설명한 개념은 프레이밍 효과(Framing Effect)로 동일한 정보라도 어떻게 표현되느냐에 따라 사람들의 판단이 달라지는 현상을 의미한다.
>
> **정답** ①

분석 방법론은 데이터를 분석하고 문제를 해결하는 일련의 체계적인 접근 방식 및 절차를 의미한다. 그렇다면 분석 방법론은 어떤 방식으로 작성되어야 할까?

프로젝트의 성패가 한 개인의 능력에 의해 좌우되어서는 안 되고 어쩌다 보니 성공한 케이스도 바람직하다고는 볼 수 없다. 프로젝트의 성공 가능성을 늘 일정한 수준으로 확보하고 사용자에게 제시할 수 있도록 분석 방법론은 상세한 절차(Procedures), 방법(Methods), 도구와 기법(Tools & Techniques), 템플릿과 산출물(Templates & Outputs)로 구성된다.

Tip

상세한 절차	분석 방법론의 각 단계에서 수행해야 하는 작업을 구체적으로 정의한 것으로, 분석 작업이 체계적이고 일관되게 수행되도록 보장하며 팀 내 협업 시 명확한 작업 절차를 제시 예 데이터 수집, 데이터 정제, 데이터 모델링, 결과 해석, 보고서 작성 등의 단계가 포함되며 각 단계는 명확하게 정의된 절차에 따라 수행되어야 함
방법	특정 문제를 해결하거나 분석을 수행하기 위해 적용되는 특정한 접근 방식이나 전략을 의미 예 예측 모델링 수행 시 선형회귀, 로지스틱 회귀, 의사결정 트리 중 어떤 방식으로 수행하는 것이 적절한가에 대해 전문가에게 자문을 요구
도구와 기법	분석을 수행하는 데 사용되는 소프트웨어, 기술, 그리고 실행 가능한 방법들을 의미 예 Python, R, SQL, Excel, Tableau, Power BI 등
템플릿과 산출물	분석 과정에서 생성되는 문서나 보고서, 또는 이를 구조화하기 위해 사용하는 표준화된 형식을 의미하며, 작업의 일관성을 유지하고 결과물을 명확하게 전달하기 위해 필요함 예 분석 결과 보고 시 사용되는 보고서 템플릿에는 분석 목표, 방법, 결과, 시사점 등이 포함됨

다음 중 프로젝트 성공을 위한 분석 방법론의 요소로 가장 적절하지 않은 것은 무엇인가?

① 분석을 위한 고성능 서버의 CPU 및 메모리 사양을 결정
② 예측 모델링 수행 시 선형회귀, 로지스틱 회귀, 의사결정 트리 중 어떤 방식을 사용할지 결정
③ 데이터 수집 → 데이터 정제 → 데이터 모델링 → 결과 해석 → 보고서 작성 순으로 수행하는 단계 정의
④ 분석 결과를 보고할 때 사용하는 표준 보고서 템플릿을 활용하여 일관성 유지

해설 고성능 서버의 CPU 및 메모리 사양 결정은 분석 환경에 관련된 사항이지만, 직접적인 분석 방법론의 요소로 보기는 어렵다.

정답 ①

분석 방법론의 생성 과정은 일반적으로 암묵지 → 형식지 → 방법론의 단계를 거친다. 개인의 암묵지가 조직의 형식지로 형식화되고 이를 체계화하여 방법론으로 발전한 뒤 다시 개인에게 전파되고 활용되는 순환적인 구조를 형성한다고 이해할 수 있다.

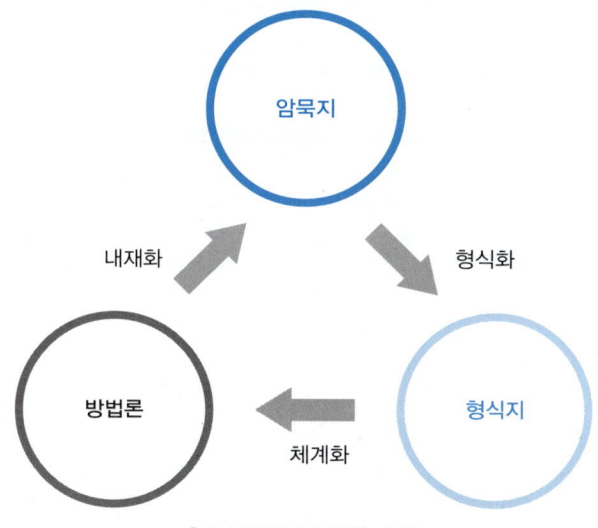

[분석 방법론의 생성 과정]

(2) 분석 방법론의 모델

분석 방법론은 조직과 업무의 특성에 따라 다양한 모델을 가질 수 있다.

① 폭포수 모델(Waterfall Model)

폭포수 모델은 소프트웨어 개발과 시스템 분석에서 사용되는 가장 전통적인 방법론 중 하나로 단계별로 위에서 아래로(Top-Down), 즉 한 단계가 완료된 후에 다음 단계로 넘어가는 일방향성 흐름을 지향하는 모델이다. 하지만 문제나 개선사항이 발견될 시 이전 단계로 돌아가는 피드백(Feedback) 과정이 수행되기도 한다.

② 나선형 모델(Spiral Model)

나선형 모델은 프로젝트의 리스크를 줄이기 위해 주기적으로 반복되는 사이클을 통해 점진적으로 개발하는 방식을 취하는 모델이다. 처음 시도하는 프로젝트에 적용할 경우 효율적일 수 있지만 반복에 대한 관리 체계가 없을 시 복잡도가 상승하여 진행이 더 어려워질 수 있다는 단점이 있다.

③ 프로토타입 모델(Prototype Model)

프로토타입 모델은 초기 단계에서 사용자가 원하는 기능을 빠르게 구현해 본 후 사용자로부터 피드백을 받아 개선 작업을 진행하면서 최종 시스템을 완성해 가는 방식의 모델이다. 사용자 중심의 개발 방법으로 사용자의 요구사항이 명확하지 않거나 자주 변경되는 프로젝트에서 유리하다.

④ 계층적 프로세스 모델(Stepwised Process Model)

분석 방법론에 보편적으로 적용되는 모델이다. 계층적 프로세스 모델은 시스템 개발에서 시스템을 여러 계층으로 나누어 각 계층을 독립적으로 개발하는 방식이며, 복잡한 시스템을 작은 단위로 나누어 관리함으로써 개발의 복잡성을 줄이는 데 초점을 맞춘 모델이다. 계층별로 단계(Phase) → 태스크(Task) → 스텝(Step)으로 구성된다.

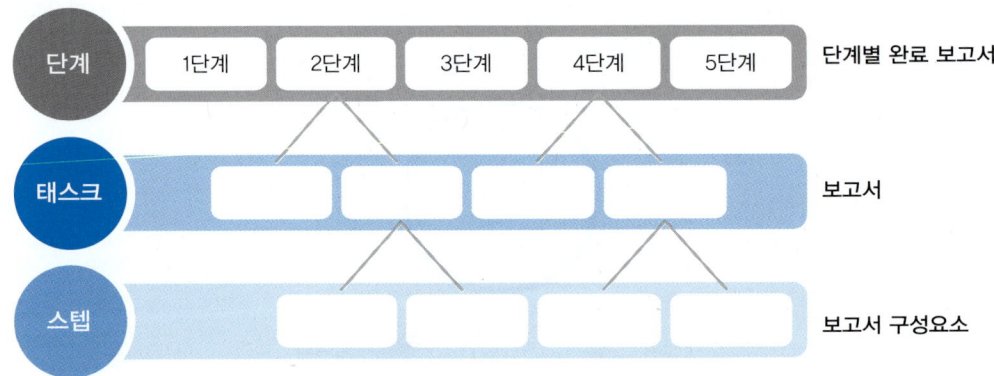

[방법론의 구성]

> 다음 중 소프트웨어 개발 및 분석 방법론에 대한 설명으로 가장 적절하지 않은 것은 무엇인가?
>
> ① 폭포수 모델은 각 단계가 순차적으로 진행되며 한 단계가 완료된 후 다음 단계로 넘어가는 구조를 가진다.
> ② 나선형 모델은 리스크를 최소화하기 위해 반복적인 사이클을 통해 점진적으로 개발하는 방식을 적용한다.
> ③ 프로토타입 모델은 사용자의 피드백을 최소화하여 빠르게 최종 시스템을 완성하는 것을 목표로 한다.
> ④ 계층적 프로세스 모델은 복잡한 시스템을 여러 계층으로 나누어 각 계층을 독립적으로 개발함으로써 관리의 효율성을 높인다.
>
> **해설** 프로토타입 모델은 사용자의 피드백을 최소화하는 것이 아니라 사용자의 요구사항을 적극 반영하여 점진적으로 개선하는 방식이다.
>
> **정답** ③

2. KDD 분석 방법론 ★★

KDD(Knowledge Discovery in Databases) 분석 방법론은 대규모 데이터베이스에서 유용한 지식(정보)을 추출하는 과정을 체계적으로 정리한 데이터 마이닝 프로세스이다. KDD는 데이터 마이닝부터 기계학습, 인공지능, 패턴 인식, 데이터 시각화 등에서 응용이 가능한 일종의 프레임워크라고 볼 수 있다.
KDD 분석 방법론은 다음의 프로세스를 따른다.

(1) Step 1 데이터셋 선택(Selection)

분석할 데이터베이스 내에서 특정 데이터를 선택하고 분석 목표에 맞는 데이터셋을 구성하는 단계이다. 이를 수행하기 위해서는 해당 비즈니스 도메인에 대한 이해와 정확한 목표 설정이 필수이며 다음 단계인 데이터 전처리 프로세스를 통하여 새로운 데이터셋이 요구되는 경우 데이터셋 선택 과정을 반복하며 추가로 데이터셋을 생성할 수 있다.

(2) Step 2 데이터 전처리(Preprocessing)

선택된 데이터를 분석에 적합한 상태로 만드는 과정이다. 데이터셋에 포함된 잡음, 이상값, 결측치 등을 식별하고 필요시 제거하거나 의미 있는 데이터로 대체하여 데이터의 질을 향상시킴으로써 분석 결과의 신뢰성을 높인다.

(3) Step 3 데이터 변환(Transformation)

데이터 전처리 프로세스를 통해 재가공된 데이터셋을 분석에 적합한 형식으로 변환하여 분석 알고리즘이 효과적으로 작동할 수 있도록 하는 과정이다. 변수 생성, 데이터의 차원 축소, 데이터 정규화 등이 이에 속한다.

(4) Step 4 데이터 마이닝(Data Mining)

데이터를 분석하여 유의미한 패턴이나 모델을 발견하는 과정으로 분석 목적에 맞는 데이터 마이닝 기법과 알고리즘을 선택하여 데이터의 패턴을 찾거나 데이터를 분류하고 예측한다. 데이터 마이닝을 진행하는 과정에서 필요시 데이터 전처리와 데이터 변환 프로세스를 병행할 수 있다.

(5) Step 5 데이터 마이닝 결과 평가(Interpretation/Evaluation)

데이터 마이닝 단계에서 발견된 패턴이나 모델의 유효성을 평가하고 비즈니스 목표에 맞는지 검증하는 과정이다. 데이터 마이닝 단계로부터 도출된 지식을 업무에 활용하기 위한 방안을 찾고 필요시 이전 단계들을 반복하여 수행할 수 있다.

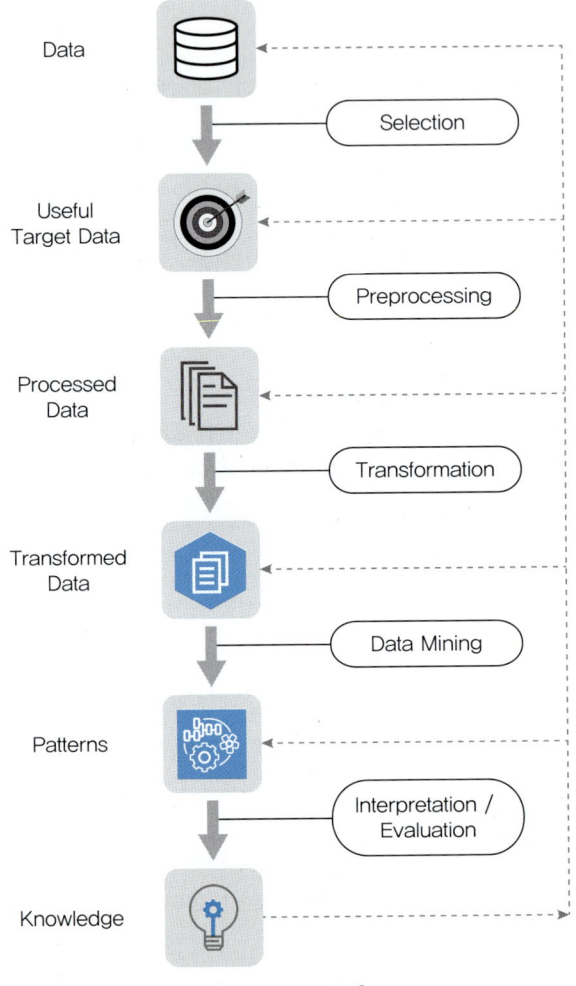

[KDD 분석 절차]

> **다음 중 KDD 분석 방법론의 단계에 대한 설명으로 가장 적절하지 않은 것은 무엇인가?**
>
> ① 데이터셋 선택 단계에서는 분석 목표에 맞는 데이터를 선택하고 구성하며 필요에 따라 추가 데이터셋을 생성할 수 있다.
> ② 데이터 전처리 단계에서는 이상값, 결측치 등을 제거하거나 대체하여 데이터의 질을 향상시킨다.
> ③ 데이터 마이닝 단계에서는 분석 목적과 관계없이 기존 데이터만 활용하여 패턴을 찾아야 하며 새로운 변수를 생성하는 과정은 포함되지 않는다.
> ④ 데이터 마이닝 결과 평가 단계에서는 발견된 패턴이나 모델이 비즈니스 목표에 부합하는지 검토하고 필요시 이전 단계를 반복할 수 있다.
>
> **해설** 데이터 마이닝은 기존 데이터만 활용하는 것이 아니라 필요에 따라 새로운 변수를 생성하고 데이터 변환을 수행할 수도 있으며 데이터의 특성을 더 잘 반영하기 위해 새로운 파생 변수를 만들거나 차원 축소 기법을 적용할 수도 있다.
>
> **정답** ③

3. CRISP-DM 분석 방법론 ★★

CRISP-DM(Cross-Industry Standard Process for Data Mining) 분석 방법론은 데이터 마이닝 프로젝트에서 가장 널리 사용되는 표준화된 프로세스 모델이다. 계층적 프로세스 모델인 CRISP-DM 분석 방법론은 4개의 레벨(단계, 일반화 태스크, 세분화 태스크, 프로세스 실행)과 6개의 단계(업무 이해, 데이터 이해, 데이터 준비, 모델링, 평가, 전개)로 구성되어 있다.

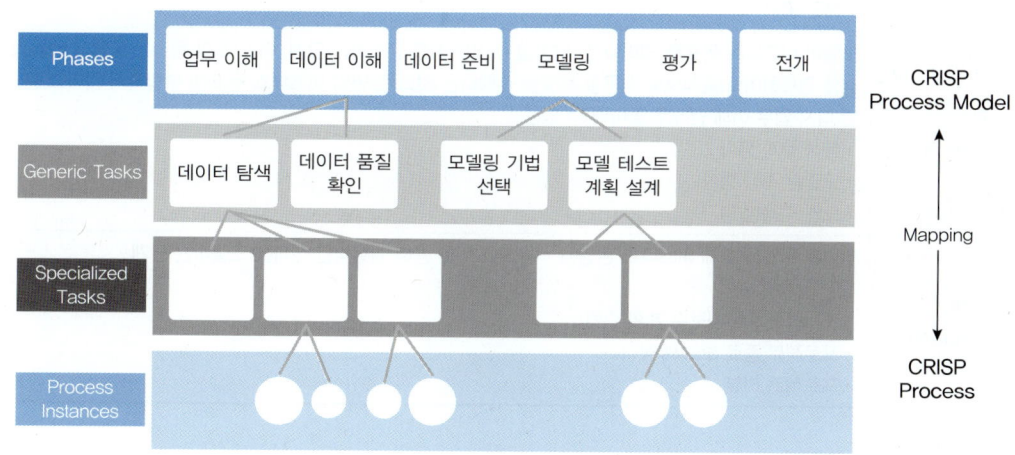

[CRISP-DM 4 레벨 구조]

최상위 레벨을 구성하는 단계들(Phases)은 각각 일반화 태스크(Generic Tasks)를 포함하는데, 일반화 태스크는 데이터 마이닝의 단일 프로세스를 완전하게 수행하는 단위이다. 일반화 태스크는 다시 세분화 태스크(Specialized Tasks)로 나뉘고 세분화 태스크는 마지막 레벨인 프로세스 실행(Process Instances)을 통해 구체적으로 실행된다.

다음은 CRISP-DM의 6단계에 대한 설명이다.

단계	설명
업무 이해 (Business Understanding)	데이터 마이닝 프로젝트의 목표를 비즈니스 문제 관점에서 정의하고 이를 달성하기 위한 계획을 세우는 단계 • 업무 목적 파악 • 상황 파악 • 데이터 마이닝 목표 설정 • 프로젝트 계획 수립
데이터 이해 (Data Understanding)	분석할 데이터에 대해 심층적으로 이해하고 문제 해결에 필요한 데이터를 탐색하는 단계 • 초기 데이터 수집 • 데이터 기술 분석 • 데이터 탐색 • 데이터 품질 확인
데이터 준비 (Data Preparation)	분석에 적합한 데이터를 준비하고 이를 가공하는 단계로, 데이터 정제 및 변환 작업이 포함됨 • 분석용 데이터셋 선택 • 데이터 정제 • 분석용 데이터셋 편성 • 데이터 통합 • 데이터 포맷팅
모델링 (Modeling)	데이터를 기반으로 예측 모델이나 분석 모델을 구축하는 단계로, 다양한 데이터 마이닝 알고리즘을 적용하여 최적의 모델을 찾음 • 모델링 기법 선택 • 모델 테스트 계획 설계 • 모델 작성 • 모델 평가
평가 (Evaluation)	모델이 비즈니스 목표를 얼마나 잘 달성할 수 있는지를 평가하는 단계. 이 단계의 목적은 모델의 성능과 실용성을 검토하여 최종적으로 적용할 모델을 선택하는 것으로, 만약 비즈니스 목표에 부합하지 않다고 판단된다면 다시 업무 이해 단계로 돌아갈 수 있음 • 분석 결과 평가 • 모델링 과정 평가 • 모델 적용성 평가
전개 (Deployment)	평가된 모델을 실제 비즈니스 환경에 적용하고 이를 통해 실질적인 성과를 도출하는 단계 • 전개 계획 수립 • 모니터링과 유지보수 계획 수립 • 프로젝트 종료 보고서 작성 • 프로젝트 리뷰

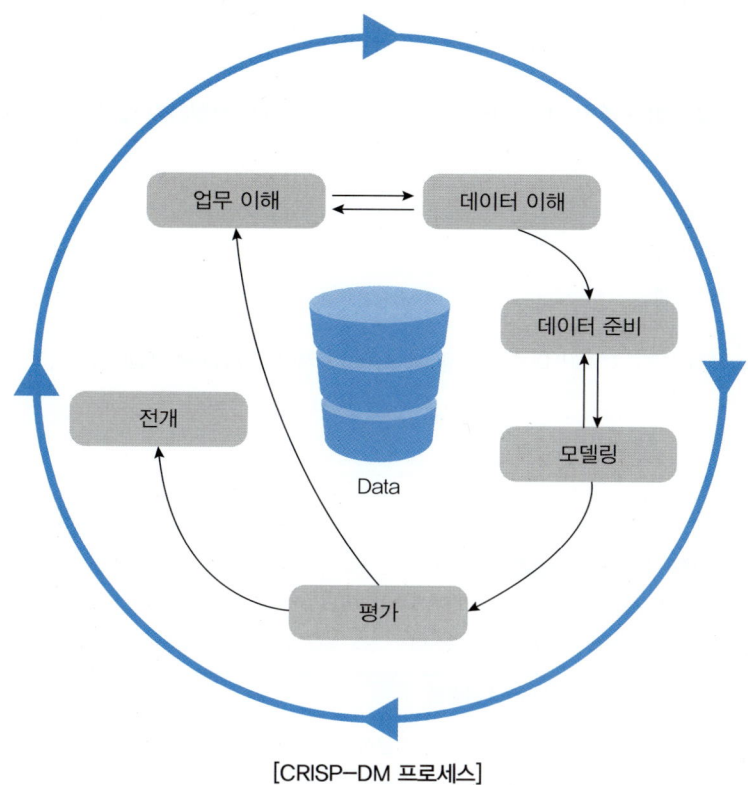

[CRISP-DM 프로세스]

Warming Up

다음 중 CRISP-DM의 6단계에 대한 설명으로 가장 적절하지 않은 것은 무엇인가?

① 업무 이해 단계에서는 비즈니스 문제를 정의하고 데이터 마이닝 프로젝트의 목표를 수립한다.
② 모델링 단계에서는 데이터 정제 및 변환 과정을 수행하여 분석에 적합한 형태로 데이터를 세팅한다.
③ 데이터 이해 단계에서는 분석할 데이터를 탐색하고 품질을 확인하며 데이터가 비즈니스 문제 해결에 적절한지 평가한다.
④ 전개 단계에서는 최종적으로 선택된 모델을 실제 비즈니스 환경에 적용하고 성과를 모니터링한다.

해설 모델링 단계가 아니라 데이터 준비 단계에 대한 설명이다.

정답 ②

다음 중 CRISP-DM의 데이터 준비 단계에서 수행하는 태스크로 가장 적절하지 않은 것은 무엇인가?

① 분석용 데이터셋 선택
② 데이터 정제 및 변환
③ 데이터 통합 및 포맷팅
④ 모델 테스트 계획 설계

해설 모델 테스트 계획 설계는 CRISP-DM의 모델링(Modeling) 단계에서 수행되는 작업이다.

정답 ④

Tip

KDD 분석 방법론 vs CRISP-DM 분석 방법론

KDD는 데이터에서 유용한 정보를 발견하는 데 중점을 두며 데이터 마이닝 과정 자체를 강조하는 반면, CRISP-DM은 기업에서 데이터 마이닝을 실제 업무에 활용할 수 있도록 비즈니스 목표와 적용까지의 프로세스를 포함한다는 특징이 있다.

KDD 분석 방법론	CRISP-DM 분석 방법론	설명
데이터셋 선택	업무 이해	분석 목표에 맞는 데이터를 선정하고 데이터를 탐색하여 문제 해결 가능성을 평가
	데이터 이해	
데이터 전처리	데이터 준비	데이터의 이상값 제거, 결측치 처리 등 분석을 위한 데이터 정제 작업 수행
데이터 변환		데이터 변환 및 가공, 차원 축소, 정규화 등 모델 적용을 위한 데이터 변환
데이터 마이닝	모델링	머신러닝/데이터 마이닝 기법을 적용하여 패턴을 발견하고 예측 모델 생성
데이터 마이닝 결과 평가	평가	모델의 성능을 검증하고 비즈니스 목표에 부합하는지 평가
-	전개	실무 적용을 위해 모델을 실제 환경에 배포 및 운영

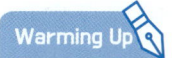

> 다음 중 KDD 분석 방법론과 CRISP-DM 분석 방법론의 차이점으로 가장 적절한 것은 무엇인가?
>
> ① KDD 분석 방법론은 데이터 마이닝과 패턴 발견에 초점을 맞추지만 CRISP-DM은 분석 결과를 실무에 적용하기 위한 전개 단계까지 포함한다.
> ② CRISP-DM의 데이터 준비 단계는 KDD 분석 방법론의 데이터셋 선택과 유사한 개념이다.
> ③ KDD 분석 방법론은 비즈니스 목표를 설정하는 과정이 포함되지만 CRISP-DM에서는 분석 알고리즘 선택이 우선된다.
> ④ CRISP-DM은 단계별로 분석을 수행하지만 KDD는 비선형적인 반복 과정으로 진행되므로 특정한 순서를 따르지 않는다.
>
> 해설 ② CRISP-DM의 데이터 준비 단계는 KDD의 데이터 전처리 및 변환과 유사한 개념이다.
> ③ CRISP-DM은 분석 목표를 설정하고 데이터 탐색을 먼저 수행하며 KDD 또한 비즈니스 목표를 설정하고 진행된다.
> ④ KDD도 순차적인 단계를 따르며, 특정 단계(예: 데이터 전처리, 변환 등)에서 반복 수행이 발생할 수 있지만 전체 프로세스는 구조화되어 있다.
>
> 정답 ①

4. 빅데이터 분석 방법론 ★★

빅데이터 분석 방법론은 방대한 양의 데이터를 효과적으로 수집, 처리, 분석하여 유의미한 정보를 도출하는 체계적인 과정으로 3계층으로 구성된 계층적 프로세스 모델의 형태를 가진다. 앞서 분석 방법론 개요의 계층적 프로세스 모델에서 보았듯이 계층별로 단계(Phase) → 태스크(Task) → 스텝(Step)으로 구성되며 단계는 5단계(분석 기획, 데이터 준비, 데이터 분석, 시스템 구현, 평가 및 전개)로 이루어져 있다.

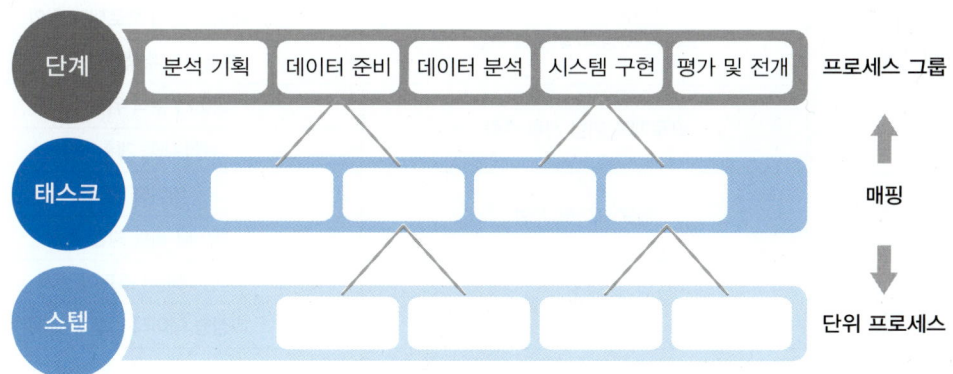

[빅데이터 분석 방법론의 계층적 프로세스]

5개의 단계를 묶어 프로세스 그룹(Process Group)이라고 하며 각 단계는 여러 개의 태스크(Task)로 구성된다. 즉, 태스크는 각 단계에서 수행되는 구체적인 활동들을 의미하며 물리적 또는 논리적 단위로 품질 검토의 항목이 될 수 있다.

태스크는 더욱 세부적인 스텝으로 나뉘는데 스텝은 실제로 수행되는 구체적인 작업을 의미하며 입력값, 출력값, 처리(Process) 및 도구(Tool)로 구성된 단위 프로세스(Unit Process)이다.

빅데이터 분석 방법론에서는 크게 분석 기획(Planning) 단계와 데이터 준비(Preparing) 단계, 데이터 분석(Analyzing) 단계, 시스템 구현(Developing) 단계, 평가 및 전개(Deploying) 단계를 수행하며 분석 프로젝트를 완료하게 된다.

분석 기획 Planning	데이터 준비 Preparing	데이터 분석 Analyzing	시스템 구현 Developing	평가 및 전개 Deploying
• 비즈니스 이해 • 범위 설정	• 필요 데이터 정의	• 분석용 데이터 준비	• 설계 • 구현	• 모델 발전 계획 수립
• 프로젝트 정의 • 계획 수립	• 데이터 스토어 설계	• 텍스트 분석	• 시스템 테스트 • 운영	• 프로젝트 평가 • 보고
• 프로젝트 위험 계획 수립	• 데이터 수집 • 정합성 점검	• 탐색적 분석		
		• 모델링		
		• 모델 평가 • 검증		

[빅데이터 분석 방법론]

각 단계별 태스크와 스텝의 플로우는 다음과 같다.

단계(Phase)	태스크(Task)	스텝(Step)
1단계 분석 기획	비즈니스 이해 및 범위 설정	비즈니스 이해
		프로젝트 범위 설정
	프로젝트 정의 및 계획 수립	데이터 분석 프로젝트 정의
		프로젝트 수행 계획 수립
	프로젝트 위험 계획 수립	데이터 분석 위험 식별
		위험 대응 계획 수립
2단계 데이터 준비	필요 데이터 정의	데이터 정의
		데이터 획득 방안 수립
	데이터 스토어 설계	정형 데이터 스토어 설계
		비정형 데이터 스토어 설계
	데이터 수집 및 정합성 점검	데이터 수집 및 저장
		데이터 정합성 점검

3단계 데이터 분석	분석용 데이터 준비	비즈니스 룰 확인
		분석용 데이터셋 준비
	텍스트 분석	텍스트 데이터 확인 및 추출
		텍스트 데이터 분석
	탐색적 분석	탐색적 데이터 분석
		데이터 시각화
	모델링	데이터 분할
		데이터 모델링
		모델 적용 및 운영 방안
	모델 평가 및 검증	모델 평가
		모델 검증
4단계 시스템 구현	설계 및 구현	시스템 분석 및 설계
		시스템 구현
	시스템 테스트 및 운영	시스템 테스트
		시스템 운영 계획
5단계 평가 및 전개	모델 발전 계획 수립	모델 발전 계획
	프로젝트 평가 및 보고	프로젝트 성과 평가
		프로젝트 종료

(1) 1단계 분석 기획

분석하려는 비즈니스를 이해하고 빅데이터 분석 프로젝트의 범위를 확정하는 단계이다. 프로젝트의 목표와 수행 계획을 구체적이고 상세하게 정리하여 프로젝트를 진행하는 데에 가이드가 될 수 있도록 준비한다.

SOW(Statement of Works, 작업 명세서)는 프로젝트의 범위를 명확하게 정의하는 구조화된 프로젝트 정의서이다. 이를 통해 프로젝트의 목적, 범위, 주요 업무, 일정, 예상되는 결과물 등을 체계적으로 정리할 수 있다.

또한 빅데이터 분석 프로젝트는 예측하지 못한 다양한 위험 요소에 직면할 수 있으므로 위험 대응 계획 수립을 통해 프로젝트의 리스크를 사전에 식별하고 적절한 대응 전략을 마련하는 것이 중요하다. 리스크 관리 전략에는 회피, 전이, 완화, 수용의 네 가지 방법이 있다.

> **Tip**
>
> | 회피 | 위험이 발생할 가능성이 높은 경우, 해당 위험을 초래하는 작업 자체를 수행하지 않는 방법
예 법적 규제가 복잡한 데이터를 활용하려 했으나, 문제가 발생할 가능성이 높아 해당 데이터를 사용하지 않기로 결정 |
> |---|---|
> | 전이 | 위험을 외부 기관 등 다른 주체에게 이전(보험 가입, 외주 계약 등)하는 방법
예 데이터 보안 사고 발생 시 보상 부담을 줄이기 위해 사이버 보험에 가입하거나 클라우드 보안 관리를 전문 업체에 위탁 |
> | 완화 | 위험이 발생할 가능성을 줄이거나 발생 시 피해를 최소화하는 방법
예 데이터 품질 문제를 방지하기 위해 데이터 검증 및 정제 프로세스를 추가 |
> | 수용 | 위험을 받아들이고 피해에 대비하는 방법
예 AI 모델의 예측 정확도가 100%가 아니더라도, 실용적으로 충분한 수준이라면 그대로 사용 |

① [태스크 1] 비즈니스 이해 및 범위 설정

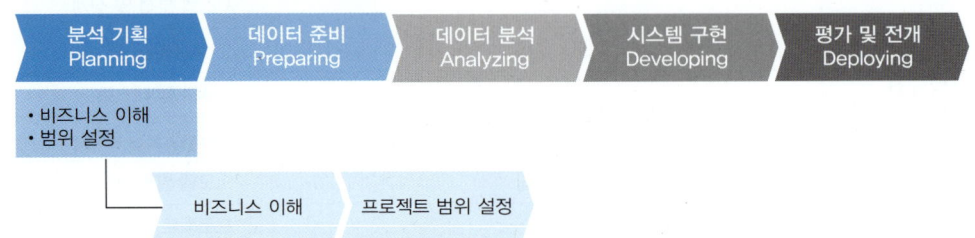

[비즈니스 이해 및 범위 설정 태스크]

• 스텝 1 : 비즈니스 이해

목적	분석의 대상이 되는 업무 도메인 이해하기
입력자료	업무 매뉴얼, 업무 전문가의 지식, 도메인 관련 자료
프로세스 및 도구	자료 수집 및 비즈니스 이해
출력자료	비즈니스 이해 및 도메인 문제점

• 스텝 2 : 프로젝트 범위 설정

목적	빅데이터 분석 프로젝트의 범위를 확정
입력자료	중장기 계획서, 빅데이터 분석 프로젝트 지시서, 비즈니스 이해 및 도메인 문제점
프로세스 및 도구	자료 수집 및 비즈니스 이해, 프로젝트 범위 정의서 작성 절차
출력자료	프로젝트 범위 정의서(SOW ; Statement of Work)

② [태스크 2] 프로젝트 정의 및 계획 수립

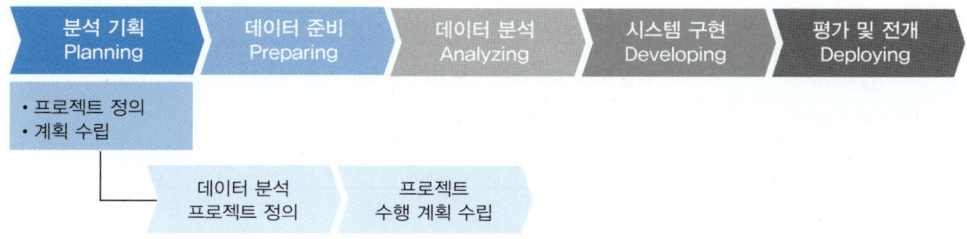

[프로젝트 정의 및 계획 수립 태스크]

- 스텝 1 : 데이터 분석 프로젝트 정의

목적	프로젝트 목표를 명확하게 정의하고 구체화하기 위해 모델을 설계하고 모델 평가 기준을 설정
입력자료	프로젝트 범위 정의서, 빅데이터 분석 프로젝트 지시서
프로세스 및 도구	프로젝트 목표 구체화, 모델 운영 이미지 설계
출력자료	프로젝트 정의서, 모델 운영 이미지 설계서, 모델 평가 기준

- 스텝 2 : 프로젝트 수행 계획 수립

목적	프로젝트 목적, 기대 효과, 수행 방법, 일정 및 추진조직, 프로젝트 관리 방안 등이 포함된 프로젝트 수행 계획서 작성
입력자료	프로젝트 정의서, 모델 운영 이미지 설계서, 모델 평가 기준
프로세스 및 도구	프로젝트 수행 계획 작성, WBS 작성 도구, 일정 계획 수립 도구
출력자료	프로젝트 수행 계획서, WBS(Work Breakdown Structure)

③ [태스크 3] 프로젝트 위험 계획 수립

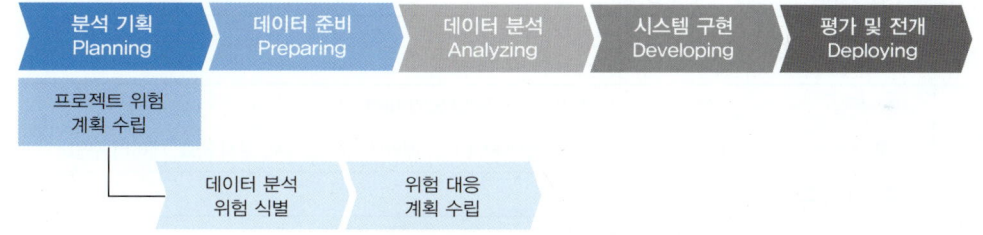

[프로젝트 위험 계획 수립 태스크]

- 스텝 1 : 데이터 분석 위험 식별

목적	앞서 작성된 산출물과 정리 자료를 토대로 빅데이터 분석 프로젝트 진행 시 발생 가능한 위험을 식별
입력자료	프로젝트 정의서, 프로젝트 수행 계획서, 선행 프로젝트 산출물 및 정리 자료
프로세스 및 도구	위험 식별 절차, 위험 영향도 및 발생 가능성 분석, 위험 우선순위 판단
출력자료	식별된 위험 목록

• 스텝 2 : 위험 대응 계획 수립

목적	식별된 위험에 대한 상세한 분석을 통해 위험 대응 방안 수립
입력자료	식별된 위험 목록, 프로젝트 정의서, 프로젝트 수행 계획서
프로세스 및 도구	위험 정량적 분석, 위험 정성적 분석
출력자료	위험 관리 계획서

(2) 2단계 데이터 준비

분석 기획을 토대로 필요 데이터를 정의하고 데이터 스토어를 설계한다.

① [태스크 1] 필요 데이터 정의

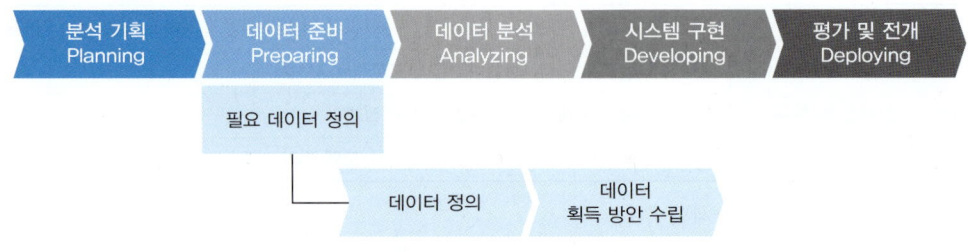

[필요 데이터 정의 태스크]

• 스텝 1 : 데이터 정의

목적	다양한 원천 데이터 소스(Raw Data Source)로부터 분석에 필요한 데이터 정의
입력자료	프로젝트 수행 계획서, 시스템 설계서, ERD, 메타데이터 정의서, 문서 자료
프로세스 및 도구	내·외부 데이터 정의, 정형·비정형·반정형 데이터 정의
출력자료	데이터 정의서

• 스텝 2 : 데이터 획득 방안 수립

목적	데이터를 수집하기 위한 구체적인 방안 마련
입력자료	데이터 정의서, 시스템 설계서, ERD, 메타데이터 정의서, 문서 자료, 데이터 구입
프로세스 및 도구	데이터 획득 방안 수립
출력자료	데이터 획득 계획서

② [태스크 2] 데이터 스토어 설계

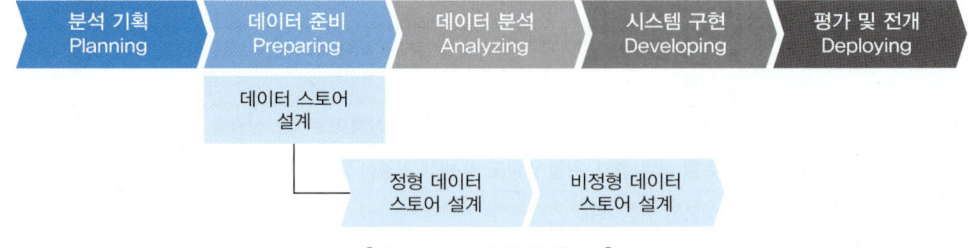

[데이터 스토어 설계 태스크]

- 스텝 1 : 정형 데이터 스토어 설계

목적	구조화된 형식을 가진 정형 데이터의 효율적인 저장과 활용을 위한 스토어 설계
입력자료	데이터 정의서, 데이터 획득 계획서
프로세스 및 도구	데이터베이스 논리 설계, 데이터베이스 물리 설계, 데이터 매핑
출력자료	정형 데이터 스토어 설계서, 데이터 매핑 정의서

- 스텝 2 : 비정형 데이터 스토어 설계

목적	하둡, NoSQL 등을 활용하여 비정형 또는 반정형 데이터를 저장하기 위한 데이터 스토어 설계
입력자료	데이터 정의서, 데이터 획득 계획서
프로세스 및 도구	비정형·반정형 데이터 논리 설계, 비정형·반정형 데이터 물리 설계
출력자료	비정형 데이터 스토어 설계서, 데이터 매핑 정의서

③ [태스크 3] 데이터 수집 및 정합성 점검

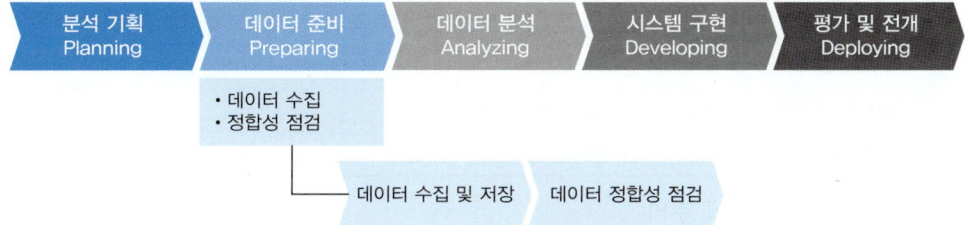

[데이터 수집 및 정합성 점검 태스크]

- 스텝 1 : 데이터 수집 및 저장

목적	다양한 방식으로 데이터를 수집하고 수집된 데이터를 설계된 데이터 스토어에 저장
입력자료	데이터 정의서, 데이터 획득 계획서, 데이터 스토어 설계서
프로세스 및 도구	데이터 크롤링 도구, ETL 도구, 데이터 수집 스크립트
출력자료	수집된 분석용 데이터

- 스텝 2 : 데이터 정합성 점검

목적	데이터의 품질과 정합성 점검
입력자료	수집된 분석용 데이터
프로세스 및 도구	데이터 품질 확인, 데이터 정합성 점검 리스트
출력자료	데이터 정합성 점검 보고서

(3) 3단계 데이터 분석

데이터 준비 단계에서 확보된 정형·비정형 데이터를 이용하여 데이터 분석 프로세스를 진행함으로써 분석 기획 단계에서 설정한 프로젝트 목표를 달성한다.

① [태스크 1] 분석용 데이터 준비

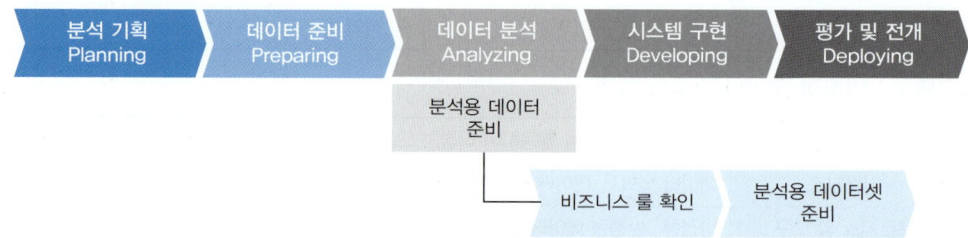

[분석용 데이터 준비 태스크]

- 스텝 1 : 비즈니스 룰 확인

목적	프로젝트 목표에 입각하여 세부적인 비즈니스 룰을 파악하고 분석에 필요한 데이터의 범위 확인
입력자료	프로젝트 정의서, 프로젝트 수행 계획서, 데이터 정의서, 데이터 스토어
프로세스 및 도구	프로젝트 목표 확인, 비즈니스 룰 확인
출력자료	비즈니스 룰, 분석에 필요한 데이터 범위

- 스텝 2 : 분석용 데이터셋 준비

목적	데이터 스토어로부터 분석에 필요한 정형·비정형 데이터 추출
입력자료	데이터 정의서, 데이터 스토어
프로세스 및 도구	데이터 선정, 데이터 변환, ETL 도구
출력자료	분석용 데이터셋

② [태스크 2] 텍스트 분석

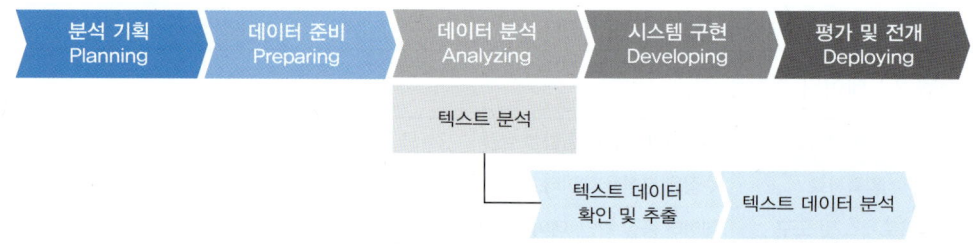

[텍스트 분석 태스크]

- 스텝 1 : 텍스트 데이터 확인 및 추출

목적	텍스트 분석에 필요한 비정형 데이터를 데이터 스토어에서 확인하고 필요한 데이터를 추출
입력자료	비정형 데이터 스토어
프로세스 및 도구	분석용 텍스트 데이터 확인, 텍스트 데이터 추출
출력자료	분석용 텍스트 데이터

- 스텝 2 : 텍스트 데이터 분석

목적	데이터 스토어에서 추출된 텍스트 데이터를 분석 도구로 적재하여 다양한 기법으로 분석하고 모델을 구축
입력자료	분석용 텍스트 데이터, 용어사전
프로세스 및 도구	분류체계 설계, 형태소 분석, 키워드 도출, 토픽 분석, 감성 분석, 오피니언 분석, 네트워크 분석
출력자료	텍스트 분석 보고서

③ [태스크 3] 탐색적 분석

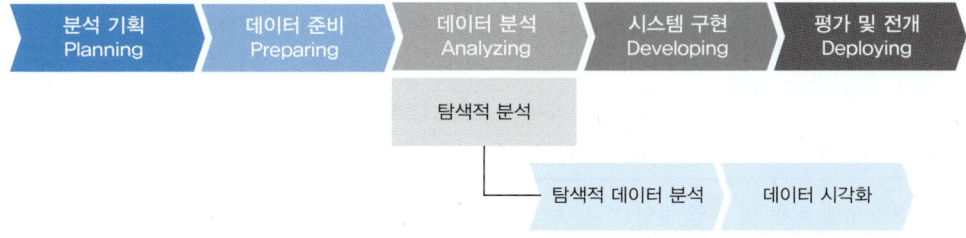

[탐색적 분석 태스크]

- 스텝 1 : 탐색적 데이터 분석

목적	다양한 관점에서 데이터의 분포와 특성을 이해하고 모델링을 위한 기초 자료로 활용
입력자료	분석용 데이터셋
프로세스 및 도구	EDA 도구, 통계 분석, 변수 간 연관성 분석, 데이터 분포 확인
출력자료	데이터 탐색 보고서

- 스텝 2 : 데이터 시각화

목적	탐색적 데이터 분석을 위한 도구로 활용
입력자료	분석용 데이터셋
프로세스 및 도구	시각화 도구 및 패키지, 인포그래픽, 시각화 방법론
출력자료	데이터 시각화 보고서

④ [태스크 4] 모델링

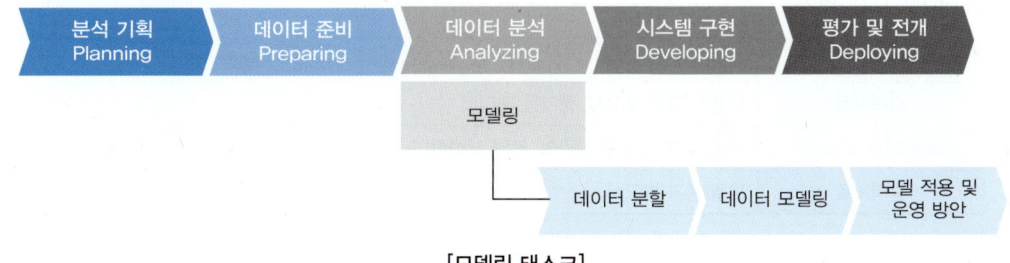

[모델링 태스크]

- 스텝 1 : 데이터 분할

목적	모델의 과적합 해결 및 분석용 데이터셋의 분할 → 모델 개발을 위한 훈련용 데이터 + 모델의 검증력을 테스트하기 위한 데이터
입력자료	분석용 데이터셋
프로세스 및 도구	데이터 분할 패키지
출력자료	훈련용 데이터, 테스트용 데이터

- 스텝 2 : 데이터 모델링

목적	훈련용 데이터를 활용하여 분류, 예측, 군집 등의 모델을 구축
입력자료	분석용 데이터셋
프로세스 및 도구	통계 모델링 기법, 기계학습, 모델 테스트
출력자료	모델링 결과 보고서

- 스텝 3 : 모델 적용 및 운영 방안

목적	모델을 운영 시스템에 적용하기 위한 모델에 대한 상세한 알고리즘 설명서 작성, 모델의 안정적인 운영을 모니터링하는 방안 수립
입력자료	모델링 결과 보고서
프로세스 및 도구	모니터링 방안 수립, 알고리즘 설명서 작성
출력자료	알고리즘 설명서, 모니터링 방안

⑤ [태스크 5] 모델 평가 및 검증

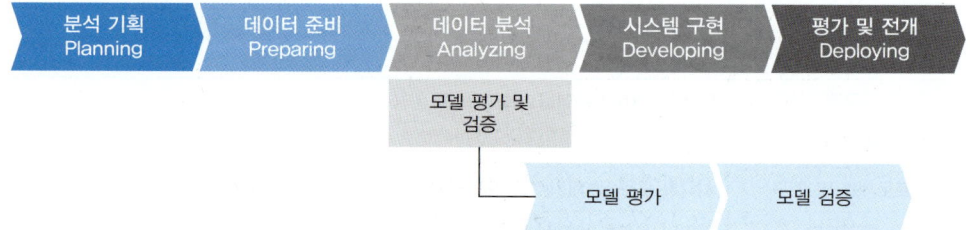

[모델 평가 및 검증 태스크]

- 스텝 1 : 모델 평가

목적	프로젝트 정의서의 모델 평가 기준 및 품질관리 차원에서 모델을 평가
입력자료	모델링 결과 보고서, 평가용 데이터
프로세스 및 도구	모델 평가, 모델 품질관리, 모델 개선작업
출력자료	모델 평가 보고서

- 스텝 2 : 모델 검증

목적	모델의 실제 적용성 검증을 위한 모델 검증 작업 실시, 보고서 작성
입력자료	모델링 결과 보고서, 모델 평가 보고서, 검증용 데이터
프로세스 및 도구	모델 검증
출력자료	모델 검증 보고서

(4) 4단계 시스템 구현

분석 모델을 실무 환경에서 사용할 수 있도록 시스템화하는 단계이다.

① [태스크 1] 설계 및 구현

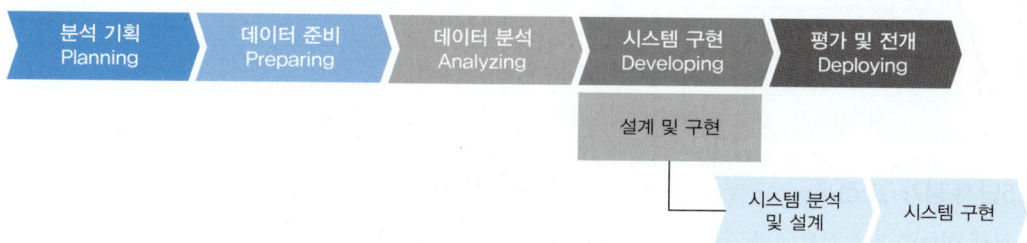

[설계 및 구현 태스크]

- 스텝 1 : 시스템 분석 및 설계

목적	가동중인 시스템 분석 및 애플리케이션 구축 설계 프로세스를 진행
입력자료	알고리즘 설명서, 운영 중인 시스템 설계서
프로세스 및 도구	정보시스템 개발방법론
출력자료	시스템 분석 및 설계서

- 스텝 2 : 시스템 구현

목적	시스템 분석 및 설계서에 따른 모델 구현
입력자료	시스템 분석 및 설계서, 알고리즘 설명서
프로세스 및 도구	시스템 통합개발도구(IDE), 프로그램 언어, 패키지
출력자료	구현 시스템

② [태스크 2] 시스템 테스트 및 운영

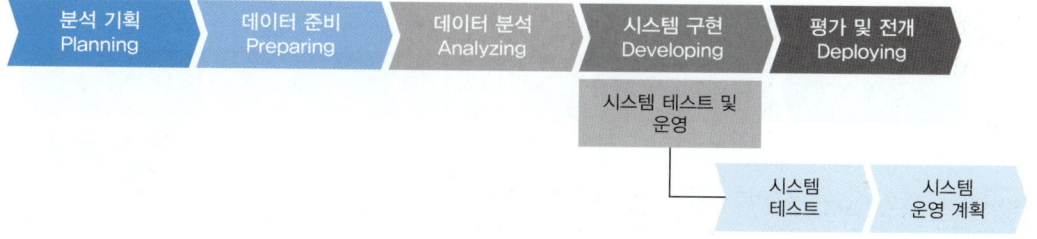

[시스템 테스트 및 운영 태스크]

- 스텝 1 : 시스템 테스트

목적	구축된 시스템의 검증을 위한 단위 테스트, 통합 테스트, 시스템 테스트 등을 실시
입력자료	구현 시스템, 시스템 테스트 계획서
프로세스 및 도구	품질관리 활동
출력자료	시스템 테스트 결과 보고서

• 스텝 2 : 시스템 운영 계획

목적	구현된 시스템을 지속적으로 활용하기 위한 시스템 운영자와 사용자를 대상으로 한 교육 실시 및 시스템 운영계획 수립
입력자료	시스템 분석 및 설계서, 구현 시스템
프로세스 및 도구	운영계획 수립, 운영자 및 사용자 교육
출력자료	운영자 매뉴얼, 사용자 매뉴얼, 시스템 운영 계획서

(5) 5단계 평가 및 전개

모델 성능을 지속적으로 평가하고 필요에 따라 개선 및 유지보수를 하는 단계이다.

① [태스크 1] 모델 발전 계획 수립

[모델 발전 계획 수립 태스크]

• 스텝 1 : 모델 발전 계획

목적	개발된 모델의 지속적인 운영과 기능 향상을 위한 발전 계획 수립
입력자료	구현 시스템, 프로젝트 산출물
프로세스 및 도구	모델 발전 계획 수립
출력자료	모델 발전 계획서

② [태스크 2] 프로젝트 평가 및 보고

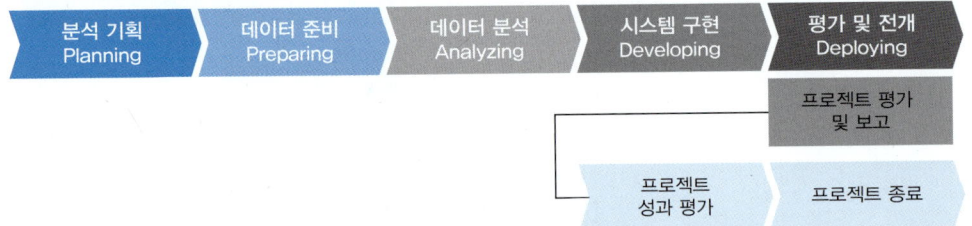

[프로젝트 평가 및 보고 태스크]

• 스텝 1 : 프로젝트 성과 평가

목적	프로젝트의 정량적 성과와 정성적 성과를 나누어 성과 평가서 작성
입력자료	프로젝트 산출물, 품질관리 산출물, 프로젝트 정의서, 프로젝트 수행 계획서
프로세스 및 도구	프로젝트 평가 기준, 프로젝트 정량적 평가, 프로젝트 정성적 평가
출력자료	프로젝트 성과 평가서

- 스텝 2 : 프로젝트 종료

목적	프로젝트 진행 과정의 모든 산출물 및 프로세스를 지식자산화하고 최종 보고서 작성 및 보고 후 종료
입력자료	프로젝트 산출물, 품질관리 산출물, 프로젝트 정의서, 프로젝트 수행 계획서, 프로젝트 성과 평가서
프로세스 및 도구	프로젝트 지식자산화 작업, 프로젝트 종료
출력자료	프로젝트 최종 보고서

Warming Up

다음 중 빅데이터 분석 프로젝트의 위험 관리 전략에 대한 설명으로 가장 적절하지 않은 것은 무엇인가?

① 회피 전략은 프로젝트 진행 중 발생할 수 있는 위험을 사전에 차단하는 방법이다.
② 전이 전략은 위험을 분석하여 발생 가능성을 완전히 제거하는 것을 목표로 한다.
③ 완화 전략은 위험이 발생하더라도 영향을 최소화하도록 대비하는 방식이다.
④ 수용 전략은 위험 요소를 인지하고 감수한 상태에서 프로젝트를 진행하는 것이다.

> **해설** 전이는 위험을 분석하여 제거하는 것이 아니라 외부로 이전하여 관리 부담을 줄이는 방법이다. 예를 들어 데이터 수집 및 정제 작업을 외주 업체에 맡기는 것이 전이 전략이다.
>
> **정답** ②

Warming Up

다음 중 빅데이터 분석 방법론의 단계와 해당 활동이 올바르게 연결되지 않은 것은 무엇인가?

① 분석 기획 – 프로젝트 정의 및 계획 수립
② 데이터 준비 – 분석용 데이터 준비 및 모델링 수행
③ 데이터 분석 – 탐색적 분석 및 모델 평가
④ 평가 및 전개 – 모델 발전 계획 수립 및 프로젝트 평가

> **해설** 데이터 준비 단계에서는 필요 데이터 정의, 데이터 스토어 설계, 데이터 수집 및 정합성 점검 등의 작업이 수행된다. 분석용 데이터 준비 및 모델링 수행은 데이터 분석 단계의 활동이다.
>
> **정답** ②

> **Tip**
>
> **기준선(Baseline)과 버전 관리**
>
> 빅데이터 분석 프로젝트는 체계적인 프로세스를 따라 진행되며 각 단계에서 수행되는 작업들이 명확하게 정의되어야 한다. 이를 위해 각 단계는 기준선으로 설정되어 관리되며 변경 사항은 버전 관리 시스템을 통해 체계적으로 통제된다.
>
> **기준선의 개념과 역할**
>
> 기준선이란 프로젝트 진행 과정에서 특정 시점의 주요 산출물(데이터, 분석 모델, 보고서 등)에 대해 공식적으로 승인된 상태를 의미하며 이후 변경 관리의 기준이 되는 지점이다. 즉, 프로젝트가 진행되면서 발생하는 수정 사항이나 개선 작업이 기준선을 초과하여 변경되지 않도록 통제하는 역할을 한다.
>
> 기준선이 설정되면, 다음과 같은 장점이 있다.
> - 프로젝트 진행 상황을 명확하게 정의하여 일관성 유지
> - 예상치 못한 변경 사항으로 인해 프로젝트 일정이 지연되는 것을 방지
> - 분석 결과의 신뢰성을 확보하고 재현 가능성을 보장
> - 프로젝트 팀원 간 작업 표준화 및 협업 효율성 증대
>
> 예를 들어 데이터 분석 프로젝트에서 전처리 완료된 데이터셋을 기준선으로 설정한다면 이후 모델링 단계에서 데이터 변경이 발생할 경우 반드시 변경 내역을 기록하고 관리해야 한다.
>
> **버전 관리의 필요성**
>
> 빅데이터 분석 프로젝트는 데이터셋, 분석 모델, 코드, 문서 등의 다양한 요소가 포함되며 시간이 지남에 따라 지속적으로 업데이트가 필요하다. 따라서 버전 관리 시스템(VCS ; Version Control System)을 활용하여 변경 사항을 체계적으로 기록하고 관리하는 것이 필수적이다.
>
> 버전 관리를 적용하면 다음과 같은 장점이 있다.
> - 변경 사항 추적 : 이전 버전과 비교하여 어떤 요소가 변경되었는지 확인 가능
> - 백업 및 복구 : 오류가 발생했을 경우 이전 상태로 되돌릴 수 있음
> - 협업 강화 : 여러 명이 동시에 작업하더라도 충돌을 방지하고 원활한 협업 가능
> - 모델 및 분석 결과의 일관성 유지 : 동일한 데이터를 사용하여 분석을 반복할 수 있음

03 분석 과제 발굴

분석 과제 발굴은 데이터를 활용하여 해결해야 할 문제를 정의하고 이를 통해 비즈니스 가치 창출 기회를 찾는 과정이다. 효과적인 데이터 분석을 수행하기 위해서는 명확한 목표와 문제에 대한 정의가 선행되어야 하며, 이를 기반으로 적절한 분석 방법을 선택하고 실행해야 한다.

1. 분석 과제 발굴 ★★★

분석 과제 발굴은 비즈니스 문제를 해결하거나 새로운 기회를 도출하기 위해 데이터를 기반으로 분석 목표를 설정하는 과정이다. 이 과정에서 크게 하향식(Top-Down) 접근 방식과 상향식(Bottom-Up) 접근 방식이라는 두 가지 방법이 사용된다.

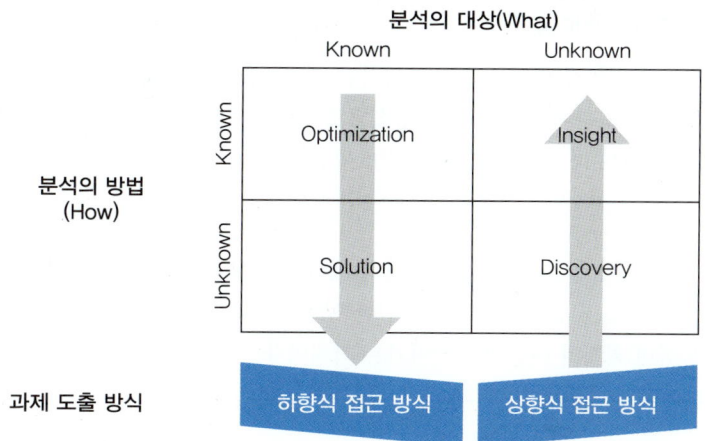

(1) 하향식 접근 방식

조직이 정의한 문제를 해결하는 데 중점을 두며 최적화(Optimization) 또는 새로운 솔루션(Solution)을 찾는 방식이다. 이 방식은 경영진, 기획팀, 의사결정권자 등 상위 조직에서 분석 과제를 정의하고 하위 조직에서 이를 해결하기 위해 데이터를 활용하는 방법이다. 즉, 비즈니스 목표나 전략에서 출발하여 필요한 데이터 분석을 수행하는 방식으로 진행되며 각 과정이 체계적으로 단계화되어 수행된다.

(2) 상향식 접근 방식

데이터에서 패턴을 탐색하여 기존에 없던 인사이트(Insight)나 새로운 탐색(Discovery)을 도출하며 새로운 문제를 창출하는 방식이다. 이 방식은 현장에서 생성되는 데이터에서 의미 있는 패턴을 발견하고 이를 바탕으로 분석 과제를 도출한다. 즉, 데이터 중심으로 접근하여 숨겨진 인사이트를 찾아내고 이를 비즈니스 문제 해결에 적용하는 방식이다.

다음 중 하향식 접근 방식과 상향식 접근 방식에 대한 설명으로 가장 적절한 것은 무엇인가?

① 하향식 접근 방식은 비즈니스 목표나 전략에서 출발하여 필요한 데이터 분석을 수행하는 방식이다.
② 상향식 접근 방식은 조직이 정의한 문제를 해결하는 데 중점을 두며 분석 과제가 경영진이나 의사결정권자에 의해 정의된다.
③ 하향식 접근 방식은 데이터에서 의미 있는 패턴을 발견하여 새로운 문제를 창출하는 방식이다.
④ 상향식 접근 방식은 경영진의 목표를 기반으로 데이터를 수집하고 분석을 통해 최적의 솔루션을 도출하는 방식이다.

> **해설** ② 조직이 정의한 문제를 해결하는 방식은 하향식 접근 방식이며 상향식 접근 방식은 데이터에서 출발하여 분석 과제를 도출하는 방식이다.
> ③ 데이터에서 의미 있는 패턴을 발견하여 새로운 문제를 창출하는 방식은 상향식 접근 방식에 해당한다.
> ④ 경영진의 목표를 기반으로 데이터를 수집하고 분석하는 방식은 하향식 접근 방식이며 상향식 접근 방식은 데이터에서 출발하여 의미 있는 패턴을 발견하는 방식이다.
>
> **정답** ①

2. 디자인 씽킹(Design Thinking) ★

디자인 씽킹은 사용자의 문제를 깊이 이해하고 창의적인 해결책을 도출하는 인간 중심적 문제 해결 방법론이다. 이 방법론은 기업과 교육 기관에서 각각 다른 방식으로 발전해 왔으며 대표적인 두 가지 모델로 IDEO의 디자인 씽킹과 d.school(스탠퍼드 디자인 스쿨)의 디자인 씽킹이 있다.

(1) IDEO

IDEO의 디자인 씽킹은 상향식 접근 방식의 발산 단계와 하향식 접근 방식의 수렴 단계를 반복적으로 수행하는 상호 보완적인 의사결정 방식이다. 즉, 다양한 아이디어를 생성한 후 이를 정제하고 구체화하는 과정을 지속적으로 반복하며 최적의 해결책을 찾아가는 과정이다.

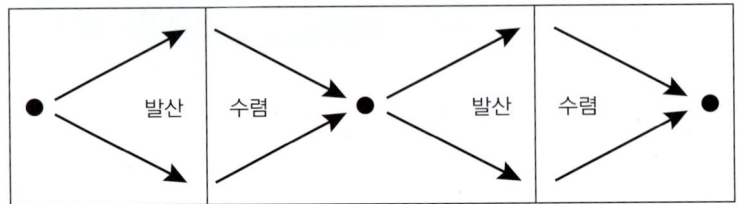

① 발산 단계(Divergent Thinking) : 다양한 관점에서 문제를 탐색하고 창의적인 아이디어를 생성하는 과정 (상향식 접근 방식)
② 수렴 단계(Convergent Thinking) : 도출된 아이디어를 정리하고 실행 가능한 솔루션을 구체화하는 과정 (하향식 접근 방식)

(2) d.school(스탠퍼드 디자인 스쿨)

d.school의 디자인 씽킹은 교육 및 창의적 문제 해결 중심으로 발전했다. 이는 특정 문제를 해결하기보다는 사용자의 행동과 데이터를 분석하면서 새로운 문제를 탐색하고 해결하는 과정에 초점을 맞춘다.

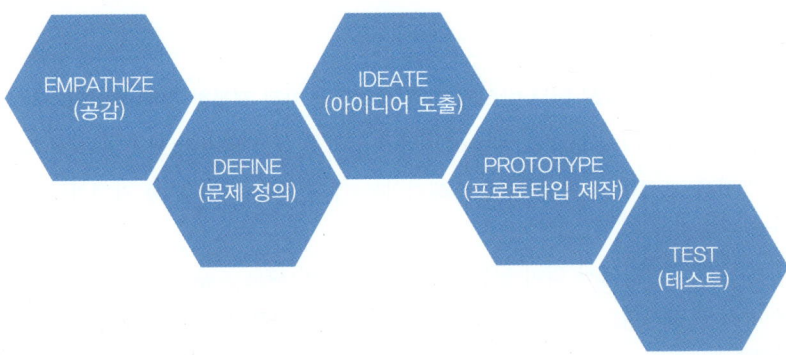

d.school의 디자인 씽킹 프로세스는 5단계(Empathize → Define → Ideate → Prototype → Test)로 구성되며 이 과정에서 데이터를 기반으로 문제를 탐색하고 해결하는 상향식 접근법을 지향하고 있다.

> **Tip**
>
> **프로토타이핑**
> 최종 제품의 초기 모델(프로토타입)을 만들어 아이디어를 구체화하고 빠르게 피드백을 받아 제품을 개선하는 과정

3. 하향식 접근법(Top-Down Approach) ★★★

하향식 접근법은 기존에 정의된 비즈니스 목표나 문제를 해결하기 위해 분석을 수행하는 방식으로 조직의 전략과 연계된 문제를 해결하는 것이 목적이며 일반적으로 '문제 탐색 → 문제 정의 → 해결 방안 탐색 → 타당성 검토' 단계를 거친다.

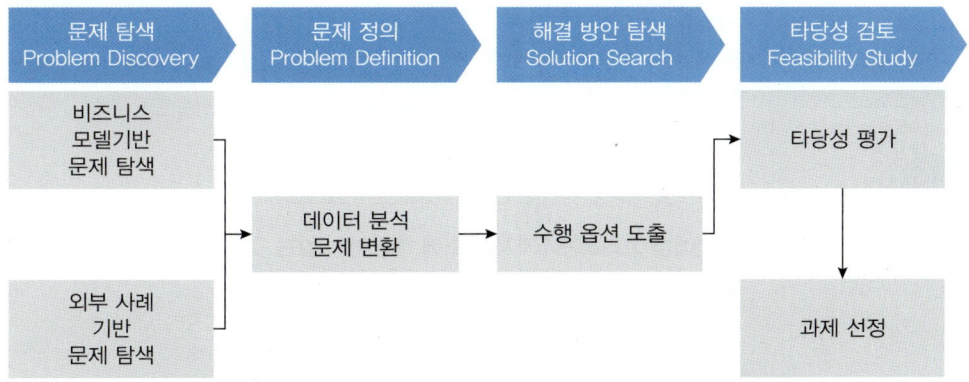

(1) 문제 탐색(Problem Discovery)

문제 탐색은 비즈니스 환경에서 해결해야 할 문제를 도출하고 식별하는 과정이다. 이 과정에서 중요한 것은 솔루션 자체보다는 가치에 초점을 맞추는 것이며 가능하다면 기존 시스템을 개선하여 활용하는 방향을 고려하는 것이 바람직하다.

① 비즈니스 모델 탐색 기법

문제 탐색을 효과적으로 수행하기 위해 비즈니스 모델 캔버스의 9가지 블록을 단순화하여 구조적으로 접근한다. 이러한 단순화 접근 방식에서는 업무, 제품, 고객, 규제와 감사, 지원 인프라의 5가지 요소를 고려한다.

업무(Operation)	제품 및 서비스 생산을 위해 운영 중인 내부 프로세스 및 주요 리소스 관련 주제 도출
제품(Product)	생산하는 제품 및 제공 중인 서비스를 개선하기 위한 관련 주제 도출
고객(Customer)	제품 또는 서비스를 제공받는 사용자 및 고객 그리고 이를 제공하는 채널의 관점에서 관련 주제 도출
규제와 감사 (Regulation & Audit)	제품 생산 및 전달 프로세스 중에서 발생하는 규제 그리고 보안의 관점에서 발생하는 주제 도출
지원 인프라 (IT & Human Resource)	분석 수행 시스템과 이를 관리하는 인력의 관점에서 주제 도출

> **Tip**
>
> **비즈니스 모델 캔버스란?**
> 비즈니스 모델 캔버스는 비즈니스의 핵심 요소를 9가지로 나누어 시각적으로 정리하는 강력한 도구이다. 이를 활용하면 비즈니스의 구조를 쉽게 파악하고 전략적으로 개선할 방향을 모색할 수 있어 스타트업뿐만 아니라 기존 기업에서도 비즈니스 모델을 점검하고 최적화하는 데 유용한 방법론이다.
>
> **비즈니스 모델 캔버스의 9가지 구성요소**
> 고객 세그먼트, 가치 제안, 채널, 고객 관계, 수익 흐름, 핵심 자원, 핵심 활동, 핵심 파트너, 비용 구조

> **Warming Up**
>
> 다음 중 비즈니스 모델 탐색 기법에서 고려하는 5가지 요소에 해당하지 않는 것은 무엇인가?
> ① 업무
> ② 제품
> ③ 경쟁사
> ④ 지원 인프라
>
> **해설** 경쟁사는 비즈니스 모델 탐색 기법에서 핵심 요소로 포함되지 않는다.
> **정답** ③

기업이 데이터 분석을 통해 시장에서 경쟁력을 유지하고 새로운 비즈니스 기회를 창출하기 위해서는 거시적 관점, 경쟁자 확대, 시장 니즈 탐색, 역량의 재해석 등을 종합적으로 고려해야 한다.

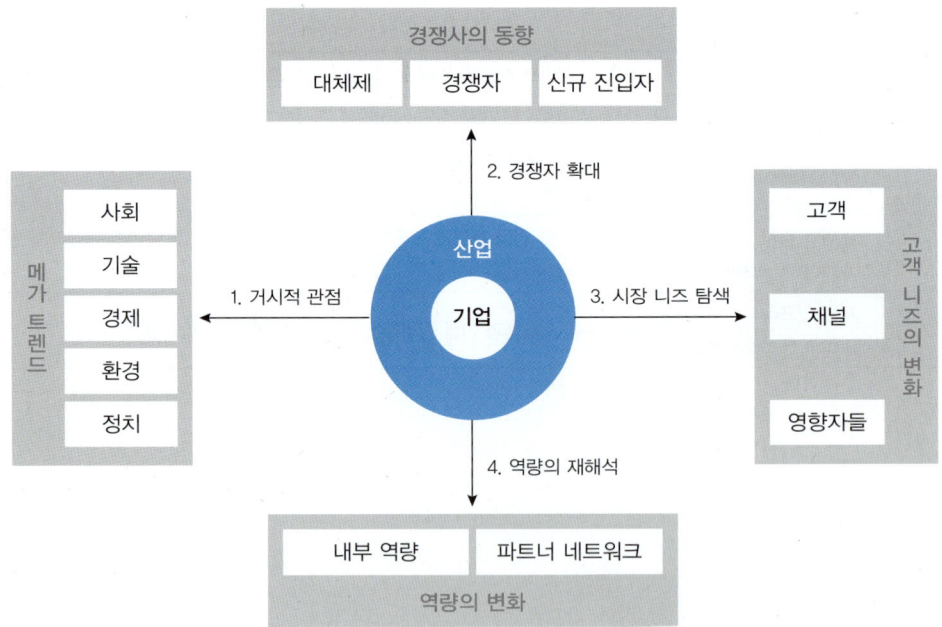

영역	설명	분석 요소
거시적 관점 (STEEP 분석)	STEEP으로 요약되는 사회, 기술, 경제, 환경, 정치적 변화가 기업에 미치는 영향을 탐색	• 사회 : 노령화, 저출산, 소비자 트렌드, 문화적 변화 등 • 기술 : 나노 기술, IT 융합 기술, 로봇 기술의 고도화 등 • 경제 : 원자재 가격, 환율, 금리 변동 등 • 환경 : 탄소 배출 규제 등 • 정치 : 대북 관계 변화 등
경쟁자 확대	기존 경쟁자뿐만 아니라 대체제와 신규 진입자를 포함한 경쟁 환경 및 위협이 될 만한 상황 분석	• 대체제 : 기업의 상품 및 서비스를 대체할 수 있는 것에 대한 탐색 및 잠재적 위협 파악 • 경쟁자 : 식별된 주요 경쟁사의 제품, 서비스 카탈로그, 전략을 분석하여 잠재적 위협 파악 • 신규 진입자 : 향후 시장에서 대세가 될 한만 신규 진입자에 대한 동향 파악
시장 니즈 탐색	고객 행동 변화와 구매 결정 요인을 분석하여 새로운 기회 발굴	• 고객 : 주요 타겟 고객 및 잠재 고객의 트렌드 분석 • 채널 : 제품, 서비스가 전달되는 경로(오프라인, 온라인 등) • 영향자들(Influencer) : 주주, 투자자, 협회 및 기타 이해 관계자의 주요 관심사항 파악
역량의 재해석	기업 내부의 핵심 역량과 파트너 네트워크를 활용하여 새로운 성장 기회를 모색	• 내부 역량 : 기업이 보유한 핵심 기술, 인력, 자원 등 • 파트너와 네트워크 : 협력업체, 공급망, 외부 파트너 등

② 외부 사례 기반 문제 탐색

기업이 효과적인 데이터 분석을 수행하기 위해서는 단순히 내부 데이터를 검토하는 것뿐만이 아니라 외부 사례를 기반으로 문제를 탐색하는 과정이 필요하다. 외부 사례를 참고하면 산업 내 다른 기업이 직면한 문제와 해결 과정을 분석할 수 있으며 이를 자사의 비즈니스 환경에 맞게 적용할 수 있다. 또한 외부 사례를 기반으로 문제를 정의하면 보다 객관적인 시각에서 문제를 바라볼 수 있으며 검증된 해결 방법을 참고할 수 있다는 장점이 있다.

경쟁사 분석	• 동일한 업계의 경쟁사가 어떤 문제를 겪고 있으며 이를 어떻게 해결했는지 분석 • 경쟁사가 새롭게 도입한 기술, 마케팅 전략, 운영 방식 등을 참고하여 자사의 전략 개선
산업 트렌드 분석	• 특정 산업에서 최근 주목받는 기술이나 변화 요소를 탐색 • 예를 들어 AI 기반 추천 시스템이 활성화되고 있다면 해당 기술을 적용할 수 있는 분야를 검토
유사 사례 벤치마킹	• 다른 업종이지만 유사한 문제를 겪은 기업들의 해결책을 분석하여 자사에 적용할 수 있는 방법 찾기 • 예를 들어 금융업에서 사용된 AI 챗봇 기술이 고객 서비스가 중요한 다른 산업에서도 활용될 수 있음

③ 분석 Use Case 정의

외부 사례를 기반으로 문제를 탐색한 후 이를 실제 데이터 분석 프로젝트로 전환하기 전에 분석 Use Case를 정의해야 한다. Use Case 정의는 발굴한 분석 기회들을 구체적인 과제로 만들기 전에 상세한 설명과 효과를 명시하는 과정으로 향후 데이터 분석 문제로의 전환 시 적합성 평가에 활용될 수 있다.

기업이 데이터 분석을 통해 시장에서 경쟁력을 유지하고 새로운 비즈니스 기회를 창출하기 위해 고려해야 할 주요 요소로 가장 적절하지 않은 것은 무엇인가?

① 거시적 관점(STEEP 분석)을 통한 시장 변화 탐색
② 대체제, 경쟁자, 신규 진입자 분석
③ 고객, 채널, 영향자 분석을 통한 시장 니즈 탐색
④ 내부 역량만을 활용한 기존 비즈니스 모델 유지

> 해설 기업이 데이터 분석을 통해 경쟁력을 유지하려면 거시적 관점(STEEP 분석), 경쟁자 확대, 시장 니즈 탐색, 역량의 재해석을 종합적으로 고려해야 한다. 특히, 대체제, 경쟁자, 신규 진입자 분석을 통해 시장의 변화를 파악하고 고객, 채널, 영향자들(Influencer)에 대한 분석을 통해 새로운 시장 기회를 탐색하는 것이 중요하다.
> 반면 내부 역량만을 활용하여 기존 비즈니스 모델을 유지하는 것은 급변하는 시장 환경에서 기업의 성장 가능성을 제한할 수 있다. 성공적인 기업은 파트너 네트워크를 확장하고 새로운 트렌드를 반영하며 외부 데이터와 인사이트를 적극적으로 활용하여 지속적인 성장을 도모해야 한다.
>
> 정답 ④

(2) 문제 정의(Problem Definition)

탐색한 문제 중 해결해야 할 비즈니스 문제를 데이터 기반 문제로 구체적으로 정의하는 단계이다. 문제를 단순히 발견하는 것에서 끝내지 않고 정확하게 정의하고 분석을 수행할 수 있도록 구조화하는 과정이 필요하며 앞서 수행한 문제 탐색의 단계가 무엇을(What), 어떤 목적을 가지고(Why) 수행해야 하는지에 대한 관점이었다면 문제 정의 단계에서는 이를 달성하기 위해 어떻게(How) 해야 할 것인가에 대해 고민하고 필요한 데이터와 분석 기법을 정의해야 한다.

데이터 분석 문제를 정의할 때는 분석을 수행하는 사람뿐만 아니라 그 문제 해결로 혜택을 받을 최종 사용자(End User)의 관점도 고려해야 한다. 문제가 명확하게 정의되면 필요한 데이터와 적절한 분석 기법을 쉽게 선정할 수 있으므로 가능한 한 정확하고 구체적으로 분석 관점에서 문제를 다시 정리하는 것이 중요하다. 다음은 비즈니스 관점에서 데이터 관점으로의 변환에 대한 내용이다.

비즈니스 관점	데이터 관점
고객 불만 증가	고객 불만을 유발하는 주요 원인을 분석하고 불만 해결을 위한 대응 방안을 예측
마케팅 비용 대비 효과가 낮음	고객 반응을 높일 수 있는 최적의 마케팅 전략을 도출하기 위해 타겟 고객군을 세분화
재고 과잉 또는 부족 발생	판매 패턴을 기반으로 수요 예측 모델을 개발하여 재고 최적화
직원 이탈률 증가	이탈 위험이 높은 직원을 예측하고 주요 이탈 원인을 분석
제품 반품률 증가	반품이 발생하는 주요 원인을 데이터 분석을 통해 도출하고 반품률 감소 방안을 모색

> 다음 중 비즈니스 문제를 데이터 분석 관점에서 해결하는 방식으로 가장 적절한 것은 무엇인가?
>
> ① 마케팅 비용 대비 효과가 낮을 경우 광고 예산을 줄이는 방향으로 조정한다.
> ② 재고 과잉 또는 부족이 발생할 경우 생산량을 일정하게 유지하여 공급 안정성을 높인다.
> ③ 직원 이탈률 증가 문제에 대해 직원들에게 일괄적인 복지 혜택을 제공하여 이탈을 방지한다.
> ④ 고객 불만 증가 원인을 설문 데이터를 통해 파악하고 불만 해결을 위한 대응 방안을 예측한다.
>
> **해설** 고객 불만 증가의 원인을 설문 데이터를 통한 데이터 분석을 통해 도출하고 대응 방안을 마련하는 것은 데이터 기반 문제 해결 방식으로 가장 적절한 접근법이다.
>
> **정답** ④

(3) 해결 방안 탐색(Solution Search)

문제가 명확하게 정의되었으면 이제 해결 방법을 모색하는 과정이 필요하다. 해결 방안 탐색은 앞서 정의된 데이터 분석 문제의 해결을 위한 데이터 분석 기법 및 솔루션을 설계하는 단계이다. 이 단계에서는 기업이 특정 문제를 해결하기 위해 기존 시스템을 활용할 수 있는지의 여부와 현재 구성원들이 분석 역량을 보유하고 있는지를 판단해야 한다.

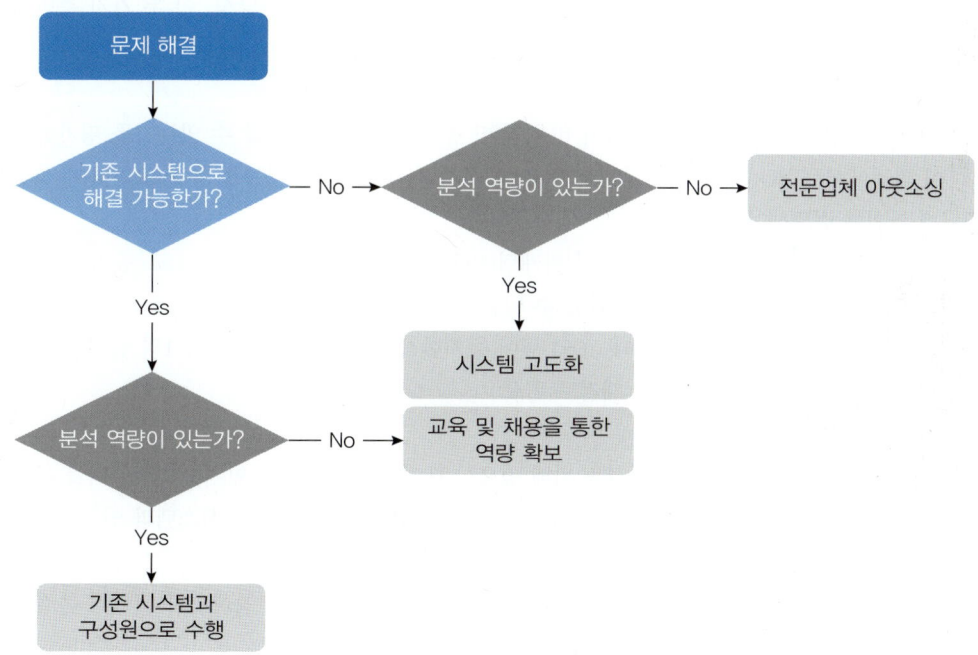

> 데이터 분석을 위한 해결 방안을 탐색할 때, 기존 시스템과 분석 역량을 고려한 적절한 의사결정 과정으로 가장 적절한 것은무엇인가?
>
> ① 기존 시스템으로 해결할 수 있다면 분석 역량과 관계없이 즉시 프로젝트를 진행한다.
> ② 기존 시스템으로 해결할 수 없고 분석 역량도 부족하다면 시스템 고도화를 우선적으로 고려한다.
> ③ 기존 시스템으로 해결할 수 있지만 분석 역량이 부족한 경우 외부 전문업체 아웃소싱을 고려할 수 있다.
> ④ 기존 시스템으로 해결할 수 있고 분석 역량이 충분하다면 기존 시스템과 인력으로 수행하면 된다.
>
> **해설** ① 기존 시스템이 문제를 해결할 수 있다면 내부 역량을 점검하고 필요하면 보완해야 한다.
> ② 기존 시스템으로 해결할 수 없고 분석 역량도 부족하다면 외부 전문업체 아웃소싱을 고려할 수 있다.
> ③ 기존 시스템으로 해결할 수 있지만 분석 역량이 부족한 경우 교육 및 채용을 통한 역량 확보가 필요하다.
>
> **정답** ④

(4) 타당성 검토(Feasibility Study)

타당성 검토는 문제 해결을 위한 해결 방안이 실제로 실행 가능한지 평가하는 과정이다. 아무리 뛰어난 분석 기법이나 혁신적인 솔루션이라도 비용 대비 효과가 낮거나 필요한 데이터와 기술이 부족하다면 실현하기 어렵다. 따라서 타당성 검토는 경제적인 타당성, 데이터 및 기술적인 타당성, 이 두 가지 측면에서 수행되어야 한다.

① 경제적 타당성

경제적 타당성은 분석 및 솔루션 도입이 비용 대비 충분한 가치를 창출할 수 있는지를 평가하는 과정이다. 이 과정에서는 ROI(투자 대비 효과), 비용 절감 효과, 매출 증가 가능성 등을 고려하여 실질적인 비즈니스 가치를 검토해야 한다.

예 AI 기반 고객 이탈 예측 모델 도입 시 마케팅 비용을 절감하면서도 매출이 15% 증가할 것으로 예상된다면 경제적 타당성이 높다고 판단할 수 있음

데이터 분석 솔루션을 구축하는 데 10억 원이 들지만 연간 비용 절감 효과가 1억 원에 불과하다면 경제적 타당성이 낮아 도입에 대한 재검토 필요

② 데이터 및 기술적 타당성

데이터 및 기술적 타당성은 문제 해결을 위해 필요한 데이터 확보가 가능한지, 그리고 이를 분석할 기술적 역량이 있는지를 평가하는 과정이다. 데이터가 충분하지 않거나 분석할 시스템과 인프라가 부족하다면 실질적인 실행이 어려울 수 있다.

예 AI 기반 수요 예측 모델을 개발하려고 하지만 고객 구매 데이터가 부족하거나 데이터 품질이 낮다면 데이터 타당성이 부족하여 분석이 어려울 수 있음

머신러닝 기반의 추천 시스템을 구축하려고 하지만 내부에 데이터 사이언티스트가 없고 적절한 분석 시스템이 없다면 기술적 타당성이 낮다고 판단

> 다음 타당성 검토 항목 중 성격이 다른 하나는 무엇인가?
> ① ROI, 비용 절감 효과
> ② 데이터 확보 가능성, 분석 인프라 및 시스템 구축 여부
> ③ 솔루션 도입 후 운영 유지 비용, 매출 증가 가능성
> ④ 투자금 회수 기간 분석
>
> **해설** ①·③·④는 모두 경제적 타당성과 관련된 항목이다.
> ② 데이터 및 기술적 타당성과 관련된 항목이다.
> **정답** ②

4. 상향식 접근법(Bottom-Up Approach) ★★★

상향식 접근법은 분석 대상을 모를 경우 데이터를 기반으로 문제를 정의하고 해결 방법을 찾아가는 방식이다. 즉, 문제의 정의 자체가 어려울 때 사물을 그대로 인식하는 'What'의 관점에서 데이터를 탐색하며 패턴을 발견하고 이를 바탕으로 다양한 데이터의 조합 속에서 새로운 인사이트를 도출하는 접근법이라고 할 수 있다. 기존의 하향식 접근법이 비즈니스 목표나 문제 정의에서 출발하여 데이터를 활용하는 방식이라면, 상향식 접근법은 반대로 데이터를 분석하는 과정에서 문제를 찾아내고 해결책을 도출하는 방식인 것이다.

데이터 분석에서는 데이터를 활용하는 방식에 따라 지도 학습과 비지도 학습, 두 가지 접근법으로 구분이 되는데, 일반적으로 상향식 접근법에서는 비지도 학습을 활용할 수 있다.

(1) 비지도 학습(Unsupervised Learning) : 숨겨진 패턴 발견

비지도 학습은 정답(Label)이 없는 데이터를 가지고 학습하는 방식으로, 주어진 데이터에서 의미 있는 그룹핑을 실시하거나 상관관계를 분석하여 새로운 인사이트를 도출하는 것이 핵심이다. 비지도 학습이 활용되는 데이터 분석에는 장바구니 분석, 기술통계, 프로파일링, 군집분석, 주성분 분석, 다차원 척도 등이 있다.

(2) 지도 학습(Supervised Learning) : 목표가 명확한 분석

지도 학습은 분석 목표와 정답(Label)이 명확한 데이터 분석 방법이다. 즉, 과거 데이터를 바탕으로 미래를 예측하거나 기존의 패턴을 활용해 새로운 데이터를 분류하는 방식이다. 지도 학습이 활용되는 데이터 분석에는 머신러닝, 의사결정 트리, 인공신경망 모형, 분류 분석 등이 있다. (PART 3 데이터 분석 참고)

다음 중 분석 과제를 발굴하기 위한 상향식 접근법에 대한 설명으로 가장 적절하지 않은 것은 무엇인가?

① 현장에서 생성되는 데이터를 기반으로 의미 있는 패턴을 탐색하고 새로운 분석 과제를 도출한다.
② 분석을 통해 기존에 정의되지 않았던 문제를 발견하고 이를 해결하기 위한 방향을 제시할 수 있다.
③ 데이터를 중심으로 접근하여 숨겨진 인사이트를 발견하고 이를 비즈니스 문제 해결에 활용할 수 있다.
④ 경영진이나 의사결정권자가 사전에 분석 목표를 명확하게 정의한 후 이를 해결하기 위한 데이터 분석을 수행한다.

> 해설 경영진이 분석 목표를 사전에 명확히 설정하는 방식은 하향식 접근법에 해당한다. 상향식 접근법은 데이터에서 출발하여 문제를 탐색하는 방식을 따른다.
>
> 정답 ④

다음 중 비지도 학습에 대한 설명으로 가장 적절한 것은 무엇인가?

① 정답(Label)이 존재하는 데이터를 기반으로 학습하여 예측 모델을 만드는 방식이다.
② 머신러닝 기법 중 하나로 과거 데이터를 바탕으로 미래 값을 예측하는 방식이다.
③ 주어진 데이터에서 숨겨진 패턴이나 그룹을 찾는 것이 핵심이며 대표적으로 군집분석과 장바구니 분석이 있다.
④ 입력 데이터와 출력 데이터 간의 관계를 학습하여 새로운 데이터를 기존 범주로 분류하는 방법이다.

> 해설 ① · ② · ④는 모두 지도 학습에 대한 설명이다.
>
> 정답 ③

5. 시행착오를 통한 문제 해결 – 프로토타이핑 접근법 ★★★

상향식 접근법을 지향하는 프로토타이핑(Prototyping) 접근법은 빠르게 시도하고 실패를 통해 학습하며 지속적으로 개선하는 것이 핵심이다. 프로토타이핑은 최종 제품의 초기 모델(프로토타입)을 만들어 아이디어를 구체화하고 즉시 피드백을 받아 제품을 개선하는 과정을 의미하며, 이는 문제 해결을 위한 아이디어를 빠르게 시각화하고 테스트를 통해 개선하는 반복적인 과정을 의미한다.

프로토타이핑 접근법은 가설의 생성 → 디자인에 대한 실험 → 실제 환경에서의 테스트 → 테스트 결과에서의 인사이트 도출 및 가설 확인의 4단계 프로세스로 이루어지며 빅데이터 분석 환경에서 프로토타이핑이 필요한 이유는 다음과 같다.

(1) 문제 인식 수준

문제 정의가 불명확하거나 새로운 문제에 직면했을 때 프로토타이핑을 통해 문제를 구체화하고 이해할 수 있다.

(2) 필요한 데이터의 불확실성

문제 해결에 필요한 데이터가 모두 존재하지 않을 수 있으며 데이터 수집 방법, 대체 가능성 등을 분석가와 사용자 간 반복적인 협의를 통해 해결할 수 있다. 이를 통해 사전에 데이터 부족으로 인한 프로젝트 리스크를 줄일 수 있다.

(3) 데이터 사용 목적의 가변성

데이터의 가치는 고정된 것이 아니라 지속적으로 변화하기 때문에 기존 데이터를 새로운 목적에 맞게 재정의하고 활용 범위를 확장할 수 있다.

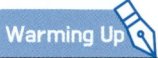

다음 중 프로토타이핑 접근법에 대한 설명으로 가장 적절한 것은 무엇인가?

① 초기 모델을 빠르게 만들고 테스트를 통해 지속적으로 개선하는 반복적인 과정이 핵심이다.
② 철저한 계획과 분석을 바탕으로 개발을 한 번에 완료하는 접근법이다.
③ 데이터 사용 목적이 고정되어 있어 분석 기획 단계에서 모든 변수를 사전에 정의해야 한다.
④ 문제 정의가 명확한 경우에만 적용되며 기존 데이터만을 활용하여 분석을 수행한다.

> 해설 ② 프로토타이핑은 철저한 계획과 분석을 바탕으로 한 번에 완료하는 방식이 아니라 실험과 개선을 반복하는 방식이다.
> ③ 데이터의 사용 목적은 고정되지 않으며 기존 데이터를 새로운 분석 목적에 맞게 재정의하고 확장할 수 있다.
> ④ 프로토타이핑은 문제 정의가 불명확한 경우에도 활용할 수 있으며 필요하면 데이터를 추가로 수집하고 분석 과정을 반복하여 해결한다.
>
> 정답 ①

6. 분석 과제 정의서 ★

분석 과제 정의서는 데이터 분석을 수행하기 전 분석 목표와 과제를 명확하게 정의하고 이를 체계적으로 정리한 문서이다. 이는 분석을 수행하는 팀뿐만 아니라 의사결정권자 및 이해 관계자들이 분석의 방향성과 기대 효과를 쉽게 이해하고 공유할 수 있도록 하는 역할을 한다. 분석 과제 정의서에는 분석 목적, 해결하려는 문제, 활용할 데이터, 분석 방법, 기대 효과 등이 포함되는데, 데이터 분석 프로젝트가 명확한 목표를 가지고 체계적으로 진행될 수 있도록 가이드 역할을 한다.

다음은 분석 과제 정의서의 예시이다.

분석명		분석 정의	
해지 상담 접촉패턴 분석		기 해지 계약건 발생 고객의 해지 시점 상담정보 분석을 통해 해지 고객의 상담 특성을 발굴하는 분석	
소스 데이터	데이터 입수 난이도	분석 방법	
• 접속 채널, 건수, 접속평균 시간 • 최종 접속 이후 해지까지 시간 • 상담인력 업무 능숙도	하	해지로 이어지는 해지 상담의 유의미한 속성을 요인분석을 통해 발굴하고, 클러스터링 분석을 통해 영향요인을 그룹화하고, 그룹화된 요인 그룹이 해지에 미치는 영향도를 회귀분석	
	데이터 입수 사유		
	N/A		
분석 적용 난이도	분석 적용 난이 사유	분석 주기	분석 결과 검증 Owner
중	접속 로그 등의 비구조적 데이터 분석 필요	월별 업데이트	해지방어팀

다음 중 분석 과제 정의서에 포함되어야 할 항목으로 가장 적절하지 않은 것은 무엇인가?

① 분석 목표 및 기대 효과
② 데이터 수집 및 처리 방법
③ 분석 결과에 따른 조직 내 인사 평가 기준
④ 분석 대상 및 주요 변수 정의

해설 분석 과제 정의서는 데이터 분석 및 활용에 대한 내용을 다루는 문서이며 조직 내 인사 평가 기준과는 관련이 없다.

정답 ③

04 분석 프로젝트 관리 방안

1. 분석 프로젝트의 특징 ★★

분석 기회가 과제 형태로 도출되었다면 프로젝트를 통해 이를 검증하고 목표를 달성해야 한다. 분석 프로젝트는 일반적인 프로젝트와 마찬가지로 범위, 일정, 품질, 리스크, 의사소통 등의 관리가 필요하다. 하지만 다양한 데이터를 활용하고 분석 기법을 적용하는 특성상 다음 5가지의 주요 속성을 추가로 고려한 관리가 필수적이다.

분석 과제에서 고려해야 할 5가지 요소는 다음과 같다.

구분	설명
데이터의 양	분석할 데이터의 양에 따라 관리 방식이 달라지므로 분석할 데이터의 규모에 맞는 관리 전략이 필요하다. [예시] • 대용량 데이터(예 하둡 환경에서 빅데이터 분석) → 분산 처리 기술과 확장 가능한 저장 공간 필요 • 소규모 정형 데이터(예 시간당 생성되는 데이터 분석) → 기존 데이터베이스에서 효율적으로 처리 가능
데이터 복잡도	분석 대상 데이터가 정형 데이터인지 비정형 데이터인지에 따라 접근 방식이 달라지므로 데이터의 종류와 특성을 고려하여 적절한 분석 방법을 사전에 결정해야 한다. [예시] • 정형 데이터(BI 프로젝트 등) → 이미 잘 정리된 분석 마트 활용 가능 • 비정형 데이터(텍스트, 오디오, 비디오 등) → 원천 데이터를 통합하고, 적절한 분석 모델을 선택하는 과정 필수
분석 속도	분석 결과를 얼마나 빠르게 제공해야 하는지에 따라 모델 적용 방식이 달라지며 필요한 시점에 맞춰 최적의 속도로 처리할 수 있도록 성능을 고려해야 한다. [예시] • 일 단위, 주 단위 실적 분석 → 배치(Batch) 처리로도 충분 • 실시간 사기 탐지(Fraud Detection), 개인화 추천 시스템 → 실시간(Real-time) 분석 모델 필요
분석 복잡도	분석 모델은 정확도와 해석 가능성 사이에서 균형을 맞춰야 하며 분석 목적에 따라 적절한 복잡도를 사전에 정의하는 것이 중요하다. [예시] • 복잡한 모델 → 높은 정확도를 보장하지만 해석이 어려움 • 단순한 모델 → 상대적으로 해석이 쉽지만 정확도가 낮을 수 있음
정확도 & 정밀도	분석 모델의 성능을 평가할 때 정확도(Accuracy)와 정밀도(Precision)를 균형 있게 고려해야 한다. [예시] • 분석의 활용 측면에서는 정확도가 중요(예 제품 추천 시스템) • 안정성 측면에서는 정밀도가 중요(예 의료 진단 모델) → 둘은 상충(Trade-off) 관계에 있으므로 프로젝트의 목적에 맞는 우선순위를 설정해야 함

> **Tip**
> • 정확도 : 모델과 실젯값 간의 차이가 적은 정도
> • 정밀도 : 반복적으로 모델을 사용했을 때 모델 값들의 편차 수준

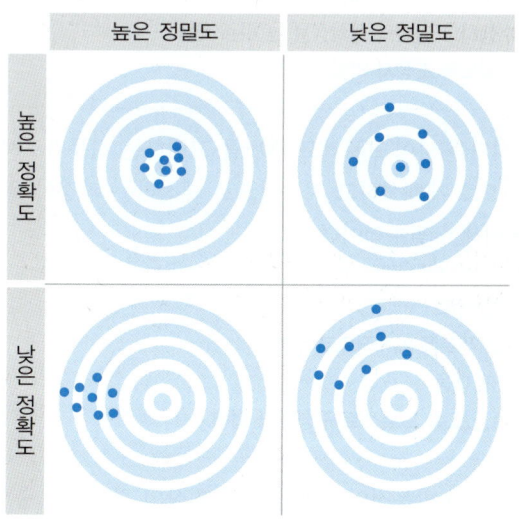

[정확도와 정밀도]

분석 과제에서 고려해야 할 5가지 요소 중 분석 복잡도에 대한 설명으로 가장 적절한 것은 무엇인가?

① 분석 대상 데이터의 정형·비정형 여부에 따라 분석 접근 방식이 달라질 수 있다.
② 분석 모델을 정확도와 해석 가능성 사이에서 균형을 맞추며 분석 목적에 따라 적절한 복잡도를 설정하는 것이 중요하다.
③ 분석 결과를 얼마나 빠르게 제공해야 하는지에 따라 최적의 처리 속도를 고려해야 한다.
④ 모델의 성능을 평가할 때 정확도(Accuracy)와 정밀도(Precision)를 균형 있게 고려해야 한다.

> **해설** ① 데이터 복잡도에 해당하는 요소로 데이터가 정형인지 비정형인지에 따라 분석 방식이 달라지는 것을 의미한다.
> ③ 분석 속도에 대한 설명으로 분석 결과 제공의 실시간 요구 여부에 따라 최적의 처리 방식을 결정하는 과정이다.
> ④ 정확도 & 정밀도에 대한 설명으로, 모델의 성능을 평가할 때 두 요소를 균형 있게 고려해야 한다는 의미이다.
>
> **정답** ②

데이터 분석가의 목표는 정확한 분석 결과를 도출하는 것이다. 하지만 프로젝트 관점에서는 추출된 분석 과제를 효과적으로 구현하고 사용자가 결과를 쉽게 활용할 수 있도록 하는 전체적인 과정도 중요하다. 따라서 단순히 분석 업무를 수행하는 것을 넘어 프로젝트의 전반적인 관리까지 고려하는 것이 필요하다.

분석가는 데이터를 다루는 영역과 비즈니스 의사결정 사이에서 조정자 역할을 수행해야 한다. 특히 분석 프로젝트에서는 데이터와 비즈니스 환경을 동시에 이해하고 분석 결과의 가치를 공유하는 것이 중요하다. 즉, 분석가는 데이터 분석의 정확도를 높이는 것뿐만 아니라 프로젝트 관리와 주요 의사결정에도 기여해야 한다.

분석가의 역할
- 데이터의 원천을 이해하고 이를 비즈니스 문제 해결에 활용
- 프로젝트 목표에 맞는 분석을 수행하고 결과의 정확성을 높이는 역할
- 프로젝트가 원활하게 진행될 수 있도록 조정자 역할 수행

즉, 분석가는 단순한 데이터 분석가를 넘어 프로젝트 전반을 고려하는 전문가로서의 역할을 해야 한다.

분석 프로젝트는 결과를 반복적으로 재해석하고 지속적으로 개선하는 과정이 포함된다. 따라서 프로토타이핑 방식(반복적 개선 방식)에 대한 이해가 필수적이다.

효과적인 분석 프로젝트 수행을 위한 전략
- 분석 과제 정의서를 기반으로 프로젝트를 체계적으로 수행
- 지속적인 개선 및 변화에 유연하게 대응
- 기간 내 최적의 결과를 도출할 수 있도록 프로젝트 구성원과 협력

즉, 분석 프로젝트는 체계적인 관리와 반복적인 개선을 통해 최상의 결과를 도출하는 것이 핵심이다.

2. 분석 프로젝트 관리 방안 ★★

분석 프로젝트는 일반적인 프로젝트 관리와 마찬가지로 범위, 일정, 비용, 품질, 리스크, 자원, 의사소통 등을 체계적으로 관리해야 한다. 또한 데이터의 특성과 분석 기법의 적용 방식에 따라 추가적인 고려가 필요하다. 분석 프로젝트의 영역별 주요 관리 항목은 다음과 같다.

범위	분석 기획 단계에서 데이터의 형태, 분석 방식, 적용 모델에 따라 프로젝트 범위가 달라질 수 있고 진행 과정에서 범위가 변경될 가능성 또한 높으므로 유연한 관리가 필요하다. • 분석 결과가 보고서 형태인지, 시스템에 적용되는지에 따라 자원과 범위가 크게 변동될 수 있음 • 사전에 충분한 검토를 통해 범위 변경 가능성을 고려해야 함
시간(일정)	데이터 분석 프로젝트는 초기에 원하는 결과가 쉽게 나오지 않기 때문에 반복적인 작업이 필수적이므로 분석 결과의 품질을 유지하면서도 일정 내 목표를 달성할 수 있도록 체계적인 일정 관리가 필요하다. • 분석 모델의 성능을 개선하기 위해 여러 차례 테스트와 수정이 필요함 • 일정 관리 시 타임박스(Time-boxing) 기법을 적용하여 반복 작업을 효율적으로 조율해야 함
원가(비용)	데이터 분석 프로젝트는 경우에 따라 비용이 많이 소요될 수 있으므로 사전 조사와 예산 계획이 필수적이다. • 외부 데이터를 활용할 경우 데이터 구매 비용 고려 • 분석 도구 선택 : 오픈 소스 vs. 상용 소프트웨어 비교 후 예산 계획 수립
품질	분석 결과의 품질을 보장하기 위해 명확한 품질 목표를 사전에 설정해야 한다. • 품질 검토 절차를 마련하여 분석 결과의 신뢰도를 확보 • 데이터 오류, 모델 성능 저하 등의 문제를 최소화하기 위한 품질 관리 프로세스 도입
통합	분석 프로젝트는 단독으로 수행되는 것이 아니라, 기존 시스템이나 비즈니스 프로세스와의 통합이 필요하다. • 분석 결과가 기존 시스템과 원활하게 연계될 수 있도록 사전 설계 • 데이터 파이프라인, API 연동, 대시보드 적용 방식 등을 고려
조달	프로젝트 수행을 위해 필요한 외부 소싱을 적절하게 조달하는 것이 중요하다. • PoC(개념 검증) 단계에서는 클라우드 인프라 활용 가능성 검토 • 데이터 수집, 분석 도구, 외부 컨설팅 등의 조달 방안 고려
인적자원	분석 프로젝트에는 고급 데이터 분석 및 빅데이터 처리 기술을 가진 전문가가 필요하다. • 전문 인력 부족 문제를 해결하기 위해 사전에 인력 확보 계획 수립 • 프로젝트 수행에 적절한 컴퓨팅 리소스(클라우드, 서버 등) 마련
리스크	데이터 품질 문제, 알고리즘 한계, 일정 지연 등의 잠재적인 리스크를 사전에 식별하고 대비책을 마련해야 한다. • 데이터 미확보 또는 품질 저하 → 대체 데이터 확보 계획 필요 • 분석 모델의 성능 저하 → 정기적인 성능 평가 및 개선 계획 수립
의사소통	프로젝트가 원활하게 진행되려면 팀 내 및 이해 관계자 간 효과적인 커뮤니케이션 체계가 필요하다. • 주간 회의, 진행 보고서 등을 활용하여 프로젝트 상황 공유 • 분석 결과가 쉽게 이해될 수 있도록 시각화 자료 제공
이해 관계자	분석 프로젝트에는 데이터 전문가, 비즈니스 담당자, IT 전문가 등 다양한 이해 관계자가 참여한다. • 각 이해 관계자의 역할과 기대치를 조율하여 프로젝트가 원활하게 진행될 수 있도록 관리 • 주요 의사결정 사항을 명확하게 정리하여 공유

Warming Up

다음 중 프로젝트 관리 지식 체계 10가지 영역에 해당하지 않는 것은 무엇인가?

① 이해 관계자, 범위, 통합
② 의사소통, 인적자원, 시간(일정)
③ 원가(비용), 조달, 리스크, 품질
④ 마케팅, 브랜드 전략, 소비자 행동 분석

> **해설** 마케팅, 브랜드 전략, 소비자 행동 분석은 프로젝트 관리 지식 체계 10가지 영역에 포함되지 않는다. 이는 기업 경영 및 마케팅 전략에 해당하는 개념으로 프로젝트 관리와 직접적인 연관이 없다.
>
> **정답** ④

CHAPTER 02 분석 마스터플랜

01 마스터플랜 수립

분석 마스터플랜은 조직의 데이터 분석 목표를 효과적으로 달성하기 위한 종합적인 계획으로 중·장기적인 관점에서 데이터 분석의 방향성과 실행 전략을 체계적으로 정리한 문서이다. 이 계획은 조직이 보유한 데이터 자산을 최대한 활용하고 분석 역량을 강화하며 비즈니스 성과를 극대화할 수 있도록 로드맵을 제공한다. 조직은 이를 통해 적용 우선순위를 설정하고 적용 범위 및 방식을 결정할 수 있다.

1. 분석 마스터플랜 수립 프레임워크 ★★★

분석 마스터플랜을 효과적으로 수립하기 위해서는 비즈니스 전략과 데이터 분석을 유기적으로 연결하는 체계적인 접근 방식이 필요하다. 이 프레임워크는 전략적 중요도, 비즈니스 성과(ROI), 실행 용이성을 고려하여 분석 적용 우선순위를 설정하고 이를 기반으로 로드맵을 구성하는 과정으로 구성된다.

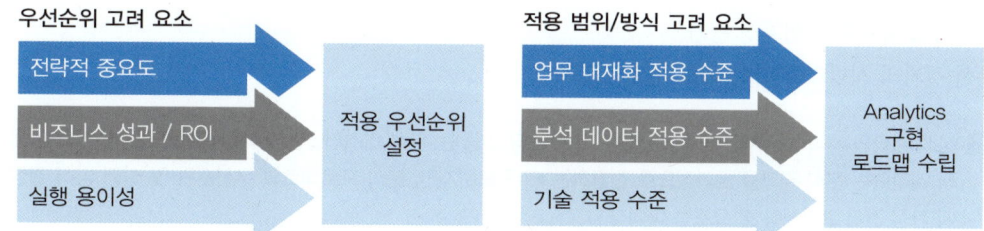

(1) 분석 적용 우선순위 설정

분석 프로젝트의 성공적인 실행을 위해서는 우선순위를 설정하는 과정이 필수적이다. 우선순위는 다음 세 가지 핵심 요소를 고려하여 결정된다.

① 전략적 중요도

　분석 과제가 조직의 핵심 목표 및 장기적 전략과 얼마나 부합하는지 평가하고 기업의 성장, 비용 절감, 고객 만족도 향상 등과 직접적으로 연관된 분석 프로젝트를 우선 수행

② 비즈니스 성과(ROI ; Return on Investment)

　분석을 통해 실질적인 비즈니스 가치를 창출할 수 있는지 평가하고 분석 결과가 매출 증대, 비용 절감, 운영 효율성 향상으로 연결될 가능성이 높은 프로젝트를 우선 적용

③ 실행 용이성

　분석 프로젝트를 실제로 실행할 수 있는지 (기술적, 조직적, 데이터적 관점에서) 검토하고 기존 시스템과의 통합 가능성, 데이터 확보 용이성, 조직 내 분석 역량 등을 고려하여 실현 가능한 프로젝트부터 진행

(2) 분석 적용 범위 및 방식 설정

데이터 분석을 효과적으로 실행하기 위해서는 단순히 분석 과제의 우선순위만 고려하는 것이 아니라 분석을 어떻게 적용할 것인지에 대한 종합적인 계획이 필요하다. 이를 위해 다음과 같은 요소들을 함께 검토해야 한다.

① 업무 내재화 적용 수준
　분석 결과를 기존 업무 프로세스에 내재화할 것인지 별도의 분석 화면을 통해 제공할 것인지 결정

② 분석 데이터 적용 수준
　내부 데이터만 사용할 것인지 외부 데이터까지 포함할 것인지 검토

③ 기술 적용 수준
　단순 통계 분석부터 머신러닝, AI와 같은 고급 분석 기법까지 중 어느 수준으로 적용할 것인지 판단

즉, 분석 마스터플랜 수립 프레임워크는 비즈니스 목표에 맞춰 데이터 분석의 우선순위, 적용 범위, 실행 방안을 체계적으로 정리하여 효과적인 분석 운영과 지속적인 성과 창출을 지원하는 전략적 계획이라고 할 수 있다.

Warming Up

다음 중 분석 마스터플랜 수립 시 고려해야 할 요소로 가장 적절하지 않은 것은 무엇인가?

① 분석 적용 우선순위 설정
② 분석 적용 범위 및 방식 설정
③ 비즈니스 목표와의 연계성 평가
④ 분석 결과의 시각적 디자인 요소 우선 검토

> **해설** 분석 결과의 시각적 디자인 요소(예 색상, 차트 스타일 등)는 분석 마스터플랜의 핵심 고려 요소가 아니다. 데이터 시각화는 분석 결과를 효과적으로 전달하는 데 중요하지만, 분석 프로젝트의 우선순위 및 실행 방식 결정에서 가장 먼저 고려해야 할 요소는 아니다.
>
> **정답** ④

---

2. 수행 과제 도출 및 우선순위 평가 ★★

우선순위 평가는 제한된 자원과 시간 내에서 가장 효과적인 분석 과제를 선정하기 위해 전략적 중요도, 비즈니스 성과(ROI), 실행 용이성 등을 종합적으로 평가하는 과정이다. 이를 통해 분석 과제의 실행 가능성을 높이고 조직의 목표 달성에 기여할 수 있도록 최적의 분석 로드맵을 수립할 수 있다.

분석 과제 도출 → 우선순위 평가 → 우선순위 정련

> **Tip**
>
> **우선순위 정련이란?**
> 기존에 설정된 우선순위를 보다 정교하게 조정하고 최적화하는 과정을 의미한다. 처음 설정한 우선순위가 실행 과정에서 현실과 맞지 않을 수 있기 때문에 비즈니스 환경 변화, 데이터 가용성, 기술적 실행 가능성 등을 고려하여 지속적으로 조정하는 작업이 필요하다. 즉, 우선순위 정련은 우선순위를 단순히 정하는 것이 아니라 실행 가능성과 효과를 극대화할 수 있도록 지속적으로 조정하고 최적화하는 과정이다.

(1) 일반적인 IT 프로젝트의 우선순위 평가

ISP와 같은 IT 프로젝트에서는 과제의 우선순위를 평가할 때 기업이 중요하게 여기는 기준을 반영해야 한다. 일반적으로 전략적 중요도, 실행 용이성 등의 관점에서 우선순위 기준을 수립하며 해당 기준을 바탕으로 각 과제를 평가하여 기업에 가장 효과적인 순서로 실행할 수 있도록 계획한다.

일반적인 IT 프로젝트의 우선순위 평가 예시는 다음과 같다.

전략적 중요도	전략적 필요성	• 전략적 목표 및 본원적 업무에 직접적인 연관 관계가 밀접한 정도 • 이슈 미해결 시 발생하게 될 위험 및 손실에 대한 정도
	시급성	• 사용자 요구사항, 업무능률 향상을 위해 시급히 수행되어야 하는지에 대한 정도 • 향후 경쟁우위 확보를 위한 중요성 정도
실행 용이성	투자 용이성	• 기간 및 인력 투입 용이성 정도 • 비용 및 투자예산 확보 가능성 정도
	기술 용이성	• 적용 기술의 안정성 검증 정도 • 응용시스템, H/W 유지보수 용이성 정도 • 개발 Skill 성숙도 및 신기술 적용성 정도

> **Tip**
>
> **ISP vs 분석 마스터플랜**
> ISP(Information Strategy Planning, 정보화 전략 계획) 프로젝트와 분석 마스터플랜은 모두 기업의 IT 및 데이터 활용 전략을 수립하는 과정이지만 목적과 초점이 다르다. 간단히 말해 ISP 프로젝트는 기업의 전체 IT 시스템 전략을 수립하는 과정이고 분석 마스터플랜은 데이터 분석을 중심으로 실행 전략을 수립하는 과정이다.
>
> **ISP(Information Strategy Planning, 정보화 전략 계획)**
> 기업의 IT 시스템을 효과적으로 구축하고 운영하기 위한 종합적인 전략을 수립하는 프로젝트로 기업의 비즈니스 목표를 달성하기 위해 어떤 IT 시스템이 필요한지, 어떻게 구축할 것인지, 어떤 기술을 도입할 것인지를 체계적으로 계획한다.
>
> **분석 마스터플랜**
> 데이터 분석을 효과적으로 수행하고 활용하기 위한 전략을 수립하는 과정으로 일반적인 ISP 방법론을 활용하되 데이터를 기반으로 기업의 의사결정을 최적화하고 분석 역량을 강화하기 위해 어떤 데이터 분석을 수행할지, 필요한 기술과 인프라는 무엇인지, 분석 결과를 어떻게 활용할 것인지를 체계적으로 계획한다.

> 다음 IT 프로젝트의 우선순위 평가 요소 중 성격이 다른 하나는 무엇인가?
> ① 이슈 미해결 시 발생하게 될 위험 및 손실에 대한 정도
> ② 적용 기술의 안정성 검증 정도
> ③ 사용자 요구사항, 업무능률 향상을 위해 시급히 수행되어야 하는지에 대한 정도
> ④ 향후 경쟁우위 확보를 위한 중요성 정도
>
> [해설] 적용 기술의 안정성 검증 정도는 실행 용이성(기술 용이성)과 관련된 요소이다. 이는 프로젝트를 수행할 때 필요한 기술이 안정적인지, 기존 시스템과의 호환성 및 유지보수 가능성이 높은지 등을 검토하는 과정으로 프로젝트의 전략적 가치보다는 실현 가능성을 평가하는 기준에 가깝다.
> 나머지 보기는 모두 전략적 중요도를 평가하는 요소에 해당한다.
>
> [정답] ②

(2) 빅데이터의 특징을 고려한 분석 ROI 요소

빅데이터는 일반적으로 데이터 크기(Volume), 데이터 종류의 다양성(Variety), 데이터 생성 속도(Velocity)를 의미하는 3V 개념으로 설명된다. 하지만 최근에는 데이터 분석을 통해 새로운 가치를 창출(Value)한다는 점을 강조하여 4V 개념으로 확장되는 추세이다. 빅데이터의 4V를 ROI 관점에서 보면 데이터의 저장, 처리, 분석을 위한 비용이 필수적으로 발생하게 된다.

데이터 크기 (Volume)	• 데이터가 많아질수록 저장, 처리, 관리 비용이 증가 • 대량 데이터를 다룰 수 있는 고성능 서버, 클라우드 저장소, 데이터 처리 기술 필요
데이터 다양성 (Variety)	• 데이터는 정형(숫자, 표 형식), 반정형(로그, JSON), 비정형(이미지, 영상, 텍스트) 등 다양한 형태로 존재 • 또한 데이터의 출처(내부 시스템, 외부 데이터, 소셜미디어 등)에 따라 통합 및 정제가 필요하며 이를 위해 추가적인 투자 비용이 발생
데이터 속도 (Velocity)	• 데이터가 빠르게 생성될수록 실시간 처리 및 분석이 요구됨 • 이를 위해 빅데이터 처리 기술(Apache Kafka, Spark 등)과 고속 데이터베이스 구축 필요 • 실시간 처리를 위한 기존 시스템 변경이 필요할 수 있으며 이에 따른 추가 비용 발생 가능
데이터 가치 (Value)	• 데이터를 효과적으로 분석하여 새로운 비즈니스 가치 창출 가능 • 단, 데이터 품질이 낮거나 분석 기술이 부족하면 기대한 ROI를 얻기 어려울 수 있음

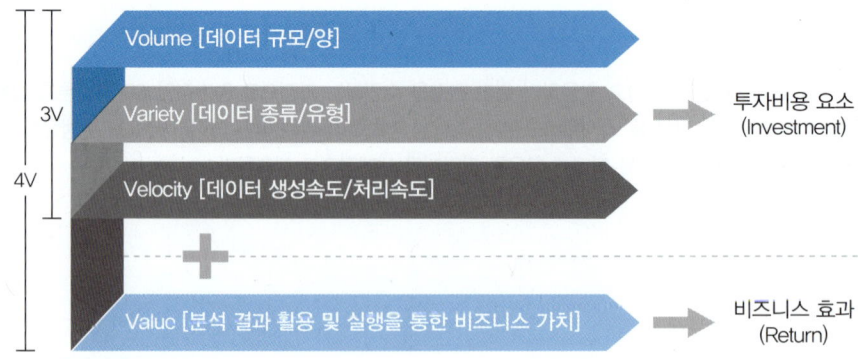

이처럼 빅데이터를 효과적으로 활용하기 위해서는 4V 요소를 고려하여 적절한 IT 인프라와 분석 기술을 도입해야 한다. 하지만 데이터 저장, 처리, 실시간 분석 등을 위한 기술적 투자 비용이 필연적으로 발생하므로 기업은 비용 대비 효과(ROI)를 면밀히 분석하고 최적의 데이터 전략을 수립하는 것이 중요하다.

> **Warming Up**
>
> **다음 중 빅데이터의 4V 요소로 인해 발생하는 ROI 요소에 대한 설명으로 가장 적절하지 않은 것은 무엇인가?**
> ① 데이터 크기(Volume)가 증가할수록 저장 및 처리 비용이 증가하며 대용량 데이터 관리를 위해 클라우드 또는 고성능 서버 도입이 필요할 수 있다.
> ② 데이터 다양성(Variety)이 높아질수록 정형, 반정형, 비정형 데이터를 통합하고 정제하는 과정에서 추가적인 기술적 투자 비용이 발생할 수 있다.
> ③ 데이터 속도(Velocity)가 증가하면 실시간 데이터 처리 기술이 고도화되면서 데이터 저장 비용은 오히려 감소하는 경향을 보인다.
> ④ 데이터 가치(Value)를 높이기 위해서는 품질 높은 데이터를 확보하고 고급 분석 기술을 적용해야 하며 이 과정에서 인공지능(AI) 및 머신러닝 모델 개발 비용이 발생할 수 있다.
>
> **해설** 실시간 데이터 처리 기술이 발전하더라도 데이터 저장 비용이 자동으로 감소하지는 않는다. 오히려 실시간 분석 시스템을 구축하기 위한 고속 데이터베이스, 분산 저장 기술, 스트리밍 처리 시스템 도입이 필요하여 추가적인 비용이 발생할 수 있다.
>
> **정답** ③

(3) ROI를 활용한 우선순위 평가 기준

데이터 분석 과제의 우선순위를 평가할 때는 ROI(투자 대비 효과)를 고려하여 전략적으로 접근해야 한다. 이를 위해 전략적 중요도, 시급성, 난이도 등의 요소를 종합적으로 판단하여 실행 순서를 결정하는 것이 중요하다.

항목		평가 기준	
시급성	• 전략적 중요도 • 목표가치(KPI)	Value	비즈니스 효과 (Return)
난이도	• 데이터 획득/저장/가공 비용 • 분석 적용 비용 • 분석 수준	Volume	투자 비용 요소 (Investment)
		Variety	
		Velocity	

① 시급성

해당 분석 과제가 현재 시점에서 즉시 해결해야 할 문제인지, 아니면 장기적인 관점에서 추진할 과제인지를 평가하는 기준이다. 기업의 비즈니스 전략과 연계하여 데이터의 저장, 가공, 분석 비용을 고려하고 적절한 추진 시기를 결정해야 한다. 만약 분석 결과가 기업의 핵심 경쟁력을 강화하고 즉각적인 성과를 창출할 수 있다면 우선순위를 높게 설정하는 것이 바람직하다.

② 난이도

해당 과제를 실행하는 데 필요한 비용과 기술적 복잡성을 평가하는 기준이다. 기업의 기존 환경에서 쉽게 적용할 수 있는 과제인지 아니면 많은 자원과 시간이 필요한 과제인지에 따라 실행 계획을 조정해야 하며 이를 위해 분석 과제를 시범 프로젝트(Pilot 또는 PoC) 형태로 작게 시작할 것인지 처음부터 대규모로 진행할 것인지 결정해야 한다. 또한 분석에 활용할 데이터를 기업 내부 데이터로 한정할지 외부 데이터까지 포함할지도 고려해야 한다.

기업의 현재 분석 역량과 준비 상태에 따라 분석 과제의 난이도는 조정될 수 있다. 분석 성숙도를 진단하여 기업의 환경에 맞는 분석 범위를 설정하고 실행 방식을 최적화하는 것이 중요하다. 궁극적으로 기업의 전략과 데이터 환경을 종합적으로 고려하여 최적의 분석 실행 로드맵을 수립하는 것이 효과적인 데이터 분석 과제 추진의 핵심이라고 할 수 있다.

Warming Up

다음 중 ROI를 활용한 우선순위 평가 기준과 가장 거리가 먼 것은 무엇인가?

① 분석 모델의 속도 및 정밀도를 측정하여 Velocity 관점에서 비즈니스 성과를 극대화한다.
② 데이터 확보 및 저장, 가공 비용을 분석하여 Volume 관점에서 투자 비용을 평가한다.
③ 분석 프로젝트의 전략적 중요도를 평가하여 Value 관점에서 비즈니스 효과를 고려한다.
④ 분석 적용에 필요한 비용과 분석 수준을 고려하여 Variety 관점에서 투자 비용을 평가한다.

해설 Velocity는 데이터의 속도와 관련된 개념으로 비즈니스 성과 극대화와 직접적으로 연결되지 않으며 투자 비용 측면에서 분석되어야 한다.

정답 ①

(4) 포트폴리오 사분면(Quadrant) 분석을 활용한 우선순위 평가 기준

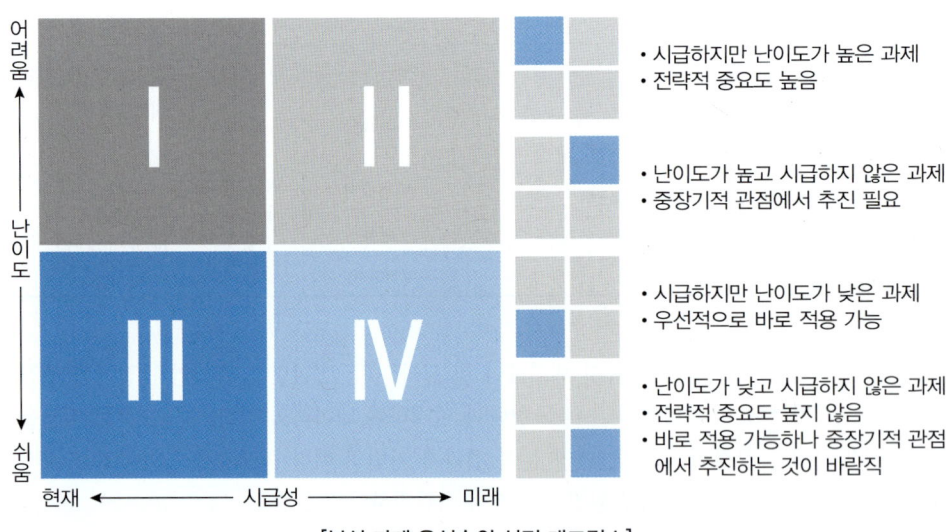

[분석 과제 우선순위 선정 매트릭스]

데이터 분석 과제의 우선순위를 정할 때는 시급성과 난이도를 기준으로 의사결정을 내리는 것이 중요하다. 우선 시급성을 기준으로 평가할 경우 경영에 미치는 영향이 크고 즉시 적용이 필요한 분석 과제를 우선순위가 높은 영역으로 분류한다. 예를 들어 장기적으로 기업 경영에 중요한 영향을 미칠 수 있지만 현재 시점에서는 상대적으로 중요도가 낮은 과제는 후순위로 둘 수 있다. 이 경우 분석 적용 우선순위는 Ⅲ → (Ⅰ) → Ⅳ → Ⅱ 순서로 결정될 수 있다. 반면 난이도를 기준으로 평가할 경우, 실행이 쉬운 과제부터 우선 적용하며 어려운 과제는 후순위로 미룬다. 이때는 Ⅲ → (Ⅳ) → Ⅰ → Ⅱ 순서로 진행하는 것이 일반적이다(괄호로 표시한 부분은 생략이 가능하다는 의미이다).

특히 시급성이 높고 난이도도 높은 1사분면(Ⅰ영역)의 과제는 경영진과 실무 담당자의 의사결정에 따라 조정될 수 있다. 예를 들어 분석을 위해 다뤄야 하는 데이터의 양이 너무 많다면 초기에는 내부 데이터를 중심으로 분석하여 난이도를 낮출 수 있다. 이렇게 하면 1사분면(Ⅰ영역)의 과제를 3사분면(Ⅲ영역)으로 이동하여 우선순위를 조정할 수 있다.

또한 기술적 요소도 우선순위 조정에 영향을 미친다. 대량 데이터를 저장·처리·분석하는 과정에서 새로운 기술 도입이 필요한 경우 기존 시스템에 미치는 영향을 최소화하는 방향으로 조정할 수 있으며 운영 시스템과 별도로 분석을 수행하면 난이도를 낮출 수 있어 우선 적용이 가능하다.

마지막으로 분석 범위에 따라서도 적용 우선순위가 조정될 수 있다. 전체 범위를 한 번에 도입할지 아니면 일부를 시범 프로젝트로 먼저 진행한 후 점진적으로 확대할지를 결정하는 것이 중요하다. 이를 통해 기업의 상황에 맞는 최적의 분석 적용 전략을 수립할 수 있다.

Warming Up

다음 중 데이터 분석 과제의 우선순위를 정할 때 고려해야 할 요소로 가장 적절하지 않은 것은 무엇인가?

① 시급성과 난이도를 기준으로 분석 과제의 적용 순서를 결정한다.
② 시급성이 높고 난이도도 높은 과제는 경영진과 실무 담당자의 의사결정에 따라 우선순위를 조정할 수 있다.
③ 장기적으로 기업 경영에 중요한 영향을 미칠 수 있지만 현재 시점에서는 상대적으로 중요도가 낮은 과제는 후순위로 미룬다.
④ 난이도를 기준으로 평가할 경우 실행이 쉬운 과제는 처리 시간이 오래 걸리지 않으므로 후순위로 미룬다.

해설 난이도가 낮은 과제는 실행이 쉬운 만큼 우선 적용하는 것이 일반적이며 후순위로 미루는 것이 아니라 빠르게 수행하여 성과를 내는 것이 바람직하다.

정답 ④

3. 이행 계획 수립 ★

(1) 로드맵 수립

데이터 분석 과제를 효과적으로 실행하기 위해 사분면(Quadrant) 분석을 활용하여 각 과제의 우선순위를 결정하고 적용 범위와 방식에 따라 실행 계획을 체계적으로 구성한다. 로드맵을 수립할 때는 단계별 목표를 명확하게 정의하고 과제 간의 선·후행 관계를 고려하여 실행 순서를 조정하는 것이 핵심이다. 즉, 즉시 실행할 과제와 후속적으로 추진할 과제를 구분하여 단계적으로 실행할 계획을 정리해야 한다.

단계별 구현 로드맵 예시는 다음과 같다.

추진 계단	Step 1 데이터 분석 체계 도입	Step 2 분석 유효성 검증	Step 3 분석 확산 및 고도화
단계별 추진 목표	• 데이터 분석 환경 구축 • 분석 과제 정의 • 분석 마스터플랜 수립	시범(Pilot) 프로젝트를 통해 분석 모델의 효과와 실용성을 검증	검증된 분석 모델을 기업 전반으로 확산하고 시스템을 고도화하여 지속적인 활동이 가능하도록 개선
추진 과제	[추진과제 0] • 분석 기획 및 분석 과제 정의 • 마스터플랜 수립	[추진과제 1] • 분석 요건 검토 및 아키텍처 설계 • 분석 과제 Pilot 수행	[추진과제 2] 업무 프로세스 내재화를 위한 프로세스 혁신(PI) [추진과제 3] • 빅데이터 분석 플랫폼 구축 • 기존 IT 시스템과 통합하여 분석 시스템 고도화

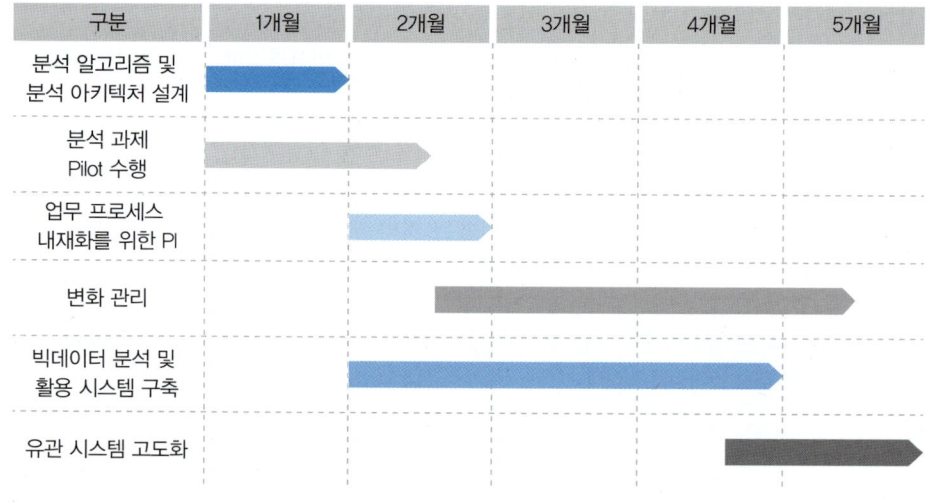

[세부 일정 계획 예시]

(2) 세부 이행계획 수립

데이터 분석 체계를 구축할 때는 전통적인 폭포수(Waterfall) 방식을 사용할 수도 있지만 반복적인 정련 과정을 통해 프로젝트의 완성도를 높이는 방식이 더 효과적이다. 이러한 반복적 분석 체계에서는 모든 단계를 동일하게 반복하는 것이 아니라 데이터 수집과 준비 과정을 먼저 진행한 후 분석 및 모델링 단계를 점진적으로 개선하는 방식을 적용한다. 즉, 데이터 수집과 정제는 한 번에 완료하는 반면 모델링 과정은 여러 번 반복하면서 점차 정교하게 발전시켜 나가는 방식을 사용한다.

따라서 이러한 특성을 고려하여 세부적인 일정 계획도 유연하게 수립해야 하며 필요에 따라 반복적 프로세스를 반영하는 것이 중요하다.

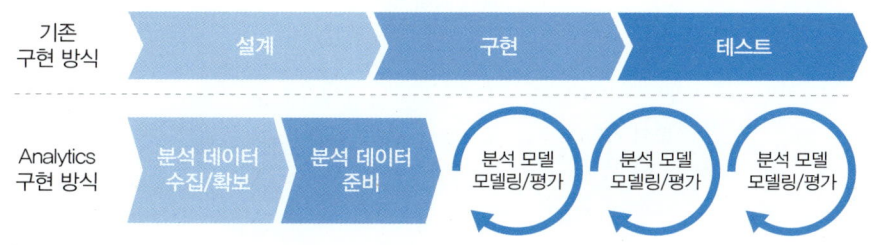

[반복적 정련 특성을 고려한 일정 계획 수립]

02 분석 거버넌스 체계 수립

분석 거버넌스는 조직 내 데이터 분석 활동이 효과적으로 운영될 수 있도록 관리하는 체계적인 프레임워크이다. 즉, 데이터 수집, 저장, 활용, 분석, 공유, 보안 등의 전 과정이 일관된 원칙과 절차에 따라 수행되도록 하는 관리 체계를 의미한다.

오늘날 기업은 방대한 데이터를 보유하고 있으며 이를 효과적으로 분석하여 비즈니스 의사결정에 활용하는 것이 경쟁력을 좌우하는 핵심 요소가 되었다. 그러나 데이터 분석이 체계적으로 운영되지 않으면 분석 결과의 신뢰성이 떨어지고 데이터 활용이 제한되며 보안 및 규제 준수 문제가 발생할 수 있다. 분석 거버넌스 도입은 이와 같은 상황을 방지하고 조직이 일관된 기준을 바탕으로 데이터와 분석 자원을 효과적으로 운영할 수 있도록 틀을 잡아주는 역할을 한다.

1. 분석 거버넌스 체계 구성요소 ★

분석 거버넌스는 데이터 분석을 조직 내에서 효과적으로 운영하고 관리하기 위한 체계적인 프레임워크이다. 이 체계는 분석 기획 및 관리를 수행하는 조직, 과제 기획 및 운영 프로세스, 분석 관련 시스템, 데이터, 분석 관련 교육 및 마인드 육성 체계 등 다양한 요소로 구성되며 각 요소가 유기적으로 연결되어 분석 환경의 신뢰성과 효율성을 높인다.

> **Tip**
>
> **분석 거버넌스 체계 구성요소**
> - 조직(Organization)
> - 과제 기획 및 운영 프로세스(Process)
> - 분석 관련 시스템(System)
> - 데이터(Data)
> - 분석 관련 교육 및 마인드 육성 체계(Human Resource)

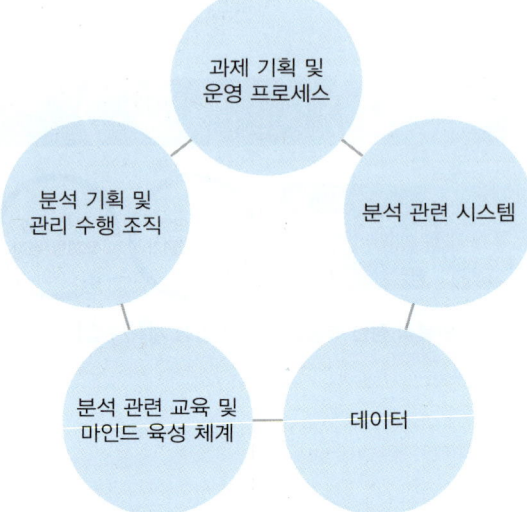

Warming Up

다음 중 분석 거버넌스 체계의 구성요소에 해당하지 않는 것은 무엇인가?

① 조직
② 분석 관련 시스템
③ 데이터
④ 마케팅 전략

> **해설** 분석 거버넌스 체계는 데이터 분석을 효과적으로 운영하고 지속적으로 발전시키기 위한 체계로, 조직(Organization), 프로세스(Process), 시스템(System), 데이터(Data), 인적자원(Human Resource)의 5가지 요소로 구성된다.
>
> **정답** ④

2. 데이터 분석 성숙도 모델 및 수준 진단 ★★★

최근 많은 기업에서 데이터 분석이 경쟁력을 결정짓는 핵심 요소로 인식되고 있다. 하지만 모든 기업이 동일한 수준으로 데이터 분석을 활용하는 것은 아니며 각 기업마다 분석 역량과 활용 수준이 다를 수 있다. 따라서 기업이 현재 어떤 수준에 있는지 진단하고 향후 목표를 설정하는 것이 중요하다.

데이터 분석 수준 진단은 분석 준비도와 분석 성숙도, 두 가지 관점에서 수행된다.

(1) 분석 준비도

분석 준비도는 기업이 데이터 분석을 효과적으로 수행할 수 있는 환경과 역량을 갖추고 있는지를 평가하는 지표이다. 즉, 데이터 분석을 실행하기 전에 필요한 요소들이 충분히 준비되어 있는지를 점검하는 과정이다. 분석 준비도가 높을수록 기업은 데이터를 활용하여 신뢰성 높은 분석을 수행하고 이를 경영 전략에 효과적으로 반영 가능하다고 볼 수 있다.

분석 준비도의 주요 평가 요소는 다음과 같다.

분석 업무 파악	분석 인력 및 조직	분석 기법
• 발생한 사실 분석 업무 • 예측 분석 업무 • 시뮬레이션 분석 업무 • 최적화 분석 업무 • 분석 업무 정기적 개선	• 분석 전문가 직무 존재 • 분석 전문가 교육 훈련 프로그램 • 관리자 기본 분석 능력 • 전사 분석 업무 총괄 조직 • 경영진 분석 업무 이해 능력	• 업무별 적합한 분석 기법 사용 • 분석 업무 도입 방법론 • 분석 기법 라이브러리 • 분석 기법 효과성 평가 • 분석 기법 정기적 개선
분석 데이터	**분석 문화**	**IT 인프라**
• 분석을 위한 데이터의 충분성/신뢰성/적시성 • 비구조적 데이터 관리 • 외부 데이터 활용 체계 • 기준 데이터 관리(MDM)	• 사실에 근거한 의사결정 • 관리자의 데이터 중시 • 회의 등에서 데이터 활용 • 경영진의 직관보다 데이터 활용 • 데이터 공유 및 협업 문화	• 운영 시스템 데이터 통합 • EAI, ETL 등 데이터 유통 체계 • 분석 전용 서버 및 스토리지 • 빅데이터 분석 환경 • 통계 분석 환경 • 데이터 시각화 분석 환경

다음 중 기업의 데이터 분석 준비도 평가 요소에 해당하지 않는 것은 무엇인가?

① 분석 업무 파악
② 분석 기법
③ 고객 서비스 개선 전략
④ IT 인프라

해설 고객 서비스 개선 전략은 데이터 분석 준비도의 핵심 요소가 아니다.

정답 ③

(2) 분석 성숙도

데이터 분석 성숙도는 조직이 데이터 분석을 얼마나 효과적으로 수행하고 활용하는지를 평가하는 지표로 이를 측정하기 위해 CMMI(Capability Maturity Model Integration) 모델이 활용된다. 이 모델은 조직의 프로세스 성숙도를 평가하고 개선하기 위한 체계적인 방법론으로 원래 소프트웨어 개발과 프로세스 개선을 위해 개발되었으나 현재는 데이터 분석을 포함한 다양한 비즈니스 영역에서도 활용되고 있다.

CMMI 모델을 활용한 데이터 분석 성숙도 평가는 4단계로 나뉘며 각 단계는 조직의 데이터 활용 역량을 나타낸다.

단계	도입 →	활용 →	확산 →	최적화
설명	분석 시작 및 환경과 시스템 구축	분석 결과를 실제 업무에 적용	전사 차원에서 분석을 관리하고 공유	분석을 진화시켜서 혁신 및 성과 향상에 기여
비즈니스 부문	• 실적 분석 및 통계 • 정기 보고 수행 • 운영 데이터 기반	• 미래 결과 예측 • 시뮬레이션 • 운영 데이터 기반	• 전사 성과 실시간 분석 • 프로세스 혁신 3.0 • 분석 규칙 관리 • 이벤트 관리	• 외부 환경 분석 활용 • 최적화 업무 적용 • 실시간 분석 • 비즈니스 모델 진화
조직 역량 부문	• 일부 부서에서 수행 • 담당자 역량에 의존	• 전문 담당 부서에서 수행 • 분석 기법 도입 • 관리자가 분석 수행	• 전사 모든 부서 수행 • 분석 COE 조직 운영 • 데이터 사이언티스트 확보	• 데이터 사이언스 그룹 • 경영진 분석 활용 • 전략 연계
IT 부문	• 데이터 웨어하우스 • 데이터 마트 • ETL / EAI • OLAP	• 실시간 대시보드 • 통계 분석 환경	• 빅데이터 관리 환경 • 시뮬레이션 및 최적화 • 데이터 시각화 분석 • 분석 전용 서버	• 분석 협업 환경 • 분석 샌드박스 • 프로세스 내재화 • 빅데이터 분석

Warming Up

다음은 CMMI 모델을 활용한 데이터 분석 성숙도 평가 4단계이다. 빈칸에 알맞는 것을 고르시오.

> 도입 → 활용 → (　　) → 최적화

① 확산
② 확정
③ 확보
④ 확률

해설 CMMI 모델을 활용한 데이터 분석 성숙도 평가는 조직이 데이터 분석을 얼마나 효과적으로 활용하고 있는지를 단계적으로 평가하는 모델로 도입 → 활용 → 확산 → 최적화의 단계를 거친다.

정답 ①

(3) 분석 수준 진단 결과

분석 수준 진단 결과는 기업이 현재 데이터 분석을 얼마나 체계적으로 수행하고 있는지 평가한 결과를 의미한다. 이 진단을 통해 기업의 데이터 분석 역량을 객관적으로 파악하고 향후 개선 방향을 설정할 수 있다. 분석 수준 진단은 일반적으로 분석 준비도(데이터, 조직, 인프라 등 기본적인 역량)와 분석 성숙도(데이터 활용 및 분석의 정교화 정도)를 함께 평가하며 이를 바탕으로 기업이 어느 단계에 속하는지 판단할 수 있다.

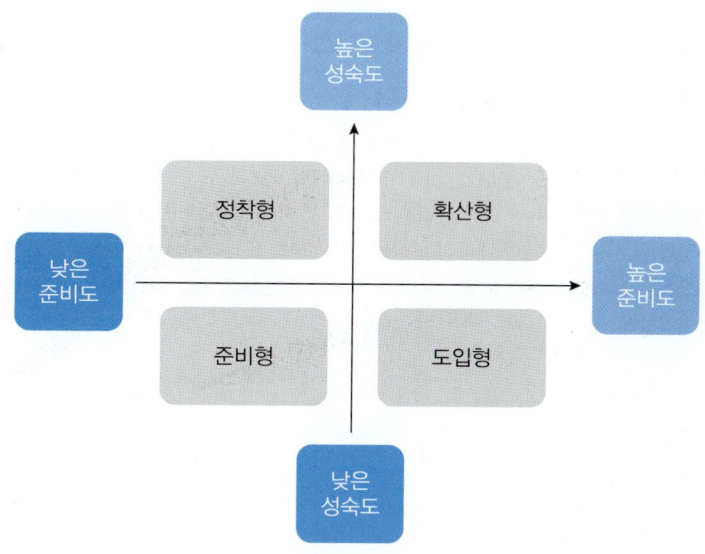

준비형	• 낮은 준비도, 낮은 성숙도 수준의 기업 • 분석을 위한 데이터, 조직 및 인력, 분석 업무, 분석 기법 등이 적용되지 않아 사전 준비가 필요
정착형	• 낮은 준비도, 높은 성숙도 수준의 기업 • 준비도는 낮은 편이지만 조직, 인력, 분석 업무, 분석 기법 등을 기업 내부에서 제한적으로 사용하고 있으며 우선적으로 분석의 정착이 필요
도입형	• 높은 준비도, 낮은 성숙도 수준의 기업 • 기업에서 활용하는 분석 업무 및 분석 기법 등은 부족한 상태지만 조직 및 인력 등 준비도가 높은 유형으로 바로 데이터 분석 도입 가능
확산형	• 높은 준비도, 높은 성숙도 수준의 기업 • 데이터 분석을 위해 기업에 필요한 6가지 분석 구성요소를 모두 갖추고 있으며 현재 부분적으로 도입하여 지속적인 확산이 가능

> 다음 중 분석 수준 진단 결과에 대한 설명으로 가장 적절하지 않은 것은 무엇인가?
> ① 준비형 기업은 분석을 위한 데이터, 조직 및 인력, 분석 업무 등이 적용되지 않아 사전 준비가 필요하다.
> ② 도입형 기업은 데이터 분석을 위한 구성요소가 모두 갖춰져 있으며 현재 지속적인 확산이 가능한 상태이다.
> ③ 정착형 기업은 분석의 준비도는 낮지만 내부적으로 일부 분석 기법과 조직이 존재하여 분석 정착이 우선적으로 필요하다.
> ④ 확산형 기업은 높은 준비도와 높은 성숙도를 갖추고 있으며 분석을 지속적으로 확산할 수 있다.
>
> 해설 ② 확산형 기업에 대한 설명이다. 도입형 기업은 조직 및 인력 등 분석을 위한 준비도는 높지만 실제 분석 업무 및 분석 기법의 활용 수준이 낮아 데이터 분석을 본격적으로 도입해야 하는 상태이다. 반면 확산형 기업은 높은 준비도와 높은 성숙도를 갖추고 있으며 이미 분석을 활용하고 있는 상태에서 지속적인 확산이 가능한 기업 유형을 의미한다.
>
> 정답 ②

3. 분석 지원 인프라 방안 수립

데이터 분석을 효과적으로 수행하기 위해서는 분석 시스템을 체계적으로 구축하고 관리하는 인프라가 필요하다. 개별적으로 분석 시스템을 따로 구축할 수도 있지만 그렇게 되면 관리의 복잡성이 증가하고 비용이 상승하는 문제가 발생할 수 있다. 따라서 분석 서비스가 안정적으로 운영될 수 있도록 통합된 플랫폼 구조를 도입하는 것이 바람직하다.

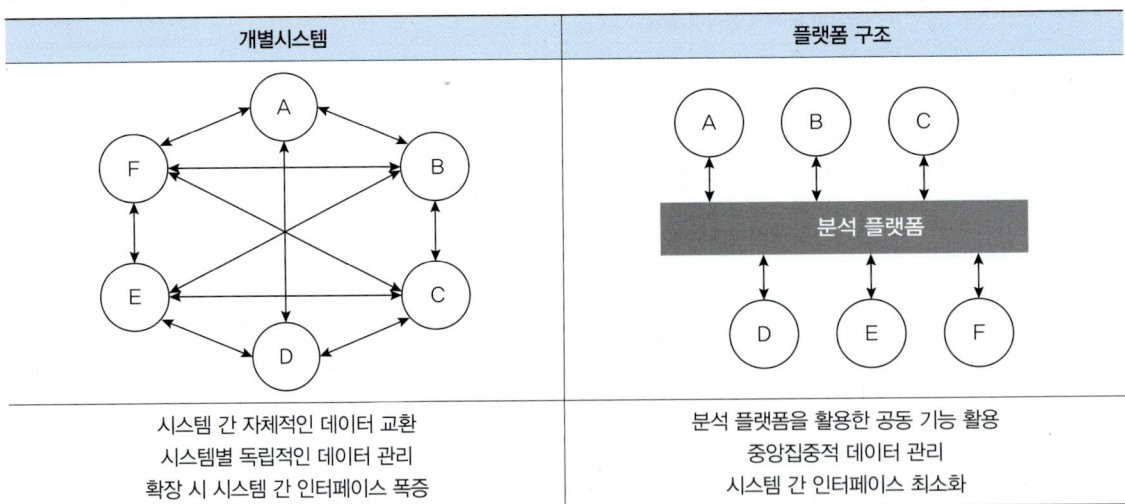

분석 플랫폼은 단순한 분석 프로그램이 아니라 데이터 분석을 위한 실행 환경을 제공하는 핵심 인프라이다. 즉, 분석을 수행할 응용 프로그램이 실행될 수 있는 기반이 되는 컴퓨팅 시스템을 의미한다.

> **분석 플랫폼의 역할**
> - 데이터 분석을 수행할 프로그래밍 환경 제공
> - 데이터 저장, 처리, 분석 기능을 통합하여 운영
> - 새로운 분석 니즈가 생길 때마다 개별적인 시스템을 추가하는 것이 아니라 기존 플랫폼에 기능을 확장하는 방식으로 대응 가능

즉, 분석 플랫폼을 구축하면 데이터 분석을 보다 체계적으로 수행할 수 있으며 장기적으로 유지보수 비용도 절감할 수 있다.

4. 데이터 거버넌스 체계 수립

데이터 거버넌스(Data Governance)란 조직 내에서 데이터를 체계적으로 관리하고 활용하기 위한 정책과 프로세스를 수립하는 것을 의미한다. 빅데이터 시대에서는 정형·비정형 데이터를 효과적으로 관리하는 것이 중요하며 이를 위해 견고한 데이터 거버넌스 체계가 필요하다.

그러나 아직 많은 기업들이 데이터 관리 체계를 제대로 갖추지 못하고 있어 데이터가 여러 시스템에 흩어져 있는 상황이고 이로 인해 일관된 관리가 어려워 데이터 활용도가 낮으며 중복 저장 및 오류 발생 등의 문제가 발생할 가능성을 가지고 있다. 따라서 기업은 데이터 거버넌스를 체계적으로 구축하여 데이터를 효율적으로 관리하고 분석의 신뢰성을 높여야 한다.

(1) 데이터 거버넌스의 주요 구성요소

데이터 거버넌스를 효과적으로 운영하기 위해서는 원칙(Principle), 조직(Organization), 프로세스(Process)의 세 가지 요소가 유기적으로 결합되어야 한다.

원칙 (Principle)	데이터를 체계적으로 유지·관리하기 위한 지침과 가이드를 제공하고 데이터의 보안, 품질 유지, 변경 관리 기준 수립
조직 (Organization)	데이터를 관리하는 조직 내 역할과 책임을 명확하게 정의하고 데이터 관리자, 데이터 품질 담당자, 데이터 아키텍트(Data Architect) 등 전문 인력 운영
프로세스 (Process)	데이터 수집, 저장, 가공, 활용 등의 전반적인 프로세스를 표준화하고 데이터의 생명 주기 관리, 데이터 품질 관리, 변경 관리 등의 절차를 체계적으로 운영

(2) 데이터 거버넌스 체계

① 데이터 표준화

데이터 표준화란 데이터의 형식, 정의, 명명 규칙 등을 일관된 방식으로 정리하여 데이터의 일관성과 정확성을 보장하는 과정이다. 즉, 기업이나 조직 내에서 데이터가 중복되거나 불일치하지 않도록 표준을 정하는 것을 의미한다.

[예시]
- 데이터 명명 표준 → 데이터 이름을 일관되게 설정(예 고객번호 → CUSTOMER_ID)
- 데이터 형식 표준 → 날짜, 숫자, 문자 등의 형식을 통일(예 YYYY-MM-DD 형식 사용)
- 코드 값 표준 → 같은 의미의 데이터를 동일한 코드로 설정(예 성별 → M(남), F(여))
- 단위 표준 → 길이, 무게, 금액 등의 단위를 통일(예 가격 → 원화(KRW) 기준)

② 데이터 관리 체계

데이터 관리 체계는 조직 내에서 데이터를 체계적으로 수집, 저장, 처리, 활용할 수 있도록 지원하는 관리 시스템이다. 데이터가 여러 시스템에 분산되어 있거나 체계적으로 관리되지 않으면 데이터의 정합성이나 신뢰성이 떨어지고 분석의 정확도도 낮아질 수 있다.

[예시]
- 데이터 거버넌스 → 데이터 관리 정책과 운영 기준을 정하는 체계
- 메타데이터 관리 → 데이터 속성, 정의, 출처 등을 기록하여 데이터 이해도를 높임
- 데이터 품질 관리 → 중복, 오류, 불완전한 데이터를 정제하여 신뢰성 확보
- 데이터 보안 및 접근 관리 → 개인정보 및 중요한 데이터를 안전하게 보호

③ 데이터 저장소 관리(Repository)

데이터 저장소 관리란 데이터를 효과적으로 저장하고 필요할 때 빠르게 접근할 수 있도록 설계하는 과정이다. 데이터가 제대로 저장되지 않으면 분석의 정확성이 떨어지고 데이터 활용도가 낮아질 수 있다.

[예시]
- 데이터 저장소의 주요 유형
  - 데이터 웨어하우스(DW) → 분석 및 의사결정을 위한 데이터 저장소
  - 데이터 레이크(Data Lake) → 정형·비정형 데이터를 모두 저장할 수 있는 대용량 저장소
  - 운영 데이터베이스(OLTP) → 실시간 트랜잭션 처리를 위한 데이터 저장소
- 데이터 저장소 관리의 핵심 전략
  - 데이터 구조 최적화 → 효율적인 데이터 검색 및 분석을 위한 구조 설계
  - 데이터 백업 및 복구 체계 구축 → 데이터 손실을 방지하기 위한 백업 및 복구 계획 수립
  - 스토리지 용량 관리 → 저장 공간을 효율적으로 관리하여 성능 저하 방지

④ 표준화 활동

표준화 활동은 조직 내에서 데이터가 일관되게 사용될 수 있도록 지속적으로 관리하고 운영하는 과정이다. 데이터 표준은 한 번 정하는 것으로 끝나는 것이 아니라 주기적으로 유지·보수하면서 조직의 데이터 환경 변화에 맞춰 개선해야 한다.

[예시]
- 데이터 표준 수립 및 운영 → 데이터 명칭, 형식, 값 등을 표준화하여 운영
- 데이터 표준 준수 점검 → 각 시스템에서 표준을 올바르게 적용하고 있는지 모니터링
- 표준 개선 및 확장 → 신규 데이터가 추가될 때 표준을 업데이트하고 확장

5. 데이터 조직 및 인력방안 수립 ★★

빅데이터의 발전과 함께 기업의 비즈니스 환경도 빠르게 변화하고 있다. 이러한 변화에 대응하고 데이터 분석을 효과적으로 수행하기 위해서는 전문적인 분석 조직과 인력을 체계적으로 운영할 필요가 있다. 많은 기업이 데이터 분석 기술을 도입하고 있지만 실제로 분석을 수행할 조직과 체계를 제대로 구축하지 못해 어려움을 겪는 경우가 많다.

특히 기업 내에서 데이터를 분석하고 활용하는 전문 인력이 부족하거나 분석 업무가 비효율적으로 운영되는 경우 데이터 기반 의사결정이 어려워질 수 있다. 이러한 문제를 해결하기 위해 일부 기업들은 데이터 사이언티스트 및 분석 전문 인력을 조직적으로 운영하는 방안을 검토하고 있다.

(1) 분석 조직의 개요

① 목표

기업이 분석 조직을 운영하는 가장 큰 목표는 비즈니스 경쟁력을 확보하는 것이다. 즉, 데이터 분석을 통해 중요한 비즈니스 질문을 도출하고, 최적의 의사결정을 내릴 수 있도록 지원하는 것이 핵심 목표이다.

② 역할

데이터 분석 조직은 기업 내 다양한 부서와 협업하며 분석 업무를 수행한다. 특히, 전문적인 분석 기법과 도구를 활용하여 데이터를 해석하고 실행 가능한 전략을 제시하는 것이 주요 역할이다.

③ 구성

기업의 데이터 활용 수준과 필요에 따라 다양한 형태로 운영될 수 있다. 일반적으로 기초 통계부터 고급 분석 기법까지 다양한 경험과 지식을 갖춘 인력들로 구성된 팀이나 부서 형태로 운영된다.

(2) 조직 및 인력 구성 시 고려사항

① 조직 구조
- 비즈니스 질문을 선제적으로 찾아낼 수 있는 구조인가?
- 분석 전담조직과 타 부서 간 유기적인 협조와 지원이 원활한 구조인가?
- 효율적인 분석 업무를 수행하기 위한 분석 조직의 내부 조직 구조는?
- 전사 및 단위부서가 필요할 경우 접촉하며 지원할 수 있는 구조인가?
- 어떤 형태의 조직으로 구성하는 것이 효율적인가?

② 인력 구성
- 비즈니스 및 IT 전문가의 조합으로 구성되어야 하는가?
- 어떤 경험과 스킬을 갖춘 사람으로 구성해야 하는가?
- 통계적 기법 및 분석 모델링 전문 인력을 별도로 구성해야 하는가?
- 전사 비즈니스를 커버하는 인력이 없다면?
- 전사 분석 업무에 대한 적합한 인력 규모는 어느 정도인가?

(3) 데이터 분석 조직 유형

데이터 분석을 효과적으로 수행하기 위해서는 기업의 환경과 목표에 맞는 조직 구조를 구성하는 것이 중요하다. 분석 업무를 수행하는 주체에 따라 데이터 분석 조직은 크게 집중형, 기능 중심형, 분산형 세 가지 구조로 나눌 수 있다.

① 집중형 조직 구조

기업 내에 독립적인 데이터 분석 전담 조직을 두고 모든 부서의 분석 업무를 중앙에서 관리하는 형태이다. 즉, 분석 전문가들이 한 조직에 모여 있으면서 전사적인 관점에서 분석 과제의 우선순위를 정하여 수행한다.

※ 일부 현업 부서와 분석 업무가 중복 또는 이원화될 가능성이 있음

② 기능 중심형 조직 구조

각 부서에서 분석 업무를 자체적으로 수행하는 형태이다. 따로 분석 전담 조직을 두지 않고 마케팅, 영업, 생산 등 각 부서의 담당자가 직접 데이터를 분석한다.

※ 전사적 관점의 핵심 분석이 어렵고 일부 중복된 분석 업무가 이원화되어 행해질 수 있음

③ 분산형 조직 구조

분산형 조직 구조는 각 부서에 분석 전문가를 배치하여 분석 업무를 수행하는 방식이다. 즉, 현업 부서에 분석 담당자가 상주하면서 분석을 수행하되 전사적인 차원에서 분석 방향을 조율하는 형태이다.

※ 부서의 분석 업무와 역할 분담이 명확해야 함

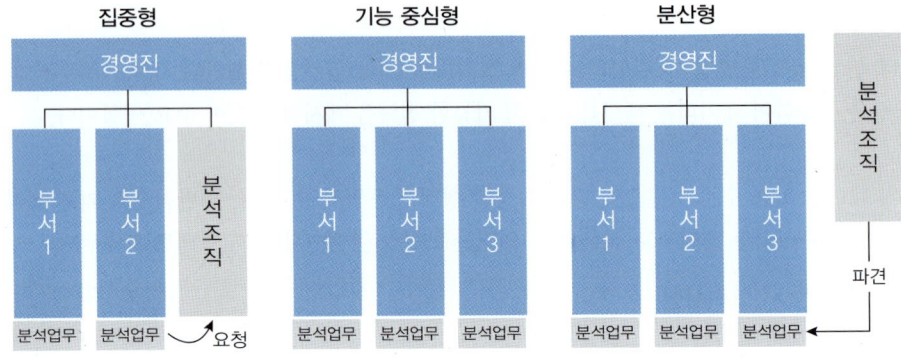

Warming Up

다음 중 데이터 분석 조직 유형에 대한 설명으로 가장 적절하지 않은 것은 무엇인가?

① 집중형 조직 구조는 기업 내 독립적인 데이터 분석 전담 조직을 두고 모든 부서의 분석 업무를 중앙에서 관리하는 형태이다.
② 기능 중심형 조직 구조는 각 부서의 담당자가 분석을 수행하므로 전사적인 핵심 분석을 체계적으로 수행하기에 적합하다.
③ 분산형 조직 구조는 현업 부서에 분석 전문가를 배치하여 부서별 분석을 수행하되 전사적인 차원에서 분석 방향을 조율할 수 있다.
④ 집중형 조직 구조에서는 분석 전문가들이 한 조직에 모여 있어 전사적인 관점에서 분석 과제의 우선순위를 정할 수 있다.

> 해설 기능 중심형 조직 구조는 전사적인 핵심 분석을 수행하기 어렵다는 단점이 있다. 각 부서에서 개별적으로 데이터를 분석하기 때문에 부서 간 분석 업무가 중복되거나 이원화될 가능성이 크며 기업 전체 차원에서 일관된 분석 전략을 수립하기 어려울 수 있다. 따라서 기능 중심형 조직은 개별 부서의 독립성을 강화할 수 있지만 전사적인 데이터 분석 체계를 구축하는 데는 한계가 있다.
>
> 정답 ②

6. 분석 과제 관리 프로세스 수립

기업에서 데이터 분석이 지속적으로 성공을 이루려면 분석 과제의 기획과 운영을 체계적으로 관리하는 프로세스가 필요하다. 분석 마스터플랜이 수립된 후 초기 분석 과제가 성공적으로 수행되면 지속적인 분석 니즈와 기회를 발굴할 수 있는 체계가 마련되어야 한다. 이를 위해 분석 조직이 분석 과제를 체계적으로 운영할 수 있도록 관리 프로세스를 구축하는 것이 중요하다.

분석 과제 관리 프로세스는 크게 과제 발굴과 과제 수행 단계로 나뉜다.

과제 발굴 단계	새로운 분석 아이디어를 찾고, 이를 정리하여 과제로 선정
과제 수행 단계	선정된 분석 과제를 실제로 실행하고, 결과를 공유하며 개선

이 과정을 체계적으로 운영하면 분석 과제의 우선순위를 정하고 지속적으로 개선할 수 있다.

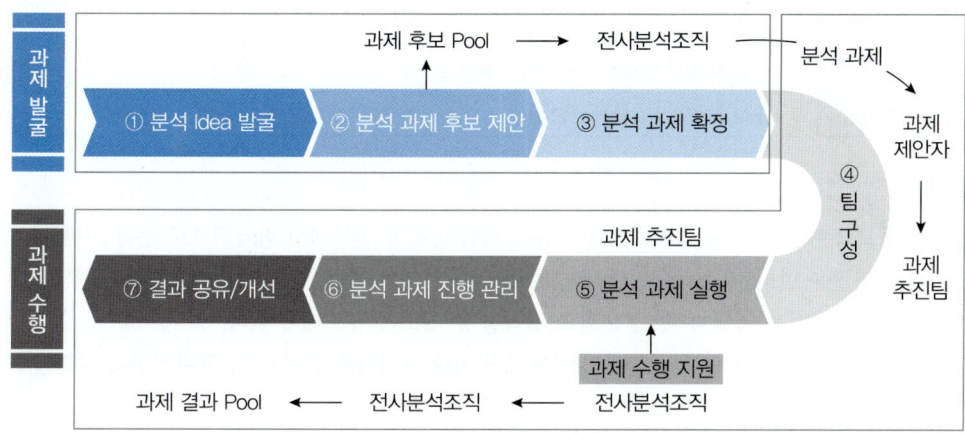

7. 분석 교육 및 변화 관리

빅데이터 시대가 도래하면서 많은 기업들이 데이터 분석의 중요성을 인식하고 이를 효과적으로 활용하기 위해 노력하고 있다. 특히 데이터 분석을 수행할 인재를 육성하고 조직 내 분석 문화를 정착시키는 것이 핵심 과제가 되고 있다.

과거와는 달리 데이터 분석을 단순히 IT 전문가나 데이터 과학자에게만 맡기는 것이 아니라 전 직원이 데이터를 이해하고 활용할 수 있도록 하는 것이 중요해지고 있다. 이를 위해 많은 기업들이 데이터 분석 교육 프로그램을 도입하여 구성원의 역량을 강화하고 있으며 조직 내에서 데이터 기반 의사결정 문화가 확산될 수 있도록 변화 관리를 수행하고 있다.

(1) 분석 도입에 대한 문화적 대응

데이터 분석 도입은 준비기 → 도입기 → 안정 추진기의 과정을 거치며 단계별 조직의 변화가 필요하다.

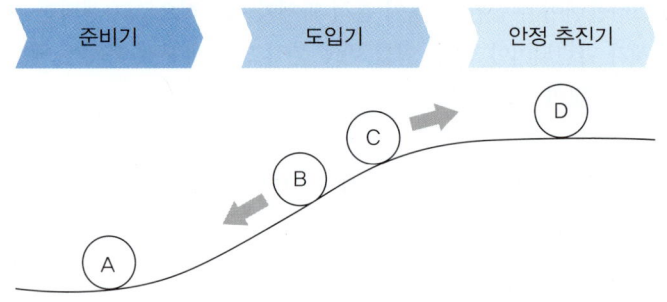

준비기	A : 분석 중심의 문화가 미도입된 상태로 막연한 불안감 존재
도입기	B : 기존 행태로 되돌아가려는 경향 C : 성공 시 강한 탄성에 의한 변화 가속화
안정 추진기	D : 분석 활용이 일상화된 균형 상태

(2) 분석 교육

데이터 분석 교육은 조직 구성원의 데이터 활용 능력을 높이고 실무에서 적극적으로 분석 기법을 적용할 수 있도록 돕는 역할을 한다. 이를 통해 데이터 분석이 특정 전문가만의 영역이 아니라 모든 구성원이 데이터를 기반으로 의사결정을 내릴 수 있는 문화로 정착될 수 있도록 유도해야 한다.

또한 기존의 감과 경험 중심의 의사결정 방식에서 벗어나 데이터를 근거로 한 객관적인 의사결정 프로세스를 구축하는 것이 중요하다. 즉, 데이터 분석 교육은 조직 전체의 분석 역량을 강화하고 데이터 기반 의사결정 문화를 정착시키는 데 필수적인 요소라고 할 수 있다.

PART 2 적중예상문제

01 데이터 분석 조직 유형 중 분석 조직 인력을 현업 부서에 배치함으로써 전사 차원의 분석 과제를 우선적으로 수행 가능하고 분석 결과를 신속하게 실무에 적용 가능한 유형은 무엇인가?

① 집중구조
② 기능구조
③ 분산구조
④ 중심구조

> **해설**
>
> 데이터 분석 조직은 기업의 목표와 업무 환경에 따라 다양한 구조로 운영될 수 있으며 대표적인 유형으로는 집중구조, 기능구조, 분산구조 등이 있다. 문제에서 설명한 유형은 분산형 조직으로 부서 간 협업이 어려울 수 있으며 분석 역량이 분산될 위험이 있다는 단점 또한 가지고 있다.

> **오답 Check**
>
> ① 분석 조직을 중앙의 한 부서에서 통합 관리하는 방식으로 분석 전문성을 강화할 수 있지만 현업 부서와의 협업이 어려울 수 있다.
> ② 분석 팀이 IT, 마케팅, 운영 등 특정 기능별 부서에 속해 있는 형태로 특정 부서의 필요에 맞춘 분석이 가능하지만 전사적 데이터 공유가 어려울 수 있다.

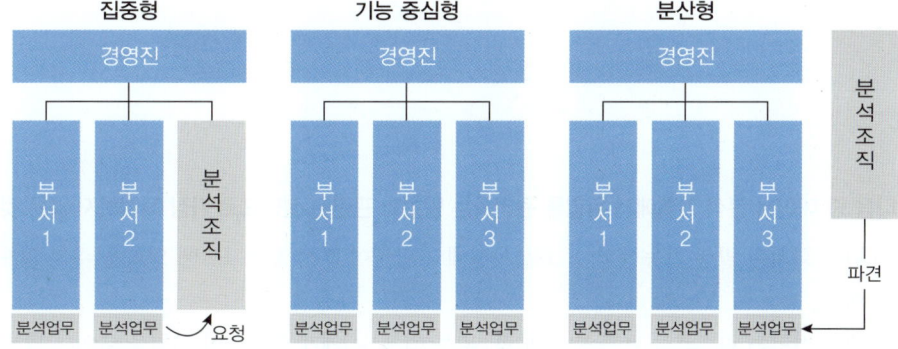

정답 01 ③

02 다음 중 빅데이터의 투자 비용 요소와 관련된 설명으로 가장 적절한 것은 무엇인가?

① 빅데이터의 투자 비용 요소에는 데이터의 크기, 다양성, 접근성이 포함된다.
② 빅데이터의 투자 비용 요소는 데이터의 가치 창출 능력에 의해 결정된다.
③ 빅데이터 분석에서 속도는 데이터의 처리 비용과는 무관한 요소이다.
④ 빅데이터의 투자 비용 요소는 데이터 저장 공간과 분석 인력 비용을 비롯하여 데이터의 특성과 처리 비용까지 고려해야 한다.

오답 Check
① 빅데이터의 투자 비용 요소에는 데이터의 크기(Volume), 데이터의 다양성(Variety), 데이터의 생성 및 처리 속도(Velocity)가 포함된다.
② 데이터의 가치는 투자 비용 요소가 아닌 비즈니스 효과 요소에 해당한다.
③ 속도는 실시간 데이터 처리 및 분석 비용과 관련이 있다.

03 다음 중 데이터 분석 기획에서 위험을 관리하는 방법과 관련된 설명으로 가장 적절하지 않은 것은 무엇인가?

① 위험 회피는 발생 가능한 리스크를 사전에 차단하여 분석 프로젝트에 영향을 주지 않도록 하는 방법이다.
② 위험 전이는 리스크를 다른 주체(보험, 외부 업체 등)에게 이전하여 책임을 줄이는 방법이다.
③ 위험 완화는 리스크 발생 가능성을 줄이거나 영향을 최소화하는 방법이다.
④ 위험 수용은 모든 위험을 제거하기 위해 추가적인 비용과 자원을 투입하는 전략이다.

해설
데이터 분석 기획에서는 위험을 체계적으로 관리하기 위해 회피, 전이, 완화, 수용의 네 가지 전략을 사용한다.
• 위험 회피 : 리스크가 있는 활동 자체를 하지 않음
• 위험 전이 : 보험, 계약 등을 통해 리스크를 외부로 이전
• 위험 완화 : 위험 가능성을 줄이거나 영향 최소화
• 위험 수용 : 리스크를 감수하고 그대로 진행

04 다음 중 상향식(Bottom-Up) 접근법에 대한 설명으로 가장 적절한 것은 무엇인가?

① 문제 정의가 명확한 경우 사용되며 목표 달성을 위해 정해진 데이터만을 분석하는 방식이다.
② 분석 대상을 사전에 알고 있어야 하며 가설을 기반으로 데이터를 수집하고 검증하는 과정이 필요하다.
③ 다양한 데이터의 조합 속에서 인사이트를 찾아내며 문제 정의가 어려운 경우에도 활용할 수 있다.
④ 지도 학습 방식이 일반적으로 사용되며 특정 목표를 달성하기 위한 정형 데이터를 중심으로 분석한다.

> **해설**

상향식 접근법은 분석 대상을 명확히 정의하기 어려운 상황에서 데이터를 먼저 수집하고 패턴을 발견하여 인사이트를 도출하는 방식이다.
- 문제 정의가 어려울 때 사용되며 사물을 있는 그대로 바라보는 "What" 관점이 적용된다.
- 다양한 데이터의 조합을 활용하여 의미 있는 패턴을 찾아낸다.
- 프로토타이핑 기법이 활용되며 빠른 피드백을 통해 점진적으로 개선하는 방식이다.
- 비지도 학습이 주로 사용되며 데이터를 기반으로 자동으로 그룹화(클러스터링) 또는 패턴을 찾는다.

05 다음 중 데이터 거버넌스의 3가지 핵심 구성요소에 해당하지 않는 것은 무엇인가?

① 데이터 관리 원칙
② 데이터 분석 모델링
③ 데이터 관리 조직
④ 데이터 관리 프로세스

> **해설**

데이터 거버넌스(Data Governance)는 데이터의 품질, 보안, 표준화, 정책 등을 체계적으로 관리하기 위한 조직적·절차적 구조로 이를 구성하는 핵심 요소는 다음과 같다.

원칙 (Principles)	데이터 관리와 운영을 위한 기본적인 정책과 기준을 수립하는 요소 예 데이터 품질 기준, 보안 정책, 데이터 활용 규칙 설정 등
조직 (Organization)	데이터 관리와 거버넌스를 운영하는 조직 및 담당자 역할 정의 예 데이터 관리자, 데이터 오너, 데이터 거버넌스 위원회 등
프로세스 (Process)	데이터 관리가 체계적으로 운영되도록 지원하는 절차와 활동 예 데이터 표준화, 품질 관리, 데이터 변경 관리 등

정답 04 ③ 05 ②

06 다음 중 데이터 분석 성숙도 모델(CMMI)에서 분석 준비도를 평가하는 주요 요소로 가장 적절하지 않은 것은 무엇인가?

① 분석 업무 파악 : 사실 분석, 예측, 시뮬레이션, 최적화
② 분석 인력 및 조직 : 분석 전문가, 관리자, 경영진 이해
③ 분석 기법 : 적합한 기법 사용, 기법 라이브러리 관리
④ 데이터 시각화 : 차트, 그래프 활용을 통한 인사이트 도출

> **해설**
>
> 데이터 분석 성숙도 모델(CMMI)에서는 분석 준비도를 평가하는 요소로 다음을 고려한다.
> - 분석 업무 파악 : 분석 업무의 수준을 평가하며 사실 분석 → 예측 → 시뮬레이션 → 최적화 등의 고도화 단계를 포함한다.
> - 분석 인력 및 조직 : 분석 전문가, 관리자, 경영진이 데이터 분석을 얼마나 이해하고 활용하는지 평가한다.
> - 분석 기법 : 분석에 사용되는 기법의 적절성과 라이브러리 관리, 기법 개선 등을 평가한다.
> - 분석 데이터 : 데이터 품질, 외부 데이터 활용, 기준 데이터 관리 수준을 평가한다.
> - 분석 문화 : 데이터 기반 의사결정 문화, 협업 및 공유 문화가 정착되어 있는지 평가한다.
> - IT 인프라 : 분석 환경을 지원하는 시스템 통합, 운영 시스템 연계 등을 평가한다.

07 다음 중 분석의 대상이 무엇인지 알고 있지만 어떤 방식으로 분석해야 하는지 모르는 경우 수행해야 하는 분석 방식으로 가장 적절한 것은 무엇인가?

① 최적화
② 솔루션
③ 통찰
④ 탐색

해설

분석의 대상(What)과 분석의 방식(How)에 따라 분석 유형을 4가지로 분류할 수 있다.

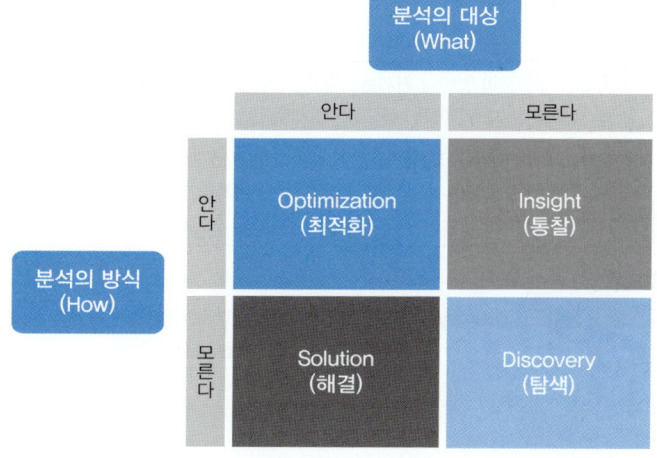

솔루션 분석 유형은 분석 대상은 명확하지만 어떻게 분석해야 할지 모르는 경우 해결책을 찾아가는 방식이다. 예를 들면 특정 고객 이탈 원인은 알고 있지만 이를 줄이는 방법을 모를 때 대안을 찾는 분석 수행이 있을 수 있다.

정답 07 ②

08 다음 중 분석 프로젝트를 수행할 때 정확도(Accuracy)와 정밀도(Precision)에 대한 고려 사항으로 가장 적절하지 않은 것은 무엇인가?

① 정확도는 모델이 실젯값과 얼마나 가까운지를 나타내는 지표이다.
② 정밀도는 반복적으로 모델을 사용할 때 값의 편차가 작은 정도를 의미한다.
③ 정확도와 정밀도는 동시에 극대화할 수 있으며 프로젝트의 목표에 따라 우선순위를 설정하지 않아도 된다.
④ 제품 추천 시스템에서는 정확도가 중요한 반면 의료 진단 모델에서는 정밀도가 더 중요할 수 있다.

> **해설**
>
> 분석 모델의 성능을 평가할 때 정확도와 정밀도는 서로 상충(Trade-off) 관계에 있으므로 프로젝트의 목적에 맞게 우선 순위를 설정해야 한다.
>
> | 정확도
(Accuracy) | 모델이 실젯값과 얼마나 가까운지를 평가하는 지표
예 제품 추천 시스템에서 사용자가 실제로 관심 있는 상품을 추천하는 비율이 높을수록 정확도가 높음 |
> |---|---|
> | 정밀도
(Precision) | 모델을 반복적으로 사용할 때 값이 얼마나 일관되게 나오는지를 평가
예 의료 진단 모델에서 동일한 증상을 가진 환자를 여러 번 검사했을 때 일관된 결과가 나오는 경우 정밀도가 높음 |
>
> **정확도 vs 정밀도 (Trade-off 관계)**
> - 제품 추천 시스템 : 정확도(Accuracy)가 중요(추천이 실제 구매로 이어지는가?)
> - 의료 진단 모델 : 정밀도(Precision)가 중요(일관된 진단이 이루어지는가?)

09 다음 중 빅데이터 분석의 ROI 평가 시 고려해야 할 주요 요소로 적절한 것은 무엇인가?

① 데이터의 크기(Volume), 데이터의 속도(Velocity), 데이터의 가시성(Visibility)
② 데이터의 가치(Value), 데이터의 접근성(Accessibility), 데이터의 속도(Velocity)
③ 데이터의 크기(Volume), 데이터의 다양성(Variety), 데이터의 속도(Velocity), 데이터의 가치(Value)
④ 데이터의 품질(Quality), 데이터의 보안(Security), 데이터의 접근성(Accessibility)

> **해설**
>
> 빅데이터 분석의 ROI 평가 시 고려하는 요소는 투자 비용 요소와 비즈니스 효과 요소로 나뉜다.
> - 투자 비용 요소 : Volume(크기), Variety(다양성), Velocity(속도)
> - 비즈니스 효과 요소 : Value(가치)

10 다음 중 분석 방법론의 구성요소로 가장 적절하지 않은 것은 무엇인가?

① 상세한 절차와 방법
② 도구와 기법
③ 템플릿과 산출물
④ 데이터베이스 아키텍처 설계

> **해설**
> 분석 방법론은 조직이 주어진 분석 과제를 해결하기 위해 따르는 절차적 접근 방식으로 주요 구성요소는 다음과 같다.

상세한 절차	분석을 수행하는 구체적인 절차 정의 예 데이터 수집 → 전처리 → 분석 → 시각화 → 보고
방법	분석을 수행하는 방법론 예 머신러닝 모델링, 통계 분석, 시뮬레이션 기법 등
도구와 기법	분석을 수행하는 데 필요한 소프트웨어, 알고리즘, 분석 기법 예 Python, R, Tableau, SQL 등
템플릿과 산출물	분석 과정에서 표준화된 문서 및 보고서 양식 예 데이터 분석 리포트, 모델 성능 평가 문서 등

11 다음 중 프로젝트 관리 지식 체계의 핵심 요소로 가장 적절하지 않은 것은 무엇인가?

① 데이터 모델링과 데이터 마이닝 기법을 활용하여 프로젝트 성과를 분석하는 과정
② 프로젝트 범위를 정의하고 관리하는 과정
③ 프로젝트 수행을 위한 일정과 비용을 계획하는 과정
④ 프로젝트의 이해 관계자를 식별하고 효과적으로 관리하는 과정

> **해설**
> 데이터 모델링과 데이터 마이닝 기법은 프로젝트 관리의 핵심 요소가 아니라 데이터 분석에 관련된 개념이다.
>
> **프로젝트 관리 지식 체계 10가지 영역**
> 프로젝트 관리 지식 체계에는 10가지 핵심 영역이 포함되며 이것은 프로젝트의 성공적인 수행을 위해 필수적인 요소이다.

구분	영역	설명
1	이해 관계자 관리	프로젝트의 주요 이해 관계자를 식별하고 관리
2	범위 관리	프로젝트 목표와 작업 범위를 정의 및 관리
3	통합 관리	프로젝트 계획, 실행, 모니터링을 통합하여 관리
4	의사소통 관리	프로젝트 정보 전달 및 소통 계획 수립
5	인적자원 관리	프로젝트 팀 구성 및 인적자원 관리
6	시간(일정) 관리	프로젝트 일정 수립 및 조정
7	원가(비용) 관리	프로젝트 예산 수립 및 비용 관리
8	조달 관리	프로젝트에 필요한 외부 자원 및 계약 관리
9	리스크 관리	프로젝트에서 발생할 수 있는 위험 요소를 식별하고 대응
10	품질 관리	프로젝트 산출물과 수행 과정의 품질을 보장

정답 10 ④ 11 ①

12 다음 중 빅데이터 분석 방법론의 5단계 중 데이터 분석(Analyzing) 단계에서 수행하는 주요 활동으로 가장 적절하지 않은 것은 무엇인가?

① 비즈니스 이해 및 범위 설정
② 분석용 데이터 준비
③ 텍스트 분석 및 탐색적 분석
④ 모델링 및 모델 검증

해 설

비즈니스 이해 및 범위 설정은 분석 기획 단계에 해당한다.

빅데이터 분석 방법론의 5단계

분석 기획 Planning	데이터 준비 Preparing	데이터 분석 Analyzing	시스템 구현 Developing	평가 및 전개 Deploying
• 비즈니스 이해 • 범위 설정	• 필요 데이터 정의	• 분석용 데이터 준비	• 설계 • 구현	• 모델 발전 계획 수립
• 프로젝트 정의 • 계획 수립	• 데이터 스토어 설계	• 텍스트 분석	• 시스템 테스트 • 운영	• 프로젝트 평가 • 보고
• 프로젝트 위험 계획 수립	• 데이터 수집 • 정합성 점검	• 탐색적 분석		
		• 모델링		
		• 모델 평가 • 검증		

12 ① 정답

13 다음 중 나선형 모델과 프로토타입 모델의 차이점으로 가장 적절한 것은 무엇인가?

① 프로토타입 모델은 빠른 실행을 목표로 하지만 나선형 모델은 초기 요구사항을 완벽하게 정의한 후 개발을 진행한다.
② 프로토타입 모델은 사용자 요구를 반영하여 점진적으로 완성해 나가며 나선형 모델은 위험 요소 제거에 초점을 둔다.
③ 나선형 모델은 일정한 주기를 가지고 프로토타입을 끊임없이 수정하는 방식이다.
④ 나선형 모델은 단계별로 순차적으로 진행되며 이전 단계가 완료되어야 다음 단계로 진행된다.

해설 프로토타입 모델 vs 나선형 모델

모델	설명	초점
프로토타입 모델	사용자의 요구를 반영하여 초기 버전을 만들고 피드백을 반영하며 점진적으로 개선	사용자 요구 반영
나선형 모델	반복적인 개발을 통해 점진적으로 개선하며 프로젝트의 위험 요소를 최소화하는 방식	위험 요소 제거

오답 Check
① 나선형 모델도 초기 요구사항을 완벽하게 정의하지 않고 반복적인 개선을 진행한다.
③ 애자일 모델에 대한 설명이다.
④ 폭포수 모델에 대한 설명이다.

14 다음 중 CRISP-DM 분석 방법론의 단계에 대한 설명으로 가장 적절하지 않은 것은 무엇인가?

① 업무 이해 단계에서는 분석 목표를 설정하고 데이터 마이닝의 방향을 결정한다.
② 데이터 준비 단계에서는 분석에 적합한 데이터셋을 선택하고 정제 및 포맷팅을 수행한다.
③ 평가 단계에서는 모델링 결과를 검토하고 모델의 적용 가능성을 평가한다.
④ 전개 단계에서는 최적의 모델을 다시 설계하고 새로운 데이터로 반복 학습을 수행한다.

해설
④ 모델을 다시 설계하고 반복 학습을 수행하는 것은 모델링(Modeling) 단계에서 이루어지는 작업이다.
CRISP-DM 분석 방법론은 데이터 마이닝을 위한 표준 프로세스로 다음 6단계로 구성된다.

단계	설명
업무 이해	분석 목표 설정, 비즈니스 문제 정의 예) 고객 이탈률 예측이라는 목표 설정
데이터 이해	초기 데이터 수집 및 탐색, 데이터 특성 파악 예) 고객 정보, 구매 기록 등의 데이터 탐색 및 시각화
데이터 준비	분석용 데이터셋 선택, 데이터 정제 및 포맷팅 예) 결측값 처리, 이상치 제거, 변수 변환 등
모델링	모델링 기법 선택, 모델 설계 및 작성, 모델 평가 예) 머신러닝 알고리즘 적용 및 성능 평가
평가	분석 결과 검토, 모델의 적용 가능성 평가 예) 모델의 성능이 비즈니스 목표에 적합한지 확인
전개	모델 적용, 리뷰, 유지보수 계획 수립 예) 모델을 실제 운영 환경에 배포하고 유지보수 계획 수립

15 다음 중 데이터 분석 성숙도(CMMI 모델) 단계에 대한 설명으로 가장 적절하지 않은 것은 무엇인가?

① 도입 단계에서는 분석을 시작하고 환경과 시스템을 구축하는 과정이 포함된다.
② 활용 단계에서는 분석 결과를 업무에 적용하여 실질적인 의사결정에 활용한다.
③ 확산 단계에서는 조직 내 일부 부서만 분석을 수행하고 다른 부서에는 공유하지 않는다.
④ 최적화 단계에서는 분석을 지속적으로 발전시키고 혁신 및 성과 향상에 기여한다.

> **해 설**
>
> 데이터 분석 성숙도는 CMMI 모델을 기반으로 조직이 데이터 분석을 얼마나 성숙하게 수행하고 있는지를 평가하는 지표이다. 이 모델은 조직의 분석 역량 발전 단계를 다음과 같이 정의한다.
>
> | 도입 | 분석을 시작하는 단계로 환경과 시스템을 구축하고 기본적인 데이터 분석을 도입하는 과정 포함
예 데이터 분석 인프라를 도입하고 파일럿 프로젝트 수행 |
> |---|---|
> | 활용 | 분석 결과를 실제 업무에 적용하는 단계로, 데이터 기반 의사결정이 가능해짐
예 고객 세분화를 활용한 맞춤형 마케팅 시행 |
> | 확산 | 분석 활동이 전사적으로 확산되며, 조직 내 여러 부서에서 데이터를 공유하고 협업하는 환경 조성
예 영업, 마케팅, 생산 부서가 동일한 데이터 플랫폼을 활용하여 협업 분석 수행 |
> | 최적화 | 분석이 지속적으로 발전하고 혁신 및 성과 향상에 기여하는 단계
예 AI 기반 자동화 분석 도입, 실시간 데이터 분석 시스템 구축 등 |

16 다음 중 목표 시점별 분석 기획과 관련된 설명으로 가장 적절하지 않은 것은 무엇인가?

① 과제 중심적 접근은 빠른 해결을 목표로 하며 Speed & Test 전략을 활용한다.
② 장기적 마스터플랜은 지속적인 분석과 원인 해결을 목표로 한다.
③ Quick & Win 전략은 장기적인 관점에서 문제를 해결하는 접근 방식이다.
④ Problem Solving은 과제 중심적 접근 방식이며 Problem Definition은 장기적인 마스터플랜이다.

> **해 설**
>
> 목표 시점별 분석 기획은 과제 중심적 접근과 장기적 마스터플랜으로 나뉘며 각각의 전략이 다르다. Quick & Win은 단기적인 해결을 목표로 하는 방식이다.

17 다음 중 사용자 공감으로 시작해서 상향식의 발산 단계와 하향식의 수렴 단계를 반복적으로 수행하여 피드백을 통한 효율적인 의사결정을 수행하는 방법론은 무엇인가?

① 애자일 방법론
② 디자인 씽킹
③ 폭포수 모델
④ CRISP-DM 분석 방법론

> **해 설** 디자인 씽킹(Design Thinking)
> 사용자 공감을 기반으로 문제를 정의하고, 창의적인 아이디어를 도출하여 반복적인 프로토타이핑과 테스트를 수행하는 문제 해결 방법론이다.
>
> **디자인 씽킹의 5단계 과정**
> - 공감 : 사용자와 공감하고 문제를 이해
> - 문제 정의 : 사용자의 니즈를 기반으로 문제를 구체적으로 정의
> - 아이디어 도출 : 창의적인 해결책을 자유롭게 탐색
> - 프로토타입 제작 : 빠르게 시제품을 제작하여 아이디어 검증
> - 테스트 : 프로토타입을 테스트하고 반복적으로 개선
>
> **오답 Check**
> ① 소프트웨어 개발에서 주로 사용되며 반복적이고 유연한 개발 방식을 의미한다.
> ③ 단계별로 순차적으로 진행되는 하향식 개발 방법론이다.
> ④ 데이터 마이닝 프로세스를 정의하는 방법론이다.

18 다음 중 KDD 분석 방법론의 단계에서 목적에 맞는 변수를 찾고 데이터 차원을 축소하는 과정에 해당하는 것은 무엇인가?

① 데이터셋 선택
② 데이터 전처리
③ 데이터 변환
④ 데이터 마이닝

> **해 설**
> KDD(Knowledge Discovery in Databases) 분석 방법론은 대량의 데이터에서 의미 있는 패턴과 지식을 추출하는 과정을 정의하며 다음과 같은 단계로 구성된다.
>
> | | |
> |---|---|
> | 데이터셋 선택 | 분석 목적에 맞는 데이터를 선택하는 단계
예 고객 행동 분석을 위해 특정 기간의 구매 데이터 선택 |
> | 데이터 전처리 | 결측값, 이상치 처리 및 데이터 정제 과정
예 중복 데이터 제거, 결측값 대체, 데이터 오류 수정 등 |
> | 데이터 변환 | 목적에 맞는 변수를 찾고 데이터 차원을 축소하는 단계
예 PCA(주성분 분석) 적용, 로그 변환, 정규화, 변수 선택 등 |
> | 데이터 마이닝 | 학습용 데이터를 분석 목적에 맞게 적절한 알고리즘을 적용하는 단계
예 군집분석, 분류, 회귀모델 적용 등 |
> | 해석과 평가 | 발견된 패턴이 유의미한지 평가하고 실제 활용 가능한 지식으로 변환 |

19 다음 중 하향식 접근법에서 비즈니스 모델 캔버스를 활용한 과제 발굴 영역에 대한 설명으로 가장 적절하지 않은 것은 무엇인가?

① 업무 : 제품 및 서비스 생산을 위해 운영 중인 내부 프로세스 및 주요 리소스 관련 주제를 도출한다.
② 제품 : 제품 및 서비스의 경쟁력을 강화하기 위해 성능 개선 및 혁신 기회를 탐색한다.
③ 고객 : 고객의 요구사항과 시장 동향을 분석하여 새로운 비즈니스 기회를 찾는다.
④ 지원 인프라 : 조직 내부 직원의 복지 향상을 위해 사내 복지 프로그램을 설계한다.

해설
- 하향식 접근법에서는 비즈니스 모델 캔버스를 활용하여 기업의 전략적 방향과 문제 해결을 위한 과제를 발굴하며 이 과정에서 업무, 제품, 고객, 규제 및 감사, 지원 인프라 등의 요소를 고려한다.
- 지원 인프라는 기업 운영을 위한 IT 시스템, 물류, 재무 등의 지원 체계를 의미하며 직원 복지 프로그램은 비즈니스 모델 캔버스의 핵심 과제 발굴 영역과 직접적인 관련이 없다.

20 다음 중 분석 성숙도 모델의 단계에 대한 설명 중 다른 단계에 해당하는 것은 무엇인가?

① 분석이 업무에 적용되며 데이터를 기반으로 한 의사결정이 이루어진다.
② 분석 전문 담당 부서에서 데이터 분석 업무가 수행된다.
③ 통계 분석 환경이 조성되고 실시간 대시보드가 운영된다.
④ 분석 COE 조직이 운영된다.

해설
①·②·③ 모두 활용 단계의 설명이며, ④ 확산 단계에 해당한다.
분석 성숙도 모델은 조직이 데이터를 활용하는 성숙도를 평가하는 기준으로 다음과 같은 단계로 구성된다.

단계	도입 →	활용 →	확산 →	최적화
설명	분석 시작 및 환경과 시스템 구축	분석 결과를 실제 업무에 적용	전사 차원에서 분석을 관리하고 공유	분석을 진화시켜서 혁신 및 성과 향상에 기여
비즈니스 부문	• 실적 분석 및 통계 • 정기 보고 수행 • 운영 데이터 기반	• 미래 결과 예측 • 시뮬레이션 • 운영 데이터 기반	• 전사 성과 실시간 분석 • 프로세스 혁신 3.0 • 분석 규칙 관리 • 이벤트 관리	• 외부 환경 분석 활용 • 최적화 업무 적용 • 실시간 분석 • 비즈니스 모델 진화
조직 역량 부문	• 일부 부서에서 수행 • 담당자 역량에 의존	• 전문 담당 부서에서 수행 • 분석 기법 도입 • 관리자가 분석 수행	• 전사 모든 부서 수행 • 분석 COE 조직 운영 • 데이터 사이언티스트 확보	• 데이터 사이언스 그룹 • 경영진 분석 활용 • 전략 연계
IT 부문	• 데이터 웨어하우스 • 데이터 마트 • ETL / EAI • OLAP	• 실시간 대시보드 • 통계 분석 환경	• 빅데이터 관리 환경 • 시뮬레이션 및 최적화 • 데이터 시각화 분석 • 분석 전용 서버	• 분석 협업 환경 • 분석 샌드박스 • 프로세스 내재화 • 빅데이터 분석

21 다음 중 분석 방법론의 폭포수 모델에 대한 설명으로 가장 적절한 것은 무엇인가?

① 이전 단계가 완료되어야 다음 단계로 진행할 수 있는 구조로 Top-Down 방식의 접근법을 따른다.
② 고객의 니즈를 반영하여 일정한 주기로 프로토타입을 지속적으로 수정하는 모델이다.
③ 반복적인 개발을 통해 점진적으로 개선하며 위험 요소를 최소화하는 모델이다.
④ 일부분을 먼저 개발한 후 개선 작업을 반복하여 최종 제품을 완성하는 모델이다.

> **해 설**
> 폭포수 모델(Waterfall Model)은 각 단계를 순차적으로 진행하는 방식으로 한 단계가 완료되어야 다음 단계로 넘어갈 수 있는 구조이다. Top-Down 방식으로 분석이 진행되며 분석 기획 → 데이터 수집 → 모델 개발 → 결과 해석 등의 절차가 순서대로 이루어진다. 변경이 어렵고 유연성이 낮지만 명확한 요구사항이 있을 때 적합한 모델이다.

> **오답 Check**
> ② 애자일 모델에 대한 설명이다.
> ③ 나선형 모델에 대한 설명이다.
> ④ 프로토타입 모델에 대한 설명이다.

22 다음 중 ROI를 활용한 우선순위 평가 기준과 관련된 설명으로 가장 적절한 것은 무엇인가?

① 시급성은 투자 비용 요소보다 중요한 평가 기준이 아니다.
② 비즈니스 효과는 데이터 획득, 저장, 가공 비용과 같은 난이도 요소로 평가된다.
③ Value(가치)는 전략적 중요도와 목표가치(KPI) 등을 평가하는 기준으로 활용된다.
④ Volume, Variety, Velocity는 비즈니스 효과 측정을 위한 핵심 지표이다.

> **해 설** ROI를 활용한 우선순위 평가 기준
>
> | 항목 | | 평가 기준 | |
> |---|---|---|---|
> | 시급성 | • 전략적 중요도
• 목표가치(KPI) | Value | 비즈니스 효과
(Return) |
> | 난이도 | • 데이터 획득/저장/가공 비용
• 분석 적용 비용
• 분석 수준 | Volume | 투자 비용 요소
(Investment) |
> | | | Variety | |
> | | | Velocity | |

> **오답 Check**
> ② 비즈니스 효과는 시급성 요소를 평가하는 기준이다.
> ④ Volume, Variety, Velocity는 투자 비용 요소에 해당한다.

23 데이터 거버넌스 체계를 구축하는 순서로 가장 적절한 것은?

① 데이터 저장소 관리 → 데이터 표준화 → 데이터 관리 체계 → 표준화 활동
② 데이터 표준화 → 데이터 관리 체계 → 데이터 저장소 관리 → 표준화 활동
③ 데이터 관리 체계 → 데이터 표준화 → 데이터 저장소 관리 → 표준화 활동
④ 데이터 저장소 관리 → 데이터 관리 체계 → 데이터 표준화 → 표준화 활동

해설

데이터 거버넌스 체계는 데이터를 효과적으로 관리하고 표준을 유지하는 절차를 수립하는 과정이며, 일반적으로 다음과 같은 순서로 진행된다.

데이터 표준화	데이터 정의 및 속성, 명명 규칙 등 표준을 수립하는 과정 예 고객 데이터의 필드명과 형식 통일 – 생년월일을 YYYY-MM-DD 형식으로 통일
데이터 관리 체계	데이터 품질 관리, 보안 정책, 변경 관리 등의 체계를 마련하는 단계 예 데이터 접근 권한 및 감사 로그 설정, 품질 검증 기준 수립
데이터 저장소 관리	데이터를 저장하고 운영하는 물리적, 논리적 관리 방안을 설정 예 데이터 웨어하우스, 데이터 레이크 구축 및 관리
표준화 활동	지속적으로 데이터 표준을 유지하고 개선하는 과정 예 정기적인 데이터 품질 점검, 거버넌스 정책 업데이트 등

24 다음 중 데이터 분석 기획 시 고려해야 할 요소로 가장 적절하지 않은 것은 무엇인가?

① 분석을 수행하기 위한 가용 데이터를 확보할 수 있는지 고려해야 한다.
② 기존에 잘 구현된 유사한 사례(유스케이스)를 참고하여 분석 시나리오를 설계할 수 있다.
③ 분석 과정에서 발생할 수 있는 장애 요소를 사전에 계획하고 대비해야 한다.
④ 데이터 분석은 항상 새로운 접근 방식으로 수행해야 하므로 기존 사례를 참고하는 것은 지양해야 한다.

해설

데이터 분석 기획을 할 때 분석을 효과적으로 수행하기 위해 고려해야 할 주요 사항은 다음과 같다.

- 가용 데이터 확보
 분석의 기본은 데이터이므로 활용 가능한 데이터가 충분히 확보될 수 있는지 고려해야 한다.
 예 고객 구매 패턴 분석을 위해 POS 데이터가 존재하는지 확인
- 적절한 유스케이스 탐색
 기존에 성공적으로 구현된 유사한 분석 사례를 참고하면 분석 프로세스를 효율적으로 설계하고 시행착오를 줄일 수 있다.
 예 타 기업의 추천 시스템 사례를 참고하여 자사 추천 모델 설계
- 장애 요소에 대한 사전 계획 수립
 분석 과정에서 발생할 수 있는 데이터 품질 문제, 기술적 한계, 비용 문제 등 다양한 장애 요소를 미리 예상하고 대비해야 한다.
 예 실시간 데이터 처리 시 서버 부하 문제를 사전에 고려하여 아키텍처 설계

25 다음 중 해결 방안 탐색 단계에서 가장 먼저 고려해야 할 사항으로 적절한 것은 무엇인가?

① 분석 기법을 선정하고 머신러닝 알고리즘을 적용한다.
② 기업의 기존 시스템이 문제 해결에 활용 가능한지 판단한다.
③ 외부 컨설팅 업체를 선정하여 문제 해결을 의뢰한다.
④ 최적의 데이터 시각화 기법을 선택하여 결과를 보고한다.

해설

해결 방안 탐색 단계는 앞서 정의된 데이터 분석 문제를 해결하기 위한 데이터 분석 기법 및 솔루션을 설계하는 과정이다. 이 단계에서는 다음과 같은 절차를 따른다.

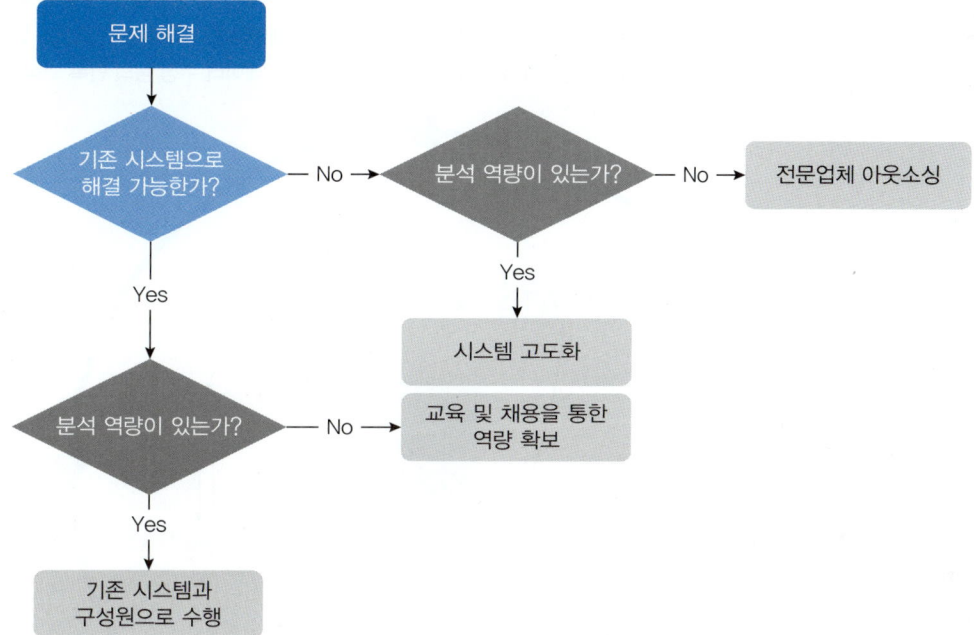

정답 25 ②

26 다음 중 CRISP-DM 방법론에서 단계 간 피드백이 발생할 수 있는 과정은 무엇인가?

① 데이터 이해 단계 → 데이터 준비 단계
② 데이터 준비 단계 → 모델링 단계
③ 모델링 단계 → 평가 단계
④ 평가 단계 → 전개 단계

> **해 설**
>
> 데이터 분석 방법론에서는 각 단계가 순차적으로 진행되지만 일부 과정에서는 반복적인 피드백이 자주 발생한다. 그중에서도 데이터 준비 단계에서 모델링 단계로 넘어가는 과정에서 피드백이 많이 발생하는데 그 이유는 다음과 같다.
> - 데이터 분석 과정에서 변수 선택, 데이터 정제, 특징 엔지니어링 등의 작업이 모델링 성능에 큰 영향을 미친다.
> - 모델링을 진행한 후 모델 성능이 낮으면 다시 데이터 준비 단계로 돌아가 데이터 전처리나 변수 조정을 반복해야 한다.
> - 특히 머신러닝 및 AI 모델에서는 하이퍼파라미터 튜닝, 알고리즘 변경, 학습 데이터 수정 등의 반복 과정이 필요하다.

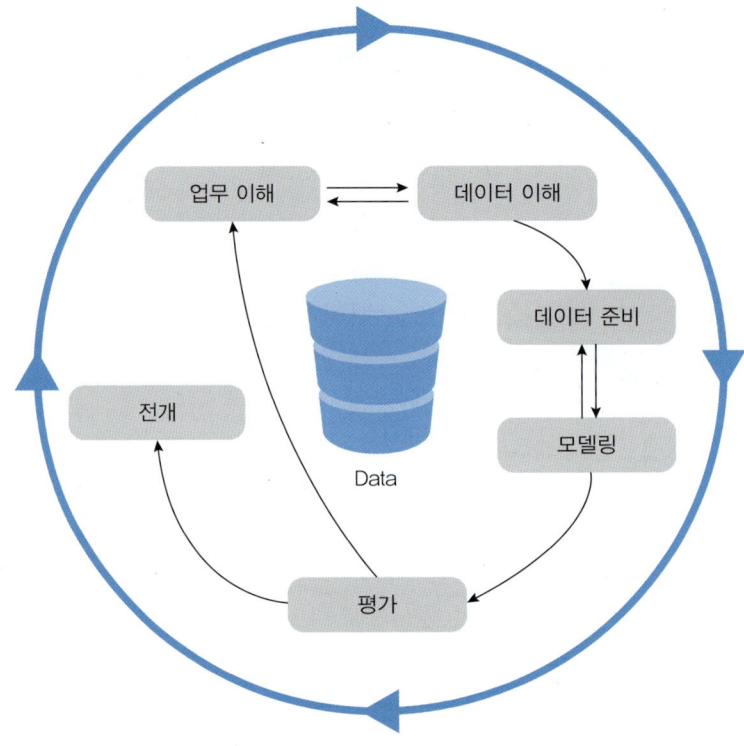

27 다음 중 기업의 합리적인 의사결정을 방해하는 요인에 대한 설명으로 가장 적절하지 않은 것은 무엇인가?

① 고정관념으로 인해 새로운 아이디어나 접근 방식을 받아들이기 어려울 수 있다.
② 편향된 생각은 객관적인 데이터를 무시하고 개인의 주관적인 경험에 의존하도록 만든다.
③ 프레이밍 효과는 동일한 사건이나 상황에서 모든 구성원들의 판단이 같아지는 현상을 의미한다.
④ 의사결정을 방해하는 요인은 개인의 판단에 영향을 미치며 개인들의 사고방식이 모여 전반적인 의사결정 과정에도 영향을 미칠 수 있다.

해설
- 기업의 합리적인 의사결정을 방해하는 요인에는 고정관념, 편향된 생각, 프레이밍 효과 등이 있으며 이러한 요인은 개인뿐만 아니라 조직 전체의 의사결정 과정에도 영향을 미칠 수 있다.
- 프레이밍 효과는 동일한 정보라도 제시되는 방식에 따라 다른 판단을 내리게 하는 현상을 의미한다.
  예) 이 투자 상품은 90% 성공 확률이 있습니다. vs 이 투자 상품은 10% 실패 확률이 있습니다.

28 다음 중 분석 과제 정의서에 대한 설명으로 가장 적절하지 않은 것은 무엇인가?

① 분석 과제 정의서는 데이터 분석을 수행한 후 결과를 정리하는 문서이다.
② 분석 과제 정의서는 분석 목표와 과제를 명확하게 정의하고 체계적으로 정리한 문서이다.
③ 분석 과제 정의서는 분석 방향성과 기대 효과를 이해 관계자들이 쉽게 공유할 수 있도록 돕는다.
④ 분석 과제 정의서에는 분석 목적, 해결하려는 문제, 활용할 데이터, 분석 방법, 기대 효과 등이 포함된다.

해설
① 데이터 분석에 대한 결과 정리는 분석 보고서에서 이루어진다.
분석 과제 정의서는 데이터 분석을 수행하기 전에 작성되는 문서로 분석 목표와 방향을 명확히 정의하고 체계적으로 정리하는 역할을 한다. 이를 통해 분석을 수행하는 팀뿐만 아니라 의사결정권자 및 이해 관계자들이 분석의 방향성과 기대 효과를 쉽게 이해하고 공유할 수 있도록 돕는다.

29 다음 중 하향식(Top-Down) 접근법이 주로 활용되는 분석 방법으로 가장 적절하지 않은 것은 무엇인가?

① 사전 정의된 기준에 따라 데이터를 분석하고 가설을 검증하는 방식
② 최종 제품의 초기 모델(프로토타입)을 만들고 빠르게 피드백을 받아 개선하는 프로토타이핑 기법
③ 문제 정의가 명확한 경우 정해진 데이터만을 분석하는 방식
④ 데이터를 분석하기 전에 명확한 목표와 가설을 먼저 설정하고 검증하는 방식

> **해설**
> - 하향식(Top-Down) 접근법은 분석 목표와 가설을 명확히 설정한 후 이를 검증하기 위해 데이터를 수집하고 분석하는 방식이다. 이 방법은 비즈니스 목표 달성을 위해 정해진 데이터와 가설 검증을 중심으로 진행되며 명확한 방향성을 갖춘 분석에 적합하다.
> - 프로토타이핑(Prototyping)은 상향식(Bottom-Up) 접근법에서 주로 활용되는 방식이다. 초기 모델을 만들고 데이터를 기반으로 피드백을 반영하여 점진적으로 개선하는 방식이므로 하향식 접근법과는 맞지 않다.

30 포트폴리오 사분면(Quadrant) 분석을 활용한 우선순위 평가 기준과 관련하여 다음 중 가장 시급하고 전략적 중요도가 높은 과제는 어느 사분면에 속하는가?

① 난이도가 높고 시급하지 않은 과제
② 난이도가 낮고 시급한 과제
③ 난이도가 낮고 시급하지 않은 과제
④ 난이도가 높고 시급한 과제

> **해설**
> 포트폴리오 사분면 분석에서는 과제의 난이도(어려움)와 시급성(현재 vs. 미래)을 기준으로 4가지 영역으로 구분된다.

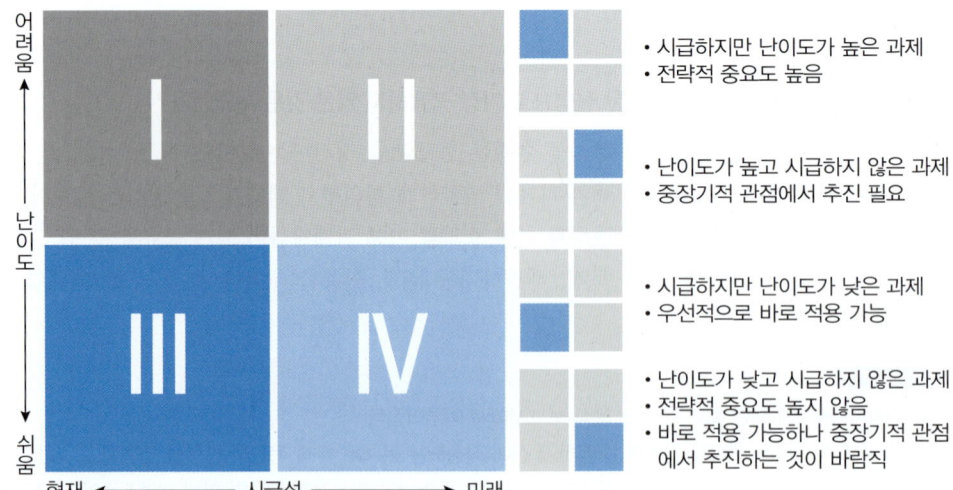

PART 3
데이터분석

CHAPTER 01　R 기초와 데이터 마트
CHAPTER 02　통계 분석
CHAPTER 03　정형 데이터 마이닝
적중예상문제

유선배 데이터분석 준전문가 ADsP 합격노트
이 시대의 모든 합격! 무료 동영상 강의와 함께 합격하세요!
www.youtube.com → 'SQL 전문가 정미나' 검색 → 구독

CHAPTER 01

R 기초와 데이터 마트

01 R 기초

1. R이란

R은 통계 분석 및 데이터 사이언스를 위한 프로그래밍 언어이자 소프트웨어 환경이다. 1990년대 뉴질랜드의 로스 이하카(Ross Ihaka)와 로버트 젠틀맨(Robert Gentleman)에 의해 개발되었으며 현재는 데이터 분석, 통계 계산, 기계 학습, 시각화 등 다양한 분야에서 널리 사용되는 언어로 자리 잡고 있다.

R은 우리가 앞으로 배우게 될 회귀분석, 가설검정, 시계열분석, 데이터 마이닝 등 다양한 통계 기법을 기본적으로 제공한다. 다른 프로그래밍 언어에 비해 통계 분석 기능이 강력하고 수학적 연산을 위한 내장 함수가 풍부하여 복잡한 분석을 간단하게 수행할 수 있는데 오픈소스로 제공되어 누구나 무료로 사용할 수 있기 때문에 파이썬과 함께 널리 사용되는 언어 중 하나가 되었다.

다양한 분석 도구 비교

구분	SAS	SPSS	R	파이썬
프로그램 비용	유료, 고가	유료, 고가	오픈소스	오픈소스
설치 용량	대용량	대용량	저용량	저용량
다양한 모듈 지원 및 비용	별도 구매	별도 구매	오픈소스	오픈소스
최근 알고리즘 및 기술 반영	느림	다소 느림	매우 빠름	매우 빠름
학습자료 입수의 편의성	유료 도서 위주	유료 도서 위주	공개 논문 및 자료 많음	공개 논문 및 자료 많음
공개 커뮤니티	NA	NA	매우 활발	매우 활발

2. RStudio

RStudio는 R 프로그래밍 언어를 보다 효과적으로 사용할 수 있도록 지원하는 통합 개발 환경(IDE ; Integrated Development Environment), 즉 툴이다. R의 기본 인터프리터보다 더 직관적이고 편리한 인터페이스를 제공하며 코드 편집, 실행, 디버깅, 데이터 시각화, 패키지 관리 등 다양한 기능을 지원한다. RStudio는 데이터 사이언티스트, 연구자, 분석가들이 데이터 분석 및 시각화를 보다 효율적으로 수행할 수 있도록 설계되었으며 현재 가장 널리 사용되는 R 개발 도구 중 하나로 자리 잡고 있다.

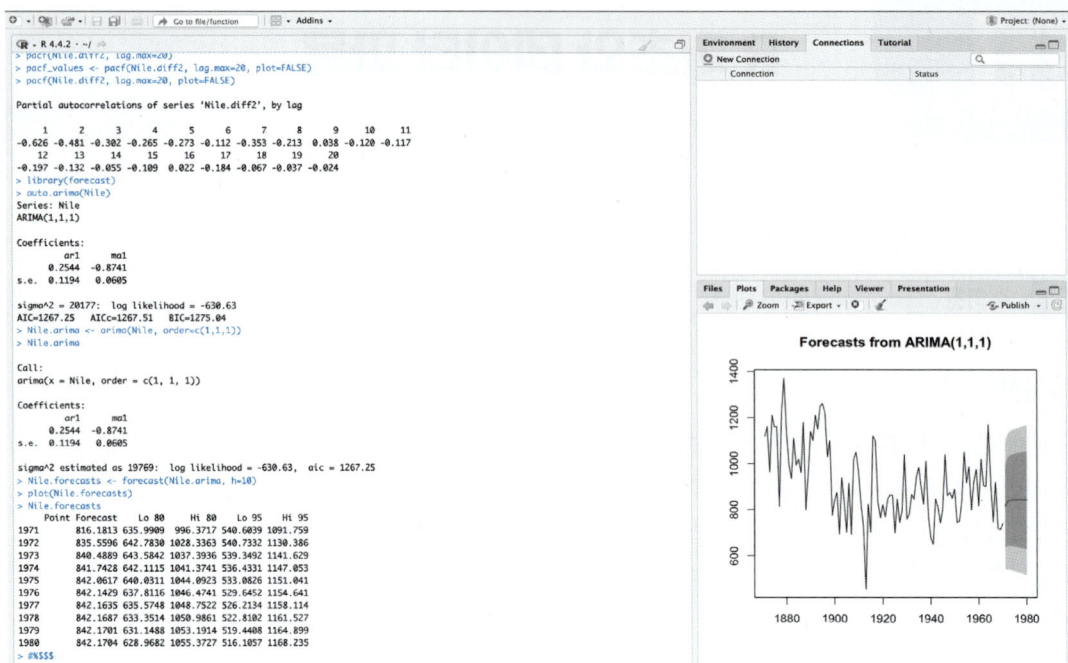

3. R 및 RStudio 설치

R과 RStudio는 데이터 분석 및 통계 계산을 위한 필수 도구로, 설치 과정이 비교적 간단하다. 다음은 R과 RStudio를 설치하는 방법을 단계별로 설명한 가이드이다.

(1) R 다운로드 사이트 접속

먼저, 공식 R 다운로드 사이트인 CRAN(https://cran.r-project.org/)에 접속한다.

(2) 운영체제에 맞는 R 다운로드 및 설치

웹 사이트에 접속하면 운영체제별로 다운로드할 수 있는 옵션이 제공되며 각자 자신이 사용 중인 운영체제에 맞는 버전을 선택하여 다운로드한 뒤 설치를 진행한다.

(3) RStudio 설치

공식 다운로드 사이트인 https://posit.co/downloads/에 접속하여 무료 버전의 RStudio를 설치한다.

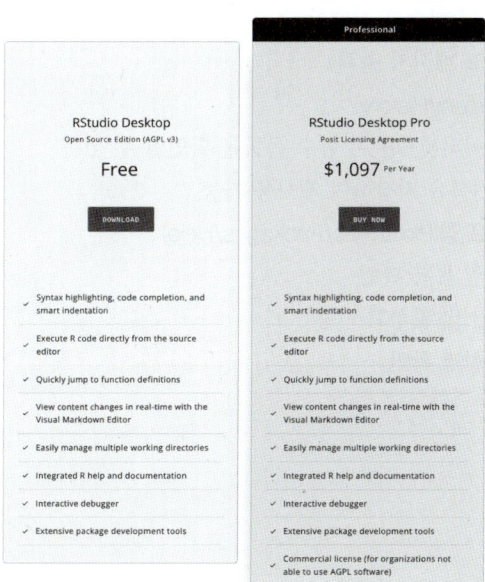

(4) RStudio 화면 구성

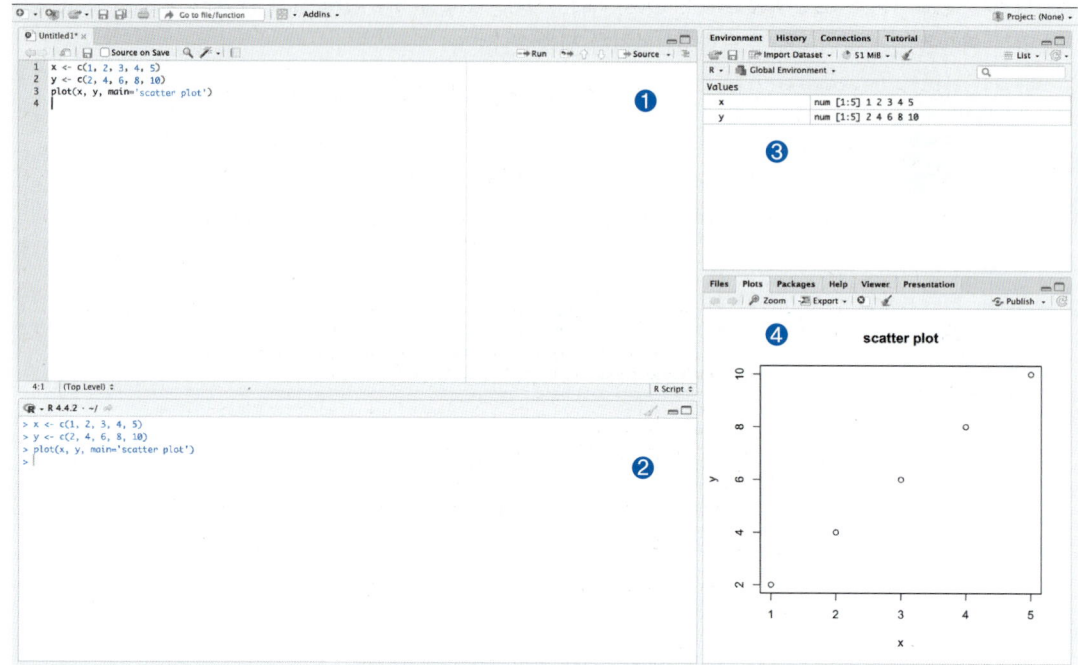

① 스크립트 창(Script Editor)
- R 코드를 작성하고 실행할 수 있는 공간
- 여러 개의 R 스크립트를 동시에 열고 작업 가능
- .R 파일을 저장하여 분석 과정을 문서화 가능

② 콘솔 창(Console)
- R 명령어를 직접 입력하고 실행할 수 있는 공간
- 즉석으로 계산하거나 함수를 실행할 수 있음
- 에러 메시지 및 경고 메시지 출력

③ 환경/이력 창(Environment/History)
- 현재 작업 중인 데이터셋, 변수, 함수 목록을 확인할 수 있음
- 실행한 명령어의 기록을 저장하여 재사용 가능

④ 플롯/파일/패키지/헬프 창(Plots/Files/Packages/Help)
- 그래프 출력 및 파일 목록 확인
- 설치된 패키지 확인 및 활성화 가능
- 특정 함수에 대한 설명 확인

4. R 기본 문법

지금부터 R 프로그래밍을 하기 위해 알아야 할 기본적인 사항들에 대해 살펴보도록 하자.

(1) 변수와 데이터 타입

데이터를 저장하기 위해 변수를 사용해야 한다. 변수는 <- 또는 = 기호를 사용하여 값을 할당할 수 있다.

기능	R 코드
오른쪽 값을 왼쪽에 저장	<-, <<-, =
왼쪽 값을 오른쪽에 저장	->, ->>

예제에서 #으로 표시된 문장은 주석을 나타낸다.

```
x <- 10      # x에 10을 저장
y = 20       # y에 20을 저장
z <- "Hello, R"   # z에 "Hello, R" 문자열 저장
```

변수에는 여러 가지 데이터 타입이 있다.

숫자형(Numeric)	10, 3.14
문자형(Character)	"Hello", "R is fun"
논리형(Logical)	TRUE, FALSE

변수의 데이터 타입을 확인하려면 class 함수를 사용한다.

```
class(x)   # "numeric"
class(z)   # "character"
```

(2) 기본 연산자

R에서는 기본적인 연산을 쉽게 수행할 수 있다.

산술 연산자는 숫자를 계산할 때 사용한다.

프로그램 코드

```
a <- 10
b <- 5
sum <- a + b   # 덧셈
diff <- a - b  # 뺄셈
prod <- a * b  # 곱셈
quot <- a / b  # 나눗셈
rem <- a %% b  # 나머지 연산
expo <- a^b    # 거듭제곱
```

수행 결과(Values) (Values는 알파벳 순으로 표시됨)

a	10
b	5
diff	5
expo	1e+05
prod	50
quot	2
rem	0
sum	15

비교 연산자는 두 값을 비교하여 TRUE 또는 FALSE 값을 반환한다. print 함수는 변수나 데이터를 출력하는 기본 함수로 여기서는 비교 연산의 결괏값을 출력한다.

프로그램 코드

```
x <- 10
y <- 5
print(x == y)
print(x != y)
print(x > y)
print(x < y)
print(x >= 10)
print(y <= 3)
```

수행 결과(Console)

```
> x <- 10
> y <- 5
> print(x == y)
[1] FALSE
> print(x != y)
[1] TRUE
> print(x > y)
[1] TRUE
> print(x < y)
[1] FALSE
> print(x >= 10)
[1] TRUE
> print(y <= 3)
[1] FALSE
```

논리 연산자는 TRUE 또는 FALSE 값을 조합하여 논리적인 연산을 수행한다.

R 코드	기능	예제	결과
&	AND	(TRUE & FALSE)	FALSE
|	OR	(TRUE | FALSE)	TRUE
!	NOT	!TRUE	FALSE

프로그램 코드

```
a <- TRUE
b <- FALSE
print(a & b)
print(a | b)
print(!a)
print(!b)
```

수행 결과(Console)

```
> a <- TRUE
> b <- FALSE
> print(a & b)
[1] FALSE
> print(a | b)
[1] TRUE
> print(!a)
[1] FALSE
> print(!b)
[1] TRUE
```

5. R 데이터 구조

(1) 벡터(Vector)

벡터는 R에서 가장 기본적인 데이터 구조로 동일한 타입(숫자, 문자, 논리형)의 값들을 하나로 묶어 저장하는 1차원 데이터 구조이다.

프로그램 코드

```
num_vector <- c(1, 2, 3, 4, 5)   # 숫자 벡터
print(num_vector)
char_vector <- c("apple", "banana", "cherry")   # 문자 벡터
print(char_vector)
```

수행 결과(Console)

```
> num_vector <- c(1, 2, 3, 4, 5)   # 숫자 벡터
> print(num_vector)
[1] 1 2 3 4 5
> char_vector <- c("apple", "banana", "cherry")   # 문자 벡터
> print(char_vector)
[1] "apple"  "banana"  "cherry"
```

벡터의 원소를 선택하려면 인덱스(Index)를 사용한다.

프로그램 코드

```
num_vector[1]    # 첫 번째 원소 출력
char_vector[2]   # 두 번째 원소 출력
```

수행 결과(Console)

```
> num_vector[1]    # 첫 번째 원소 출력
[1] 1
> char_vector[2]   # 두 번째 원소 출력
[1] "banana"
```

(2) 행렬(Matrix)

행렬은 2차원 형태의 데이터 구조로 모든 원소가 동일한 데이터 타입을 가져야 한다.

프로그램 코드

```
mat <- matrix(1:9, nrow=3, ncol=3)   # 3x3 행렬 생성
print(mat)
```

수행 결과(Console)

```
> mat <- matrix(1:9, nrow=3, ncol=3)   # 3x3 행렬 생성
> print(mat)
     [,1] [,2] [,3]
[1,]   1    4    7
[2,]   2    5    8
[3,]   3    6    9
```

행렬의 특정 원소 선택

프로그램 코드

```
mat[1, 2]  # 1행 2열의 값 출력
mat[,2]    # 2열 전체 출력
mat[2,]    # 2행 전체 출력
```

수행 결과(Console)

```
> mat[1, 2]  # 1행 2열의 값 출력
[1] 4
> mat[,2]    # 2열 전체 출력
[1] 4 5 6
> mat[2,]    # 2행 전체 출력
[1] 2 5 8
```

행렬 연산 예제 (위에서 생성한 mat 행렬과 연산)

프로그램 코드

```
mat2 <- matrix(1:9, nrow=3, ncol=3)
print(mat2)
sum_mat <- mat + mat2   # 행렬 덧셈
print(sum_mat)
prod_mat <- mat %*% mat2   # 행렬 곱셈
print(prod_mat)
```

수행 결과(Console)

```
> mat2 <- matrix(1:9, nrow=3, ncol=3)
> print(mat2)
     [,1] [,2] [,3]
[1,]    1    4    7
[2,]    2    5    8
[3,]    3    6    9
> sum_mat <- mat + mat2   # 행렬 덧셈
> print(sum_mat)
     [,1] [,2] [,3]
[1,]    2    8   14
[2,]    4   10   16
[3,]    6   12   18
> prod_mat <- mat %*% mat2   # 행렬 곱셈
> print(prod_mat)
     [,1] [,2] [,3]
[1,]   30   66  102
[2,]   36   81  126
[3,]   42   96  150
```

(3) 배열(Array)

배열은 2차원 이상의 다차원 데이터 구조이다. 행렬과 유사하지만 배열은 3차원 이상도 표현할 수 있다.

프로그램 코드

```
arr <- array(1:12, dim = c(2, 3, 2))   # (행, 열, 차원)
print(arr)
```

수행 결과(Console)

```
> arr <- array(1:12, dim = c(2, 3, 2))   # (행, 열, 차원)
> print(arr)
, , 1
     [,1] [,2] [,3]
[1,]    1    3    5
[2,]    2    4    6
, , 2
     [,1] [,2] [,3]
[1,]    7    9   11
[2,]    8   10   12
```

배열의 특정 원소 선택

프로그램 코드

```
arr[1,2,1]   # 1행 2열 첫 번째 차원의 값 출력
arr[, , 2]   # 두 번째 차원의 모든 데이터 출력
```

수행 결과(Console)

```
> arr[1,2,1]   # 1행 2열 첫 번째 차원의 값 출력
[1] 3
> arr[, , 2]   # 두 번째 차원의 모든 데이터 출력
     [,1] [,2] [,3]
[1,]    7    9   11
[2,]    8   10   12
```

(4) 데이터프레임(Data Frame)

데이터프레임은 행과 열로 이루어진 표 형태의 데이터 구조이다. 엑셀과 유사한 구조로 각 열(Column)은 서로 다른 데이터 타입을 가질 수 있다.

프로그램 코드

```
df <- data.frame(
  Name = c("Alice", "Bob", "Charlie"),
  Score = c(85, 90, 95),
  Passed = c(TRUE, TRUE, FALSE)
)
print(df)
```

수행 결과(Console)

```
> df <- data.frame(
+   Name = c("Alice", "Bob", "Charlie"),
+   Score = c(85, 90, 95),
+   Passed = c(TRUE, TRUE, FALSE)
+ )
> print(df)
     Name Score Passed
1   Alice    85   TRUE
2     Bob    90   TRUE
3 Charlie    95  FALSE
```

데이터프레임의 특정 열을 선택하려면 $ 기호를 사용한다.

프로그램 코드

```
df$Name
df$Score
df[1,] # 첫 번째 행 출력
df[,2] # 두 번째 열 출력
```

수행 결과(Console)

```
> df$Name
[1] "Alice"   "Bob"     "Charlie"
> df$Score
[1] 85 90 95
> df[1,] # 첫 번째 행 출력
   Name Score Passed
1 Alice    85   TRUE
> df[,2] # 두 번째 열 출력
[1] 85 90 95
```

(5) 리스트(List)

리스트는 여러 가지 데이터 타입과 데이터 구조를 하나의 변수에 저장할 수 있는 자료 구조이다.

프로그램 코드

```
my_list <- list(
  Name = "Alice",
  Age = 25,
  Scores = c(85, 90, 95)
)
print(my_list)
```

수행 결과(Console)

```
> my_list <- list(
+   Name = "Alice",
+   Age = 25,
+   Scores = c(85, 90, 95)
+ )
> print(my_list)
$Name
[1] "Alice"
$Age
[1] 25
$Scores
[1] 85 90 95
```

리스트의 특정 원소 선택

프로그램 코드

```
my_list$Name
my_list$Scores[2]   # 두 번째 점수
```

수행 결과(Console)

```
> my_list$Name
[1] "Alice"
> my_list$Scores[2]   # 두 번째 점수
[1] 90
```

6. R 제어문

(1) 조건문(if-else 문)

if 문을 사용하면 특정 조건을 만족할 때 실행할 코드를 지정할 수 있다.

프로그램 코드

```
score <- 85
if (score >= 90) {
  print("A학점")
} else if (score >= 80) {
  print("B학점")
} else {
  print("C학점")
}
```

수행 결과(Console)

```
> score <- 85
> if (score >= 90) {
+   print("A학점")
+ } else if (score >= 80) {
+   print("B학점")
+ } else {
+   print("C학점")
+ }
[1] "B학점"
```

(2) 반복문(for 문, while 문)

반복문을 사용하면 같은 코드를 여러 번 실행할 수 있다.

프로그램 코드

```
for (i in 1:5) {
  print(paste("반복 횟수:", i))
}
```

수행 결과(Console)

```
> for (i in 1:5) {
+   print(paste("반복 횟수:", i))
+ }
[1] "반복 횟수: 1"
[1] "반복 횟수: 2"
[1] "반복 횟수: 3"
[1] "반복 횟수: 4"
[1] "반복 횟수: 5"
```

프로그램 코드

```
x <- 1
while (x <= 5) {
  print(x)
  x <- x + 1
}
```

수행 결과(Console)

```
> x <- 1
> while (x <= 5) {
+   print(x)
+   x <- x + 1
+ }
[1] 1
[1] 2
[1] 3
[1] 4
[1] 5
```

7. R 기본 함수 ★

(1) 숫자 연산 함수

숫자 계산을 할 때 자주 사용하는 내장 함수는 다음과 같다.

프로그램 코드

```
x <- -10.5
y <- 3
abs(x)    # 절댓값
sqrt(y)   # 제곱근
ceiling(x) # 올림
floor(x)   # 내림
round(3.14159, 2)  # 소수점 2자리 반올림
```

수행 결과(Console)

```
> x <- -10.5
> y <- 3
> abs(x)     # 절댓값
[1] 10.5
> sqrt(y)    # 제곱근
[1] 1.732051
> ceiling(x) # 올림
[1] -10
> floor(x)   # 내림
[1] -11
> round(3.14159, 2)  # 소수점 2자리 반올림
[1] 3.14
```

(2) 벡터 관련 함수

벡터를 다룰 때 자주 사용하는 내장 함수는 다음과 같다.

프로그램 코드

```
vec <- c(10, 20, 30, 40, 50)
length(vec)  # 벡터의 길이(원소 개수)
sum(vec)     # 합계
mean(vec)    # 평균
max(vec)     # 최댓값
min(vec)     # 최솟값
sort(vec, decreasing = TRUE)  # 내림차순 정렬
rev(vec)     # 벡터 순서 뒤집기
```

수행 결과(Console)

```
> vec <- c(10, 20, 30, 40, 50)
> length(vec)    # 벡터의 길이(원소 개수)
[1] 5
> sum(vec)       # 합계
[1] 150
> mean(vec)      # 평균
[1] 30
> max(vec)       # 최댓값
[1] 50
> min(vec)       # 최솟값
[1] 10
> sort(vec, decreasing = TRUE)   # 내림차순 정렬
[1] 50 40 30 20 10
> rev(vec)       # 벡터 순서 뒤집기
[1] 50 40 30 20 10
```

(3) 데이터프레임 관련 함수

데이터프레임을 다룰 때 유용한 내장 함수는 다음과 같다.

프로그램 코드

```
df <- data.frame(Name = c("Alice", "Bob", "Charlie"),
                 Score = c(85, 90, 95))
dim(df)      # 데이터프레임의 차원(행, 열 개수)
nrow(df)     # 행 개수
ncol(df)     # 열 개수
colnames(df) # 열 이름
rownames(df) # 행 이름 (기본값은 1, 2, 3)
head(df, 2)  # 처음 2개 행 출력
tail(df, 2)  # 마지막 2개 행 출력
```

수행 결과(Console)

```
> df <- data.frame(Name = c("Alice", "Bob", "Charlie"),
+                  Score = c(85, 90, 95))
> dim(df)    # 데이터프레임의 차원(행, 열 개수)
[1] 3 2
> nrow(df)   # 행 개수
[1] 3
> ncol(df)   # 열 개수
[1] 2
> colnames(df)   # 열 이름
[1] "Name"  "Score"
> rownames(df)   # 행 이름 (기본값은 1, 2, 3)
[1] "1" "2" "3"
> head(df, 2)   # 처음 2개 행 출력
    Name Score
1  Alice    85
2    Bob    90
> tail(df, 2)   # 마지막 2개 행 출력
     Name Score
2     Bob    90
3 Charlie    95
```

(4) 통계 및 수학 관련 내장 함수

프로그램 코드

```
data <- c(10, 20, 30, 40, 50)
var(data)    # 분산
sd(data)     # 표준편차
median(data) # 중앙값
quantile(data, 0.25)   # 1사분위수
quantile(data, 0.75)   # 3사분위수
range(data)  # 최솟값과 최댓값 반환
```

수행 결과(Console)

```
> data <- c(10, 20, 30, 40, 50)
> var(data)    # 분산
[1] 250
> sd(data)     # 표준편차
[1] 15.81139
> median(data)   # 중앙값
[1] 30
> quantile(data, 0.25)   # 1사분위수
25%
 20
> quantile(data, 0.75)   # 3사분위수
75%
 40
> range(data)   # 최솟값과 최댓값 반환
[1] 10 50
```

(5) 문자열 처리 관련 내장 함수

프로그램 코드

```
text <- "Hello, R!"
nchar(text)   # 문자열 길이
toupper(text)   # 대문자로 변환
tolower(text)   # 소문자로 변환
substr(text, 1, 5)   # 문자열 일부 추출
paste("R", "Programming", sep = " ")   # 문자열 연결
```

수행 결과(Console)

```
> text <- "Hello, R!"
> nchar(text)   # 문자열 길이
[1] 9
> toupper(text)   # 대문자로 변환
[1] "HELLO, R!"
> tolower(text)   # 소문자로 변환
[1] "hello, r!"
> substr(text, 1, 5)   # 문자열 일부 추출
[1] "Hello"
> paste("R", "Programming", sep = " ")   # 문자열 연결
[1] "R Programming"
```

(6) 날짜 및 시간 관련 내장 함수

프로그램 코드

```
Sys.Date()  # 현재 날짜 출력
Sys.time()  # 현재 시간 출력
format(Sys.Date(), "%Y-%m-%d")  # 날짜 형식 지정
as.Date("2024-02-01")  # 문자열을 날짜 형식으로 변환
```

수행 결과(Console)

```
> Sys.Date()  # 현재 날짜 출력
[1] "2025-02-12"
> Sys.time()  # 현재 시간 출력
[1] "2025-02-12 07:08:58 KST"
> format(Sys.Date(), "%Y-%m-%d")  # 날짜 형식 지정
[1] "2025-02-12"
> as.Date("2024-02-01")  # 문자열을 날짜 형식으로 변환
[1] "2024-02-01"
```

(7) 난수 생성 및 확률 분포 관련 내장 함수

프로그램 코드

```
set.seed(123)  # 난수 생성 고정 (결과 재현 가능)
runif(5, min=0, max=1)  # 0~1 사이에서 5개의 난수 생성
rnorm(5, mean=50, sd=10)  # 평균 50, 표준편차 10인 정규분포 난수 5개 생성
```

수행 결과(Console)

```
> set.seed(123)  # 난수 생성 고정 (결과 재현 가능)
> runif(5, min=0, max=1)  # 0~1 사이에서 5개의 난수 생성
[1] 0.2875775 0.7883051 0.4089769 0.8830174 0.9404673
> rnorm(5, mean=50, sd=10)  # 평균 50, 표준편차 10인 정규분포 난수 5개 생성
[1] 33.10444 62.39496 48.91034 48.82758 51.83083
```

8. R 데이터 시각화

(1) 산점도(Scatter Plot)

산점도는 두 변수 간의 관계를 시각적으로 표현하는 그래프이다.

프로그램 코드

```
x <- c(1, 2, 3, 4, 5)
y <- c(2, 4, 6, 8, 10)
plot(x, y, main="Scatter Plot", xlab="X value", ylab="Y value")
```

수행 결과(Plots)

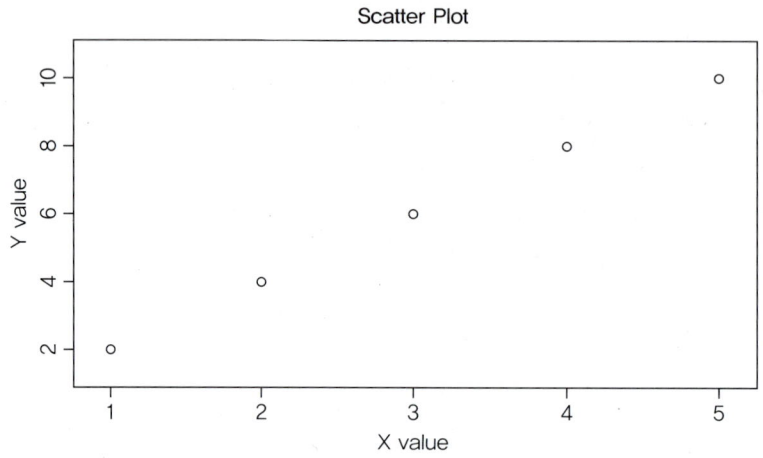

(2) 히스토그램(Histogram)

데이터의 분포를 확인하려면 히스토그램을 사용할 수 있다.

프로그램 코드

```
data <- c(10, 20, 20, 30, 40, 50, 50, 60, 70, 80)
hist(data, main="Histogram", xlab="Value", col="skyblue")
```

수행 결과(Plots)

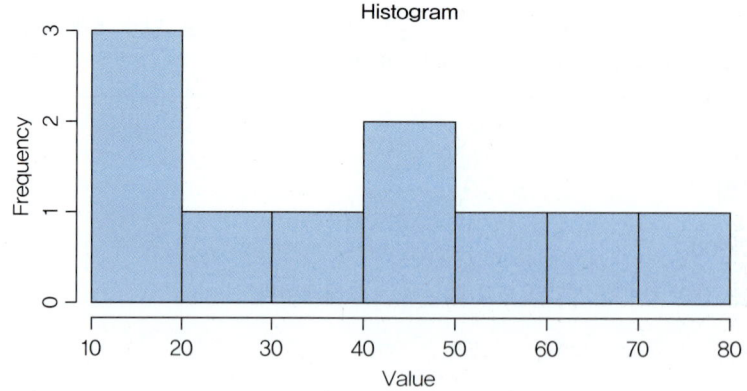

9. 데이터 전처리 함수

데이터 전처리는 분석하기 전에 데이터를 정리하는 과정이다. 이 과정에는 결측값 처리, 중복값 처리, 데이터 변환 등의 작업이 포함된다.

(1) 결측값(NA) 처리

데이터에는 값이 없는 결측값(NA ; Not Available)이 포함될 수 있다. 결측값을 처리하지 않으면 분석이 올바르게 수행되지 않을 수 있으므로 적절한 조치가 필요하다.

프로그램 코드

```
data <- c(10, 20, NA, 30, NA, 40)
is.na(data)         # 결측값 확인
sum(is.na(data))    # 결측값 개수 확인
data[is.na(data)] <- mean(data, na.rm = TRUE)   # 결측값을 평균값으로 대체
print(data)
```

수행 결과(Console)

```
> data <- c(10, 20, NA, 30, NA, 40)
> is.na(data)       # 결측값 확인
[1] FALSE FALSE  TRUE FALSE  TRUE FALSE
> sum(is.na(data))  # 결측값 개수 확인
[1] 2
> data[is.na(data)] <- mean(data, na.rm = TRUE)   # 결측값을 평균값으로 대체
> print(data)
[1] 10 20 25 30 25 40
```

(2) 중복값 처리

중복된 데이터를 확인 및 제거하는 함수이다.

프로그램 코드

```
df <- data.frame(ID = c(1, 2, 2, 3, 4, 4, 5), Score = c(90, 85, 85, 88, 92, 92, 95))
df[duplicated(df), ]    # 중복된 행 확인
df_unique <- df[!duplicated(df), ]   # 중복 제거
print(df_unique)
```

수행 결과(Console)

```
> df <- data.frame(ID = c(1, 2, 2, 3, 4, 4, 5), Score = c(90, 85, 85, 88, 92, 92, 95))
> df[duplicated(df), ]   # 중복된 행 확인
  ID Score
3  2    85
6  4    92
> df_unique <- df[!duplicated(df), ]   # 중복 제거
> print(df_unique)
  ID Score
1  1    90
2  2    85
4  3    88
5  4    92
7  5    95
```

(3) 데이터 변환(열 추가, 삭제, 변경)

프로그램 코드

```
df <- data.frame(
  ID = c(1, 2, 3, 4, 5),
  Name = c("Alice", "Bob", "Charlie", "David", "Eve"),
  Score = c(85, 90, 78, 92, 88)
)
print(df)   # 데이터프레임 출력
df$Passed <- c(TRUE, TRUE, FALSE, TRUE, TRUE)   # 새로운 열 추가
print(df)
df$ID <- NULL   # 특정 열 삭제
print(df)
colnames(df)[colnames(df) == "Score"] <- "Exam_Score"   # 열 이름 변경
print(df)
```

수행 결과(Console)

```
> df <- data.frame(
+   ID = c(1, 2, 3, 4, 5),
+   Name = c("Alice", "Bob", "Charlie", "David", "Eve"),
+   Score = c(85, 90, 78, 92, 88)
+ )
> print(df)   # 데이터프레임 출력
  ID    Name Score
1  1   Alice    85
2  2     Bob    90
3  3 Charlie    78
4  4   David    92
5  5     Eve    88
> df$Passed <- c(TRUE, TRUE, FALSE, TRUE, TRUE)   # 새로운 열 추가
> print(df)
  ID    Name Score Passed
1  1   Alice    85   TRUE
2  2     Bob    90   TRUE
3  3 Charlie    78  FALSE
4  4   David    92   TRUE
5  5     Eve    88   TRUE
> df$ID <- NULL   # 특정 열 삭제
> print(df)
     Name Score Passed
1   Alice    85   TRUE
2     Bob    90   TRUE
3 Charlie    78  FALSE
4   David    92   TRUE
5     Eve    88   TRUE
> colnames(df)[colnames(df) == "Score"] <- "Exam_Score"   # 열 이름 변경
> print(df)
     Name Exam_Score Passed
1   Alice         85   TRUE
2     Bob         90   TRUE
3 Charlie         78  FALSE
4   David         92   TRUE
5     Eve         88   TRUE
```

02 데이터 마트

정확하고 의미 있는 데이터 분석을 위해서는 단순한 데이터 수집만으로는 부족하며 데이터를 체계적으로 정리하고 가공하는 과정이 필수적이다. 효과적인 분석을 위해 데이터 마트를 구성하고 전처리 과정을 거쳐 요약 변수와 파생 변수를 생성해야 하는데, 이렇게 정리된 데이터는 단순한 숫자의 나열이 아니라 강력한 인사이트를 도출하는 원동력이 된다. 결국 데이터를 어떻게 가공하느냐에 따라 분석의 질이 결정되며 이는 곧 비즈니스의 성공으로 이어질 수 있다.

1. 데이터 마트란 ★

데이터 마트(Data Mart)는 특정 목적의 데이터 분석을 위해 가공된 데이터 저장소이다. 기업이나 기관에서는 방대한 데이터를 관리하는 데이터 웨어하우스(Data Warehouse)를 운영하는데, 이 중 특정 부서나 팀에서 필요한 데이터만을 선별하여 별도로 저장하고 활용하는 것이 데이터 마트이다.

> **Tip**
>
> **온라인 쇼핑몰을 예시로 파악해 보는 데이터 흐름도**
>
> [Step 1] 쇼핑몰을 이용하는 고객의 행동이 데이터로 저장된다.
> 예) 상품 검색, 장바구니 추가, 주문 및 결제, 리뷰 작성 등
> → 여기서 실시간으로 데이터를 저장하는 시스템을 OLTP(Online Transaction Processing)라고 하며 데이터를 빠르게 검색하고 수정할 수 있다는 특징이 있다. 하지만 OLTP 시스템은 데이터 분석을 위해 최적화된 구조가 아니므로 이를 해결하기 위한 작업이 필요하다.
>
> [Step 2] OLTP의 데이터를 추출(Extract), 변환(Transform), 적재(Load)하여 분석하기 쉽게 가공한다.
> 예) 날짜 형식 통일(2025년 02월 12일 → 2025-02-12)
> → 여기서 데이터를 정리하여 가공하는 시스템을 ETL이라고 한다.
>
> [Step 3] ETL을 거친 데이터를 한곳으로 모아 대규모 저장소에 저장하게 되는데 이 통합 데이터 저장소를 데이터 웨어하우스(DW ; Data Warehouse)라고 한다. 데이터 웨어하우스는 다양한 데이터를 통합하여 편리하게 분석할 수 있도록 최적화되어 있지만 너무 많은 데이터가 저장되어 있어 특정 부서(마케팅, 영업 등)가 빠르게 분석하기 어려울 수 있다.
>
> [Step 4] 위에서 언급한 데이터 웨어하우스의 이슈를 해결하기 위해 데이터 마트(Data Mart)가 등장한다. 데이터 마트는 특정 부서나 팀에서 분석하기 쉽도록 필요한 데이터만을 정리하여 제공하는 작은 데이터 저장소로 분석 속도가 빠르고 마케팅, 영업, 재고 관리 등 목적별로 최적화된 시스템을 의미한다.

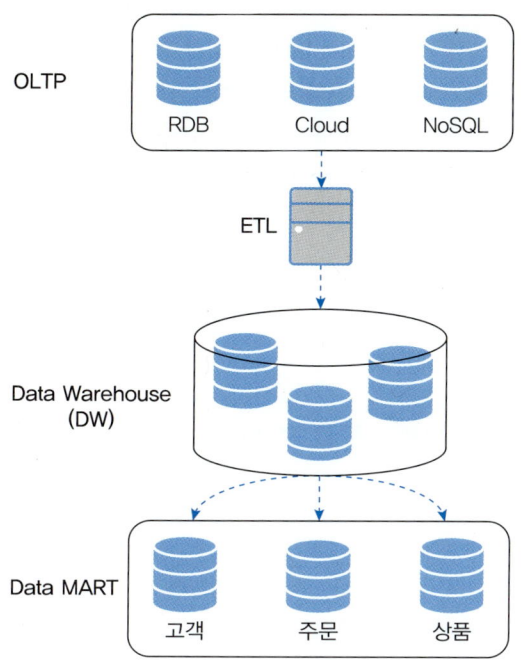

다음 중 데이터 마트에 대한 설명으로 가장 적절한 것은 무엇인가?

① 데이터 마트는 실시간 트랜잭션 처리를 위한 데이터 저장소로 빠른 검색과 수정이 가능하도록 최적화되어 있다.
② 데이터 마트는 기업 전반의 모든 데이터를 통합 저장하는 대규모 데이터 웨어하우스와 동일한 개념이다.
③ 데이터 마트는 특정 부서나 팀이 분석을 쉽게 할 수 있도록 필요한 데이터만을 정리하여 제공하는 작은 규모의 데이터 저장소이다.
④ 데이터 마트는 ETL 과정을 거치지 않고 OLTP 시스템에서 직접 데이터를 추출하여 분석하는 방식으로 운영된다.

> 해설 ① 데이터 마트는 분석을 위한 데이터 저장소이며 실시간 트랜잭션 처리를 위한 OLTP 시스템과는 다르다.
> ② 데이터 마트는 데이터 웨어하우스에서 특정 부서나 목적에 맞는 데이터를 선별하여 저장하는 작은 데이터 저장소이다.
> ④ 데이터 마트는 OLTP에서 직접 데이터를 추출하는 것이 아니라 ETL 과정을 통해 정제된 데이터를 활용하여 구성된다.
>
> 정답 ③

2. 데이터 전처리

데이터 분석을 수행하기 전에 반드시 거쳐야 하는 과정이 있다. 바로 데이터 전처리 과정이 그것이다. 데이터 전처리는 결측값 처리, 이상값 제거, 데이터 정규화 및 표준화 등의 작업을 의미한다. 전처리를 통해 데이터 품질이 개선되면 머신러닝 및 통계 모델의 성능이 향상되고 데이터의 일관성이 유지되어 보다 신뢰할 수 있는 분석 결과를 도출할 수 있다.

(1) 결측값(NA) 처리

결측값은 데이터셋에서 값이 누락된 상태, 즉 비어 있는 값을 의미하는데 결측값이 포함된 데이터를 처리하지 않으면 결과가 왜곡될 수 있다.

(2) 이상값(Outlier) 제거

이상값은 다른 데이터와는 극단적으로 다른 값, 즉 튀는 값을 의미하는데 데이터 분석 결과에 큰 영향을 미칠 수 있으므로 적절히 처리해야 한다.

(3) 데이터 정규화 및 표준화

데이터의 스케일(범위)이 너무 크거나 작으면 분석에 영향을 미칠 수 있다. 데이터 정규화는 데이터 값을 0~1 사이로 변환하는 작업이고 데이터 표준화는 평균을 0, 표준편차를 1로 변환하는 작업을 의미한다.

3. 요약 변수와 파생 변수

(1) 요약 변수

요약 변수는 데이터를 집계하여 요약하는 변수이다. 이는 데이터를 단순화하고 분석의 효율성을 높이는 데 활용된다.
예 고객별 총 구매 금액, 월별 평균 매출, 각 제품의 평균 판매 가격

(2) 파생 변수

파생 변수는 기존 데이터를 가공하여 새롭게 생성한 변수이다. 분석 모델의 성능을 향상시키기 위해 유용하게 활용된다.
예 나이 그룹 변수 : 연령대를 구하는 변수 생성(10대, 20대, 30대…)
　　할인율 : 원래 가격과 할인 가격을 이용하여 계산
　　구매 빈도 : 고객별 구매 횟수를 계산하여 변수 생성

4. 데이터 마트를 위한 R 패키지

데이터 마트를 효과적으로 개발하기 위해서는 데이터 가공, 변환, 요약 및 저장이 필요하다. R에서는 이러한 작업을 쉽게 수행할 수 있도록 다양한 패키지를 제공하며 특히 reshape, sqldf, plyr, data.table 등의 패키지가 데이터 처리 속도를 높이고 코드 작성을 간결하게 해준다.

(1) reshape – 데이터 변환 및 재구조화 패키지

reshape 패키지는 데이터프레임을 가공하여 원하는 형태로 변환하는 기능을 제공한다. 주로 넓은 형태(Wide Format) ↔ 긴 형태(Long Format) 변환 작업에 사용되며 분석에 적합한 형태로 데이터를 재구조화할 때 유용하다.

reshape 패키지의 주요 함수

melt	데이터를 긴 형태로 변환
cast	데이터를 넓은 형태로 변환

① melt

melt 함수는 여러 개의 열을 하나의 열로 합쳐 긴 형태로 변환하는 함수이다. 이렇게 변환하면 시간별 데이터, 제품별 판매량 등 범주형 분석에 적합한 형태로 데이터를 재구성할 수 있다.

프로그램 코드

```
library(reshape)
df <- data.frame(ID = c(1, 2, 3),
                 Jan = c(100, 150, 200),
                 Feb = c(120, 160, 210),
                 Mar = c(130, 170, 220))
print(df)
long_df <- melt(df, id = "ID")
print(long_df)
```

수행 결과(Console)

```
> library(reshape)
> df <- data.frame(ID = c(1, 2, 3),
+                  Jan = c(100, 150, 200),
+                  Feb = c(120, 160, 210),
+                  Mar = c(130, 170, 220))
> print(df)
  ID Jan Feb Mar
1  1 100 120 130
2  2 150 160 170
3  3 200 210 220
> long_df <- melt(df, id = "ID")
> print(long_df)
  ID variable value
1  1      Jan   100
2  2      Jan   150
3  3      Jan   200
4  1      Feb   120
5  2      Feb   160
6  3      Feb   210
7  1      Mar   130
8  2      Mar   170
9  3      Mar   220
```

* melt(df, id = "ID") : 고유 식별자 ID 열을 유지하고 나머지 열을 반환하라는 의미

② cast

cast 함수는 긴 형태의 데이터를 다시 넓은 형태로 변환하는 함수이다. 이는 원래의 구조로 되돌리거나 분석을 위해 데이터를 요약하는 데 유용하다.

프로그램 코드

```
long_df <- data.frame(ID = c(1, 1, 2, 2, 3, 3),
                      Month = c("Jan", "Feb", "Jan", "Feb", "Jan", "Feb"),
                      Sales = c(100, 120, 150, 160, 200, 210))
print(long_df)
wide_df <- cast(long_df, ID ~ Month, value = "Sales")
print(wide_df)
```

수행 결과(Console)

```
> long_df <- data.frame(ID = c(1, 1, 2, 2, 3, 3),
+                       Month = c("Jan", "Feb", "Jan", "Feb", "Jan", "Feb"),
+                       Sales = c(100, 120, 150, 160, 200, 210))
> print(long_df)
  ID Month Sales
1  1   Jan   100
2  1   Feb   120
3  2   Jan   150
4  2   Feb   160
5  3   Jan   200
6  3   Feb   210
> wide_df <- cast(long_df, ID ~ Month, value = "Sales")
> print(wide_df)
  ID Feb Jan
1  1 120 100
2  2 160 150
3  3 210 200
```

* cast(long_df, ID ~ Month, value = "Sales") : ID를 행의 기준으로 삼고 Month 데이터를 열로 설정하겠다는 의미, Sales 값을 기준으로 데이터를 재구성

(2) sqldf - SQL 문법을 활용한 데이터 처리

sqldf 패키지는 SQL 문법을 사용하여 R 데이터프레임을 조작하는 기능을 제공한다. R의 기본 데이터프레임 연산보다 직관적이며 SQL에 익숙한 사용자에게 특히 유용하다.

프로그램 코드

```
library(sqldf)
df <- data.frame(ID = c(1, 2, 3, 4),
                 Name = c('Alice', 'Bob', 'Charlie', 'David'),
                 Score = c(85, 90, 78, 92))

# SQL을 사용하여 평균 점수 이상인 데이터만 추출
high_scores <- sqldf('SELECT * FROM df WHERE Score >= 85')
print(high_scores)
```

수행 결과(Console)

```
> library(sqldf)
> df <- data.frame(ID = c(1, 2, 3, 4),
+                  Name = c('Alice', 'Bob', 'Charlie', 'David'),
+                  Score = c(85, 90, 78, 92))
> # SQL을 사용하여 평균 점수 이상인 데이터만 추출
> high_scores <- sqldf('SELECT * FROM df WHERE Score >= 85')
> print(high_scores)
  ID  Name Score
1  1 Alice    85
2  2   Bob    90
3  4 David    92
```

* sqldf('SELECT * FROM df WHERE Score >= 85') : df 데이터에서 Score가 85 이상인 모든 데이터를 반환하라는 의미

(3) plyr – 데이터 그룹핑 및 요약 처리

plyr 패키지는 데이터를 그룹별로 나누고(분할), 각 그룹에 대해 계산을 수행한 후(처리), 다시 합치는(결합) 기능을 제공한다. 이는 데이터 마트에서 고객별 구매 총액, 월별 평균 매출 등의 요약 데이터를 생성하는 데 유용하다.

프로그램 코드

```
library(plyr)
df <- data.frame(CustomerID = c(1, 1, 2, 2, 3, 3),
                 PurchaseAmount = c(100, 150, 200, 300, 250, 400))

# CustomerID별로 구매 금액 합산
summary_df <- ddply(df, .(CustomerID), summarise, TotalPurchase = sum(PurchaseAmount))
print(summary_df)
```

수행 결과(Console)

```
> library(plyr)
> df <- data.frame(CustomerID = c(1, 1, 2, 2, 3, 3),
+                  PurchaseAmount = c(100, 150, 200, 300, 250, 400))
> # CustomerID별로 구매 금액 합산
> summary_df <- ddply(df, .(CustomerID), summarise, TotalPurchase = sum(PurchaseAmount))
> print(summary_df)
  CustomerID TotalPurchase
1          1           250
2          2           500
3          3           650
```

* ddply(df, .(CustomerID), summarise, TotalPurchase = sum(PurchaseAmount)) : CustomerID별로 데이터를 그룹핑한 후 각 고객의 총 구매 금액을 계산하라는 의미

구성요소	의미
df	변환할 데이터프레임
.(CustomerID)	CustomerID별로 데이터를 그룹핑
summarise	그룹별 요약 통계를 계산
TotalPurchase = sum(PurchaseAmount)	PurchaseAmount의 합계를 계산하여 TotalPurchase 열에 저장

(4) data.table – 대용량 데이터 처리

data.table 패키지는 속도가 빠른 데이터 처리 기능을 제공하는 패키지이다. 특히 수백만 개 이상의 행을 처리할 때 data.frame보다 훨씬 빠른 속도를 제공하며 이는 인덱스 검색에 기반한다.

프로그램 코드

```
library(data.table)
df <- data.table(CustomerID = c(1, 1, 2, 2, 3, 3),
                 PurchaseAmount = c(100, 150, 200, 300, 250, 400))

# CustomerID별 총 구매 금액 계산
summary_dt <- df[, .(TotalPurchase = sum(PurchaseAmount)), by = CustomerID]
print(summary_dt)
```

수행 결과(Console)

```
> library(data.table)
> df <- data.table(CustomerID = c(1, 1, 2, 2, 3, 3),
+                  PurchaseAmount = c(100, 150, 200, 300, 250, 400))
> # CustomerID별 총 구매 금액 계산
> summary_dt <- df[, .(TotalPurchase = sum(PurchaseAmount)), by = CustomerID]
> print(summary_dt)
   CustomerID TotalPurchase
        <num>         <num>
1:          1           250
2:          2           500
3:          3           650
```

03 ▶ 탐색적 데이터 분석

탐색적 데이터 분석(EDA ; Exploratory Data Analysis)은 데이터를 이해하기 위한 과정으로 시각화와 요약 통계를 활용하여 데이터의 특성과 패턴을 파악하는 단계이다. 데이터 분석을 수행하기 전에 EDA를 통해 분포, 관계, 이상값, 결측값 등을 확인함으로써 데이터의 품질을 파악하고 잠재적인 문제를 발견할 수 있다. 이를 바탕으로 보다 신뢰성 있는 분석 결과를 도출할 수 있으며 이것은 추후 모델링이나 추가 분석을 위한 방향을 설정하는 데에도 도움이 된다.
EDA는 다음과 같은 단계로 진행된다.

1. 데이터 기본 정보 확인

첫 번째 단계로 데이터의 크기, 변수 개수, 데이터 타입 등을 확인한다. 다음은 데이터의 기초 통계를 확인하는 R 프로그램 코드이다.

프로그램 코드

```
# 1. iris 데이터 불러오기(처음 6개 행 출력)
data(iris)
head(iris)

# 2. 데이터 확인(처음 10개 행 출력)
head(iris, 10)

# 3. 데이터 구조 확인
str(iris)

# 4. 데이터 요약 통계 출력
summary(iris)

# 5. 공분산 행렬 계산(1~4열 : 숫자형 변수만 선택)
cov(iris[, 1:4])

# 6. 상관계수 행렬 계산(1~4열 : 숫자형 변수만 선택)
cor(iris[, 1:4])
```

1. iris 데이터 불러오기(처음 6개 행 출력)

```
> data(iris)
> head(iris)
  Sepal.Length Sepal.Width Petal.Length Petal.Width Species
1          5.1         3.5          1.4         0.2  setosa
2          4.9         3.0          1.4         0.2  setosa
3          4.7         3.2          1.3         0.2  setosa
4          4.6         3.1          1.5         0.2  setosa
5          5.0         3.6          1.4         0.2  setosa
6          5.4         3.9          1.7         0.4  setosa
```

- iris는 R에 기본적으로 내장된 데이터셋이며 꽃잎과 꽃받침의 길이와 너비 정보를 포함하고 있다.
- head(iris)는 데이터의 처음 6개 행을 출력하는데 iris 데이터는 5개의 변수(열)로 구성되어 있다.

* Sepal.Length : 꽃받침 길이
* Sepal.Width : 꽃받침 너비
* Petal.Length : 꽃잎 길이
* Petal.Width : 꽃잎 너비
* Species : 품종(setosa, versicolor, virginica)

처음 6개만 출력했기 때문에 versicolor와 virginica는 출력되지 않음

2. 데이터 확인(처음 10개 행 출력)

```
> head(iris, 10)
   Sepal.Length Sepal.Width Petal.Length Petal.Width Species
1           5.1         3.5          1.4         0.2  setosa
2           4.9         3.0          1.4         0.2  setosa
3           4.7         3.2          1.3         0.2  setosa
4           4.6         3.1          1.5         0.2  setosa
5           5.0         3.6          1.4         0.2  setosa
6           5.4         3.9          1.7         0.4  setosa
7           4.6         3.4          1.4         0.3  setosa
8           5.0         3.4          1.5         0.2  setosa
9           4.4         2.9          1.4         0.2  setosa
10          4.9         3.1          1.5         0.1  setosa
```

- head(iris, 10)는 데이터의 처음 10개 행을 출력한다. head(iris)와 동일하지만 출력할 행의 개수를 조절할 수 있다.

3. 데이터 구조 확인

```
> str(iris)
'data.frame':    150 obs. of  5 variables:
 $ Sepal.Length: num  5.1 4.9 4.7 4.6 5 5.4 4.6 5 4.4 4.9 ...
 $ Sepal.Width : num  3.5 3 3.2 3.1 3.6 3.9 3.4 3.4 2.9 3.1 ...
 $ Petal.Length: num  1.4 1.4 1.3 1.5 1.4 1.7 1.4 1.5 1.4 1.5 ...
 $ Petal.Width : num  0.2 0.2 0.2 0.2 0.2 0.4 0.3 0.2 0.2 0.1 ...
 $ Species     : Factor w/ 3 levels "setosa","versicolor",..: 1 1 1 1 1 1 1 1 1 1 ...
```

- str(iris)는 데이터의 구조를 출력하는 함수이다.
* iris 데이터는 총 150개의 행과 5개의 열로 구성된 데이터프레임
* 변수별 데이터 타입

    Sepal.Length, Sepal.Width, Petal.Length, Petal.Width : 숫자형(num)

    Species : 범주형(Factor)[3가지 품종 : setosa, versicolor, virginica]

4. 데이터 요약 통계 출력

```
> summary(iris)
  Sepal.Length    Sepal.Width     Petal.Length    Petal.Width          Species  
 Min.   :4.300   Min.   :2.000   Min.   :1.000   Min.   :0.100   setosa    :50  
 1st Qu.:5.100   1st Qu.:2.800   1st Qu.:1.600   1st Qu.:0.300   versicolor:50  
 Median :5.800   Median :3.000   Median :4.350   Median :1.300   virginica :50  
 Mean   :5.843   Mean   :3.057   Mean   :3.758   Mean   :1.199                  
 3rd Qu.:6.400   3rd Qu.:3.300   3rd Qu.:5.100   3rd Qu.:1.800                  
 Max.   :7.900   Max.   :4.400   Max.   :6.900   Max.   :2.500                  
```

- summary(iris)는 각 변수의 요약 통계값을 출력한다.
* Min : 최솟값
* 1st Qu : 제1사분위수
* Median : 중앙값
* Mean : 평균
* 3rd Qu : 제3사분위수
* Max : 최댓값
* Species 변수 : 각 품종의 개수 출력

5. 공분산 행렬 계산(1~4열 : 숫자형 변수만 선택)

```
> cov(iris[, 1:4])
             Sepal.Length Sepal.Width Petal.Length Petal.Width
Sepal.Length    0.6856935  -0.0424340    1.2743154   0.5162707
Sepal.Width    -0.0424340   0.1899794   -0.3296564  -0.1216394
Petal.Length    1.2743154  -0.3296564    3.1162779   1.2956094
Petal.Width     0.5162707  -0.1216394    1.2956094   0.5810063
```

- cov(x, y)는 공분산을 계산하는 함수이다.
  (공분산 : 한 변수가 증가할 때 다른 변수가 어떻게 변하는지를 측정하는 통계 지표)
* cov(iris[, 1:4]) : 꽃받침과 꽃잎의 길이 및 너비 간 공분산 행렬을 계산
* iris[, 1:4]
  , 앞에 아무것도 없음 → 모든 행 선택
  1:4 → 첫 번째 열부터 네 번째 열까지 선택

6. 상관계수 행렬 계산(1~4열 : 숫자형 변수만 선택)

```
> cor(iris[, 1:4])
             Sepal.Length Sepal.Width Petal.Length Petal.Width
Sepal.Length    1.0000000  -0.1175698    0.8717538   0.8179411
Sepal.Width    -0.1175698   1.0000000   -0.4284401  -0.3661259
Petal.Length    0.8717538  -0.4284401    1.0000000   0.9628654
Petal.Width     0.8179411  -0.3661259    0.9628654   1.0000000
```

- cor(x, y)는 상관계수를 계산하는 함수이다.
  (상관계수 : 두 변수의 공분산을 표준편차로 나눈 값)

위 결과 데이터로 다음과 같은 사실을 파악할 수 있다.

강한 양의 상관관계(0.7 이상)
Petal.Length ↔ Petal.Width : 0.9629 → 꽃잎의 길이와 너비는 강한 양의 상관관계, 즉 꽃잎이 길수록 너비도 넓음 Sepal.Length ↔ Petal.Length : 0.8718 → 꽃받침 길이가 길수록 꽃잎도 길어지는 경향 Sepal.Length ↔ Petal.Width : 0.8179 → 꽃받침 길이가 길수록 꽃잎 너비도 증가
약한 음의 상관관계(-0.3 ~ -0.7)
Sepal.Width ↔ Petal.Length : -0.4284 → 꽃받침 너비가 넓을수록 꽃잎 길이가 짧아지는 경향 Sepal.Width ↔ Petal.Width : -0.3661 → 꽃받침 너비가 넓을수록 꽃잎 너비가 좁아지는 경향
거의 관계 없음(-0.3 ~ 0.3)
Sepal.Length ↔ Sepal.Width : -0.1176 → 꽃받침 길이와 너비는 거의 상관이 없음

2. 결측값 및 이상값 확인 ★★★

두 번째 단계로 결측값 및 이상값을 확인한다. EDA 과정에서는 결측값과 이상값을 찾아 처리하는 것이 중요하다.

(1) 결측값

결측값이란 데이터셋에서 특정 값이 누락된 상태를 의미한다. 결측값은 NA(Not Available)로 표시되며 데이터 분석 과정에서 반드시 처리해야 하는 중요한 요소이다.

결측값이 발생하는 원인은 다음과 같다.

- 데이터 입력 오류 : 사람이 수기로 데이터 입력 시 실수로 값을 빠뜨린 경우
- 수집 과정의 문제 : 센서 오작동, 네트워크 문제 등으로 인해 일부 데이터가 누락되는 경우
- 조사 응답 미비 : 설문 조사에서 응답자가 특정 질문에 답을 하지 않은 경우
- 데이터 병합 오류 : 서로 다른 데이터셋을 결합할 때 일부 정보가 없는 경우

다음은 R 프로그램에서 데이터 처리 시 결측값을 제외하는 방법으로 문제를 해결한 코드이다.

프로그램 코드

```r
# 1. 벡터 x 생성 (NA 포함)
x <- c(1, 2, NA, 3)

# 2. 결측값 포함 평균 계산
mean(x)

# 3. 결측값을 제외한 평균 계산
mean(x, na.rm = TRUE)
```

1. 벡터 x 생성 (NA 포함)

```r
> x <- c(1, 2, NA, 3)
```

- 원소가 1, 2, NA, 3으로 구성된 x라는 벡터를 생성한다.

2. 결측값 포함 평균 계산

```r
> mean(x)
[1] NA
```

- mean 함수는 벡터의 평균을 계산하는 함수로 벡터에 NA(결측값)가 포함되어 있으므로 결과도 NA가 된다.

3. 결측값을 제외한 평균 계산

```
> mean(x, na.rm = TRUE)
[1] 2
```

- na.rm = TRUE 옵션을 사용하면 결측값을 제외한 나머지 값으로 평균을 계산한다.

(2) 결측값 대치 방법

결측값 대치는 데이터셋에서 누락된 값(NA)을 적절한 방법으로 채우는 과정이다. 결측값을 그대로 두면 분석 결과가 왜곡될 수 있으므로 적절한 방법을 선택하여 대치하는 것이 중요하다.

대치법에는 단순 대치법과 다중 대치법이 있는데 단순 대치법은 결측값을 하나의 값으로 대체하는 방법이고 다중 대치법은 단순 대치법을 여러 번 수행하는 방법이다.

① 단순 대치법 > 완전 분석법

결측값이 존재하는 행, 또는 열을 삭제하는 방법이다. 가장 간단한 방법이지만 결측값이 많을 경우 데이터 손실이 발생할 수 있다는 단점이 있다.

다음은 R 프로그램의 complete.cases 함수를 이용하여 결측값이 포함된 행을 제거하는 코드이다.

프로그램 코드

```
# 데이터프레임 생성 (결측값 포함)
df <- data.frame(
  Name = c("Alice", "Bob", "Charlie", "David"),
  Age = c(25, NA, 30, 40),
  Score = c(85, 90, NA, 95)
)

# 전체 데이터 출력
print(df)

# 결측값이 없는 행만 선택하여 새로운 데이터프레임 생성
df_clean <- df[complete.cases(df), ]
print(df_clean)
```

수행 결과(Console)

```
> # 데이터프레임 생성 (결측값 포함)
> df <- data.frame(
+   Name = c("Alice", "Bob", "Charlie", "David"),
+   Age = c(25, NA, 30, 40),
+   Score = c(85, 90, NA, 95)
+ )
> # 전체 데이터 출력
> print(df)
     Name Age Score
1   Alice  25    85
2     Bob  NA    90
3 Charlie  30    NA
4   David  40    95
> # 결측값이 없는 행만 선택하여 새로운 데이터프레임 생성
> df_clean <- df[complete.cases(df), ]
> print(df_clean)
   Name Age Score
1 Alice  25    85
4 David  40    95
```

② 단순 대치법 > 평균 대치법

결측값을 해당 변수의 평균 혹은 중앙값으로 대체하는 방법이다. 수치형 데이터에서 가장 널리 사용된다.

다음은 R 프로그램의 centralImputation 함수를 이용하여 결측값을 평균값으로 대체하는 코드이다.

프로그램 코드

```
# 데이터프레임 생성 (결측값 포함)
df <- data.frame(
  Name = c("Alice", "Bob", "Charlie", "David"),
  Age = c(25, NA, 30, 40),
  Score = c(85, 90, NA, 95)
)

# 원본 데이터 출력
print(df)

# DMwR2 패키지 로드 (결측값 대치 함수 포함)
library(DMwR2)

# centralImputation() 함수를 사용하여 결측값을 중앙값 또는 최빈값으로 대치
df_imputed <- centralImputation(df)

# 대치된 데이터 출력
print(df_imputed)
```

수행 결과(Console)

```
> # 데이터프레임 생성 (결측값 포함)
> df <- data.frame(
+   Name = c("Alice", "Bob", "Charlie", "David"),
+   Age = c(25, NA, 30, 40),
+   Score = c(85, 90, NA, 95)
+ )
> # 원본 데이터 출력
> print(df)
     Name Age Score
1   Alice  25    85
2     Bob  NA    90
3 Charlie  30    NA
4   David  40    95
> # DMwR2 패키지 로드 (결측값 대치 함수 포함)
> library(DMwR2)
> # centralImputation() 함수를 사용하여 결측값을 중앙값 또는 최빈값으로 대치
> df_imputed <- centralImputation(df)
# 대치된 데이터 출력
> print(df_imputed)
     Name Age Score
1   Alice  25    85
2     Bob  30    90
3 Charlie  30    90
4   David  40    95
```

③ 단순 대치법 > 단순 확률 대치법

전체 데이터의 분포에 따라 평균값, 중앙값, 최빈값으로 대치하는 방법으로 평균 대치법의 추정량 표준오차의 과소 추정 문제를 보완하는 방법이다. 대표적인 방법으로 K-Nearest Neighbor(K-NN) 방법이 있다.

> **Tip**
>
> **K-Nearest Neighbor(K-NN)**
> 가장 가까운 K개의 이웃 데이터를 참고하는 K-NN 알고리즘을 활용하여 결측값을 대체하는 방법으로 유클리드 거리를 이용한다. (PART 3 데이터 분석의 CHAPTER 03 정형 데이터 마이닝 참고)

프로그램 코드

```r
library(VIM)

# 숫자형 변수만 포함된 데이터프레임 생성
df <- data.frame(
  Age = c(25, NA, 30, 40),
  Score = c(85, 90, NA, 95)
)

# 원본 데이터 확인
print(df)

# kNN 알고리즘으로 결측값 대체 (k = 3)
df_knn <- kNN(df, k = 3)

# 대체된 데이터 확인 (추가된 *_imp 열 제외)
df_clean <- df_knn[, c("Age", "Score")]
print(df_clean)
```

- k=3 : 가장 유사한 3개의 이웃을 찾아 평균값으로 대체

수행 결과(Console)

```
> library(VIM)
> # 숫자형 변수만 포함된 데이터프레임 생성
> df <- data.frame(
+   Age = c(25, NA, 30, 40),
+   Score = c(85, 90, NA, 95)
+ )
> # 원본 데이터 확인
> print(df)
  Age Score
1  25    85
2  NA    90
3  30    NA
4  40    95
> # kNN 알고리즘으로 결측값 대체(k = 3)
> df_knn <- kNN(df, k = 3)
> # 대체된 데이터 확인(추가된 *_imp 열 제외)
> df_clean <- df_knn[, c("Age", "Score")]
> print(df_clean)
  Age Score
1  25    85
2  30    90
3  30    90
4  40    95
```

④ 다중 대치법

다중 대치법은 결측값을 채우기 위해 여러 번 예측을 수행하고 그 결과를 결합하여 보다 정확한 값을 찾는 기법이다. 일반적인 단순 대치 방법은 데이터의 변동성을 반영하지 못하는 반면 다중 대치법은 여러 번의 대치를 통해 데이터의 불확실성을 보완할 수 있으며 결측값 대치, 분석, 결합의 단계를 거치게 된다.

다음은 R 프로그램의 Amelia 패키지를 이용하여 다중 대치법을 실행한 코드이다.

프로그램 코드

```
# 패키지 로드
library(Amelia)

# 결측값 포함 데이터 생성
df <- data.frame(Age = c(25, 30, NA, 40, NA), Score = c(85, 90, 78, NA, 88))

# 다중 대치 실행 (5개의 대체 데이터 생성)
imputed_data <- amelia(df, m = 5)

# 첫 번째 대치 데이터 출력
print(imputed_data$imputations[[1]])
```

수행 결과(Console)

```
# 패키지 로드
> library(Amelia)
> # 결측값 포함 데이터 생성
> df <- data.frame(Age = c(25, 30, NA, 40, NA), Score = c(85, 90, 78, NA, 88))
> # 다중 대치 실행 (5개의 대체 데이터 생성)
> imputed_data <- amelia(df, m = 5)
-- Imputation 1 --
  1  2  3  4  5  6  7  8  9 10 11 12 13 14 15 16 17 18 19 20
 21 22 23 24 25 26 27 28 29 30 31 32 33 34 35 36 37 38 39 40
 41 42 43 44 45 46 47 48 49 50 51 52 53 54 55 56 57 58 59 60
 61 62 63 64 65 66 67 68 69 70 71 72 73 74 75 76 77 78 79
-- Imputation 2 --
  1  2  3  4  5  6  7  8  9 10 11 12 13 14 15 16 17 18 19 20
 21 22 23 24 25 26 27 28 29 30 31 32 33 34 35 36 37 38 39 40
 41 42 43 44 45 46 47 48 49 50 51 52 53 54 55 56 57 58 59 60
 61 62 63 64 65 66 67 68 69 70 71 72 73 74 75 76 77 78 79 80
 81 82 83 84 85 86 87 88 89 90 91 92 93 94 95 96 97 98 99 100
101 102 103 104 105 106 107 108 109 110 111 112 113 114 115 116 117 118 119 120
121 122 123 124 125 126 127 128 129 130 131 132 133 134 135 136 137 138 139 140
141 142 143 144 145 146 147 148 149 150 151 152 153 154 155 156 157 158 159 160
161 162 163 164 165 166 167 168 169 170 171 172 173 174 175 176 177 178 179 180
```

```
181 182 183 184 185 186 187 188 189 190 191 192 193 194 195 196 197 198 199 200
201 202 203 204 205 206 207 208 209 210 211 212 213 214 215 216 217 218 219 220
221 222 223 224 225 226 227 228 229 230 231 232 233 234 235 236 237 238 239 240
241 242 243 244 245 246 247 248 249 250 251 252 253 254 255 256 257 258 259 260
261 262 263 264 265 266 267
-- Imputation 3 --
 1  2  3  4  5  6  7  8  9 10 11 12 13 14 15 16 17 18 19 20
21 22 23 24 25 26 27 28 29 30 31 32
-- Imputation 4 --
 1  2  3  4  5  6  7  8  9 10 11 12 13 14 15 16 17 18 19 20
21 22 23 24 25 26 27 28 29 30 31 32 33 34 35 36 37 38 39 40
41 42 43 44 45 46 47 48 49 50 51 52 53 54 55 56 57 58 59 60
61 62 63 64 65 66 67 68 69 70 71 72 73 74 75 76 77 78 79 80
81 82 83 84 85 86 87 88 89 90 91 92 93 94 95 96
-- Imputation 5 --
 1  2  3  4  5  6  7  8  9 10 11 12 13 14 15 16 17 18 19 20
21 22 23
> # 첫 번째 대치 데이터 출력
> print(imputed_data$imputations[[1]])
        Age     Score
1 25.00000 85.00000
2 30.00000 90.00000
3 17.99549 78.00000
4 40.00000 99.99465
5 28.00050 88.00000
```

Warming Up

다음 중 결측값 대치 방법에 대한 설명으로 가장 적절하지 않은 것은 무엇인가?

① 완전 분석법은 결측값이 포함된 레코드를 삭제하는 방식으로 데이터 손실이 발생할 수 있다.
② 평균 대치법은 관측된 데이터의 평균값으로 결측값을 대체하는 방법으로 분산 감소 및 변동성 왜곡의 문제가 발생할 수 있다.
③ 단순 확률 대치법은 평균 대치법의 단점을 보완하기 위해 랜덤성을 추가한 방식이며 Hot-deck, Nearest Neighbor 방법이 포함된다.
④ 다중 대치법은 결측값을 단일 값이 아닌 여러 개의 값으로 대체하여 분석 결과의 불확실성을 줄이기 때문에 일반적으로 단순 확률 대치법보다 더 많은 데이터 왜곡이 발생한다.

> **해설** 다중 대치법은 여러 개의 대체값을 생성하여 분석한 후 결합하는 방식으로 오히려 데이터 왜곡을 줄이고 분석 결과의 신뢰성을 높이는 방법이다. 단순 확률 대치법은 평균 대치법의 단점을 보완하기 위해 랜덤성을 추가한 방식이지만 다중 대치법처럼 불확실성을 완벽하게 반영하지는 않는다.
>
> **정답** ④

(3) 이상값

이상값이란 데이터셋에서 다른 값들과 현저하게 차이가 나는 값을 의미한다. 즉, 정상적인 데이터 패턴에서 벗어나 극단적으로 크거나 작은 값이 이상값이 될 수 있다. 이상값은 데이터 분석 과정에서 주의해야 하는 요소 중 하나이며 적절히 처리하지 않으면 분석 결과가 왜곡될 수 있다. 이상값을 단순히 제거할지, 변환할지, 그대로 유지할지는 분석 목적과 데이터의 특성을 고려하여 결정해야 한다.

이상값이 발생하는 원인은 다음과 같다.

- 데이터 입력 오류 : 사람이 수기로 데이터를 입력 시 실수로 잘못 입력하는 경우
- 센서 또는 측정 오류 : 기계 센서의 오작동으로 인해 비정상적인 값이 기록되는 경우
- 특이한 개체의 존재 : 정상적인 데이터 패턴에서 벗어난 값이지만 실제로 중요한 정보를 담고 있을 수 있음
- 데이터 변동성 : 일부 데이터셋은 원래 이상값이 포함될 가능성이 높음(예 암호 화폐 거래 데이터)

(4) 이상값 탐색

이상값을 탐지하는 방법에는 통계적 방법과 수학적 기준을 이용하는 방법이 있으며 대표적으로 ESD(Extrem Studentized Deviation)와 사분위수(IQR) 방법이 널리 사용된다.

① ESD(Extrem Studentized Deviation)

ESD는 평균에서 표준편차 3만큼 떨어져 있는 값들을 이상값으로 간주하는 방법이다. 이 방법은 소수의 이상값을 탐지하는 데 효과적이며 특히 데이터셋이 정규분포를 따를 때 유용하다.

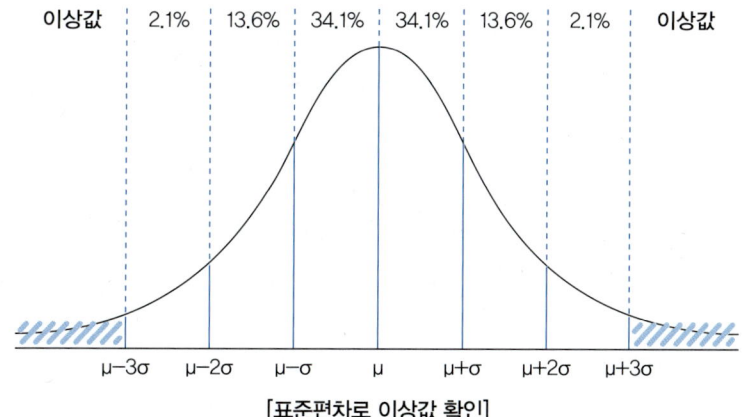

[표준편차로 이상값 확인]

② 사분위수(IQR)

사분위수 방법은 데이터를 4등분하여 이상값을 탐지하는 방법이다. IQR(Interquartile Range)은 Q1(1사분위수, 25%)와 Q3(3사분위수, 75%)의 차이를 의미하며 이 범위를 벗어나는 값을 이상값으로 간주한다.

IQR 방법 적용 과정은 다음과 같다.
Step 1. Q1(25%)와 Q3(75%)를 계산
Step 2. IQR 계산
$$IQR = Q3 - Q1$$
Step 3. 이상값 기준 설정
$$하한 = Q1 - 1.5 \times IQR$$
$$상한 = Q3 + 1.5 \times IQR$$
Step 4 위 기준을 벗어나면 이상값으로 판단

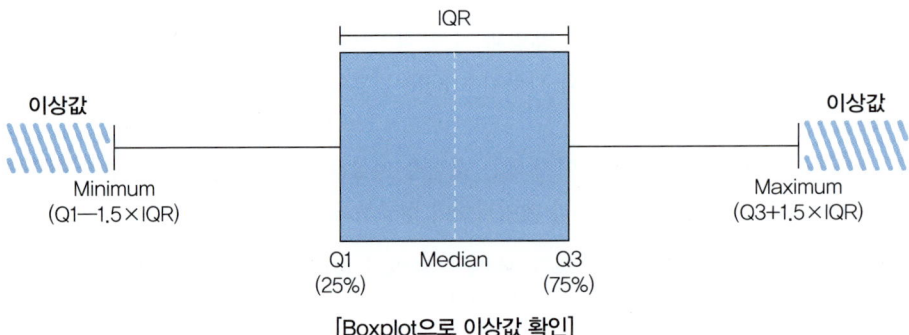

[Boxplot으로 이상값 확인]

Warming Up

다음 중 이상치를 판별하는 방법에 대한 설명으로 가장 적절하지 않은 것은 무엇인가?

① ESD 방법은 평균에서 표준편차 3배 이상 떨어진 값을 이상값으로 간주한다.
② IQR 방법은 데이터를 4등분하여 사분위수를 기준으로 이상값을 탐지한다.
③ ESD 방법은 정규분포를 따르지 않는 데이터에서도 효과적으로 이상값을 탐지할 수 있다.
④ IQR 방법에서는 Q1−1.5×IQR 미만이거나 Q3+1.5×IQR 초과인 데이터를 이상값으로 간주한다.

해설 ESD 방법은 정규분포를 따르는 데이터에서 효과적으로 이상값을 탐지할 수 있지만 정규성을 따르지 않는 데이터에서는 이상값 탐지가 부정확할 수 있다.

정답 ③

CHAPTER 02 통계 분석

01 통계의 이해

1. 통계학의 정의

통계학은 데이터를 수집, 정리, 분석하여 의미 있는 정보를 도출하는 학문이다. 이를 통해 우리는 특정 현상을 이해하고 미래를 예측하며 의사결정을 내릴 수 있다. 예를 들어 학생들의 평균 키를 계산하여 전체적인 분포를 파악한다거나 선거에 참여한 1,000명을 조사하여 전체 유권자의 투표 성향을 예측하는 일 등이 통계학에 포함된다.

통계학에서 데이터를 분석할 때 사용되는 중요한 개념 중에 모집단과 표본이 있다. 여기서 모집단은 연구 대상이 되는 전체 집단을 의미하고 표본은 그 모집단에서 일부를 선택한 집단을 의미한다. 모집단의 크기가 클 경우 전체를 조사하는 총조사가 어렵기 때문에 일부만 선택하여 표본조사를 하는 경우가 많으며 이때 표본을 통해 모집단의 특성을 추정할 수 있다.

여기서 모수와 통계량이라는 중요한 개념이 등장하는데 표본을 통해 모집단을 추론하는 추론통계의 원리를 이해하려면 이 두 개념을 확실히 알아두어야 한다.

> **Tip**
>
> **모수(Parameter)**
> - 모집단의 특성을 나타내는 수치로 모집단 전체의 평균, 분산, 비율 등을 의미
> - 모수는 모집단의 전체 데이터를 이용하여 계산되므로 알 수 없거나 구하기가 어려워 일반적으로 표본을 사용하여 모수를 추정
>
> **통계량(Statistic)**
> - 표본의 특성을 나타내는 수치로 모집단에서 일부를 선택하여 구한 평균, 분산, 비율 등을 의미
> - 통계량은 표본 데이터를 바탕으로 계산되며 모집단의 모수를 추정하는 데 사용됨

2. 표본 추출 방법 ★★★

같은 모집단이라고 하더라도 표본을 어떻게 선택하느냐에 따라 통계 결과가 크게 달라질 수 있다. 표본을 잘 선택해야 모집단의 특성을 정확하게 반영할 수 있으며 대표성이 있는 표본이 추출될수록 분석의 신뢰도가 높아진다. 다음은 표본을 추출하는 여러 가지 방법 중 대표적인 네 가지 방법에 대한 설명이다.

(1) 단순 랜덤 추출법

모집단의 모든 구성원이 동일한 선택 확률을 가지도록 무작위로 추출하는 방법이다.
① 전체 모집단 목록을 준비한다.
② 각 구성원에게 고유 번호를 부여한다.
③ 난수 발생기를 이용하거나 추첨 등을 통해 무작위로 원하는 표본 크기만큼 선택한다.

(2) 계통 추출법

모집단에서 일정 간격을 두고 표본을 선택하는 방법이다.
① 모집단 목록의 순서를 정한다.
② 전체 크기를 원하는 표본 크기로 나누어 간격(K)을 결정한다.
③ 무작위로 시작점을 선택한 후 시작점에서 K번째마다 추출한다.

(3) 집락 추출법(군집 추출법)

모집단을 여러 개의 집락(클러스터)으로 나눈 뒤 그중 일부 집락을 무작위로 선택하여 선택된 집락의 전체 구성원 또는 일부를 선택하는 방법이다.
① 모집단을 여러 집락으로 분할한다.
② 일부 집락을 무작위로 선택한다.
③ 선택된 집락 내의 구성원을 모두(또는 일부) 추출한다.

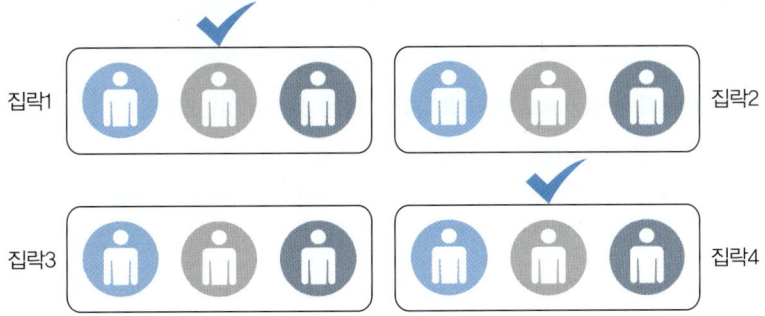

(4) 층화 추출법

모집단을 특성에 따라 여러 층으로 나눈 후 각 층에서 무작위로 표본을 추출하는 방법이다.
① 모집단을 관련 특성에 따라 여러 층으로 분할한다.
② 각 층에서 원하는 만큼의 표본 크기를 정한다.
③ 각 층 내에서 단순 랜덤 추출법 등으로 표본을 추출한다.

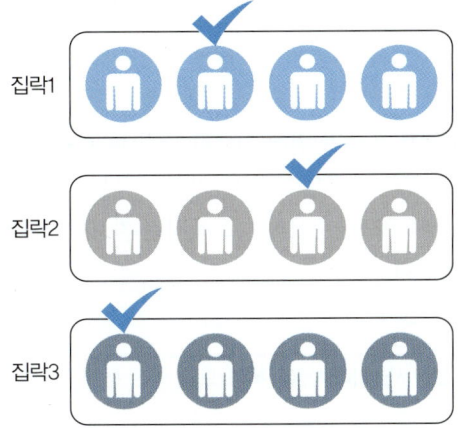

Tip	
복원 추출	표본을 추출한 후 선택된 항목을 다시 모집단에 넣어서 다음 추출 시에도 동일한 항목이 선택될 수 있도록 하는 방법 → 동일한 항목 여러 번 선택 가능
비복원 추출	표본을 추출한 후 선택된 항목을 모집단에서 제거하여 다시 선택되지 않도록 하는 방법 → 각 항목은 단 한 번씩만 선택 가능

- 계통 추출법 → 비복원 추출
- 단순 랜덤 추출법, 집락 추출법, 층화 추출법 → 복원 추출로 할 것인지 비복원 추출로 할 것인지 선택

> 다음 중 표본 추출 방법에 대한 설명으로 가장 적절하지 않은 것은 무엇인가?
> ① 단순 랜덤 추출법은 모집단에서 표본을 무작위로 추출하는 방식이다.
> ② 집락 추출법은 모집단을 여러 개의 집락으로 나눈 뒤 모든 집락에서 일정한 개수의 데이터를 추출하는 방식이다.
> ③ 계통 추출법은 모집단의 모든 개체에 번호를 부여한 뒤 일정한 간격으로 표본을 선택하는 방식이다.
> ④ 층화 추출법은 모집단을 특성에 따라 여러 층으로 나눈 후 각 층에서 무작위로 표본을 추출하는 방법이다.
>
> **해설** 집락 추출법은 모집단을 여러 개의 집락으로 나눈 뒤 일부 집락을 랜덤으로 선택하고 선택된 집락 내의 모든 개체(또는 일부)를 표본으로 사용하는 방식이다.
>
> **정답** ②

3. 측정 방법 ★★★

표본조사에서 우리가 알고자 하는 정보를 얻기 위해 선택한 대상(예) 사람, 사물 등)을 주의 깊게 살펴보고 기록하는 과정을 측정이라고 한다. 이 측정의 방법은 크게 네 가지로 구분할 수가 있는데 명목척도, 순서척도, 구간척도, 비율척도가 그것이다. 그중 명목척도, 순서척도로 측정된 자료를 질적 자료라고 하고 구간척도, 비율척도로 측정된 자료를 양적 자료라고 한다.

> **Tip**
>
> | 질적 자료 | 숫자로 나타낼 수 없는 사물이나 사람의 특성, 느낌, 의견, 경험 등과 같이 '어떤 성질'이나 '특징'에 관한 정보를 의미 |
> |---|---|
> | 양적 자료 | 수치로 나타낼 수 있고, 길이, 무게, 개수, 점수 등처럼 '얼마나 많은지' 또는 '어떤 정도인지'를 표현할 수 있는 정보를 의미 |

(1) 명목척도

단순히 대상을 이름이나 분류로 구분하는 것으로 순서나 크기의 개념이 없으며, 단지 '어떤 그룹에 속하는가'를 나타낸다. → 질적 척도, 범주로 구분
예) 성별, 혈액형, 국적 등

(2) 순서척도(서열척도)

대상을 순위나 등급으로 나타내는 것으로 선택 사항에 서열 관계 및 일정한 순서가 존재한다. → 질적 척도, 범주 + 순서로 구분
예) 고객 만족도(매우 불만족, 불만족, 보통, 만족, 매우 만족)

(3) 구간척도(등간척도)

수치 간의 차이가 일정한 간격으로 측정되지만, 절대적인 0점이 없다. 두 값의 차이를 계산할 수는 있지만 두 값 사이의 비율(예: 두 배, 세 배 등)은 그다지 의미가 없다. → 양적 척도, 범주 + 순서 + 상대적 크기로 구분

예 온도, 지수 등

(4) 비율척도

구간척도의 모든 성질을 가지며 절대적인 0점이 존재하는 것으로 덧셈, 뺄셈은 물론 곱셈, 나눗셈 등 모든 수학적 계산이 가능하다. → 양적 척도, 범주 + 순서 + 상대적 크기 + 절대적 크기로 구분

예 키, 몸무게, 나이, 소득 등

Warming Up

다음 중 척도의 유형에 대한 설명으로 가장 적절하지 않은 것은 무엇인가?

① 명목척도는 데이터 간의 서열이 존재하지 않으며 단순히 분류를 위해 사용된다.
② 순서척도는 측정값 사이의 간격이 일정하며 절대적 기준점(0점)이 존재한다.
③ 구간척도는 측정값 간의 차이가 일정하지만 절대적인 0점이 없다.
④ 비율척도는 절대적 0점을 가지며 덧셈, 뺄셈뿐만 아니라 곱셈, 나눗셈도 가능하다.

해설 순서척도(서열척도)는 데이터 간의 서열이 존재하지만 측정값 사이의 간격이 일정하지 않으며 절대적인 0점도 없다.

정답 ②

---

4. 통계 분석 ★

통계 분석은 데이터를 수집, 정리, 분석하여 의미 있는 결론이나 예측을 도출하는 과정이다. 이 과정은 크게 기술통계와 추리통계(통계적 추론) 두 영역으로 나눌 수 있다.

(1) 기술통계

기술통계는 데이터를 요약하고 정리하는 데 중점을 두는 방식으로 수집된 자료의 주요 특징을 파악하고 전체적인 경향이나 분포를 이해하는 데에 목적을 두고 있다.

① **중심 경향 측정** : 평균, 중앙값, 최빈값 등
② **산포도 측정** : 분산, 표준편차, 범위 등
③ **시각화 도구** : 그래프, 히스토그램, 파이 차트 등

(2) 추리통계(통계적 추론)

추리통계는 표본 데이터를 바탕으로 전체 모집단에 대한 결론을 도출하는 과정이며 표본에서 나타난 현상이 우연인지 아니면 실제로 의미가 있는 현상인지를 판단하는 데에 목적을 두고 있다. 추정을 통해 모집단의 특성을 수치로 표현하고 가설검정을 통해 어떤 주장이나 차이가 우연인지 아닌지를 판단하며 예측을 통해 미래의 상황을 추론하는 과정을 거치게 되는데 이와 관련된 상세 사항에 대해서는 뒤에서 다룰 예정이다.

다음 중 기술통계와 추리통계에 대한 설명으로 가장 적절하지 않은 것은 무엇인가?

① 추리통계는 수집된 데이터를 가공하여 특정 데이터 집단 내에서만 적용되는 결론을 도출하는 과정이다.
② 추리통계에서는 표본을 활용하여 모집단에 대한 추정 및 가설검정을 수행한다.
③ 기술통계는 데이터를 요약하고 정리하여 전체적인 경향을 파악하는 데 목적이 있다.
④ 기술통계에서는 중심 경향 측정과 산포도 측정이 중요한 역할을 한다.

해설 추리통계는 표본 데이터를 바탕으로 전체 모집단에 대한 결론을 도출하는 과정이다. 특정 데이터 집단 내에서만 적용되는 결론이라는 설명은 기술통계에 가까운 개념이다.

정답 ①

5. 확률과 확률분포 ★★

(1) 확률

확률이란 어떤 사건이 발생할 가능성을 수치로 나타낸 값으로 모든 가능한 결과, 즉 표본공간에 속하는 모든 원소들을 고려할 때 특정 사건이 일어날 수 있는 비율을 의미한다. 이 값은 0과 1 사이의 값을 가질 수 있으며 여기서 0은 해당 사건이 절대 발생할 수 없음을, 1은 반드시 발생함을 의미한다.

Tip

표본공간	표본공간은 주어진 실험이나 관찰에서 나타날 수 있는 모든 가능한 결과들의 집합이다. 예를 들어 동전을 던질 때 표본공간은 {앞면, 뒷면}이다.
사건	사건은 표본공간의 부분집합으로서 관심 있는 결과들의 모임이다. 사건은 하나 이상의 근원사건으로 구성된다.
근원사건	근원사건은 표본공간 내에서 단 하나의 결과만을 포함하는 사건이다. 예를 들어 주사위를 던졌을 때 '3이 나오는 사건'은 근원사건이다.
배반사건	배반사건은 동시에 발생할 수 없는 두 개 이상의 사건을 의미한다. 즉, 한 실험에서 두 배반사건이 동시에 일어날 수 없으며 그렇기 때문에 이들의 교집합은 공집합이다. 예를 들어 동전을 던질 때 '앞면이 나오는 사건'과 '뒷면이 나오는 사건'은 배반사건이다.

다음은 사건 E의 확률을 구하는 공식이다.

$$P(E) = \frac{\text{사건 } E \text{의 개수}}{\text{전체 사건의 개수(표본공간)}}$$

두 사건 A와 B가 서로 배반사건이라고 할 때 A와 B의 합집합의 확률은 각 사건의 확률을 더한 것과 같다.
$P(A \cup B) = P(A) + P(B)$
다시 말해 만약 E_1, E_2, …가 서로 배반사건이라면,

$$P(\cup E_n) = \sum_{n=1}^{\infty} P(E_n)$$

이와 같은 식이 성립한다고 볼 수 있다.

(2) 조건부 확률과 독립사건

조건부 확률이란 어떤 사건 A가 발생한 상황에서 다른 사건 B가 발생할 확률을 의미한다.
이를 $P(B|A)$로 표시하며 이는 A가 발생한 조건하에서 B가 발생할 확률이라는 의미이다.

$$P(B|A) = \frac{P(A \cup B)}{P(A)}$$

조건부 확률은 두 사건 간의 관계를 이해하는 데 중요한 역할을 하며 사건들이 서로 영향을 미치는지를 분석할 때 사용된다.
만약 두 사건 A와 B가 서로에게 아무런 영향을 미치지 않는다면 A와 B는 서로 독립사건이 되며 사건 B가 발생할 확률은 사건 A가 발생했는지의 여부와는 상관없이 동일하게 된다.

$$P(B|A) = P(B)$$

따라서 A와 B가 서로 독립사건인 경우 다음 식이 성립된다.

$$P(A \cap B) = P(A)P(B)$$

다음 중 확률 및 사건에 대한 설명으로 가장 적절하지 않은 것은 무엇인가?

① 표본공간은 주어진 실험이나 관찰에서 나타날 수 있는 모든 가능한 결과들의 집합이다.
② 배반사건은 동시에 발생할 수 없는 사건으로 두 배반사건의 교집합은 공집합이다.
③ 조건부 확률은 한 사건이 발생한 조건에서 다른 사건이 발생할 확률을 의미하며 이를 $P(A|B)$로 표현한다.
④ 독립사건은 한 사건의 발생 여부가 다른 사건의 발생 확률에 영향을 미치는 경우를 의미한다.

해설 독립사건은 한 사건의 발생 여부가 다른 사건의 발생 확률에 영향을 미치지 않는 경우를 의미한다.
정답 ④

(3) 확률변수

무작위 실험의 결과를 수치로 표현하기 위해 정의된 변수이다. 확률변수는 이산형일 수도 있고 연속형일 수도 있으며 각각의 경우에 따라 취할 수 있는 값들이 정해진 범위를 가진다. 예를 들어 동전을 던졌을 때 앞면이 나오면 1, 뒷면이 나오면 0으로 표현하는 것은 이산형 확률변수의 한 예이다.

(4) 확률분포

확률변수가 가질 수 있는 값과 그 값들이 발생할 확률을 모두 나타내는 함수이다. 이산형 확률변수의 경우 각 값에 대해 확률 질량 함수가 사용되며 연속형 확률변수의 경우 확률 밀도 함수를 사용하여 나타낸다. 확률분포는 확률변수의 특성을 파악하고 나아가 데이터를 분석하는 데 기초 자료로 활용된다.

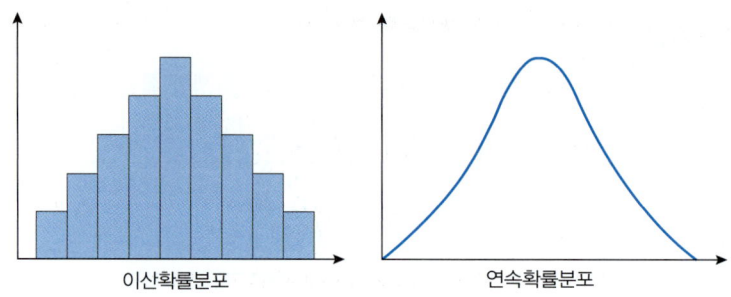

이산확률분포 / 연속확률분포

① 이산확률분포

이산확률분포는 확률변수가 이산적인 값, 즉 셀 수 있는 값을 취할 때 사용되는 분포이다. 이산확률변수는 보통 정수와 같이 유한하거나 셀 수 있는 무한개의 값을 가지며 각 값에 해당하는 확률은 확률질량함수를 통해 표현된다.

- 이산확률변수 X가 특정 값 x를 취할 확률 : $P(X=x)$
- 모든 x에 대해

    $p(X=x) \geq 0$이며 가능한 모든 x에 대한 확률의 합은 1이다.

    예 주사위를 던졌을 때 나오는 눈의 수는 1부터 6까지의 정수로 나타나며 각 눈이 나올 확률은 1/6이다.

다음은 이산확률분포의 종류이다.

베르누이 분포	한 번의 시행에서 성공과 실패, 두 가지 결과만 존재하는 분포 예 동전을 던져서 앞면이 나올 확률 $P(X=1)=p$ $P(X=0)=1-p$ *p : 성공 확률
이항 분포	독립적인 베르누이 시행을 n회 수행하여 k번 성공할 확률을 나타내는 분포 예 동전을 10번 던져서 3번 앞면이 나올 확률 $P(X=k) = \binom{n}{k} p^k (1-p)^{n-k}$, $k=0, 1, \cdots, n$
기하 분포	독립적인 베르누이 시행에서 최초 성공이 나타날 때까지의 시행 횟수를 나타내는 분포 예 동전의 앞면이 나올 때까지 던진 횟수 $P(X=k) = (1-p)^{k-1} p$, $k=1, 2, 3, \cdots$

다항 분포	독립적인 베르누이 시행을 n회 수행하여 각 시행이 3개 이상의 결과를 가질 수 있는 확률의 분포 예 빨간 공, 파란 공, 초록 공이 담긴 주머니에서 공을 10번 뽑는 경우 각각의 공이 뽑힐 확률 $P(X_1=x_1, ..., X_k=x_k) = \frac{n!}{x_1!x_2!\cdots x_k!}p_1^{x_1}p_2^{x_2}\cdots p_k^{x_k}$
포아송 분포	단위 시간 또는 단위 공간 내에 발생하는 특정 사건의 발생 횟수를 나타내는 분포 예 한 시간 동안 카페에 방문하는 손님의 수 $P(X=k) = \frac{\lambda^k e^{-\lambda}}{k!}, k=0, 1, 2, \cdots$ *λ : 단위 시간(또는 공간)당 평균 사건 수

Warming Up

독립적인 베르누이 시행을 n회 수행하여 각 시행이 3개 이상의 결과를 가질 수 있는 확률의 분포로 예를 들어 빨간 공, 파란 공, 초록 공이 담긴 주머니에서 공을 10번 뽑는 경우 각각의 공이 뽑힐 확률을 나타내는 이산확률분포는 무엇인가?

① 이항 분포
② 다항 분포
③ 포아송 분포
④ 기하 분포

해설 다항 분포는 베르누이 시행을 확장하여 3개 이상의 결과를 가질 수 있는 확률분포이다. 즉, 각 시행에서 여러 개의 가능한 결과가 있을 때 특정한 결과가 나올 확률을 계산하는 분포이다.

정답 ②

② 연속확률분포

연속확률분포는 확률변수가 연속적인 값을 취할 때 사용되는 분포로 특정 구간 내의 모든 실수값을 취할 수 있으며 개별 값에 대한 확률은 0이다. 대신 확률밀도함수를 통해 구간에 걸친 확률의 밀도를 나타내며 구간 $[a, b]$ 내에 확률변수가 위치할 확률은 해당 구간 아래 면적, 즉 $\int_a^b f(x)dx$로 표현된다.

다음은 연속확률분포의 종류이다.

균일분포	주어진 구간 내 모든 값이 동일한 확률로 나타나는 분포 예 컴퓨터에서 0과 1 사이의 난수 생성 $$f(x) = \frac{1}{b-a}, x \in [a, b]$$ 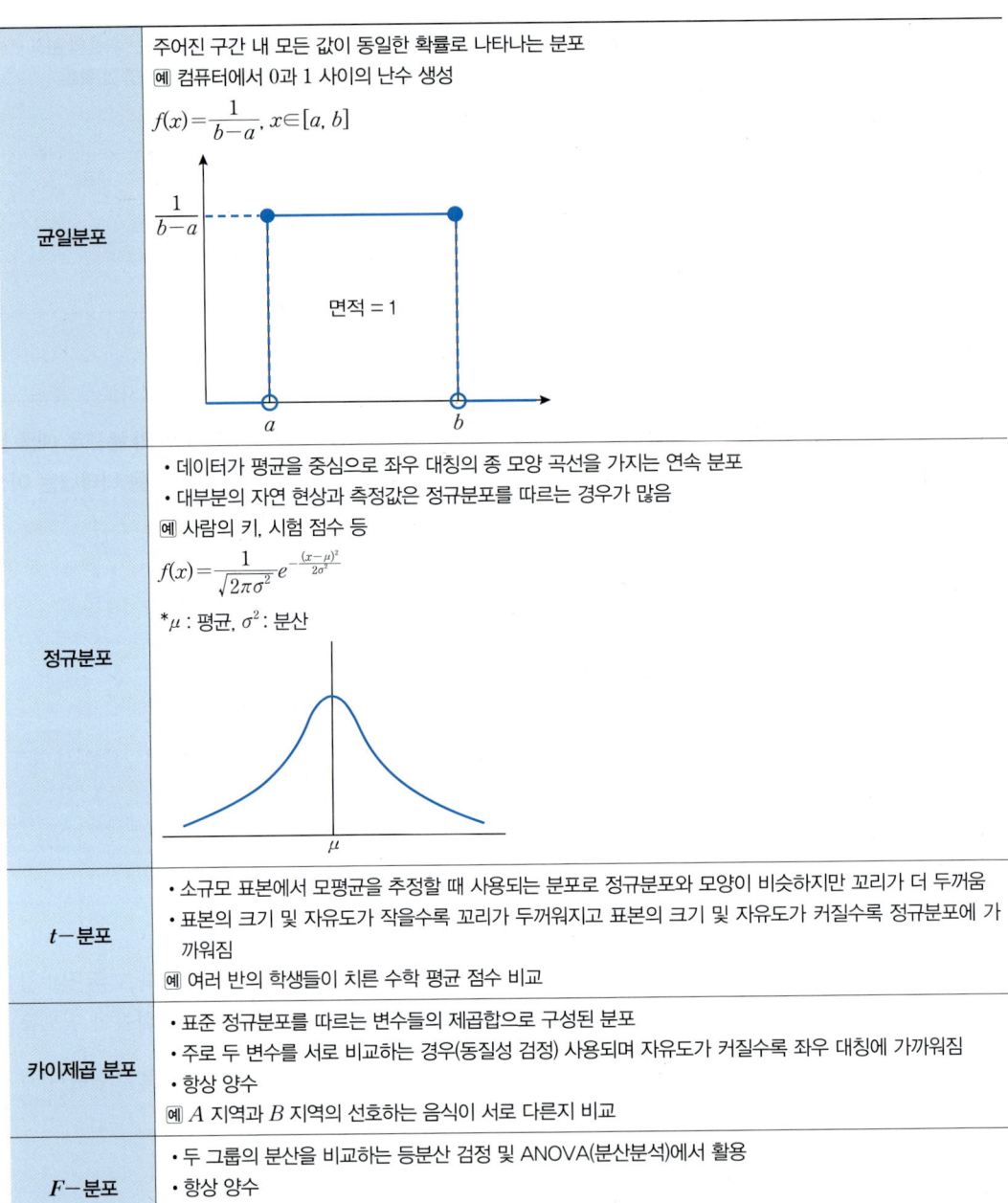
정규분포	• 데이터가 평균을 중심으로 좌우 대칭의 종 모양 곡선을 가지는 연속 분포 • 대부분의 자연 현상과 측정값은 정규분포를 따르는 경우가 많음 예 사람의 키, 시험 점수 등 $$f(x) = \frac{1}{\sqrt{2\pi\sigma^2}} e^{-\frac{(x-\mu)^2}{2\sigma^2}}$$ *μ : 평균, σ^2 : 분산
t-분포	• 소규모 표본에서 모평균을 추정할 때 사용되는 분포로 정규분포와 모양이 비슷하지만 꼬리가 더 두꺼움 • 표본의 크기 및 자유도가 작을수록 꼬리가 두꺼워지고 표본의 크기 및 자유도가 커질수록 정규분포에 가까워짐 예 여러 반의 학생들이 치른 수학 평균 점수 비교
카이제곱 분포	• 표준 정규분포를 따르는 변수들의 제곱합으로 구성된 분포 • 주로 두 변수를 서로 비교하는 경우(동질성 검정) 사용되며 자유도가 커질수록 좌우 대칭에 가까워짐 • 항상 양수 예 A 지역과 B 지역의 선호하는 음식이 서로 다른지 비교
F-분포	• 두 그룹의 분산을 비교하는 등분산 검정 및 ANOVA(분산분석)에서 활용 • 항상 양수 예 세 가지 공부법이 학생들의 성적에 미치는 영향 비교

> **Tip**
>
> **자유도**
> 자유롭게 변할 수 있는 독립적인 값의 개수로 이미 계산된 값(예 평균 등) 때문에 자동으로 정해지는 값을 제외한 나머지 값의 수를 의미
> 예 반에 5명의 학생이 있고 이들의 시험 점수 평균은 80점이다. 만약 학생 네 명의 점수를 자유롭게 변경할 수 있다면 나머지 한 명의 점수는 평균이 80점이 되도록 자동으로 정해져야 하기 때문에 자유도는 4가 된다.

다음 중 통계적 검정에서 사용되는 분포에 대한 설명으로 가장 적절하지 않은 것은 무엇인가?

① $t-$분포는 표본의 크기 및 자유도가 증가할수록 꼬리가 두꺼워진다.
② 카이제곱 분포는 두 개 이상의 집단에서 분산을 비교하는 분석에 사용되며 항상 양수를 가진다.
③ $F-$분포는 두 그룹의 분산을 비교하는 데 활용되며, ANOVA(분산분석)에서 사용된다.
④ $t-$분포는 표본의 크기와 자유도가 증가할수록 정규분포에 가까워진다.

해설 $t-$분포는 소표본(표본 크기가 작은 경우)에서 정규분포를 따르지 않는 데이터에 대한 검정을 수행할 때 사용하며 자유도가 낮을수록 꼬리가 두꺼워지는 특징을 갖는다.

정답 ①

(5) 확률변수의 기댓값과 분산, 표준편차

기댓값은 확률변수가 가질 수 있는 값들의 평균을 의미한다. 실제로 값을 여러 번 관측했을 때 평균이 될 것으로 예상되는 값을 계산하는 개념이다.

① 기댓값
- 이산확률변수의 기댓값

$$E(X) = \sum x f(x)$$

예 동전 던지기에서 앞면(1)과 뒷면(0)의 확률이 각각 0.5인 경우,
  $E(X) = (1 \times 0.5) + (0 \times 0.5) = 0.5$
즉, 동전을 던지면 평균적으로 0.5가 나올 거라고 기대할 수 있다.

- 연속확률변수의 기댓값

$$E(X) = \int x f(x) dx$$

② 분산

확률변수 값들이 기댓값을 중심으로 얼마나 퍼져 있는지를 나타내며, 기댓값과의 차이의 제곱의 평균으로 계산한다.

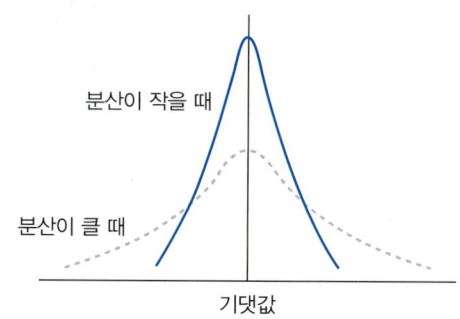

- 이산확률변수의 분산

$$Var(X) = E[(X-E(X))^2] = \sum_{i=1}^{n}(x_i - E(X))^2 P(x_i)$$

- 연속확률변수의 분산

$$Var(X) = \int_{-\infty}^{\infty}(x-E(X))^2 f(x)dx$$

예 동전 던지기에서 $E(X)=0.5$, $x_i \in \{0, 1\}$, $P(x_i)=0.5$인 경우,
$Var(X) = (0-0.5)^2 \times 0.5 + (1-0.5)^2 \times 0.5 = 0.25$

③ 표준편차

분산의 제곱근으로 확률변수 값들이 평균에서 얼마나 떨어져 있는지를 나타낸다. 분산과 다르게 단위를 원래 데이터의 단위와 동일하게 변환한다는 의미를 지닌다.

- 이산확률변수 및 연속확률변수의 표준편차

$$sd(X) = \sqrt{Var(X)}$$

Warming Up

다음 중 이산확률분포와 연속확률분포에 대한 설명으로 가장 적절하지 않은 것은 무엇인가?

① 이산확률변수는 셀 수 있는 값(정수형 데이터)을 가지며 대표적인 분포로 이항 분포와 포아송 분포가 있다.
② 연속확률변수는 실수형 값을 가지며 확률밀도함수를 이용하여 확률을 계산한다.
③ 이산확률변수의 기댓값은 각 확률값을 모두 더한 후 평균을 구하는 방식으로 계산할 수 있다.
④ 연속확률분포에서 특정한 한 점에서의 확률은 0보다 크다.

해설 연속확률분포에서 특정 값이 나올 확률은 항상 0이다.

정답 ④

6. 추정과 가설검정 ★★★

추정은 전체 집단(모집단)의 특성을 표본집단을 이용해 예측하는 과정으로 표본 데이터를 통해 모집단의 평균, 비율, 분산 등의 값을 파악하는 것이며 크게 점추정과 구간추정으로 나뉜다.

(1) 점추정

모집단의 특성을 특정 값으로 추정하는 방법이다. 예를 들어 표본의 평균이 50이라면 모집단의 평균도 50이라고 추정할 수 있다.

① 표본평균

$$\overline{X} = \frac{1}{n}\sum_{i=1}^{n}X_i$$

② 표본분산

$$S^2 = \frac{1}{n-1}\sum_{i=1}^{n}(X_i - \overline{X})^2$$

(2) 구간추정

모집단의 특성을 값의 범위(구간)로 추정하는 방법이다. 예를 들어 모집단의 평균이 48에서 52 사이에 있을 확률이 95%라고 추정할 수 있다. 구간추정에서는 신뢰구간이라는 개념을 사용하며 모집단의 평균이 이 신뢰구간 범위 내에 있을 것이라고 예측한다. 그리고 이 신뢰구간 안에 포함될 확률을 신뢰수준(신뢰도)이라고 하는데, 일반적으로 90%, 95%, 99%의 신뢰수준을 이용하는 경우가 많다.

① 모집단 평균 구간추정

$$신뢰구간 = \overline{X} \pm Z \times \frac{\sigma}{\sqrt{n}}$$

- $\overline{X}$: 표본평균
- Z : 임곗값(예 95% 신뢰수준에서는 약 1.96)
- σ : 모집단의 표준편차
- n : 표본 크기

② 모집단 비율 구간추정

$$신뢰구간 = \hat{p} \pm Z \times \sqrt{\frac{\hat{p}(1-\hat{p})}{n}}$$

- $\hat{p}$: 표본 비율
- Z : 임곗값
- n : 표본 크기

(3) 가설검정

가설검정은 데이터를 통해 어떤 주장(가설)이 사실인지 아닌지를 검토하는 과정이다. 통계적 가설검정은 귀무가설과 대립가설을 세우고 표본 데이터를 이용해 귀무가설을 기각할지 말지 판단한다.

① 귀무가설(H_0)

'특별한 변화나 차이가 없다'라는 기본 가정을 의미한다. 가설검정의 시작점이며 이 가설이 사실이라고 가정하고 검정을 진행한다. 또한 귀무가설을 기각하는 것이 가설검정의 주된 목표라고 할 수 있다.

예 새로 개발된 약을 먹기 전후에 체중 변화가 없다.

② 대립가설(H_1)

'특별한 변화나 차이가 있다'라는 주장으로 연구자가 증명하고자 하는 가설에 해당한다. 귀무가설이 사실이 아닐 경우 성립하는 가설로 검정 결과를 통해 귀무가설을 기각하면 대립가설이 채택되는 방식이다.

예 새로 개발된 약을 먹은 후 체중이 줄었다.

③ 제1종 오류와 제2종 오류

제1종 오류는 귀무가설이 사실인데 귀무가설이 틀렸다고 결정하는 오류이며 제2종 오류는 귀무가설이 사실이 아님에도 불구하고 귀무가설이 옳다고 결정하는 오류이다.

→ 제1종 오류와 제2종 오류는 트레이드 오프 관계

구분	H_0 채택	H_0 기각
H_0이 사실임	옳은 결정	제1종 오류
H_0이 거짓임	제2종 오류	옳은 결정

④ 유의수준(α)

귀무가설이 참인데도 이를 기각하는 오류를 범할 확률의 최대 허용치를 의미하며, 주로 0.01, 0.05, 0.1 중 한 개의 값을 사용한다.

⑤ 유의확률(p-value)

귀무가설을 지지하는 정도를 나타낸 확률값으로 귀무가설이 맞다는 전제하에 관찰된 결과가 나올 확률을 의미한다. p-value가 α보다 큰 경우 대립가설을 기각하고 귀무가설을 채택하고 α보다 작은 경우 귀무가설을 기각하고 대립가설을 채택한다.

⑥ 기각역

기각역은 귀무가설을 기각하는 영역을 의미한다. 즉, 데이터가 이 영역에 들어오면 귀무가설을 기각해야 한다는 기준을 설정한 구간으로 유의수준에 따라 기각역이 정해진다.

⑦ 가설검정의 과정

Step 1. 귀무가설과 대립가설을 설정한다.
Step 2. 유의수준을 설정한다(α=0.01, 0.05, 0.1).
Step 3. 귀무가설이 맞다라는 가정하에 검정 통계량을 계산한다(p-value 계산).
Step 4. p-value가 유의수준보다 작다면 귀무가설을 기각하고 대립가설을 채택하며, p-value가 유의수준보다 크다면 귀무가설을 수용한다.

> **Tip**
>
> 결과 해석
> - 귀무가설을 기각함 → 유의미한 차이가 있다고 판단 → 대립가설 채택
> - 귀무가설을 기각하지 못함 → 차이가 있다고 보기 어려움 → 귀무가설 유지

예 새로 개발된 약이 효과가 있는지 실험하는 경우

귀무가설 : 약을 먹기 전후 체중 변화가 없다.
대립가설 : 약을 먹은 후 체중이 감소한다.
→ 데이터 분석 결과 체중 감소가 통계적으로 유의미하다면 귀무가설을 기각한다.

다음 내용이 설명하는 것이 무엇인지 고르시오.

> 귀무가설이 참인데도 이를 기각하는 오류를 범할 확률의 최대 허용치를 의미하며 주로 0.01, 0.05, 0.1 중 한 개의 값을 사용한다.

① 유의수준(α)
② 유의확률($p-\text{value}$)
③ 기각역
④ 신뢰수준

해설 유의수준(α)은 귀무가설이 참인데도 이를 기각할 확률을 의미하며 제1종 오류의 발생 가능성을 나타낸다. 일반적으로 0.01(1%), 0.05(5%), 0.1(10%) 중 하나를 사용하며 유의수준이 낮을수록 제1종 오류의 가능성이 줄어든다.

정답 ①

7. 비모수 검정 ★★

통계학에서 데이터를 분석할 때 모수 검정과 비모수 검정은 모집단의 모수에 대한 검정을 하는 중요한 두 가지 방법론이다. 이 두 방법은 데이터를 다루는 방식과 가정에 따라 구분되며 각기 다른 상황에서 사용된다.

(1) 모수 검정

모수 검정은 데이터가 특정한 확률분포(보통 정규분포)를 따른다고 가정하고 모집단의 모수(평균, 분산 등)에 대해 검정하는 방법이다.

(2) 비모수 검정

비모수 검정은 데이터의 모집단 분포에 대해 아무런 가정을 하지 않고 데이터를 분석하는 방법으로 분포에 대한 제약이 없으므로 다양한 상황에서 사용할 수 있으며 데이터가 정규분포를 따르지 않을 때 유용하다.

구분	모수 검정	비모수 검정
모집단 분포 가정	특정 분포(주로 정규분포)를 가정	분포에 대한 가정 없음
데이터 특성	수치형 데이터, 정규성 만족	순서형 데이터 또는 비정규 데이터
척도	구간척도, 비율척도	명목척도, 순서척도
효율성	정규분포를 따르면 높은 효율성	더 유연하지만 효율은 낮을 수 있음
종류	$t-$검정, ANOVA(분산분석), 교차 검정, 회귀분석, 피어슨 상관계수	부호 검정, 윌콕슨 순위합검정, 윌콕슨 부호순위합검정, 만-위트니의 U검정, 런검정, 카이제곱 검정, 연속성 검정, 스피어만의 순위상관계수

다음 중 데이터 간 관계를 분석하는 방식이 다른 하나는 무엇인가?

① t-검정
② 카이제곱 검정
③ 회귀분석
④ 피어슨 상관계수

해설 카이제곱 검정은 비모수 검정에 해당하며 나머지는 모수 검정에 해당한다.

정답 ②

02 기초 통계 분석

1. 기술통계 개요

기술통계는 데이터를 요약하고 정리하여 전체적인 특징을 쉽게 이해할 수 있도록 도와주는 통계 방법으로 복잡한 데이터를 간단한 수치나 표, 그래프 형태로 표현하는 데 사용된다. 본격적인 데이터 분석을 하기에 앞서 데이터의 대략적인 수치들을 파악하기 위해 필요한 과정으로 예를 들어 한 학급의 성적 데이터에 대해 평균 점수, 가장 높은 점수와 낮은 점수, 점수가 어떻게 퍼져 있는지 등을 알아볼 수 있으며 이런 작업이 바로 기술통계에 해당한다.

2. 통계량을 통한 데이터 요약 ★

데이터를 요약하는 대표적인 항목으로 중심위치, 산포, 그리고 분포 형태가 있다. 중심위치는 데이터가 어떤 값을 중심으로 모여 있는지를 알려주는 지표이고, 산포는 데이터가 중심값을 기준으로 얼마나 흩어져 있는지를 알려주는 지표이며, 분포 형태는 데이터의 전체 분포 모양을 알려주는 지표이다.

(1) 중심위치

① 평균
데이터를 모두 더한 후 데이터 개수로 나눈 값이다. 데이터가 고르게 분포되었을 때 대푯값으로 적합하다.

② 중앙값
데이터를 크기 순서대로 정렬했을 때 가운데 있는 값이다. 이상치에 영향을 받지 않는다.

③ 최빈값

데이터에서 가장 자주 나타나는 값이다. 특히 크기와 순서가 없는 명목형 데이터(예 혈액형, 성별 등)에서 자주 사용된다.

(2) 산포

① 분산

데이터 값들이 평균에서 얼마나 떨어져 있는지 제곱으로 계산한 값이다. 값이 크면 데이터가 평균으로부터 멀리 퍼져 있다는 뜻이다.

$$S^2 = \frac{1}{n-1}\sum_{i=1}^{n}(x_i - \overline{x})^2$$

② 표준편차

분산의 제곱근으로 데이터의 변동성을 원래 데이터 단위로 표현한다.

$$S = \sqrt{S^2} = \sqrt{\frac{1}{n-1}\sum_{i=1}^{n}(x_i - \overline{x})^2}$$

③ 범위

데이터의 최댓값과 최솟값의 차이를 의미한다. 범위가 크면 데이터가 넓게 퍼져 있고 범위가 작으면 데이터가 좁게 모여 있다는 의미가 되며 이상치에 영향을 많이 받는다.

④ 사분위수

데이터를 네 부분으로 나누는 기준이 되는 값이다.

Q1(제1사분위수)	데이터의 25%에 해당하는 값(하위)
Q2(제2사분위수, 중앙값)	데이터의 50% 지점에 해당하는 값
Q3(제3사분위수)	데이터의 75%에 해당하는 값(상위)

⑤ 사분위수 범위

데이터의 중간 50% 범위를 나타낸다.

사분위수 범위(IQR) = Q3 − Q1

⑥ 백분위수

데이터를 100개의 동일한 구간으로 나눈 값으로 특정 백분위수에 해당하는 값보다 작은 데이터가 몇 % 있는지를 나타낸다.

예 내 점수의 백분위가 85 → 내 점수보다 낮은 사람이 85%라는 의미

혈압이 P95에 해당 → 전체 사람 중 상위 5% 안에 들어간다는 의미

> **다음 설명 중 가장 적절하지 않은 것은 무엇인가?**
>
> ① 사분위수 범위는 데이터의 중간 50% 범위를 나타낸다.
> ② 백분위수는 특정 백분위수에 해당하는 값보다 작은 데이터가 몇 % 있는지를 나타낸다.
> ③ 중앙값은 데이터를 크기 순서대로 정렬했을 때 가운데 있는 값으로 이상치에 영향을 받지 않는다.
> ④ 최빈값은 데이터에서 가장 자주 나타나는 값으로 특히 크기와 순서가 있는 연속형 데이터(예) 신장, 체중 등)에서 자주 사용된다.
>
> 해설 최빈값은 데이터에서 가장 자주 나타나는 값을 의미하며 크기와 순서가 없는 명목형(범주형) 데이터(예) 혈액형, 선호 브랜드 등) 분석에 자주 사용된다.
>
> 정답 ④

(3) 분포 형태

① 왜도

분포의 비대칭 정도를 나타내는 측도로, 왜도 값이 0인 경우 정규분포와 유사한 형태를 가진다.

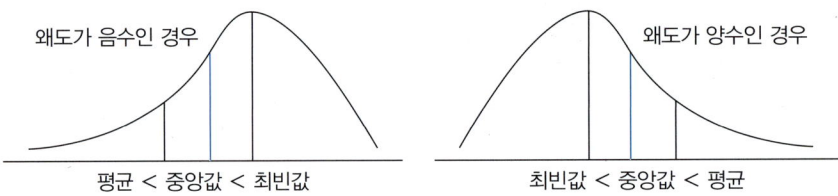

② 첨도

분포의 뾰족한 정도를 나타내는 측도로, 값이 3에 가까울수록 정규분포와 유사한 형태를 가지며 3보다 클 때 정규분포보다 뾰족한 형태를 가진다.

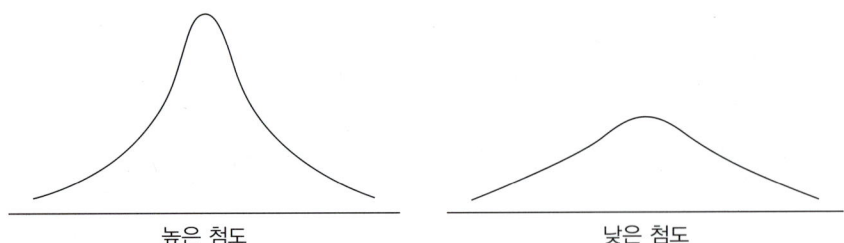

Warming Up

다음 중 왜도와 첨도에 대한 설명으로 가장 적절하지 않은 것은 무엇인가?

① 왜도는 데이터의 분포가 대칭적인지 아니면 왼쪽 또는 오른쪽으로 치우쳐 있는지를 나타내는 척도이다.
② 왜도가 음수이면 데이터 분포가 왼쪽으로 치우쳐 있으며 양수이면 오른쪽으로 치우쳐 있다.
③ 첨도는 데이터 분포의 중심 부분이 뾰족한지 평평한지를 나타내며 정규분포의 첨도 값은 0이다.
④ 첨도가 높은 경우 분포의 중심 부분이 뾰족하고 낮은 경우 분포의 중심 부분이 완만해진다.

해설 왜도가 음수이면 데이터 분포가 오른쪽으로 치우쳐 있으며 양수이면 왼쪽으로 치우쳐 있다.

정답 ②

Warming Up

왜도가 양수인 경우 중앙값, 평균값, 최빈값을 작은 것부터 순서대로 나열한 것을 고르시오.

① 최빈값 − 중앙값 − 평균값
② 중앙값 − 최빈값 − 평균값
③ 평균값 − 중앙값 − 최빈값
④ 최빈값 − 평균값 − 중앙값

해설 왜도가 양수이면 우측으로 긴 꼬리를 가지며 최빈값 < 중앙값 < 평균값의 순서를 가진다.

정답 ①

3. 그래프를 활용한 데이터 요약

데이터를 시각적으로 표현하면 그 구조를 한눈에 파악할 수 있다.

(1) 히스토그램과 막대그래프

히스토그램은 데이터를 구간으로 나누어 각 구간에 속한 데이터의 빈도를 막대 형태로 나타낸 그래프다. 막대그래프가 명목형 데이터를 표현하며 막대 간 간격이 있는 반면 히스토그램은 연속형 데이터를 표현하며 막대 간 간격이 없다.

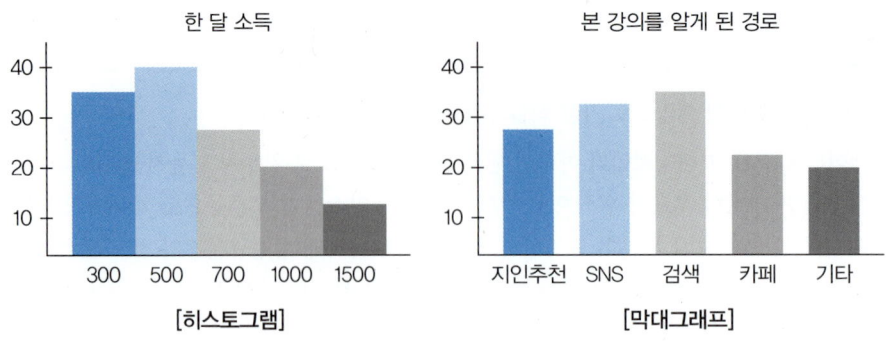

4. 변수 간 관계 분석 ★

데이터 분석에서 변수는 중요한 개념이다. 특히 두 개 이상의 변수 간 관계를 분석할 때는 종속변수와 독립변수의 개념을 이해해야 한다. 또한 변수 간 연관성을 시각적으로 확인하는 산점도, 관계의 방향과 강도를 측정하는 공분산과 상관계수를 활용하면 보다 정확한 분석이 가능하다.

(1) 종속변수와 독립변수

어떤 사건에서 독립변수는 원인에 해당하고 종속변수는 결과에 해당한다. 독립변수는 다른 변수에 영향을 주는 변수로 연구자가 조작하거나 관찰하는 대상을 의미한다. 그리고 종속변수는 독립변수의 영향을 받는 변수로 그 값이 독립변수에 따라 변화한다. 여기서 독립변수는 인과관계의 원인이 된다고 하여 원인변수 혹은 설명변수라고도 부르며 종속변수는 결과에 해당하므로 결과변수 혹은 반응변수라고도 부른다.
예 광고 비용(독립변수)을 증가시키면 제품 판매량(종속변수)이 증가할 수 있다.

(2) 산점도(Scatter Plot)

산점도란 두 변수 간의 관계를 시각적으로 표현하는 그래프로 X축에는 독립변수를, Y축에는 종속변수를 배치하여 변수 간 패턴을 확인할 수 있다.

산점도를 통한 관계 유형

양의 상관관계	독립변수가 증가할 때 종속변수도 증가하는 관계 예 투자금액이 많을수록 수익금이 높아짐
음의 상관관계	독립변수가 증가할 때 종속변수는 감소하는 관계 예 스트레스 수준이 높을수록 수면 시간이 줄어듦
상관관계 없음	독립변수와 종속변수 간 명확한 관계가 없음 예 사는 지역과 체중은 서로 관계가 없음

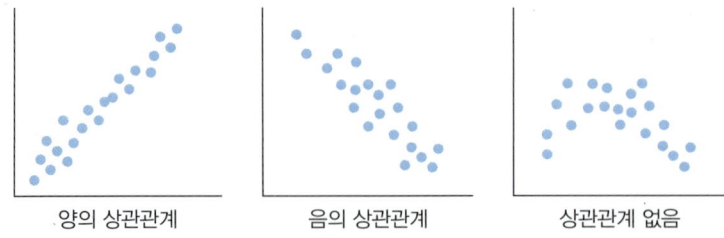

5. 변수 간 관계를 수치로 측정하는 방법 ★

(1) 공분산

공분산은 두 변수 간의 선형 관계를 나타내는 값으로, 공분산 값이 양수이면 두 변수가 같은 방향으로 움직이고 음수이면 반대 방향으로 움직인다.
① 양의 공분산 : 한 변수가 커지면 다른 변수도 커진다.
② 음의 공분산 : 한 변수가 커지면 다른 변수는 작아진다.
③ 공분산이 0 : 두 변수 간에 특별한 관계가 없다.

공분산의 경우 해석이 어려운 측면이 있어 공분산을 정규화한 표준화된 값인 상관계수를 많이 사용하는 편이다.

(2) 상관계수

상관계수는 두 변수 간의 선형 관계의 강도와 방향을 나타내는 값으로 일반적으로 피어슨 상관계수가 많이 사용된다.

상관계수 r	설명
$r=1$	완전한 양의 상관관계
$0.7 \leq r < 1$	강한 양의 상관관계
$0.3 \leq r < 0.7$	약한 양의 상관관계
$r=0$	상관관계 없음
$-0.3 \leq r < 0$	약한 음의 상관관계
$-0.7 \leq r < -0.3$	강한 음의 상관관계
$r=-1$	완전한 음의 상관관계

Warming Up

다음 중 공분산과 상관계수에 대한 설명으로 가장 적절하지 않은 것은 무엇인가?
① 공분산은 두 변수 간의 방향성(양의 관계 또는 음의 관계)을 나타내지만 크기의 해석이 어렵다.
② 상관계수는 −1에서 1 사이의 값을 가지며 0에 가까울수록 두 변수 간의 관계가 약하다.
③ 공분산이 양수이면 한 변수가 증가할 때 다른 변수도 증가하는 경향이 있다.
④ 상관계수는 항상 공분산보다 크거나 같은 값을 가진다.

해설 상관계수는 공분산을 정규화한 값으로 −1~1의 범위를 가지지만, 공분산은 데이터의 단위에 따라 값이 달라질 수 있다.

정답 ④

6. 상관분석 ★

상관분석은 상관계수를 활용하여 두 변수 간 관계를 분석하는 방법이다. 두 변수 간 선형 관계가 있는지 확인하고 그 강도를 평가하는 데 사용되며 변수 간 인과관계를 분석하는 것이 아니라 단순한 연관성을 측정하는 것에 목적을 둔다.

(1) 상관분석의 주요 절차
① 산점도 확인
  데이터를 시각적으로 표현하여 변수 간 관계의 패턴을 확인한다(양의 상관관계, 음의 상관관계 등).
② 상관계수 계산
  피어슨 상관계수, 스피어만 상관계수, 켄달 상관계수 중 적절한 방법을 선택하여 계산한다.
③ 상관계수 해석
  상관계수 값이 높으면 강한 상관관계, 낮으면 약한 상관관계라고 판단한다.

(2) 피어슨 상관분석
피어슨 상관분석은 두 변수 간의 선형 관계를 측정하는 방법이다. 두 변수가 연속형(수치형) 데이터일 때 주로 사용되며 상관계수는 −1에서 1 사이의 값을 가지고 0에 가까울수록 관계가 약하다.

(3) 스피어만 상관분석
스피어만 상관분석은 두 변수 간의 순위 관계를 측정하는 방법이다. 즉, 데이터의 크기가 아니라 순위(등수)를 비교하여 상관관계를 분석하며 두 변수가 서열척도(순서척도)일 때 사용할 수 있다.

7. $t-$검정 ★★

(1) $t-$검정의 개념
$t-$검정은 두 그룹의 평균의 차이를 비교하여 그 차이가 통계적으로 유의미한지를 검정하는 방법이다. 즉, 두 그룹의 평균의 차이가 우연으로 발생한 것인지 아니면 실제로 의미 있는 차이인지를 판단하는 데 사용된다고 이해할 수 있다. 예를 들어 신약을 개발하면서 기존 약과 새로운 약의 효과를 비교하는 경우, 온라인 강의를 들은 학생들과 오프라인 강의를 들은 학생들의 성적 비교, 두 브랜드의 고객 만족도 평균을 비교하는 일 등에 활용할 수 있다.

(2) $t-$검정의 유형
$t-$검정은 비교하는 데이터의 특성에 따라 세 가지 유형으로 나뉜다.
① 일표본 $t-$검정(One−sample $t-$test)
  한 개 그룹의 평균이 특정한 기준값과 차이가 있는지 검정할 때 사용하는 방법이다. 예를 들어 한 학교 학생들의 평균 점수가 전국 평균 점수(70점)와 차이가 있는지 확인하는 경우, 혹은 한 회사의 평균 근무 시간이 법정 근무 시간(40시간)과 다른지 검정하는 경우 사용할 수 있으며 자유도는 전체 데이터의 개수에서 1을 뺀 값이 된다.

② 이표본 $t-$검정(Independent $t-$test)

두 개의 독립된 그룹의 평균을 비교할 때 사용하는 방법으로 서로 관련이 없는 두 집단의 데이터를 분석할 때 적합하다. 예를 들어 A학교와 B학교 학생들의 평균 점수를 비교하는 경우, 혹은 신제품과 기존 제품의 평균 판매량을 비교하는 경우 사용할 수 있다. 이표본 $t-$검정을 하기 위해서는 등분산성을 만족해야 하는데, 등분산성이란 모든 그룹의 분산이 동일하여 모든 데이터가 같은 정도로 퍼져 있는지를 확인하는 개념이다.

③ 대응표본 $t-$검정(Paired $t-$test)

같은 그룹에서 실험 전후의 평균을 비교할 때 사용하는 방법으로 한 사람(혹은 같은 그룹)에게 두 가지 조건을 적용하여 비교할 때 적합하다. 예를 들어 특정 환자의 약물 복용 전과 후의 혈압을 비교하는 경우, 혹은 다이어트 프로그램 참가자의 다이어트 전후 체중을 비교하는 경우에 사용할 수 있다.

다음 중 $t-$검정($t-$test)에 대한 설명으로 가장 적절하지 않은 것은 무엇인가?

① 일표본 $t-$검정은 한 개 그룹의 평균이 특정 기준값과 차이가 있는지를 검정하는 방법이다.
② 이표본 $t-$검정은 두 개의 독립된 그룹의 평균을 비교하는 방법으로 등분산성을 만족해야 한다.
③ 대응표본 $t-$검정은 서로 독립적인 두 그룹의 평균 차이를 비교할 때 사용하는 방법이다.
④ $t-$검정은 두 그룹 간 평균 차이가 우연에 의한 것인지 실제로 의미 있는 차이인지 검정하는 데 사용된다.

해설 대응표본 $t-$검정은 동일한 대상에 두 가지 조건을 적용하여 비교할 때 사용하는 방법이다.

정답 ③

8. 분산분석(ANOVA ; Analysis of Variance) ★★

분산분석은 세 개 이상의 그룹 간 평균의 차이를 비교하는 통계적 기법이다. $t-$검정이 두 개 그룹의 평균을 비교하는 데 사용하는 방법이라면 분산분석은 세 개 이상의 그룹을 비교할 때 사용된다. 예를 들어 세 가지 광고 전략이 매출에 미치는 영향을 비교하는 경우, 혹은 세 개의 운동 프로그램이 체중 감량에 미치는 효과를 비교하는 경우에 사용할 수 있다.

(1) 일원 분산분석(One-way ANOVA)

세 개 이상의 그룹 간 평균의 차이가 유의미한지 검정하는 상황에서 한 개의 독립변수가 종속변수에 미치는 영향을 분석하는 방법이다. 예를 들어 세 가지 광고 전략(전단지, SNS, TV광고)이 매출에 미치는 영향을 비교한다고 가정했을 때 독립변수는 광고 전략이 되고 종속변수는 매출액이 될 것이다. 즉, 일원 분산분석은 한 가지 요인에 의해 그룹 간 평균 차이가 발생하는지를 검정하는 방법이다.

다음은 R 프로그램에서 chickwts 데이터셋을 활용하여 사료 유형(Feed)이 병아리 체중(Weight)에 미치는 영향을 분석하는 일원 분산분석을 수행하는 코드이다.

프로그램 코드

```
> summary(aov(data=chickwts, weight~feed))
            Df Sum Sq Mean Sq F value  Pr(>F)
feed         5 231129   46226   15.37 5.94e-10 ***
Residuals   65 195556    3009
---
Signif. codes:  0 '***' 0.001 '**' 0.01 '*' 0.05 '.' 0.1 ' ' 1
```

코드 실행 시 출력되는 ANOVA 표를 해석하면 다음과 같다.

요인	자유도 (Df)	제곱합 (Sum Sq)	평균제곱 (Mean Sq)	F-값 (F Value)	p-값 (Pr(>F))	의미
feed (사료 유형)	5	231129	46226	15.37	5.94e-10	사료 유형에 따른 체중 차이가 있음
Residuals (잔차)	65	195556	3009			개별 데이터 간 변동

- 귀무가설(H_0) : 사료 유형에 따른 병아리 체중 차이는 없다.
- 대립가설(H_1) : 사료 유형에 따라 병아리 체중 차이가 있다.

① F-값(F Value=15.37)
  - F-값이 15.37로 매우 큼 → 집단 간 평균 차이가 집단 내 변동보다 크다는 의미
  - 즉 사료(Feed)에 따라 병아리의 체중 차이가 존재할 가능성이 높음

② p-값(Pr(>F)=5.94e-10)
  - p-값이 5.94e-10(0.000000000594)으로 매우 작음
  - 일반적으로 $p<0.05$이면 귀무가설을 기각
  - 즉, p-값이 0.001보다도 훨씬 작기 때문에 귀무가설을 기각 → 사료 유형에 따른 병아리의 체중 차이가 통계적으로 매우 유의미하다고 판단

③ 자유도(Df)
  - Feed(사료 유형)의 자유도 = 5(사료 그룹이 6개)
  - Residuals(잔차)의 자유도= 65(총 71개 데이터에서 Feed의 자유도를 빼서 계산)

(2) 이원 분산분석(Two-way ANOVA)

이원 분산분석은 두 개의 독립변수가 종속변수에 미치는 영향을 분석하는 방법이다. 덧붙여 두 요인의 상호작용도 분석할 수 있다. 예를 들어 수면 시간(6시간, 8시간)과 카페인 섭취(유/무)가 성적에 미치는 영향을 분석한다고 가정했을 때 독립변수는 수면 시간과 카페인 섭취가 되고 종속변수는 성적이 될 것이다. 그리고 이원 분산분석에서 검정하는 요소는 수면 시간의 효과, 카페인 섭취의 효과, 수면 시간과 카페인 섭취의 상호작용 효과가 된다. 즉, 이원 분산분석은 두 개의 독립변수가 종속변수에 미치는 영향을 개별적으로 또는 함께 분석하는 방법이다.

> **Tip**
> 통계 분석에서 정확하고 신뢰할 수 있는 결과를 얻기 위해 만족해야 하는 기본 가정
> - 정규성 : 데이터가 정규분포를 따라야 함(t-검정, ANOVA, 회귀분석 등)
> - 등분산성 : 모든 집단에서의 분산이 동일해야 함(ANOVA, 회귀분석 등)
> - 독립성 : 각 데이터가 서로 독립적이고 서로에게 영향을 주지 않음(ANOVA)

Warming Up

다음 중 분산분석(ANOVA)에 대한 설명으로 가장 적절한 것은 무엇인가?

① 이원 분산분석으로 두 개의 독립변수 간 상호작용을 분석할 수 있다.
② 일원 분산분석은 한 개의 독립변수가 한 개 그룹의 평균에 미치는 영향을 분석하는 방법이다.
③ ANOVA는 집단 간 평균 차이를 검정하는 방법으로 두 개 그룹 간 차이를 비교하는 데 주로 사용된다.
④ ANOVA는 정규성 가정을 만족할 필요가 없으며 모든 경우에 비모수적 방법으로 적용할 수 있다.

해설 이원 분산분석은 두 개의 독립변수가 종속변수에 미치는 영향을 분석하는 방법이며, 이 과정에서 두 독립변수 간의 상호작용도 분석할 수 있다.

정답 ①

03 회귀분석

1. 회귀분석이란

(1) 회귀분석의 개념

회귀분석은 독립변수(X)가 종속변수(Y)에 미치는 영향을 분석하고 이를 바탕으로 값을 예측하는 통계적 방법이다. 즉, 두 변수 간의 관계를 수학적 모델로 표현하여 어떤 요인이 결과에 얼마나 영향을 미치는지 분석하고 미래 값을 예측하는 데 사용된다.

(2) 회귀분석의 주요 목적

① 변수 간 인과관계(어떤 요인이 결과에 영향을 주는지) 분석
② 새로운 데이터가 주어졌을 때 결과 예측
③ 데이터의 패턴을 분석하여 최적의 의사결정 지원

  예 공부 시간(X)이 시험 점수(Y)에 미치는 영향 분석
  광고비(X)와 제품 매출(Y) 간의 관계 분석
  기온(X)에 따른 아이스크림 판매량(Y) 예측
  부동산 가격(Y)을 예측하는 데 있어 평수(X_1), 위치(X_2), 층수(X_3) 등이 미치는 영향 분석

(3) 회귀분석의 유형

회귀분석은 데이터의 특성과 분석 목적에 따라 여러 가지 유형으로 나뉘며 변수 간 관계가 선형인지 비선형인지, 독립변수의 개수가 몇 개인지, 종속변수가 어떤 유형인지에 따라 적절한 모델을 선택해야 한다. 그중 가장 기본적인 회귀분석은 선형회귀이며, 선형회귀는 독립변수와 종속변수 간의 관계가 직선 형태로 나타나는 경우에 사용된다. 선형회귀는 다시 단순선형회귀와 다중선형회귀로 나뉘게 되는데, 단순선형회귀는 독립변수가 하나인 반면 다중선형회귀는 두 개 이상의 독립변수를 포함한다.

기준	유형
독립변수 개수	단순회귀, 다중회귀
독립변수와 종속변수의 관계 형태	선형회귀, 비선형회귀
종속변수의 유형	선형회귀, 로지스틱 회귀
데이터 특성	회귀모델(릿지, 라쏘, 결정 트리, 랜덤 포레스트 등)

2. 선형회귀분석의 가정 ★★★

회귀분석을 수행하기 위해서는 몇 가지 통계적 가정이 충족되어야 한다. 이 가정들이 만족되지 않으면 모델의 결과가 왜곡될 수 있으며, 신뢰할 수 없는 분석 결과를 도출할 위험이 있다. 회귀분석에서 대표적으로 고려해야 할 가정은 다음과 같다.

(1) 선형성

독립변수(X)와 종속변수(Y) 사이의 관계가 직선(선형) 형태로 나타나야 한다는 가정이다. 즉, X가 변할 때 Y도 일정한 비율로 변해야 하며 곡선(비선형) 관계를 가지면 선형회귀모델이 부적절할 수 있다. 만약 선형성이 만족되지 않는다면 단순선형회귀 대신 비선형회귀모델을 고려해야 한다.

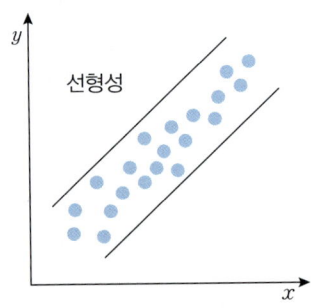

(2) 등분산성

독립변수(X)의 값에 상관없이 오차의 분산이 일정해야 한다는 가정이다. 즉, 데이터가 회귀직선 주변에서 고르게 퍼져 있어야 하며, 만약 등분산성이 만족되지 않으면 모델이 특정 범위에서만 정확하게 작동할 가능성이 있다.

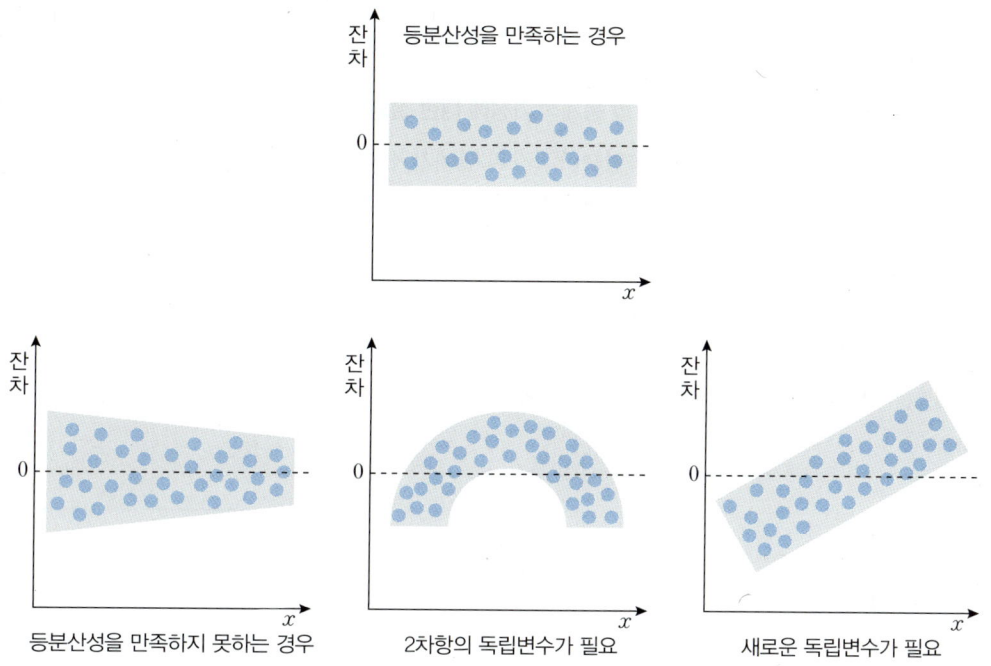

(3) 독립성

독립변수(X)의 값에 상관없이 오차들이 서로 독립적이어야 한다는 가정이다. 즉, 한 데이터 포인트의 오차가 다른 데이터 포인트의 오차에 영향을 주지 않아야 하고, 만약 독립성이 만족되지 않으면 데이터 간의 영향으로 분석 결과가 왜곡될 수 있다.

※ 다중선형회귀분석에서 오차들이 서로 독립적이지 않고 상관성이 존재하는 경우 다중공선성이 존재한다고 하고 이는 회귀분석 수행 전에 제거되어야 할 대상이 된다(다중공선성에 대한 상세한 내용은 231페이지에서 다룰 예정이니 참고하도록 하자).

(4) 비상관성

오차들 간에 강한 상관관계가 없어야 한다는 가정이다.

(5) 정규성

오차들은 정규분포를 따라야 한다는 가정이다. 정규성을 확인하는 방법으로는 QQ Plot(Quantile-Quantile Plot), 히스토그램, 샤피로-윌크 검정, 콜모고로프-스미르노프 검정, 앤더슨-달링 검정 등이 있다.

다음 중 회귀분석에서 반드시 충족되어야 할 통계적 가정에 대한 설명으로 가장 적절하지 않은 것은 무엇인가?

① 선형회귀모델은 독립변수(X)와 종속변수(Y) 간의 관계가 선형적(직선 형태)이어야 한다.
② 오차의 분산은 독립변수의 값과 무관하게 일정해야 하며 이를 등분산성이라 한다.
③ 다중선형회귀분석에서는 오차들이 서로 독립적이지 않고 상관성이 존재해야 한다.
④ 회귀분석의 오차항은 정규분포를 따라야 하며 이를 검정하기 위해 QQ Plot, 샤피로-윌크 검정 등을 사용할 수 있다.

해설 다중선형회귀분석에서는 오차들이 서로 독립적이어야 하며 상관성이 존재해서는 안 된다.

정답 ③

3. 단순선형회귀분석 ★★★

단순선형회귀는 독립변수가 하나일 때 사용되는 회귀모델이다. 독립변수(X)가 증가하거나 감소할 때 종속변수(Y)가 일정한 비율로 변화하는 관계를 분석하는 데 유용하다. 예를 들어 '공부 시간(X)이 증가할수록 시험 점수(Y)도 상승하는가?'라는 연구 질문을 해결하기 위해 단순선형회귀를 사용할 수 있다.

(1) 회귀계수의 추정

앞서 회귀분석의 목표는 '독립변수(X)가 종속변수(Y)에 미치는 영향을 분석하고 예측하는 것'이라고 했다. 이를 위해 우리는 회귀계수를 추정해야 하는데, 회귀계수란 독립변수가 1단위 증가할 때 종속변수가 얼마나 변하는지를 나타내는 값이다. 즉, 회귀계수를 올바르게 추정해야 우리가 만든 회귀모델이 정확한 예측을 할 수 있는 것이다.

회귀계수는 회귀모델에서 변수들의 관계를 수치로 표현하는 값이다. 가장 기본적인 단순선형회귀모델을 예로 들어보자.

$$Y = \beta_0 + \beta_1 X + \epsilon$$

여기서 Y는 종속변수, X는 독립변수, β_0는 회귀계수 상수항, β_1은 회귀계수 기울기, ϵ은 오차항을 의미한다. 이 회귀식에서는 β_1의 값이 양수이면 독립변수가 증가할 때 종속변수도 증가하고, 음수이면 독립변수가 증가할 때 종속변수는 감소하는 패턴을 보이는데 회귀계수 β_0와 β_1을 정확하게 추정하면 Y 값을 더 잘 예측할 수 있다.

그렇다면 회귀계수는 어떻게 계산될까? 회귀계수를 추정하는 가장 기본적인 방법은 최소제곱법이다. 최소제곱법은 예측값과 실젯값 간의 차이, 즉 오차를 제곱해 더한 값을 최소화하는 방식으로 회귀계수를 계산한다.

> **Tip**
> - 최소제곱법이란?
>   최소제곱법의 목표는 오차 제곱합(SSE ; Sum of Squared Errors)을 최소화하는 회귀모델을 찾는 것이다.
> - 오차 : 실젯값과 예측값의 차이
> $e_i = Y_i - \hat{Y}_i$
> - 오차 제곱합(SSE) : 모든 오차를 제곱하여 더한 값
> $\text{SSE} = \sum(Y_i - \hat{Y}_i)^2$
> - 최소제곱법을 사용한 회귀계수 계산 공식
> $\beta_1 = \dfrac{\sum(X_i - \overline{X})(Y_i - \overline{Y})}{\sum(X_i - \overline{X})^2}$
> $\beta_0 = \overline{Y} - \beta_1 \overline{X}$
>   * $\overline{X}$ = 독립변수(X)의 평균
>   * $\overline{Y}$ = 종속변수(Y)의 평균

Warming Up

다음 중 단순선형회귀분석에 대한 설명으로 가장 적절하지 않은 것은 무엇인가?
① 단순선형회귀는 하나의 독립변수를 사용하여 종속변수를 예측하는 회귀모델이다.
② 회귀계수는 독립변수가 1단위 증가할 때 종속변수가 변하는 정도를 나타낸다.
③ 단순선형회귀에서 회귀계수를 추정하는 대표적인 방법은 최소제곱법이다.
④ 회귀계수 β_0(절편)와 β_1(기울기)은 데이터가 정규분포를 따를 때만 추정할 수 있다.

해설 회귀계수(절편과 기울기)는 데이터가 반드시 정규분포를 따르지 않아도 추정 가능하다. 최소제곱법을 이용하면 데이터의 분포와 관계없이 회귀계수를 추정할 수 있으며, 회귀분석에서 정규성 가정은 오차항에 대한 것이지 독립변수나 종속변수의 분포와는 직접적인 연관이 없다.

정답 ④

4. 다중선형회귀분석 ★★

다중선형회귀는 두 개 이상의 독립변수를 포함하는 회귀모델이다. 현실 세계에서는 대부분의 현상이 여러 요인의 영향을 받기 때문에 단순선형회귀보다 다중선형회귀가 더 자주 활용된다. 예를 들어, '부동산 가격(Y)에 영향을 미치는 요인으로 평수(X_1), 위치(X_2), 층수(X_3), 건물 연식(X_4) 등이 있다면 각 요인이 부동산 가격에 미치는 영향을 분석할 수 있는가?'라는 질문에 다중선형회귀를 적용할 수 있다.

(1) 회귀계수의 추정

다중선형회귀의 경우 회귀식은 다음과 같이 확장되며 독립변수가 여러 개이므로 회귀계수도 여러 개가 된다.

$$Y = \beta_0 + \beta_1 X_1 + \beta_2 X_2 + \beta_3 X_3 + \cdots + \beta_n X_n + \epsilon$$

여기서 Y는 종속변수, $X_1, X_2, \cdots, X_n$은 독립변수, β_0는 회귀계수 상수항, $\beta_1, \beta_2, \cdots, \beta_n$은 회귀계수 기울기, ϵ은 오차항을 의미한다.

다중선형회귀에서 최소제곱법을 적용하여 최적의 회귀계수 벡터 β를 구하는 공식은 다음과 같다.

$$\widehat{\beta} = (X^T X)^{-1} X^T Y$$

여기서 X^T는 독립변수 행렬 X의 전치행렬이며 $(X^T X)^{-1}$는 $X^T X$의 역행렬이다.

> **Tip**
>
> **다중선형회귀의 회귀계수 계산 예제**
>
> 다음은 집값(Y)을 평수(X_1), 방 개수(X_2), 위치 점수(X_3)를 이용해 예측하는 다중선형회귀모델이다.
>
> | 데이터 | 평수(X_1) | 방 개수(X_2) | 위치 점수(X_3) | 집값(Y) |
> |---|---|---|---|---|
> | 1 | 30 | 2 | 8 | 250 |
> | 2 | 50 | 3 | 7 | 300 |
> | 3 | 70 | 4 | 9 | 400 |
>
> 행렬 표현
>
> $$X = \begin{bmatrix} 1 & 30 & 2 & 8 \\ 1 & 50 & 3 & 7 \\ 1 & 70 & 4 & 9 \end{bmatrix}$$
>
> $$Y = \begin{bmatrix} 250 \\ 300 \\ 400 \end{bmatrix}$$
>
> 회귀계수 β 계산
>
> $$\widehat{\beta} = (X^T X)^{-1} X^T Y$$
>
> 계산을 수행하면 다음과 같은 결과를 얻을 수 있다.
>
> $$\widehat{\beta} = \begin{bmatrix} 30 \\ 4.5 \\ 10 \\ 5 \end{bmatrix}$$
>
> 최종 회귀식
>
> $$\widehat{Y} = 30 + 4.5 X_1 + 10 X_2 + 5 X_3$$
>
> 즉, 평수가 1 증가하면 집값이 4.5만 원 증가하고, 방 개수가 1개 증가하면 10만 원 증가하며, 위치 점수가 1 증가하면 5만 원 증가한다.

(2) 다중공선성

① 개념
다중공선성은 다중선형회귀모델에서 독립변수들 간의 상관관계가 매우 높은 상태를 의미하는데, 이러한 상관관계가 높아지면 회귀모형에서 각 독립변수가 종속변수에 미치는 영향을 명확히 구분하기 어려워진다.

> **Tip**
> **다중공선성의 특징**
> - 독립변수들이 서로 강한 상관관계를 가짐
> - 회귀계수의 추정값이 불안정해짐(변수가 모델에 포함되거나 제외될 때 값이 크게 변동)
> - 모델 해석이 어려워지고 예측 정확도가 저하

② 다중공선성 여부 판단 방법
다중공선성은 회귀모델의 신뢰성과 일반화 성능을 저하시킬 수 있으므로 제거해야 할 대상이 되며 다중공선성 여부를 판단하기 위해 다음과 같은 방법을 사용할 수 있다.

- 분산팽창요인(VIF ; Variance Inflation Factor)
  VIF는 각 독립변수가 다른 독립변수들과 얼마나 상관관계를 가지는지 측정하는 지표이다.

  $$\text{VIF} = \frac{1}{1-R^2}$$

  * R^2 : 해당 독립변수를 종속변수로 사용했을 때의 결정계수

  VIF > 5이면 다중공선성 가능성이 있다고 보고 VIF > 10이면 다중공선성이 심각하다고 보는데, VIF가 높을수록 독립변수끼리 중복되는 정보를 많이 가지고 있다는 의미가 된다.

- 상관계수
  독립변수들 간의 상관계수를 확인하여 상관관계가 높은 변수들을 파악할 수 있는데, 상관계수가 1에 가까울수록 다중공선성이 있다고 판단한다.

③ 다중공선성 해결 방법
VIF와 상관계수를 활용하여 다중공선성 여부를 확인했다면 이제 다중공선성을 해결해야 한다. 다중공선성의 해결 방법으로는 다음과 같은 방법을 사용할 수 있다.

- 불필요한 변수 제거
  상관관계가 높은 변수 중 일부를 제거하여 다중공선성을 완화시킬 수 있다.

- 변수 변환
  독립변수들의 상관성을 줄이기 위해 변수 변환(변수를 재구성하거나 축소)을 적용할 수 있다. 대표적인 방법으로 주성분 분석(PCA), 비율 변환, 로그 변환 등이 있다.

- 정규화 회귀
  정규화 회귀는 회귀모델에 규제항(회귀모델이 과적합되지 않도록 제약을 하는 항)을 추가하여 다중공선성을 완화하는 방법이다. 주로 사용되는 정규화 기법은 릿지 회귀와 라쏘 회귀이다.

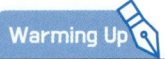

다음 중 다중공선성에 대한 설명으로 가장 적절하지 않은 것은 무엇인가?

① 다중공선성이 발생하면 독립변수 간 상관관계가 높아지면서 회귀계수의 신뢰성이 낮아진다.
② 다중공선성이 발생하면 회귀계수의 값이 0에 가까워지므로 반드시 표준화 변환을 수행해야 한다.
③ 다중공선성이 존재할 경우 해결 방법으로 불필요한 변수를 제거하거나 주성분 분석(PCA)과 같은 변수 변환 기법을 적용할 수 있다.
④ 다중공선성 여부를 판단하기 위한 방법 중 하나로 분산팽창요인(VIF)이 사용되며 일반적으로 VIF 값이 10을 초과하면 심각한 다중공선성이 존재한다고 판단할 수 있다.

> **해설** 다중공선성이 존재한다고 해서 반드시 표준화 변환(데이터 스케일링)을 해야 하는 것은 아니다. 다중공선성을 해결하기 위해서는 불필요한 변수 제거, 변수 변환(PCA, 로그 변환 등), 정규화 회귀(릿지, 라쏘 회귀) 등의 방법을 적용하는 것이 보다 효과적이다.
>
> **정답** ②

5. 회귀분석의 적합성 검정 ★★

(1) 오차함수

회귀모델의 성능을 평가하기 위해 오차를 측정하는 다양한 오차함수가 사용된다.

① SSE(Sum of Squared Errors) : 오차 제곱합
  모델이 예측한 값과 실젯값 사이의 차이를 제곱한 후 모두 더한 값으로, 오차를 제곱하기 때문에 양수 값만 존재하며 값이 작을수록 모델이 데이터를 더 잘 예측한다는 의미이다.

② MSE(Mean Squared Error) : 평균 제곱 오차
  SSE를 데이터 개수(n)로 나눈 값으로, 데이터당 평균적인 오차의 크기를 측정하는 지표이다.

③ RMSE(Root Mean Squared Error) : 평균 제곱근 오차
  MSE의 제곱근을 구한 값이다. 즉, MSE의 문제점인 단위 왜곡을 해결하여 실제 데이터와 동일한 단위를 가지는 오차 측정값이다.

④ MAE(Mean Absolute Error) : 평균 절대 오차
  오차의 절댓값을 구한 뒤 평균을 계산한 값이다. 즉, 오차를 제곱하지 않고 절댓값을 이용하여 평균적인 오차의 크기를 측정하는 방법이다.

다음 중 회귀모델의 성능을 평가하는 오차 측정 지표에 대한 설명으로 가장 적절하지 않은 것은 무엇인가?

① MAE는 오차를 제곱한 후 평균을 계산하여 모델의 평균적인 오차 크기를 측정하는 방법이다.
② MSE는 SSE를 데이터 개수로 나눈 값이며 평균적으로 데이터당 발생하는 오차의 크기를 나타낸다.
③ RMSE는 MSE의 제곱근을 구한 값으로 실제 데이터와 동일한 단위를 가지며 모델 성능을 해석하는 데 유용하다.
④ SSE는 오차 제곱합을 의미하며 값이 작을수록 모델의 예측 성능이 우수함을 나타낸다.

해설 MAE는 오차를 제곱하는 것이 아니라 절댓값을 취한 후 평균을 계산하는 방식이다. 오차를 제곱하여 평균을 구하는 것은 MSE이다.

정답 ①

(2) 분산분석표

회귀모형의 분산분석표는 회귀모델이 종속변수의 변동성을 얼마나 잘 설명하는지를 검정하는 역할을 한다. 단순선형회귀와 다중선형회귀 모두 분산분석표를 사용하지만 독립변수의 개수에 따라 자유도와 해석 방식이 달라진다.

단순선형회귀의 분산분석표

요인	제곱합	자유도	제곱평균	F-값(F Value)
회귀	SSR(회귀 제곱합)	1	MSR=SSR/1	F=MSR/MSE
오차	SSE(오차 제곱합)	$n-2$	MSE=SSE/($n-2$)	
전체	SST=SSR+SSE	$n-1$		

단순선형회귀에서는 자유도가 1이므로 오직 하나의 독립변수에 대한 설명력을 검정한다.

다중선형회귀의 분산분석표

요인	제곱합	자유도	제곱평균	F-값(F Value)
회귀	SSR(회귀 제곱합)	k	MSR=SSR/k	F=MSR/MSE
오차	SSE(오차 제곱합)	$n-k-1$	MSE=SSE/($n-k-1$)	
전체	SST=SSR+SSE	$n-1$		

다중선형회귀에서는 자유도가 k이므로 여러 개의 독립변수들이 종속변수를 얼마나 잘 설명하는지 검정한다.

F-값(F Value)이 크면 p-value가 0.05보다 작아지고 귀무가설이 기각되며 회귀모델이 유의미함을 나타내게 된다. 즉, F-값(F value)이 클수록 독립변수(X)가 종속변수(Y)를 잘 설명한다는 의미이다.

6. 최적 회귀방정식 ★★

회귀분석의 목적은 독립변수가 종속변수에 미치는 영향을 분석하고 종속변수를 예측할 수 있는 수식을 만드는 것이다. 이때 가장 적합한 예측 모델을 만들기 위해 최적 회귀방정식을 찾아야 한다. 최적 회귀방정식이란 데이터를 가장 잘 설명하면서 과적합이나 과소적합이 없는 회귀모형을 말한다. 이를 위해 변수 선택, 모델 평가, 규제 적용 등의 과정을 통해 회귀모델을 개선하고 최적의 방정식을 도출한다.

최적 회귀방정식을 찾기 위해서는 다음과 같은 작업이 필요하다.

(1) 독립변수(설명변수) 선택

초기 후보 독립변수들의 범위를 좁히는 과정이다. 모든 독립변수를 모델에 포함하면 다중공선성 문제나 모델 복잡도가 증가할 수 있다. 따라서 종속변수를 설명하는 데 유의미한 독립변수만 선택하여 단순하고 효과적인 회귀방정식을 만들고 불필요한 변수는 제거한다.

(2) 모델 선택

회귀모델을 생성하고 독립변수와 종속변수 간의 관계를 학습한다. 일반적인 방법으로는 최소제곱법, 릿지 회귀, 라쏘 회귀 등이 있다.

(3) 단계적 변수 선택

1단계(독립변수 선택)에서 선정된 후보 변수 중 최적의 변수 조합을 찾는 세부적인 과정이다. 전진선택법, 후진제거법, 단계선택법 등을 통해 최종적으로 종속변수를 가장 잘 설명할 수 있는 독립변수를 선별한다.

전진선택법	처음에는 변수를 포함하지 않은 빈 모델에서 시작한다. 유의미한 변수를 하나씩 추가하면서 모델의 성능이 좋아지는지 확인하는 방법으로, 더 이상 성능이 좋아지지 않을 때까지 반복한다.
후진제거법	처음에는 모든 변수를 포함한 모델에서 시작한다. 변수를 하나씩 제거해 가면서 모델의 성능이 좋아지는지 확인하는 방법으로, 더 이상 성능이 좋아지지 않을 때까지 반복한다.
단계선택법	전진선택법과 후진제거법을 결합한 방식으로 변수를 추가해서 모델 성능이 좋아지면 포함시키고 아니면 제거하는 방식이다. 더 이상 성능이 좋아지지 않을 때까지 반복한다.

(4) 모델 평가

결정계수(R^2), 평균 제곱 오차(MSE), AIC/BIC 등을 사용하여 모델의 성능을 평가하고 교차검증을 통해 과적합 여부를 확인한다.

AIC	모델의 적합도와 복잡도를 동시에 고려하여 모델의 성능을 평가하는 지표이다. 변수의 수가 많아 복잡해진 모델에 패널티를 주는 방식으로 최적의 회귀방정식을 도출한다.
BIC	AIC와 유사한 방식으로 모델을 평가하지만 모델의 복잡도에 더 강한 패널티를 부여하는데, 이는 BIC가 데이터에 대한 설명력보다는 모델의 단순성을 더 중요시하기 때문이다.
Mallow's Cp	회귀모델에 점수(Cp)를 매겨 모델의 성능을 평가하는 방식이다. Cp 점수가 모델에 포함된 변수 개수(p)에 가까울수록 좋은 모델이라고 판단된다. 즉, Mallow's Cp 값이 낮으면 예측 성능이 좋고 불필요한 변수가 적은 모델이라는 의미이다.

> 다음 중 변수 선택 방법에 대한 설명으로 가장 적절하지 않은 것은 무엇인가?
> ① 전진선택법은 처음에는 변수를 포함하지 않은 모델에서 시작하여 유의미한 변수를 하나씩 추가하면서 모델의 성능이 좋아지는지 확인하는 방식이다.
> ② 후진제거법은 처음에는 모든 변수를 포함한 모델에서 시작하여 변수를 하나씩 제거해 가면서 모델의 성능이 좋아지는지 확인하는 방식이다.
> ③ 단계선택법은 전진선택법과 후진제거법을 결합한 방식으로 변수를 추가할 때마다 모든 기존 변수를 유지하고 제거하지 않는 방법이다.
> ④ 모델의 성능을 평가하는 지표 중 BIC는 AIC보다 모델의 복잡도에 더 강한 패널티를 부여하는 특징이 있다.
>
> **해설** 단계선택법은 전진선택법과 후진제거법을 결합한 방식으로 변수를 추가할 때마다 기존 변수를 다시 제거할 수도 있다. 즉, 새 변수를 추가한 후에도 기존 변수가 여전히 유의미한지 확인하고 필요하면 제거하는 방식이다.
>
> **정답** ③

7. 정규화 선형회귀 ★★★

회귀분석에서 독립변수가 많거나 다중공선성이 있는 경우 일반적인 최소제곱법 회귀모델은 과적합이 발생할 수 있다. 이를 해결하기 위해 정규화 기법이 사용된다.

(1) 라쏘 회귀(L1 규제)

라쏘 회귀는 불필요한 변수의 회귀계수를 0으로 만들어 변수 선택 기능을 수행하는 정규화 방법이다. 이를 위해 L1 규제를 활용하여 가중치들의 절댓값의 합을 최소화하는 제약 조건을 이용해 모형을 구축한다.

(2) 릿지 회귀(L2 규제)

릿지 회귀는 회귀계수를 너무 크지 않게 만드는 패널티를 추가하여 모델이 특정 변수에 지나치게 의존하지 않도록 조절함으로써 과적합을 방지하는 정규화 방법이다. 이를 위해 L2 규제를 사용하여 가중치들의 제곱합을 최소화하는 제약 조건을 이용해 모형을 구축한다.

(3) 엘라스틱넷

라쏘 모형과 릿지 모형의 장점을 적절히 결합한 모델이다.

다음 중 정규화 회귀 기법에 대한 설명으로 가장 적절하지 않은 것은 무엇인가?

① 라쏘 회귀는 L1 규제를 적용하여 불필요한 변수의 회귀계수를 0으로 만들어 변수 선택 기능을 수행할 수 있다.
② 릿지 회귀는 L2 규제를 사용하여 회귀계수의 크기를 제한함으로써 과적합을 방지하는 역할을 한다.
③ 엘라스틱넷은 L1과 L2 규제를 조합한 방법으로 변수 선택 기능과 과적합 방지 기능을 동시에 제공한다.
④ 라쏘 회귀는 가중치의 제곱합을 최소화하는 방식으로 동작한다.

해설 라쏘 회귀는 L1 규제를 사용하여 가중치의 절댓값의 합을 최소화하는 방식으로 동작하며, 불필요한 변수의 회귀계수를 0으로 만들어 변수 선택 기능을 수행할 수 있다. L2 규제는 릿지 회귀에 적용되며 가중치의 크기를 제한하지만 0으로 만들지는 않는다.

정답 ④

다음은 R 프로그램의 lm 함수를 이용하여 다중선형회귀를 실행한 코드이다.

프로그램 코드

```
# 1. 랜덤 시드 설정
set.seed(2)

# 2. 독립변수 u, v, w 생성
u <- runif(10, 10, 11)
v <- runif(10, 11, 20)
w <- runif(10, 10, 30)

# 3. 종속변수 y 생성
y <- 3.0 + 1.0*u + 2.0*v - 3.0*w + rnorm(10, 0, 0.1)

# 4. 데이터프레임 생성
dfm <- data.frame(y, u, v, w)

# 5. 다중선형회귀분석 수행
m <- lm(y ~ u + v + w, data=dfm)

# 6. 회귀모델 결과 출력
summary(m)
```

1. 랜덤 시드 설정

```
> set.seed(2)
```

- 난수를 생성할 때 시드를 고정하여 항상 같은 난수 값이 나오도록 한다.
- 이는 재현 가능성을 보장함으로써 반복된 실행에도 분석 결과의 일관성을 유지할 수 있게 해준다.

```
> set.seed(2)
> runif(5)
[1] 0.1848823 0.7023740 0.5733263 0.1680519 0.9438393
> set.seed(2)
> runif(5)
[1] 0.1848823 0.7023740 0.5733263 0.1680519 0.9438393   #동일한 난수 출력
> set.seed(3)
> runif(5)
[1] 0.1680415 0.8075164 0.3849424 0.3277343 0.6021007   #다른 난수 출력
```

2. 독립변수 u, v, w 생성

```
> u <- runif(10, 10, 11)
> v <- runif(10, 11, 20)
> w <- runif(10, 10, 30)
```

- u : 10개 난수 생성, 범위 : 10~11
- v : 10개 난수 생성, 범위 : 11~20
- w : 10개 난수 생성, 범위 : 10~30

3. 종속변수 y 생성

```
> y <- 3.0 + 1.0*u + 2.0*v - 3.0*w + rnorm(10, 0, 0.1)
```

- y는 독립변수 u, v, w에 대해 선형적으로 변하는 구조
  * rnorm(10, 0, 0.1)를 이용하여 정규분포에서 무작위로 노이즈를 추가

4. 데이터프레임 생성

```
> dfm <- data.frame(y, u, v, w)
```

5. 다중선형회귀분석 수행

```
> m <- lm(y ~ u + v + w, data=dfm)
```

- y를 종속변수(반응변수), u, v, w를 독립변수(설명변수)로 설정하여 다중선형회귀모델 생성

6. 회귀모델 결과 출력

```
> summary(m)
Call:
lm(formula = y ~ u + v + w, data = dfm)
Residuals:
      Min        1Q    Median        3Q       Max
-0.188562 -0.058632 -0.002013  0.080024  0.143757
Coefficients:
             Estimate Std. Error  t value Pr(>|t|)
(Intercept)  0.463170   1.530696    0.303 0.772420
u            1.254899   0.141247    8.884 0.000113 ***
v            1.989017   0.016586  119.923 2.27e-11 ***
w           -2.996833   0.007861 -381.241 2.20e-14 ***
---
Signif. codes:  0 '***' 0.001 '**' 0.01 '*' 0.05 '.' 0.1 ' ' 1
Residual standard error: 0.1303 on 6 degrees of freedom
Multiple R-squared:      1,    Adjusted R-squared:  0.9999
F-statistic: 4.899e+04 on 3 and 6 DF,  p-value: 1.488e-13
```

- Residuals(잔차) : 실젯값(y)과 예측값($\hat{y}$)의 차이

    Min : 가장 작은 잔차(−0.188562)

    1Q : 1사분위수(−0.058632)

    Median : 중앙값(−0.002013)

    3Q : 3사분위수(0.080024)

    Max : 가장 큰 잔차(0.143757)

- Coefficients(회귀계수)

    회귀식 : $\hat{y}$ = 0.463 + 1.255u + 1.989v − 2.997w

* Intercept (절편) : 0.463

    → u = v = w = 0일 때 y의 예상값(유의하지 않음, p-value=0.772)

* u의 계수 (1.2549) :

    → u가 1 증가할 때 y가 평균적으로 1.2549 증가(p<0.001, 유의함)

* v의 계수 (1.9890) :

    → v가 1 증가할 때 y가 평균적으로 1.9890 증가(p≈2.27e−11, 유의함)

* w의 계수 (−2.9968) :

    → w가 1 증가할 때 y가 평균적으로 −2.9968 감소(p≈2.20e−14, 유의함)

04 ▶ 다차원 척도법

1. 다차원 척도법의 개념 ★

다차원 척도법(MDS ; Multidimensional Scaling)은 여러 대상 사이의 관계를 시각적으로 보여주는 방법이다. 예를 들어 도시 간의 실제 거리를 알고 있지만 이를 지도로 그릴 수 없는 상황이라고 가정해 보자. 서울, 부산, 대전, 광주 간의 직선거리 데이터를 가지고 각 도시의 위치를 파악하기 위해서는 각 도시 간의 거리 데이터를 다음과 같이 정리할 수 있다.

구분	서울	부산	대전	광주
서울	0	400	140	300
부산	400	0	200	200
대전	140	200	0	150
광주	300	200	150	0

다차원 척도법은 위 데이터를 기반으로 2차원이나 3차원 공간에 각 도시 간의 거리가 실제 거리와 유사하도록 점들을 배치하고 결과 그래프를 통해 각 도시의 상대적 위치를 보여주는 방법이다. 비슷한 데이터끼리는 가까운 위치에, 서로 다른 데이터끼리는 먼 위치에 배치하여 전체적인 관계를 시각화하는 방식으로 군집분석과 유사한 측면이 있다.

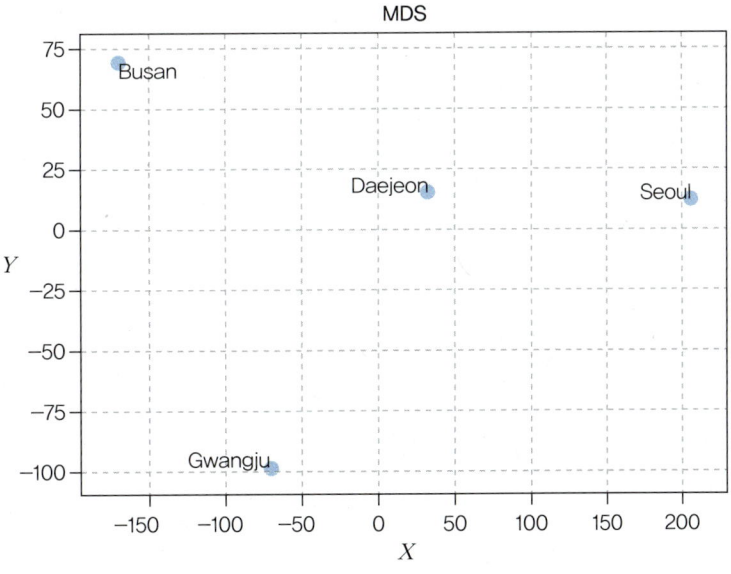

위 그림은 다차원 척도법을 통해 고차원 거리 데이터(도시 간 거리)를 2차원 공간에 배치한 것으로 절대적인 지도상의 위치와 일치하는 것은 아니며 상대적인 거리만 반영된 결과이다.

> 다음 중 다차원 척도법(MDS)의 활용 사례로 적절하지 않은 것은 무엇인가?
> ① 여러 제품의 고객 선호도를 기반으로 유사한 제품을 그룹화하는 경우
> ② 다양한 유전자의 유사도를 바탕으로 계통도를 구성하는 경우
> ③ 도시 간의 실제 지리적 위치를 정확히 배치하는 경우
> ④ 심리학 연구에서 설문 응답자의 유사성을 분석하는 경우
>
> **해설** MDS는 상대적 거리를 기반으로 데이터를 배치하므로 절대적인 지리적 위치를 정확히 표현하는 데는 적합하지 않다.
>
> **정답** ③

2. 다차원 척도법의 측도 ★★

(1) 다차원 척도법에서의 측도

데이터를 분석할 때 사용되는 대상 간의 거리나 유사성을 측정하는 기준을 의미한다. 측도는 다차원 척도법의 결과에 큰 영향을 미치며 데이터의 특성과 분석 목적에 따라 적합한 방식을 선택해야 한다.

(2) 다차원 척도법에서의 스트레스 척도

결과의 적합도를 평가하기 위한 중요한 기준이 된다. 다차원 척도법은 고차원 데이터를 저차원 공간에 투영하여 각 데이터 간의 상대적 거리나 유사성을 시각화하는데, 이 과정에서 실제 거리와 모형 거리 간의 차이를 측정하여 결과의 정확성을 평가하게 되고 이를 스트레스 척도를 통해 확인할 수 있다.

스트레스 척도는 다차원 척도법 분석에서 재구성된 거리와 실제 거리 간의 불일치를 수치화한 값이다. 이 값은 모형이 주어진 데이터를 얼마나 잘 표현하는지를 나타내며 일반적으로 값이 작을수록 결과가 데이터에 적합함을 의미한다.

(3) 스트레스 척도의 계산식

$$S = \sqrt{\frac{\sum_{i=1, j=1}^{n} (d_{ij} - \widehat{d_{ij}})^2}{\sum_{i=1, j=1}^{n} (d_{ij})^2}}$$

- d_{ij} : 실제 데이터에서 관찰된 거리
- $\widehat{d_{ij}}$: MDS 모형으로 재구성된 거리

스트레스 값은 다차원 척도법 결과의 적합도를 평가하기 위한 주요 지표로 사용되며 다음과 같은 기준으로 해석된다.

스트레스 값	의미
0	완벽(Perfect)
0 ~ 0.05	매우 적합(Excellent)
0.05 ~ 0.1	적합(Good)
0.1 ~ 0.15	보통(Fair)
0.15 이상	부적합(Poor)

다차원 척도법의 결과가 원본 데이터와 얼마나 잘 부합하는지를 측정하는 스트레스 척도에 대한 설명으로 가장 적절한 것은 무엇인가?

① 스트레스 값이 클수록 모델의 적합도가 높다.
② 스트레스 값이 작을수록 모델이 원본 데이터를 더 잘 표현한다.
③ 스트레스 값은 0보다 작을 수 있다.
④ 스트레스 값이 0.15 이상이면 매우 적합한 모델로 평가된다.

해설 스트레스 값이 작을수록 원본 데이터와의 불일치가 적어 MDS 결과의 신뢰도가 높아진다.

정답 ②

3. 다차원 척도법의 종류

다차원 척도법은 사용 목적과 데이터의 특성에 따라 다양한 종류로 나눌 수 있는데 데이터 간의 거리 또는 유사성을 측정하고 이를 저차원에 투영하는 방법론에서 차이가 있다. 여기서는 대표적인 종류인 계량적 다차원 척도법과 비계량적 다차원 척도법에 대해 간략하게 알아보도록 하자.

(1) 계량적 다차원 척도법

계량적 다차원 척도법은 거리 행렬에 포함된 값의 절대적 크기를 그대로 사용하여 데이터를 분석하는 방식으로, 데이터가 구간척도(예 온도, 점수 등)나 비율척도(예 키, 몸무게 등)인 경우 활용한다. 이 방법은 데이터 간의 실제 거리를 보존하며 유클리드 거리와 같은 수학적 거리를 기반으로 모델을 표현한다.

다음은 R 프로그램의 cmdscale 함수를 이용하여 계량적 다차원 척도법을 실행한 코드이다.

프로그램 코드

```
# 1. 유럽 도시 간 거리 데이터 로드
data(eurodist)
eurodist

# 2. 계량적 다차원 척도법(Metric MDS) 수행
loc <- cmdscale(eurodist)
loc

# 3. 좌표 데이터 추출
x <- loc[,1]
y <- loc[,2]

# 4. 그래프 출력(도시 이름 표시)
plot(x, y, type="n", main="eurodist")
text(x, y, labels=rownames(loc), cex=0.8)
abline(v=0, h=0)
```

1. 유럽 도시 간 거리 데이터 로드

```
> data(eurodist)
> eurodist
```

	Athens	Barcelona	Brussels	Calais	Cherbourg	Cologne
Barcelona	3313					
Brussels	2963	1318				
Calais	3175	1326	204			
Cherbourg	3339	1294	583	460		
Cologne	2762	1498	206	409	785	
Copenhagen	3276	2218	966	1136	1545	760
Geneva	2610	803	677	747	853	1662
Gibraltar	4485	1172	2256	2224	2047	2436
Hamburg	2977	2018	597	714	1115	460
Hook of Holland	3030	1490	172	330	731	269
Lisbon	4532	1305	2084	2052	1827	2290
Lyons	2753	645	690	739	789	714
Madrid	3949	636	1558	1550	1347	1764
Marseilles	2865	521	1011	1059	1101	1035
Milan	2282	1014	925	1077	1209	911
Munich	2179	1365	747	977	1160	583
Paris	3000	1033	285	280	340	465
Rome	817	1460	1511	1662	1794	1497
Stockholm	3927	2868	1616	1786	2196	1403
Vienna	1991	1802	1175	1381	1588	937

	Copenhagen	Geneva	Gibraltar	Hamburg	Hook of Holland	Lisbon
Barcelona						
Brussels						
Calais						
Cherbourg						
Cologne						
Copenhagen						
Geneva	1418					
Gibraltar	3196	1975				
Hamburg	460	1118	2897			
Hook of Holland	269	895	2428	550		
Lisbon	2971	1936	676	2671	2280	
Lyons	1458	158	1817	1159	863	1178
Madrid	2498	1439	698	2198	1730	668
Marseilles	1778	425	1693	1479	1183	1762
Milan	1537	328	2185	1238	1098	2250
Munich	1104	591	2565	805	851	2507
Paris	1176	513	1971	877	457	1799
Rome	2050	995	2631	1751	1683	2700
Stockholm	650	2068	3886	949	1500	3231
Vienna	1455	1019	2974	1155	1205	2937

	Lyons	Madrid	Marseilles	Milan	Munich	Paris	Rome	Stockholm
Barcelona								
Brussels								
Calais								
Cherbourg								
Cologne								
Copenhagen								
Geneva								
Gibraltar								
Hamburg								
Hook of Holland								
Lisbon								
Lyons								
Madrid	1281							
Marseilles	320	1157						
Milan	328	1724	618					
Munich	724	2010	1109	331				
Paris	471	1273	792	856	821			
Rome	1048	2097	1011	586	946	1476		
Stockholm	2108	3188	2428	2187	1754	1827	2707	
Vienna	1157	2409	1363	898	428	1249	1209	2105

- R 내장 데이터셋인 eurodist를 불러온다. eurodist는 유럽 주요 도시 간 거리(km)를 행렬 형태로 저장한 데이터이다.

2. 계량적 다차원 척도법(Metric MDS) 수행

```
> loc <- cmdscale(eurodist)
> loc
                       [,1]         [,2]
Athens          2290.274680   1798.80293
Barcelona       -825.382790    546.81148
Brussels          59.183341   -367.08135
Calais           -82.845973   -429.91466
Cherbourg       -352.499435   -290.90843
Cologne          293.689633   -405.31194
Copenhagen       681.931545  -1108.64478
Geneva            -9.423364    240.40600
Gibraltar      -2048.449113    642.45854
Hamburg          561.108970   -773.36929
Hook of Holland  164.921799   -549.36704
Lisbon         -1935.040811     49.12514
Lyons           -226.423236    187.08779
Madrid         -1423.353697    305.87513
Marseilles      -299.498710    388.80726
Milan            260.878046    416.67381
Munich           587.675679     81.18224
Paris           -156.836257   -211.13911
Rome             709.413282   1109.36665
Stockholm        839.445911  -1836.79055
Vienna           911.230500    205.93020
```

- cmdscale( )은 다차원 척도법을 적용하는 함수로 eurodist 거리 행렬을 입력값으로 받아 2차원 좌표(x, y)를 생성한다.
- loc 변수에 각 도시의 2차원 좌표를 저장한 뒤 출력한다.

3. 좌표 데이터 추출

```
> x <- loc[,1]
> y <- loc[,2]
```

- 첫 번째 주축 좌표를 x에, 두 번째 주축 좌표를 y에 저장한다.

4. 그래프 출력(도시 이름 표시)

```
> plot(x, y, type='n', main='eurodist')
> text(x, y, rownames(loc), cex=0.8)
> abline(v=0, h=0)
```

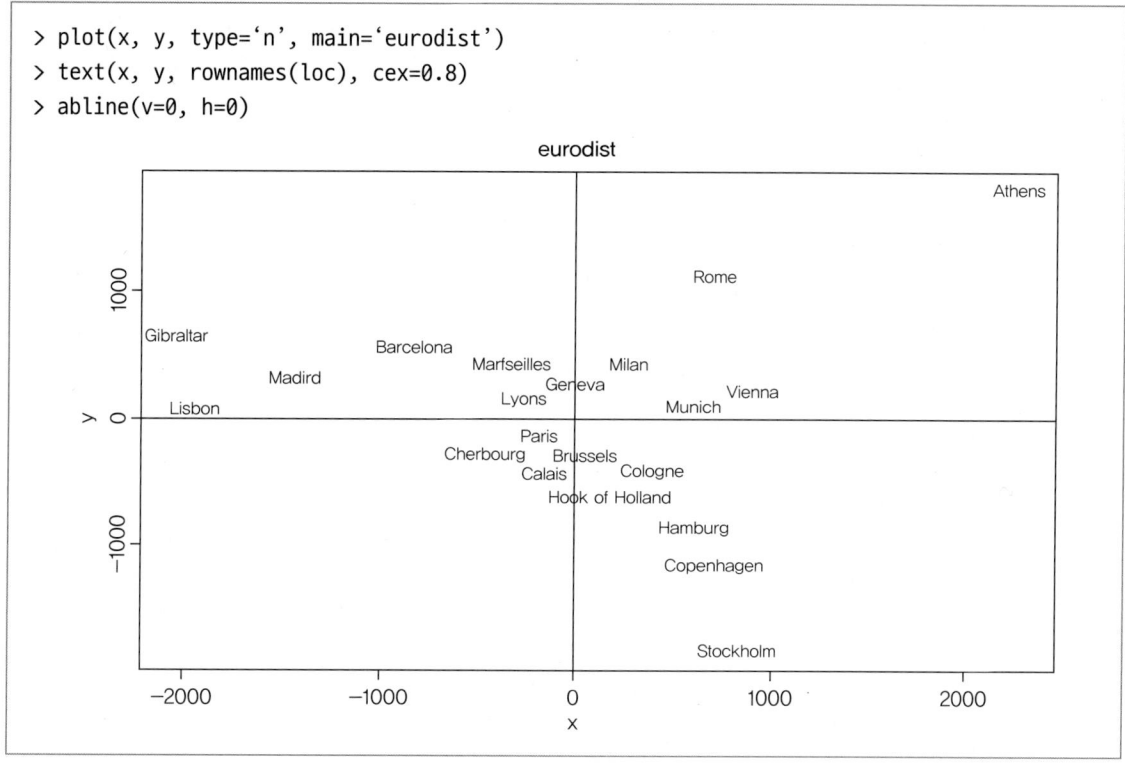

- 생성된 2차원 좌표를 plot( ) 함수로 시각화한다.
  * type='n' : 그래프에서 점을 표시하지 않고 빈 좌표계를 생성
- text( ) 함수로 각 좌표 위치에 해당하는 도시 이름을 표시한다.
  * rownames(loc) : loc 객체의 행 이름(즉, 도시 이름)을 가져와 표시
- abline(v=0, h=0)으로 수직선(v=0)과 수평선(h=0)을 추가하여 좌표축의 기준선을 표시한다.

(2) 비계량적 다차원 척도법

비계량적 다차원 척도법은 데이터 간의 순위 정보를 사용하여 분석을 수행하는 방식으로 데이터가 순서척도(예 고객만족도 등)인 경우 활용한다. 거리의 절대적인 크기가 아니라 데이터 간 상대적 순서에 중점을 두어 저차원 공간에 투영하는 방식으로 모델을 표현하며 R 프로그램에서는 isoMDS 함수를 사용하여 나타낼 수 있다.

05 주성분 분석(PCA)

주성분 분석(PCA ; Principal Component Analysis)이란 복잡한 데이터를 더 간단하게 만드는 방법으로 여러 개의 변수 중 상관성이 높은 변수들을 선형 결합하여 새로운 변수(주성분)를 생성하고 이를 통해 기존 데이터를 요약 및 축소하는 분석 기법이다.

1. 주성분 분석의 개념 ★★

주성분 분석은 데이터에서 가장 중요한 특징을 추출하여 차원을 줄이고 이를 통해 분석의 효율성과 해석의 용이성을 높이는 데 활용되며 이미지 압축을 하는 경우를 예로 들 수 있다. 고해상도 이미지는 많은 픽셀로 이루어져 있어 저장 공간과 처리 속도가 많이 요구되지만, 모든 픽셀 정보가 중요한 것은 아니다. 이런 경우 주성분 분석을 사용하여 이미지 데이터를 구성하는 픽셀값을 주성분으로 변환한 뒤 주요 주성분 몇 개만 선택하여 원본 이미지를 재구성할 수 있다. 이렇게 하면 이미지의 저장 공간이 크게 절약되고 압축된 이미지를 사용하여 빠르게 전송하거나 처리하는 일이 가능해진다.

2. 주성분 분석의 목적 ★★

(1) 데이터 차원 축소

고차원의 데이터는 분석이 어렵고 시각화가 제한적이며 머신러닝 모델에서 차원의 저주 문제가 발생할 수 있다. 주성분 분석은 원래 데이터에서 가장 중요한 정보를 유지하면서 차원을 줄여 모델의 성능을 개선하고 연산 비용을 절감하는 데 도움을 준다.

> **Tip**
>
> 차원의 저주란
> - 데이터의 차원이 증가할수록 발생하는 여러 가지 문제를 의미함
> - 변수가 많으면 차원이 높다고 하는데, 머신러닝과 데이터 분석에서는 데이터의 특징 개수가 많아질수록 학습 성능이 반드시 좋아지는 것이 아니라 오히려 성능이 저하되거나 계산량이 폭증하는 문제가 발생할 수 있음
> - 이러한 현상을 차원의 저주라고 함

(2) 중요한 특징 추출

주성분 분석은 기존의 변수를 조합하여 새로운 특징을 생성하는 역할을 한다. 이러한 방식은 데이터에서 숨겨진 패턴을 발견하고 의미 있는 정보를 추출하는 데 유용하다. 특히 이미지 처리, 음성 분석, 유전자 데이터 분석 등 다양한 분야에서 사용된다.

(3) 데이터 압축

주성분 분석은 원본 데이터의 정보를 최대한 유지하면서 데이터를 압축하는 데 사용할 수 있다. 데이터의 중요한 패턴을 유지하면서 불필요한 잡음을 제거하는 효과가 있으며, 데이터 저장 비용 절감 및 효율적인 데이터 처리를 가능하게 해준다.

(4) 노이즈 제거
고차원 데이터에는 불필요한 잡음이 포함될 가능성이 높다. 주성분 분석을 적용하면 가장 중요한 주성분만 남기고 잡음을 포함한 차원을 제거할 수 있어 데이터의 품질을 향상시킬 수 있다.

(5) 데이터 시각화
고차원 데이터는 사람이 직관적으로 해석하기가 어렵다. 주성분 분석을 활용하면 2차원 또는 3차원으로 변환하여 데이터의 분포를 시각적으로 확인하기가 용이해진다.

(6) 모델 성능 개선 및 과적합 방지
고차원 데이터에서는 학습 데이터에 지나치게 맞춰지는 과적합 문제가 발생할 수 있다. 주성분 분석을 사용하여 차원을 줄이면 모델이 더 일반화되어 새로운 데이터에 대한 예측 성능이 향상될 수 있다.

다음 중 주성분 분석(PCA)의 주요 목적으로 가장 거리가 먼 것은 무엇인가?
① 데이터 차원 축소
② 데이터의 정확도 향상
③ 노이즈 제거
④ 데이터 시각화

> **해설** PCA는 차원을 줄이고 노이즈를 제거하여 데이터의 패턴을 잘 보존하지만 데이터의 정확도를 직접적으로 향상시키는 방법은 아니다.
>
> **정답** ②

다음 중 주성분 분석(PCA)의 활용 사례로 적절하지 않은 것은 무엇인가?
① 고차원 유전자 데이터를 차원 축소하여 패턴을 분석하는 경우
② 이미지 데이터에서 특징을 추출하여 데이터 크기를 줄이는 경우
③ 기온 데이터의 계절적 변화를 분석하기 위해 평균 기온을 계산하는 경우
④ 머신러닝 모델에서 과적합을 방지하기 위해 차원 축소를 적용하는 경우

> **해설** 평균 기온을 계산하는 것은 단순한 통계적 요약 방법이며 PCA를 사용한 차원 축소나 패턴 분석과는 관련이 없다.
>
> **정답** ③

3. 주성분 개수 선정 방법 ★

주성분 분석을 수행할 때 몇 개의 주성분을 선택할지 결정하는 것이 중요하다. 대표적인 방법으로 평균 고윳값 기준과 스크리 플롯(Scree Plot) 분석이 있다.

(1) 평균 고윳값 기준

전체 고윳값의 평균보다 큰 고윳값을 가지는 주성분만 선택하는 방법으로 데이터의 특성이 많은 경우 효과적이며 과도한 차원 축소를 방지할 수 있다.

(2) 스크리 플롯(Scree Plot) 분석

스크리 플롯은 고윳값을 내림차순으로 정렬한 뒤 그래프로 나타낸 것이다. 그래프에서 엘보우 포인트(Elbow Point), 즉 기울기가 급격하게 완만해지는 지점을 찾아 해당하는 주성분 개수를 선택한다. 일반적으로 엘보우 포인트 이후의 주성분은 데이터의 변동성을 적게 설명하므로 제거하는 것이 적절하다.

다음은 R 프로그램의 princomp 함수를 이용하여 주성분 분석을 실행한 코드이다.

프로그램 코드

```
# 1. 데이터 로드 및 요약 확인
library(datasets)
data(USArrests)
summary(USArrests)

# 2. 주성분 분석(PCA) 수행
fit <- princomp(USArrests, cor=TRUE)

# 3. 주성분 분석 결과 요약
summary(fit)

# 4. 주성분 로딩(Loadings) 확인
loadings(fit)

# 5. Scree Plot(스크리 플롯) 생성
plot(fit, type='lines')

# 6. 주성분 점수(Scores) 출력
fit$scores

# 7. Biplot 생성
biplot(fit)
```

1. 데이터 로드 및 요약 확인

```
> library(datasets)
> data(USArrests)
> summary(USArrests)
     Murder          Assault         UrbanPop          Rape
 Min.   : 0.800   Min.   : 45.0   Min.   :32.00   Min.   : 7.30
 1st Qu.: 4.075   1st Qu.:109.0   1st Qu.:54.50   1st Qu.:15.07
 Median : 7.250   Median :159.0   Median :66.00   Median :20.10
 Mean   : 7.788   Mean   :170.8   Mean   :65.54   Mean   :21.23
 3rd Qu.:11.250   3rd Qu.:249.0   3rd Qu.:77.75   3rd Qu.:26.18
 Max.   :17.400   Max.   :337.0   Max.   :91.00   Max.   :46.00
```

- R에서 기본으로 제공해 주는 데이터셋을 로드한다.
- USArrests 데이터셋을 로드한다. 이 데이터셋은 미국 50개 주의 범죄율(살인, 강간 등)과 도시화 비율에 대한 정보를 담고 있다.
- USArrests 데이터셋에 대한 요약을 살펴보면 각 변수의 평균(Mean), 중앙값(Median), 최솟값(Min), 최댓값(Max) 등이 제공됨을 알 수 있다.

2. 주성분 분석(PCA) 수행

```
> fit <- princomp(USArrests, cor=TRUE)
```

- princomp는 주성분을 계산하는 함수이다.
  * cor=True : PCA 수행 시 상관 행렬을 사용. 각 변수들이 다른 단위를 가지고 있기 때문에 표준화 적용

3. 주성분 분석 결과 요약

```
> summary(fit)
Importance of components:
                          Comp.1    Comp.2    Comp.3     Comp.4
Standard deviation     1.5748783 0.9948694 0.5971291 0.41644938
Proportion of Variance 0.6200604 0.2474413 0.0891408 0.04335752
Cumulative Proportion  0.6200604 0.8675017 0.9566425 1.00000000
```

- Comp.1 ~ Comp.4 → 네 개의 주성분(PC ; Principal Components)
- Standard deviation는 표준편차로 주성분의 분산 크기를 나타낸다.
- Proportion of Variance는 설명된 분산 비율로 각 주성분이 전체 데이터의 분산을 얼마나 설명하는지 비율로 나타낸다.
- Cumulative Proportion은 누적 설명된 분산 비율로 해당 주성분까지 포함했을 때 전체 데이터의 분산을 얼마나 설명하는지 누적 비율로 나타낸다.
  * 일반적으로 누적 설명된 분산이 80~90% 이상이면 충분
  * 여기서 Comp.1+Comp.2의 누적 설명된 분산이 약 86.75% → PC1과 PC2만으로도 대부분의 정보가 유지됨

4. 주성분 로딩(Loadings) 확인

```
> loadings(fit)
Loadings:
         Comp.1 Comp.2 Comp.3 Comp.4
Murder    0.536  0.418  0.341  0.649
Assault   0.583  0.188  0.268 -0.743
UrbanPop  0.278 -0.873  0.378  0.134
Rape      0.543 -0.167 -0.818

               Comp.1 Comp.2 Comp.3 Comp.4
SS loadings     1.00   1.00   1.00   1.00
Proportion Var  0.25   0.25   0.25   0.25
Cumulative Var  0.25   0.50   0.75   1.00
```

- 각 주성분(PC1~PC4)에 대해 원래 변수들이 얼마나 기여하는지를 나타낸다.
  * 값의 절댓값이 클수록 해당 변수가 주성분에 큰 영향을 줌
  * 부호는 변수 간의 관계를 의미(같은 부호 : 양의 상관관계, 다른 부호 : 음의 상관관계)
- PC1(Comp.1)의 주요 변수는 Murder(0.536), Assault(0.583), Rape(0.543)로 폭력 범죄 관련 변수들이 큰 영향을 준다.
- PC2(Comp.2)의 주요 변수는 UrbanPop(-0.873)으로 도시 인구 비율이 가장 중요한 역할을 한다.

5. Scree Plot(스크리 플롯) 생성

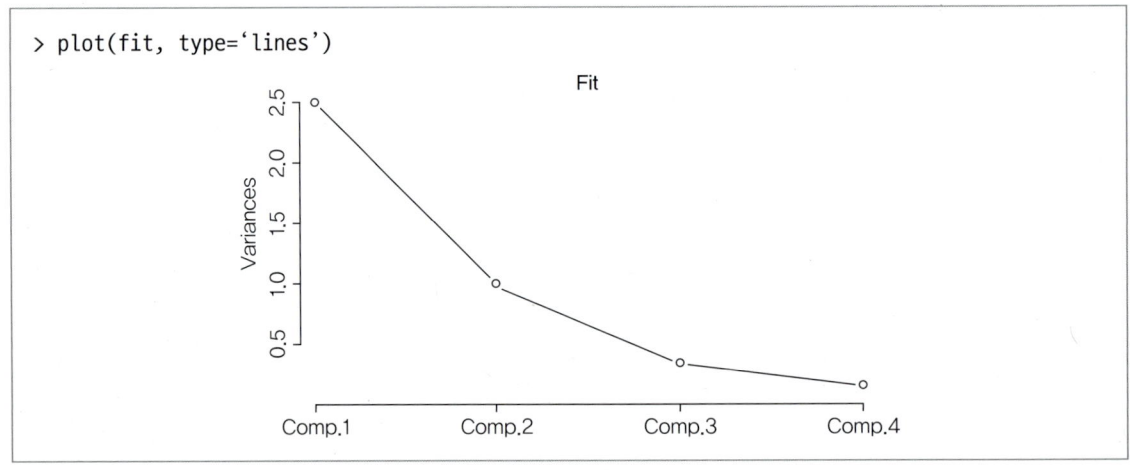

- Scree Plot은 주성분의 중요도를 시각적으로 확인하는 그래프로 기울기가 급격히 감소하는 지점(Elbow Point)을 찾아 적절한 주성분 개수를 선택한다.
  * 보통 기울기가 급격히 완만해지는 지점까지의 주성분만 선택 → Comp.1과 Comp.2까지만 선택하는 것이 적절

6. 주성분 점수(Scores) 출력

```
> fit$scores
                     Comp.1      Comp.2      Comp.3      Comp.4
Alabama          0.98556588  1.13339238  0.44426879  0.156267145
Alaska           1.95013775  1.07321326 -2.04000333 -0.438583440
Arizona          1.76316354 -0.74595678 -0.05478082 -0.834652924
Arkansas        -0.14142029  1.11979678 -0.11457369 -0.182810896
California       2.52398013 -1.54293399 -0.59855680 -0.341996478
Colorado         1.51456286 -0.98755509 -1.09500699  0.001464887
Connecticut     -1.35864746 -1.08892789  0.64325757 -0.118469414
Delaware         0.04770931 -0.32535892  0.71863294 -0.881977637
Florida          3.01304227  0.03922851  0.57682949 -0.096284752
Georgia          1.63928304  1.27894240  0.34246008  1.076796812
Hawaii          -0.91265715 -1.57046001 -0.05078189  0.902806864
Idaho           -1.63979985  0.21097292 -0.25980134 -0.499104101
Illinois         1.37891072 -0.68184119  0.67749564 -0.122021292
Indiana         -0.50546136 -0.15156254 -0.22805484  0.424665700
Iowa            -2.25364607 -0.10405407 -0.16456432  0.017555916
Kansas          -0.79688112 -0.27016470 -0.02555331  0.206496428
Kentucky        -0.75085907  0.95844029  0.02836942  0.670556671
Louisiana        1.56481798  0.87105466  0.78348036  0.454728038
Maine           -2.39682949  0.37639158  0.06568239 -0.330459817
Maryland         1.76336939  0.42765519  0.15725013 -0.559069521
Massachusetts   -0.48616629 -1.47449650  0.60949748 -0.179598963
Michigan         2.10844115 -0.15539682 -0.38486858  0.102372019
Minnesota       -1.69268181 -0.63226125 -0.15307043  0.067316885
Mississippi      0.99649446  2.39379599  0.74080840  0.215508013
Missouri         0.69678733 -0.26335479 -0.37744383  0.225824461
Montana         -1.18545191  0.53687437 -0.24688932  0.123742227
Nebraska        -1.26563654 -0.19395373 -0.17557391  0.015892888
Nevada           2.87439454 -0.77560020 -1.16338049  0.314515476
New Hampshire   -2.38391541 -0.01808229 -0.03685539 -0.033137338
New Jersey       0.18156611 -1.44950571  0.76445355  0.243382700
New Mexico       1.98002375  0.14284878 -0.18369218 -0.339533597
New York         1.68257738 -0.82318414  0.64307509 -0.013484369
North Carolina   1.12337861  2.22800338  0.86357179 -0.954381667
North Dakota    -2.99222562  0.59911882 -0.30127728 -0.253987327
Ohio            -0.22596542 -0.74223824  0.03113912  0.473915911
Oklahoma        -0.31178286 -0.28785421  0.01530979  0.010332321
Oregon           0.05912208 -0.54141145 -0.93983298 -0.237780688
Pennsylvania    -0.88841582 -0.57110035  0.40062871  0.359061124
Rhode Island    -0.86377206 -1.49197842  1.36994570 -0.613569430
South Carolina   1.32072380  1.93340466  0.30053779 -0.131466685
```

```
South Dakota    -1.98777484   0.82334324  -0.38929333  -0.109571764
Tennessee        0.99974168   0.86025130  -0.18808295   0.652864291
Texas            1.35513821  -0.41248082   0.49206886   0.643195491
Utah            -0.55056526  -1.47150461  -0.29372804  -0.082314047
Vermont         -2.80141174   1.40228806  -0.84126309  -0.144889914
Virginia        -0.09633491   0.19973529  -0.01171254   0.211370813
Washington      -0.21690338  -0.97012418  -0.62487094  -0.220847793
West Virginia   -2.10858541   1.42484670  -0.10477467   0.131908831
Wisconsin       -2.07971417  -0.61126862   0.13886500   0.184103743
Wyoming         -0.62942666   0.32101297   0.24065923  -0.166651801
```

- 각 주의 주성분 점수를 출력한다.

7. Biplot 생성

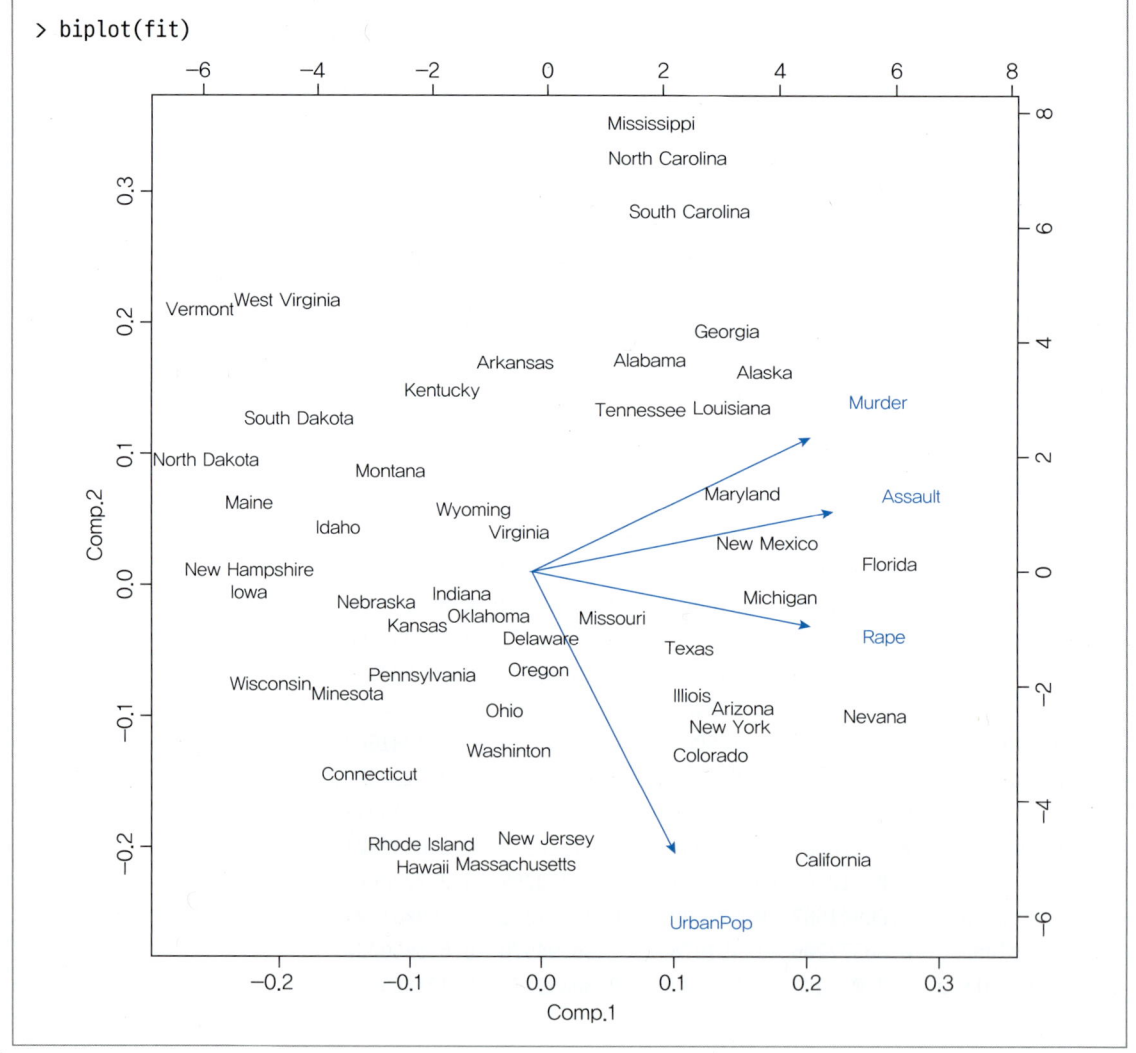

- biplot은 첫 번째 주성분과 두 번째 주성분을 각각의 축으로 나타내는 그래프이다.
  * 폭력 범죄(Murder, Assault, Rape)가 높은 주는 같은 방향에 위치
  * UrbanPop(도시 인구 비율)은 다른 방향 → 범죄율과 다른 특성을 보임

06 시계열분석

시계열분석(Time Series Analysis)이란 시간에 따라 변하는 데이터(시계열 데이터)를 분석하여 패턴을 이해하고 미래를 예측하는 기법이다. 시계열 데이터는 일정한 시간 간격으로 수집된 데이터로 시간에 따른 변화 추이를 분석하는 것이 핵심이다. 주가, 기온, 판매량, 환율, 경제 성장률, 트래픽 데이터 등이 대표적인 시계열 데이터에 해당한다.

시계열분석에서 가장 중요한 개념 중 하나는 정상성과 비정상성이다. 정상성과 비정상성을 구분하는 것은 시계열 모델을 선택하고 예측 성능을 높이는 데 매우 중요하다.

1. 시계열 자료의 종류 ★★

시계열 데이터는 크게 정상 시계열과 비정상 시계열로 나뉜다.

(1) 정상 시계열

정상 시계열은 시간이 지나도 평균, 분산, 자기공분산이 일정하게 유지되는 시계열 데이터로 데이터의 통계적 특성이 시간에 따라 변하지 않는다. 정상성을 가지는 데이터는 예측이 용이하며 대부분의 시계열 모델(예 ARMA, ARIMA)은 정상 시계열을 기반으로 작동한다.

예 기온 데이터에서 계절성을 제거한 후의 변동 데이터

> **Tip**
>
> **시계열 자료의 정상성 조건**
> - 일정한 평균
>   모든 시점에 대하여 평균이 일정해야 함. 그렇지 않을 경우 차분을 통해 정상화
> - 일정한 분산
>   모든 시점에 대하여 분산이 일정해야 함. 그렇지 않을 경우 변환을 통해 정상화
> - 시차에만 의존하는 공분산
>   공분산은 단지 시차에만 의존하고 특정 시점에 의존하지 않음

Warming Up

다음 중 시계열 자료가 정상성을 만족하는 조건으로 적절하지 않은 것은 무엇인가?

① 모든 시점에서 평균이 일정해야 한다.
② 모든 시점에서 분산이 일정해야 한다.
③ 공분산이 특정 시점에 의존해야 한다.
④ 정상성을 만족하지 않는 경우 차분 또는 변환을 통해 정상화를 시도할 수 있다.

> **해설** 정상성을 갖는 시계열 데이터의 공분산은 특정 시점이 아니라 시차(Lag)에만 의존해야 한다. 특정 시점에 따라 달라지면 정상성을 만족하지 않는다.
>
> **정답** ③

(2) 비정상 시계열

비정상 시계열은 시간에 따라 평균, 분산, 자기공분산이 변하는 시계열 데이터로 장기적인 추세, 계절성, 구조적인 변화가 포함된다. 대부분의 시계열 자료는 비정상 시계열 자료이며 이는 그대로 모델링하기 어렵기 때문에 차분이나 로그 및 지수 변환 등으로 정상 시계열로 변환하는 과정이 필요하다.

예 주식 시장의 장기 상승 추세, 인구 증가

> **Tip**
>
> **시계열 데이터 변환 기법**
> - 차분
>   시계열 데이터에서 현재 값과 이전 값과의 차이를 계산하여 추세를 제거하는 기법. 계절적인 주기가 있는 경우 여러 시점 전의 자료 값을 빼는 계절 차분 사용
> - 로그 변환
>   데이터 크기가 너무 크거나 분산이 일정하지 않을 때 변동성을 줄이는 기법

Warming Up

시계열 데이터가 정상성을 만족하지 않을 경우 이를 정상화하는 방법으로 가장 적절하지 않은 것은 무엇인가?

① 평균이 일정하지 않을 경우 차분을 적용한다.
② 분산이 일정하지 않을 경우 로그 변환 등의 변환을 적용한다.
③ 공분산이 특정 시점에 의존할 경우 정상성을 만족하는 새로운 데이터를 생성한다.
④ 데이터의 크기가 너무 클 경우 지수 변환을 적용할 수 있다.

> **해설** 평균이 일정하지 않으면 차분, 분산이 일정하지 않으면 변환(Log 변환 등)을 사용하여 정상성을 확보할 수 있다. 하지만 공분산이 특정 시점에 의존하는 경우 정상성을 만족하는 새로운 데이터를 생성하는 것은 일반적인 해결 방법이 아니다.
>
> **정답** ③

2. 자기상관성 ★

자기상관성이란 서로 이웃하는 자료들끼리 상관관계를 갖는 성질을 의미한다. 즉, 현재의 값이 과거의 값과 얼마나 연관되어 있는지를 나타내는 개념이라고 할 수 있다. 예를 들어 오늘 날씨가 춥다면 내일도 비슷하게 추울 가능성이 높다는 것은 날씨 데이터가 시간에 따라 연속적인 패턴을 가지며 자기상관성이 존재한다는 의미이다.

자기상관성의 정도	의미
자기상관성이 높다	과거 데이터가 현재 값에 큰 영향을 줌 예 주가, 날씨, 환율 등
자기상관성이 낮다	과거 데이터가 현재 값에 많은 영향을 주지 않음 예 동전 던지기

(1) 자기상관계수(ACF)

자기상관계수는 특정 시점의 데이터가 이전 시점의 데이터와 얼마나 비슷한지를 나타내는 값이다. 자기상관계수는 1에 가까울수록 오늘과 어제의 데이터 값이 비슷할 가능성이 높고(양의 자기상관성), −1에 가까울수록 오늘의 데이터 값이 어제와 반대로 움직일 가능성이 높으며(음의 자기상관성), 0에 가까울수록 오늘의 값과 어제의 값이 무관함(자기상관성이 없음)을 의미한다.

예 자기상관계수 해석

시차(일)	ACF 값	해석
1	0.85	현재 값과 1일 전 데이터가 강한 양의 상관관계
2	0.60	2일 전 데이터와도 어느 정도 상관관계 존재
3	0.20	3일 전 데이터와의 상관관계는 약해짐
4	−0.10	4일 전 데이터와는 거의 무관함

> **Tip**
>
> **자기상관함수**
> - 시간 간격에 따라 데이터가 얼마나 관련 있는지를 확인하는 함수
> - 특정 시점 간격(시차)을 기준으로 현재와 이전 시점 간의 자기상관계수를 계산한 뒤 이를 여러 시차에 대해 반복 계산하여 함수 형태로 나타냄

(2) 부분자기상관계수(PACF)

부분자기상관계수는 특정 시점의 데이터가 바로 직전 시점을 제외한 더 이전 시점들과 얼마나 관련이 있는지를 나타내는 값이다. 즉, 중간에 있는 데이터들의 영향을 제거한 후 남은 순수한 자기상관성만 측정하는 방법으로 특정 시차에서 부분자기상관계수가 높다면 해당 시차에서 독립적인 영향이 존재한다는 의미가 된다.

예 **부분자기상관계수 해석**

시차(일)	PACF 값	해석
1	0.75	1일 전 데이터가 직접적인 영향을 줌
2	0.10	2일 전 데이터는 영향이 적음(1일 전 데이터가 이미 설명)
3	0.05	3일 전 데이터는 거의 영향이 없음

> **Tip**
>
> **자기상관계수 vs 부분자기상관계수**
> [시험 성적 예측]
>
> | 시험 번호 | 성적(점수) |
> |---|---|
> | 1회차 | 70 |
> | 2회차 | 75 |
> | 3회차 | 80 |
> | 4회차 | 85 |
>
> - 자기상관계수(ACF)
>   ACF는 모든 시차의 영향을 고려
>   → 4회차 시험 성적(85점)을 예측할 때,
>   3회차 성적(80점)과의 상관관계
>   2회차 성적(75점)과의 상관관계
>   1회차 성적(70점)과의 상관관계
>   위 모든 과거 성적을 고려
> - 부분자기상관계수(PACF)
>   PACF는 중간 단계를 제거하고 특정 시차에서의 순수한 영향만 고려
>   → 4회차 시험 성적(85점)을 예측할 때,
>   3회차 성적(80점)이 4회차에 영향을 주고
>   2회차 성적(75점)도 4회차에 영향을 주지만
>   이 영향은 3회차 성적을 통해 간접적으로 전달될 수 있으므로
>   3회차 성적의 영향을 제거하고 2회차 성적이 4회차 성적에 직접 영향을 주는지를 측정

> **Warming Up**

다음 중 자기상관계수(ACF)에 대한 설명으로 가장 적절한 것은 무엇인가?

① 특정 시점의 데이터가 이전 시점과 얼마나 관련이 있는지를 나타내는 값이다.
② 모든 시차(Lag)에서 자기상관계수 값이 동일하게 유지된다.
③ 자기상관계수 값이 0에 가까울수록 데이터 간의 유사성이 높다.
④ 자기상관계수가 −1이면 현재 값과 이전 값이 완전히 동일함을 의미한다.

> **해설** 자기상관계수(ACF)는 특정 시점의 데이터가 이전 시점과 얼마나 관련이 있는지를 나타내는 값이다. 일반적으로 1에 가까울수록 유사성이 높고 −1에 가까울수록 반대 방향으로 변동할 가능성이 크다.
>
> **정답** ①

> **Warming Up**

다음 중 자기상관함수(ACF)와 부분자기상관함수(PACF)에 대한 설명으로 가장 적절하지 않은 것은 무엇인가?

① ACF는 여러 시차(Lag)에 대한 자기상관계수를 계산하여 함수 형태로 나타낸다.
② ACF는 특정 시점이 모든 이전 시점과 얼마나 관련이 있는지를 보여준다.
③ PACF는 특정 시점의 데이터가 바로 직전 시점을 제외한 더 이전 시점들과의 관계를 보여준다.
④ PACF는 모든 시차에서 ACF와 동일한 값을 가진다.

> **해설** PACF는 특정 시점의 데이터가 바로 직전 시점을 제외한 더 이전 시점과의 관계만을 보여주므로 ACF와 값이 다를 수 있다. ACF는 누적적인 상관관계를 반영하지만 PACF는 개별 시차에서의 순수한 상관관계를 측정한다.
>
> **정답** ④

3. 시계열분석 방법 ★★

시계열분석에서는 데이터가 시간에 의존적인 특성을 갖고 있기 때문에 일반적인 회귀분석과 달리 시간의 흐름을 고려한 분석 방법이 필요하다. 이를 위해 이동평균법, 지수평활법 등과 같은 다양한 분석 방법이 활용된다.

(1) 이동평균법

이동평균법은 일정 기간의 평균을 계산하여 데이터의 변동성을 줄이는 방법이다. 예를 들어 주가 분석에서는 단기적인 가격 변동을 부드럽게 하기 위해 7일 이동평균, 30일 이동평균 등을 사용한다. 이동평균을 활용하면 데이터의 노이즈(Noise)를 제거하고 전반적인 추세를 쉽게 파악할 수 있다. 그러나 단순 이동평균은 최신 데이터에 동일한 가중치를 부여하기 때문에 최근 변화에 민감하게 반응하지 못하는 단점이 있다.

(2) 지수평활법

지수평활법은 최근 데이터에 더 높은 가중치를 부여하여 예측을 수행하는 방법이다. 기본적으로 단순 이동평균법과 유사하지만 가장 최근 데이터가 예측에 더 큰 영향을 미치도록 설계되어 있으며 일정 기간이 아닌 모든 시계열 자료를 사용하여 평균을 구한다.

> **Warming Up**
>
> 다음 중 이동평균법과 지수평활법의 차이를 설명한 내용 중 가장 적절하지 않은 것은 무엇인가?
> ① 이동평균법은 일정 기간의 평균을 계산하는 방식이지만, 지수평활법은 모든 과거 데이터를 고려하여 예측한다.
> ② 이동평균법은 최근 데이터와 과거 데이터에 동일한 가중치를 부여하지만, 지수평활법은 최근 데이터에 더 높은 가중치를 부여한다.
> ③ 이동평균법은 과거 데이터까지 모두 포함하여 예측을 수행하지만, 지수평활법은 일정 기간의 데이터만 사용한다.
> ④ 지수평활법은 단순 이동평균법보다 최근 데이터의 변화에 더 민감하게 반응할 수 있다.
>
> **해설** 이동평균법은 일정 기간의 데이터만 사용하지만, 지수평활법은 모든 과거 데이터를 고려하면서도 최근 데이터에 더 높은 가중치를 부여한다.
>
> **정답** ③

4. 시계열 모형 ★★★

(1) 자기회귀(AR ; Autoregressive) 모형

자기회귀(AR) 모형은 과거 데이터 자체가 현재 값을 결정하는 주요 요인이라고 가정하는 모델이다. 즉, 이전 시점의 값들이 현재 값에 영향을 미친다고 본다.

다음은 AR(p)의 모형이다.

$$Z_t = \phi_1 Z_{t-1} + \phi_2 Z_{t-2} + \cdots + \phi_p Z_{t-p} + \alpha_t$$

- Z_t : 현재 값
- Z_{t-p} : p 시점 전의 값
- ϕk : k번째 이전 시점의 값이 현재 값에 어느 정도 영향을 주는지 알려주는 계수
- α_t : 오차항, 백색잡음

자기회귀 모형은 자기상관성이 높은 데이터에서 유용하며 자기상관함수(ACF)는 빠르게 감소하는 형태, 부분자기상관함수(PACF)는 어느 시점에서 엘보우 포인트(Elbow Point), 즉 기울기가 급격하게 완만해지는 지점을 갖는 형태의 그래프로 나타난다.

$AR(1) : Z_t = \phi_1 Z_{t-1} + a_t$
→ 직전 시점의 데이터로만 분석

$AR(2) : Z_t = \phi_1 Z_{t-1} + \phi_2 Z_{t-2} + a_t$
→ 2시점 전까지의 데이터로 분석

여기서 적절한 $AR(p)$ 모형(어떤 p가 적합할 것인지)을 결정하기 위해 부분자기상관함수를 사용하게 되는데, 만약 3시점에서 엘보우 포인트를 갖는다면 2시점 전의 자료까지가 현재에 영향을 미치는 $AR(2)$ 모형이라고 판단한다.

Warming Up

다음 중 자기회귀(AR) 모형에 대한 설명으로 가장 적절하지 않은 것은 무엇인가?

① AR 모형은 과거 데이터가 현재 값을 결정하는 주요 요인이라고 가정한다.
② $AR(p)$ 모형에서 p는 현재 값에 영향을 주는 과거 시점의 개수를 의미한다.
③ AR 모형에서는 자기상관함수(ACF)가 빠르게 감소하고 부분자기상관함수(PACF)는 특정 시점에서 엘보우 포인트를 갖는다.
④ AR 모형에서는 과거 백색잡음의 영향이 현재 값에 반영된다.

해설 과거 백색잡음의 영향이 현재 값에 반영되는 것은 이동평균(MA) 모형의 특징이다. AR 모형은 과거 데이터 자체가 현재 값을 결정하는 주요 요인으로 작용한다.

정답 ④

(2) 이동평균(MA ; Moving Average) 모형

이동평균(MA) 모형은 이전 시점의 백색잡음이 현재 값에 영향을 미친다는 가정을 바탕으로 한다. 즉, 과거 백색잡음들의 선형 결합을 이용하여 현재 값을 예측하는 방식이다.

다음은 $MA(p)$의 모형이다.

$$Z_t = \mu + a_t + \theta_1 a_{t-1} + \theta_2 a_{t-2} + \cdots + \theta_p a_{t-p}$$

- Z_t : 현재 값
- μ : 시계열 자료의 평균값
- θ_k : k번째 이전 시점의 백색잡음이 현재 값에 어느 정도 영향을 주는지 알려주는 계수
- a_t : t 시점에서의 백색잡음

이동평균 모형은 백색잡음들의 결합이므로 항상 정상성(오차들은 정규분포를 따라야 함)을 만족하며 AR 모형과는 반대로 부분자기상관함수(PACF)는 빠르게 감소하는 형태, 자기상관함수(ACF)는 어느 시점에서 엘보우 포인트(Elbow Point), 즉 기울기가 급격하게 완만해지는 지점을 갖는 형태의 그래프로 나타난다.

MA(1) : $Z_t = \mu + a_t + \theta_1 a_{t-1}$
→ 현재의 백색잡음과 바로 전 시점의 백색잡음의 결합

MA(2) : $Z_t = \mu + a_t + \theta_1 a_{t-1} + \theta_2 a_{t-2}$
→ 현재의 백색잡음과 바로 전 시점, 그리고 전전 시점의 백색잡음의 결합

여기서 적절한 MA(p) 모형(어떤 p가 적합할 것인지)을 결정하기 위해 자기상관함수를 사용한다.

> **Tip**
>
> **백색잡음(White Noise)**
> - 시계열 데이터에서 어떠한 패턴이나 구조 없이 랜덤하게 변동하는 신호를 의미
> - 시간에 따른 상관관계가 없고 평균이 일정하며 분산도 일정한 완전한 랜덤 신호
> - 예측이 불가능한 신호이기 때문에 시계열분석에서는 보통 모델링이 불가능한 데이터 또는 예측할 필요가 없는 순수한 잡음으로 간주

(3) 자기회귀누적이동평균(ARIMA ; Autoregressive Integrated Moving Average) 모형

자기회귀누적이동평균 모형은 AR(자기회귀) + I(차분) + MA(이동평균)을 결합한 모델로 비정상 시계열 데이터를 차분을 통해 정상 시계열로 변환한 후 예측을 수행하는 강력한 시계열 모형, 즉 비정상 시계열 모형이다.

ARIMA(p, d, q)
- p : 자기회귀(AR) 모형의 차수
- d : 시계열 자료를 정상화하기 위한 필요 차분 횟수
- q : 이동평균(MA) 모형의 차수
- $p=0$인 경우 : IMA(d, q), d번 차분하면 MA(q) 모형을 따름
- $d=0$인 경우 : ARMA(p, q), 정상성 만족
- $q=0$인 경우 : ARI(p, d), d번 차분하면 AR(p) 모형을 따름

Warming Up

다음 중 자기회귀누적이동평균(ARIMA) 모형에서 (p, d, q)가 의미하는 바를 올바르게 설명한 것은 무엇인가?
① p는 이동평균 차수, d는 차분 횟수, q는 자기회귀 차수를 의미한다.
② p는 자기회귀 차수, d는 차분 횟수, q는 이동평균 차수를 의미한다.
③ p는 계절성을 나타내는 차수, d는 차분 횟수, q는 노이즈를 제거하는 계수를 의미한다.
④ p와 q는 모두 자기회귀 차수를 의미하며, d는 계절성을 제거하는 횟수를 나타낸다.

> **해설** ARIMA(p, d, q)에서 p는 자기회귀 차수, d는 정상성을 확보하기 위한 차분 횟수, q는 이동평균 차수를 의미한다. d가 0이면 정상성을 만족하는 ARMA(p, q) 모형이 된다.
>
> **정답** ②

(4) 분해 시계열

분해 시계열은 시계열 데이터를 여러 구성요소로 분해하여 패턴을 분석하는 기법이다. 일반적으로 시계열 데이터는 추세, 계절성, 순환성, 불규칙성 등의 요소로 구성되며 이를 개별적으로 분석하면 데이터의 패턴을 보다 명확하게 이해할 수 있다. 즉, 분해 시계열을 활용하면 시계열 데이터의 구조를 쉽게 파악하고 계절성이나 추세를 제거하여 모델링을 수행할 수 있다.

$$Z_t = f(T_t, S_t, C_t, I_t)$$

- Z_t : 현재 값
- T_t : 추세 요인
- S_t : 계절 요인
- C_t : 순환 요인
- I_t : 불규칙 요인

Tip

분해 시계열의 구성요소

추세	데이터가 장기적으로 증가하거나 감소하는 패턴을 의미 예 전 세계 평균 기온 상승, 인구 증가, 장기적인 주가 상승
계절성	일정한 주기로 반복되는 변동 패턴을 의미 예 여름철 에어컨 판매량 증가, 겨울철 전기 사용량 증가, 명절 기간 소비 증가
순환성	일정한 주기를 가지지만 고정된 간격 없이 장기적으로 반복되는 변동 패턴을 의미 예 경기 순환(호황과 불황), 부동산 가격 변동
불규칙성	예측할 수 없는 랜덤한 변동을 의미 예 자연재해, 경제 위기, 전쟁 등의 외부 요인

Warming Up

다음 중 분해 시계열을 활용하는 주된 목적으로 가장 적절한 것은 무엇인가?

① 시계열 데이터를 추세, 계절성, 불규칙성 등으로 분해하여 패턴을 분석한다.
② 시계열 데이터를 차분하여 정상성을 확보한다.
③ 과거 데이터를 활용해 백색잡음을 제거하고 예측 성능을 높인다.
④ 시계열 데이터의 불규칙성을 제거하여 일정한 평균과 분산을 갖도록 변환한다.

> **해설** 분해 시계열은 시계열 데이터를 추세, 계절성, 불규칙성 등의 요소로 나누어 분석하는 방법이다. 이를 통해 패턴을 보다 명확하게 이해하고 모델링의 정확성을 높일 수 있다.
>
> **정답** ①

다음은 R 프로그램의 Nile 데이터를 이용하여 시계열분석을 실행한 코드이다.

프로그램 코드

```r
# 1. Nile 데이터셋 확인 및 시각화
Nile
data(Nile)
plot(Nile)

# 2. 1차 차분 수행 및 시각화
Nile.diff1 <- diff(Nile, differences=1)
plot(Nile.diff1)

# 3. 2차 차분 수행 및 시각화
Nile.diff2 <- diff(Nile, differences=2)
plot(Nile.diff2)

# 4. 자기상관함수(ACF) 분석
acf(Nile.diff2, lag.max=20)
acf(Nile.diff2, lag.max=20, plot=FALSE)

# 5. 부분자기상관함수(PACF) 분석
pacf(Nile.diff2, lag.max=20)
pacf(Nile.diff2, lag.max=20, plot=FALSE)

# 6. 자동 ARIMA 모델 탐색
library(forecast)
auto.arima(Nile)

# 7. 수동으로 ARIMA(1,1,1) 모델 적용
Nile.arima <- arima(Nile, order=c(1,1,1))
Nile.arima

# 8. 10년 치 미래 예측 수행
Nile.forecasts <- forecast(Nile.arima, h=10)
Nile.forecasts
plot(Nile.forecasts)
```

1. Nile 데이터셋 확인 및 시각화

```
> Nile
Time Series:
Start = 1871
End = 1970
Frequency = 1
  [1] 1120 1160  963 1210 1160 1160  813 1230 1370 1140  995  935 1110  994
 [15] 1020  960 1180  799  958 1140 1100 1210 1150 1250 1260 1220 1030 1100
 [29]  774  840  874  694  940  833  701  916  692 1020 1050  969  831  726
 [43]  456  824  702 1120 1100  832  764  821  768  845  864  862  698  845
 [57]  744  796 1040  759  781  865  845  944  984  897  822 1010  771  676
 [71]  649  846  812  742  801 1040  860  874  848  890  744  749  838 1050
 [85]  918  986  797  923  975  815 1020  906  901 1170  912  746  919  718
 [99]  714  740
> data(Nile)
> plot(Nile)
```

- Nile 데이터셋을 로드한다. Nile 데이터셋은 1871년부터 1970년까지 나일강(Nile River)의 연간 유량 데이터(단위 : 10억 m³)를 포함한다.
- plot 함수로 Nile 데이터셋을 시각적으로 표현한다.

2. 1차 차분 수행 및 시각화

```
> Nile.diff1 <- diff(Nile, differences=1)
> plot(Nile.diff1)
```

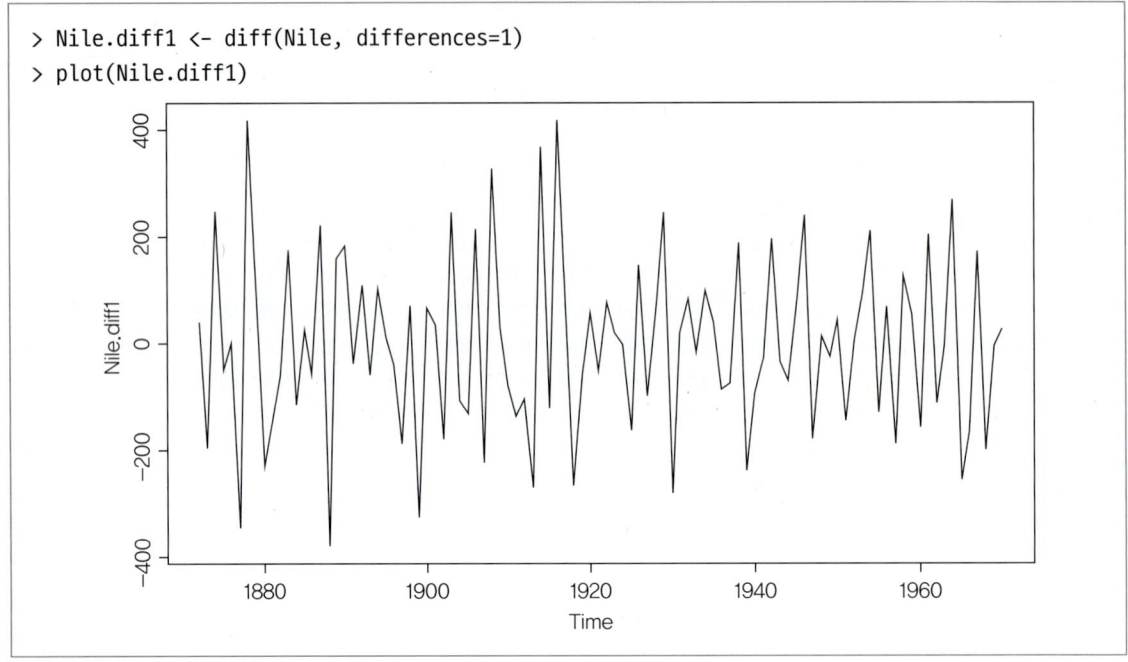

- diff(Nile, differences=1)을 수행하여 1차 차분이 적용된 데이터를 생성한다.
- plot 함수로 차분이 충분한지 확인한다.

3. 2차 차분 수행 및 시각화

```
> Nile.diff2 <- diff(Nile, differences=2)
> plot(Nile.diff2)
```

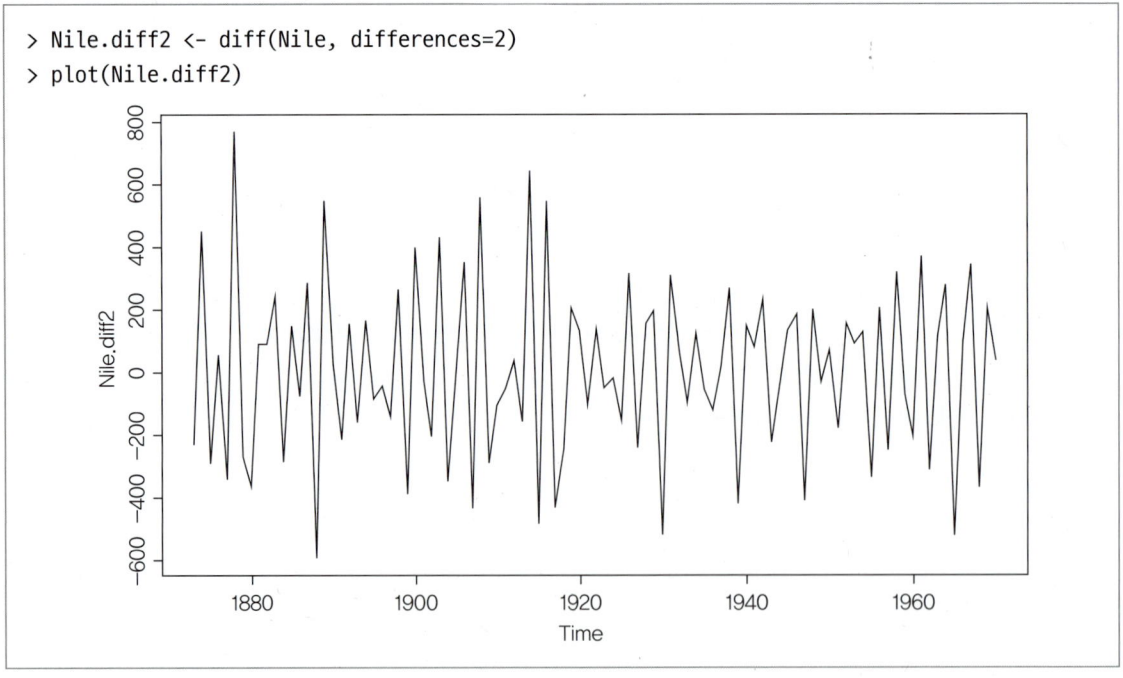

- 1차 차분으로 정상성이 확보되지 않아 diff(Nile, differences=2)을 수행하여 2차 차분이 적용된 데이터를 생성한다.
- plot 함수로 확인 결과 데이터 평균이 일정하게 유지되는 것으로 보이며 정상 시계열에 가까워진 것으로 판단된다.

4. 자기상관함수(ACF) 분석

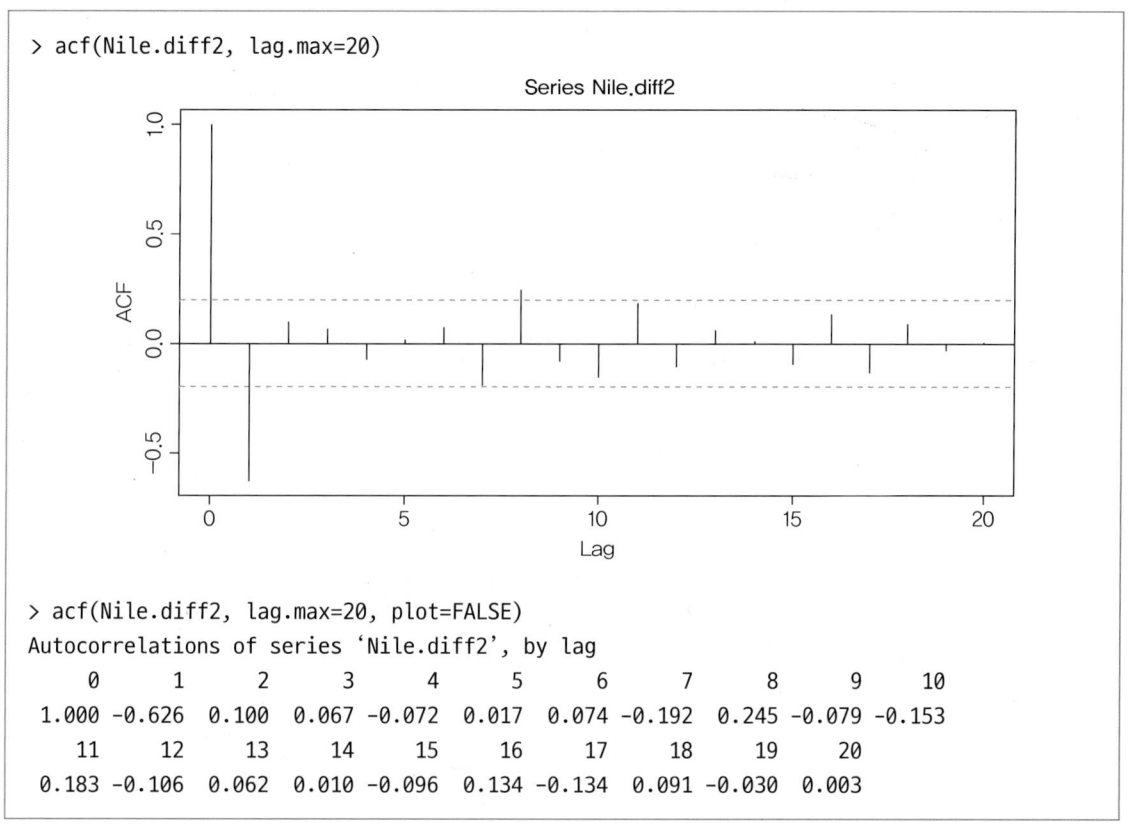

- acf 함수는 시계열 데이터의 자기상관함수(ACF)를 계산하고 그래프로 출력한다.
  * Nile.diff2 : Nile 데이터의 2차 차분된 값
  * lag.max=20 : 최대 시차를 20까지 설정하여 시차 1부터 20까지의 자기상관성을 계산
- ACF 그래프에서 시차(Lag)가 증가할수록 ACF 값이 빠르게 감소하면 정상 시계열에 가깝고 처음 몇 개의 시차에서 유의미한 값이 보이면 이동평균(MA) 모형이 적절할 가능성이 높다고 판단한다. 위의 경우 자기상관함수가 lag=1, 8을 제외하고 모두 신뢰구간 안에 있는 것을 확인할 수 있다.

5. 부분자기상관함수(PACF) 분석

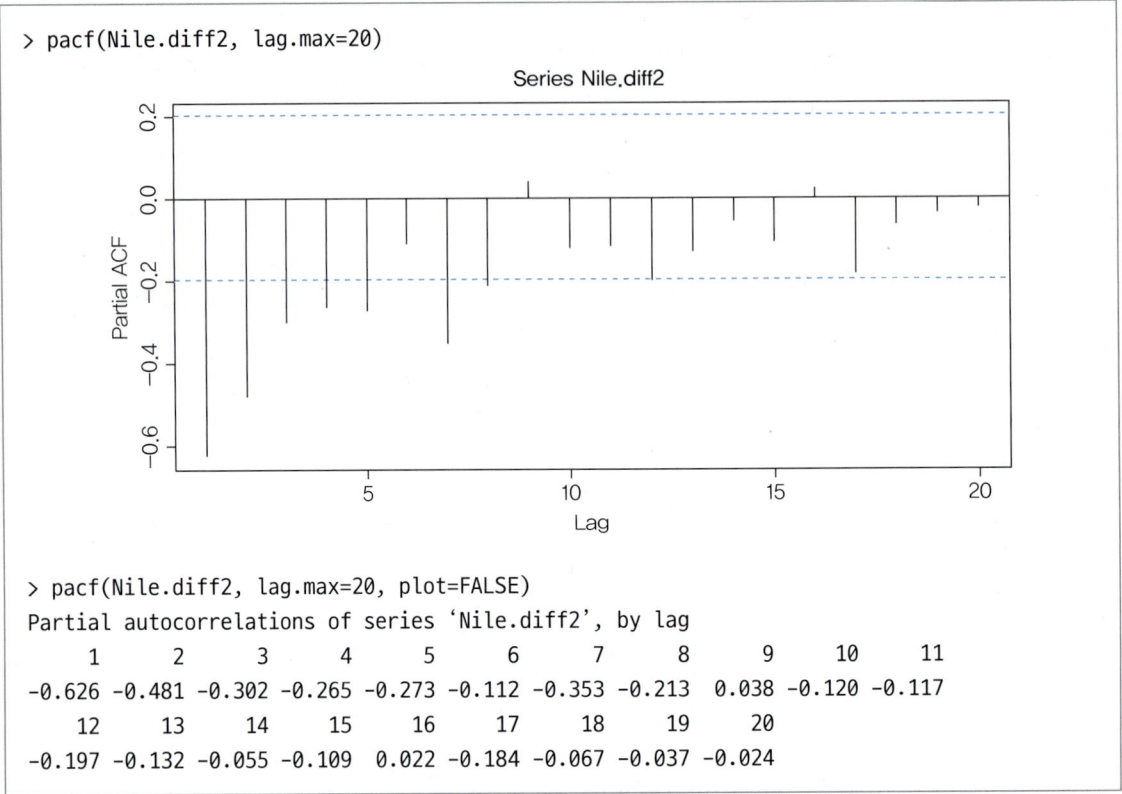

- pacf 함수는 시계열 데이터의 부분자기상관함수(PACF)를 계산하고 그래프로 출력한다.
- PACF 그래프에서 특정 시차에서 급격히 감소하는 엘보우 포인트가 보이면 자기회귀(AR) 모델이 적합할 가능성이 높다고 판단한다. 위의 경우 부분자기상관함수가 lag=1~8에서 신뢰구간을 넘어서 음의 값을 가지고, lag=9에서 절단된 것을 볼 수 있다.

'# 4. 자기상관함수(ACF) 분석'과 '# 5. 부분자기상관함수(PACF) 분석'의 그림을 종합해 볼 때 다음과 같은 ARMA 모형이 도출된다.
- ARMA(0,1) : 자기상관함수 그래프에서 lag=2에서 절단됨
- ARMA(8,0) : 부분자기상관함수 그래프에서 lag=9에서 절단됨
- ARMA(p,q) : AR 모형과 MA 모형의 혼합이 필요함

6. 자동 ARIMA 모델 탐색

```
> library(forecast)
> auto.arima(Nile)
Series: Nile
ARIMA(1,1,1)
Coefficients:
         ar1      ma1
      0.2544  -0.8741
s.e.  0.1194   0.0605
sigma^2 = 20177:  log likelihood = -630.63
AIC=1267.25   AICc=1267.51   BIC=1275.04
```

- forecast 패키지에 있는 auto.arima 함수를 사용해 적절한 ARIMA 모형을 찾는다.

  ※ ARIMA(1,1,1) 모형이 도출됨

7. 수동으로 ARIMA(1,1,1) 모델 적용

```
> Nile.arima <- arima(Nile, order=c(1,1,1))
> Nile.arima
Call:
arima(x = Nile, order = c(1, 1, 1))
Coefficients:
         ar1      ma1
      0.2544  -0.8741
s.e.  0.1194   0.0605
sigma^2 estimated as 19769:  log likelihood = -630.63,  aic = 1267.25
```

- ARIMA(1,1,1) 모델, 즉 AR(1) 1차 차분 + MA(1) 모델을 적용하여 미래의 수치 값을 예측한다.

8. 10년 치 미래 예측 수행

```
> Nile.forecasts <- forecast(Nile.arima, h=10)
> Nile.forecasts
     Point Forecast     Lo 80     Hi 80     Lo 95     Hi 95
1971        816.1813  635.9909   996.3717  540.6039  1091.759
1972        835.5596  642.7830  1028.3363  540.7332  1130.386
1973        840.4889  643.5842  1037.3936  539.3492  1141.629
1974        841.7428  642.1115  1041.3741  536.4331  1147.053
1975        842.0617  640.0311  1044.0923  533.0826  1151.041
1976        842.1429  637.8116  1046.4741  529.6452  1154.641
1977        842.1635  635.5748  1048.7522  526.2134  1158.114
1978        842.1687  633.3514  1050.9861  522.8102  1161.527
1979        842.1701  631.1488  1053.1914  519.4408  1164.899
1980        842.1704  628.9682  1055.3727  516.1057  1168.235
> plot(Nile.forecasts)
```

- forecast 함수를 이용하여 향후 10년간의 유량 예측을 수행한다.
  * h=10 : 10개 연도를 예측
- 예측 데이터를 plot 함수로 시각화한다.

CHAPTER 03 정형 데이터 마이닝

01 데이터 마이닝 개요

1. 데이터 마이닝이란

데이터 마이닝(Data Mining)은 많은 데이터 속에서 숨겨진 규칙이나 패턴을 찾아내는 과정이다. 쉽게 말해 데이터 속에서 가치 있는 인사이트를 발굴하는 과정이라고 할 수 있다.

그렇다면 데이터 마이닝이 왜 필요할까? 몇 가지 예를 보자.
온라인 쇼핑몰에서는 사람들이 자주 함께 구매하는 상품을 분석하여 'A상품을 산 사람은 B상품도 사더라'라는 데이터를 기반으로 추천 상품을 노출시킬 수 있다. 그리고 병원에서는 이를 활용하여 환자들의 건강 데이터를 분석해 질병을 예측할 수 있고 유튜브는 사용자가 좋아할 만한 동영상을 추천해 줌으로써 사용자들이 오랫동안 유튜브에 머무르도록 유도할 수 있다.
이렇게 어떤 문제를 예측하고 해결 능력을 키울 수 있다는 점이 데이터 마이닝의 커다란 장점이라고 할 수 있으며 미래에 다양한 직업에서 데이터 마이닝 기술이 필요할 수 있으니 잘 학습해 두면 매우 유용할 것이다.

2. 데이터 마이닝의 종류 ★★★

데이터 마이닝을 분류하는 기준에는 크게 두 가지가 있다. 하나는 학습 방법에 따른 분류이고 하나는 분석 목적에 따른 분류이다.

(1) 학습 방법에 따른 분류

① 지도 학습

지도 학습은 정답이 있는 데이터를 사용해 컴퓨터를 학습시키는 방식이다. 데이터와 함께 결과 및 정답을 알려주고 컴퓨터가 데이터와 정답의 관계를 배우게 한다. 이후 새로운 데이터가 들어왔을 때 이를 바탕으로 결과를 예측한다. 예를 들어 고흐, 모네, 피카소의 그림이 각각 100장씩 있다고 가정해 보자. 각 그림에는 정답(라벨)이 붙어 있고 컴퓨터는 해당 데이터를 가지고 각 화가들의 화풍을 분석하여 학습한다. 이제 새로운 그림이 주어지면 컴퓨터는 그림을 보고 고흐의 작품인지 모네의 작품인지 피카소의 작품인지를 예측할 수 있을 것이다.

② 비지도 학습

비지도 학습은 정답이 없는 데이터를 사용하여 컴퓨터가 스스로 패턴을 찾는 방식이다. 컴퓨터는 데이터를 분석해 스스로 비슷한 것끼리 그룹으로 묶거나 숨겨진 구조를 찾아낸다. 마찬가지로 고흐, 모네, 피카소의 그림이 각각 100장씩 있는 상황을 가정해 보자. 각 그림에는 정답(라벨)이 없고 컴퓨터는 그림의 화풍만을 분석하여 비슷한 그림들끼리 묶는다. 결론적으로 그림은 3개의 그룹으로 나누어지겠지만 이 그룹들이 각각 고흐, 모네, 피카소의 작품인지는 알지 못한다.

[고흐 화풍의 강아지 그림]

[모네 화풍의 강아지 그림]

[피카소 화풍의 강아지 그림]

Tip

지도 학습	선형회귀분석, 의사결정나무, SVR, 신경망 모형, 릿지, 라쏘, 로지스틱 회귀분석, K-NN, 앙상블 모형, 나이브 베이즈 분류 등
비지도 학습	K-means, SOM, DBSCAN, 병합 군집, 계층 군집, Apriori, PCA, LDA, SVD, MDS 등

Warming Up

다음 중 비지도 학습에 해당하는 예시로 가장 적절한 것은 무엇인가?

① 스팸 이메일을 분류하기 위해 이메일과 '스팸' 또는 '정상'이라는 라벨을 사용하여 학습하는 경우
② 손글씨 숫자 데이터를 이용해 숫자를 0~9까지 구분하는 모델을 학습하는 경우
③ 고객의 구매 패턴을 분석하여 유사한 성향의 고객을 그룹으로 묶는 경우
④ 강아지와 고양이의 사진을 학습시켜 새 이미지가 주어졌을 때 강아지인지 고양이인지 예측하는 경우

해설 비지도 학습은 정답(라벨)이 없는 데이터를 사용하여 데이터 내 패턴을 스스로 찾아내는 방식이다. 고객의 구매 패턴을 기반으로 유사한 고객을 군집화하는 것은 대표적인 비지도 학습 기법(군집분석, 클러스터링)이다.

정답 ③

(2) 분석 목적에 따른 분류

① 분류(Classification)분석

분류분석은 데이터를 특정 그룹으로 나누는 분석 방법으로, 이미 학습된 데이터를 바탕으로 새로운 데이터가 어떤 그룹에 속하는지 예측한다. 예를 들면 환자의 건강 상태 데이터를 분석해 어떤 질병인지 진단하는 경우, 혹은 고객을 VIP, 일반, 잠재 고객으로 분류하는 경우 등이 있다. 정답이 주어지므로 지도 학습에 속한다.

② 군집(Clustering)분석

군집분석은 비슷한 데이터끼리 그룹으로 묶는 분석 방법이다. 그룹에 대한 정답이 없고 데이터의 유사성만을 기준으로 군집을 형성한다. 예를 들면 쇼핑몰에서 비슷한 구매 패턴을 가진 고객들을 묶어 타겟 마케팅을 하는 경우, 혹은 비슷한 행동을 보이는 웹 사이트 방문자들을 그룹으로 나누는 경우 등이 있다. 정답이 없으므로 비지도 학습에 속한다.

③ 연관(Association)분석

연관분석은 데이터에서 항목 간의 관계를 찾는 분석 방법으로 A가 발생할 때 B가 함께 발생하는 패턴을 분석하며 장바구니 분석이라고도 불린다. 예를 들면 '빵을 사는 고객은 우유도 함께 산다'라는 규칙을 찾는 경우, 혹은 '어벤져스를 시청한 사람은 스파이더맨도 시청한다'와 같은 규칙을 찾는 경우 등이 있다. 별도의 정답이 없으므로 비지도 학습에 속한다.

> **Tip**
>
> | 분류분석 | 로지스틱 회귀분석, 의사결정나무, 랜덤 포레스트, SVM, K-NN, 인공신경망 등 |
> |---|---|
> | 군집분석 | K-Means Clustering, 계층 군집, 병합 군집, SOM, DBSCAN 등 |
> | 연관분석 | Apriori 알고리즘, Eclat 알고리즘 등 |

Warming Up

다음 내용이 각각 어떤 개념에 대한 설명인지 알맞게 나열한 것을 고르시오.

(가) 학습된 데이터를 바탕으로 새로운 데이터를 특정 그룹으로 분류하는 분석 방법이다.
(나) 고객의 구매 내역을 분석하여 '정장을 사는 고객은 구두도 함께 살 가능성이 높다'는 규칙을 발견하는 경우
(다) 비슷한 구매 패턴을 가진 고객을 묶어 타겟 마케팅을 수행하는 경우 사용하는 분석 방법이다.

① (가) 분류분석 (나) 연관분석 (다) 군집분석
② (가) 분류분석 (나) 군집분석 (다) 연관분석
③ (가) 군집분석 (나) 분류분석 (다) 연관분석
④ (가) 군집분석 (나) 연관분석 (다) 분류분석

해설 (가)는 분류분석, (나)는 연관분석, (다)는 군집분석에 해당하는 설명이다.

정답 ①

3. 데이터 마이닝을 위한 5단계 ★★

데이터 마이닝은 대량의 데이터에서 의미 있는 정보를 추출하는 과정이다. 하지만 데이터를 마이닝하는 과정은 단순하지 않으며 여러 단계를 거쳐 체계적으로 수행된다. 다음은 데이터 마이닝의 주요 절차를 설명한 것이다.

(1) 목적 정의

데이터 마이닝의 첫 번째 단계는 분석 목적을 명확히 정의하는 것이다. 무엇을 알고 싶은지, 어떤 문제를 해결해야 하는지 구체적으로 설정해야 하며 목적에 따라 분석 기법이나 데이터 준비 방식이 달라지기 때문에 매우 중요한 단계라고 할 수 있다.

예 고객의 구매 패턴을 분석하여 추천 시스템을 개발
환자의 기록을 분석해 질병 간의 상관관계를 찾아내고 예방에 활용

(2) 데이터 준비

분석 목적을 정한 뒤 분석에 사용할 데이터를 수집하는 단계이다. 데이터는 내부 데이터(기존 DB, CRM 데이터 등)와 외부 데이터(공공 데이터, 소셜 미디어 등)에서 가져올 수 있다. 데이터의 양과 질은 데이터 마이닝 결과에 큰 영향을 미치므로 신뢰할 수 있는 데이터를 확보하는 것이 중요하다.

예 고객 구매 기록, 환자 질병 기록, 소셜 미디어 데이터 등

(3) 데이터 가공(전처리)

수집된 데이터는 불완전하거나 일부 오류를 포함하고 있을 가능성이 있다. 따라서 데이터 가공을 통해 분석이 가능한 형태로 정제하는 작업을 해야 한다. 데이터 가공을 위한 주요 작업에는 다음과 같은 항목들이 있다.

결측치 처리	데이터에서 누락된 값 보완
이상치 제거	비정상적으로 튀는 데이터 제거
데이터 변환	범주형 데이터를 수치화하거나 단위를 통일
스케일링	데이터의 크기를 조정하여 분석 모델에 맞게 정규화

예 학생들의 성적 데이터에서 비정상적으로 낮은 점수 제거
구매 기록에서 누락된 값을 평균으로 채움

(4) 데이터 마이닝 기법 적용

정제된 데이터에 다양한 데이터 마이닝 기법을 적용하여 패턴을 찾는 단계이다. 데이터의 성격과 분석 목적에 따라 분류분석, 군집분석, 연관분석, 회귀분석 등의 기법이 사용된다.

예 고객의 구매 데이터를 분석하여 자주 함께 구매하는 상품 탐색
환자의 건강 데이터를 바탕으로 질병 위험도를 예측

(5) 검증 및 평가

데이터 마이닝 결과가 정확하고 신뢰할 수 있는지 검증하는 단계이다. 모델의 성능을 평가하고, 과적합(Overfitting) 여부를 확인해야 하며 교차검증(Cross Validation), 정확도(Accuracy), 재현율(Recall), 정밀도(Precision) 등을 사용해 모델을 평가한다. 그리고 검증을 통해 얻은 결과는 실제 비즈니스나 연구에 적용된다.

예 데이터의 80%로 학습하고 나머지 20%로 모델을 검증하여 예측의 정확성을 평가
잘못된 예측이 많은 경우 모델을 재종하거나 다른 기법 적용

다음 중 데이터 마이닝의 단계에 대한 설명으로 가장 적절한 것은 무엇인가?

① 데이터 수집 후 바로 분석을 수행하며 분석 목적은 결과가 나온 후 정의하는 것이 일반적이다.
② 데이터 마이닝 결과를 평가하는 과정에서는 모델의 성능을 검증하지 않아도 된다.
③ 데이터 가공(전처리) 과정에서는 결측치 처리, 이상치 제거, 데이터 변환 등의 작업이 수행된다.
④ 데이터 마이닝 기법을 적용하기 전에 반드시 모든 데이터를 수치형 데이터로 변환해야 한다.

해설 데이터 가공(전처리)은 데이터 마이닝의 중요한 단계로 결측치 처리, 이상치 제거, 데이터 변환 등을 수행하여 분석이 가능한 형태로 데이터를 정제하는 과정이다.

정답 ③

02 ▶ 데이터 분할

1. 데이터 분할의 목적

데이터 마이닝에서 데이터 분할은 모델의 성능을 평가하고 검증하는 데 중요한 역할을 한다. 모델이 새로운 데이터를 얼마나 잘 예측하는지를 확인하기 위해 기존 데이터를 학습용(훈련용), 검증용, 평가용으로 나누어 일반화 성능을 측정하며 경우에 따라 각각 5:3:2 또는 6:2:2 비율로 데이터를 할당한다.

> **Tip**
> • 훈련용 데이터(Training Data) : 모델을 학습시키는 데 사용되는 데이터
> • 검증용 데이터(Validation Data) : 구축된 모델을 검증하고 모델 성능을 조정하는 데 사용, 과적합 및 과소적합 방지
> • 평가용 데이터(Test Data) : 최종적으로 모델이 실제 환경에서 얼마나 잘 작동하는지 평가하는 데 사용

2. 과적합과 과소적합 ★

데이터 마이닝과 머신러닝에서 모델의 성능을 결정하는 중요한 요소는 일반화이다. 일반화란 훈련용 데이터뿐만 아니라 새로운 데이터에서도 좋은 성능을 내는 것을 의미한다. 그러나 모델이 너무 복잡하거나 혹은 너무 단순할 경우 과적합이나 과소적합 문제가 발생하여 일반화 성능이 떨어질 수 있다.

(1) 과적합(Overfitting)

과적합(과대적합)은 모델이 훈련용 데이터에 너무 최적화되어 있어 새로운 데이터에서는 오히려 성능이 저하되는 현상이다. 모델이 훈련용 데이터의 노이즈(무작위적인 데이터의 변동)나 불필요한 세부 사항까지 학습하기 때문에 발생하며, 결과적으로 훈련용 데이터에서는 매우 높은 정확도를 보이지만 검증용 데이터에서는 성능이 떨어지게 된다.

> **Tip**
> 과적합이 일어나는 경우
> - 모델이 너무 복잡할 때(너무 많은 변수나 파라미터를 사용)
> - 훈련용 데이터가 적거나 노이즈가 많을 때
> - 훈련을 지나치게 오래 시킬 때

(2) 과소적합(Underfitting)

과소적합은 모델이 훈련용 데이터의 패턴을 충분히 학습하지 못해 훈련용 데이터와 새로운 데이터에서 모두 성능이 낮은 현상이다. 모델이 너무 단순하거나 훈련 시간이 부족하여 데이터의 복잡한 패턴을 제대로 반영하지 못한 경우 발생한다.

> **Tip**
> 과소적합이 일어나는 경우
> - 모델이 너무 단순할 때(변수나 파라미터가 부족)
> - 데이터 양이 적을 때(학습 자체가 부족)
> - 훈련 시간이 충분하지 않을 때

Warming Up

다음 중 과적합 또는 과소적합을 해결하기 위한 방법으로 가장 적절한 것은 무엇인가?

① 과적합이 발생하면 모델의 복잡도를 높여 더 많은 패턴을 학습하도록 한다.
② 과소적합이 발생하면 모델의 복잡도를 낮추어 일반화를 유도한다.
③ 과적합이 발생하면 훈련 데이터를 늘리거나 정규화를 적용하여 일반화를 시도한다.
④ 과소적합이 발생하면 훈련 데이터를 줄여 모델이 단순한 패턴만 학습하도록 한다.

> **해설** 과적합을 해결하기 위해서는 훈련 데이터를 늘리거나 정규화 기법을 적용하여 모델이 지나치게 복잡해지는 것을 방지하는 것이 효과적이다.
>
> **정답** ③

3. 데이터 분할 기법 ★★★

(1) 홀드아웃(Hold-Out)

가장 간단하고 보편적인 데이터 분할 방식으로 전체 데이터를 학습 데이터(훈련용)와 테스트 데이터(평가용)로 단순 분할하는 방법이다. 일반적으로 80%를 학습 데이터, 20%를 테스트 데이터로 나누지만 때에 따라서 70%를 학습 데이터, 30%를 테스트 데이터로 나눌 수도 있다. 빠르고 간단하지만 데이터가 적을 경우 정확한 평가가 어려울 수 있다.

(2) K-Fold 교차 검증(Cross-Validation)

교차 검증의 대표적인 방식으로 데이터를 K개로 나누어 K-1개는 훈련용으로, 1개는 검증용으로 사용하며 이를 K번 반복한다. 최종적으로 K번의 검증 결과를 평균 내어 모델 성능을 평가하는 방식으로 모델의 정확도를 향상시키고 과적합 및 과소적합을 방지할 수 있다. 하지만 모델 구축을 K번 수행하기 때문에 많은 시간이 필요하고 데이터가 적을 경우 과적합 방지가 어려울 수 있다는 단점이 존재한다.

> **Tip**
>
> **LOOCV(Leave-One-Out Cross-Validation)**
> - 하나의 데이터만 테스트 데이터로 사용하고 나머지 N-1개를 훈련용 데이터로 사용하는 방식
> - K = N인 K-Fold Cross-Validation

(3) 붓스트랩(Bootstrap)

붓스트랩은 데이터에서 여러 번 복원 추출(뽑은 데이터를 다시 넣는 방식)하여 새로운 훈련용 데이터를 생성하는 기법이다. 데이터가 적을 때 효과적이며 적은 데이터로도 신뢰할 수 있는 결과를 얻을 수 있다는 장점이 있지만 복원 추출이다 보니 같은 데이터가 중복으로 샘플링될 수 있다는 단점이 있다. 주로 신뢰구간 추정, 모델 성능 평가, 앙상블 학습(배깅, 랜덤 포레스트 등)에서 사용된다.

> **Tip**
>
> **붓스트랩 방식**
> - 원본 데이터에서 랜덤하게 샘플을 뽑음
> - 뽑은 샘플을 다시 원본 데이터에 넣음(복원 추출)
> - 이 과정을 여러 번 반복하여 여러 개의 새로운 데이터셋을 만듦
> - 생성된 데이터셋으로 모델을 학습하고 평균을 내어 최종 결과를 도출

(4) 계층별 K-겹 교차 검증(Stratified K-Fold Cross-Validation)

계층별 K-겹 교차 검증은 데이터의 클래스 비율을 유지하면서 K-Fold 교차 검증을 수행하는 방식이다. 데이터가 불균형(한쪽 클래스가 많고, 다른 쪽이 적음)할 경우 일반적인 교차 검증은 적은 데이터가 각 Fold에 고르게 분포하지 못할 수 있기 때문에 이를 방지하기 위해 계층화(Stratification)를 사용해 각 폴드에 동일한 비율로 클래스가 포함되도록 한다.

> **Tip**
>
> **계층별 K-겹 교차 검증 방식**
> - 데이터를 K개로 나눔
> - 데이터의 각 클래스(예 합격, 불합격)가 각 Fold에 동일한 비율로 포함되도록 나눔
>   예 K가 5이고 합격 80개, 불합격 20개가 있을 때 각 Fold에는 합격 16개, 불합격 4개가 포함되도록 함
> - 각 Fold를 교차하며 K번 반복해 훈련과 검증 진행

(5) 오버샘플링 & 언더샘플링

오버샘플링과 언더샘플링은 데이터의 불균형 문제를 해결하기 위한 데이터 샘플링 기법이다. 여기서 데이터의 불균형이란 한 클래스(정상 데이터)는 매우 많고 다른 클래스(이상 데이터)는 매우 적은 경우를 의미하며 사기 거래가 1%이고 정상 거래가 99%인 경우를 예로 들 수 있다.

> **Tip**
>
> **오버샘플링(OverSampling)**
> 데이터가 적은 클래스(소수 클래스)의 데이터를 복제하거나 합성하여 데이터의 양을 늘리는 방법
>
> | 장점 | 소수 클래스의 데이터가 많아져 모델이 소수 클래스를 잘 학습할 수 있음 |
> |---|---|
> | 단점 | 데이터를 인위적으로 늘리기 때문에 과적합 위험, 적은 클래스의 노이즈도 복제될 수 있음 |
>
> **언더샘플링(UnderSampling)**
> 데이터가 많은 클래스(다수 클래스)의 데이터를 무작위로 제거하여 데이터의 양을 줄이는 방법
>
> | 장점 | 훈련 속도가 빨라지고 모델이 불필요한 데이터에 의존하지 않음 |
> |---|---|
> | 단점 | 데이터 손실이 발생하여 중요한 정보가 사라질 수 있음, 다수 클래스의 중요한 패턴을 놓칠 가능성 존재 |

> **Warming Up**
>
> 다음 중 K-Fold 교차 검증에 대한 설명으로 가장 적절하지 않은 것은 무엇인가?
>
> ① 데이터를 K개로 나누어 K-1개는 훈련용, 1개는 검증용으로 사용하며 이를 K번 반복한다.
> ② 데이터가 적을 경우 과적합을 방지하는 데 매우 효과적이다.
> ③ 모델의 성능을 평가하는 데 신뢰성이 높은 방법이다.
> ④ 모델을 K번 학습해야 하므로 계산 비용이 증가할 수 있다.
>
> **해설** K-Fold 교차 검증은 모델의 성능을 평가하는 데 유용하지만 데이터가 적을 경우 과적합을 완전히 방지하기 어렵다.
>
> **정답** ②

다음 중 붓스트랩 기법에 대한 설명으로 가장 적절하지 않은 것은 무엇인가?

① 원본 데이터에서 복원 추출하여 새로운 훈련 데이터를 생성한다.
② 데이터가 적을 경우에도 신뢰할 수 있는 결과를 얻을 수 있다.
③ 복원 추출을 사용하므로 중복된 샘플이 포함될 가능성이 없다.
④ 앙상블 학습(배깅, 랜덤 포레스트)에서 자주 사용된다.

해설 붓스트랩 기법은 복원 추출 방식이므로 동일한 데이터가 여러 번 샘플링될 가능성이 있다.

정답 ③

03 분류분석(Classification)

분류분석은 데이터를 두 개 이상의 그룹으로 나누는 과정이다. 쉽게 말해 주어진 정보(데이터)를 보고 그것이 어떤 그룹(카테고리)에 속하는지 알아내는 방법이다. 예를 들어 분류분석을 통해 특정 이메일이 스팸인지 아닌지를 자동으로 구분할 수 있고 학생의 공부 시간, 과제 제출 여부, 출석률 등의 데이터를 기반으로 그 학생이 시험에 합격할지 불합격할지를 예측할 수 있다.

분류분석의 대략적인 작동 방식은 다음과 같다.

- 데이터 수집 : 다양한 데이터를 모음
  예 이메일
- 학습(훈련) : 이미 라벨(정답)이 있는 데이터로 컴퓨터를 학습시킴
  예 스팸 메일 1,000개와 정상 메일 1,000개
- 새로운 데이터 예측 : 학습한 내용을 바탕으로 새로운 데이터가 어느 쪽인지 분류
  예 새로운 이메일이 도착하면 그것이 스팸인지 아닌지 예측

이렇게 미리 데이터를 구분해 두면 새로운 데이터가 들어왔을 때 해당 데이터가 어떤 그룹에 속하는지 빠르게 판단할 수 있으며 이런 이유로 기업에서는 분류분석을 활용하여 고객별 맞춤 광고를 제공하고 병원에서는 환자의 증상이 어떤 질병에 속하는지 진단한다.

1. 로지스틱 회귀분석 ★★★

로지스틱 회귀분석은 데이터를 두 가지 또는 여러 범주로 분류하는 분석 방법으로 주로 결과가 0 또는 1로 구분되는 이진 분류 문제에 사용된다. 로지스틱 회귀는 독립변수의 선형 결합을 이용해 사건의 발생 가능성을 예측하는데, 쉽게 말해 여러 조건(독립변수)을 적절한 비율로 결합해 사건(종속변수)이 일어날 가능성을 계산하는 방식이라고 이해하면 된다. 다음은 로지스틱 회귀분석을 이용한 분석 예시이다.

> **[다이어트 성공 예측]**
>
> **독립변수(조건)**
> 식단 점수(X_1) : 하루 동안 먹은 음식의 건강 점수(100점 만점)
> 운동 시간(X_2) : 하루 운동 시간(분)
> 수면 시간(X_3) : 하루 평균 수면 시간(시간)
>
> **종속변수(결과)**
> 1 = 다이어트 성공
> 0 = 다이어트 실패
>
> 예를 들어 독립변수가 다음과 같다면
> 식단 점수 = 85점
> 운동 시간 = 45분
> 수면 시간 = 6시간
>
> 로지스틱 회귀에서는 결괏값을 다음과 같은 식으로 계산한다.
> $z = (0.8 \times X_1) + (0.6 \times X_2) + (1.2 \times X_3) - 10$
>
> 여기서 0.8, 0.6, 1.2는 식단, 운동, 수면이 각각 다이어트 성공에 미치는 영향, 즉 가중치를 의미하며 이 독립변수들이 서로 선형 결합하여 다이어트의 성공 확률이 계산되는데, 로지스틱 회귀는 이 값을 0~1 사이의 확률로 변환한 뒤 0.5를 기준으로 성공(1) 혹은 실패(0)로 예측하게 된다.

> **Tip**
>
> **로지스틱 회귀에서 사용되는 변수**
> - 독립변수(x, 설명변수) : 결과에 영향을 주는 다양한 변수
>   예 학생의 공부 시간, 환자의 증상
> - 종속변수(y, 반응변수) : 예측하고자 하는 결과
>   예 합격/불합격 여부, 질병 유무
> - 임곗값 : 확률이 특정 값을 넘으면 A 그룹, 넘지 않으면 B 그룹으로 예측하는 기준값
>   예 합격 확률이 0.7(70%)이면 합격으로 분류

일반적인 로지스틱 회귀분석은 결과가 두 가지로 나뉘는 이진 분류에 사용되며 결과가 세 가지 이상인 경우에는 다중 로지스틱 회귀분석이 사용된다.

구분	로지스틱 회귀	다중 로지스틱 회귀
시험 성적 등급 예측	합격 / 불합격	A등급 / B등급 / C등급
과일 분류	사과 / 사과 아님	사과 / 바나나 / 포도
구매 상품 예측	운동화 / 구두	운동화 / 구두 / 부츠 / 슬리퍼

로지스틱 회귀분석의 종속변수는 범주형(카테고리로 나뉘는 값)이다. 다음은 연속적인 데이터를 사용해 결과를 두 개로 분류하는 예측 모델에 대한 예시이다.

> **[은행 고객 대출 승인 예측]**
> **독립변수(연속형)**
> 월 소득(예 200만 원, 300만 원, 500만 원)
> 신용 점수(예 600점, 750점, 820점)
> 대출 금액(예 1천만 원, 3천만 원, 5천만 원)
>
> **종속변수(범주형)**
> 1 = 대출 승인
> 0 = 대출 거절

선형 회귀는 데이터에 직선을 그어 결과를 예측하지만, 결과가 무한대로 커지거나 작아질 수 있어 분류 문제에 적합하지 않다. 하지만 로지스틱 회귀는 선형 회귀와는 달리 결괏값을 확률로 변환하여 0과 1 사이로 유지하며 이를 위해 오즈(Odds), 로짓(Logit) 변환, 시그모이드 등의 알고리즘을 활용하고 있다.

(1) 오즈(Odds)

어떤 일이 일어날 확률과 일어나지 않을 확률의 비율이다. 예를 들어 다이어트 성공 확률이 80%라면 다이어트 실패 확률은 20%이므로 오즈는 다음과 같다.

$$오즈 = \frac{성공\ 확률}{실패\ 확률} = \frac{0.8}{0.2}$$

즉, 오즈가 4라는 뜻은 성공할 확률이 실패할 확률보다 4배 더 높다는 의미이고 이 식을 좀 더 일반화시켜 보면 다음과 같다.

$$오즈 = \frac{P}{1-P}$$

- P : 사건이 발생할 확률
- $1-P$: 사건이 발생하지 않을 확률

(2) 로짓(Logit) 변환

로짓 변환은 오즈에 로그(log)를 씌우는 것이다.

$$로짓(z) = \log\left(\frac{P}{1-P}\right)$$

그렇다면 왜 로그를 씌우는 것일까? 확률값은 0에서 1 사이이지만 오즈의 값은 0에서 무한대까지다. 여기에 로그를 씌우게 되면 오즈의 범위는 $-\infty$에서 $+\infty$까지로 확장되고 이제 선형 회귀와 비슷하게 대칭 형태를 띠게 된다. 예를 들어 다이어트 성공 확률이 80%일 때,

$$\text{로짓} = \log\left(\frac{0.8}{0.2}\right) = \log(4) = 1.39$$

위와 같이 로짓 값은 1.39가 되고 이것은 성공할 가능성이 더 크다는 것을 의미한다. 즉, 로짓 값이 0이면 성공과 실패 확률이 동일(50%)하다는 의미이고, 로짓 값이 음수면 실패 확률이 더 크다는 의미가 된다.

(3) 시그모이드 함수

시그모이드 함수는 로짓 함수와 역함수 관계로 로짓 값을 0~1 사이의 확률값으로 변환하는 역할을 한다.

$$\sigma(z) = \frac{1}{1+e^{-z}}$$

- z : 로짓 값
- e : 자연상수(약 2.718)

여기서 로짓 값인 z가 매우 크면 결과가 1에 가까워지고, z가 매우 작으면 결과가 0에 가까워진다.

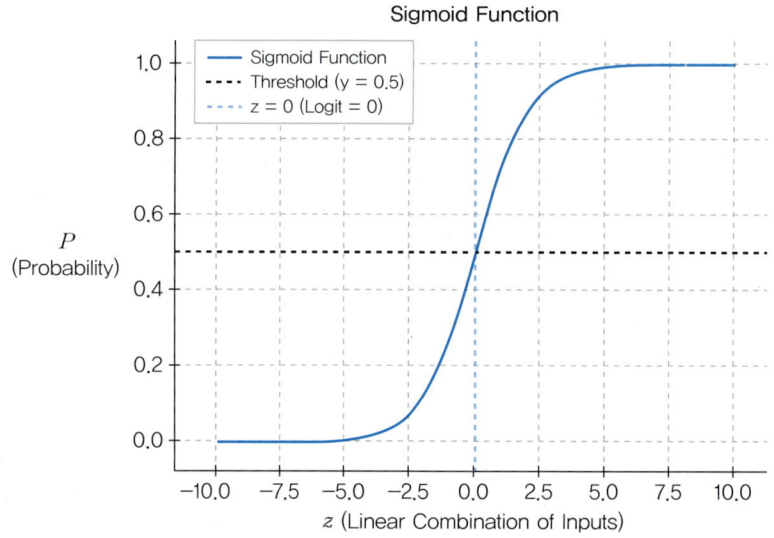

> **Tip**
>
> **오즈, 로짓, 시그모이드의 흐름**
> - 독립변수를 이용해 오즈, 즉 선형 결합 z를 구함
> - 로짓 변환으로 오즈를 로그로 변환
> - 이 값을 시그모이드 함수에 넣어 확률값 계산
> - 확률이 0.5 이상이면 성공(1), 0.5 미만이면 실패(0)로 분류

> **Tip**
> - 로지스틱 회귀의 추정식(회귀계수 포함)
>   로지스틱 회귀는 독립변수(X)와 회귀계수(β)를 이용해 다음과 같은 선형 회귀식을 만든다.
> $z = \beta_0 + \beta_1 X_1 + \beta_2 X_2 + \cdots + \beta_n X_n$
> - 오즈를 이용한 로지스틱 회귀분석 식
> $$\frac{P}{1-P} = e^{(\beta_0 + \beta_1 X_1 + \beta_2 X_2 + \cdots + \beta_n X_n)}$$
>   → 양변에 로그를 취하면
> $$\log\left(\frac{P}{1-P}\right) = \beta_0 + \beta_1 X_1 + \cdots + \beta_n X_n$$
>   → 이 식이 바로 로지스틱 회귀의 추정식이다.

Warming Up

다음 중 선형 회귀와 로지스틱 회귀의 차이점에 대한 설명으로 가장 적절하지 않은 것은 무엇인가?

① 로지스틱 회귀는 확률값을 예측하기 위해 시그모이드 함수를 사용한다.
② 선형 회귀는 입력 변수들의 가중합을 사용해 결괏값을 직접 계산한다.
③ 로지스틱 회귀는 결괏값을 0과 1 사이의 확률값으로 변환하지만 선형 회귀는 결괏값이 무한대로 커지거나 작아질 수 있다.
④ 로지스틱 회귀는 연속형 데이터 예측에도 자주 활용된다.

> **해설** 로지스틱 회귀는 주로 이진 분류 문제에 사용되며 연속형 데이터 예측에는 적합하지 않다. 연속적인 값을 예측해야 하는 경우에는 선형 회귀 등 다른 회귀모델을 사용하는 것이 더 적절하다.
>
> **정답** ④

Warming Up

다음 중 오즈(Odds)에 대한 설명으로 가장 적절하지 않은 것은 무엇인가?

① 어떤 사건이 발생할 확률과 발생하지 않을 확률의 비율을 나타낸다.
② 오즈가 1보다 크면 해당 사건이 발생할 확률이 더 높다는 의미이다.
③ 오즈가 0보다 작을 수도 있으며 이는 사건이 발생할 확률이 매우 낮다는 것을 의미한다.
④ 오즈가 3이면 해당 사건이 발생할 확률이 발생하지 않을 확률보다 세 배 더 높다는 의미이다.

> **해설** 오즈는 확률의 비율이므로 0보다 작을 수 없다. 오즈는 0에서 무한대 사이의 값을 가지며 1보다 크면 사건이 발생할 확률이 더 높고 1보다 작으면 발생하지 않을 확률이 더 높음을 의미한다.
>
> **정답** ③

다음 중 로지스틱 회귀에서 결괏값을 확률로 변환하여 0과 1 사이로 유지하기 위해 사용하는 알고리즘으로 가장 적절하지 않은 것은 무엇인가?

① 소프트맥스(Softmax) 함수
② 로짓(Logit) 변환
③ 시그모이드(Sigmoid) 함수
④ 오즈(Odds) 변환

해설 소프트맥스 함수는 다중 클래스 분류 문제에서 사용되며 이진 분류 문제에서는 일반적으로 사용되지 않는다. 로지스틱 회귀에서는 오즈 변환, 로짓 변환, 시그모이드 함수 등을 사용하여 확률을 0과 1 사이로 변환한다.

정답 ①

다음은 R 프로그램의 glm 함수를 이용하여 로지스틱 회귀분석을 실행한 코드이다.

프로그램 코드

```
# 1. 데이터 불러오기
data(iris)
head(iris)

# 2. setosa와 versicolor만 선택해 데이터 필터링(이진 분류)
iris_binary <- subset(iris, Species == 'setosa' | Species == 'versicolor')

# 3. 범주형 변수 인코딩(Setosa = 0, Versicolor = 1)
iris_binary$Species <- ifelse(iris_binary$Species == 'setosa', 0, 1)

# 4. 로지스틱 회귀모델 생성
model <- glm(Species ~ Sepal.Length, data = iris_binary, family = binomial)

# 5. 모델 요약
summary(model)
```

#1. 데이터 불러오기

```
> data(iris)
> head(iris)
  Sepal.Length Sepal.Width Petal.Length Petal.Width Species
1          5.1         3.5          1.4         0.2  setosa
2          4.9         3.0          1.4         0.2  setosa
3          4.7         3.2          1.3         0.2  setosa
4          4.6         3.1          1.5         0.2  setosa
5          5.0         3.6          1.4         0.2  setosa
6          5.4         3.9          1.7         0.4  setosa
```

- iris 데이터셋은 R에 내장된 데이터로 꽃의 4가지 측정값(Sepal.Length, Sepal.Width, Petal.Length, Petal.Width)과 품종(Species)을 포함한다.
- head( )를 사용해 데이터의 처음 6줄을 출력해 확인한다.

#2. setosa와 versicolor만 선택해 데이터 필터링(이진 분류)

```
> iris_binary <- subset(iris, Species == 'setosa' | Species == 'versicolor')
```

#3. 범주형 변수 인코딩(Setosa = 0, Versicolor = 1)

```
> iris_binary$Species <- ifelse(iris_binary$Species == 'setosa', 0, 1)
```

- Species를 이진 변수(0 또는 1)로 변환한다.
- setosa = 0, versicolor = 1로 인코딩한다.
- 로지스틱 회귀는 범주형 변수가 숫자로 표현되어야 하므로 이 작업이 필요하다.

#4. 로지스틱 회귀모델 생성

```
> model <- glm(Species ~ Sepal.Length, data = iris_binary, family = binomial)
```

- glm( ) 함수는 로지스틱 회귀모델을 생성하는 함수이다.
- 독립변수로 Sepal.Length를 사용하고 Species를 종속변수로 설정한다.
- family = binomial은 로지스틱 회귀임을 나타낸다.

#5. 모델 요약

```
> summary(model)

Call:
glm(formula = Species ~ Sepal.Length, family = binomial, data = iris_binary)
Coefficients:
             Estimate  Std. Error  z value  Pr(>|z|)
(Intercept)   -27.831       5.434   -5.122  3.02e-07 ***
Sepal.Length    5.140       1.007    5.107  3.28e-07 ***
---
Signif. codes:  0 '***' 0.001 '**' 0.01 '*' 0.05 '.' 0.1 ' ' 1
(Dispersion parameter for binomial family taken to be 1)
    Null deviance: 138.629  on 99  degrees of freedom
Residual deviance:  64.211  on 98  degrees of freedom
AIC: 68.211
Number of Fisher Scoring iterations: 6
```

- Coefficients(회귀계수)
  * (Intercept) : 절편(β_0)값으로 −27.831
  * Sepal.Length : Sepal.Length(β_1)의 회귀계수는 5.140
  * Std. Error : 표준 오차(Standard Error)로 회귀계수의 신뢰도를 평가하는 지표
  * z value : 계수에 대한 z-통계량(회귀계수 표준 오차)
  * Pr(>|z|) : p-value로 해당 독립변수가 종속변수에 유의미한 영향을 미치는지를 보여줌
  → p-value < 0.001로 매우 유의미하며 모델은 데이터를 잘 설명하고 있음
- Null deviance(138.629)
  * 독립변수가 없는 모델(기본값으로 예측하는 모델)의 오차
- Residual deviance(64.211)
  * 독립변수를 포함한 모델의 오차
  * 값이 작을수록 모델이 데이터를 잘 설명한다는 의미
  * 138.629 → 64.211로 줄어들었으므로 Sepal.Length가 모델을 개선하는 데 크게 기여했다는 것을 알 수 있음

2. 의사결정나무 ★★★

의사결정나무는 여러 가지 선택지를 시각적으로 보여주는 그래프이다. 마치 나무의 줄기에서 가지가 뻗어 나가듯 하나의 문제에서 여러 선택지가 나오고 그 선택에 따라 결과가 달라지는 모습을 표현한다. 주로 '결정'을 내릴 때 도움이 되며, 분류함수를 특정 분리 규칙으로 이루어진 나무 모양으로 나타내어 복잡한 문제를 단계별로 쉽게 풀어갈 수 있도록 돕는다.

> **Tip**
> **의사결정나무의 특징**
> - 이상값에 민감하지 않다.
> - 여러 독립변수들 사이의 중요도를 판단하기 쉽지 않다.
> - 분류 경계선에서 높은 오차를 갖는다.
> - 누구나 쉽게 분석 결과를 이해할 수 있다.

의사결정나무의 구성요소는 다음과 같다.

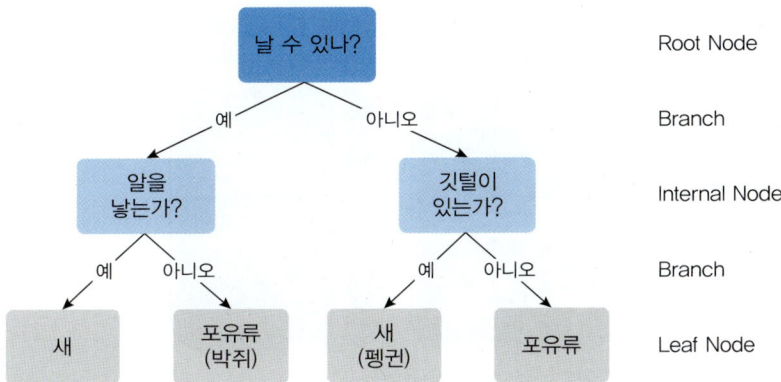

뿌리 노드 (Root Node)	나무의 시작점으로 문제나 질문이 있는 부분
가지 (Branch)	각각의 가지는 선택지나 조건을 나타냄
내부 노드 (Internal Node)	중간 단계로 새로운 질문이나 판단이 필요한 부분
잎 노드 (Leaf Node)	마지막에 도달하게 되는 노드로 결론을 나타냄

이제 의사결정나무의 분석 과정을 살펴보도록 하자.

(1) 성장(Tree Growth)

의사결정나무의 성장 단계는 데이터를 반복적으로 분할하여 트리를 확장하는 과정이다. 우선 데이터를 수집하고 전처리하여 분석에 적합한 형태로 가공한 뒤 결과에 큰 영향을 미치는 주요 특성(Feature)을 선택한다. 각 노드에서 데이터를 분할할 기준을 설정해야 하는데, 이때 불확실성을 줄이고 불순도를 최소화하는 방향으로 설정하는 것이 좋다.

① 불순도
- 의사결정나무에서 데이터를 나눌 때 얼마나 혼합된 상태인지를 나타내는 지표
- 불순도가 높다는 것은 서로 다른 클래스(범주)의 데이터가 많이 섞여 있다는 의미
- 불순도가 낮다는 것은 데이터가 한 가지 클래스에 가깝다는 것을 의미
- 즉, 불순도는 의사결정나무에서 데이터를 얼마나 잘 나누었는지를 평가하는 중요한 기준이 됨. 트리가 성장할수록 불순도가 낮아지고 결과적으로 더 정확하고 효율적인 의사결정이 가능해짐
  예) 사탕 통에 회색 사탕과 파란 사탕이 반반 섞여 있다면 통은 매우 불순한 상태
  사탕 통에 회색 사탕만 있거나 파란 사탕만 있다면 통은 순수한 상태(불순도가 0)

불순도 높음   불순도 0

② 정지규칙

정지규칙은 의사결정나무를 성장시키는 과정에서 트리의 성장을 멈추는 기준을 의미한다. 트리가 너무 깊어지면 과적합이 발생하고, 트리가 너무 얕으면 과소적합이 발생할 수 있으므로 이를 방지하기 위해 적절한 시점에서 트리 성장을 중단하는 것이 중요하다.

> **Tip**
>
> **주요 정지규칙**
> - 트리의 최대 깊이 설정 : 트리가 가질 수 있는 최대 깊이를 제한
>   예) 트리의 깊이를 최대 5로 제한 → 5단계 이상으로는 성장하지 않음
> - 노드 분할 최소 샘플 수 : 노드가 분할되기 위해 필요한 최소 데이터 샘플 수를 설정
>   예) 노드 분할 최소 샘플 수를 20으로 설정 → 20개 미만의 샘플을 가진 노드는 더 이상 분할되지 않음
> - 불순도 감소량 기준 : 노드 분할 후 불순도가 일정 수준 이상 줄어들지 않으면 분할을 중단
> - 불순도가 0 : 모든 데이터가 하나의 그룹에 속하는 경우 분할을 중단

③ 분리 기준

의사결정나무에서 데이터는 특정 기준에 따라 두 개 이상의 그룹으로 나뉘는데, 이때 정해진 분리 기준이 적용된다. 분리 기준은 종속변수의 유형에 따라 다르게 적용되며 종속변수가 이산형(예 합격/불합격, 구매/비구매)인지 연속형(예 키, 몸무게, 시험 점수)인지에 따라 적합한 기준이 사용된다.

유형	분리 주기	특징	알고리즘
이산형	지니 지수	• 불순도 및 불평등이나 집중도를 측정하는 지표 • 데이터가 한 가지 클래스로만 구성될 경우 0 • 한 사회에서 부가 얼마나 불평등하게 분배되어 있는지 숫자로 표현 (0에 가까울수록 평등, 1에 가까울수록 불평등) $\text{Gini} = 1 - \sum_{i=1}^{k}(p_i)^2$	CART
	엔트로피 지수	데이터의 불확실성을 나타냄 $\text{Entropy} = -\sum_{i=1}^{k}p(x_i)\log_2 p(x_i)$	C4.5 C5.0
	카이제곱 검정	• 기댓값과 관찰값의 차이를 기반으로 분할을 수행하는 방식 • 카이제곱값이 클수록 노드가 잘 분리된 상태 $x^2 = \sum_{i=1}^{k}\frac{(\text{관찰값} - \text{기댓값})^2}{\text{기댓값}}$	CHAID
연속형	분산 감소량	그룹의 분산이 최대한 줄어들도록 데이터를 나누는 방식	CART
	$F-$값(F Value)	• ANOVA에서 사용되는 핵심 지표 • $p-$value가 작아지도록 데이터를 나누는 방식	CHAID

Warming Up

다음 중 의사결정나무에서 불순도에 대한 설명으로 가장 적절하지 않은 것은 무엇인가?

① 불순도가 낮을수록 데이터가 한 가지 클래스에 가까운 상태를 의미한다.
② 불순도가 높을수록 서로 다른 클래스가 많이 섞여 있는 상태를 의미한다.
③ 불순도는 의사결정나무가 데이터를 나누는 데 있어 중요한 기준이 된다.
④ 불순도가 0이면 데이터가 완전히 균등하게 섞여 있는 상태를 의미한다.

해설 불순도가 0이라는 것은 데이터가 완전히 균일하게 하나의 클래스만 포함하고 있는 상태를 의미한다. 반대로, 데이터가 균등하게 섞여 있을수록 불순도는 높아진다.

정답 ④

> 다음 중 이산형(범주형) 변수의 분리 기준으로 가장 적절하지 않은 것은 무엇인가?
>
> ① 분산 감소량
> ② 엔트로피 지수
> ③ 카이제곱 검정
> ④ 지니 지수
>
> **해설** 분산 감소량은 연속형 변수를 분할할 때 사용하는 기준이며 이산형 변수(예 합격/불합격, 구매/비구매)에는 사용되지 않는다.
>
> **정답** ①

(2) 가지치기

의사결정나무의 가지치기는 트리 모형의 복잡도를 줄이고 불필요한 가지를 잘라내어 과적합을 방지하는 과정이다. 트리가 과도하게 성장하면 훈련 데이터에는 잘 맞지만, 새로운 데이터에는 성능이 저하될 수 있다. 따라서 가지치기를 통해 트리를 단순화하고 일반화 성능을 향상시킴으로써 새로운 데이터에서도 안정적인 예측이 가능해진다.

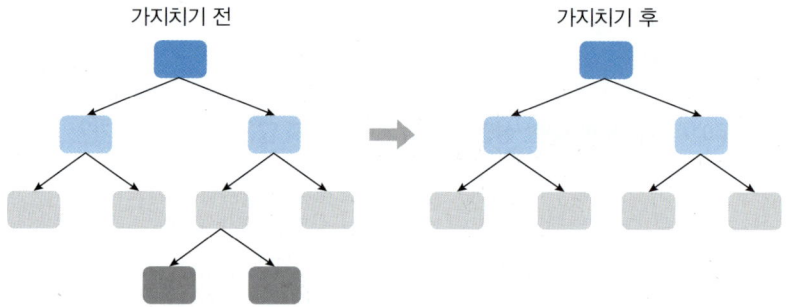

(3) 타당성 평가

의사결정나무의 성능을 평가하는 단계로 다양한 평가 지표와 검증 방법을 활용해 모델의 신뢰성을 확인한다.

교차 검증	데이터를 여러 개의 폴드로 나누어 반복적으로 훈련 및 검증을 수행
성능 지표 평가	정확도, 정밀도와 재현율, F1 점수

(성능 지표 평가에 대한 상세한 내용은 306페이지 '5. 오분류표'의 '(2) 오분류표 평가 지표' 참고)

(4) 해석 및 예측

완성된 의사결정나무는 예측 및 데이터 해석에 사용된다.

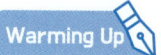

다음 중 의사결정나무의 특징에 대한 설명으로 가장 적절하지 않은 것은 무엇인가?

① 이상값에 민감하지 않다.
② 트리가 깊어질수록 모델이 복잡해지고 과적합이 발생할 가능성이 높아진다.
③ 의사결정나무는 사전에 정해진 분리 기준 없이 데이터를 자동으로 최적의 방식으로 나눈다.
④ 의사결정나무는 불순도를 최소화하는 방향으로 데이터를 반복적으로 분할하여 트리를 확장한다.

> **해설** 의사결정나무는 데이터를 분할할 때 사전에 정해진 분리 기준(예 지니 지수, 엔트로피 지수, 카이제곱 검정, 분산 감소량 등)을 사용하여 최적의 분할 방식을 결정한다. 데이터를 무작위로 나누는 것이 아니라 불순도를 최소화하는 방향으로 분할을 수행한다.
>
> **정답** ③

다음은 R 프로그램의 rpart 라이브러리를 이용하여 의사결정나무를 실행한 코드이다.

프로그램 코드

```
# 1. rpart 라이브러리 로드 및 의사결정나무 모델 생성
library(rpart)
tree_model <- rpart(Species ~., data = iris)
tree_model

# 2. 트리 시각화
plot(tree_model, compress=T, margin=0.3)
text(tree_model, cex=1.5)

# 3. iris 데이터셋에 대해 의사결정나무를 사용해 예측 수행
head(predict(tree_model, newdata=iris, type="class"))
tail(predict(tree_model, newdata=iris, type="class"))

# 4. rpart.plot 패키지를 사용하여 트리 그래픽 시각화
library(rpart.plot)
prp(tree_model, type=4, extra=2)
```

1. rpart 라이브러리 로드 및 의사결정나무 모델 생성

```
> library(rpart)
> tree_model <- rpart(Species ~., data = iris)
> tree_model
n= 150
node), split, n, loss, yval, (yprob)
      * denotes terminal node
1) root 150 100 setosa (0.33333333 0.33333333 0.33333333)
  2) Petal.Length< 2.45 50   0 setosa (1.00000000 0.00000000 0.00000000) *
  3) Petal.Length>=2.45 100  50 versicolor (0.00000000 0.50000000 0.50000000)
    6) Petal.Width< 1.75 54   5 versicolor (0.00000000 0.90740741 0.09259259) *
    7) Petal.Width>=1.75 46   1 virginica (0.00000000 0.02173913 0.97826087) *
```

- tree_model 객체는 rpart에 의해 생성된 의사결정나무이다.
  * n= 150 : 전체 150개의 데이터 샘플이 사용됨
  * 트리는 Species를 예측하는 데 사용되며 트리의 노드 구조와 각 분할 기준이 표시됨
  * root 노드는 트리의 시작점으로 150개의 데이터가 포함됨
  * loss = 100 : 트리가 분할되지 않은 상태에서 100개의 데이터가 잘못 분류됨
  * yval = setosa : 가장 많이 포함된 클래스는 setosa
  * yprob = (0.33 0.33 0.33) : 각 클래스(setosa, versicolor, virginica)의 초기 확률은 33.3%

2. 트리 시각화

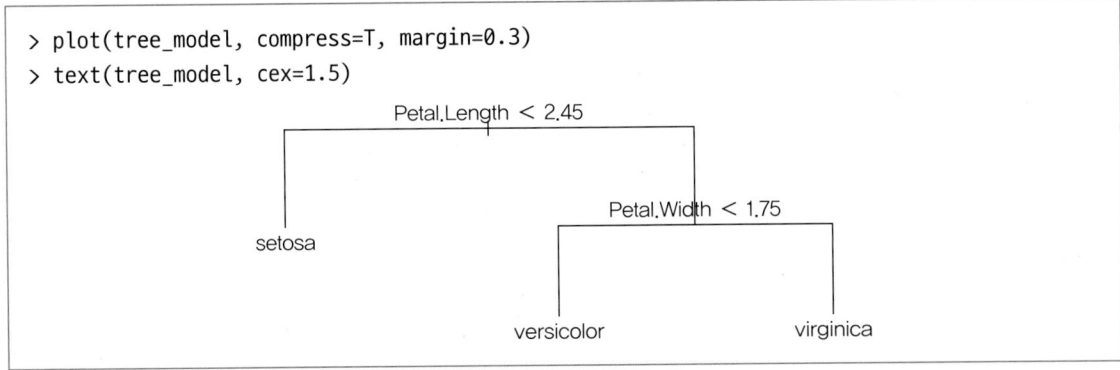

```
> plot(tree_model, compress=T, margin=0.3)
> text(tree_model, cex=1.5)
```

- plot( )은 트리의 구조를 시각적으로 표현한다.
  * compress = T : 트리를 압축해 화면에 맞게 조정
  * margin = 0.3 : 트리와 화면의 여백을 설정
    - text(tree_model, cex=1.5) : 트리에 각 노드의 텍스트를 추가하며 텍스트의 크기를 조정

3. iris 데이터셋에 대해 의사결정나무를 사용해 예측 수행

```
> head(predict(tree_model, newdata=iris, type="class"))
     1      2      3      4      5      6
setosa setosa setosa setosa setosa setosa
Levels: setosa versicolor virginica
> tail(predict(tree_model, newdata=iris, type="class"))
      145       146       147       148       149       150
virginica virginica virginica virginica virginica virginica
Levels: setosa versicolor virginica
```

- predict( )로 tree_model을 사용하여 iris 데이터셋에 대해 예측을 수행한다.
- head( ), tail( )은 각각 상위 및 하위 6개의 예측 결과를 출력한다.
  * type = "class" : 각 데이터가 속하는 클래스를 반환
  * 처음 6개는 setosa, 마지막 6개는 virginica로 분류

4. rpart.plot 패키지를 사용하여 트리 그래픽 시각화

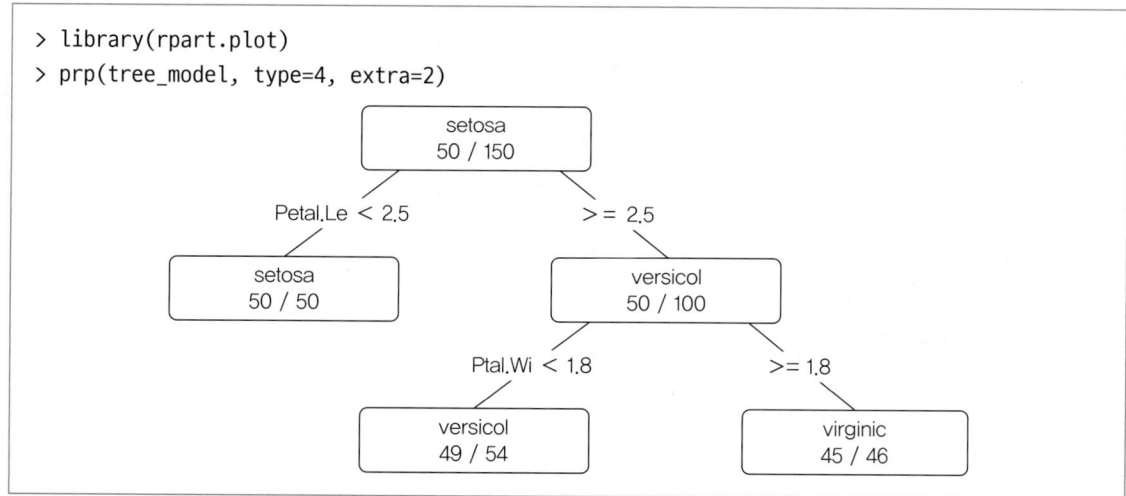

- prp( )는 rpart.plot 패키지를 사용해 트리를 보다 직관적으로 시각화한다.
  * type = 4 : 각 노드를 사각형으로 표현
  * extra = 2 : 각 노드에 속하는 클래스와 비율을 표시

3. 앙상블 기법 ★★★

앙상블 기법은 여러 개의 모델을 결합하여 하나의 강력한 모델을 만드는 방법으로, 개별 모델을 사용하는 것보다 더 강력하고 안정적인 예측 결과를 도출할 수 있다. 단일 모델은 훈련 데이터에 과적합될 가능성이 크지만, 여러 모델을 결합하면 과적합을 방지할 수 있고 더욱 견고하고 안정적인 결과를 얻을 수 있어 전반적인 예측 정확도가 높아진다.

(1) 배깅

배깅은 같은 알고리즘을 사용하되 훈련 데이터를 무작위로 샘플링하여 여러 모델을 학습시키고 평균을 내거나 다수결로 예측을 결정하는 방식이다. 원본 데이터에서 크기가 같은 표본을 여러 번 랜덤 복원 추출하기 때문에 같은 데이터가 한 표본에 여러 번 추출될 수 있고 추출되지 않은 데이터가 존재할 수도 있다. 배깅은 모델 간의 분산을 줄이고 과적합을 방지하는 데 효과적이며 모델이 병렬적으로 동작하므로 여러 대의 컴퓨터에서 동시에 학습이 가능하다는 장점이 있다.

샘플링	원본 데이터에서 여러 개의 샘플을 복원 추출로 뽑아냄 → 샘플을 원본 데이터와 같은 크기만큼 모은 것을 붓스트랩이라고 함
모델 학습	각각의 샘플에 대해 독립적인 모델을 학습 → 각각의 모델을 분류기라고 함
예측 결합	각 모델이 예측한 값을 평균하거나 다수결 투표를 통해 최종 결과를 결정 → 최종 결과를 선정하는 작업을 보팅이라고 함

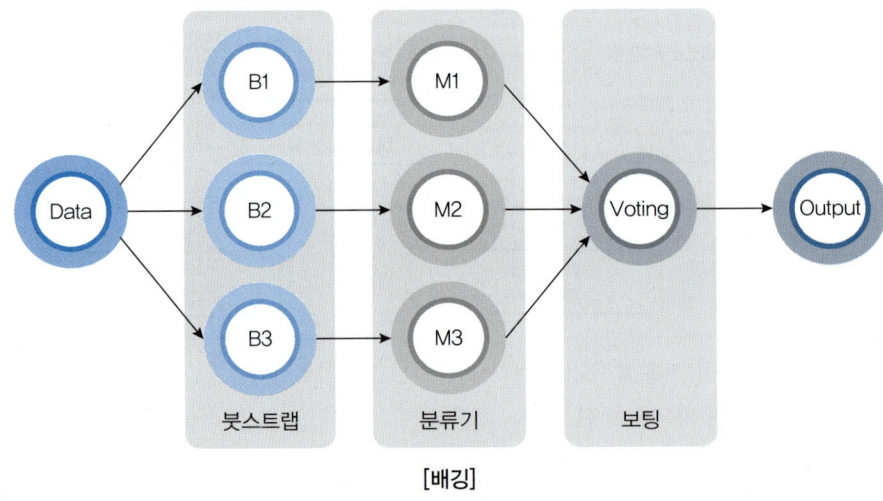

[배깅]

다음은 R 프로그램 패키지 adabag의 bagging 함수를 이용하여 배깅을 실행한 코드이다.

프로그램 코드

```
# 1. adabag 패키지 로드
library(adabag)   # adabag 패키지 로드(배깅 및 부스팅 알고리즘 사용)

# 2. iris 데이터셋 불러오기
data(iris)   # 기본적으로 내장된 iris 데이터셋 로드

# 3. 배깅 모델 생성(Species를 예측하는 모델)
iris.bagging <- bagging(Species~., data=iris, mfinal=10)

# 4. 특성(feature) 중요도 확인
iris.bagging$importance

# 5. 새로운 데이터(iris)로 예측 수행
Pred <- predict(iris.bagging, newdata=iris)

# 6. 예측 결과와 실제 레이블을 비교하여 혼동 행렬 생성
table(Pred$class, iris[,5])
```

1. adabag 패키지 로드

```
> library(adabag)
```

- adabag 패키지는 배깅과 부스팅 모델을 생성하는 데 사용된다.

2. iris 데이터셋 불러오기

```
> data(iris)
```

3. 배깅 모델 생성(Species를 예측하는 모델)

```
> iris.bagging <- bagging(Species~., data=iris, mfinal=10)
```

- bagging( )은 배깅 모델을 생성하는 함수이다.
    * mfinal=10 : 10개의 개별 모델(의사결정나무)을 생성해 앙상블

4. 특성(feature) 중요도 확인

```
> iris.bagging$importance
 Petal.Length  Petal.Width  Sepal.Length  Sepal.Width
      76.7895     23.29105       0.00000      0.00000
```

- iris.bagging$importance는 각 특성이 모델의 예측에 얼마나 중요한 역할을 했는지를 보여준다.
    * Petal.Length와 Petal.Width가 Species 예측에 가장 중요한 역할을 함

5. 새로운 데이터(iris)로 예측 수행

```
> Pred <- predict(iris.bagging, newdata=iris)
```

- predict( )를 사용해 iris 데이터셋에 대한 예측을 수행한다.

6. 예측 결과와 실제 레이블을 비교하여 혼동 행렬 생성

```
> table(Pred$class, iris[,5])
            setosa versicolor virginica
  setosa        50          0         0
  versicolor     0         45         1
  virginica      0          5        49
```

- Pred$class는 예측된 클래스를 반환한다.
  * setosa는 50개 모두 정확하게 예측됨
  * versicolor는 45개가 맞고 5개는 virginica로 잘못 예측됨
  * virginica는 49개가 맞고 1개는 versicolor로 잘못 예측됨

> **Tip**
>
> **랜덤 포레스트**
> - 배깅의 대표적인 예
> - 배깅보다 무작위성 추가
> - 여러 개의 의사결정나무를 학습시키고 각각의 예측을 종합해 최종 결정

(2) 부스팅

부스팅은 여러 모델을 순차적으로 학습시키며 이전 모델이 잘못 예측한 데이터에 가중치를 부여해 집중적으로 학습시킴으로써 점점 더 정확한 예측을 만들어 가는 방식이다. 순차적으로 모델을 학습시키므로 계산 비용이 크지만, 모델이 학습 데이터에서 놓치는 패턴을 반복적으로 보완하기 때문에 더 정확한 예측이 가능하다는 장점이 있다.

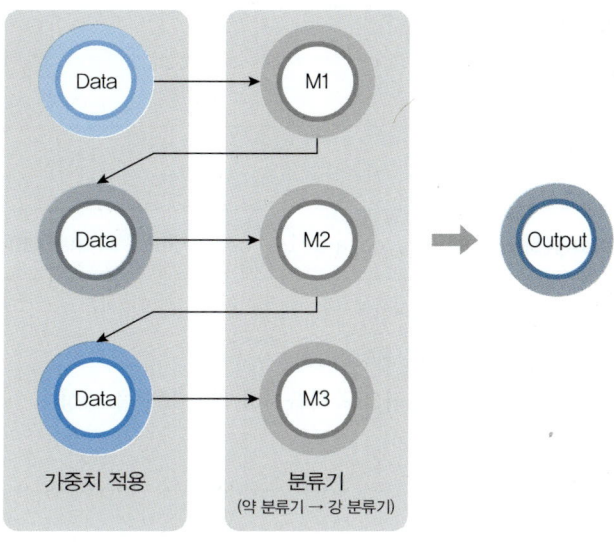

[부스팅]

다음은 R 프로그램 패키지 adabag의 boosting 함수를 이용하여 부스팅을 실행한 코드이다.

프로그램 코드

```
# 1. adabag 불러오기
library(adabag)  # adabag 패키지 로드(배깅 및 부스팅 알고리즘 사용)

# 2. iris 데이터셋 불러오기
data(iris)   # R 기본 내장 데이터셋 iris 로드

# 3. 부스팅 모델 생성
# Species ~ . : Species를 예측하는 모델, iris 데이터의 모든 변수를 사용
boo.adabag <- boosting(Species ~ ., data=iris, boos=TRUE, mfinal=10)

# 4. 특성(feature) 중요도 확인
boo.adabag$importance

# 5. 새로운 데이터(iris)로 예측 수행
Pred <- predict(boo.adabag, newdata=iris)

# 6. 예측 결과와 실제 레이블을 비교하여 혼동 행렬 생성
table(Pred$class, iris[,5])
```

1. adabag 불러오기

```
> library(adabag)
```

- adabag 패키지는 배깅과 부스팅 모델을 생성하는 데 사용된다.

2. iris 데이터셋 불러오기

```
> data(iris)
```

3. 부스팅 모델 생성

```
> boo.adabag <- boosting(Species ~ ., data=iris, boos=TRUE, mfinal=10)
```

- boosting( )은 부스팅 모델을 생성하는 함수이다.
  * boos=TRUE : 부스팅을 활성화(기본값은 FALSE)
  * mfinal=10 : 10개의 약한 분류기를 순차적으로 학습시켜 최종 모델을 생성

4. 특성(feature) 중요도 확인

```
> boo.adabag$importance
 Petal.Length  Petal.Width  Sepal.Length  Sepal.Width
    62.265776    22.903547      9.356468     5.474209
```

- boo.adabag$importance는 각 특성이 모델의 예측에 얼마나 중요한 역할을 했는지를 보여준다.
  * Petal.Length가 Species 예측에 가장 중요한 역할을 함

5. 새로운 데이터(iris)로 예측 수행

```
> Pred <- predict(boo.adabag, newdata=iris)
```

- predict( )를 사용해 iris 데이터셋에 대한 예측을 수행한다.

6. 예측 결과와 실제 레이블을 비교하여 혼동 행렬 생성

```
> table(Pred$class, iris[,5])
             setosa versicolor virginica
  setosa         50          0         0
  versicolor      0         50         0
  virginica       0          0        50
```

- Pred$class는 예측된 클래스를 반환한다.
  * setosa, versicolor, virginica 모두 50개씩 정확하게 예측됨

(3) 스태킹

스태킹은 서로 다른 종류의 모델들을 결합하는 방법으로 의사결정나무, 로지스틱 회귀, 서포트 벡터 머신(SVM) 같은 다양한 모델을 학습시키고 이 모델들의 예측을 다시 조합해서 최종 예측을 하는 방식이다. 개별 모델의 강점을 결합하여 더 높은 성능을 기대할 수 있다는 장점이 있다.

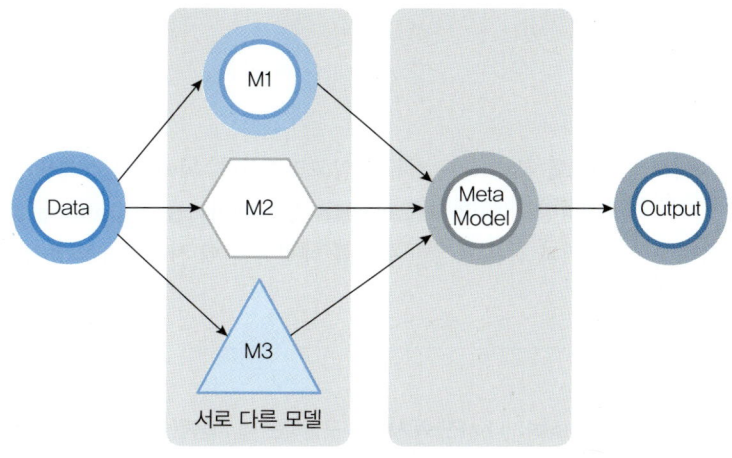

[스태킹]

Warming Up

다음 중 배깅과 부스팅의 차이점에 대한 설명으로 가장 적절하지 않은 것은 무엇인가?

① 배깅은 데이터 샘플링을 통해 여러 개의 모델을 학습시키고 이들의 평균 또는 투표 결과를 이용하여 최종 예측을 수행한다.
② 부스팅은 이전 모델이 잘못 예측한 데이터에 더 높은 가중치를 부여하여 학습하는 방식이다.
③ 배깅은 개별 모델 간의 독립성을 유지하려 하지만 부스팅은 개별 모델 간의 의존성이 크다.
④ 부스팅은 여러 개의 약한 모델 대신 하나의 강한 모델을 반복적으로 학습하여 최적의 성능을 내도록 한다.

> **해설** 부스팅은 여러 개의 약한 모델을 순차적으로 학습하여 최종적으로 강한 모델을 만드는 기법이다. 하나의 강한 모델을 반복적으로 학습하는 것이 아니라 여러 개의 약한 모델을 조합하여 최적의 성능을 내도록 한다.
>
> **정답** ④

Warming Up

다음 중 랜덤 포레스트에 대한 설명으로 가장 적절하지 않은 것은 무엇인가?

① 각 트리는 전체 학습 데이터와 모든 특성을 사용하여 동일한 방식으로 학습된다.
② 배깅 기법을 사용하여 개별 트리들을 학습시킨다.
③ 여러 개의 결정 트리를 결합하여 예측 성능을 향상시키는 방법이다.
④ 과적합을 방지하는 데 효과적이며, 분류와 회귀 문제 모두에 사용할 수 있다.

> **해설** 랜덤 포레스트는 각 트리를 학습할 때 전체 학습 데이터를 사용하는 것이 아니라 데이터의 일부 샘플을 랜덤하게 선택하여 학습한다. 또한 각 트리는 모든 특성을 사용하지 않고 일부 특성만 랜덤하게 선택하여 학습하는 것이 특징이다.
>
> **정답** ①

4. 인공신경망 분석 ★★★

(1) 인공신경망이란

① 개념

인공신경망은 사람의 뇌 구조를 본떠 만든 컴퓨터 알고리즘이다. 뇌에서 신경세포가 서로 연결되어 정보를 처리하는 것처럼 인공신경망도 여러 층(Layer)을 통해 데이터를 학습하고 분석한다. 인공신경망은 이미지 인식, 음성 인식, 번역과 같은 복잡한 문제를 해결하는 데 사용되며 인공지능(AI) 기술에서 중요한 역할을 하고 있다.

> **Tip**
>
> **인공신경망이 사용되는 분야**
> - 이미지 인식 : 사람의 얼굴을 인식하거나 사진 속 사물을 구별하는 데 사용됨
>   - 예) 스마트폰 얼굴 인식, 자율주행 자동차
> - 자연어 처리(텍스트 분석) : 텍스트를 분석하고 번역하거나 사람과 대화하는 챗봇을 만듦
>   - 예) 번역기, 음성 비서(시리, 구글 어시스턴트)
> - 음성 인식 : 사람의 말을 알아듣고 텍스트로 변환하거나 명령을 수행
>   - 예) 음성 비서, 스마트 스피커
> - 의료 분야 : X-ray, CT 영상을 분석해 질병을 진단
>   - 예) 암 진단, 신체 이상 탐지

② 인공신경망의 세 가지 층

인공신경망은 크게 입력층, 은닉층, 출력층이라는 세 가지 층으로 구성된다.
- 입력층(Input Layer) : 데이터를 처음 받아들이는 층
- 은닉층(Hidden Layer) : 입력층과 출력층 사이에 위치하는 층으로 입력된 데이터를 처리하고 변형해서 더 복잡한 패턴을 학습할 수 있게 도와줌. 층이 많을수록 더 복잡한 문제를 해결할 수 있음
- 출력층(Output Layer) : 최종 결과를 내는 층. 예를 들어 이 층에서 이미지가 '사람'인지 '물체'인지 예측

③ 인공신경망의 작동 원리

데이터 입력	입력층에서 이미지, 숫자 등 데이터를 입력받음
가중치	• 입력 데이터에 가중치를 곱해 은닉층으로 전달(가중치는 데이터의 중요도를 결정) • 가중된 값에 편향(Bias)이라는 상수를 더함
활성화 함수	활성화 함수를 사용해 필요한 정보만 걸러냄
결과 출력	데이터가 은닉층을 거쳐 최종적으로 출력층에서 예측 결과를 도출

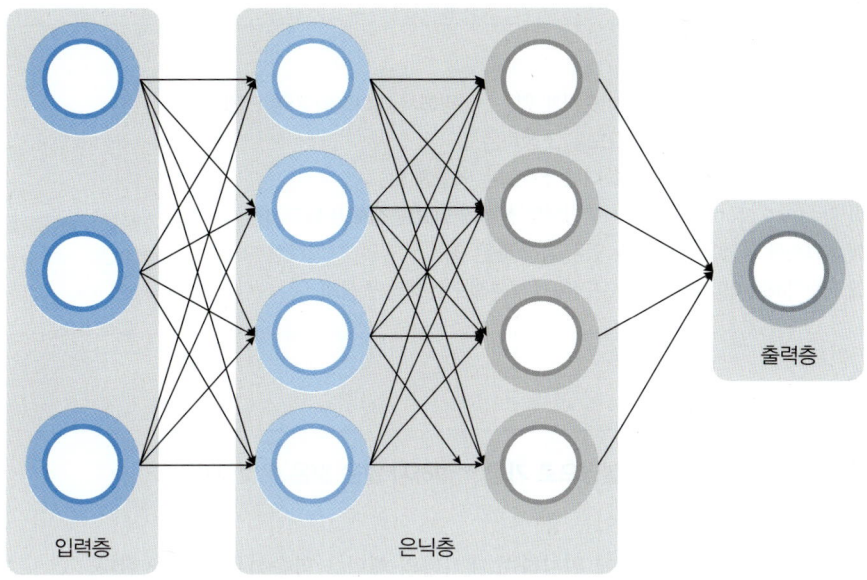

④ 딥러닝(Deep Learning)

인공신경망이 발전하면서 딥러닝(Deep Learning)이라는 기술이 등장했다. 딥러닝은 인공신경망의 층을 아주 많이 쌓아 더 복잡하고 정교하게 데이터를 분석할 수 있도록 하며 CNN, RNN, 트랜스포머와 같은 기술에 활용되고 있다.

- CNN(합성곱 신경망) : 이미지 분석에 주로 사용됨
- RNN(순환 신경망) : 연속된 데이터(문장, 음성)를 분석하는 데 사용됨
- 트랜스포머(Transformer) : 번역, 텍스트 생성 등 자연어 처리 분야에서 활약하는 기술

⑤ 인공신경망의 장단점

장점	• 복잡한 문제를 해결할 수 있음 • 패턴 인식, 분류, 예측 등 다양한 분야에서 활용됨 • 데이터가 많을수록 정확도가 높아짐 • 노이즈에 민감하지 않음 • 스스로 가중치를 학습
단점	• 모형이 복잡할 경우 학습하는 데 시간이 오래 걸릴 수 있음 • 학습을 위해 많은 데이터가 필요함 • 결과를 해석하는 것이 어려움 • 초기 가중치에 따라 전역해가 아닌 지역해로 수렴할 수 있음 • 추정한 가중치의 신뢰도가 낮음 • 은닉층의 수와 은닉 노드의 수를 결정하기 어려움

> **Tip**
>
> **인공신경망의 주요 개념**
> - 뉴런(Neuron) : 뇌의 신경세포와 비슷하게 인공신경망에서 데이터의 기본 단위가 됨
> - 가중치(Weight) : 각 데이터의 중요도를 조정하는 값
> - 편향(Bias) : 데이터에 일정한 값을 더해 조정하는 역할을 함
> - 활성화 함수(Activation Function) : 데이터를 선별해 필요한 정보만 통과시킴
> - 전역해 : 최적화 과정에서 찾을 수 있는 가장 좋은 답
> - 지역해 : 전역해는 아니지만 특정 구간에서 부분적으로 최적인 상태

Warming Up

다음 중 인공신경망의 구조에 대한 설명으로 가장 적절하지 않은 것은 무엇인가?

① 입력층은 데이터를 처음 받아들이는 층이다.
② 은닉층은 입력층과 출력층 사이에 위치하며 데이터의 패턴을 학습하는 역할을 한다.
③ 출력층은 최종 예측 결과를 도출하는 층이다.
④ 은닉층이 많아질수록 더 복잡한 문제를 해결할 수 있으며 과적합 문제는 발생하지 않는다.

> **해설** 은닉층이 많아질수록 모델이 더 복잡한 패턴을 학습할 수 있지만 과적합 문제가 발생할 가능성이 커질 수 있다. 따라서 적절한 층의 개수와 정규화 기법(예 드롭아웃)을 활용하여 과적합을 방지해야 한다.
>
> **정답** ④

Warming Up

다음 중 가중치와 편향에 대한 설명으로 가장 적절하지 않은 것은 무엇인가?

① 가중치는 입력값의 중요도를 결정하는 역할을 한다.
② 편향은 활성화 함수의 출력값을 조정하여 학습을 더욱 유연하게 만든다.
③ 모든 신경망 모델은 가중치를 가지지만 편향은 필요하지 않다.
④ 가중치는 학습 과정에서 업데이트되며 최적의 값을 찾도록 조정된다.

> **해설** 편향(Bias)은 뉴런이 특정 방향으로 치우치지 않도록 조정하는 역할을 하며 대부분의 신경망 모델에서 사용된다. 편향이 없으면 학습이 어려워질 수 있으며 모델이 충분한 유연성을 가지지 못할 수 있다.
>
> **정답** ③

(2) 인공신경망의 활성화 함수

인공신경망에서 활성화 함수는 뉴런이 얼마나 활성화될지를 결정하는 중요한 요소이다. 쉽게 말해 활성화 함수는 컴퓨터가 중요한 정보만 골라서 다음 단계로 보낼지 말지를 결정하는 스위치와 같은 역할을 한다. 앞서 설명했듯이 인공신경망에서는 입력된 데이터가 여러 층을 거쳐 처리되는데, 활성화 함수가 없으면 신경망이 단순한 계산기처럼 작동되어 복잡한 문제를 해결하는 것이 불가능해진다. 즉, 활성화 함수가 비선형성을 부여하여 신경망이 더 똑똑하게 학습하고 이미지 인식, 번역, 음성 인식 같은 어려운 작업을 수행할 수 있게 해주는 것이다. 다음은 주요 활성화 함수의 종류와 특징에 대한 설명이다.

① 시그모이드(Sigmoid)

시그모이드 함수는 결과를 0과 1 사이의 값으로 바꿔주는 함수로, 로지스틱 회귀분석의 확률값을 구하기 위한 계산식과 유사하다.

$$f(x) = \frac{1}{1+e^{-x}}$$

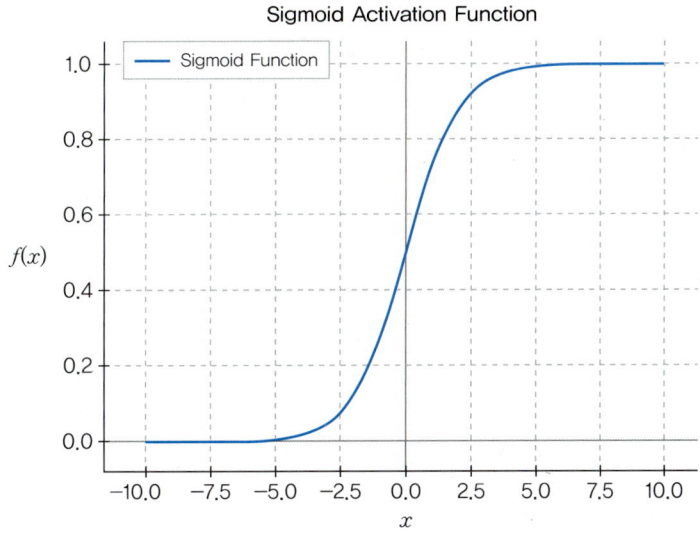

② 소프트맥스(Softmax)

소프트맥스 함수는 표준화지수 함수로 출력값이 다범주인 경우 사용되는 함수이다. 여러 개의 값(클래스)이 있을 때 확률처럼 모든 값의 합이 1이 되도록 만들며, 로지스틱 회귀분석과 마찬가지로 각 범주에 속할 확률값을 반환한 뒤 가장 높은 확률을 가진 클래스를 선택한다.

$$f(x_i) = \frac{e^{x_i}}{\sum_{j=1}^{n} + e^{x_j}}$$

③ 렐루(ReLU)

렐루 함수는 입력값이 음수일 때는 0, 양수일 때는 그대로 출력하는 함수이다. 시그모이드나 탄젠트 같은 활성화 함수는 기울기 소실 문제가 발생하기 쉬운 반면, 렐루는 양수일 때 기울기가 1이기 때문에 이런 문제가 완화되며 계산이 빠르고 간단하여 딥러닝에서 가장 많이 사용되는 활성화 함수 중 하나이다.

$$f(x) = \max(0, x)$$

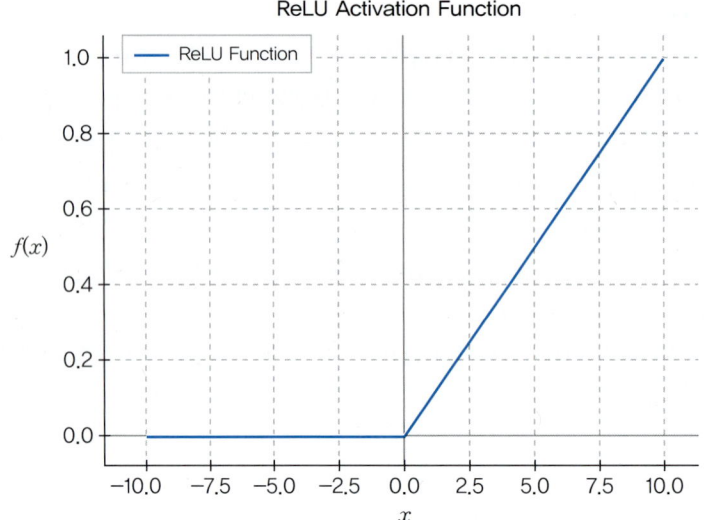

④ 탄젠트(Tanh)

탄젠트 함수는 시그모이드 함수의 확장된 형태로 0을 중심으로 대칭이며 출력 범위는 −1에서 1 사이이다.

$$f(x) = \frac{e^x - e^{-x}}{e^x + e^{-x}}$$

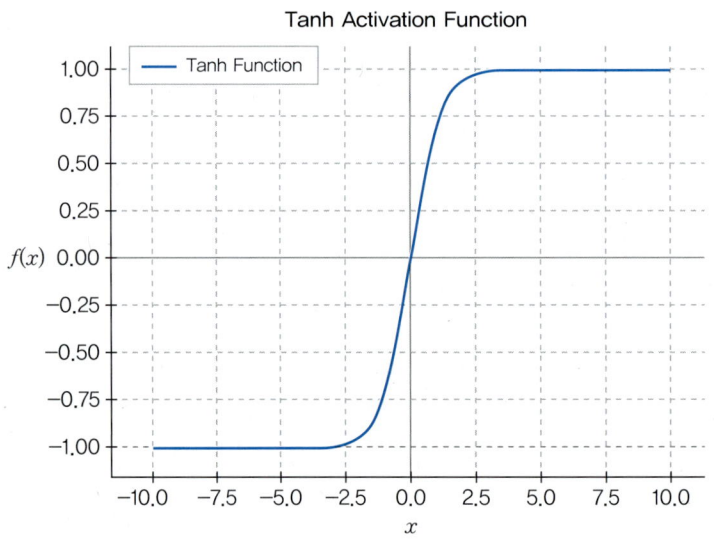

> **Tip**
>
> **주요 활성화 함수의 특징 및 차이점**
>
> | 활성화 함수 | 출력 범위 | 특징 |
> |---|---|---|
> | Sigmoid | 0 ~ 1 | • 결과를 확률로 해석 가능
• 기울기 소실 문제 발생 |
> | Softmax | 0 ~ 1 (합1) | 다중 클래스 분류에 사용 |
> | ReLU | 0 ~ ∞ | 계산이 빠르고 구조가 단순함 |
> | Tanh | -1 ~ 1 | • 시그모이드보다 학습 속도가 빠르고 0을 중심으로 대칭
• 기울기 소실 문제 발생 |

(3) 역전파 알고리즘

역전파 알고리즘은 인공신경망이 학습하는 데 사용되는 중요한 방법으로, 인공신경망의 오차를 계산하고 이를 바탕으로 개선해 나가는 과정이다. 역전파 알고리즘의 핵심 원리는 다음과 같다.

순전파	• 데이터를 입력하면, 신경망은 입력층 → 은닉층 → 출력층 순서로 계산을 진행 • 최종적으로 예측된 결과가 출력됨
오차 계산	• 신경망의 예측 결과와 실젯값의 차이를 계산 • 예를 들어, 사람을 예측했지만 실제로는 물체였던 경우 이 차이를 오차라고 함
역전파	• 오차를 줄이기 위해 신경망의 각 층을 거꾸로 이동하며 가중치(Weight)와 편향(Bias)을 수정 • 가중치가 바뀌면 다음번 예측이 더 정확해질 가능성이 큼
반복 학습	이 과정을 반복하며 신경망은 점점 더 정확해지고 복잡한 문제도 잘 해결할 수 있게 됨

(4) 단층 퍼셉트론과 다층 퍼셉트론

인공신경망에는 다양한 종류가 있으며 각각의 신경망은 다른 방식으로 데이터를 처리한다. 그중 단층 퍼셉트론과 다층 퍼셉트론에 대해 알아보도록 하자.

① 단층 퍼셉트론

단층 퍼셉트론은 가장 기본적인 인공신경망으로 은닉층 없이 입력층과 출력층만 존재하며, 주로 간단한 이진 분류 문제를 해결하는 데 사용된다.

> **단층 퍼셉트론의 동작 원리**
> - 입력 데이터가 주어지고 가중치와 곱해짐
> - 결과에 편향(bias)을 더해줌
> - 결과가 일정 값(임곗값)을 넘으면 1(YES), 그렇지 않으면 0(NO)을 출력

② 다층 퍼셉트론

다층 퍼셉트론은 단층 퍼셉트론에 은닉층이 추가된 신경망이다. 은닉층 덕분에 복잡한 문제도 해결할 수 있으며 이미지 분류, 텍스트 분석 등 다양한 분야에서 사용된다.

> **다층 퍼셉트론의 동작 원리**
> - 입력 데이터가 입력층에서 받아들여짐
> - 데이터는 은닉층을 거치며 가중치와 활성화 함수를 통해 비선형 변환됨
> - 최종적으로 출력층에서 예측값이 도출됨

다음 중 활성화 함수의 역할에 대한 설명으로 가장 적절하지 않은 것은 무엇인가?

① 신경망이 복잡한 패턴을 학습할 수 있도록 비선형성을 부여한다.
② 입력값의 중요도를 결정하고 최적의 모델을 학습하는 데 기여한다.
③ 활성화 함수가 없으면 신경망은 선형 함수처럼 동작하여 다층 신경망의 의미가 사라질 수 있다.
④ ReLU, 시그모이드, 소프트맥스 등 다양한 활성화 함수가 존재하며 문제의 특성에 따라 적절한 함수를 선택해야 한다.

> 입력값의 중요도를 결정하는 것은 가중치의 역할이며 활성화 함수는 입력값을 비선형적으로 변환하여 신경망이 복잡한 패턴을 학습할 수 있도록 돕는다.

정답 ②

다음 중 활성화 함수에 대한 설명으로 가장 적절하지 않은 것은 무엇인가?

① 시그모이드 함수는 출력 값을 0과 1 사이의 확률값으로 변환하는 데 사용된다.
② ReLU 함수는 입력 값이 음수일 경우에도 일정한 값을 출력하여 학습을 원활하게 한다.
③ 소프트맥스 함수는 다중 클래스 분류 문제에서 클래스별 확률을 구하는 데 사용된다.
④ 하이퍼볼릭 탄젠트(Tanh) 함수는 시그모이드 함수와 유사하지만 출력 값이 −1에서 1 사이로 조정된다.

> 해설 ReLU 함수는 입력 값이 0보다 작으면 출력이 0이 되므로 음수 값에 대해서는 학습이 진행되지 않는 '죽은 뉴런(Vanishing Neuron)' 문제가 발생할 수 있다.

정답 ②

> **Tip**
>
> ### 그 밖의 분류 분석 기법들
>
> **1. 나이브 베이즈 분류**
>
> ① 개념
>
> 나이브 베이즈 알고리즘은 확률을 이용하여 데이터를 분류하는 알고리즘으로, 어떤 상황에서 특정 사건이 일어날 확률, 즉 조건부 확률을 계산해서 예측하는 방법이다.
>
> 예 날씨가 흐릴 때 비가 올 확률이 높다고 가정
> → '오늘 하늘이 흐리니까 우산을 가져가야겠다'라고 판단
>
> ② 베이즈 정리
>
> 나이브 베이즈 분류기의 핵심은 베이즈 정리이다. 베이즈 정리는 어떤 사건이 발생했을 때 그 원인이 무엇일 가능성이 높은지를 계산하는 공식으로 다음과 같이 표현된다.
>
> $$P(A|B) = \frac{P(B|A)P(A)}{P(B)}$$
>
> - $P(A|B)$: B라는 정보가 주어졌을 때 A가 발생할 확률(사후 확률)
> - $P(B|A)$: A가 발생했을 때 B가 발생할 확률(우도)
> - $P(A)$: A가 발생할 사전 확률
> - $P(B)$: B가 발생할 전체 확률
>
> 베이즈 정리는 과거 경험과 현재의 증거를 기반으로 미래를 추정하며 각 특성이 서로 독립적이라고 가정한다. 따라서 독립변수 간 상관관계를 고려하지 않고 확률을 계산하는데, 이메일에서 특정 단어들이 등장할 확률이 서로 영향을 주지 않는다고 보는 경우가 그 예이다. 나이브 베이즈 분류는 스팸 메일 필터링, 뉴스 기사 분류, 영화 리뷰 감성 분석, 사용자의 검색 키워드를 이용한 상품 추천 등에 활용되고 있다.
>
> **2. K-NN 알고리즘**
>
> K-NN(K-Nearest Neighbors, K-최근접 이웃) 알고리즘은 주어진 데이터와 가장 가까운 K개의 데이터를 찾아 분류 또는 예측을 수행하는 기법이다. 즉, 어떤 데이터가 주어졌을 때 주변(K개의) 이웃을 살펴보고 다수결(분류) 또는 평균(회귀)으로 결과를 결정하는 방식이다.
>
> 예를 들어 어떤 학생이 농구팀에 들어갈지 축구팀에 들어갈지를 결정해야 한다고 가정하자. 이 학생이 지금까지 농구를 한 친구들과 더 비슷한 특성을 가지고 있다면 농구팀에 들어갈 확률이 높고, 축구를 한 친구들과 더 비슷한 특성을 가지고 있다면 축구팀에 들어갈 확률이 높다고 볼 수 있다.
>
> **3. 서포트 벡터 머신(SVM)**
>
> 서포트 벡터 머신은 두 개 이상의 그룹을 나누는 강력한 머신러닝 알고리즘이다. 데이터가 주어졌을 때 가장 명확하게 두 그룹을 구분할 수 있는 경계(결정 경계, Decision Boundary)를 찾는 것이 목표이다. 즉, 데이터를 가장 잘 나누는 선(또는 초평면)을 찾아 새로운 데이터가 들어왔을 때 어느 그룹에 속하는지 예측하는 방식이다.
>
> 예를 들어 키와 몸무게를 기준으로 '역도 선수'와 '체조 선수'를 구분해야 한다고 가정하자. SVM은 두 그룹을 가장 잘 구분할 수 있는 경계를 찾아 새로운 선수가 들어왔을 때 어느 종목에 적합한지 예측하는 역할을 한다.

5. 오분류표(Confusion Matrix) ★★★

오분류표는 예측 결과와 실제 결과를 비교해 얼마나 정확하게 예측했는지 평가하는 표이다. 특히 분류 문제에서 모델의 성능을 분석하는 데 사용된다.

(1) 오분류표의 4가지 구성

구분		예측치		합계
		True	False	
실젯값	True	TP	FN	P
	False	FP	TN	N
합계		P'	N'	P + N

① TP(True Positive) : 실제 YES를 YES라고 정확히 예측한 경우
② TN(True Negative) : 실제 NO를 NO라고 정확히 예측한 경우
③ FP(False Positive, 거짓 양성) : 실제 NO인데 YES라고 잘못 예측한 경우(오탐)
④ FN(False Negative, 거짓 음성) : 실제 YES인데 NO라고 잘못 예측한 경우(누락)

(2) 오분류표 평가 지표

① 정확도(Accuracy)

전체 데이터 중에서 정확하게 예측한 비율

$$정확도 = \frac{TP+TN}{TP+TN+FP+FN}$$

② 정밀도(Precision)
- YES라고 예측한 것 중에서 실제로 YES인 비율
- 정밀도가 높으면 오탐(False Positive)이 적음

$$정밀도 = \frac{TP}{TP+FP}$$

③ 재현율(Recall)
- 실제 YES 중에서 YES라고 맞춘 비율
- 재현율이 높으면 누락(False Negative)이 적음

$$재현율 = \frac{TP}{TP+FN}$$

④ F1 점수(F1 Score)

정밀도와 재현율의 조화 평균

$$F1 = 2 \times \frac{정밀도 \times 재현율}{정밀도 + 재현율}$$

⑤ 특이도

실제 NO 중에서 NO를 정확히 예측한 비율

$$특이도 = \frac{TN}{TN+FP}$$

⑥ 오분류율

전체 데이터 중에서 잘못 예측한 비율

오분류율 = 1 − 정확도

⑦ F-Beta Score

정확도와 재현율을 조합하여 모델이 얼마나 잘 예측하는지를 측정(β : 정확도와 재현율 중 어떤 것을 더 중요하게 생각하는지 조정)

$$F-Beta\ Score = (1+\beta^2) \times \frac{정밀도 \times 재현율}{(\beta^2 \times 정확도) + 재현율}$$

* β값이 1 : 정확도와 재현율을 동일하게 중요시함 → F1 점수와 동일
* β값이 0.5 : 정확도를 더 중요시함
* β값이 2 : 재현율을 더 중요시함

Warming Up

한 모델이 스팸 메일을 분류하는 문제를 수행한 결과, 다음과 같은 오분류표가 나왔다. 정밀도를 계산한 값으로 맞는 것을 고르시오.

구분		예측치	
		스팸(Positive)	정상(Negative)
실젯값	스팸(Positive)	80	20
	정상(Negative)	10	90

① 0.6667
② 0.8000
③ 0.8889
④ 0.9000

해설 정밀도 = 80/(80+10) ≈ 0.8889

정답 ③

6. ROC 커브 ★

ROC 커브는 머신러닝에서 분류 모델의 성능을 평가하는 그래프이다. 특히 이진 분류(YES or NO) 문제에서 모델이 얼마나 잘 예측하는지를 시각적으로 보여주며 그래프 면적이 클수록 모델의 성능이 좋다고 평가된다. ROC 커브의 x축은 1−특이도, 즉 FPR(False Positive Rate)이며 y축은 민감도(=재현율), 즉 TPR(True Positive Rate, Recall)로 표시된다.

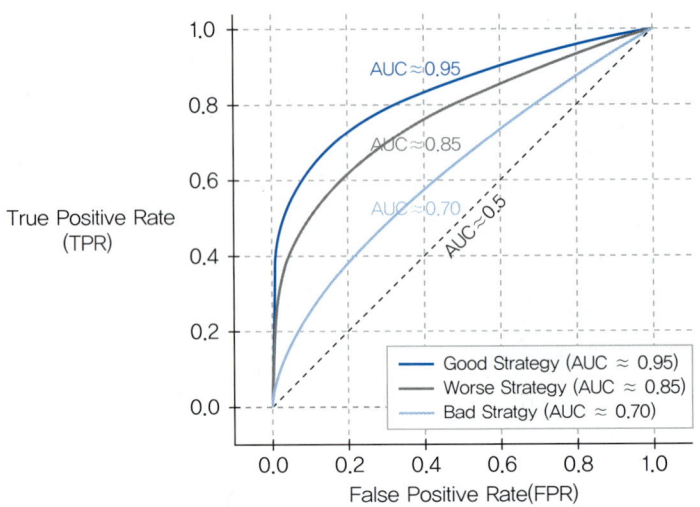

> **Tip**
>
> ROC 커브의 목적
> - 모델의 예측 능력을 다양한 기준에서 평가
> - 민감도와 특이도 간의 관계를 나타냄
> - 어떤 임곗값을 사용해야 가장 좋은 결과를 얻을 수 있는지 파악하는 데 도움을 줌
>
> 모형 성과 평가 기준 : AUC(Area Under Curve)
> ROC 아랫부분 면적을 의미하며, 1에 가까울수록 좋은 모형으로 평가됨

7. 이익도표와 향상도 곡선 ★

(1) 이익도표

이익도표는 모델이 얼마나 잘 작동하는지를 평가하는 도표이다. 특히 분류 모델에서 사용되며, 모델을 사용했을 때와 사용하지 않았을 때의 성과 차이를 비교하는 데 중요한 역할을 한다. 이익도표의 작동 방식은 다음과 같다.

① 모델이 데이터를 등급별로 나눈다.
　　예 고객을 1등급(반응 확률 높음)부터 5등급(반응 확률 낮음)까지 나눔
② 등급별로 반응 검출률, 반응률을 확인한다.
　　예 고객 등급별로 광고에 대한 반응 결과를 확인
③ 리프트(Lift), 즉 모델을 사용했을 때와 사용하지 않았을 때의 차이를 산출하여 도표로 나타낸다.
　　예 랜덤으로 광고를 보냈을 때와 모델을 사용해 광고를 보냈을 때의 차이를 산출

(2) 향상도 곡선

향상도 곡선은 이익도표를 시각화한 그래프로, 모델의 성능을 평가하고 비교하는 데 사용된다. 모델이 얼마나 효율적으로 목표를 찾아내는지 보여주며 비즈니스 의사결정에서 어떤 모델이 더 좋은 결과를 낼지 시각적으로 확인할 수 있는데, Lift의 감소 폭이 클수록 좋은 모델로 판단할 수 있다.

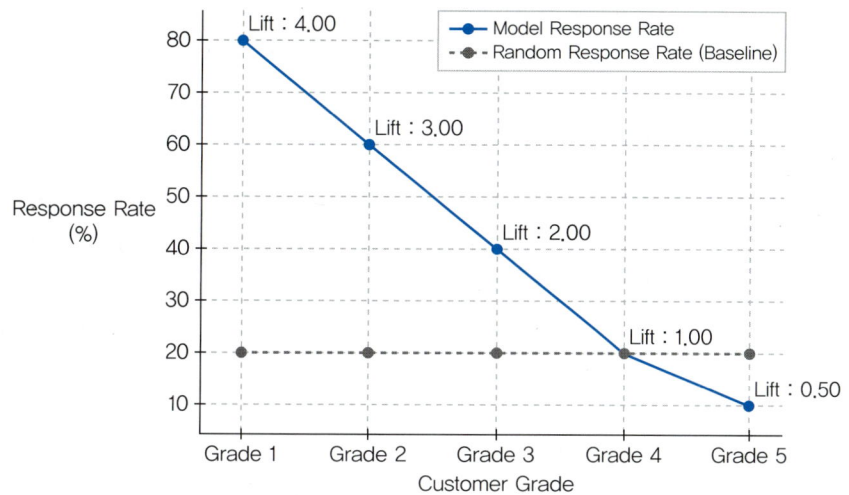

04 군집분석(Clustering)

군집분석은 비지도 학습 기법의 하나로, 데이터를 유사한 특성을 가진 그룹끼리 묶는 데이터 분석 기법이다. 비슷한 데이터끼리 그룹화하여 패턴을 찾는 것이 군집분석의 핵심이며 데이터의 숨겨진 구조를 발견하고 데이터 간의 유사성과 차이를 시각적으로 이해하는 데 사용된다.

> **Tip**
> 군집분석의 주요 활용 분야
> - 고객 세분화 : 고객의 구매 패턴을 분석해 비슷한 고객끼리 묶어 타겟 마케팅을 수행
> - 이미지 압축 및 분할 : 이미지에서 유사한 색상이나 픽셀을 군집화해 이미지를 분할하거나 압축
> - 이상 탐지 : 정상적인 데이터와 다른 특성을 가진 이상 데이터(사기 거래 등)를 감지

1. 거리 측도 ★★★

군집분석에서 중요한 요소 중 하나는 데이터 간의 거리를 측정하는 방법이다. 데이터 간의 유사성 또는 차이를 수치화하는 것이 군집화의 핵심이며 이를 위해 거리 측도가 사용되는데 거리 측도에 따라 군집의 결과가 달라질 수 있으므로 적절한 거리 측도를 선택하는 것이 매우 중요하다.

거리 측도의 방식은 변수의 특성에 따라 달라지며, 각각에 해당하는 방식에는 다음과 같은 것들이 있다.

(1) 연속형 변수

연속형 변수는 숫자 형태로 측정되어 서로의 차이를 계산할 수 있으며 주로 수치형 데이터(키, 몸무게, 온도 등)에서 사용된다.

① 유클리드 거리(Euclidean Distance)

두 점 사이의 가장 짧은 직선거리를 측정하는 방식이다.

$$d(x,\ y) = \sqrt{\sum_{i=1}^{n}(x_i - y_i)^2}$$

② 맨해튼 거리(Manhattan Distance)

축을 따라 이동한 격자 형태의 거리를 측정하는 방식이다. 유클리드 거리와 달리 직선이 아닌 축에 평행한 경로를 따라 이동하며 시가거리라고도 표현한다.

$$d(x,\ y) = \sum_{i=1}^{n}|x_i - y_i|$$

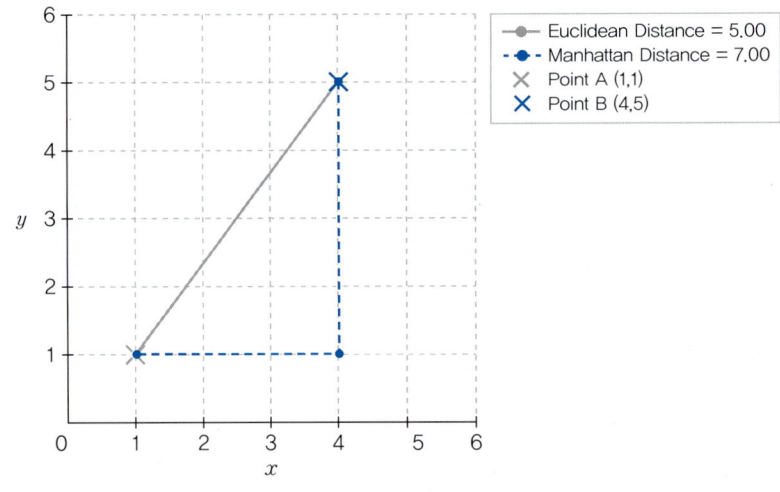

[유클리드 거리와 맨해튼 거리]

③ 체비셰프 거리

두 점 간의 거리 차이 중 최댓값을 측정하는 방식이다.

$$d(x,\ y) = \max|x_i - y_i|$$

④ 표준화 거리(Standardized Distance)
　데이터가 서로 다른 단위나 스케일을 가질 때 유클리드 거리가 가지는 한계점을 개선하기 위해 사용되는 거리 측도 방식으로 표준편차로 계산하여 문제점을 보완한다.

$$d(x, y) = \sqrt{(x-y)'D^{-1}(x-y)}$$

- D는 표본분산 대각행렬

⑤ 마할라노비스 거리
　표준화 거리의 문제점을 변수 간 상관성으로 보완하여 계산한다.

$$d(x, y) = \sqrt{(x-y)'S^{-1}(x-y)}$$

- S는 공분산 행렬

⑥ 민코프스키 거리(Minkowski Distance)
　유클리드 거리와 맨해튼 거리의 일반화된 형태로 p값에 따라 유클리드 거리와 맨해튼 거리로 변환된다.

$$d(x, y) = \left(\sum_{i=1}^{n}|x_i - y_i|^p\right)^{\frac{1}{p}}$$

- $p=1$ → 맨해튼 거리
- $p=2$ → 유클리드 거리

(2) 범주형 변수

범주형 변수는 데이터가 이산적이며, 비교할 수 있는 숫자가 아닌 범주(남/여, 한국/미국/일본 등)로 표현된다.

① 자카드 거리(Jaccard Distance)
　두 집합의 차이를 측정하는 방법으로 교집합과 합집합의 비율을 기반으로 유사성을 측정한다.

$$d(x, y) = 1 - \frac{|x \cap y|}{|x \cup y|}$$

② 단순 일치 계수(SMC ; Simple Matching Coefficient)
　범주형 데이터에서 두 데이터 간의 유사성을 측정하는 방법으로 특히 이진 데이터에서 두 벡터가 얼마나 비슷한지를 측정하는 데 사용된다.

③ 코사인 유사도(Cosine Similarity)
　두 벡터 간의 각도 차이를 기반으로 유사성을 측정하며 벡터의 방향이 비슷할수록 유사성이 높다.

$$\text{코사인 유사도} = \frac{x \cdot y}{||x|| \cdot ||y||}$$

④ 코사인 거리(Cosine Distance)

코사인 유사도를 이용하여 거리를 계산한 값이다.

$$\text{코사인 거리} = 1 - \text{코사인 유사도} = 1 - \frac{x \cdot y}{||x|| \cdot ||y||}$$

Warming Up

다음 중 연속형 변수 간의 거리 측정 방법이 아닌 것은 무엇인가?

① 유클리드 거리
② 맨해튼 거리
③ 자카드 거리
④ 마할라노비스 거리

해설 자카드 거리는 범주형 변수 간의 유사도를 측정하는 방법이다.

정답 ③

2. 계층적 군집분석 ★★★

계층적 군집분석은 데이터를 유사한 그룹끼리 계층 구조로 그룹화하는 비지도 학습 기법이다. 군집 결과는 덴드로그램이라는 트리 형태로 표현되는데, 덴드로그램은 군집이 형성되는 과정과 데이터 간의 유사성을 시각적으로 보여준다. 군집의 개수를 사전에 설정할 필요 없이 덴드로그램을 자르는 위치에 따라 군집 개수를 유연하게 결정할 수 있어 군집의 구조를 직접 조정하면서 데이터의 구조적 관계를 파악하는 데 효과적이다.

(1) 병합적 방법과 분할적 방법

계층적 군집분석의 유형에는 병합적 방법과 분할적 방법이 있다.

① **병합적 방법(Bottom-up)**

각 데이터가 개별 군집으로 시작하여 가장 유사한 군집과 결합해 나가면서 결국엔 모든 데이터가 하나의 군집으로 합쳐지는 방식이다.

② **분할적 방법(Top-down)**

전체 데이터가 하나의 군집으로 시작하여 반복적으로 군집을 분할하며 점진적으로 세부 군집으로 나누어지는 방식이다.

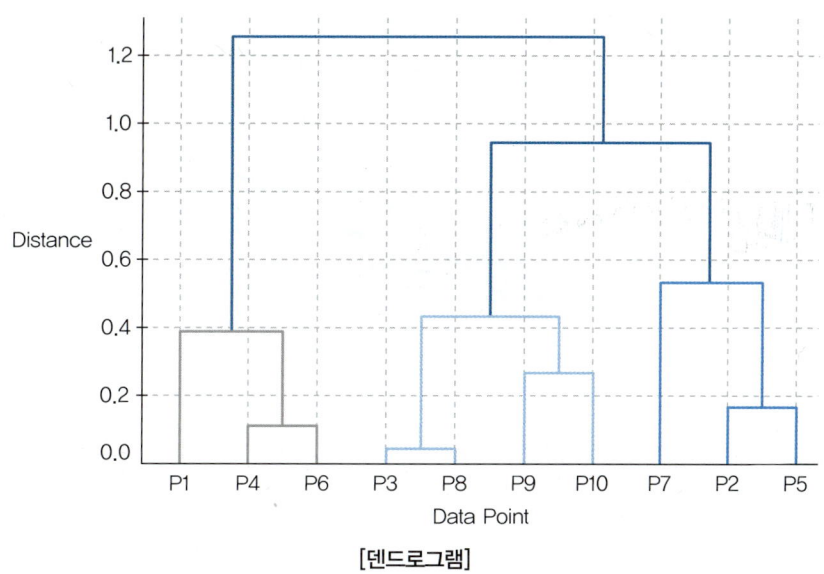

[덴드로그램]

(2) 계층적 군집분석의 다양한 방법

계층적 군집분석에서 군집을 병합하거나 분할할 때 데이터 간의 거리를 측정하기 위해 다양한 방법이 사용된다.

① 단일 연결법(최단 거리)

　두 군집 간의 가장 가까운 두 점의 거리를 기준으로 군집을 병합한다.

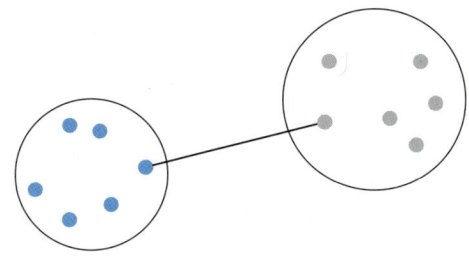

② 완전 연결법(최장 거리)

　두 군집 간의 가장 먼 두 점의 거리를 기준으로 병합한다.

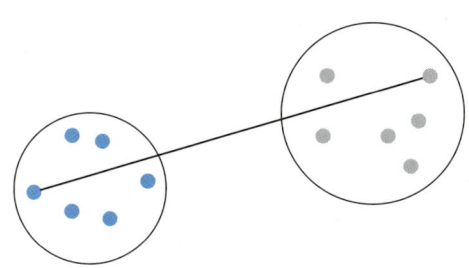

③ 평균 연결법

두 군집 내의 모든 점의 평균 거리를 사용해 군집을 병합한다.

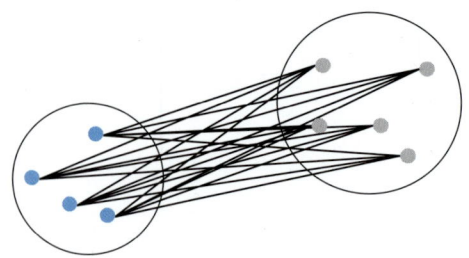

④ 중심 연결법

군집의 중심점 간의 거리를 측정해 병합한다.

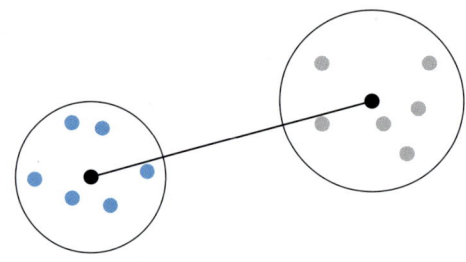

⑤ 와드 연결법

군집을 병합할 때 새로운 군집과 기존 데이터들의 거리가 최소가 되도록 한다.

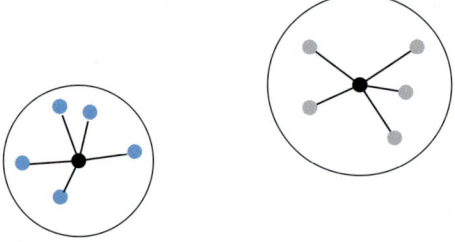

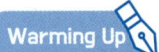

다음 중 군집 간 거리 측정 방법에 대한 설명으로 가장 적절하지 않은 것은 무엇인가?

① 단일 연결법은 두 군집에서 가장 가까운 두 점의 거리를 기준으로 병합한다.
② 완전 연결법은 두 군집에서 가장 먼 두 점의 거리를 기준으로 병합한다.
③ 중심 연결법은 각 군집의 중심점 간의 거리를 기준으로 병합한다.
④ 와드 연결법은 두 군집 간의 최대 거릿값을 기준으로 병합하는 방식이다.

해설 와드 연결법은 군집 내 분산 증가를 최소화하는 방향으로 군집을 병합하는 방식이다.

정답 ④

다음은 R 프로그램의 dist 함수를 이용하여 유클리드 거리를 계산하고 hclust 함수를 이용하여 계층적 군집분석을 실행한 코드이다.

프로그램 코드

```r
# 1. USArrests 데이터셋 로드
data(USArrests)

# 2. 데이터 구조 확인
str(USArrests)

# 3. 유클리드 거리 계산
# 각 주 간의 범죄율 차이를 기반으로 거리 행렬 생성
d <- dist(USArrests, method='euclidean')

# 4. 계층적 군집분석 수행(평균 연결법 사용)
fit <- hclust(d, method='ave')

# 5. 그래프를 한 화면에 1행 2열로 배치
par(mfrow=c(1, 2))

# 6. 기본 덴드로그램(군집 계층 구조) 그리기
plot(fit)

# 7. 가지가 동일선상에서 끝나도록 하는 덴드로그램 그리기
plot(fit, hang=-1)

# 8. 플롯 배치를 기본값(1행 1열)으로 되돌리기
par(mfrow=c(1, 1))

# 9. 군집의 개수를 6개로 설정하고, 각 데이터에 군집 번호 할당
groups <- cutree(fit, k=6)

# 10. 군집 번호 출력
groups

# 11. 덴드로그램 다시 그려 6개의 군집 경계를 사각형으로 표시
plot(fit)
rect.hclust(fit, k=6, border='red')
```

1. USArrests 데이터셋 로드

```
> data(USArrests)
```

- USArrests 데이터셋을 로드한다. 이 데이터셋은 미국 50개 주의 범죄율(살인, 강간 등)과 도시화 비율에 대한 정보를 담고 있다.

2. 데이터 구조 확인

```
> str(USArrests)
'data.frame':   50 obs. of  4 variables:
 $ Murder  : num  13.2 10 8.1 8.8 9 7.9 3.3 5.9 15.4 17.4 ...
 $ Assault : int  236 263 294 190 276 204 110 238 335 211 ...
 $ UrbanPop: int  58 48 80 50 91 78 77 72 80 60 ...
 $ Rape    : num  21.2 44.5 31 19.5 40.6 38.7 11.1 15.8 31.9 25.8 ...
```

- 데이터셋의 구조를 확인한다. 데이터의 변수, 데이터 타입, 변수별 샘플 값 등이 출력된다.

3. 유클리드 거리 계산

각 주 간의 범죄율 차이를 기반으로 거리 행렬 생성

```
> d <- dist(USArrests, method='euclidean')
```

- 유클리드 거리를 계산하여 각 주 간의 거리 행렬을 만든다.
  * 거리 계산은 군집분석을 수행하는 데 필수적

4. 계층적 군집분석 수행(평균 연결법 사용)

```
> fit <- hclust(d, method='ave')
```

- 계층적 군집분석을 수행한다.
  * method='ave' : 평균 연결법을 사용하여 클러스터 간 거리를 계산

5. 그래프를 한 화면에 1행 2열로 배치

```
> par(mfrow=c(1, 2))
```

- 플롯을 한 화면에 1행 2열로 배치하여 두 개의 플롯을 동시에 비교할 수 있도록 한다.

6. 기본 덴드로그램(군집 계층 구조) 그리기

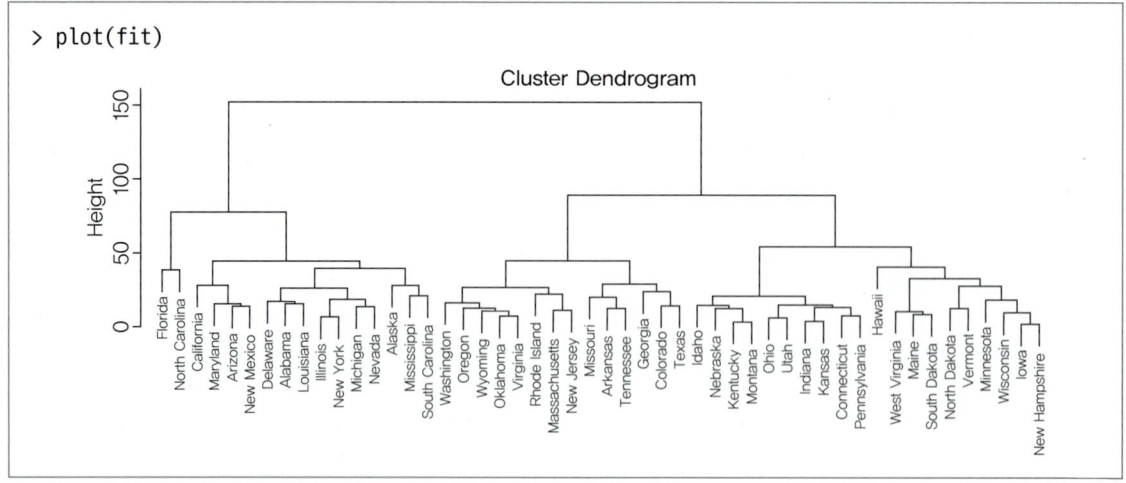

- 계층적 군집의 덴드로그램을 그린다.

7. 가지가 동일선상에서 끝나도록 하는 덴드로그램 그리기

> plot(fit, hang=-1)

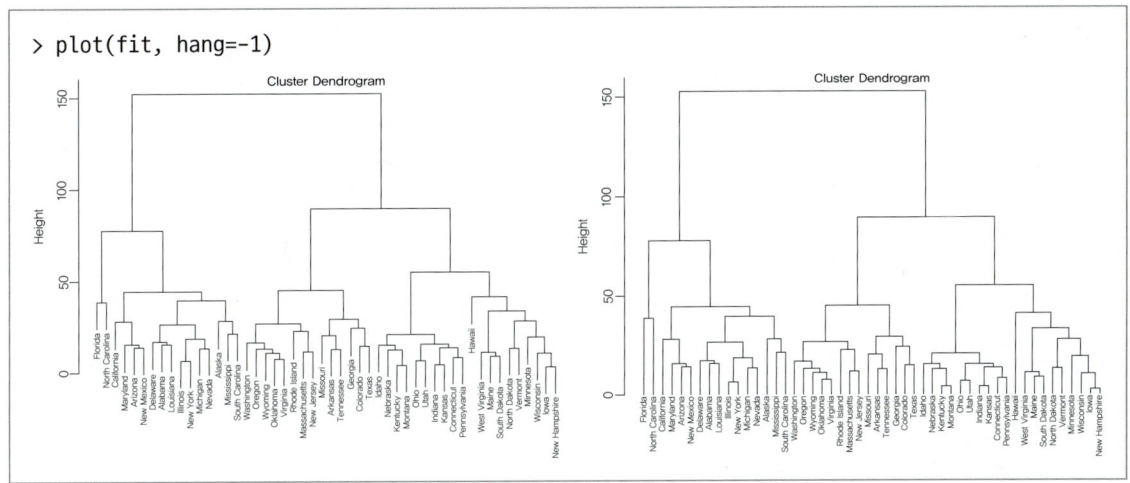

- 덴드로그램에서 가지가 아래로 뻗는 길이를 고정(hang=-1)함으로써 말단 가지들이 동일선상에서 끝나도록 하여 가독성을 향상시킨다.

8. 플롯 배치를 기본값(1행 1열)으로 되돌리기

> par(mfrow=c(1, 1))

- 플롯 배치를 기본 설정으로 되돌린다.

9. 군집의 개수를 6개로 설정하고, 각 데이터에 군집 번호 할당

> groups <- cutree(fit, k=6)

- 덴드로그램을 기반으로 6개의 클러스터로 데이터를 분할한다.

10. 군집 번호 출력

```
> groups
      Alabama         Alaska        Arizona       Arkansas
            1              1              1              2
   California       Colorado    Connecticut       Delaware
            1              2              3              1
      Florida        Georgia         Hawaii          Idaho
            4              2              5              3
     Illinois        Indiana           Iowa         Kansas
            1              3              5              3
     Kentucky      Louisiana          Maine       Maryland
            3              1              5              1
Massachusetts       Michigan      Minnesota    Mississippi
            6              1              5              1
     Missouri        Montana       Nebraska         Nevada
            2              3              3              1
New Hampshire     New Jersey     New Mexico       New York
            5              6              1              1
North Carolina  North Dakota           Ohio       Oklahoma
            4              5              3              6
       Oregon   Pennsylvania   Rhode Island South Carolina
            6              3              6              1
 South Dakota      Tennessee          Texas           Utah
            5              2              2              3
      Vermont       Virginia     Washington  West Virginia
            5              6              6              5
    Wisconsin        Wyoming
            5              6
```

- 군집 번호를 출력하여 각각의 주가 어떤 군집에 속하는지 확인한다.

11. 덴드로그램 다시 그려 6개의 군집 경계를 사각형으로 표시

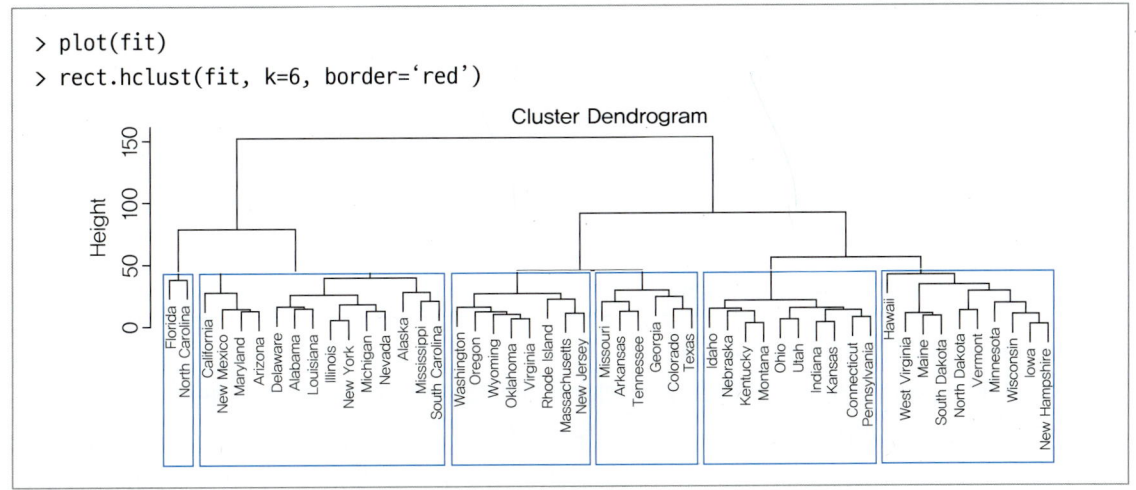

- 덴드로그램에 6개의 클러스터를 구분하는 사각형을 표시한다.

3. 비계층적 군집분석 ★★★

비계층적 군집분석은 미리 그룹의 개수를 정해두고 데이터를 나누는 방법이다. 이 방식은 계층적 군집분석과는 다르게 그룹을 합치거나 나누는 과정을 거치지 않고 초기에 설정한 그룹의 수를 기준으로 데이터를 배정한다.

(1) K-means 군집

비계층적 군집분석에서 가장 널리 쓰이는 방법으로, K-means 군집분석은 다음과 같은 과정을 거친다.

① K-means 군집분석 과정
- Step 1. 몇 개의 그룹으로 나눌지 정한다. 이 그룹의 개수를 K라고 한다.
- Step 2. K개 그룹 각각의 초기 중심점을 랜덤으로 설정한다. 여기서 중심점으로 설정된 데이터를 Seed라고 한다.
- Step 3. 각 데이터를 가장 가까운 그룹 중심점에 배정한다.
- Step 4. 그룹에 새로 배정된 데이터를 기준으로 중심점을 다시 계산한다.
- Step 5. 그룹이 더 이상 바뀌지 않을 때까지 Step 3~Step 4를 반복한다.

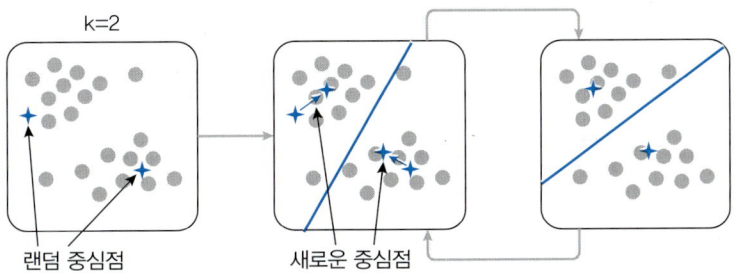

② K-means 군집분석의 장단점

장점	• 단순하고 이해하기 쉬움 • 빠른 계산 속도로 대규모 데이터 분석에도 적합 • 다양한 분야에서 응용 가능 • 연속형 데이터에 적합
단점	• 군집 수(K) 사전 정의 필요 • 초깃값에 민감하여 초기 중심점 설정에 따라 결과가 달라질 수 있으며, 최적의 결과를 보장하지 못할 수도 있음 • 비선형 데이터에 부적합 • 잡음 데이터와 이상치에 취약 • 범주형 데이터에 사용하기 어려움

③ K-means 군집의 초깃값 설정 이슈

다음은 K-means 군집의 단점이라고 할 수 있는 초깃값 설정 이슈에 대한 대응 방법이다.

- K값 설정 방법 : 엘보우 메소드 & 제곱합 그래프 활용

  K-means 군집에서 중요한 첫 번째 단계는 K값(군집의 개수)을 설정하는 것이며 이 값을 잘못 선택하면 분석 결과가 부정확해질 수 있다. 이를 해결하기 위해 엘보우 메소드와 제곱합(SSE) 그래프를 활용한다.
  - 원리 : 각 K값에 따른 군집 내 데이터들의 제곱합을 계산하고 제곱합 그래프를 활용해 시각화
  - 결론 : K값이 증가할수록 제곱합이 급격히 감소하다가 어느 시점에 감소율이 완만해지는데 그 '엘보우(Elbow, 팔꿈치)' 지점의 K값이 적절하다고 판단

- 초기 중심점(Seed) 설정 방법 : 중앙값 활용

  초기 군집 중심(Seed)을 설정할 때 기본적으로 평균값을 사용하지만, 이는 이상값(Outliers)에 민감하다는 단점이 있다. 이를 보완하기 위해 중앙값(Median)을 사용하는 것이 더 효과적이다.
  - 중앙값의 장점 : 이상값의 영향을 최소화하여 더 안정적이고 신뢰할 수 있는 초기 중심점 제공
  - 효과 : 군집화 과정에서 왜곡된 결과를 방지할 수 있음

- 탐욕적 알고리즘 적용으로 안정적 군집 보장

  K-평균 군집분석에서는 탐욕적 알고리즘(Greedy Algorithm)을 적용하여 군집을 점진적으로 개선한다.
  - 탐욕적 알고리즘 : 매 단계에서 최선의 선택을 반복적으로 수행하여 최적의 해답에 도달하려는 방법으로, 전체를 고려하기보다 매 순간의 최선을 선택하여 안정적인 군집을 보장
  - 적용 방식 : 군집화를 수행할 때 각 데이터 포인트를 현재 가장 가까운 군집 중심에 배정하고 중심점을 다시 계산하는 과정을 반복

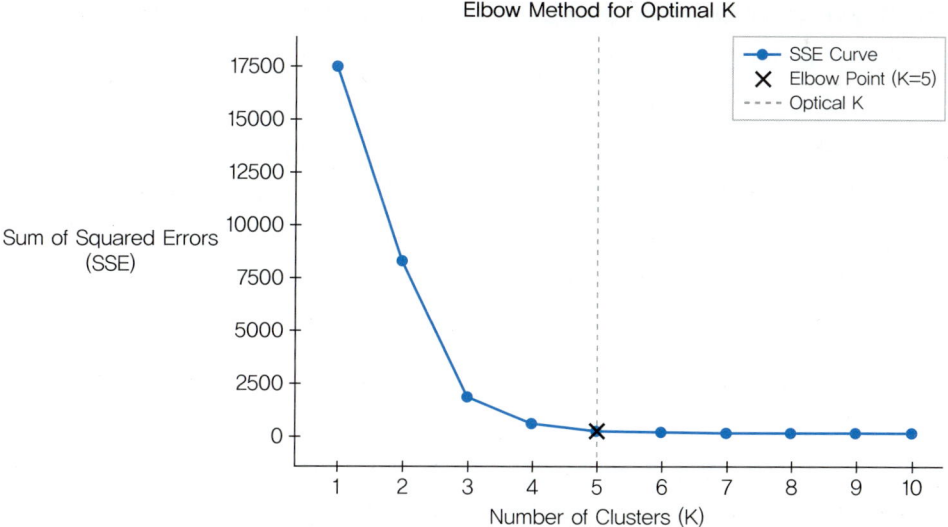

Warming Up

다음 중 K-Means 군집분석의 단계를 올바르게 나열한 것은 무엇인가?

① K값 선택 → 초기 중심점 설정 → 데이터 할당 → 중심점 조정 → 반복 수행 → 군집 완료
② 데이터 할당 → 초기 중심점 설정 → K값 선택 → 중심점 조정 → 반복 수행 → 군집 완료
③ 초기 중심점 설정 → 데이터 할당 → K값 선택 → 중심점 조정 → 반복 수행 → 군집 완료
④ K값 선택 → 데이터 할당 → 초기 중심점 설정 → 중심점 조정 → 반복 수행 → 군집 완료

> **해설** K-Means 군집분석은 먼저 K값을 설정한 후 초기 중심점을 설정하고 데이터를 가장 가까운 중심점에 할당하는 과정으로 진행된다. 이후 중심점을 다시 계산하고 이 과정을 반복하여 군집을 형성한다.
>
> **정답** ①

Warming Up

K-Means 군집분석에서 K값을 설정하는 방법으로 가장 적절한 것은 무엇인가?

① 랜덤하게 K값을 설정하고 결과를 그대로 사용한다.
② 데이터를 무작위로 여러 그룹으로 나눈 후 평균적으로 적절한 K값을 선택한다.
③ 군집 내 데이터들의 제곱합을 계산하고, 엘보우 메소드를 활용하여 적절한 K값을 찾는다.
④ K값은 데이터 개수와 관계없이 5로 고정하여 사용하는 것이 가장 효과적이다.

> **해설** K-Means에서 K값을 적절하게 설정하는 방법으로 엘보우 메소드(Elbow Method)가 자주 사용된다. 이 방법은 K값에 따른 군집 내 오차 제곱합(SSE)을 계산하여 SSE 감소율이 완만해지는 지점(엘보우 포인트)을 K값으로 선택하는 방식이다.
>
> **정답** ③

(2) DBSCAN(Density Based Spatial Clustering of Applications with Noise)

밀도 기반의 군집분석으로 데이터가 얼마나 빽빽하게 모여 있는지를 기준으로 그룹을 만드는 방식이다. 보통 데이터를 그룹으로 나눌 때는 K-평균 군집처럼 데이터를 원형으로 나누는 방법이 자주 사용되지만, 이런 방법은 데이터가 이상한 모양으로 퍼져 있을 때는 잘 작동하지 않는다는 단점이 있다. 예를 들어 데이터가 초승달 모양이나 뱀처럼 구부러져 있다면 K-평균 군집으로는 제대로 나눌 수 없을 것이다.

DBSCAN은 데이터를 밀집도에 따라 나누기 때문에 이런 복잡한 모양의 데이터도 잘 나눌 수 있다. 밀도가 높은 곳에서는 그룹(군집)을 만들고 밀도가 낮은 곳은 노이즈로 간주하는 방식을 취한다. 그리고 군집 수를 자동으로 결정하기 때문에 미리 설정할 필요가 없다는 장점이 있다.

4. 혼합 분포 군집 ★★

혼합 분포 군집은 데이터가 여러 확률분포가 혼합된 형태로 이루어져 있다고 가정하고 각 데이터가 어느 분포에 속하는지 확률로 계산한다. 예를 들어 학생들이 좋아하는 과목을 기준으로 데이터를 분류한다고 가정했을 때 영어만 좋아하는 학생, 수학만 좋아하는 학생, 영어와 수학을 모두 좋아하는 학생이 존재한다고 가정하는 것이다. 수학 그룹은 수학 점수가 높고 영어 점수는 낮은 분포를 가지고 있을 것이고, 영어 그룹은 영어 점수가 높고 수학 점수는 낮은 분포를 가지고 있을 것이며, 수학+영어 그룹은 수학과 영어 점수가 모두 높은 분포를 가지고 있을 것이다. 이렇게 데이터의 출처가 다수 그룹인 각각의 데이터가 어느 그룹에서 왔는지 추측해서 비슷한 것들끼리 묶어주는(군집화) 작업을 하는 것이 혼합 분포 군집이다.

(1) EM 알고리즘

EM(Expectation-Maximization) 알고리즘은 혼합 분포 군집에서 데이터를 군집화할 때 사용하는 알고리즘으로 기대 단계(E-step)와 최대화 단계(M-step)라는 두 가지 단계로 이루어져 있다. Expectation 단계에서는 각 데이터가 특정 그룹에 속할 확률을 계산하고 Maximization 단계에서는 계산된 확률을 바탕으로 그룹의 분포를 조정하는데, 이 두 가지 과정을 반복하면서 점점 더 정확한 결과를 찾아가는 것이 EM 알고리즘의 방식이다.

① 기대 단계(E-step)

현재 모델의 정보(평균, 분산 등)를 바탕으로 각 데이터가 어느 분포에서 추출된 데이터인지에 대한 로그-가능도 함수의 기댓값을 구한다.

② 최대화 단계(M-step)

E-step에서 계산된 값을 사용하여 새로운 평균, 분산, 가중치 등을 구해 모델의 정보를 업데이트한다.

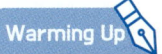

> **다음 중 EM 알고리즘에 대한 설명으로 가장 적절하지 않은 것은 무엇인가?**
> ① 혼합 분포 군집에서 데이터를 군집화하는 데 사용되는 알고리즘이다.
> ② 기대 단계(E-step)와 최대화 단계(M-step)를 반복하면서 점점 더 정확한 결과를 찾아간다.
> ③ 모델의 평균, 분산 등의 정보를 업데이트하여 점진적으로 최적의 군집을 형성한다.
> ④ 각 데이터가 특정 그룹에 속할 확률을 계산하는 과정은 최대화 단계(M-step)에서 수행된다.
>
> **해설** 각 데이터가 특정 그룹에 속할 확률을 계산하는 과정은 기대 단계(E-step)에서 수행되며 최대화 단계(M-step) 에서는 이를 바탕으로 평균, 분산, 가중치 등을 업데이트한다.
>
> **정답** ④

위 과정을 반복하며 가능도가 최대로 되게 하는 모수를 찾는다.

> **Tip**
>
> **가능도(Likelihood)**
> 어떤 모델 또는 파라미터값이 주어진 데이터를 얼마나 잘 설명하는지를 나타내는 척도, 우도라고도 표현
> $L(\theta|x) = P(x|\theta)$
> * θ : 모델의 파라미터
> * x : 관찰된 데이터
> * $L(\theta|x)$: 주어진 x에서 파라미터 θ가 적합한 정도
> * $P(x|\theta)$: 주어진 θ에서 데이터 x가 관찰될 확률
>
> **로그-가능도(Log-Likelihood) 함수**
> 가능도 계산 시 데이터를 많이 다룰수록 확률의 곱이 너무 작아져 계산이 어려워지는 점을 해결하기 위한 함수로 가능도에 로그를 취한 값
> $l(\theta|x) = \log L(\theta|x)$
> 로그-가능도 함수의 결괏값이 최대라는 것은 가능도가 최대라는 의미

다음은 R 프로그램 패키지 mixtools를 이용하여 EM 알고리즘을 실행한 코드이다.

프로그램 코드

```
# 1. mixtools 패키지 로드
library(mixtools)

# 2. 내장 데이터셋 'faithful' 로드
data(faithful)

# 3. 데이터셋 변수에 바로 접근할 수 있도록 attach( ) 사용
attach(faithful)

# 4. 혼합 정규분포 모델 생성
# waiting(대기 시간)을 2개의 정규분포로 모델링
wait1 <- normalmixEM(waiting, lambda = 0.5, mu = c(55, 80), sigma = 5)

# 5. 모델 요약 출력
summary(wait1)

# 6. 결과를 시각화
plot(wait1, density=T)
```

1. mixtools 패키지 로드

```
> library(mixtools)
```

- mixtools 패키지는 혼합 모델(특히 혼합 정규분포)을 다루는 데 유용하다.

2. 내장 데이터셋 'faithful' 로드

```
> data(faithful)
```

- faithful 데이터셋은 내장 데이터로 옐로우스톤 국립공원의 올드 페이스풀 간헐천 분출 데이터를 담고 있다.
  * 주요 변수 : eruption(분출 지속 시간), waiting(분출 대기 시간)

3. 데이터셋 변수에 바로 접근할 수 있도록 attach( ) 사용

```
> attach(faithful)
```

- attach( )를 사용하면 데이터프레임의 변수를 직접 참조할 수 있다.
  * faithful$waiting 대신 waiting으로 접근 가능

4. 혼합 정규분포 모델 생성

```
> wait1 <- normalmixEM(waiting, lambda = 0.5, mu = c(55, 80), sigma = 5)
number of iterations= 9
```

- normalmixEM( ) 함수는 혼합 정규분포 모델을 추정한다.
  * waiting : 모델링 대상 데이터
  * lambda = 0.5 : 초기 혼합 비율 설정(두 정규분포의 비율이 동일하게 시작)
  * mu = c(55, 80) : 초기 평균값 설정(두 정규분포의 평균을 각각 55와 80으로 설정)
  * sigma = 5 : 초기 표준편차 설정(두 정규분포의 표준편차를 5로 설정)
  * number of iterations : EM 알고리즘이 수렴할 때까지 반복된 횟수

5. 모델 요약 출력

```
> summary(wait1)
summary of normalmixEM object:
          comp 1    comp 2
lambda   0.36085   0.63915
mu      54.61364  80.09031
sigma    5.86909   5.86909
loglik at estimate:  -1034.002
```

- 혼합 모델의 요약 정보를 출력한다.
  * lambda : 각 컴포넌트(분포)가 전체 데이터에서 차지하는 비율(혼합 비율)
  * mu : 각 분포의 평균값
  * sigma : 각 분포의 표준편차
  * loglik at estimate : 로그-가능도 값, 0에 가까울수록 모델 적합도가 높음

6. 결과를 시각화

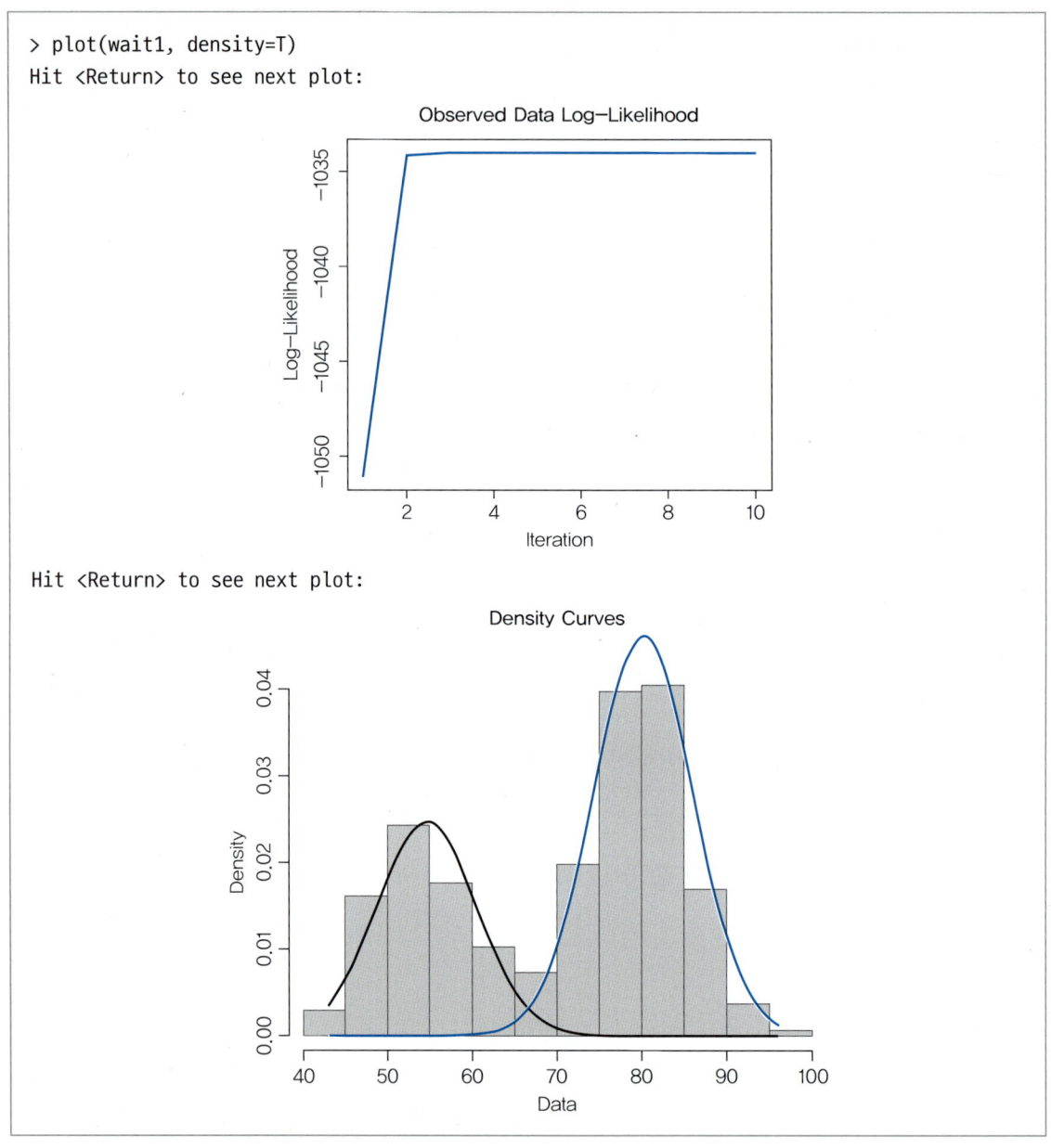

```
> plot(wait1, density=T)
Hit <Return> to see next plot:
```

```
Hit <Return> to see next plot:
```

- 혼합 정규분포 모델 wait1의 결과를 시각화한다.
  * density=T : 혼합 분포와 함께 데이터의 밀도 추정을 그래프에 추가

5. 자기조직화지도(Self-Organizing Map, SOM) ★

코호넨 맵이라고도 불리는 자기조직화지도는 인공신경망을 이용하여 데이터를 비슷한 것끼리 묶고 2차원의 지도 형태로 표현하는 알고리즘이다. 예를 들어 과일의 색상과 크기를 기준으로 과일을 각각의 그룹으로 나누고 싶다고 가정했을 때 SOM은 색상과 크기가 비슷한 과일끼리 같은 그룹으로 묶어 2차원 지도 위에 배치한다.

(1) 자기조직화지도의 구조

① **은닉층이 없음**
  인공신경망의 일반적인 구성인 은닉층 없이 단순한 구조로 작동한다.

② **입력층과 경쟁층으로 구성**
  - 입력층 : 데이터를 입력받는 부분으로 과일의 크기와 색상이 입력층에 들어감
  - 경쟁층 : 데이터를 분석해 비슷한 것끼리 묶는 노드들이며 격자 모양으로 배치됨

③ **모든 노드와 완전 연결**
  입력 데이터는 경쟁층의 모든 노드와 연결되어 있으며 데이터를 각 노드와 비교하면서 최적의 위치를 찾는다.

④ **유클리드 거리 사용**
  자기조직화지도는 데이터를 비교할 때 유클리드 거리를 사용한다. 유클리드 거리는 두 점 사이의 직선거리로 자기조직화지도는 데이터와 노드 간 가장 가까운 노드를 찾아낸다.

(2) 자기조직화지도의 작동 과정

① **초기화**
  격자 형태로 배치된 노드들을 2차원 평면에 배치한다. 각 노드는 무작위로 초기화된 가중치를 가지고 있다.

② **데이터 입력**
  데이터에서 하나의 입력 벡터(데이터 포인트)를 선택한다.

③ **최적 일치 노드(BMU ; Best Matcing Unit) 찾기**
  경쟁층의 모든 노드와 입력 데이터를 비교하여 유클리드 거리가 가장 가까운 노드를 찾는다.

④ **가중치 조정**
  BMU와 그 주변 노드들의 가중치를 입력 데이터와 더 비슷하게 업데이트한다. 가까운 노드(뉴런)는 더 가깝게, 먼 노드(뉴런)는 더 멀게 가중치를 조정해 가며 군집을 형성한다.

⑤ **이웃 범위와 학습률 감소**
  학습이 진행될수록 조정되는 범위와 학습률을 점점 줄인다. 초기에 큰 범위로 노드들을 조정하고 점점 더 세밀하게 데이터를 반영한다.

⑥ **반복**
  위 과정을 반복하며 노드들이 점점 데이터의 특성을 반영하게 된다.

(3) 자기조직화지도의 특징

① 역전파 알고리즘을 사용하지 않는 순전파 방식
  복잡한 계산 없이 데이터를 간단히 학습한다.
② 수행 속도가 빠름
  단순한 구조 덕분에 데이터 학습이 빠르게 진행된다.
③ 시각적 이해가 쉬움
  데이터를 2차원 지도처럼 표현하기 때문에 복잡한 데이터도 쉽게 이해할 수 있다.
④ 패턴 발견과 이미지 분석에 우수
  데이터의 숨겨진 패턴을 발견하거나 이미지 데이터를 분석하는 데 강력하다.
⑤ 데이터의 원래 구조를 보존
  비슷한 데이터는 지도에서 가까운 위치에 배치되기 때문에 데이터의 구조를 유지하며 그룹을 만든다.
⑥ 초기 설정에 민감
  초기 학습률과 가중치 설정에 따라 결과가 달라질 수 있다.
⑦ 경쟁층의 이상적인 노드 수 결정이 어려움
  경쟁층의 노드 개수를 미리 결정해야 하는데 이 값은 문제에 따라 다르기 때문에 최적의 값을 찾는 것이 쉽지 않다.

다음 중 자기조직화지도의 구조적 특징에 대한 설명으로 가장 적절하지 않은 것은 무엇인가?
① 입력층과 경쟁층으로 구성되며 모든 입력 데이터는 경쟁층의 모든 노드와 연결된다.
② 데이터 간 거리 계산에는 맨해튼 거리를 사용한다.
③ 경쟁층의 노드는 격자 형태로 배치되며 최적의 군집을 형성하도록 가중치가 조정된다.
④ 경쟁층의 노드 개수는 미리 설정해야 하며 최적의 값을 찾는 것이 쉽지 않다.

해설 자기조직화지도(SOM)는 데이터 간 거리를 계산할 때 유클리드 거리를 사용한다.

정답 ②

다음은 R 프로그램 패키지 kohonen을 이용하여 SOM 모델을 생성한 코드이다.

프로그램 코드

```
# 1. kohonen 패키지 로드
library(kohonen)

# 2. 'wines' 데이터 준비
data('wines')
wines.sc <- scale(wines)

# 3. SOM(Self-Organizing Map) 모델 생성
set.seed(7)
grid <- somgrid(5, 4, 'hexagonal')
wine.som <- som(
X=wines.sc, grid=grid, rlen=100, alpha=c(0.05, 0.01), keep.data=TRUE)

# 4. SOM 결과 시각화
plot(wine.som, main='Wine data')
```

1. kohonen 패키지 로드

```
> library(kohonen)
```

- kohonen 패키지는 자기조직화지도(SOM)를 생성하고 분석하는 데 필요한 기능을 제공한다.

2. 'wines' 데이터 준비

```
> data('wines')
> wines.sc <- scale(wines)
```

- data('wines') : kohonen 패키지에 포함된 wines 데이터셋을 불러온다. 이 데이터셋은 와인의 화학적 특성을 나타내며 여러 열로 구성되어 있다.
- scale(wines) : 데이터를 정규화하여 평균을 0, 표준편차를 1로 변환한다. SOM은 거리 기반 알고리즘이므로 정규화된 데이터가 필요하다.

3. SOM(Self-Organizing Map) 모델 생성

```
> set.seed(7)
> grid <- somgrid(5, 4, 'hexagonal')
> wine.som <- som(
+ X=wines.sc, grid=grid, rlen=100, alpha=c(0.05, 0.01), keep.data=TRUE)
```

- set.seed(7) : 랜덤 시드를 설정한다.
- grid <- somgrid(5, 4, 'hexagonal') : 5×4 크기의 육각형 SOM 격자를 생성한다.
- som( )은 자기조직화지도(SOM)를 생성하는 함수이다.

* X : SOM에 입력될 데이터(여기서는 정규화된 wines.sc 데이터)
* grid : SOM 격자 구조(5×4 육각형 형태)
* rlen : 학습 반복 횟수(100회 학습)
* alpha : 학습률. 초기 학습률은 0.05, 최종 학습률은 0.01로 점진적으로 감소
* keep.data : 학습 후 데이터를 SOM 객체에 유지할지 여부

4. SOM 결과 시각화

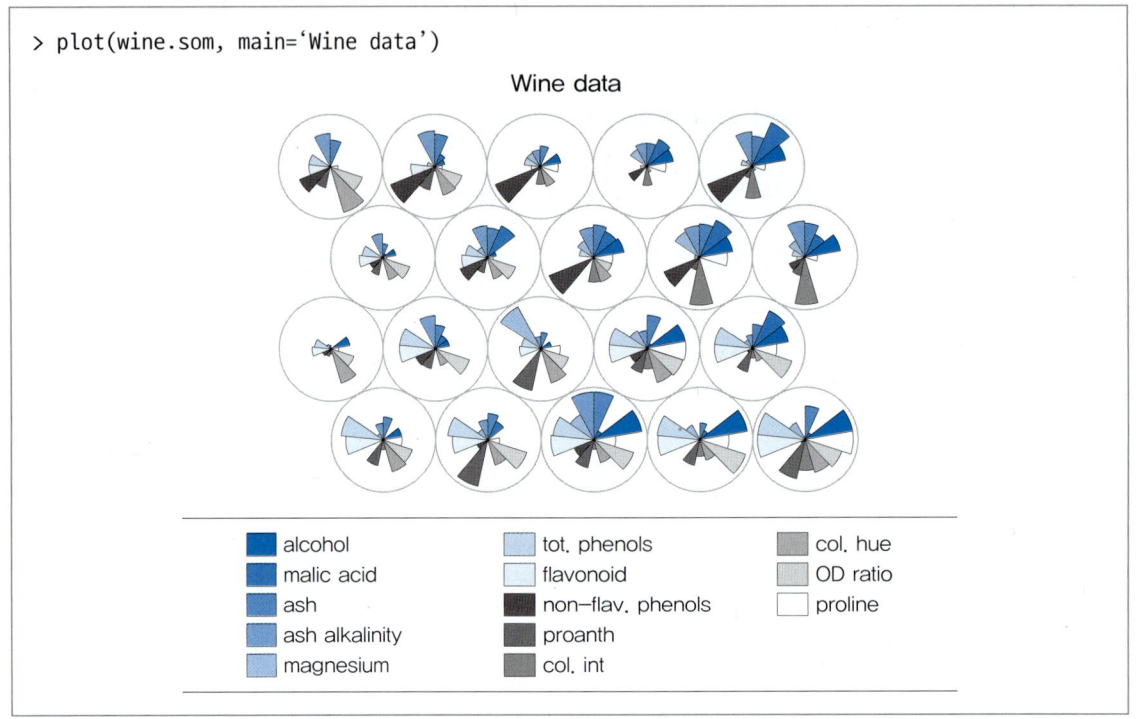

05 연관분석(Association Analysis)

연관분석은 데이터 안에서 항목 간의 관계를 발견하는 분석 방법으로, 장바구니에 어떤 상품들이 자주 함께 담기는지를 분석할 때 사용되어 장바구니 분석이라고도 불린다. 이 방법은 대량의 데이터를 통해 "A를 사면 B도 살 가능성이 높다"와 같은 패턴을 찾아내는 데 유용하며 조건과 결과의 형태를 가진다.

1. 연관분석의 측정 지표 ★★★

도출된 연관규칙이 정말로 유의미한지를 측정하기 위한 지표로 세 가지 주요 개념이 활용된다.

(1) 지지도(Support)

특정 아이템 세트(A와 B)가 전체 데이터에서 얼마나 자주 나타나는지를 측정한다. 예를 들어 '햄버거와 콜라'가 함께 구매된 횟수가 전체 거래 중 40%라면 이 세트의 지지도는 0.4이다.

$$\text{지지도} = P(A \cap B) = \frac{A\text{와 } B\text{가 동시에 포함된 거래 수}}{\text{전체 거래 수}}$$

(2) 신뢰도(Confidence)

A가 구매되었을 때 B도 구매될 가능성을 나타낸다. 예를 들어 '햄버거를 산 사람들이 콜라를 살 확률'을 계산하는데 이는 '콜라를 산 사람들이 햄버거를 살 확률'과는 다르며 선후 관계가 존재한다.

$$\text{신뢰도}(A \rightarrow B) = \frac{P(A \cap B)}{P(A)} = \frac{A\text{와 } B\text{가 함께 구매된 거래 수}}{A\text{가 포함된 거래 수}}$$

(3) 향상도(Lift)

A와 B가 서로 얼마나 강하게 연관되어 있는지를 나타내는 지표로 향상도가 1보다 크면 A와 B가 함께 구매될 가능성이 높다는 의미이다. 계산식은 A 없이 B만 구매될 확률 분의 A가 구매되었을 때 B도 구매될 확률로 구하며, 이는 B 없이 A만 구매될 확률 분의 B가 구매되었을 때 A도 구매될 확률과 같다(향상도 ($A \rightarrow B$)는 향상도($B \rightarrow A$)와 같음).

$$\text{향상도}(A \rightarrow B) = \frac{\text{신뢰도}(A \rightarrow B)}{P(B)} = \frac{P(A \cap B)}{P(A)P(B)}$$

향상도가 1이라면 이는 A와 B가 서로 연관성이 없는 독립적인 관계임을 의미하고 향상도가 1보다 작다면 이 규칙은 유의미하지 않음을 의미한다.

다음은 연관분석의 예시로 패스트푸드점의 장바구니를 분석한 것이다.

한 패스트푸드점에서 다음과 같은 거래가 발생했다.

품목	거래 횟수
{햄버거}	100
{콜라}	50
{감자튀김}	150
{햄버거, 콜라}	250
{햄버거, 감자튀김}	100
{콜라, 감자튀김}	50
{햄버거, 콜라, 감자튀김}	300
전체 거래 수	1000

규칙 : 햄버거를 사면 콜라도 산다.

$$\text{지지도} = \frac{\text{햄버거와 콜라를 함께 구매한 거래 수}}{\text{전체 거래 수}} = \frac{550}{1000} = 0.55$$

→ 전체 거래 중 55%에서 햄버거와 콜라가 함께 구매되었다.

신뢰도 = $\dfrac{\text{햄버거와 콜라를 함께 구매한 거래 수}}{\text{햄버거를 구매한 거래 수}}$ = $\dfrac{550}{750} \approx 0.7333$

→ 햄버거를 구매한 고객 중 약 73.33%가 콜라도 함께 구매했다.

향상도 = $\dfrac{\text{신뢰도(햄버거 → 콜라)}}{\text{지지도(콜라)}}$ = $\dfrac{0.7333}{0.65} \approx 1.1282$

→ 햄버거를 구매했을 때 콜라를 구매할 가능성은 랜덤하게 콜라를 구매할 가능성보다 약 12.82% 높다(향상도가 1보다 크면 A와 B가 함께 구매될 가능성이 높다는 의미).

Warming Up

한 마트의 구매 데이터가 다음과 같을 때 신뢰도를 계산한 값으로 알맞은 것은 무엇인가?

거래ID	구매 품목
1	우유, 시리얼, 빵
2	우유, 시리얼
3	우유, 빵
4	우유, 시리얼
5	시리얼, 빵
6	우유, 시리얼, 빵
7	우유
8	시리얼

① 0.50
② 0.66
③ 0.75
④ 0.80

해설 신뢰도(우유 → 시리얼) = $\dfrac{\text{우유와 시리얼을 함께 구매한 거래 수}}{\text{우유를 구매한 거래 수}}$

- 우유를 구매한 총 거래 수 = 6(ID : 1, 2, 3, 4, 6, 7)
- 우유와 시리얼을 함께 구매한 거래 수 = 4(ID : 1, 2, 4, 6)
- ∴ 4/6 = 0.6667

정답 ②

2. 연관분석 알고리즘 ★★

(1) Apriori 알고리즘

Apriori 알고리즘은 연관분석에서 가장 널리 사용되는 방법으로 반복적인 과정을 통해 자주 발생하는 항목의 집합(빈발 아이템)을 찾아내는 방법이다. 이 알고리즘은 항목이 자주 발생하지 않으면 더 큰 조합에서도 자주 발생하지 않는다는 성질(자기유사성)을 이용하며, 동작 과정은 다음과 같다.

① 최소 지지도 설정

알고리즘을 실행하기 전에 최소 지지도를 설정한다. 최소 지지도는 항목이 자주 발생하는지 여부를 판단하는 기준으로, 예를 들어 최소 지지도를 20%로 설정했다면 전체 거래 중 20% 이상 나타나는 항목만 분석 대상이 된다.

② 최소 지지도보다 큰 지지도를 갖는 단일 품목 선별

각 단일 품목의 지지도를 계산한 후 최소 지지도 이상을 만족하는 단일 품목만 선별한다.

③ 위 과정에서 찾은 품목들로 연관규칙 중 최소 지지도 이상의 규칙 탐색

선별된 단일 품목을 조합하여 2개 이상의 항목 집합(조합)을 만든다. 각 항목 집합의 지지도를 계산하고 최소 지지도 이상을 만족하는 조합만 남긴다. 이 과정을 통해 자주 발생하는 빈발 항목 집합을 탐색한다.

④ 반복 수행으로 의미 있는 결과 도출

앞 단계에서 선택된 항목 집합을 기반으로 반복적으로 더 큰 조합(예 3개 이상의 항목)을 생성하고 각 조합의 지지도를 계산한다. 마지막으로 신뢰도와 향상도를 계산하여 의미 있는 연관규칙을 도출한다.

(2) FP-Growth 알고리즘

FP-Growth(Frequent Pattern Growth) 알고리즘은 Apriori 알고리즘의 단점인 반복적인 계산과 커다란 데이터셋에서의 비효율을 줄이기 위해 고안된 방법이다. 이 알고리즘은 데이터를 압축하여 FP-Tree(Frequent Pattern Tree)라는 구조를 생성하는데, 반복적으로 데이터베이스를 스캔하지 않고 효율적으로 빈발 패턴을 찾는 방식으로 동작 과정은 다음과 같다.

① FP-Tree 생성

데이터에서 자주 발생하는 항목을 기준으로 트리를 만든다.

② 조건부 패턴 생성

FP-Tree에서 각 항목의 조건부 패턴을 추출한다.

③ 빈발 항목 집합 탐색

FP-Tree를 통해 반복적인 계산 없이 빈발 항목 집합을 탐색한다.

다음 중 Apriori 알고리즘의 동작 과정을 올바르게 나열한 것은 무엇인가?

① 최소 지지도 설정 → 단일 품목 선별 → 빈발 항목 조합 탐색 → 반복 수행
② 단일 품목 선별 → 최소 지지도 설정 → 빈발 항목 조합 탐색 → 반복 수행
③ 빈발 항목 조합 탐색 → 단일 품목 선별 → 최소 지지도 설정 → 반복 수행
④ 최소 지지도 설정 → 빈발 항목 조합 탐색 → 단일 품목 선별 → 반복 수행

> 해설 Apriori 알고리즘은 먼저 최소 지지도를 설정한 후, 개별 품목의 지지도를 계산하여 빈발 항목을 선별하고, 이후 반복적으로 더 큰 조합을 생성하여 의미 있는 연관규칙을 도출한다.
>
> 정답 ①

3. 연관분석의 특징 ★★

연관분석은 데이터에 정답(레이블)이 없는 상태에서 항목 간의 패턴을 발견하는 비지도 학습이며, 데이터의 숨겨진 구조를 이해하는 데 적합한 분석 기법이다.

장점	• 숨겨진 패턴 발견 • 결과 해석이 직관적이고 쉬움 • 낮은 전처리 비용 • 다양한 산업에서 적용 가능
단점	• 빈발 항목에 초점을 맞춰 자주 발생하지 않는 희소 규칙을 발견하지 못할 수 있음 • 대규모 데이터에서 계산량이 기하급수적으로 증가하여 처리 속도가 느려질 수 있음 • 상관관계를 찾는 기법으로 항목 간의 인과관계를 보장하지 않음 • 최소 지지도 같은 임곗값 설정이 분석 결과에 큰 영향을 미치며 적절한 값을 설정하기 어려울 수 있음 • 데이터가 많으면 매우 많은 규칙이 생성될 수 있으며 이 중 의미 있는 규칙을 선택하는 과정이 어렵고 시간이 걸림

다음 중 연관분석에 대한 설명으로 가장 적절하지 않은 것은 무엇인가?

① 데이터에 정답(레이블)이 없는 상태에서 항목 간의 패턴을 발견하는 비지도 학습 기법이다.
② 항목 간의 상관관계를 분석하여 숨겨진 패턴을 발견할 수 있다.
③ 분석 결과는 해석이 직관적이고 쉬우며 다양한 산업에서 활용 가능하다.
④ 연관분석은 두 변수 간의 인과관계를 증명하는 데 효과적인 방법이다.

> 해설 연관분석은 데이터에서 항목 간의 동시 발생 패턴을 분석하는 기법이지만 상관관계를 기반으로 하기 때문에 인과관계를 보장하지 않는다.
>
> 정답 ④

다음은 R 프로그램 패키지 arules를 이용하여 연관분석을 수행하는 코드이다.

프로그램 코드

```
# 1. arules 패키지 로드
library(arules)

# 2. 데이터 로드
data(Adult)
Adult

# 3. 기본 apriori 실행 및 규칙 확인
Rules <- apriori(Adult)
inspect(head(Rules))

# 4. 최소 지지도와 신뢰도를 설정하여 apriori 실행
Adult.rules <- apriori(
  Adult,
  parameter = list(support = 0.1, confidence = 0.6),
  appearance = list(rhs = c('income=small', 'income=large'), default = 'lhs'),
  control = list(verbose = F)
)

# 5. 규칙을 lift 기준으로 정렬
Adult.rules.sorted <- sort(Adult.rules, by = 'lift')

# 6. 상위 규칙 확인
inspect(head(Adult.rules.sorted))

# 7. arulesViz 패키지를 사용해 시각화
library(arulesViz)
plot(Adult.rules.sorted, method = 'scatterplot')
```

1. arules 패키지 로드

```
> library(arules)
```

- arules는 연관분석을 위한 주요 패키지로 Apriori 알고리즘 등을 지원하며, 데이터셋 내에서 자주 발생하는 항목 간의 연관규칙을 도출한다.

2. 데이터 로드

```
> data(Adult)
> Adult
transactions in sparse format with
 48842 transactions (rows) and
 115 items (columns)
```

- Adult는 arules 패키지에 내장된 트랜잭션 데이터셋으로 사람들의 속성(나이, 직업, 소득 등)이 포함된다.

3. 기본 apriori 실행 및 규칙 확인

```
> Rules <- apriori(Adult)
Apriori
Parameter specification:
 confidence minval smax arem  aval originalSupport maxtime support minlen
       0.8    0.1    1 none FALSE            TRUE       5     0.1      1
 maxlen target  ext
     10  rules TRUE
Algorithmic control:
 filter tree heap memopt load sort verbose
    0.1 TRUE TRUE  FALSE TRUE    2    TRUE
Absolute minimum support count: 4884
set item appearances ...[0 item(s)] done [0.00s].
set transactions ...[115 item(s), 48842 transaction(s)] done [0.03s].
sorting and recoding items ... [31 item(s)] done [0.01s].
creating transaction tree ... done [0.02s].
checking subsets of size 1 2 3 4 5 6 7 8 9 done [0.10s].
writing ... [6137 rule(s)] done [0.00s].
creating S4 object  ... done [0.01s].
> inspect(head(Rules))
    lhs                        rhs                            support
[1] {}                      => {race=White}                   0.8550428
[2] {}                      => {native-country=United-States} 0.8974243
[3] {}                      => {capital-gain=None}            0.9173867
[4] {}                      => {capital-loss=None}            0.9532779
[5] {relationship=Unmarried} => {capital-loss=None}           0.1019819
[6] {occupation=Sales}       => {race=White}                  0.1005282
    confidence coverage  lift     count
[1] 0.8550428  1.0000000 1.000000 41762
[2] 0.8974243  1.0000000 1.000000 43832
[3] 0.9173867  1.0000000 1.000000 44807
[4] 0.9532779  1.0000000 1.000000 46560
[5] 0.9719024  0.1049302 1.019537  4981
[6] 0.8920785  0.1126899 1.043314  4910
```

- apriori( )는 연관분석의 대표적인 알고리즘인 Apriori를 사용하여 규칙을 생성한다.

- inspect( )는 Rules 객체에 저장된 연관규칙을 확인하는 함수로 head( ) 함수를 사용해 생성되니 규칙 중 상위 몇 개만 출력한다.

4. 최소 지지도와 신뢰도를 설정하여 apriori 실행

```
> Adult.rules <- apriori(
+     Adult,
+     parameter = list(support = 0.1, confidence = 0.6),
+     appearance = list(rhs = c('income=small', 'income=large'), default = 'lhs'),
+     control = list(verbose = F)
+ )
```

- apriori( ) 함수의 최소 지지도와 신뢰도를 설정한다.
  * support = 0.1 : 최소 지지도를 10%로 설정
  * confidence = 0.6 : 최소 신뢰도를 60%로 설정

5. 규칙을 lift 기준으로 정렬

```
> Adult.rules.sorted <- sort(Adult.rules, by = 'lift')
```

- 생성된 규칙을 항목 간의 상관성을 나타내는 lift를 기준으로 정렬한다.

6. 상위 규칙 확인

```
> inspect(head(Adult.rules.sorted))
    lhs                              rhs              support   confidence coverage  lift     count
[1] {age=Young,
     workclass=Private,
     capital-loss=None}           => {income=small}   0.1005282 0.6633342  0.1515499 1.310622 4910
[2] {age=Young,
     workclass=Private}           => {income=small}   0.1025961 0.6630938  0.1547234 1.310147 5011
[3] {age=Young,
     marital-status=Never-married,
     capital-gain=None,
     capital-loss=None}           => {income=small}   0.1060563 0.6616426  0.1602924 1.307279 5180
[4] {age=Young,
     marital-status=Never-married,
     capital-gain=None}           => {income=small}   0.1084517 0.6609683  0.1640801 1.305947 5297
[5] {relationship=Own-child,
     capital-loss=None}           => {income=small}   0.1000983 0.6604972  0.1515499 1.305016 4889
[6] {relationship=Own-child}      => {income=small}   0.1023914 0.6596755  0.1552148 1.303393 5001
```

- 정렬된 규칙 중 상위 몇 개를 출력한다.

7. arulesViz 패키지를 사용해 시각화

```
> library(arulesViz)
> plot(Adult.rules.sorted, method = 'scatterplot')
```

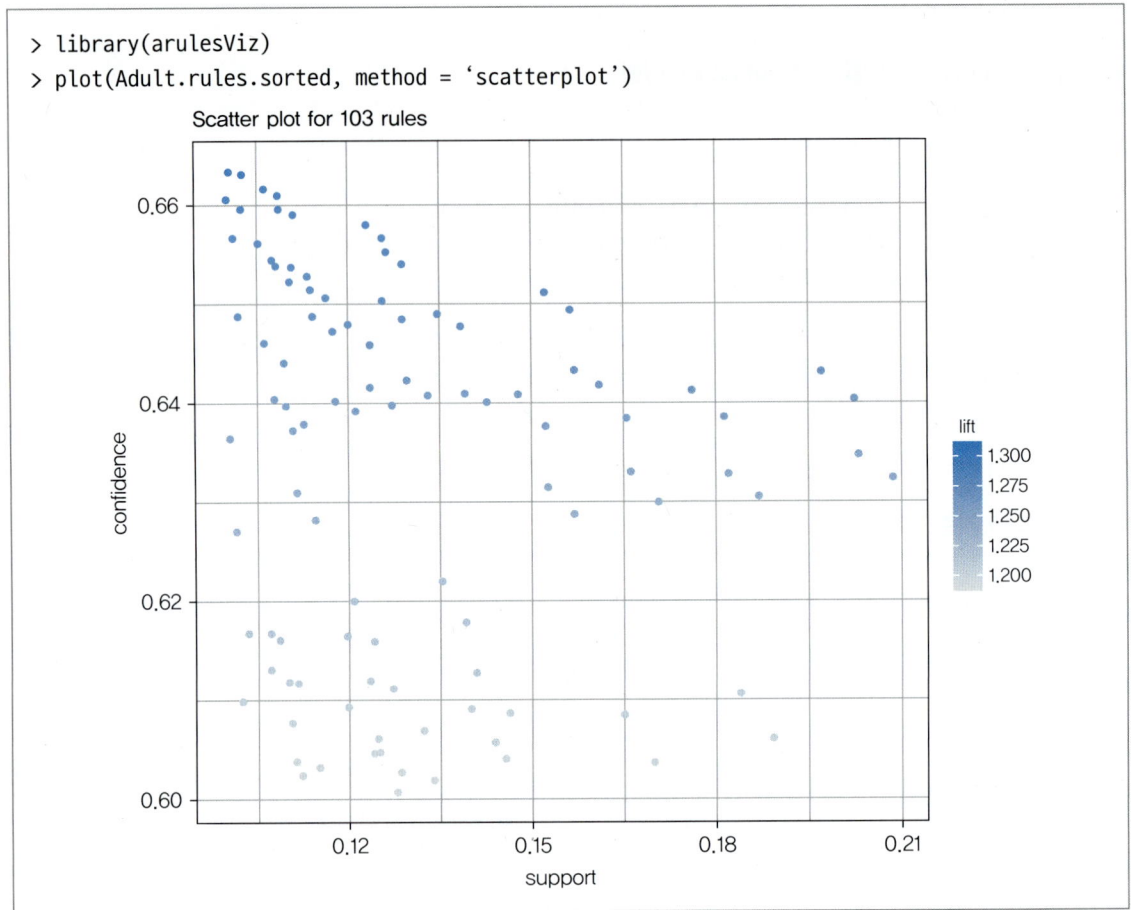

- arulesViz는 연관분석 결과를 시각화할 수 있는 패키지로, plot( )을 활용하여 연관규칙을 산점도 형태로 표현한다.

PART 3 적중예상문제

01 다음 중 두 집단의 분산이 동일한지 검정할 때 사용하는 검정 통계량이 따르는 분포로 가장 적절한 것은 무엇인가?

① 정규분포
② $t-$분포
③ $F-$분포
④ 카이제곱분포

해설

두 집단의 분산이 같은지를 검정할 때 $F-$검정($F-$Test)을 사용하며, 이 검정에서 사용하는 검정 통계량은 $F-$분포를 따른다.

$F-$검정

두 집단의 표본 분산 비율을 비교하여 모집단의 분산이 동일한지 검정하는 방법

귀무가설	두 집단의 분산이 같음
대립가설	두 집단의 분산이 다름

오답 Check

① 연속확률변수의 대표적인 분포로 데이터가 평균을 중심으로 대칭적으로 분포할 때 사용한다.
② 모집단의 분산을 모를 때 평균 비교를 위해 사용한다(예 두 집단의 평균 비교 $t-$검정).
④ 범주형 데이터의 독립성 검정, 적합도 검정 등에 사용한다.

정답 01 ③

02 다음 중 자료의 척도에 대한 설명으로 가장 적절하지 않은 것은 무엇인가?

① 명목척도는 데이터 간 서열이 없이 단순한 분류를 위한 척도이다.
② 서열척도는 수치 간 차이를 계산할 수 있으며 덧셈과 뺄셈이 가능하다.
③ 등간척도는 측정값 간 간격이 일정하지만, 절대적 기준점(0점)이 없다.
④ 비율척도는 절대적 0점이 존재하며 사칙연산(덧셈, 뺄셈, 곱셈, 나눗셈)이 가능하다.

해설
서열척도는 값의 크기 순서만 의미 있으며 값 간의 차이를 계산할 수 없다.

자료의 척도
데이터의 성격과 분석 방법을 결정하는 중요한 요소이며, 명목척도, 서열척도, 등간척도, 비율척도의 네 가지로 구분된다.

명목척도	측정 대상이 어느 집단에 속하는지 나타내는 자료(성별, 지역) → 범주
순서척도 (서열척도)	측정 대상이 명목척도이면서 서열관계를 갖는 자료 → 범주 + 순서
구간척도 (등간척도)	측정 대상이 가지고 있는 속성의 양을 측정할 수 있으며, 두 구간 사이에 의미가 있는 자료(온도, 지수) → 범주 + 순서 + 상대적 크기
비율척도	측정 대상이 등간척도이면서 절대적 기준 0이 존재하여 사칙연산이 가능한 자료(신장, 무게, 점수, 가격) → 범주 + 순서 + 상대적 크기 + 절대적 크기

03 다음 두 점의 맨해튼 거리는 얼마인가?

$$A(3, 5)\ B(7, 2)$$

① 7
② 5
③ 6
④ 9

해설
맨해튼 거리(Manhattan Distance)는 두 점 (x_1, y_1)과 (x_2, y_2) 사이의 거리를 가로(X축)와 세로(Y축) 이동 거리의 합으로 계산한다.
$D = |x_2 - x_1| + |y_2 - y_1|$
위 식에 A와 B를 대입하면
$D = |7 - 3| + |2 - 5|$
$\quad = 4 + 3$
$\quad = 7$

04 다음 중 가설검정에서 귀무가설을 기각할지 여부를 결정하는 기준이 되는 값은 무엇인가?

① 유의수준
② 자유도
③ p-value
④ 기각역

> **해설**

가설검정에서 귀무가설을 기각할지 여부를 결정하는 기준이 되는 값은 p-value(유의확률)이다.

p-value를 해석하는 기준
- p-value ≤ 유의수준(α, 일반적으로 0.05) : 귀무가설 기각 → 대립가설 채택
- p-value > 유의수준(α) : 귀무가설 유지

예 어떤 신약의 효과를 검증하는 실험에서 p-value=0.02라면 유의수준 0.05에서 귀무가설을 기각하고 신약이 효과가 있다고 판단할 수 있다.

> **오답 Check**

① 가설검정에서 귀무가설을 기각할 기준값으로 일반적으로 0.05(5%)를 사용한다.
② 통계량을 계산할 때 자유롭게 선택할 수 있는 값의 개수를 의미한다.
④ 기각역은 검정 통계량이 유의수준을 초과할 경우 귀무가설을 기각하는 범위이지만 직접적으로 가설을 기각하는 기준값은 p-value이다.

05 다음 중 시계열분석에서 보기의 조건을 모두 충족하는 경우를 무엇이라고 하는가?

- 평균이 일정하다.
- 분산이 일정하다.
- 공분산이 시간 차이에만 의존하고 절대적인 시간에는 영향을 받지 않는다.

① 자기상관성
② 추세성
③ 계절성
④ 정상성

> **해설**

시계열분석에서 정상성은 데이터의 통계적 특성이 시간에 따라 변하지 않는 성질을 의미한다. 정상성 시계열을 사용하는 이유는 ARIMA(자기회귀 이동평균) 모델 등 대부분의 시계열분석 기법에서 정상성을 가정하고 모델링을 수행하기 때문이며, 정상성을 만족하지 않는 경우 차분이나 변환 등의 방법을 사용하여 정상성을 확보한 후 분석을 해야 한다.

> **오답 Check**

① 시계열 데이터에서 이전 값과 현재 값 간의 상관관계를 의미하며 정상성과는 별개의 개념이다.
② 데이터의 평균이 시간에 따라 증가하거나 감소하는 경향을 의미하며 정상성의 조건(평균 일정)과 반대되는 개념이다.
③ 일정한 주기로 반복되는 패턴을 의미하며 정상적인 시계열 데이터에서는 계절성이 제거되어야 한다.

06 한 마트에서 거래 품목이 다음과 같다고 가정할 때 맥주 → 육포에 대한 신뢰도는 얼마인가?

거래번호	구입 품목
1	맥주, 육포, 견과류
2	맥주, 육포
3	맥주, 과자
4	육포, 과자
5	맥주, 견과류

① 1/2
② 4/5
③ 2/5
④ 3/4

해설

연관규칙 분석에서 신뢰도는 다음 공식으로 계산된다.

$$신뢰도(A \rightarrow B) = \frac{A와 \ B를 \ 함께 \ 구매한 \ 거래 \ 수}{A를 \ 구매한 \ 전체 \ 거래 \ 수}$$

따라서 맥주를 구매한 전체 거래 수가 4이고, 맥주와 육포를 함께 구매한 거래 수가 2이기 때문에 신뢰도는 2/4 = 1/2이 된다.

07 다음 중 결측값 대치 방법에 대한 설명으로 가장 적절하지 않은 것은 무엇인가?

① 완전 분석법은 결측값을 삭제하는 방법이다.
② 평균 대치법은 결측값을 평균이나 중앙값으로 대치하는 방법이다.
③ 단순 확률 대치법은 전체 데이터의 분포를 고려하여 평균값, 중앙값, 최빈값 중 하나로 대체하며 평균 대치법의 단점을 보완한다.
④ 다중 대치법은 한 번의 대치로 결측값을 완전히 채운 후 분석을 진행하는 방법이다.

해설

다중 대치법은 결측값을 여러 번 대체하여 데이터의 불확실성을 반영하는 방법이다. 즉, 단 한 번의 대치로 끝나는 것이 아니라 여러 번의 대치를 수행하고 분석을 반복하여 최종적으로 결합하는 방식이다.

08 다음 중 표본 추출 방법에 대한 설명으로 가장 적절하지 않은 것은 무엇인가?

① 단순 랜덤 추출법은 모집단의 모든 원소가 동일한 확률로 선택될 수 있도록 무작위로 추출하는 방법이다.
② 계통 추출법은 모집단을 여러 개의 군집으로 나눈 후 특정 군집을 선택하여 데이터를 추출하는 방법이다.
③ 집락 추출법은 모집단을 여러 개의 집락으로 구분한 뒤 단순 랜덤 추출법으로 선택된 집락의 모든 데이터를 사용하는 방법이다.
④ 층화 추출법은 모집단을 층(집락)으로 나누고 각 층에서 일정한 개수의 데이터를 추출하는 방법이다.

해설
계통 추출법은 모집단의 원소에 일정한 번호를 부여한 뒤 일정한 간격을 두고 데이터를 추출하는 방법이다. 모집단을 군집으로 나누는 것은 집락 추출법에 해당한다.

단순 랜덤 추출법	계통 추출법	집락 추출법	층화 추출법

09 다음 중 K-Means 군집분석에 대한 설명으로 가장 적절하지 않은 것은 무엇인가?

① K개의 중심을 기준으로 데이터를 그룹화하며 사용자가 미리 군집의 개수를 지정해야 한다.
② K값을 설정할 때 엘보우(Elbow) 메소드를 사용할 수 있다.
③ 초기 K값의 선택은 결과에 큰 영향을 주지 않는다.
④ 탐욕적 알고리즘을 적용하여 안정적인 군집을 보장할 수 있다.

해설
K-Means 군집분석에서 초기 K값을 어떻게 설정하느냐는 최종 군집화 결과에 큰 영향을 미친다. K값을 임의로 설정할 경우 군집의 중심이 적절하지 않으면 최적의 군집을 찾기 어려워지기 때문이다. 이러한 문제를 해결하기 위해 엘보우(Elbow) 메소드를 사용하여 적절한 K값을 찾는다. 또한 초기 중심을 랜덤하게 선택하면 결과가 불안정할 수 있으므로 초기 중심을 최적화하는 기법이 활용되기도 한다.

오답 Check
① K-Means 군집분석은 사용자가 군집의 개수(K)를 미리 설정해야 하는 군집화 알고리즘이다. 알고리즘은 K개의 중심을 초기화하고 각 데이터 포인트를 가장 가까운 중심으로 할당하여 군집을 형성한다. 이후 각 군집의 중심을 업데이트하면서 수렴할 때까지 반복한다.
② 최적의 K값을 선택하는 것은 중요한 과정이며 보통 엘보우 메소드를 사용한다. 엘보우 메소드는 군집 내 제곱합을 계산한 후 K값을 변화시키며 그래프를 그리는데, 그래프에서 급격한 감소가 멈추는 지점(팔꿈치 모양)이 최적의 K값이 될 가능성이 높다.
④ 탐욕적 알고리즘은 매 단계에서 가장 최적의 선택을 하여 전체적인 최적해를 찾는 방식으로 K-Means에서는 각 데이터 포인트를 가장 가까운 군집 중심으로 할당하는 과정에서 탐욕적 접근법을 사용한다.

10 다음 중 과대적합(Overfitting)에 대한 설명으로 가장 적절한 것은 무엇인가?

① 모델이 너무 단순하여 데이터의 패턴을 제대로 학습하지 못하는 현상이다.
② 훈련 데이터에서는 성능이 매우 좋지만, 테스트 데이터에서는 성능이 매우 나빠지는 현상이다.
③ 테스트 데이터에서도 높은 성능을 유지하는 이상적인 모델 상태를 의미한다.
④ 더 복잡한 모델을 사용하거나 비선형 모델을 적용하는 것이 주요 해결 방법이다.

> **해설**
>
> 과대적합은 모델이 훈련 데이터에 지나치게 맞춰져 있어서 훈련 데이터에서는 성능이 매우 좋지만 새로운 테스트 데이터에서는 성능이 급격히 저하되는 현상이다.
>
> **오답 Check**
>
> ① 과소적합(Underfitting)에 대한 설명이다.
> ④ 과소적합의 해결 방법이다. 과소적합된 모델을 개선하기 위해 더 복잡한 모델을 사용하거나 비선형 모델을 적용할 수 있다.

11 다음 중 분류분석이 아닌 것은 무엇인가?

① 로지스틱 회귀
② 의사결정나무
③ 다차원 척도법
④ 랜덤 포레스트

> **해설**
>
> 분류분석은 데이터를 특정 범주(클래스)로 분류하는 기법으로 지도 학습의 대표적인 방법이다. 다차원 척도법은 고차원 데이터를 저차원 공간에 시각적으로 표현하는 기법으로, 분류분석이 아니라 차원 축소 기법에 해당한다.
>
> **오답 Check**
>
> ① 데이터가 특정 클래스에 속할 확률을 예측하는 분류 기법이다. 이진 분류(예: 스팸 메일 여부)뿐만 아니라 다중 클래스 분류에도 사용된다. 출력값이 확률(0~1)로 계산되며 일반적으로 시그모이드 함수를 적용하여 분류 결과를 도출한다.
> ② 데이터를 분할하여 분류하는 트리 기반 모델이다. 단순하면서도 직관적인 모델로 분류와 회귀분석 모두에서 사용될 수 있다. 가지(Branch)와 노드(Node)를 통해 데이터의 특성을 학습하고 최종적으로 분류를 수행한다.
> ④ 여러 개의 의사결정나무를 조합하여 성능을 향상시키는 앙상블 학습 기법이다. 분류 문제에서 널리 사용되며 과적합을 방지하고 예측 성능을 향상시키는 데 효과적이다. 다수의 결정 트리를 학습한 후 다수결 투표 방식을 통해 최종 클래스를 결정한다.

12 다음 중 배깅(Bagging)에 대한 설명으로 가장 적절하지 않은 것은 무엇인가?

① 원본 데이터에서 여러 개의 샘플을 복원 추출하여 각각의 모델을 학습시킨다.
② 개별 모델은 서로 독립적으로 학습되며 최종 예측은 다수결 투표나 평균을 통해 결정된다.
③ 배깅 기법의 대표적인 예로 랜덤 포레스트가 있다.
④ 배깅에서는 각 모델이 이전 모델이 잘못 예측한 데이터를 집중적으로 학습하여 점진적으로 성능을 향상시킨다.

해 설

이전 모델이 틀린 데이터를 집중적으로 학습하여 점진적으로 모델 성능을 향상시키는 방식의 앙상블 기법은 부스팅이다. 배깅은 여러 개의 모델을 학습하여 예측을 결합하는 앙상블 학습 기법 중 하나이다.

13 다음 중 데이터의 특성과 패턴을 파악하기 위해 변수의 분포를 시각화하여 분석하는 방법으로 가장 적절한 것은 무엇인가?

① 전처리 분석
② 상관분석
③ 탐색적 데이터 분석(EDA)
④ 회귀분석

해 설

탐색적 데이터 분석(EDA)은 데이터를 시각화하여 패턴, 이상치, 분포 등을 분석하는 기법이다. 히스토그램, 박스플롯(Boxplot), 산점도(Scatter Plot), 분포도(Density Plot) 등의 시각화 기법을 활용하여 데이터의 특성을 효과적으로 파악할 수 있으며, 머신러닝 및 통계 분석을 수행하기 전에 데이터를 이해하고 전처리하는 과정에서 중요한 역할을 한다.

오답 Check

① 결측값 처리, 이상치 제거, 데이터 정규화 등을 수행하여 데이터를 분석 또는 모델링하기 적합한 형태로 변환하는 과정이다. 데이터의 특성을 시각적으로 분석하는 것보다는 분석하기 좋은 데이터 구조로 만드는 것이 핵심이다.
② 두 변수 간의 상관관계를 분석하는 방법이다. 데이터의 전체적인 특성을 파악하기보다는 변수 간의 연관성을 측정하는 데 초점을 둔다.
④ 독립변수와 종속변수 간의 인과관계를 모델링하여 예측하는 기법이다. 데이터의 전반적인 특성을 탐색하는 것보다는 예측 모델을 구축하는 데 초점을 맞춘다.

14 확률은 어떤 사건이 발생할 가능성을 수치로 나타낸 것이며 확률분포는 확률변수가 가질 수 있는 값과 그 값이 발생할 확률 간의 관계를 나타낸다. 다음 중 확률 또는 확률분포에 대한 설명으로 가장 적절하지 않은 것은 무엇인가?

① 모든 사건의 확률값은 0과 1 사이에 존재한다.
② 연속형 확률변수는 특정한 한 값에서의 확률이 0일 수 있다.
③ 두 사건 A, B가 독립이라면 사건 A가 발생했을 때 사건 B가 발생할 확률은 B가 단독으로 발생할 확률과 동일하다.
④ 서로 배반인 사건들의 교집합의 확률은 각 사건들의 확률의 합과 같다.

해설
서로 배반인 사건이란 두 사건이 동시에 발생할 수 없는 경우를 의미한다. 만약 두 사건 A, B가 배반이라면 $P(A \cap B) = 0$이어야 한다.
배반 사건의 확률 합 공식은 $P(A \cup B) = P(A) + P(B)$이며, 교집합 $P(A \cap B)$과는 무관하다. 즉, 배반 사건의 합집합의 확률이 두 사건의 확률 합과 같아야 한다.

15 다음 중 첨도(Kurtosis)와 왜도(Skewness)에 대한 설명으로 가장 적절하지 않은 것은 무엇인가?

① 첨도는 확률분포의 뾰족한 정도를 나타내는 척도로 값이 3보다 크면 정규분포보다 더 뾰족한 형태를 가진다.
② 왜도는 확률분포의 비대칭 정도를 나타내며 왜도가 0이면 대칭적인 정규분포와 유사한 형태를 가진다.
③ 왜도가 양수이면 분포가 오른쪽(양의 방향)으로 긴 꼬리를 가지며 평균이 중앙값보다 작아진다.
④ 첨도가 높을수록 분포의 꼬리가 두꺼워지고 극단적인 값(이상치)이 많이 나타난다.

해설
왜도가 양수이면 분포가 오른쪽(양의 방향)으로 긴 꼬리를 가지며, 이 경우 평균이 중앙값보다 크다. 반대로 왜도가 음수이면 분포가 왼쪽(음의 방향)으로 긴 꼬리를 가지며, 평균이 중앙값보다 작다.

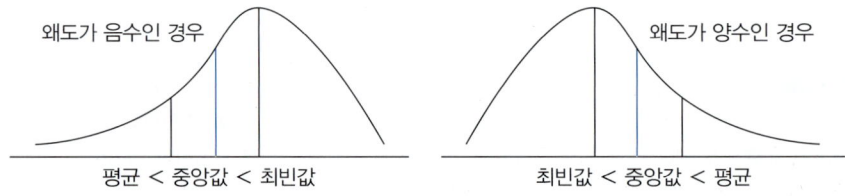

왜도가 음수인 경우: 평균 < 중앙값 < 최빈값
왜도가 양수인 경우: 최빈값 < 중앙값 < 평균

오답 Check
① 첨도는 분포의 뾰족한 정도를 나타내는 척도이다.
 • 첨도 = 3이면 정규분포와 동일한 형태
 • 첨도 > 3이면 정규분포보다 더 뾰족한 형태
 • 첨도 < 3이면 정규분포보다 더 평평한 형태
④ 첨도가 높은 분포(첨도 > 3)는 중앙이 뾰족하고 꼬리가 두꺼운 형태로 이상치가 많다. 반대로 첨도가 낮은 분포(첨도 < 3)는 중심이 평평하고 꼬리가 얇아 이상치가 적다.

16 다음 중 이산확률분포에 대한 설명으로 가장 적절하지 않은 것은 무엇인가?

① 기하 분포는 성공 확률이 p인 베르누이 시행에서 고정된 횟수 동안 성공한 횟수를 구하는 분포이다.
② 이항 분포는 여러 번의 베르누이 시행에서 특정 횟수만큼 성공할 확률을 구하는 분포이다.
③ 베르누이 분포는 확률변수가 두 개의 값(성공 또는 실패)만 가질 수 있는 경우를 나타낸다.
④ 포아송 분포는 일정한 시간 또는 공간 내에서 발생하는 사건의 횟수를 나타내는 확률분포이다.

해설

기하 분포는 처음으로 성공이 나올 때까지의 시행 횟수를 나타내는 분포이다. 즉, 특정 횟수 동안 성공한 횟수를 구하는 것이 아니라 첫 성공이 나오기 전까지의 실패 횟수를 고려하는 분포이다.

17 다음 중 연속확률분포에 대한 설명으로 가장 적절하지 않은 것은 무엇인가?

① 균일분포는 특정 구간 내에서 모든 값이 동일한 확률을 가지는 분포이다.
② 정규분포는 평균을 중심으로 좌우 대칭을 이루며, 대부분의 자연 현상이 따르는 분포이다.
③ $t-$분포는 표본 크기가 커질수록 정규분포에서 멀어지는 경향을 보인다.
④ 카이제곱 분포와 $F-$분포는 항상 양수의 값을 가진다.

해설

$t-$분포는 표본 크기가 작을수록 꼬리가 두껍고 정규분포보다 더 넓은 분포를 보인다. 그러나 표본 크기가 커질수록(즉, 자유도가 증가할수록) 정규분포에 가까워진다.

오답 Check

① 균일분포는 특정 구간 내에서 모든 값이 동일한 확률 밀도를 가지는 분포이다. 예를 들어 0과 1 사이에서 난수를 생성하는 경우 균일분포를 따른다.
② 정규분포는 평균을 중심으로 좌우 대칭을 이루며 대부분의 자연 현상과 측정값(키, 시험 점수 등)이 따르는 대표적인 확률분포이다.
④ 카이제곱 분포와 $F-$분포는 항상 양수의 값을 가진다.
- 카이제곱 분포 : 표준 정규분포를 따르는 확률변수들의 제곱의 합이므로 항상 0 이상이다.
- $F-$분포 : 두 개의 카이제곱 분포를 각각 자유도로 나눈 비율이므로 항상 양수이다.

18 다음 중 공분산과 상관계수에 대한 설명으로 가장 적절하지 않은 것은 무엇인가?

① 상관계수는 −1에서 1 사이의 값을 가지며 0에 가까울수록 두 변수 간의 관계가 강해진다.
② 공분산의 크기는 변수의 단위에 영향을 받으므로 변수의 크기와 관계없이 일정한 범위를 가지는 상관계수를 사용하는 것이 일반적이다.
③ 공분산은 두 변수 간의 방향성을 나타내며 양수이면 양의 상관관계를, 음수이면 음의 상관관계를 의미한다.
④ 피어슨 상관계수는 두 변수 간의 선형 관계를 측정하며 공분산을 각 변수의 표준편차로 나누어 정규화한 값이다.

> **해설**
> 상관계수는 −1에서 1 사이의 값을 가지며 0에 가까울수록 두 변수 간의 관계가 약해진다.
> - 상관계수 = 1 → 두 변수 간의 완벽한 양의 상관관계
> - 상관계수 = −1 → 두 변수 간의 완벽한 음의 상관관계
> - 상관계수 = 0 → 두 변수 간의 선형 관계가 없음

19 다음 중 주성분 분석(PCA)에 대한 설명으로 가장 적절하지 않은 것은 무엇인가?

① 주성분 분석은 고차원 데이터를 저차원으로 축소하는 기법이다.
② 주성분 분석은 변수 간 상관관계를 고려하지 않고 차원을 축소한다.
③ 주성분 분석은 데이터의 분산을 최대한 보존하는 방향으로 변환된 새로운 변수(주성분)를 생성한다.
④ 주성분 분석은 원본 변수들의 선형 결합을 통해 새로운 축을 형성한다.

> **해설**
> 주성분 분석(PCA ; Principal Component Analysis)은 고차원 데이터를 저차원으로 변환하는 차원 축소 기법으로 데이터의 분산을 최대한 보존하면서 변수 간의 상관관계를 고려하여 주성분을 생성한다.
>
> **주성분 분석(PCA)**
> - 차원 축소
>   원본 데이터의 중요한 정보를 유지하면서 차원을 줄이는 기법으로 머신러닝 모델의 계산 복잡도를 줄이고 시각화 가능성을 높인다.
> - 변수 간 상관관계 고려
>   PCA는 변수 간 상관관계가 있는 경우 상관관계를 반영하여 새로운 주성분을 생성한다. 즉, 서로 상관관계가 높은 변수를 결합하여 새 축을 형성한다.
> - 데이터의 분산을 보존하는 방향으로 변환
>   주성분(PC1, PC2, …)은 데이터의 분산을 최대한 설명하는 방향으로 정의되는데, 첫 번째 주성분(PC1)이 가장 큰 분산을 가지며 두 번째 주성분(PC2)은 그다음으로 큰 분산을 가지는 방식이다.
> - 주성분은 원본 변수들의 선형 결합
>   PCA에서 생성되는 주성분은 원본 변수들의 선형 결합으로 표현된다.

20 로지스틱 회귀분석은 독립변수의 선형 결합을 이용하여 사건의 발생 가능성을 예측하는 데 사용되는 통계 기법이다. 다음 중 로지스틱 회귀모형의 적합도를 검정하는 방법으로 가장 알맞은 것은 무엇인가?

① 결정계수(R^2)를 이용하여 모형의 설명력을 평가한다.
② 오즈비(Odds Ratio)를 통해 회귀계수의 방향과 크기를 분석한다.
③ 카이제곱 검정을 이용하여 모델이 데이터를 잘 설명하는지 검정한다.
④ 신경망 모델과 비교하여 정확도를 평가한다.

해설
카이제곱 검정을 활용하여 모델이 데이터를 얼마나 잘 설명하는지 검정할 수 있다.

오답 Check
① 결정계수(R^2)는 선형회귀분석에서 사용되며, 로지스틱 회귀에서는 적절한 적합도 검정 방법이 아니다.
② 오즈비(Odds Ratio)는 개별 변수의 영향력을 해석하는 데 사용되며 모델의 전체 적합도를 검정하는 방법은 아니다.
④ 신경망 모델과 비교하는 것은 머신러닝 모델 간 성능 비교에 해당하며, 로지스틱 회귀모형의 적합도 검정 방법으로는 적절하지 않다.

정답 20 ③

21 다음 회귀분석의 결과에 대한 설명으로 가장 적절하지 않은 것은 무엇인가?

```
Call:
lm(formula = score ~ study_time + sleep_time, data = df)
Residuals:
     Min      1Q  Median      3Q     Max
-22.8873 -6.1476 -0.8408  5.6236 23.4188
Coefficients:
            Estimate Std. Error t value Pr(>|t|)
(Intercept)  90.6780     7.2422  12.521   <2e-16 ***
study_time   -0.2153     0.4749  -0.453    0.651
sleep_time   -1.2280     0.9670  -1.270    0.207
---
Signif. codes:  0 '***' 0.001 '**' 0.01 '*' 0.05 '.' 0.1 ' ' 1
Residual standard error: 9.135 on 97 degrees of freedom
Multiple R-squared:  0.01877,   Adjusted R-squared:  -0.001466
F-statistic: 0.9276 on 2 and 97 DF,  p-value: 0.399
```

① 회귀식에서 절편(Intercept)은 90.678로 독립변수(study_time, sleep_time)가 0일 때의 예상 종속변수(score) 값이다.
② $F-$statistic의 $p-$value가 0.399이므로 회귀모형이 전체적으로 유의미하다고 판단할 수 있다.
③ study_time과 sleep_time의 $p-$value가 0.05보다 크므로 두 변수는 통계적으로 유의하지 않다.
④ 결정계수(R^2)가 0.01877로 매우 낮으므로 독립변수들이 종속변수(Score)를 거의 설명하지 못한다.

해설

일반적으로 $p-$value<0.05일 때 모델이 유의미하다고 판단한다. 여기서는 $p-$value가 0.399로 매우 크므로 회귀모형이 유의미하지 않다고 해석해야 한다.

오답 Check

① 이 결과에서는 Intercept = 90.6780이므로 study_time과 sleep_time이 0이면 Score는 약 90.678로 예측된다.
③ $p-$value>0.05이면 해당 변수가 종속변수(Score)에 통계적으로 유의미한 영향을 미치지 않는다는 의미이다. 따라서 두 변수는 통계적으로 유의하지 않다고 판단할 수 있다.
④ R^2값이 0에 가까울수록 독립변수들이 종속변수(Score)를 설명하는 능력이 거의 없음을 의미한다. 즉, study_time과 sleep_time이 Score의 변동을 거의 설명하지 못한다는 의미이다.

22 모집단이 정규분포를 따르며 분산이 알려져 있는 상황에서 모평균을 추정하기 위해 표본을 추출하였다. 95% 신뢰수준에서 신뢰구간이 다음과 같이 계산되었다면 다음 중 이에 대한 해석으로 가장 적절하지 않은 것은 무엇인가?

$$75 \pm 1.96 \times \frac{8}{\sqrt{64}} = (73.04, 76.96)$$

① 표본의 평균은 8이다.
② 표본의 개수는 64개이다.
③ 동일 모집단에서 동일한 방식으로 표본을 다시 추출했을 때 동일한 결과가 나오지 않을 수 있다.
④ 신뢰구간 추정값이 (73.04, 76.96)일 때 모평균이 반드시 이 범위 안에 존재한다고 확신할 수는 없다.

해설

신뢰구간은 모집단의 모평균(μ)을 추정하기 위해 사용되며 특정 신뢰수준에서 모평균이 포함될 것으로 기대되는 값의 범위를 의미한다. 모집단이 정규분포를 따르고 분산이 알려져 있는 경우 모평균(μ)에 대한 신뢰구간은 다음과 같이 계산된다.

신뢰구간 $= \overline{X} \pm Z \times \dfrac{\sigma}{\sqrt{n}}$

* $\overline{X}$: 표본평균
* Z : 임곗값(예 95% 신뢰수준에서는 약 1.96)
* σ : 모집단의 표준편차
* n : 표본 크기

따라서 문제에서 주어진 식으로 볼 때 다음과 같은 항목을 알 수 있다.
- 표본평균 = 75
- 모집단의 표준편차 = 8
- 표본 크기 = 64

오답 Check

③ 동일한 모집단에서 동일한 방식으로 표본을 다시 추출하면 표본평균이 달라질 가능성이 크며 신뢰구간도 달라질 수 있다. 신뢰구간은 표본평균을 기반으로 계산되므로 새로운 표본을 추출하면 신뢰구간이 변동될 수 있다.
④ 신뢰구간이 (73.04, 76.96)이라고 하더라도 모평균이 반드시 이 범위 안에 존재한다고 확신할 수는 없다. 신뢰구간은 표본에서 추정한 값이며 실제 모평균이 이 범위 안에 포함될 확률이 95%라는 의미일 뿐 100% 포함된다고 단정할 수 없다.

23 다음 중 과대적합(Overfitting)을 방지하기 위한 방법으로 적절하지 않은 것은 무엇인가?

① 정규화를 적용하여 모델의 복잡도를 조정한다.
② 교차 검증을 활용하여 모델이 훈련 데이터에 과하게 맞춰지는 것을 방지한다.
③ 훈련 데이터를 추가하여 모델이 다양한 패턴을 학습하도록 한다.
④ 모델의 복잡도를 높이고 충분한 학습을 수행하여 더 많은 데이터를 학습하게 한다.

해설
과소적합을 해결하기 위한 방법이며, 과대적합을 방지하는 방법이 아니다. 모델의 복잡도를 높이면 오히려 과대적합이 심해질 수 있다.

오답 Check
① L1, L2 정규화와 같은 기법을 활용하여 모델이 특정 데이터에 지나치게 맞춰지는 것을 방지할 수 있다.
② 데이터를 여러 개의 서브셋으로 나누어 검증하는 기법으로 모델이 특정 데이터에만 맞춰지는 것을 방지할 수 있다.
③ 더 많은 데이터를 제공하면 모델이 특정 데이터에 과적합하는 문제를 줄이고 일반화 성능을 높일 수 있다.

24 다음 중 다중공선성에 대한 설명으로 가장 적절하지 않은 것은 무엇인가?

① 다중공선성은 회귀분석에서 독립변수 간에 강한 상관관계가 존재할 때 발생하는 문제이다.
② 다중공선성이 심하면 회귀계수의 신뢰성이 낮아지고 독립변수의 영향력을 정확히 측정하기 어려워진다.
③ 다중공선성을 확인하는 방법 중 하나인 VIF(분산 팽창 요인)가 1보다 크면 다중공선성이 심각하다고 판단할 수 있다.
④ 다중공선성이 발생하면 해결 방법으로 변수 제거, 변수 변환, 정규화 회귀 등을 고려할 수 있다.

해설
• 다중공선성은 회귀분석에서 독립변수들 간의 상관관계가 매우 높을 때 발생하는 문제로 독립변수들이 서로 중복된 정보를 포함하고 있어 각 변수의 개별적인 영향력을 명확히 측정하기 어렵게 만든다.
• VIF(Variance Inflation Factor, 분산 팽창 요인)는 다중공선성을 확인하는 대표적인 지표로 VIF 값이 10 이상이면 다중공선성이 심각하다고 판단한다.

25 다음은 USArrests 데이터셋에 대한 요약 통계량과 이상값 탐지 결과를 나타낸 것이다. 아래 결과 데이터에 대한 설명으로 적절하지 않은 것은 무엇인가?

```
> head(USArrests)
           Murder Assault UrbanPop Rape
Alabama     13.2    236      58   21.2
Alaska      10.0    263      48   44.5
Arizona      8.1    294      80   31.0
Arkansas     8.8    190      50   19.5
California   9.0    276      91   40.6
Colorado     7.9    204      78   38.7

> summary(USArrests)
    Murder          Assault         UrbanPop          Rape
 Min.   : 0.800   Min.   : 45.0   Min.   :32.00   Min.   : 7.30
 1st Qu.: 4.075   1st Qu.:109.0   1st Qu.:54.50   1st Qu.:15.07
 Median : 7.250   Median :159.0   Median :66.00   Median :20.10
 Mean   : 7.788   Mean   :170.8   Mean   :65.54   Mean   :21.23
 3rd Qu.:11.250   3rd Qu.:249.0   3rd Qu.:77.75   3rd Qu.:26.18
 Max.   :17.400   Max.   :337.0   Max.   :91.00   Max.   :46.00

> cor(USArrests)
             Murder    Assault   UrbanPop       Rape
Murder   1.00000000 0.8018733 0.06957262 0.5635788
Assault  0.80187331 1.0000000 0.25887170 0.6652412
UrbanPop 0.06957262 0.2588717 1.00000000 0.4113412
Rape     0.56357883 0.6652412 0.41134124 1.0000000
```

① cor( ) 함수를 사용하여 변수 간 상관관계를 확인한 결과 Murder와 Assault는 0.8018로 높은 양의 상관관계를 가진다.
② IQR(사분위 범위)을 활용한 이상값 판별 기준에 따르면 UrbanPop 변수의 이상값 범위는 19.625 미만 또는 112.625 초과로 설정된다.
③ UrbanPop의 최댓값이 91이므로 이상값 판별 기준에 따라 이상값이 존재한다.
④ summary( ) 함수를 사용하여 변수의 최솟값, 중앙값, 최댓값 등의 요약 통계를 확인할 수 있다.

해설

③ UrbanPop의 최댓값은 91이며 이상값 상한 기준(112.625)을 넘지 않으므로 이상값이 존재하지 않는다고 판단할 수 있다.
② IQR(사분위 범위) 계산 : IQR = Q3−Q1 = 77.75−54.5 = 23.25
→ 이상값 범위
하한 : Q1−1.5×IQR = 54.5−34.875 = 19.625
상한 : Q3+1.5×IQR = 77.75+34.875 = 112.625

정답 25 ③

26 다음 중 릿지 회귀 모형에 대한 설명으로 가장 적절하지 않은 것은 무엇인가?

① 릿지 회귀는 다중공선성이 존재하는 경우 회귀계수의 크기를 줄여 과적합을 방지하는 방법이다.
② 릿지 회귀는 L1 정규화를 사용하여 일부 회귀계수를 0으로 만들고 변수 선택 효과를 제공한다.
③ 릿지 회귀는 L2 패널티를 추가하여 회귀계수의 크기를 제한하고 모델을 정규화한다.
④ 정규화 파라미터(λ, 람다)의 값이 클수록 모델의 복잡도가 낮아지고 작은 값일수록 일반 선형 회귀와 유사해진다.

해설

L1 정규화는 릿지 회귀가 아닌 라쏘 회귀에 사용되는 기법이다. 릿지 회귀는 L2 정규화를 사용하며 회귀계수를 0에 가깝게 만들지만 완전히 0으로 만들지는 않는다. 반면, 라쏘 회귀는 L1 정규화를 사용하여 일부 회귀계수를 완전히 0으로 만들어 변수 선택 기능을 제공한다.

27 다음은 USArrests 데이터셋에 대한 요약 통계량과 주성분 분석 결과이다. 이 결과에 대한 설명으로 가장 적절하지 않은 것은 무엇인가?

```
> summary(USArrests)
     Murder          Assault         UrbanPop          Rape
 Min.   : 0.800   Min.   : 45.0   Min.   :32.00   Min.   : 7.30
 1st Qu.: 4.075   1st Qu.:109.0   1st Qu.:54.50   1st Qu.:15.07
 Median : 7.250   Median :159.0   Median :66.00   Median :20.10
 Mean   : 7.788   Mean   :170.8   Mean   :65.54   Mean   :21.23
 3rd Qu.:11.250   3rd Qu.:249.0   3rd Qu.:77.75   3rd Qu.:26.18
 Max.   :17.400   Max.   :337.0   Max.   :91.00   Max.   :46.00

> fit <- princomp(USArrests, cor=TRUE)
> summary(fit)
Importance of components:
                          Comp.1    Comp.2    Comp.3     Comp.4
Standard deviation     1.5748783 0.9948694 0.5971291 0.41644938
Proportion of Variance 0.6200604 0.2474413 0.0891408 0.04335752
Cumulative Proportion  0.6200604 0.8675017 0.9566425 1.00000000
```

① summary(USArrests) 결과에서 Murder, Assault, UrbanPop, Rape 변수의 평균과 사분위수를 확인할 수 있다.
② princomp(USArrests, cor=TRUE)를 사용하여 주성분 분석을 수행했으며 이는 각 변수를 표준화한 후 주성분을 계산하는 방식이다.
③ 첫 번째 주성분(Comp.1)은 전체 데이터의 약 62%를 설명하며 두 번째 주성분까지 포함하면 누적 설명력이 약 87%가 된다.
④ 네 개의 주성분 중 Comp.3과 Comp.4가 데이터의 90% 이상의 변동성을 설명하므로 주성분 분석에서는 Comp.3과 Comp.4가 가장 중요한 주성분이다.

해설

summary(fit)에서 각 주성분의 Cumulative Proportion(누적 설명력)을 보면 Comp.3까지 포함하면 95.66%, Comp.4까지 포함하면 100%이다. 하지만 주성분 분석(PCA)에서는 주로 첫 번째 주성분(Comp.1)과 두 번째 주성분(Comp.2)이 가장 중요한 역할을 하며, 설명력이 높은 주성분을 중심으로 해석해야 한다. Comp.3과 Comp.4는 상대적으로 적은 분산(8.91%, 4.34%)을 설명하므로 가장 중요한 주성분이라고 볼 수 없다.

28 다음 중 데이터 마이닝에서 사용되는 지도 학습 알고리즘이 아닌 것은 무엇인가?

① 의사결정나무
② K-means 군집
③ 로지스틱 회귀분석
④ K-NN

해설

K-means 군집분석은 비지도 학습 알고리즘으로 입력 데이터에 대한 정답(라벨)이 주어지지 않은 상태에서 비슷한 특성을 가진 데이터끼리 군집화하는 알고리즘이다.

오답 Check

① 지도 학습 알고리즘으로, 분류 및 회귀 문제에서 사용된다. 데이터를 분기하면서 최적의 의사결정을 찾는 방식으로 작동한다.
③ 지도 학습 알고리즘으로 분류 문제에 사용된다. 예를 들어 이메일이 스팸인지 아닌지를 분류하는 문제에서 사용된다.
④ 지도 학습 알고리즘으로 새로운 데이터가 주어졌을 때 가장 가까운 K개의 데이터를 참고하여 분류 또는 회귀를 수행한다. 예를 들어 어떤 환자가 특정 질병에 걸렸는지 분류하는 문제에서 사용될 수 있다.

29 다음 중 모델의 편향(Bias)이 높은 경우 나타날 수 있는 현상으로 가장 적절한 것은 무엇인가?

① 학습 데이터에서는 높은 정확도를 보이지만 새로운 데이터에서는 성능이 급격히 떨어진다.
② 모델이 너무 단순하여 데이터의 패턴을 제대로 학습하지 못한다.
③ 모델이 학습 데이터에 지나치게 적합하여 데이터의 작은 변화에도 민감하게 반응한다.
④ 모델이 높은 자유도를 가지고 있으며 데이터의 복잡한 패턴까지 학습하는 경향이 있다.

해설

편향이 높은 모델은 너무 단순하여 데이터의 패턴을 제대로 학습하지 못하는 경우를 의미한다. 이는 과소적합된 모델의 특징이며 복잡한 패턴을 반영하지 못하기 때문에 예측 성능이 낮다.

30 다음 중 단계적 변수 선택법에 대한 설명으로 가장 적절하지 않은 것은 무엇인가?

① 전진 선택법은 빈 모델(변수가 없는 상태)에서 시작하여 변수를 하나씩 추가하면서 모델의 성능이 더 이상 좋아지지 않을 때까지 반복하는 방법이다.
② 후진 제거법은 모든 변수를 포함한 모델에서 시작하여 변수를 하나씩 제거하면서 모델의 성능이 좋아지는지를 확인하는 방법이다.
③ 단계 선택법은 전진 선택법과 후진 제거법을 결합한 방식이며 변수를 추가하는 과정에서 성능이 향상되지 않으면 다시 제거할 수도 있다.
④ 라쏘 회귀는 단계적 변수 선택법 중 하나로 변수를 추가하거나 제거하면서 최적의 회귀모델을 구축하는 방법이다.

해설

라쏘 회귀는 단계적 변수 선택법이 아니라 불필요한 변수의 회귀계수를 0으로 만들어 변수 선택 기능을 수행하는 정규화 방법이다. 이를 위해 L1 규제를 활용하여 가중치들의 절댓값의 합을 최소화하는 제약 조건을 이용해 모형을 구축한다.

31 다음은 의사결정나무에서 사용되는 개념들에 대한 설명이다. 알맞게 짝지어진 것을 고르시오.

> (가) 데이터 분류 기준으로 이것이 높으면 분리 대상이 된다.
> (나) 뿌리 마디로부터 일정 깊이에 도달한 경우, 불순도의 감소량이 아주 작아 더 이상 분리가 필요 없는 경우, 마디에 속하는 자료가 일정 수 이하인 경우, 모든 자료들이 하나의 그룹에 속하는 경우
> (다) 트리 모형의 복잡도를 줄이고 과적합을 방지하는 과정

① (가) 불규칙도 (나) 정지규칙 (다) 가지치기
② (가) 불순도 (나) 정지규칙 (다) 가지치기
③ (가) 불규칙도 (나) 가지치기 (다) 정지규칙
④ (가) 불순도 (나) 가지치기 (다) 정지규칙

해설

(가) 불순도
- 의사결정나무에서 불순도가 높을수록 노드를 분할해야 할 필요성이 증가함
- 불순도 측정 방법 : 지니 계수(Gini Index), 엔트로피(Entropy)
- 불순도가 높으면 해당 노드는 다양한 클래스가 섞여 있어 정보량이 많으므로 더 좋은 분할을 찾기 위해 분리 대상이 됨

(나) 정지규칙
트리 모델에서 더 이상 분할을 수행하지 않는 조건으로 다음과 같은 경우에 분할을 멈춘다.
- 트리의 깊이가 특정 수준에 도달한 경우
- 불순도 감소량이 매우 작은 경우(즉, 더 이상 유의미한 분할이 없는 경우)
- 노드에 속한 샘플 수가 특정 임곗값 이하인 경우

(다) 가지치기
트리가 너무 깊어지면 과적합이 발생할 수 있다. 가지치기는 불필요한 노드를 제거하여 모델의 복잡도를 줄이고 일반화 성능을 향상시키는 과정으로 두 가지 유형이 있다.
- 사전 가지치기(Pre-pruning) : 트리를 생성하는 도중에 정지규칙을 설정하여 과적합을 방지
- 사후 가지치기(Post-pruning) : 트리를 모두 생성한 후 불필요한 가지를 제거

32 다음 중 데이터 분할을 통한 검증 방법에 대한 설명으로 가장 적절하지 않은 것은 무엇인가?

① 홀드아웃 방식은 데이터를 랜덤하게 분리하여 훈련 데이터와 테스트 데이터로 나누며 일반적으로 학습 데이터 80%, 테스트 데이터 20%의 비율로 설정한다.
② K-FOLD 교차검증은 데이터를 K개의 폴드로 나누어 각 폴드를 한 번씩 테스트 데이터로 사용하며 모델의 성능을 평가하는 방법이다.
③ LOOCV(Leave-One-Out Cross-Validation)은 전체 데이터 중 N-1개의 데이터를 학습 데이터로 사용하고 나머지 1개를 테스트 데이터로 사용하는 방식으로 K=1인 K-FOLD 검증이다.
④ 붓스트랩 기법은 모집단에서 랜덤하게 샘플을 복원 추출하여 새로운 데이터셋을 구성하고, 이를 반복적으로 활용하여 모델을 검증하는 방법이다.

해설

LOOCV는 전체 데이터 중 N-1개의 데이터를 학습 데이터로 사용하고 나머지 1개를 테스트 데이터로 활용하는 방식으로 K-FOLD 검증에서 K=N인 경우를 LOOCV라고 한다.

오답 Check

① 홀드아웃 방식은 전체 데이터를 랜덤하게 훈련 데이터와 테스트 데이터로 나누는 가장 일반적인 검증 방법으로, 일반적으로 학습 데이터 80%, 테스트 데이터 20% 비율로 나누지만 상황에 따라 70:30 또는 90:10 등으로 조정할 수 있다.
② K-FOLD 교차검증은 데이터를 K개의 폴드로 나누고 각 폴드를 한 번씩 테스트 데이터로 사용하면서 나머지를 훈련 데이터로 활용하는 방식으로 K-1개의 폴드를 훈련 데이터로 사용하고 남은 1개의 폴드를 테스트 데이터로 사용하는 과정이 k번 반복된다. 이를 통해 모델의 일반화 성능을 향상시키고 과적합을 방지하는 데 도움을 준다.
④ 붓스트랩 기법은 모집단에서 랜덤하게 데이터를 복원 추출하여 새로운 샘플을 구성하는 방법이다. 복원 추출을 사용하므로 같은 데이터가 여러 번 포함될 수 있으며 이를 여러 번 반복하여 모델을 학습하고 성능을 평가하는 데 사용한다.

정답 32 ③

33. 다음 rpart 패키지를 사용하여 생성한 의사결정나무 결과에 대한 설명으로 가장 적절하지 않은 것은 무엇인가?

```
> library(rpart)
> tree_model <- rpart(Species ~., data = iris)
> tree_model
n= 150
node), split, n, loss, yval, (yprob)
      * denotes terminal node
1) root 150 100 setosa (0.33333333 0.33333333 0.33333333)
  2) Petal.Length< 2.45 50   0 setosa (1.00000000 0.00000000 0.00000000) *
  3) Petal.Length>=2.45 100  50 versicolor (0.00000000 0.50000000 0.50000000)
    6) Petal.Width< 1.75 54   5 versicolor (0.00000000 0.90740741 0.09259259) *
    7) Petal.Width>=1.75 46   1 virginica (0.00000000 0.02173913 0.97826087) *
> plot(tree_model, compress=T, margin=0.3)
> text(tree_model, cex=1.5)
```

```
            Petal.Length < 2.45
           ┌─────────┴─────────┐
                          Petal.Width < 1.75
         setosa        ┌─────────┴─────────┐

                   versicolor           virginica
```

① 루트 노드에서 총 150개의 샘플을 사용했으며 setosa, versicolor, virginica가 각각 1/3씩 포함되어 있다.
② 첫 번째 분기 조건은 Petal.Length < 2.45이며 이를 만족하는 샘플들은 모두 setosa로 분류된다.
③ Petal.Length ≥ 2.45인 경우 다음 분기 조건은 Sepal.Width이며, 이를 기준으로 versicolor와 virginica를 구분한다.
④ 최종적으로 리프 노드(Terminal Node)에서 Petal.Width < 1.75인 경우 versicolor, Petal.Width ≥ 1.75인 경우 virginica로 분류된다.

해설

Petal.Length ≥ 2.45인 경우 다음 분기 조건은 Sepal.Width가 아니라 Petal.Width이다. 의사결정 트리 출력 결과에서 Petal.Width < 1.75를 기준으로 versicolor와 virginica를 구분하고 있는 것을 확인할 수 있다.

정답 33 ③

34 다음 중 활성화 함수에 대한 설명으로 가장 적절하지 않은 것은 무엇인가?

① ReLU 함수는 입력값이 양수일 때는 그대로 출력하고, 음수일 때는 0을 출력한다.
② 시그모이드 함수는 −1에서 1 사이의 값을 출력하며, 뉴런의 출력이 중심에 가까울수록 기울기가 커진다.
③ 소프트맥스 함수는 다중 클래스 분류 문제에서 사용되며 각 클래스에 속할 확률을 출력한다.
④ Tanh 함수는 −1에서 1 사이의 값을 반환하며 시그모이드 함수보다 출력값의 범위가 넓어 학습이 더 잘 이루어질 수 있다.

해설

시그모이드 함수는 0과 1 사이의 값을 출력하는 함수로 수식으로 표현하면 다음과 같다.

$$f(x) = \frac{1}{1+e^{-x}}$$

오답 Check

① ReLU 함수는 입력값이 양수이면 그대로 출력하고 음수이면 0을 출력하는 함수로 수식으로 표현하면 다음과 같다.

$$f(x) = \max(0, x)$$

시그모이드나 Tanh 함수는 기울기 소실 문제가 발생할 가능성이 높지만, ReLU는 양수일 때 기울기가 1이므로 이러한 문제가 완화된다.
③ 소프트맥스 함수는 다중 클래스 분류 문제에서 사용되는 활성화 함수로 여러 개의 클래스를 분류할 때 각 클래스에 속할 확률을 반환하며 확률의 총합이 1이 되도록 정규화한다.
④ Tanh 함수는 −1에서 1 사이의 값을 출력하는 활성화 함수로 시그모이드 함수보다 출력값의 범위가 넓으므로 뉴런의 활성화 값이 중심(0)에 가까울수록 기울기가 커져 학습이 더 잘 이루어질 수 있다.

35 이진 분류 모델의 예측 결과가 다음과 같을 때 각 계산 결과에 대한 값으로 틀린 것은 무엇인가?

실젯값	예측 양성	예측 음성
양성	40	10
음성	20	30

① 정밀도는 0.5이다.
② 재현율은 0.8이다.
③ 정확도는 0.7이다.
④ 오분류율은 0.3이다.

해설

$$정밀도 = \frac{TP}{TP+FP} = \frac{40}{40+20} \approx 0.6667$$

36 다음 중 성과 평가를 위해 사용할 수 있는 시각화 도구들에 대한 설명으로 가장 적절하지 않은 것은 무엇인가?

① ROC 커브는 가로축을 1-특이도, 세로축을 민감도로 설정하여 모델의 성능을 평가하는 그래프이다.
② ROC 커브에서 그래프 아래 면적이 0.5에 가까울수록 모델의 분류 성능이 우수하다.
③ 이익도표(Gain Chart)는 모델의 예측값을 임의의 등급으로 나누고 각 등급별 반응 검출률, 반응률, 리프트 값을 계산하여 표현한 도표이다.
④ 향상도 곡선(Lift Chart)은 이익도표를 시각적으로 표현한 그래프이며 모델이 무작위 예측보다 얼마나 더 나은 성능을 보이는지 평가하는 데 사용된다.

해설
ROC 커브에서는 그래프 아래 면적이 1에 가까울수록 모델의 성능이 우수하며 0.5에 가깝다는 것은 무작위 모델, 즉 랜덤 추측과 유사한 성능을 의미한다.

37 다음 중 인공신경망의 구조와 작동 원리에 대한 설명으로 가장 적절하지 않은 것은 무엇인가?

① 입력층은 데이터를 처음 받아들이는 층으로 이미지나 숫자 데이터를 입력받아 신경망에 전달하는 역할을 한다.
② 은닉층은 입력층과 출력층 사이에 위치하며 입력된 데이터를 변형하고 학습하여 더 복잡한 패턴을 파악하는 역할을 한다.
③ 활성화 함수는 신경망의 모든 뉴런에서 동일한 값을 출력하도록 조정하는 역할을 한다.
④ 출력층은 최종 결과를 도출하는 층으로 예를 들어 입력된 이미지가 '사람'인지 '물체'인지 예측하는 역할을 한다.

해설
활성화 함수는 뉴런이 출력할 값을 결정하는 함수이며 단순히 동일한 값을 출력하는 것이 아니라 비선형성을 추가하여 신경망이 복잡한 패턴을 학습할 수 있도록 도와준다. 또한 활성화 함수는 가중치와 편향에 의해 영향을 받으며 학습 과정에서 중요한 역할을 한다.

38 다음 중 군집분석에서 사용되는 거리 측도에 대한 설명으로 가장 적절하지 않은 것은 무엇인가?

① 유클리드 거리는 두 점 사이의 가장 짧은 직선거리를 측정하는 방식으로 피타고라스 정리를 기반으로 계산된다.
② 맨해튼 거리는 두 점 사이를 대각선으로 이동하는 거리로 유클리드 거리보다 항상 크거나 같다.
③ 체비셰프 거리는 변수 간 거리 차이 중 최댓값을 사용하여 계산하며 체스판에서 킹이 이동할 수 있는 거리 개념과 유사하다.
④ 마할라노비스 거리는 변수 간 상관성을 고려하여 표준화된 거리 측정을 가능하게 하며 공분산 행렬을 활용하여 계산된다.

> **해설**
>
> 맨해튼 거리는 두 점 사이의 수직 및 수평 이동 거리의 합을 의미한다. 대각선으로 이동하는 개념이 아니라 직교 좌표축을 따라 이동하는 방식이다.
> $d(A, B) = \sum |x_i - y_i|$

39 다음 중 자기조직화지도에 대한 설명으로 가장 적절하지 않은 것은 무엇인가?

① 자기조직화지도는 인공신경망을 기반으로 차원을 축소하고 군집화를 수행하는 알고리즘으로 고차원 데이터를 2차원 지도로 변환하여 시각화할 수 있다.
② 자기조직화지도는 입력층과 경쟁층으로 구성되며 은닉층이 없고 입력층의 모든 데이터가 경쟁층의 모든 노드와 완전 연결된다.
③ 자기조직화지도는 역전파 알고리즘을 활용하여 가중치를 조정하며 학습 과정에서 입력 데이터와의 오차를 최소화하는 방향으로 가중치를 갱신한다.
④ 자기조직화지도에서는 최적 일치 노드(BMU ; Best Matching Unit)를 찾기 위해 유클리드 거리를 활용하며 BMU와 그 주변 노드들의 가중치를 조정하여 군집을 형성한다.

> **해설**
>
> 자기조직화지도는 역전파 알고리즘을 사용하지 않으며 순전파 방식으로 동작한다.
>
> **자기조직화지도(SOM)**
> 인공신경망을 기반으로 하지만 전통적인 신경망과 달리 지도 학습이 아닌 경쟁 학습을 수행하는 비지도 학습 알고리즘이다. 고차원 데이터를 저차원 지도로 변환하여 시각적으로 분석할 수 있도록 도와준다.

40 다음 중 Apriori 알고리즘에 대한 설명으로 가장 적절한 것은 무엇인가?

① 연관규칙을 생성할 때 개별 아이템의 빈도수를 기준으로 먼저 선별한 후 신뢰도와 향상도를 적용하여 최적의 규칙을 도출한다.
② 최소 지지도 기준을 활용하여 빈발 아이템 집합을 찾고 이를 기반으로 의미 있는 연관규칙을 도출한다.
③ 지도 학습 기법의 하나로 미리 정의된 레이블이 있는 데이터를 학습하여 예측 모델을 생성하는 데 사용된다.
④ 연관규칙을 찾을 때 신뢰도를 기준으로 먼저 빈발 아이템을 선별한 후 지지도를 계산하여 최적의 연관규칙을 선택하는 방식이다.

해설

Apriori 알고리즘은 최소 지지도(Support) 기준을 먼저 설정한 후 빈발 아이템 집합을 찾고 이를 바탕으로 의미 있는 연관규칙을 도출하는 방식으로 작동한다. 또한 연관규칙은 신뢰도(Confidence)와 향상도(Lift) 등의 추가적인 기준을 적용하여 분석된다.

오답 Check

③ Apriori 알고리즘은 비지도 학습 기법으로 라벨(정답)이 없는 데이터에서 패턴을 찾아내는 연관규칙 분석 기법에 해당한다.

정답 40 ②

41 다음 중 시계열분석에서 사용되는 개념에 대한 설명으로 가장 적절하지 않은 것은 무엇인가?

① 자기상관성이 높은 경우 과거의 데이터가 현재 데이터에 큰 영향을 주며 일반적으로 날씨나 주식 시장 같은 데이터에서 자주 나타난다.
② 자기상관계수(ACF)는 특정 시점의 데이터가 이전 시점의 데이터와 얼마나 유사한지를 나타내며 1에 가까울수록 데이터 값이 비슷할 가능성이 높다.
③ 부분자기상관계수(PACF)는 특정 시점의 데이터가 바로 직전 시점을 포함하여 더 이전 시점들과 얼마나 관련이 있는지를 나타내는 값이다.
④ 자기상관함수는 특정 시점 간격(시차)을 기준으로 현재와 이전 시점 간의 자기상관계수를 계산하고 이를 여러 시차에 대해 반복 계산하여 함수 형태로 나타낸다.

해설

부분자기상관계수(PACF)는 특정 시점의 데이터가 바로 직전 시점을 제외하고 더 이전 시점들과 얼마나 관련이 있는지를 나타내는 값으로 직전 시점과의 관계를 제거하고 순수한 상관관계를 측정하는 역할을 한다.

오답 Check

① 자기상관성이 높다는 것은 과거 데이터가 현재 데이터에 강한 영향을 준다는 의미이다. 예를 들어 날씨 데이터는 강한 자기상관성을 가지는데, 오늘이 춥다면 내일도 비슷하게 추울 가능성이 높다. 주식 시장에서도 자기상관성이 높다면 어제의 주가 변동이 오늘의 주가 변동에 영향을 줄 가능성이 크다.
② 자기상관계수는 특정 시점의 데이터가 이전 시점의 데이터와 얼마나 비슷한지를 나타내는 지표로 ACF 값이 1에 가까울수록 현재와 과거 데이터 간의 유사성이 높으며 −1에 가까울수록 현재 데이터 값이 과거 데이터 값과 반대로 움직일 가능성이 높다. 그리고 0에 가까울수록 자기상관성이 없음을 의미한다.
④ 자기상관함수는 여러 시차(Lag)에 대해 자기상관계수를 계산하여 시간 간격에 따른 데이터 간의 관련성을 분석하는 함수이다. 자기상관함수를 통해 특정 시차에서의 데이터 유사도를 확인할 수 있으며 이는 시계열 모델(예 ARIMA) 설정 시 중요한 정보가 된다.

42 다음 중 의사결정나무에 대한 설명으로 가장 적절하지 않은 것은 무엇인가?

① 의사결정나무는 데이터의 특성을 학습하여 트리를 생성하며 각 노드는 최적의 분할 기준을 이용해 데이터셋을 분리한다.
② 트리의 깊이가 깊어질수록 모델이 복잡해지고 과적합이 발생할 가능성이 커지는데, 이를 방지하기 위해 가지치기를 수행할 수 있다.
③ 의사결정나무는 회귀 및 분류 문제에서 사용할 수 있으며 분류 문제에서는 엔트로피나 지니 계수를 활용해 데이터를 분할한다.
④ 의사결정나무는 학습 데이터의 모든 특성을 동일한 가중치로 고려하며 변수의 중요도를 계산하지 않는다.

> 해설

의사결정나무는 변수별로 분할 기준을 적용하며 변수의 중요도를 계산할 수 있다. 트리 구조에서는 더 자주 사용되는 변수(즉, 상위 노드에서 분할 기준이 되는 변수)가 더 중요한 변수로 간주된다.

> 오답 Check

① 의사결정나무는 데이터를 최적의 분할 기준을 이용해 트리 구조로 학습하는 알고리즘으로 각 노드는 불순도를 최소화하는 방향으로 데이터를 분할한다.
③ 의사결정나무는 회귀와 분류 문제에서 모두 사용될 수 있다. 분류 문제에서는 엔트로피 또는 지니 계수를 활용하여 노드를 분할하고 회귀 문제에서는 평균제곱오차(MSE) 또는 분산을 활용하여 분할한다.

43 다음 중 모수 검정 방법으로 가장 적절하지 않은 것은 무엇인가?

① 윌콕슨 순위합 검정
② ANOVA
③ $t-$검정
④ 피어슨 상관계수 검정

> 해설

윌콕슨 순위합 검정은 비모수 검정 방법으로 모집단의 정규성을 가정하지 않으며 중앙값을 비교하는 방법이다. 정규성을 가정하는 $t-$검정과 달리 데이터가 정규성을 만족하지 않을 때 사용된다.

모수 검정과 비모수 검정
- 모수 검정은 데이터가 특정 분포(일반적으로 정규분포)를 따른다고 가정하고 수행하는 통계적 검정 방법으로 데이터의 연속적인 특성을 반영하며 수치형 데이터(예 키, 몸무게 등)에 적합하고 표본의 크기가 충분히 클 경우 강력한 검정력을 가진다.
- 비모수 검정은 데이터가 특정 분포를 따른다고 가정하지 않고 사용하는 검정 방법으로 데이터의 크기가 작거나 이상치가 많을 때도 신뢰할 수 있는 결과를 제공하며 중앙값 비교, 순위 기반 분석 등을 활용하여 강건한 분석이 가능하다.

> 오답 Check

② 모집단의 정규성을 가정하고 세 개 이상의 그룹 간 평균 차이를 비교하는 모수 검정 방법이다.
③ 모집단의 정규성을 가정하고 평균 차이를 비교하는 모수 검정 방법이다.
- 독립표본 $t-$검정 : 두 개의 독립된 집단의 평균 차이 비교
- 대응표본 $t-$검정 : 같은 집단에서 측정된 두 개의 평균 차이 비교

④ 모집단의 정규성을 가정하고 두 변수 간 선형 상관관계를 검정하는 모수 검정 방법이다.

정답 42 ④ 43 ①

44 한 마트에서 거래 품목이 다음과 같다고 가정할 때 식빵 → 버터에 대한 향상도는 얼마인가?

구입품목	거래 횟수
{식빵, 딸기잼, 우유}	50
{식빵, 버터}	250
{버터, 달걀}	200
{식빵, 버터, 달걀}	150
{버터, 우유, 달걀}	100
{식빵, 달걀, 딸기잼}	50

① 16/15
② 32/35
③ 7/6
④ 4/5

해 설

향상도는 연관규칙 분석에서 두 항목 간의 연관성이 얼마나 강한지를 나타내는 지표로 다음과 같이 계산된다.

$$향상도(A \to B) = \frac{신뢰도(A \to B)}{P(B)} = \frac{P(A \cap B)}{P(A)P(B)}$$

* $P(A \cap B)$: A와 B가 동시에 발생할 확률
* $P(A)$: A가 발생할 확률
* $P(B)$: B가 발생할 확률

따라서 향상도(식빵 → 버터)를 계산해 보면,

$$P(식빵 \cap 버터) = \frac{400}{800} = \frac{1}{2}$$

$$P(식빵) = \frac{500}{800} = \frac{5}{8}$$

$$P(버터) = \frac{700}{800} = \frac{7}{8}$$

$$\therefore 향상도(식빵 \to 버터) = \frac{\frac{1}{2}}{\frac{5}{8} \times \frac{7}{8}} = \frac{\frac{1}{2}}{\frac{35}{64}} = \frac{32}{35}$$

- 향상도(A → B) > 1 → A가 발생했을 때 B가 발생할 가능성이 높음(양의 연관성)
- 향상도(A → B) = 1 → A와 B는 독립적인 관계
- 향상도(A → B) < 1 → A가 발생했을 때 B가 발생할 가능성이 낮음(음의 연관성)

식빵과 버터는 약한 음의 상관관계에 있다고 볼 수 있다.

45 다음 중 K-Means 군집분석에서 seed(초기 중심점)를 결정할 때 이상값에 대한 민감도를 줄이기 위한 방법으로 가장 적절한 것은 무엇인가?

① 랜덤한 값을 사용하여 seed를 설정한다.
② 기존 군집들의 평균값을 seed로 설정한다.
③ 기존 군집들의 중앙값을 seed로 설정한다.
④ 모든 데이터의 최댓값을 seed로 설정한다.

해설

K-Means 군집분석에서 seed를 결정할 때 평균값을 사용하면 이상값의 영향을 많이 받을 수 있으므로 중앙값을 활용하여 이를 보완한다.

46 다음 중 군집분석에서 범주형 변수에 대한 거리 측도 방법으로 가장 적절하지 않은 것은 무엇인가?

① 단순 일치 계수
② 자카드 거리
③ 코사인 유사도
④ 체비셰프 거리

해설

군집분석에서 범주형 변수의 거리 측정 방법은 두 범주형 데이터 간 유사도 또는 차이를 정량적으로 평가하는 데 사용되며, 대표적인 방법으로 단순 일치 계수, 자카드 거리, 코사인 유사도 등이 있다.
- 단순 일치 계수(SMC) : 두 변수가 일치하는 비율을 측정하는 방법으로 (1, 1)과 (0, 0) 일치를 모두 고려
- 자카드 거리 : (1, 1) 일치만 유사도로 계산하고, (0, 0) 일치는 무시하는 방식
- 코사인 유사도 : 벡터의 방향적 유사도를 측정하며, 텍스트 데이터나 범주형 변수를 벡터화하여 비교할 때 사용
- 체비셰프 거리 : 수치형 데이터에서 사용되는 거리 측도로 두 변수가 가질 수 있는 최대 차이를 기반으로 거리를 측정하는 방식

정답 45 ③ 46 ④

47 다음 그림에 대한 설명으로 가장 적절하지 않은 것은 무엇인가?

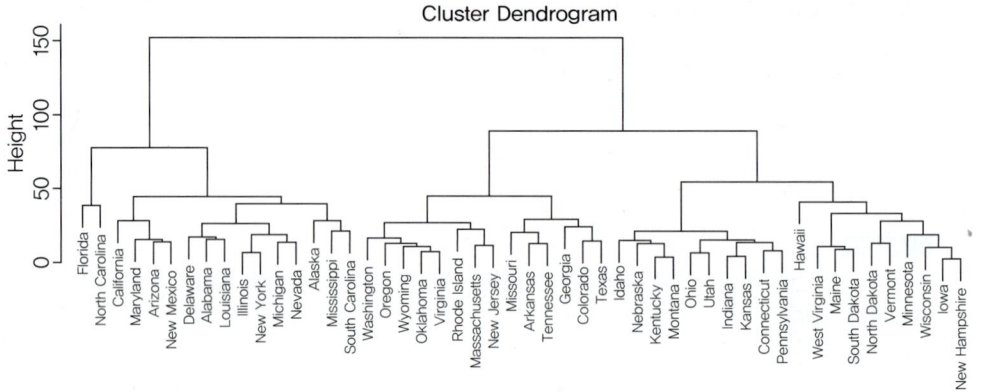

① 이 그림은 덴드로그램으로 계층적 군집분석에서 데이터 간의 유사도를 나타내는 시각적 도구이다.
② 두 개체가 합쳐지는 높이는 해당 개체들 간의 거리(유사도)를 의미한다.
③ 개체 간 거리가 짧을수록 서로 다른 군집에 속할 가능성이 크다.
④ 이 그림을 해석하여 적절한 군집 개수를 결정할 수 있다.

해설

덴드로그램은 계층적 군집분석의 결과를 시각적으로 표현한 트리 구조의 그래프이다. 계층적 군집분석은 데이터 간의 유사도를 기반으로 군집을 형성하는 방법으로 덴드로그램을 활용하면 데이터가 병합되는 과정을 한눈에 확인할 수 있다.
- 덴드로그램의 세로축은 군집 간의 거리(유사도)를 나타내며 높이가 클수록 두 군집이 멀리 떨어져 있다는 의미이다.
- 특정 높이에서 덴드로그램을 절단하면 적절한 군집 개수(K)를 결정할 수 있다.
- 개체 간 거리가 짧을수록 동일한 군집에 속할 가능성이 높고 거리가 멀수록 서로 다른 군집에 속할 가능성이 크다.

48 다음 중 시계열분석 기법에 대한 설명으로 가장 적절하지 않은 것은 무엇인가?

① 자기회귀(AR) 모델은 과거 데이터의 특정 시점 값이 미래값에 영향을 준다고 가정하는 시계열 모델로 시차가 증가할수록 예측 정확도가 높아진다.
② 지수평활법(ES)은 최근 데이터일수록 더 높은 가중치를 부여하여 평균을 계산하며 계절성을 반영하는 형태로 확장될 수도 있다.
③ 이동평균법(MA)은 일정 기간의 데이터를 묶어 평균을 구하는 방식으로 단기 변동성을 줄이고 장기적인 추세를 분석하는 데 유용하다.
④ ARIMA 모델은 자기회귀(AR)와 이동평균(MA)을 결합한 모델로 정상성을 만족하지 않는 경우 차분을 통해 정상성을 확보할 수 있다.

해설

자기회귀(AR) 모델은 과거 데이터의 특정 시점 값이 미래값에 영향을 준다고 가정하는 시계열 모델이다. 하지만 시차(Lag)가 증가할수록 예측 정확도가 항상 높아지는 것은 아니며, 너무 많은 시차를 포함하면 과적합 문제가 발생할 수 있으므로 적절한 시차를 선택해야 최적의 예측 성능을 보장할 수 있다.

오답 Check

② 최근 데이터일수록 더 많은 가중치를 부여하여 평균을 계산하는 방식이다. 단순 지수평활뿐만 아니라 계절성을 반영한 홀트-윈터스 방법과 같은 확장 모델도 존재한다. 이 방법은 데이터의 변동성을 빠르게 반영할 수 있어 단기 예측에 유리하다.
③ 일정 기간의 데이터를 묶어 평균을 계산하는 방식이다. 단기 변동성을 줄이고 장기적인 추세를 분석하는 데 유용하며, 예를 들어 5일 이동평균선, 50일 이동평균선 등을 활용하여 주가 흐름을 분석할 수 있다.
④ 자기회귀(AR) + 이동평균(MA) + 차분을 결합한 모델이다. 일반적으로 정상성을 만족하는 데이터(평균과 분산이 일정한 데이터)에서 작동하지만, 정상성을 만족하지 않는 경우 차분을 통해 정상성을 확보한 후 적용한다.

정답 48 ①

49 다음 중 변수를 표준화하고 변수 간의 상관성(분포 형태)을 함께 고려하여 측정하는 통계적 거리는 무엇인가?

① 유클리드 거리
② 맨해튼 거리
③ 마할라노비스 거리
④ 체비셰프 거리

해설

마할라노비스 거리는 변수의 표준화와 변수 간의 상관성을 동시에 고려하는 통계적 거리이다. 공분산 행렬을 사용하여 변수 간의 상관관계를 반영한 거리 측정이 가능하다.

오답 Check

① 두 점 사이의 직선거리(가장 짧은 거리)를 측정하는 방법으로 모든 변수의 단위를 동일하게 고려하지 않으며 변수 간 상관성을 반영하지 않는다.
② 두 점 사이의 축을 따라 이동하는 거리를 측정하는 방법으로 시가 거리라고도 불리며 체스판에서 룩(Rook)이 이동하는 방식과 유사하다.
④ 두 점 간의 축 방향 거리 중 가장 큰 값을 선택하는 방식으로 체스판에서 킹(King)이 이동할 때 한 번에 갈 수 있는 최대 거리와 유사하다.

50 다음 의사결정나무에서 마지막 노드(Present)의 지니 지수를 계산한 결과로 알맞은 것은 무엇인가? (단, 보기의 트리는 kyphosis 데이터셋을 활용하여 Kyphosis(척추 이상 여부)를 예측하는 모델을 기반으로 생성됨)

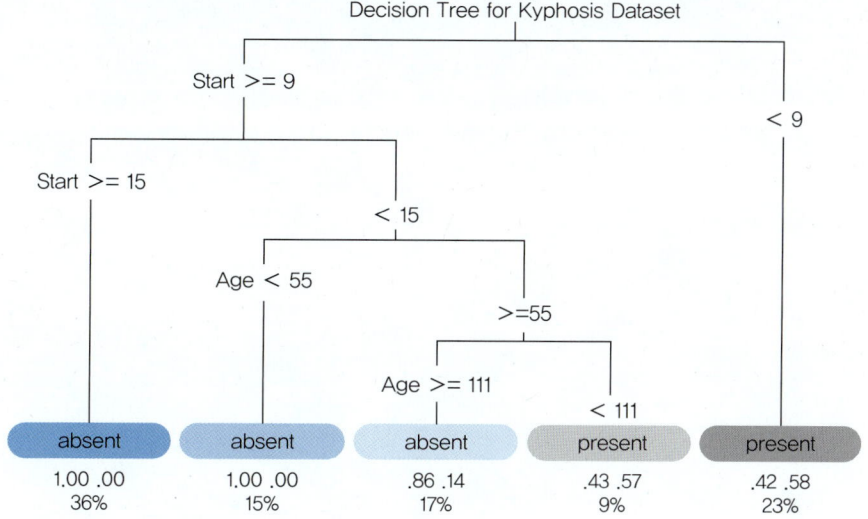

① 0.12
② 0.24
③ 0.32
④ 0.48

해설 지니 지수 공식 : $G = 1 - \sum p_i^2$

여기서 p_i는 해당 노드 내 각 클래스(범주)의 비율을 의미한다.
주어진 의사결정나무에서 마지막 present 노드의 클래스 비율은 다음과 같다.
- Absent(Kyphosis 없음) = 42%
- Present(Kyphosis 있음) = 58%

$G = 1 - (0.42)^2 - (0.58)^2$
$ = 1 - (0.1764 + 0.3364)$
$ = 1 - 0.5128$
$ = 0.4872 ≈ 0.48$

PART 4
실전 모의고사

CHAPTER 01 실전 모의고사 1회

CHAPTER 02 실전 모의고사 2회

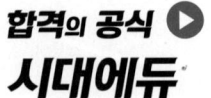

유선배 데이터분석 준전문가 ADsP 합격노트
이 시대의 모든 합격! 무료 동영상 강의와 함께 합격하세요!
www.youtube.com ➔ 'SQL 전문가 정미나' 검색 ➔ 구독

CHAPTER 01 실전 모의고사 1회

1과목 데이터의 이해

01 다음 중 비정형 데이터에 해당하는 것은 무엇인가?
① 온도 및 습도 데이터
② ERP 시스템의 직원 급여 정보
③ CCTV 영상 데이터
④ 관계형 데이터베이스의 고객 거래 내역

해설

비정형 데이터는 고정된 구조가 없는 데이터로, CCTV 영상, SNS 게시글, 오디오 파일 등이 이에 해당한다.

정형 데이터 (Structured Data)	• 체계적인 스키마(테이블 구조)를 가진 데이터 • 관계형 데이터베이스(RDBMS)에서 관리됨 예) 엑셀 표 데이터, SQL 테이블 데이터, ERP 시스템 데이터
반정형 데이터 (Semi-Structured Data)	• 일정한 구조를 가지지만 완전히 정형화되지 않은 데이터 • 태그나 계층적 구조(XML, JSON 등)를 가지며 RDBMS에 저장되기 어려움 예) JSON, XML, HTML, 로그 파일, 센서 데이터
비정형 데이터 (Unstructured Data)	• 명확한 구조가 없는 데이터 • 텍스트, 이미지, 오디오, 영상 등 예) PDF 파일, SNS 게시물, 동영상, 음성 녹음 파일

정답 01 ③

02 DIKW 피라미드에서 정보(Information)에 해당하는 내용으로 가장 적절한 것은 무엇인가?

① A 커피숍의 아메리카노 가격은 4,500원이고 B 커피숍의 아메리카노 가격은 3,500원이다.
② A 커피숍의 아메리카노가 B 커피숍의 아메리카노보다 1,000원 더 비싸다.
③ 나는 아메리카노를 자주 마시므로, 가격이 저렴한 B 커피숍을 이용하는 것이 좋겠다.
④ B 커피숍은 아메리카노뿐만 아니라 다른 메뉴도 더 저렴할 가능성이 높다.

해설

DIKW 피라미드에서 정보는 단순한 데이터가 가공 및 분석되어 의미를 가지는 단계를 의미한다. 예를 들어 'A 커피숍의 아메리카노가 B 커피숍의 아메리카노보다 1,000원 더 비싸다'는 데이터 간의 관계를 분석한 결과로 의미가 있으므로 정보(Information)에 해당한다.

오답 Check

① 데이터는 가공되지 않은 순수한 사실이다. 이 문장은 단순히 가격을 나열한 것이므로 데이터(Data) 단계에 해당한다.
③ 지식은 정보를 바탕으로 개인의 경험이나 맥락을 반영하여 의사결정을 내리는 단계이다. 가격 정보를 기반으로 자신에게 적합한 선택을 하고 있으므로 지식(Knowledge) 단계에 해당한다.
④ 지혜는 축적된 지식과 경험을 바탕으로 새로운 통찰을 도출하는 단계이다. 단순히 아메리카노 가격 비교에서 끝나는 것이 아니라 이를 확장하여 'B 커피숍의 다른 메뉴도 저렴할 것이다'라는 추론을 하고 있으므로 지혜(Wisdom) 단계에 해당한다.

03 다음 중 데이터베이스의 특징으로 가장 적절하지 않은 것은 무엇인가?

① 데이터는 여러 사용자 간에 공유될 수 있다.
② 데이터베이스 내의 데이터는 항상 고정되어 변하지 않는다.
③ 데이터는 중복을 최소화하여 저장된다.
④ 데이터는 저장 매체에 저장되고 검색할 수 있다.

해설

데이터베이스의 데이터는 지속적으로 변경(삽입, 수정, 삭제)되므로 항상 고정된 상태로 유지되지 않는다.

04 다음 중 암묵지와 형식지에 대한 설명으로 가장 적절한 것은 무엇인가?

① 암묵지는 문서로 정리된 지식을 의미한다.
② 형식지는 개인의 경험을 통해 체득한 지식이다.
③ 암묵지는 공유하기 어렵고 형식지는 문서화할 수 있다.
④ 암묵지는 데이터베이스에서 관리하기 쉽다.

해설

암묵지는 경험을 통해 습득한 지식으로 공유가 어렵고, 형식지는 문서화되어 공유가 가능하다.

정답 02 ② 03 ② 04 ③

05 다음 설명에 해당하는 시스템은 무엇인가?

> 기업 내 데이터베이스 시스템으로 고객의 가입 정보, 상담 내역, 구매 이력 등을 조회할 수 있다. 기업은 이를 활용하여 신규 고객을 창출하고 기존 고객의 이탈을 방지하는 마케팅 전략을 수립한다.

① ERP
② SCM
③ CRM
④ POS

해설

CRM(Customer Relationship Management)은 고객 관계 관리 시스템으로, 고객의 정보를 체계적으로 관리하고 분석하여 맞춤형 마케팅을 수행하는 데 활용된다. 기업은 CRM을 통해 고객의 가입 정보, 구매 이력, 상담 내역 등을 조회하고 고객 유지 전략 및 마케팅 전략을 실행할 수 있다.

오답 Check

① 기업의 회계, 인사, 생산, 구매, 물류 등 모든 경영 자원을 통합 관리하는 시스템이다.
② 기업의 제품이 원자재 단계부터 최종 소비자에게 도달할 때까지의 모든 과정(생산, 유통, 재고, 배송 등)을 효율적으로 관리하는 시스템이다.
④ POS는 매장에서 상품이 판매될 때 실시간으로 거래 내역을 기록하고 재고 및 매출 데이터를 관리하는 시스템이다.

06 다음 중 관계형 데이터베이스에서 인스턴스(Instance)에 대한 설명으로 가장 적절한 것은 무엇인가?

① 데이터를 저장하는 기본 단위로 테이블을 의미한다.
② 하나의 객체를 의미하며 테이블에서 한 개의 행(Row)에 해당한다.
③ 개체를 설명하는 특성이며 테이블에서 컬럼(Column)의 개념과 유사하다.
④ 데이터 간의 관계를 정의하며 검색 속도를 높이기 위한 구조이다.

해설

인스턴스는 하나의 객체를 의미하며 관계형 데이터베이스에서는 테이블의 한 행(Row)과 같은 개념이다.

구분	설명
엔터티(Entity)	• 데이터의 집합 • 하나 이상의 속성을 가짐 • 두 개 이상의 인스턴스를 가짐 • 테이블의 개념
인스턴스(Instance)	• 하나의 객체 • 로우의 개념
속성(Attribute)	• 객체를 나타내는 특성 • 컬럼의 개념
메타데이터(Metadata)	• 데이터를 설명해 주는 데이터 • 데이터의 구조, 속성, 관계 등을 설명하는 정보
인덱스(Index)	검색 속도를 빠르게 하기 위한 자료 구조

정답 05 ③ 06 ②

07 다음 중 빅데이터의 플랫폼 역할에 대한 설명으로 가장 적절한 것은 무엇인가?

① 빅데이터 플랫폼은 데이터를 외부 개발자들에게 개방하여 새로운 서비스와 애플리케이션을 개발할 수 있도록 지원한다.
② 빅데이터 플랫폼은 데이터를 단순히 저장하는 기능만 제공하며 외부 시스템과의 연계는 불가능하다.
③ 빅데이터 플랫폼은 다양한 데이터를 저장하고 정해진 범위 내에서만 사용할 수 있도록 제한된 환경을 제공한다.
④ 빅데이터 플랫폼은 폐쇄적인 환경에서 활용되며 기업 내부에서만 사용 가능하도록 제한된다.

해 설

빅데이터는 플랫폼 역할을 하며 외부 개발자들이 데이터를 활용할 수 있도록 API를 제공하고, 이를 통해 새로운 서비스 및 애플리케이션을 개발할 수 있도록 지원한다. 대표적인 예로 페이스북의 소셜그래프(Social Graph) API 공개가 있다.

08 빅데이터 분석 방식이 인과관계 분석에서 상관관계 분석 중심으로 변화한 이유로 가장 적절한 것은?

① 데이터 수집 비용이 증가하여 인과관계를 분석할 여유가 줄어들었기 때문이다.
② 데이터의 양이 방대해지면서 일단 현상을 파악하고 빠르게 대응하는 것이 중요해졌기 때문이다.
③ 상관관계는 분석이 쉽고 정확하지만, 인과관계 분석은 오류가 많아졌기 때문이다.
④ 인과관계 분석이 더 이상 신뢰할 수 없기 때문이다.

해 설

빅데이터 시대에는 방대한 데이터를 실시간으로 수집하고 분석할 수 있기 때문에 완벽한 인과관계를 분석하는 것보다 상관관계를 빠르게 파악하여 즉각적인 대응을 하는 것이 더 중요해졌다.

09 다음 중 SECI 모델에서 형식지를 새로운 형식지로 전환하는 과정은 무엇인가?

① 공통화
② 표출화
③ 연결화
④ 내면화

해 설

연결화는 기존의 형식지를 조합하여 새로운 형식지를 창출하는 과정이다. 예를 들어 여러 문서나 보고서를 통합하여 새로운 지침을 만드는 것이 이에 해당한다.

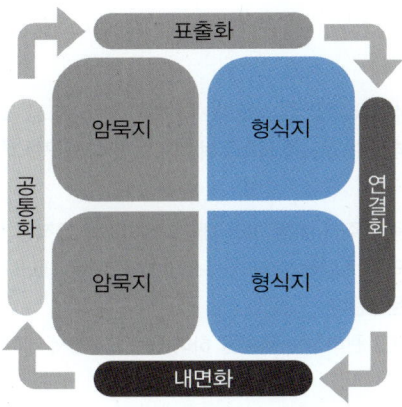

정답 09 ③

10 다음 설명에 해당하는 시스템은 무엇인가?

> 기업이 비즈니스 데이터를 분석하여 데이터 기반의 의사결정을 내리는 데 사용하는 프로세스와 툴을 의미한다. 이를 활용하면 여러 데이터 소스를 통합하여 분석할 수 있으며 다양한 데이터 시각화 화면을 제공하여 경영진이 보다 직관적으로 데이터를 이해하고 활용할 수 있도록 돕는다.

① DW(Data Warehouse)
② EAI(Enterprise Applications Integration)
③ EDW(Enterprise Data Warehouse)
④ BI(Business Intelligence)

해설

BI는 기업이 데이터를 분석하여 의사결정을 내리는 데 활용하는 시스템 및 프로세스를 의미한다. 데이터 시각화를 통해 경영진이 쉽게 데이터를 해석할 수 있도록 도와주며 다양한 분석 도구를 통해 데이터 기반 의사결정을 지원한다.

오답 Check

① 사용자의 의사결정에 도움을 주기 위해 여러 데이터베이스에 축적된 데이터를 공통된 포맷으로 변환하여 관리하는 데이터베이스로 OLTP(온라인 트랜잭션 처리 시스템)에서 DW로 데이터를 저장한 후 OLAP(온라인 분석 처리 시스템)에서 분석하는 방식으로 운영된다.
  → DW는 데이터를 저장하고 관리하는 역할을 하며 BI는 DW에서 데이터를 가져와 분석하고 시각화하여 의사결정을 돕는 역할을 함
② 기업 내 다양한 시스템(ERP, CRM, SCM 등)의 데이터를 동기화하고 자동으로 정보 교환이 이루어지도록 하는 기술 및 프로세스이다.
  → EAI는 기업 내 시스템 간 데이터 통합이 목적이며 BI는 통합된 데이터를 분석하고 시각화하는 데 초점을 둠
③ 기존 DW를 전사적으로 확장한 모델로 기업 전체 데이터를 통합하여 관리하는 데이터베이스이다.
  → EDW는 대규모 데이터 통합 및 저장이 목적이며, BI는 저장된 데이터를 분석하여 인사이트를 도출하는 데 집중함

정답 10 ④

2과목 › 데이터분석 기획

11 분석의 대상이 불분명하지만, 어떤 방식으로 분석해야 하는지 알고 있는 경우 적용할 수 있는 분석 방법은 무엇인가?

① 최적화(Optimization)
② 솔루션(Solution)
③ 통찰(Insight)
④ 탐색(Discovery)

해설

통찰(Insight)은 분석 대상이 명확하지 않지만, 분석 방법을 알고 있을 때 활용되는 접근법이다. 이 방식은 데이터를 분석하면서 의미 있는 패턴이나 숨겨진 정보를 도출하는 과정에서 유용하다.

12 분석 방법론의 구성요소 중 상세한 절차에 대한 설명으로 가장 적절한 것은 무엇인가?

① 분석을 수행하는 데 사용되는 소프트웨어나 기술을 의미한다.
② 분석 과정에서 생성되는 문서나 보고서의 형식을 의미한다.
③ 분석 방법론의 각 단계에서 수행해야 하는 작업을 체계적으로 정의한 것이다.
④ 특정 문제를 해결하기 위해 적용되는 특정한 접근 방식이나 전략을 의미한다.

해설

상세한 절차는 분석 방법론의 각 단계에서 수행해야 하는 작업을 명확하게 정의하는 것으로, 체계적인 분석 수행과 팀 내 협업을 위해 필요하다. 예를 들어, 데이터 수집, 정제, 모델링, 결과 해석, 보고서 작성 등의 단계가 포함된다.

오답 Check

① 도구와 기법에 해당하는 내용이다.
② 템플릿과 산출물에 해당하는 내용이다.
④ 방법에 해당하는 내용이다.

13 다음 중 분석 방법론의 생성 과정이 암묵지 → 형식지 → 방법론의 단계를 거치는 이유로 가장 적절한 것은 무엇인가?

① 분석 방법론이 연구자 개인의 직관과 경험에 의존해야 하기 때문이다.
② 암묵지는 그대로 활용되기 어렵고 방법론은 형식지 없이도 개발될 수 있기 때문이다.
③ 분석 방법론은 고정된 것이므로 새로운 지식을 추가할 필요가 없기 때문이다.
④ 조직 내에서 개인의 지식을 문서화하고 체계적으로 공유하기 위해서이다.

해 설

분석 방법론은 개인의 암묵적 지식을 조직 내에서 형식화하고 이를 체계화하여 방법론으로 발전시킨 뒤 다시 개인에게 전파하는 순환적인 구조를 형성한다. 이를 통해 지식을 공유하고 분석 프로세스를 표준화하여 효율성을 높일 수 있다.

분석 방법론의 생성 과정

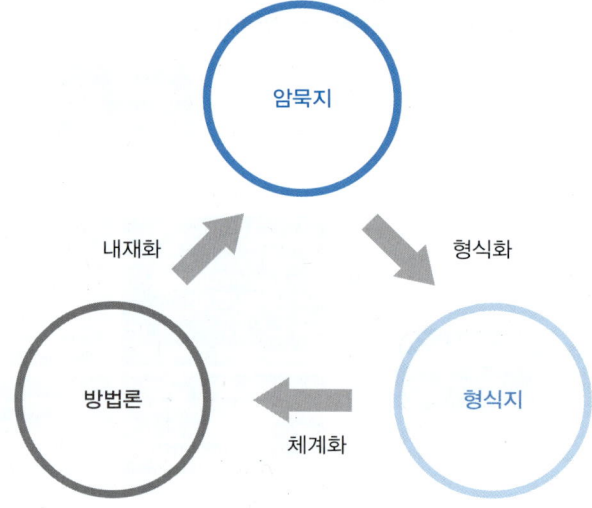

14 다음 중 CRISP-DM 분석 방법론의 6단계 중 가장 첫 번째로 수행되는 단계는 무엇인가?

① 데이터 이해
② 업무 이해
③ 모델링
④ 평가

해설

CRISP-DM 분석 방법론은 6단계로 구성되며, 가장 첫 번째 단계는 업무 이해(Business Understanding)이다. 이 단계에서는 데이터 마이닝 프로젝트의 목표를 비즈니스 문제 관점에서 정의하고 계획을 수립한다.

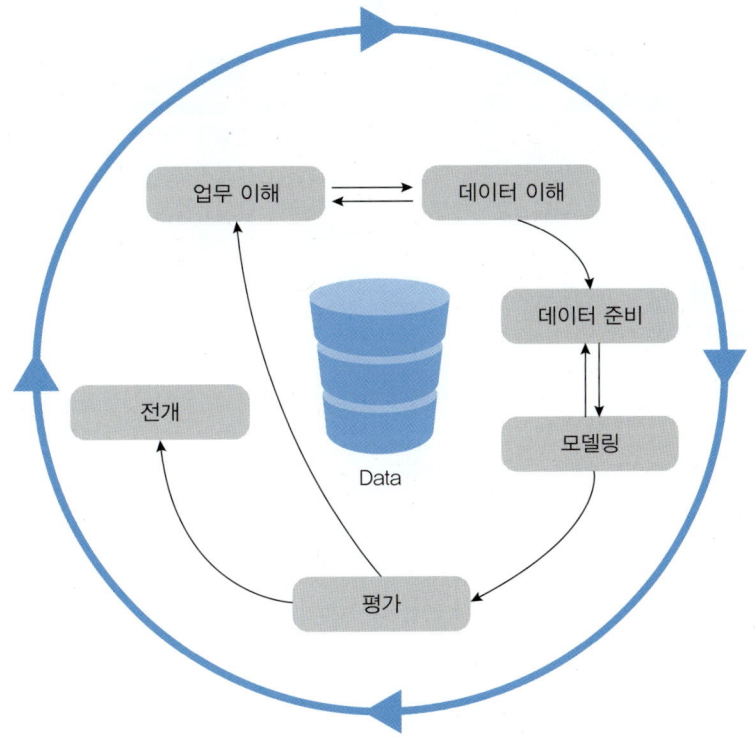

15 빅데이터 분석 방법론의 진행 단계 중 데이터 분석(Analyzing) 단계에서 수행하는 작업으로 적절하지 않은 것은 무엇인가?

① 분석용 데이터 준비
② 텍스트 분석 및 탐색적 분석
③ 모델링 수행 및 모델 평가
④ 시스템 설계 및 구현

> **해 설**
> 시스템 설계 및 구현은 시스템 구현(Developing) 단계에서 수행하는 작업이며, 데이터 분석(Analyzing) 단계에서는 데이터 준비, 탐색적 분석, 모델링 및 모델 검증 등이 수행된다.

분석 기획 Planning	데이터 준비 Preparing	데이터 분석 Analyzing	시스템 구현 Developing	평가 및 전개 Deploying
• 비즈니스 이해 • 범위 설정	• 필요 데이터 정의	• 분석용 데이터 준비	• 설계 • 구현	• 모델 발전 계획 수립
• 프로젝트 정의 • 계획 수립	• 데이터 스토어 설계	• 텍스트 분석	• 시스템 테스트 • 운영	• 프로젝트 평가 • 보고
• 프로젝트 위험 계획 수립	• 데이터 수집 • 정합성 점검	• 탐색적 분석		
		• 모델링		
		• 모델 평가 • 검증		

16 다음 중 디자인 씽킹(Design Thinking)에 대한 설명으로 가장 적절한 것은 무엇인가?

① 데이터를 기반으로 한 정량적 분석 기법으로 알고리즘을 이용하여 최적의 해결책을 찾는 방법이다.
② 사용자의 문제를 깊이 이해하고 창의적인 해결책을 도출하는 인간 중심의 문제 해결 방법이다.
③ 기업의 경영 전략을 수립할 때 데이터 기반으로 최적의 결정을 내리는 과정이다.
④ 분석 모델을 자동화하여 반복적인 패턴을 찾아내는 머신러닝 기법이다.

> **해 설**
> 디자인 씽킹은 사용자의 문제를 깊이 이해하고 창의적인 해결책을 도출하는 인간 중심의 문제 해결 방법이다. 이는 기업과 교육 기관에서 널리 활용되며 대표적인 모델로 IDEO의 디자인 씽킹과 d.school의 디자인 씽킹이 있다.

17 다음 중 비즈니스 모델 캔버스의 9가지 구성요소에 해당하지 않는 것은 무엇인가?

① 고객 세그먼트
② 핵심 활동
③ 브랜드 인지도
④ 수익 흐름

> **해설**
> 비즈니스 모델 캔버스(BMC)는 비즈니스의 핵심 요소를 9가지로 구분하여 시각적으로 정리하는 도구이다. 이를 활용하면 기업의 구조를 쉽게 파악하고 전략적으로 개선할 방향을 찾을 수 있어 스타트업뿐만 아니라 기존 기업에서도 유용하게 활용된다.
> 비즈니스 모델 캔버스의 9가지 구성요소로는 고객 세그먼트, 가치 제안, 채널, 고객 관계, 수익 흐름, 핵심 자원, 핵심 활동, 핵심 파트너, 비용 구조가 있다. 브랜드 인지도는 마케팅 전략에 관련된 개념으로 비즈니스 모델 캔버스의 요소에 포함되지 않는다.

18 다음 중 비즈니스 관점을 데이터 관점으로 전환한 설명으로 가장 적절한 것은?

① 직원 이탈률이 증가하면 이탈 위험이 높은 직원을 예측하고 주요 이탈 원인을 분석하여 대응한다.
② 마케팅 비용 대비 효과가 낮을 경우, 광고 예산을 줄이고 기존 방식의 마케팅 전략을 유지한다.
③ 고객 불만이 증가하면 기업이 직접 고객 만족도를 조사하고 불만 접수를 기록하는 시스템을 구축한다.
④ 재고 과잉이 발생하면 추가적인 창고 공간을 확보하여 과잉 재고를 보관한다.

> **해설**
> 데이터 관점으로 전환하는 핵심은 데이터 분석을 활용하여 문제를 해결하는 것이다.

19 다음 중 정확도가 더 중요한 분석 모델의 예시로 가장 적절한 것은?

① 제품 추천 시스템
② 의료 진단 모델
③ 기상 예측 모델
④ 금융 리스크 평가 모델

> **해설**
> 정확도가 중요한 경우는 분석의 활용 측면에서 결과가 실제와 얼마나 가까운지를 평가하는 것이 중요할 때이다. 제품 추천 시스템은 고객이 관심을 가질 만한 제품을 얼마나 정확하게 추천하는지가 중요하다. 반면 의료 진단 모델은 모델의 안정성이 중요하기 때문에 정밀도가 더 중요한 경우가 많다.
> • 정확도(Accuracy) : 모델이 예측한 값이 실젯값과 얼마나 차이가 적은지를 의미함
> • 정밀도(Precision) : 모델을 반복적으로 사용했을 때 결과가 얼마나 일관되게 나오는지를 의미함
> → 두 개념은 상충(Trade-off) 관계이며 프로젝트의 목적에 맞게 우선순위를 설정해야 한다.

정답 17 ③ 18 ① 19 ①

20 분석 프로젝트에서 데이터 품질 문제, 알고리즘 한계, 일정 지연 등의 요소를 사전에 식별하고 대비하는 과정을 의미하는 개념은?

① 조달 계획
② 리스크 관리
③ 품질 검토 절차
④ Time-boxing

해설
리스크 관리는 데이터 품질 문제, 일정 지연 등의 잠재적 위험 요소를 사전에 식별하고 대비책을 마련하는 과정으로, 이를 통해 프로젝트의 성공 가능성을 높일 수 있다.

3과목 데이터분석

21 다음 R 코드 실행 결과로 출력될 값은 무엇인가?

```
> df <- data.frame(Name = c("Alice", "Bob", "Charlie"),
+                  Score = c(85, 90, 95))
> dim(df)
```

① 2 3
② 3 2
③ 3 3
④ 2 2

해설
dim 함수는 데이터 프레임의 차원(행 개수, 열 개수)을 반환한다. df는 3개의 행(Alice, Bob, Charlie)과 2개의 열(Name, Score)로 구성되어 있으므로 출력 결과는 3 2이다.

22 다음 중 데이터 정규화에 대한 설명으로 가장 적절한 것은 무엇인가?

① 데이터 값을 평균이 0, 표준편차가 1이 되도록 변환하는 작업이다.
② 결측값을 평균이나 중앙값으로 대체하는 작업이다.
③ 데이터에서 극단적인 이상값을 제거하는 작업이다.
④ 데이터 값을 0~1 사이의 범위로 변환하는 작업이다.

해설
데이터 정규화는 값의 범위를 0~1 사이로 변환하는 작업이다.

오답 Check
① 데이터 표준화에 대한 설명이다.
② 결측값 처리에 대한 설명이다.
③ 이상값 제거에 대한 설명이다.

23 다음 중 데이터프레임을 가공하여 원하는 형태로 변환하는 기능을 제공하며, 주로 넓은 형태(Wide Format) ↔ 긴 형태(Long Format) 변환 작업에 사용되는 R 패키지는 무엇인가?

① dplyr
② tidyr
③ reshape
④ lubridate

해설
reshape 패키지는 R에서 데이터프레임의 형태를 변환하는 데 사용되는 패키지로, 특히 넓은 형태와 긴 형태 간 변환을 수행하는 기능을 제공한다.

주요 함수
- melt( ) : 넓은 형태 → 긴 형태 변환
- cast( ) : 긴 형태 → 넓은 형태 변환

24 데이터를 이해하기 위한 과정으로 시각화와 요약 통계를 활용하여 데이터의 특성과 패턴을 파악하는 단계를 무엇이라고 하는가?

① 데이터 전처리
② 탐색적 데이터 분석
③ 데이터 마이닝
④ 가설검정

해설

탐색적 데이터 분석(EDA)은 데이터를 이해하기 위한 과정으로 시각화 및 요약 통계를 활용하여 데이터의 패턴, 분포, 이상값 등을 파악하는 단계이다.

주요 기법
- 기초 통계량 확인 : 평균, 중앙값, 최댓값, 최솟값 등
- 데이터 시각화 : 히스토그램, 박스플롯, 산점도 등
- 이상값(Outlier) 탐지 및 데이터 분포 확인

25 다음 중 단순 대치법의 예시로 가장 적절하지 않은 것은 무엇인가?

① 평균 대치법
② 단순 확률 대치법
③ K-NN을 활용한 대치법
④ 다중 대치법

해설

- 단순 대치법은 결측값을 하나의 값(평균, 중앙값, 최빈값 등)으로 대체하는 방법으로 완전 분석법, 평균 대치법, 단순 확률 대치법이 있다.
- 다중 대치법은 여러 번 예측을 수행하여 결측값을 대체하는 방법이다.

26 어떤 데이터셋의 요약 데이터가 다음과 같을 때 가장 적절하지 않은 설명은 무엇인가?

```
   Min.  1st Qu.  Median  Mean  3rd Qu.  Max.
   5.0    12.0    18.0    20.2    25.0    50.0
```

① 데이터의 중앙값은 18.0이며 데이터의 절반은 18.0 이하, 절반은 18.0 이상이다.
② 평균은 20.2로 중앙값보다 크므로 데이터는 오른쪽으로 꼬리가 긴 분포일 가능성이 있다.
③ 이상값 판단 기준을 계산하면 이상값으로 판정될 수 있는 값은 존재하지 않는다.
④ 데이터의 최솟값은 5.0, 최댓값은 50.0이므로 전체 데이터 범위는 45.0이다.

> **해설** 각 요약 통계량의 의미
> - Min(최솟값) : 5.0
> - Q1(1사분위수, 1st Qu.) : 12.0
> - Median(중앙값) : 18.0
> - Mean(평균) : 20.2
> - Q3(3사분위수, 3rd Qu.) : 25.0
> - Max(최댓값) : 50.0
>
> 이상값 기준을 IQR(사분위 범위)을 사용하여 계산해 보자.
> IQR = Q3 − Q1 = 25.0 − 12.0 = 13.0
>
> 이상값 하한
> Q1 − 1.5 × IQR = 12.0 − (1.5 × 13.0) = 12.0 − 19.5 = −7.5
>
> 이상값 상한
> Q3 + 1.5 × IQR = 25.0 + (1.5 × 13.0) = 25.0 + 19.5 = 44.5
>
> → (−7.5, 44.5) 범위를 벗어나면 이상값이라고 판단하며, 데이터에서 최댓값 50.0이 이상값 상한(44.5)을 초과하므로 이상값이 존재한다는 사실을 알 수 있다.

27 다음 중 계통 추출 방법의 특징으로 가장 적절한 것은 무엇인가?

① 모집단의 모든 구성원이 동일한 확률로 선택될 수 있도록 난수를 이용해 표본을 추출하는 방법이다.
② 모집단에서 일정한 간격(K)을 두고 표본을 추출하는 방법이다.
③ 모집단을 특정 특성에 따라 여러 층으로 나누고 각 층에서 랜덤하게 표본을 추출하는 방법이다.
④ 모집단을 여러 개의 군집(클러스터)으로 나눈 후 일부 군집을 선택하여 표본을 추출하는 방법이다.

> **해설**
> 계통 추출법은 모집단의 순서를 정한 후 일정 간격(K)을 두고 표본을 선택하는 방법으로 무작위로 시작점을 정한 후 K번째마다 추출하는 것이 특징이다.
>
> **오답 Check**
> ① 단순 랜덤 추출법에 대한 설명이다.
> ③ 층화 추출법에 대한 설명이다.
> ④ 집락 추출법에 대한 설명이다.

28 다음 중 비율척도에 해당하는 데이터는 무엇인가?

① IQ 점수
② 체온(섭씨)
③ 키(cm)
④ 고객 만족도(매우 불만족~매우 만족)

해설
비율척도는 절대적인 0이 존재하며 덧셈·뺄셈뿐만 아니라 곱셈·나눗셈 연산이 가능한 척도로 키, 몸무게, 나이, 소득이 여기에 해당한다.

오답 Check
①·② 구간척도, ④ 순서척도

29 두 사건 A와 B가 독립사건일 때 성립하는 확률 공식은 무엇인가?

① $P(A \cap B) = P(A) + P(B)$
② $P(A|B) = P(A)$
③ $P(A \cup B) = P(A) \times P(B)$
④ $P(A|B) = P(B|A)$

해설
독립사건이란 어떤 사건 A의 발생 여부가 사건 B의 발생 확률에 영향을 주지 않는 경우를 의미한다. 즉, A가 발생하든 발생하지 않든 B의 확률이 변하지 않으므로
$P(B|A) = P(B)$ 식이 성립한다.
또한 독립사건의 경우 교집합의 확률은 각 사건의 확률을 곱한 것과 같다.
$P(A \cap B) = P(A) \times P(B)$

30 다음 중 기하 분포에서 확률변수 X의 의미로 가장 적절한 것은 무엇인가?

① X는 성공 횟수를 나타낸다.
② X는 서로 다른 여러 개의 결과를 가질 수 있는 확률변수이다.
③ X는 단위 시간 동안 발생하는 특정 사건의 횟수를 나타낸다.
④ X는 첫 성공이 나타날 때까지의 시행 횟수를 나타낸다.

해설
기하 분포는 독립적인 베르누이 시행에서 첫 번째 성공이 나타날 때까지의 시행 횟수 X를 확률변수로 하는 분포이다.
예 동전을 계속 던져 앞면이 나올 때까지 던진 횟수

오답 Check
① 이항 분포에 대한 설명이다.
② 다항 분포에 대한 설명이다.
③ 포아송 분포에 대한 설명이다.

31 다음 중 카이제곱 분포의 대표적인 사용 사례로 가장 적절한 것은 무엇인가?

① 두 집단의 평균 차이를 검정
② 범주형 변수 간의 독립성을 검정하는 독립성 검정
③ 두 모집단의 분산을 비교
④ 선형 회귀에서 독립변수와 종속변수 간의 관계를 분석

> **해설**
> 카이제곱 분포는 표준 정규분포를 따르는 변수들의 제곱합으로 구성되는 분포이며 주로 범주형 데이터 간의 독립성을 검정하는 데 사용된다.
>
> **오답 Check**
> ① $t-$검정에 해당한다.
> ③ $F-$검정에 해당한다.
> ④ 회귀분석에 해당한다.

32 다음 중 $p-$value(유의확률)가 유의수준(a)보다 작은 경우 올바른 가설검정의 결론으로 적절한 것은 무엇인가?

① 귀무가설을 기각하고 대립가설을 채택한다.
② 귀무가설을 채택하고 대립가설을 기각한다.
③ 표본 크기를 늘려야 한다.
④ 검정 결과가 통계적으로 유의하지 않으므로 추가 분석이 필요하다.

> **해설**
> $p-$value는 귀무가설을 지지하는 정도를 나타내는 확률값이다. $p-$value가 유의수준(a)보다 작다면, 귀무가설을 기각하고 대립가설을 채택한다.

33 다음 중 두 변수 간의 순위(등수) 관계를 비교하여 상관관계를 분석하는 방법은 무엇인가?

① 피어슨 상관분석
② 스피어만 상관분석
③ 회귀분석
④ 주성분 분석

> **해설**
> 스피어만 상관분석은 두 변수 간의 크기가 아닌 순위(등수)를 비교하여 상관관계를 분석하는 방법이다.

정답 31 ② 32 ① 33 ②

34 다음은 R에서 일원 분산분석을 수행한 결과이다. 이에 대한 해석으로 적절하지 않은 것은 무엇인가?

```
> summary(aov(data=chickwts, weight~feed))
            Df Sum Sq Mean Sq F value  Pr(>F)
feed         5 231129   46226   15.37 5.94e-10 ***
Residuals   65 195556    3009
---
Signif. codes:  0 '***' 0.001 '**' 0.01 '*' 0.05 '.' 0.1 ' ' 1
```

① 독립변수(feed)는 6개의 그룹을 가지고 있으며 그룹 간 차이를 검정하는 분산분석(ANOVA)이 수행되었다.
② $F-$통계량은 15.37이며, 이는 그룹 간 평균 차이를 검정하는 데 사용된다.
③ $p-$value가 $5.94e-10$으로 매우 작으므로 귀무가설을 기각할 수 있다.
④ 잔차의 자유도는 5이며 이는 그룹 간 비교를 위해 사용된 샘플 개수와 같다.

해설
잔차(Residuals)의 자유도는 65이다.

35 다음 중 로지스틱 회귀분석이 적절하게 사용될 수 있는 경우는 무엇인가?
① 독립변수와 종속변수 간의 관계가 선형일 때
② 독립변수가 하나일 때만 사용 가능
③ 종속변수가 이진형(0 또는 1)일 때
④ 독립변수 간 다중공선성이 높을 때 더 좋은 성능을 냄

해설
로지스틱 회귀는 종속변수가 범주형일 때 사용되며, 특히 0과 1 같은 이진형 데이터에서 많이 활용된다.

36 Scree Plot 분석에서 주성분 개수를 결정하는 기준으로 가장 적절한 것은 무엇인가?
① 그래프에서 기울기가 급격히 완만해지는 지점을 기준으로 선택한다.
② 고윳값이 작은 주성분부터 순서대로 선택한다.
③ 고윳값이 0에 가까운 주성분을 우선적으로 선택한다.
④ 모든 주성분을 선택하는 것이 바람직하다.

해설
Scree Plot에서는 그래프의 꺾이는 지점(엘보우 포인트) 이전의 주성분만 선택하는 것이 일반적이다.

오답 Check
② 고윳값이 큰 주성분부터 선택한다.
③ 고윳값이 작은 주성분은 설명력이 낮아 제거 대상이 된다.
④ 모든 주성분을 선택하면 차원 축소의 의미가 없다.

34 ④ 35 ③ 36 ①

37 다음 그래프는 주성분 분석(PCA)의 결과를 나타내는 Scree Plot이다. 이 그래프에서 엘보우 포인트를 기준으로 선택할 주성분 개수로 가장 적절한 것은 무엇인가?

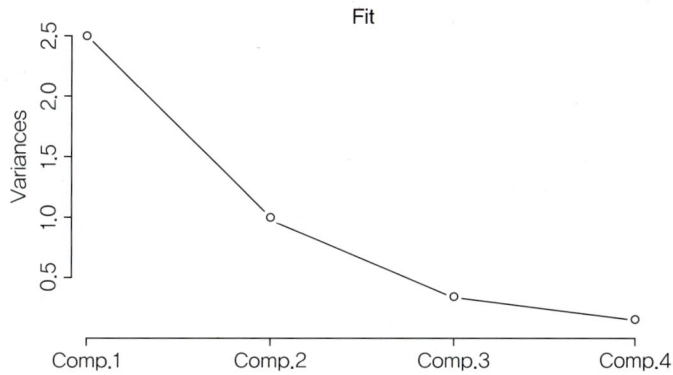

① 1개
② 2개
③ 3개
④ 4개

해설

스크리 플롯은 고윳값(분산)을 내림차순으로 정렬한 그래프이며, 기울기가 급격히 완만해지는 지점(엘보우 포인트) 이후의 주성분은 제거하는 것이 일반적이다.
Comp.2 이후부터 기울기가 완만해지므로 주성분 2개를 선택하는 것이 적절하다.

38 정상 시계열과 비정상 시계열의 차이를 판단할 수 있는 대표적인 방법으로 적절한 것은?

① ACF(자기상관함수)와 PACF(부분자기상관함수) 분석
② 히스토그램
③ 산점도
④ 분산분석(ANOVA)

해설

ACF(자기상관함수)와 PACF(부분자기상관함수)를 활용하여 데이터가 정상성을 가지는지 확인할 수 있다.

39 다음 중 시계열 데이터에서 추세(Trend)를 제거하는 기법으로 가장 적절한 것은 무엇인가?

① 이상값 처리
② 로그 변환
③ 지수 변환
④ 차분

> **해설**
> 차분은 현재 값과 이전 값의 차이를 계산하여 데이터의 추세를 제거하고 정상 시계열로 변환하는 데 사용된다.
>
> **오답 Check**
> ② 변동성을 줄이는 역할을 한다.
> ③ 작은 값이나 음수 값을 변환하는 역할을 한다.

40 다음 중 단순 이동평균과 지수평활법의 주요 차이점으로 가장 적절한 것은 무엇인가?

① 단순 이동평균은 최근 데이터에 더 높은 가중치를 부여하는 반면, 지수평활법은 모든 데이터에 동일한 가중치를 부여한다.
② 단순 이동평균은 특정 기간의 데이터를 평균 내어 변동성을 줄이는 반면, 지수평활법은 최근 데이터에 더 높은 가중치를 부여하여 예측을 수행한다.
③ 단순 이동평균은 시계열 데이터에서 이상값을 제거하는 데 사용되며, 지수평활법은 이상값을 보정하는 데 사용된다.
④ 단순 이동평균은 데이터를 지수 함수 형태로 변환하며, 지수평활법은 로그 변환을 통해 데이터를 변환한다.

> **해설**
> 이동평균법은 과거 일정 기간 동안의 데이터를 동일한 가중치로 평균 내는 방식이고, 지수평활법은 최근 데이터에 더 높은 가중치를 부여하여 예측을 수행하는 방식이다.

41 다음 중 비지도 학습에 해당하는 기법은 무엇인가?

① CNN(Convolutional Neural Network)을 이용한 이미지 분류
② 로지스틱 회귀를 이용한 고객 이탈 예측
③ K-평균(K-Means) 알고리즘을 활용한 고객 세그먼트 분석
④ 랜덤 포레스트를 활용한 질병 예측 모델

> **해설**
> 비지도 학습은 정답(라벨)이 없는 데이터를 사용하여 스스로 패턴을 찾아 그룹화하거나 숨겨진 구조를 찾는 기법이다. K-평균(K-Means) 군집화는 비슷한 데이터끼리 자동으로 그룹을 만드는 비지도 학습 기법이다.

42 다음 중 파생 변수의 개념에 대한 설명으로 가장 적절한 것은 무엇인가?

① 기존 데이터를 가공하여 새롭게 생성한 변수이다.
② 데이터 분석 결과를 시각화하는 과정이다.
③ 분석 모델의 예측 정확도를 평가하는 지표이다.
④ 데이터 수집 과정에서 발생하는 결측값을 처리하는 방법이다.

해설

파생 변수는 기존 데이터를 활용하여 새로운 변수를 생성하는 과정을 의미한다. 예를 들어, 고객의 생년월일을 이용하여 '나이' 변수를 만들거나, 구매 데이터를 활용하여 '구매 빈도' 변수를 생성하는 것이 이에 해당한다.

43 다음 회귀분석 결과에서 가장 유의미한 변수는 무엇인가?

```
> summary(m)
Call:
lm(formula = y ~ u + v + w, data = dfm)
Residuals:
      Min       1Q    Median       3Q       Max
-0.188562 -0.058632 -0.002013  0.080024  0.143757
Coefficients:
             Estimate Std. Error  t value Pr(>|t|)
(Intercept)  0.463170   1.530696    0.303 0.772420
u            1.254899   0.141247    8.884 0.000113 ***
v            1.989017   0.016586  119.923 2.27e-11 ***
w           -2.996833   0.007861 -381.241 2.20e-14 ***
---
Signif. codes:  0 '***' 0.001 '**' 0.01 '*' 0.05 '.' 0.1 ' ' 1
Residual standard error: 0.1303 on 6 degrees of freedom
Multiple R-squared:     1,    Adjusted R-squared:  0.9999
F-statistic: 4.899e+04 on 3 and 6 DF,  p-value: 1.488e-13
```

① u
② v
③ w
④ Intercept(절편)

해설

Pr(>|t|) 값이 가장 작을수록 유의미한 변수이다.
w의 p-value = 2.20e − 14, v의 p-value = 2.27e − 11, u의 p-value = 0.000113
→ w가 가장 작은 p-value를 가지므로 가장 유의미한 변수

44 다음 중 완전 연결법의 특징으로 가장 적절한 것은 무엇인가?

① 두 군집 간의 가장 가까운 두 점의 거리를 사용하여 병합한다.
② 두 군집 간의 가장 먼 두 점의 거리를 사용하여 병합한다.
③ 두 군집의 평균 거리를 사용하여 병합한다.
④ 군집의 중심 간 거리를 사용하여 병합한다.

> **해설**
> 완전연결법은 군집 내에서 가장 먼 두 점 간의 거리를 기준으로 군집을 병합하는 방식이다. 이 방법은 군집 간 거리가 최대한 멀어지도록 병합하여 군집 내의 응집도를 높이는 특징이 있다.

45 다음 중 맨해튼 거리의 특징으로 가장 적절하지 않은 것은 무엇인가?

① 축을 따라 이동하는 격자 형태의 거리를 측정한다.
② 유클리드 거리보다 직선적인 이동을 고려한다.
③ 두 점 사이의 차이 중 최댓값을 거리로 측정한다.
④ 시가 거리(Taxicab Distance)라고도 불린다.

> **해설**
> 두 점 사이의 차이 중 최댓값을 거리로 측정하는 것은 체비셰프 거리의 특징이다.

46 다음 중 나이브 베이즈 분류기의 핵심 개념으로 사용되는 베이즈 정리에 대한 설명으로 가장 적절하지 않은 것은 무엇인가?

① 베이즈 정리는 과거의 경험과 현재의 증거를 기반으로 사후 확률을 추정하는 데 사용된다.
② 베이즈 정리는 나이브 베이즈 분류기에서 특성들이 서로 독립적이라는 가정을 기반으로 확률을 계산한다.
③ 베이즈 정리는 주어진 데이터에서 최적의 결정 경계를 찾는 데 초점을 맞춘다.
④ 베이즈 정리는 $P(A|B) = (P(B|A) \times P(A))/P(B)$ 공식으로 표현된다.

> **해설**
> 서포트 벡터 머신(SVM)의 개념에 해당한다. 베이즈 정리는 확률을 이용하여 사후 확률을 계산하는 방법으로 나이브 베이즈 분류기에서 사용된다.

44 ② 45 ③ 46 ③

47 다이어트 프로그램 참가자의 체중 감량 전후 평균을 비교하려고 한다. 적절한 $t-$검정 방법은?

① 일표본 $t-$검정
② 이표본 $t-$검정
③ 대응표본 $t-$검정
④ 분산분석(ANOVA)

해설

대응표본 $t-$검정은 같은 집단에서 실험 전후 평균 차이를 비교할 때 사용한다.

오답 Check

① 특정 기준값과 비교에 사용된다.
② 독립된 두 그룹 비교에 사용된다.
④ 세 개 이상의 그룹 비교에 사용된다.

48 다음은 한 마트의 고객 거래 내역이다. 커피를 구매한 경우 빵도 함께 구매할 가능성을 나타내는 향상도를 구하시오.

거래ID	구매 항목
1	{커피, 우유}
2	{커피, 빵}
3	{커피, 우유, 빵}
4	{우유, 빵}
5	{커피, 우유}
6	{커피, 빵}
7	{빵, 우유}
8	{커피, 우유, 빵}
9	{커피, 우유}
10	{빵, 우유}

① 0.82
② 1.0
③ 1.19
④ 1.5

해설

커피 구매 확률 $P(A)=0.7$
빵 구매 확률 $P(B)=0.7$
{커피, 빵} 구매 확률 $P(A \cap B)=0.4$

$$향상도 = \frac{P(A \cap B)}{P(A) \times P(B)}$$

$$= \frac{0.4}{0.7 \times 0.7} \approx 0.82$$

49 다음 중 지도 학습의 대표적인 기법이 아닌 것은 무엇인가?

① 서포트 벡터 머신(SVM)
② 의사결정나무(Decision Tree)
③ 연관규칙 학습(Association Rule Learning)
④ 인공신경망(Neural Network)

해설
연관규칙 학습(바구니 분석)은 비지도 학습의 대표적인 방법이다.

50 다음은 시계열 데이터의 ACF(자기상관함수) 분석 결과이다. 초기 시차에서 유의미한 자기상관이 존재하는 것을 고려할 때, 이 그래프를 통해 판단할 수 있는 내용으로 가장 적절한 것은 무엇인가?

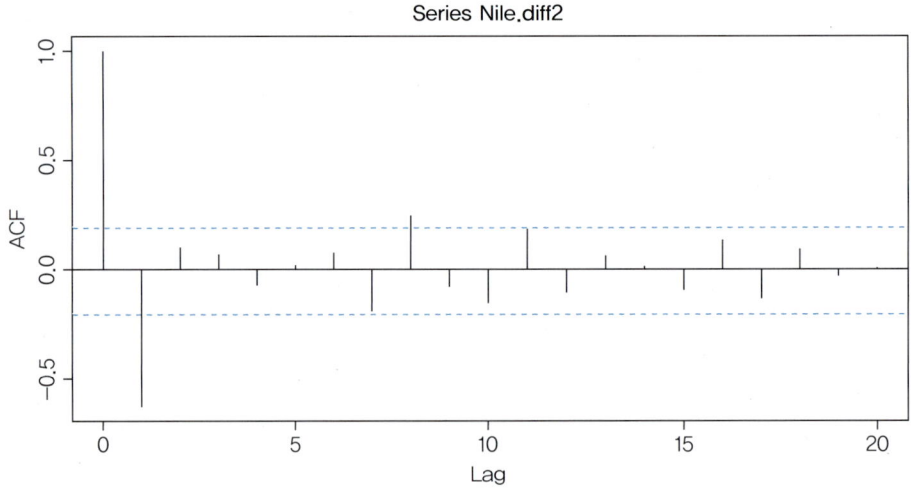

① 시계열 데이터는 정상성을 갖지 않으며 차분 또는 로그 변환과 같은 추가적인 변환이 필요하다.
② Lag 1 근처에서 유의미한 자기상관이 존재하므로 AR 모델을 고려할 수 있다.
③ 모든 시차에서 자기상관이 거의 0에 가깝기 때문에 이 데이터는 확실한 추세를 가진다.
④ ACF 값이 0을 중심으로 랜덤하게 분포되어 있으므로 계절성이 강한 데이터이다.

해설
ACF 그래프에서 유의미한 자기상관 판단 기준은 다음과 같다.
• 파란색 점선(신뢰구간, 보통 95% 신뢰수준)
  ACF 그래프에는 가로로 그어진 파란색 점선(신뢰구간)이 표시되는데, 이 신뢰구간을 벗어나는 막대는 유의미한 자기상관이 존재한다고 판단한다. 반대로 막대가 신뢰구간 안에 있으면 해당 시차에서는 자기상관이 유의하지 않다고 본다.
• 자기상관 값이 0에서 멀리 떨어질수록 강한 상관관계
  ACF 값이 0에서 멀리 떨어진다면 그 시차에서 강한 자기상관이 있다는 의미이고, ACF 값이 0에 가까우면 자기상관이 거의 없거나 무시할 수 있다는 의미이다.

그래프에서 초반 시차에서 유의미한 값이 있다면 자기회귀(AR) 모델을 고려할 수 있는데, 해당 그래프의 경우 Lag = 1에서 ACF 값이 신뢰구간을 벗어나 0.5 이상으로 보이므로 유의미한 자기상관이 존재하고 이후 몇 개의 Lag에서도 일부 유의미한 자기상관이 보이나 점점 약해지는 형태이므로 AR 모델 가능성이 있다.

CHAPTER 02 실전 모의고사 2회

1과목 │ 데이터의 이해

01 빅데이터를 21세기의 원유에 비유하는 이유로 가장 적절한 것은 무엇인가?

① 빅데이터는 가공 없이도 즉시 활용 가능한 정보이기 때문이다.
② 빅데이터는 산업 전반에서 핵심적인 역할을 하며 비즈니스 및 경제 성장을 위한 정보 제공의 원천이 되기 때문이다.
③ 빅데이터는 모든 산업에서 동일한 방식으로 활용되며 개별적인 분석이 필요하지 않기 때문이다.
④ 빅데이터는 한정된 영역에서만 유용하며 산업 전반에 미치는 영향이 미미하기 때문이다.

해설
원유가 정제 과정을 거쳐 다양한 에너지원으로 활용되듯이, 빅데이터 역시 가공과 분석을 통해 경제 성장과 비즈니스 발전을 위한 중요한 자원으로 활용된다.

02 다음 중 빅데이터 시대에서 표본조사에서 전수조사로 전환이 가능해진 주된 이유는 무엇인가?

① 데이터 수집 비용과 저장 비용이 증가했기 때문이다.
② 클라우드 기술과 데이터 처리 도구의 발전으로 대량 데이터 처리가 용이해졌기 때문이다.
③ 데이터의 정확성이 낮아졌기 때문에 더 많은 데이터를 수집할 필요가 있기 때문이다.
④ 데이터 수집이 어려워지면서 오히려 표본조사의 중요성이 증가했기 때문이다.

해설
과거에는 데이터 수집 비용과 처리 도구의 한계로 인해 표본조사에 의존했지만, 클라우드 기술과 빅데이터 처리 기술이 발전하면서 전수조사가 가능해졌다.

정답 01 ② 02 ②

03 다음 중 유형 분석에 해당하는 예시로 가장 적절한 것은 무엇인가?

① 환자의 증상 데이터를 기반으로 특정 질병을 예측하는 분류 모델
② 온라인 쇼핑몰에서 고객들의 구매 데이터를 바탕으로 연관성이 높은 제품을 추천하는 모델
③ 주식 시장 데이터를 기반으로 미래 주가를 예측하는 회귀모델
④ 뉴스 기사나 트윗 데이터를 분석하여 특정 키워드의 감성을 분석하는 모델

해설
유형 분석(분류분석)은 데이터를 특정 카테고리로 분류하는 기법이다. 환자의 증상을 기반으로 질병을 예측하는 것이 대표적인 예시이다.

04 데이터 사이언스에서 비즈니스 컨설팅 영역에 해당하는 활동으로 가장 적절한 것은?

① 머신러닝 모델을 활용하여 예측 분석을 수행한다.
② 빅데이터 저장소를 구축하고 최적화한다.
③ 분석 결과를 효과적으로 전달하기 위해 프레젠테이션을 진행한다.
④ 신호 처리 및 데이터 수집을 위한 프로그램을 개발한다.

해설
비즈니스 컨설팅 영역은 분석 결과를 활용하여 커뮤니케이션, 프레젠테이션, 스토리텔링, 시각화 등의 과정을 수행하는 부분이다.

오답 Check
① 분석적 영역
② · ④ IT 영역

05 다음 중 데이터 프라이버시 보호 기법으로 가장 적절하지 않은 것은 무엇인가?

① 데이터 마스킹(Data Masking)
② 데이터 복원(Data Restoration)
③ 데이터 범주화(Data Generalization)
④ 가명처리(Pseudonymization)

해설
데이터 복원은 원래 데이터를 다시 복구하는 과정으로, 데이터 프라이버시 보호 기법과 반대되는 개념이다.

06 데이터 웨어하우스와 비교했을 때 데이터 마트의 특징으로 가장 적절한 것은 무엇인가?

① 데이터 마트는 조직 전체 데이터를 포함하며 데이터 웨어하우스보다 규모가 크다.
② 데이터 마트는 특정 주제나 비즈니스 영역에 집중하여 필요한 데이터를 보다 신속하게 제공한다.
③ 데이터 마트는 다양한 출처의 데이터를 통합하여 중앙에서 관리하는 시스템이다.
④ 데이터 마트는 실시간 데이터 처리를 위한 OLTP 시스템이다.

해설
데이터 마트는 데이터 웨어하우스의 하위 개념으로, 특정 부서(예 판매, 마케팅, 재무 등)의 요구에 맞게 데이터를 저장한다. 이를 통해 사용자가 필요한 정보를 보다 신속하게 조회할 수 있도록 설계된다.

07 SQL에서 ROLLBACK 명령어의 역할로 가장 적절한 것은 무엇인가?

① 변경된 데이터를 확정(반영)하는 명령어
② 특정 사용자의 데이터 접근 권한을 회수하는 명령어
③ 변경된 데이터를 원래 상태로 되돌리는 명령어
④ 테이블의 데이터를 조회하는 명령어

해설
ROLLBACK은 TCL(Transaction Control Language) 명령어로 변경된 데이터가 확정(COMMIT)되기 전이라면 이를 되돌릴 수 있도록 해준다. 즉, 트랜잭션이 실패하거나 취소될 경우 ROLLBACK을 사용하면 이전 상태로 복원할 수 있다.

08 데이터 사이언티스트가 갖춰야 할 역량 중 성격이 다른 하나는 무엇인가?

① 창의적 사고와 논리적 비판 능력
② 스토리텔링과 데이터 시각화(Visualization)
③ 빅데이터 관련 기법에 대한 이해 및 분석 기술 습득
④ 커뮤니케이션 능력을 활용한 협업

해설
Hard Skill은 데이터 분석 기술 및 이론적인 지식을 의미하며 분석 기법 습득과 숙련도 향상이 핵심이다.

오답 Check
① · ② · ④ Soft Skill에 해당한다.

09 가치 패러다임의 변화 속에서 에이전시(Agency)가 중요한 가치로 자리 잡는 이유로 가장 적절한 것은 무엇인가?

① 개인과 조직이 더 이상 주체적인 역할을 할 필요가 없기 때문이다.
② 기술 발전이 멈추고 연결성이 감소하고 있기 때문이다.
③ 개인과 조직이 독립적으로 문제를 해결하고 주도적으로 행동하는 능력이 중요해졌기 때문이다.
④ 가치 패러다임은 여전히 디지털화 중심으로 변화하고 있기 때문이다.

> **해설**
> 현대 사회에서는 디지털화(Digitalization)와 연결(Connection)을 넘어 개인과 조직이 주도적으로 행동하는 에이전시(Agency)가 중요한 가치로 자리 잡고 있다. 즉, 자율적이고 능동적인 문제 해결 능력이 필수적인 시대가 되었다.

10 다음 중 데이터베이스의 속성(Attribute)에 대한 설명으로 적절한 것은 무엇인가?

① 개체를 나타내는 특성이며, 테이블에서 컬럼의 개념과 유사하다.
② 테이블 내 한 개의 행(Row)을 의미한다.
③ 데이터를 저장하는 기본 단위로, 테이블을 의미한다.
④ 검색 속도를 빠르게 하기 위한 인덱스(Index)의 개념과 동일하다.

> **해설**
> 속성(Attribute)은 개체(Entity)를 나타내는 특성으로 테이블에서 컬럼의 개념과 유사하다.

2과목 데이터분석 기획

11 다음 중 빅데이터 분석 방법론에서 최적의 분석 모델을 구축하고 평가하는 단계는 무엇인가?

① 데이터 준비
② 데이터 분석
③ 평가 및 전개
④ 분석 기획

> **해설**
> 데이터 분석 단계에서는 분석용 데이터 준비, 텍스트 분석, 탐색적 분석, 모델링, 모델 평가 및 검증 작업이 수행된다.

12 다음 중 솔루션 접근법이 필요한 분석 사례로 가장 적절한 것은 무엇인가?

① 제조 공정에서 불량률을 최소화하기 위한 최적의 생산 조건을 찾는 경우
② 방대한 데이터를 분석하여 새로운 연구 가설을 설정하는 경우
③ 다양한 소비자 데이터를 분석하여 새로운 마케팅 기회를 찾는 경우
④ 고객 이탈률이 높아진 원인을 알지만, 이를 해결할 방법을 모르는 경우

해 설
솔루션 접근법은 분석 대상은 명확하지만, 문제를 해결할 방법을 모를 때 적용하는 분석 방식이다.

오답 Check
① 최적화에 해당한다.
② 발견에 해당한다.
③ 통찰에 해당한다.

13 다음 중 데이터 분석 도입 과정에서 도입기(B 단계)에서 나타날 수 있는 현상으로 적절한 것은?

① 조직 내에서 분석 활용이 일상화되어 정착된 상태이다.
② 데이터 분석이 도입되었지만, 기존 방식으로 되돌아가려는 경향이 있다.
③ 분석 활용이 자연스럽게 이루어지며 데이터 기반 의사결정이 일반화된다.
④ 데이터 분석 도입 전으로, 조직 내에서 막연한 불안감이 존재한다.

해 설
- 준비기 : 데이터 분석 문화가 없고 막연한 불안감 존재
- 도입기 : 기존 방식으로 돌아가려는 경향이 있지만 성공하면 빠르게 변화가 가속화됨
- 안정 추진기 : 데이터 분석이 조직에 완전히 정착된 상태

14 다음 중 데이터 분석 조직 구조에 대한 설명으로 적절하지 않은 것은 무엇인가?

① 집중형 조직 구조는 데이터 분석을 전담하는 독립적인 조직이 있으며, 모든 부서의 분석 업무를 중앙에서 관리한다.
② 기능 중심형 조직 구조는 각 부서에서 분석 전문가가 중앙 조직과 협업하며 분석을 수행하는 방식이다.
③ 분산형 조직 구조는 각 부서에 분석 전문가를 배치하여 분석을 수행하며, 전사적인 차원에서 분석 방향을 조율한다.
④ 기능 중심형 조직 구조는 분석 전담 조직 없이 각 부서에서 분석 업무를 자체적으로 수행하는 방식이다.

해설
- 집중형 : 기업 내 독립적인 데이터 분석 전담 조직이 분석을 총괄하며 중앙에서 모든 분석 업무를 관리하는 방식
- 기능 중심형 : 분석 전담 조직 없이 각 부서에서 직접 분석을 수행하는 방식
- 분산형 : 각 부서에 분석 전문가를 배치하고 전사적 차원의 분석 방향을 조율하는 방식

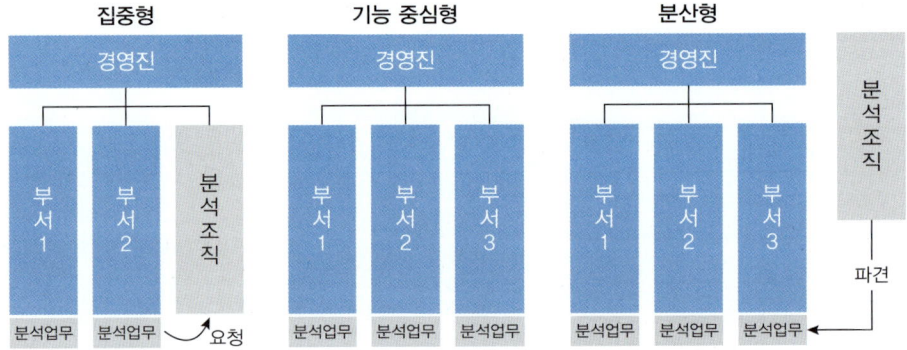

15 데이터 표준화에 대한 설명으로 적절하지 않은 것은?

① 데이터 표준화는 데이터의 형식, 정의, 명명 규칙 등을 일관된 방식으로 정리하여 데이터의 일관성과 정확성을 보장하는 과정이다.
② 데이터 표준화의 예시로는 데이터 명명 표준, 형식 표준, 코드 값 표준, 단위 표준 등이 포함될 수 있다.
③ 데이터 표준화는 한 번 정하면 변경할 필요 없이 지속적으로 유지된다.
④ 데이터 표준화는 기업이나 조직 내에서 데이터가 중복되거나 불일치하지 않도록 표준을 정하는 과정을 의미한다.

해설
데이터 표준화는 한 번 정하면 끝나는 것이 아니라 조직의 데이터 환경 변화에 맞춰 지속적으로 유지·보수 및 개선해야 한다.

16 다음 중 준비도가 낮은 기업 유형끼리 짝지어진 것은 무엇인가?

> (가) 준비형
> (나) 정착형
> (다) 도입형
> (라) 확산형

① (가), (나)
② (가), (다)
③ (가), (라)
④ (나), (다)

해설

준비도가 낮은 기업 유형은 준비형과 정착형이다.
• 준비형 : 낮은 준비도 + 낮은 성숙도
• 정착형 : 낮은 준비도 + 높은 성숙도

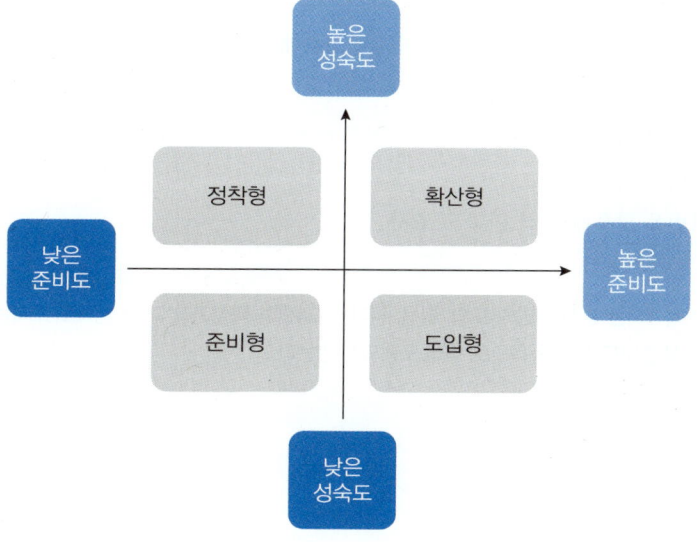

정답 16 ①

17 다음 중 데이터 분석 성숙도의 4단계가 올바르게 나열된 것은 무엇인가?

① 분석 도입 → 분석 활용 → 분석 확산 → 분석 최적화
② 분석 확산 → 분석 도입 → 분석 활용 → 분석 최적화
③ 분석 활용 → 분석 도입 → 분석 확산 → 분석 최적화
④ 분석 도입 → 분석 확산 → 분석 활용 → 분석 최적화

> **해설**
> 데이터 분석 성숙도는 도입 → 활용 → 확산 → 최적화의 단계로 이루어진다.
> - 도입 : 분석 환경과 시스템을 구축하는 초기 단계
> - 활용 : 분석 결과를 실제 업무에 적용하는 단계
> - 확산 : 분석을 전사적으로 공유하고 관리하는 단계
> - 최적화 : 분석을 고도화하여 혁신과 성과 향상에 기여하는 단계

18 분석 준비도를 평가할 때 '분석 기법' 항목에서 고려해야 할 사항이 아닌 것은?

① 업무별 적합한 분석 기법 사용
② 분석 기법 라이브러리 구축
③ 분석 기법 효과성 평가
④ 분석 기법을 활용한 고객 만족도 조사

> **해설**
> 분석 기법 항목에서는 분석 기법의 도입, 활용, 평가 및 개선이 핵심이다. 고객 만족도 조사는 데이터 분석의 응용 사례일 수 있지만 분석 준비도 평가 항목으로 직접 포함되지 않는다.

19 분석 인력 및 조직이 갖추어야 할 역량으로 적절하지 않은 것은?

① 분석 전문가 직무 존재
② 분석 전문가 교육 훈련 프로그램 운영
③ 관리자 및 경영진의 분석 이해 능력
④ 분석 기법의 자동화 수준 향상

> **해설**
> - 분석 인력 및 조직 항목에서는 분석 전문가의 존재, 교육 프로그램 운영, 분석 업무 총괄 조직 구성, 경영진의 분석 이해도 향상 등이 포함된다.
> - 분석 기법의 자동화 수준 향상은 IT 인프라 또는 분석 기법과 관련된 항목으로, 인력 및 조직 항목과는 직접적인 관련이 없다.

17 ① 18 ④ 19 ④

20 다음 중 분석 확산 단계에서 IT 부문의 주요 활동으로 적절한 것은?

① 실시간 대시보드 구축
② 빅데이터 관리 환경 구축
③ 데이터 웨어하우스 구축
④ 분석 협업 환경 조성

> **해설**
> - 도입 단계 : 데이터 웨어하우스, 데이터 마트 구축
> - 활용 단계 : 실시간 대시보드, 통계 분석 환경 도입
> - 확산 단계 : 빅데이터 관리 환경, 데이터 시각화, 시뮬레이션 최적화
> - 최적화 단계 : 분석 협업 환경, 분석 샌드박스, 프로세스 내재화

3과목 데이터분석

21 어떤 기업이 전국의 100개 매장을 10개 권역으로 나누고 각 권역에서 5개 매장을 무작위로 선택한 후 해당 매장의 모든 고객을 조사하는 방식으로 표본을 추출했다. 이 경우 사용된 표본 추출 방법은 무엇인가?

① 단순 랜덤 추출법
② 계통 추출법
③ 집락 추출법
④ 층화 추출법

> **해설**
> 집락 추출법은 모집단을 여러 개의 집락(클러스터)으로 나눈 뒤 일부 집락을 무작위로 선택하고 선택된 집락 내의 구성원을 전부(또는 일부) 조사하는 방법이다.
> 이 문제에서는 100개 매장을 10개 권역(집락)으로 나눈 뒤 일부 권역을 선택하여 해당 매장의 모든 고객을 조사하므로 집락 추출법에 해당한다.

정답 20 ② 21 ③

22 다음 중 질적 자료에 해당하는 것은 무엇인가?

① 연령
② 키(cm)
③ 혈액형
④ 소득(원)

해설

질적 자료는 숫자로 나타낼 수 없는 정보 또는 단순한 범주형 데이터를 의미하며 성별, 혈액형, 국적, 브랜드 선호도 등이 여기에 해당한다.

오답 Check

① · ② · ④ 수치로 측정 가능하므로 양적 자료이다.

23 다음 중 베르누이 분포에 대한 설명으로 가장 적절한 것은 무엇인가?

① 독립적인 베르누이 시행을 n회 반복하여 k번 성공할 확률을 나타내는 분포이다.
② 한 번의 시행에서 성공과 실패, 두 가지 결과만 존재하는 분포이다.
③ 독립적인 베르누이 시행에서 첫 번째 성공이 나타날 때까지의 시행 횟수를 나타내는 분포이다.
④ 단위 시간 또는 단위 공간 내에서 특정 사건이 발생하는 횟수를 나타내는 분포이다.

해설

베르누이 분포는 한 번의 시행에서 성공과 실패 두 가지 결과만 존재하는 경우를 의미한다.
예 동전을 한 번 던졌을 때 앞면이 나올 확률

오답 Check

① 이항 분포에 대한 설명이다.
③ 기하 분포에 대한 설명이다.
④ 포아송 분포에 대한 설명이다.

24 어떤 신약이 체중 감량에 효과가 있는지 검정하려고 한다. 올바른 가설 설정으로 적절한 것은 무엇인가?

① 귀무가설 : 신약을 복용하면 체중이 감소한다.
② 대립가설 : 신약을 복용해도 체중 변화가 없다.
③ 귀무가설 : 신약을 복용해도 체중 변화가 없다.
④ 대립가설 : 신약을 복용하면 체중이 증가한다.

해설

- 귀무가설(H_0) : 특별한 변화가 없다. → 신약을 복용해도 체중 변화가 없다.
- 대립가설(H_1) : 특별한 변화가 있다. → 신약을 복용하면 체중이 감소한다.

25 다음 중 피어슨 상관계수와 스피어만 상관계수의 차이점을 설명한 것으로 적절하지 않은 것은 무엇인가?

① 피어슨 상관계수는 두 변수 간의 선형 관계를 측정하며, 스피어만 상관계수는 두 변수 간의 순위 관계를 분석한다.
② 피어슨 상관계수는 선형 관계를 측정하며, 스피어만 상관계수는 변수 간의 비선형 관계도 측정할 수 있다.
③ 피어슨 상관계수는 연속형 데이터에 사용되며, 스피어만 상관계수는 서열척도(순서척도) 데이터에도 사용할 수 있다.
④ 피어슨 상관계수는 0에서 1 사이의 값을 가진다.

> **해설**
> 피어슨 상관계수는 −1에서 1 사이의 값을 가지고 있으며, 0에 가까울수록 관계가 약하다.

26 다중공선성을 해결하는 방법으로 가장 적절하지 않은 것은 무엇인가?

① 다중공선성이 높은 독립변수를 제거한다.
② 주성분 분석(PCA)과 같은 차원 축소 기법을 적용한다.
③ 회귀모델을 단순선형회귀로 변경한다.
④ 릿지(Ridge) 회귀와 라쏘(Lasso) 회귀를 적용하여 모델을 정규화한다.

> **해설**
> 다중공선성을 해결하는 방법에는 ① 불필요한 변수 제거, ② 차원 축소 기법 적용, ④ 정규화 회귀 기법 적용이 있다.

27 다음 중 평균 고윳값 기준을 사용하여 주성분 개수를 결정할 때 적절하지 않은 것은 무엇인가?

① 전체 고윳값의 평균보다 큰 고윳값을 가지는 주성분을 선택한다.
② 고윳값이 낮을수록 데이터의 변동성을 많이 설명하므로 낮은 값을 선택한다.
③ 평균 고윳값 기준을 적용하면 과도한 차원 축소를 방지할 수 있다.
④ 고윳값이 작은 주성분을 제거하여 데이터의 차원을 줄일 수 있다.

> **해설**
> 고윳값이 클수록 데이터의 변동성을 많이 설명하므로 고윳값이 낮은 주성분을 선택하는 것은 부적절하다.

정답 25 ④ 26 ③ 27 ②

28 다음 중 K-NN(K-Nearest Neighbors) 알고리즘에 대한 설명으로 가장 적절하지 않은 것은 무엇인가?

① K-NN은 새로운 데이터 포인트를 분류하기 위해 가장 가까운 K개의 데이터를 참고하는 방식이다.
② K-NN은 비모수적 알고리즘으로 별도의 학습 과정 없이 데이터를 저장하고 필요할 때 거리 기반으로 분류 또는 예측을 수행한다.
③ K-NN에서 K값이 작을수록 모델이 과적합될 가능성이 있다.
④ K-NN은 데이터 간의 관계를 학습하여 사전에 최적의 분류 기준을 정의하는 방식으로 작동한다.

> **해설**
> K-NN은 모델을 학습하지 않고 새로운 데이터가 들어왔을 때 거리 기반으로 분류하는 비모수적 알고리즘이다. 즉, 사전에 분류 기준을 정의하지 않고 새로운 데이터가 들어오면 가장 가까운 K개의 이웃을 참조하여 다수결 원칙으로 분류한다.

29 다음 중 비선형 회귀분석이 필요한 경우로 적절한 것은 무엇인가?

① 키와 몸무게 간의 관계를 분석할 때
② 매출과 광고비 간의 관계가 일정한 증가율을 보일 때
③ 수험생의 점수와 공부 시간 간의 관계가 직선 형태일 때
④ 자동차 속도와 연료 소비량 간의 관계가 곡선 형태일 때

> **해설**
> 비선형 회귀는 독립변수와 종속변수 간의 관계가 직선이 아닐 때 사용한다.

30 다음 중 결측값이 포함된 행 또는 열을 삭제하는 방법은 무엇인가?

① 평균 대치법
② 완전 분석법
③ 다중 대치법
④ 단순 확률 대치법

> **해설**
> 완전 분석법은 결측값이 포함된 행(Row) 또는 열(Column)을 삭제하는 방법으로, 가장 간단하지만 결측값이 많을 경우 데이터 손실이 클 수 있다.

31 한 회사의 직원들이 주당 평균 근무 시간이 40시간과 차이가 있는지 검정하려고 한다. 이 경우 사용해야 하는 $t-$ 검정 방법은 무엇인가?

① 일표본 $t-$ 검정
② 이표본 $t-$ 검정
③ 대응표본 $t-$ 검정
④ 분산분석(ANOVA)

> **해설**
> 일표본 $t-$ 검정은 한 개의 그룹 평균이 특정 기준값과 차이가 있는지를 검정할 때 사용한다.
>
> **오답 Check**
> ② 두 개의 독립적인 그룹 비교에 사용한다.
> ③ 동일한 그룹의 전후 비교에 사용한다.
> ④ 세 개 이상의 그룹 비교에 사용된다.

32 다음 중 선형회귀분석의 기본 가정에 해당하지 않는 것은 무엇인가?

① 독립변수와 종속변수 간의 관계는 선형이어야 한다.
② 데이터의 이상값은 반드시 제거되어야 한다.
③ 회귀모델의 오차항은 정규성을 만족해야 한다.
④ 오차항의 분산은 일정해야 한다.

> **해설**
> • 선형회귀분석의 기본 가정에는 선형성, 등분산성, 독립성, 비상관성, 정규성이 있다.
> • 이상값은 회귀모델에 영향을 줄 수 있지만 반드시 제거해야 하는 것은 아니며 데이터의 특성에 따라 다르다.
>
> **오답 Check**
> ① 선형성, ③ 정규성, ④ 등분산성

33 Scree Plot 분석을 활용하여 적절한 주성분 개수를 선택하는 주된 이유로 가장 적절한 것은 무엇인가?

① 모든 주성분을 포함해야 분석의 정확성이 보장되기 때문이다.
② 주성분 개수를 줄이면 PCA 모델의 성능이 저하되기 때문이다.
③ 변동성을 충분히 설명하면서도 차원 축소를 통해 분석 효율성을 높이기 위한 것이다.
④ 고윳값이 작은 주성분이 더 중요한 정보를 포함하고 있기 때문이다.

> **해설**
> 스크리 플롯을 활용하는 목적은 데이터의 변동성을 충분히 유지하면서도 불필요한 차원을 제거하여 분석 효율성을 높이는 것이다.

34 다음 중 정상 시계열 데이터의 예시로 가장 적절한 것은 무엇인가?

① 장기적인 주식 시장의 상승 추세
② 계절성을 제거한 후의 기온 변동 데이터
③ 연도별 세계 인구 증가 데이터
④ 특정 상품의 연간 매출 증가 추세

해설

정상 시계열 데이터는 평균, 분산, 자기공분산이 일정하게 유지되는 데이터이다.
① · ③ · ④는 장기적인 증가/감소 추세를 가지므로 비정상 시계열이며, ②는 계절성을 제거하여 정상성을 확보한 데이터이므로 정상 시계열이다.

35 다음 중 시계열 데이터를 정상 시계열로 변환하는 방법으로 적절하지 않은 것은 무엇인가?

① 차분을 사용하여 데이터의 추세를 제거한다.
② 로그 변환을 사용하여 데이터의 변동성을 줄인다.
③ 지수 변환을 사용하여 데이터를 표준 정규분포로 변환한다.
④ 계절 차분을 사용하여 일정 주기의 패턴을 제거한다.

해설

지수 변환은 데이터 크기가 너무 작거나 음수 값을 포함할 때 변환하는 기법이며, 데이터를 정규분포로 변환하는 방법이 아니다.

36 조건부 확률 $P(B|A)$의 의미로 가장 적절한 것은 무엇인가?

① 사건 A가 발생한 후 사건 B가 발생할 확률
② 사건 A와 사건 B가 동시에 발생할 확률
③ 사건 B가 발생한 후 사건 A가 발생할 확률
④ 사건 A와 사건 B가 서로 독립일 확률

해설

조건부 확률은 어떤 사건 A가 발생한 경우 사건 B가 발생할 확률을 의미한다. 이는 다음과 같은 공식으로 정의된다.
$$P(B|A) = \frac{P(A \cap B)}{P(A)}$$

37 ACF 그래프에서 특정 시차에서 자기상관이 유의미한 값을 가지는 경우 어떤 특징을 가진 시계열 데이터일 가능성이 높은가?

① 백색잡음
② 랜덤 워크
③ 자기상관이 있는 시계열 데이터
④ 독립적인 정규분포를 따르는 데이터

해설
ACF 그래프에서 특정 시차에서 자기상관이 유의미하게 나타난다면 해당 데이터는 시계열적 패턴을 가지며 ARIMA 등의 모델 적용이 가능할 수 있다.

오답 Check
① 백색잡음은 모든 시차에서 자기상관이 거의 0에 가깝다.
② 랜덤 워크는 특정 패턴을 가지지만 정상성이 없는 경우가 많다.
④ 독립적인 정규분포를 따르면 자기상관이 거의 없다.

38 다음 중 지도 학습의 예시에 해당하는 것은 무엇인가?

① 쇼핑몰 고객 데이터를 분석하여 비슷한 고객 그룹을 자동으로 분류하는 알고리즘
② 고객의 구매 이력 데이터를 바탕으로 연관성이 높은 제품을 추천하는 알고리즘
③ 온라인 사용자의 클릭 패턴을 분석하여 자동으로 관심사가 비슷한 사용자 그룹을 찾는 알고리즘
④ 이메일이 스팸인지 아닌지를 학습한 후 새로운 이메일을 분류하는 알고리즘

해설
• 지도 학습은 정답(라벨)이 있는 데이터를 이용하여 학습하는 방식이다.
• 이메일 스팸 필터는 '스팸(1)' 또는 '스팸 아님(0)'이라는 정답 데이터를 이용하여 분류 모델을 학습하므로 지도 학습이다.

39 표준화 거리와 마할라노비스 거리의 차이점으로 가장 적절한 것은 무엇인가?

① 표준화 거리는 표본 분산을 고려하지만, 마할라노비스 거리는 공분산을 고려하지 않는다.
② 표준화 거리는 변수가 독립적이라고 가정하지만 마할라노비스 거리는 변수 간 상관성을 반영한다.
③ 표준화 거리는 주로 범주형 데이터에서 사용되며, 마할라노비스 거리는 연속형 데이터에서 사용된다.
④ 두 거리 모두 변수 간의 상관성을 고려하지 않는다.

해설
표준화 거리는 변수 간의 단위를 조정하기 위해 표준편차를 사용하며 변수 간 독립성을 가정한다. 반면 마할라노비스 거리는 공분산 행렬을 이용하여 변수 간의 상관성을 반영하여 거리를 측정하는 방식이다.

정답 37 ③ 38 ④ 39 ②

40 다음 중 서포트 벡터 머신(SVM)의 특징으로 가장 적절한 것은 무엇인가?

① 데이터를 구분할 수 있는 가장 작은 원을 찾아 중심을 기준으로 분류하는 방법이다.
② 데이터의 확률분포를 계산하여 가장 높은 사후 확률을 가지는 클래스로 분류한다.
③ 두 개 이상의 그룹을 나누기 위해 가장 최적의 결정 경계를 찾아 분류하는 방법이다.
④ 데이터 간의 거리를 기반으로 가장 가까운 K개의 이웃을 찾아 다수결로 분류한다.

해설
서포트 벡터 머신(SVM)은 두 개 이상의 그룹을 가장 효과적으로 구분하는 결정 경계를 찾는 방법이다. 즉, 데이터가 주어졌을 때 마진이 최대가 되는 초평면을 설정하여 분류를 수행한다.

41 단층 퍼셉트론과 다층 퍼셉트론의 차이에 대한 설명으로 가장 적절하지 않은 것은 무엇인가?

① 단층 퍼셉트론은 XOR 문제와 같은 비선형적으로 구분되는 문제를 해결할 수 없다.
② 다층 퍼셉트론은 은닉층을 포함하여 입력 데이터를 복잡하게 변환할 수 있다.
③ 단층 퍼셉트론은 입력층과 출력층만 존재하며 활성화 함수가 필요 없다.
④ 다층 퍼셉트론은 비선형 활성화 함수를 사용하여 비선형 문제를 해결할 수 있다.

해설
단층 퍼셉트론에도 활성화 함수가 필요하다. 예를 들어 계단 함수(Step Function)나 시그모이드(Sigmoid) 함수를 사용하여 출력을 결정한다.

42 다음 중 K-NN을 활용한 결측값 대치법의 특징으로 가장 적절한 것은 무엇인가?

① 결측값을 평균이나 중앙값으로 대체하는 방법이다.
② 가장 가까운 K개의 이웃 데이터를 참고하여 결측값을 대체하는 방법이다.
③ 결측값이 포함된 행을 삭제하는 방법이다.
④ 머신러닝 모델을 학습시켜 결측값을 예측하는 방법이다.

해설
K-NN을 활용한 결측값 대치법은 가장 가까운 K개의 이웃 데이터를 참고하여 결측값을 예측하는 방법으로, 유클리드 거리 등을 이용해 유사한 데이터를 찾아 결측값을 채운다.

43 선형회귀모델에서 오차항이 정규분포를 따르는지 검정하는 방법으로 적절하지 않은 것은?

① QQ Plot
② 샤피로-윌크 검정
③ VIF
④ 콜모고로프-스미르노프 검정

해설
VIF(Variance Inflation Factor)는 다중공선성을 확인하는 지표로 정규성과는 관계가 없다.

오답 Check
QQ Plot, 샤피로-윌크 검정, 콜모고로프-스미르노프 검정은 정규성을 확인하는 방법이다.

44 앙상블 학습 방법 중 여러 개의 모델을 학습한 후 다수결(Voting) 또는 평균을 통해 최종 예측을 수행하는 방식은 무엇인가?

① 배깅
② 부스팅
③ 스태킹
④ 의사결정나무

해설
배깅은 여러 개의 모델을 독립적으로 학습시키고, 최종적으로 투표(Voting) 또는 평균을 통해 최종 예측을 수행하는 방식이다. 대표적인 알고리즘으로 랜덤 포레스트가 있다.

45 다음 중 공분산을 정규화하여 두 변수 간의 선형 관계를 해석하기 쉽게 만든 값은 무엇인가?

① 피어슨 상관계수
② 표준편차
③ 기울기
④ 분산

해설

공분산 값은 해석이 어렵기 때문에 공분산을 표준화한 값인 상관계수를 사용한다. 피어슨 상관계수는 두 변수 간의 선형 관계 강도와 방향을 나타내는 값이다.

46 다음 중 의사결정나무에서 노드를 분할(Split)하는 기준으로 가장 적절하지 않은 것은 무엇인가?

① 지니 계수(Gini Index)
② 엔트로피(Entropy)
③ 분산 감소(Variance Reduction)
④ 유클리드 거리(Euclidean Distance)

해설

유클리드 거리는 데이터 간의 거리를 측정하는 방법으로 주로 군집분석에서 사용된다.

오답 Check

의사결정나무에서 노드를 분할하는 주요 기준은 지니 계수, 엔트로피, 그리고 분산 감소 등이다.

47 다음 중 역전파 알고리즘의 핵심 역할로 가장 적절한 것은 무엇인가?

① 신경망의 가중치를 조정하여 예측 오류를 줄이는 역할을 한다.
② 입력 데이터를 정규화하여 학습 속도를 높이는 역할을 한다.
③ 신경망의 구조를 변경하여 학습 성능을 향상시키는 역할을 한다.
④ 데이터를 군집화하여 신경망의 학습을 돕는 역할을 한다.

> **해 설**
> 역전파 알고리즘은 신경망이 예측한 결과와 실젯값의 차이(오차)를 계산하고 오차를 최소화하기 위해 가중치와 편향을 조정하는 과정이다. 이를 통해 신경망은 점점 더 정확한 예측을 할 수 있도록 학습된다.

48 다음 중 비복원 추출(Without Replacement) 방식이 기본적으로 사용되는 표본 추출 방법은 무엇인가?

① 단순 랜덤 추출(Simple Random Sampling)
② 계통 추출(Systematic Sampling)
③ 집락 추출(Cluster Sampling)
④ 층화 추출(Stratified Sampling)

> **해 설**
> 계통 추출법은 일정한 간격(K)을 두고 표본을 선택하는 방식이므로 한 번 선택된 항목은 다시 선택되지 않는다(비복원 추출 방식이 기본).
>
> **오답 Check**
> 단순 랜덤 추출, 집락 추출, 층화 추출은 복원 추출과 비복원 추출 중 선택 가능하다.

정답 47 ① 48 ②

49 범주형 데이터에서 두 집합의 유사성을 측정하는 방법으로 교집합과 합집합의 비율을 고려하여 계산하는 거리 측도는 무엇인가?

① 코사인 유사도
② 자카드 거리
③ 단순 일치 계수(SMC)
④ 민코프스키 거리

해설
자카드 거리는 범주형 데이터에서 두 집합 간의 유사성을 측정하는 방법으로 교집합과 합집합의 비율을 고려한다.

50 다음 중 랜덤 포레스트에 대한 설명으로 가장 적절하지 않은 것은 무엇인가?

① 여러 개의 결정 트리를 학습시켜 최종 예측을 수행하는 앙상블 기법이다.
② 트리의 개수를 증가시키면 일반적으로 과적합 위험이 커진다.
③ 배깅 방식을 기반으로 다양한 데이터 샘플을 생성하여 학습을 수행한다.
④ 개별 트리의 노드 분할 시 일부 변수만 랜덤하게 선택하여 분할을 수행한다.

해설
랜덤 포레스트는 배깅 기반의 앙상블 기법으로, 개별 결정 트리보다 과적합 위험이 낮다. 트리의 개수를 증가시키면 일반적으로 일반화 성능이 향상되며 과적합 위험이 줄어든다.

PART 5
기출변형 모의고사

CHAPTER 01　기출변형 모의고사(제43회)

CHAPTER 02　기출변형 모의고사(제42회)

CHAPTER 03　기출변형 모의고사(제41회)

유선배 데이터분석 준전문가 ADsP 합격노트
이 시대의 모든 합격! 무료 동영상 강의와 함께 합격하세요!
www.youtube.com ➔ 'SQL 전문가 정미나' 검색 ➔ 구독

CHAPTER 01 기출변형 모의고사(제43회)

1과목 데이터의 이해

01 다음 중 정보 관리 측면에서 빅데이터 활용에 대한 설명으로 올바른 것은 무엇인가?

① 빅데이터는 정형 데이터만을 저장하며, 비정형 데이터는 포함하지 않는다.
② 수집된 데이터는 분석 없이 그대로 보관하며 활용되지 않는다.
③ 데이터를 체계적으로 축적하고 분석하여 새로운 인사이트를 도출할 수 있다.
④ 빅데이터는 단순히 데이터의 양이 많은 것을 의미하며, 정보 관리와는 관련이 없다.

해설
빅데이터는 다양한 형태의 데이터를 체계적으로 수집·저장·분석하여 새로운 인사이트를 도출하고 의사결정에 활용하는 데 중요한 역할을 한다.

02 다음 중 기업 내 분산된 데이터베이스를 효율적으로 통합하기 위해 가장 적합한 시스템은 무엇인가?

① DW(Data Warehouse)
② RDBMS(Relational Database Management System)
③ OLAP(Online Analytical Processing)
④ BI(Business Intelligence)

해설

구분	설명
DW (Data Warehouse)	• 기업 내 다양한 시스템에서 수집된 데이터를 통합·저장·관리하는 시스템 • 대량의 데이터를 효율적으로 보관하고 분석할 수 있도록 지원 • 데이터 마트(Data Mart) 및 BI 시스템과 연계하여 데이터 분석 및 의사결정에 활용 • 분산된 데이터베이스를 통합하는 데 가장 적합한 솔루션
RDBMS (Relational Database Management System)	• 관계형 데이터베이스 관리 시스템으로 테이블 간 관계를 설정하여 데이터를 저장하고 관리하는 구조 • 기업에서 운영 데이터(트랜잭션 처리)를 관리하는 데 적합 • 여러 시스템에서 데이터를 통합하고 분석하는 기능은 제한적
OLAP (Online Analytical Processing)	• 데이터 웨어하우스에 저장된 데이터를 기반으로 빠르게 조회하고 복잡한 분석을 수행하는 데 활용됨 • 데이터 통합보다는 분석 기능에 탁월
BI (Business Intelligence)	• 기업이 데이터를 분석하고 시각화하여 효율적인 의사결정을 내릴 수 있도록 지원하는 도구 • OLAP, 데이터 마이닝, 리포팅 등 다양한 분석 기능을 포함 • 데이터 자체를 통합·저장하는 기능은 포함되지 않음

정답 01 ③ 02 ①

03 다음 중 빅데이터의 3V 요소에 해당하지 않는 것은?

① 데이터의 양(Volume)
② 데이터의 다양성(Variety)
③ 데이터의 속도(Velocity)
④ 데이터의 가치(Value)

해설
빅데이터의 3V 요소는 데이터의 양(Volume), 다양성(Variety), 속도(Velocity)이며, 가치(Value)는 3V 요소에 포함되지 않는다.

04 다음 중 비정형 데이터가 아닌 것은 무엇인가?

① 관측소에서 측정한 온도
② 현미경으로 촬영한 사진
③ 인스타그램 영상
④ 페이스북 게시글

해설
- 온도나 습도, 기압 등의 측정값은 수치(숫자) 형태의 데이터로 저장되므로 정형 데이터에 해당한다.
- 사진이나 영상은 정형화된 틀이 없기 때문에 비정형 데이터에 속하고 페이스북 게시글은 텍스트, 이미지, 링크, 동영상 등 다양한 형식이 될 수 있으므로 비정형 데이터에 해당한다고 볼 수 있다.

정답 03 ④ 04 ①

05 다음 중 빅데이터가 등장하게 된 배경으로 올바르게 짝지어진 것은 무엇인가?

> (가) 대량의 데이터 축적
> (나) 스마트폰 및 클라우드의 발전
> (다) 분석 처리 기술의 발전

① (가), (나)
② (가), (다)
③ (나), (다)
④ (가), (나), (다)

해설 빅데이터가 등장한 주요 배경
- 대량의 데이터 축적 : 인터넷 보급, SNS, IoT(사물인터넷) 등의 확산으로 방대한 양의 데이터가 생성되었고 전통적인 데이터베이스 시스템으로는 이러한 데이터를 처리하기 어려워지면서 빅데이터 개념이 등장했다.
- 스마트폰 및 클라우드의 발전 : 스마트폰, 태블릿 등 모바일 기기의 발전으로 데이터 생산량이 급격히 증가했고 또한 클라우드 컴퓨팅 기술이 발전하면서 대량의 데이터를 저장하고 효율적으로 활용할 수 있는 환경이 조성되었다.
- 분석 처리 기술의 발전 : 데이터가 많아져도 이를 활용할 수 없다면 의미가 없다. Hadoop(하둡), Spark(스파크)와 같은 빅데이터 처리 기술이 발전하면서 대용량 데이터를 효과적으로 분석할 수 있게 되었고 AI(인공지능), 머신러닝 등의 발전으로 데이터 분석의 가치가 더욱 커지게 되었다.

06 다음 중 빅데이터의 가치 패러다임 변화 과정으로 가장 적절한 것은 무엇인가?

① Digital – Agency – Connection
② Connection – Agency – Digital
③ Agency – Connection – Digital
④ Digital – Connection – Agency

해설 빅데이터의 가치 패러다임 변화 과정은 Digital → Connection → Agency 순서로 진행된다. 각 단계는 다음과 같은 의미를 가진다.

Digital(디지털화) 데이터 생성 및 축적	• 데이터는 디지털 기술을 활용하여 생성 및 저장되기 시작 • 스마트폰, IoT(사물인터넷), SNS, 온라인 플랫폼 등이 발전하면서 방대한 양의 데이터가 축적됨 • 이 단계에서는 데이터를 수집하고 저장하는 것이 주요한 목표
Connection(연결) 데이터 간의 관계 형성	• 데이터를 단순히 저장하는 것이 아니라 데이터 간 연결 및 통합 분석이 이루어지기 시작 • 클라우드 기술, 네트워크 발전 등을 통해 서로 다른 출처의 데이터를 연계하여 의미 도출 • 고객의 구매 데이터와 SNS 데이터를 연결하여 맞춤형 광고 제공
Agency(자율화) 데이터 기반 의사결정 및 자동화	• 인공지능(AI), 머신러닝 등의 기술이 발전하면서 데이터를 기반으로 한 자율적 의사결정 시스템 등장 • 데이터를 분석하는 것을 넘어 실제 의사결정 및 자동화까지 수행하는 단계 • AI 챗봇, 추천 시스템, 자동화된 비즈니스 의사결정 등이 이에 해당함

07 다음 중 데이터 사이언스에 대한 설명으로 잘못된 것은 무엇인가?

① 데이터 사이언스는 다양한 데이터 분석 기법을 활용하여 의미 있는 인사이트를 도출하는 학문이다.
② 데이터 분석에서는 항상 정확도를 최우선으로 고려해야 한다.
③ 데이터 사이언스에서는 모델의 해석 가능성과 활용성을 고려해야 한다.
④ 머신러닝과 통계 분석 기법을 활용하여 데이터 기반 의사결정을 지원할 수 있다.

> **해설**
> 정확도가 중요하긴 하지만 항상 최우선으로 고려해야 하는 것은 아니다. 예를 들어 의료 진단 모델에서는 정확도보다 민감도(Recall, 재현율)가 더 중요할 수 있다. 또한 모델이 과적합(Overfitting)되지 않도록 일반화 성능을 고려하는 것도 중요하다. 따라서 정확도만을 무조건 최우선으로 고려하는 것은 잘못된 접근이다.

08 다음 중 개인정보 보호법에 대한 내용으로 가장 적절하지 않은 것은 무엇인가?

① 개인정보 보호법은 개인의 정보가 불법적으로 수집·이용되지 않도록 보호하는 법률이다.
② 개인정보는 정보주체의 동의 없이 제3자에게 제공될 수 없다.
③ 개인정보 보호법은 알고리즘 소유권을 개인별로 제공하는 것을 원칙으로 한다.
④ 개인정보 보호법은 개인에게 선택적으로 제공할 수 있는 옵션을 부여한다.

> **해설**
> 개인정보 보호법은 개인의 데이터 보호에 초점을 맞춘 법률이지 알고리즘의 소유권을 규정하는 법이 아니다. 알고리즘의 소유권은 기업 또는 알고리즘을 개발한 주체가 보유하는 것이 일반적이며, 이를 개인에게 제공하는 개념은 개인정보 보호법과 관련이 없다.

09 다음 중 빅데이터의 등장으로 나타난 변화로 가장 적절하지 않은 것은 무엇인가?

① 상관관계보다 인과관계를 분석하는 것이 더 중요해졌다.
② 표본조사보다 전수조사가 우선시되었다.
③ 데이터의 질보다 양을 더 중요시하게 되었다.
④ 사전처리에서 사후처리 방식으로 변화하게 되었다.

> **해설**
> 전통적인 데이터 분석에서는 "A가 B에 영향을 미치는가?"라는 인과관계(Causation)를 분석하는 것이 중요했다. 하지만 빅데이터는 방대한 데이터에서 패턴을 빠르게 찾아내는 것이 핵심이므로 상관관계(Correlation)를 분석하는 것이 더 중요하다. 예를 들어 소셜미디어 데이터를 분석하여 특정 키워드가 증가할 때 주식 시장이 변동하는 패턴을 발견하는 것이 빅데이터 분석 방식이다.

10 다음 중 빅데이터 활용에 대한 예시가 가장 적절하지 않은 것은 무엇인가?

① 온라인 쇼핑몰에서 고객의 구매 이력을 분석하여 맞춤형 상품을 추천한다.
② 소셜 네트워크 분석을 활용하여 소비자 트렌드를 파악하고 마케팅 전략을 수립한다.
③ 머신러닝 기반 예측 모델을 활용하여 의료 데이터를 분석하고 질병 위험도를 예측한다.
④ 택배 차량 배치를 최적화하기 위해 요인 분석을 활용한다.

> **해설**
> 택배 차량 배치 최적화 문제는 요인 분석(Factor Analysis)보다는 경로 최적화 알고리즘(최단 경로, AI 기반 최적화 기법)을 활용해야 한다. 요인 분석은 변수 간 상관관계를 분석하는 통계 기법으로 택배 차량의 최적 배치보다는 소비자 행동 분석 등에 적합하다.

2과목 데이터분석 기획

11 다음 중 분석 기획 시 고려해야 할 사항으로 가장 적절하지 않은 것은 무엇인가?

① 분석 기획 시 사용 가능한 데이터
② 적절한 Use Case 탐색
③ 분석 도구의 실행 속도
④ 장애 요소들에 대한 사전 계획 수립

> **해설**
> 분석 기획 단계에서는 분석 도구의 실행 속도를 최우선으로 고려할 필요가 없다. 가용 데이터 평가, 적절한 Use Case 탐색, 잠재적인 장애 요소들에 대한 사전 계획 수립 등을 우선적으로 수행하는 것이 적절한 접근이다.

12 분석 프로젝트 관리 영역 중 다음 내용에 해당하는 것으로 가장 적절한 것은 무엇인가?

> 프로젝트 수행을 위해 필요한 외부 소싱을 적절하게 관리하는 것이 중요하며 PoC(개념 검증) 단계에서는 클라우드 인프라 활용 가능성을 검토하는 것이 좋다.

① 조달
② 의사소통
③ 원가
④ 범위

해설

조달 관리는 프로젝트 수행을 위해 외부에서 필요한 자원(제품, 서비스, 인프라 등)을 확보하고 계약을 관리하는 과정이다. PoC(개념 검증) 단계에서는 외부 클라우드 인프라(AWS, Azure, Google Cloud 등)의 활용 가능성을 검토하여 적절한 기술과 서비스를 선택해야 한다. 따라서, 외부 소싱과 클라우드 인프라 검토는 조달 관리의 주요 역할에 해당한다.

오답 Check

② 프로젝트 내 이해 관계자 간 원활한 정보 공유와 협업을 위한 의사소통 관리 프로세스이다. 외부 자원의 소싱과 계약이 아닌 프로젝트팀 내 커뮤니케이션 및 보고 체계와 관련되므로 해당하지 않는다.
③ 프로젝트의 예산을 수립하고 비용을 효율적으로 관리하는 과정이다. 조달 과정에서 비용이 발생할 수 있지만 문제에서 강조하는 내용은 외부 자원 및 인프라 확보이므로 원가 관리와 직접적인 관련이 없다.
④ 프로젝트에서 수행해야 할 업무의 범위를 정의하고 관리하는 과정이다. 외부 리소스 및 인프라 활용과 관련된 사항이 아니므로 적절하지 않다.

13 다음 중 빅데이터 분석 방법론에 대한 설명으로 가장 적절한 것은 무엇인가?

① 단계 → 스텝 → 태스크 순으로 구성된다.
② 각 단계는 베이스라인으로 설정되어 관리된다.
③ 스텝은 단계의 구성단위이다.
④ 태스크는 단계별로 독립적으로 수행되며 서로 영향을 미치지 않는다.

오답 Check

① 빅데이터 분석 방법론의 기본 구조는 단계(Stage) → 태스크(Task) → 스텝(Step) 순으로 구성된다.
③ 스텝(Step)은 태스크(Task)를 구성하는 가장 작은 단위이다.
④ 태스크(Task)는 각 단계(Stage) 내에서 수행되는 작업 단위로, 서로 유기적으로 연결될 수 있다. 예를 들어, 데이터 전처리 태스크의 결과가 데이터 모델링 태스크에 영향을 줄 수 있다.

14 다음 중 기업이 전체 시장을 대상으로 노령화, 저출산, 소비자 트렌드, 문화적 변화를 고려하여 분석 기회를 도출하는 거시적 관점의 요소는 무엇인가?

① 환경
② 기술
③ 경제
④ 사회

오답 Check
① 기후 변화, 탄소 배출 규제, 친환경 정책 등 환경적 변화에 따라 분석 기회를 찾는 요소이다.
② AI, 로봇 기술, IT 융합 기술, 나노 기술 등 기술 발전과 혁신을 분석하는 요소이다.
③ 원자재 가격 변동, 금리, 환율 변화 등 경제적 흐름을 분석하는 요소이다.

15 분석 과제 프로젝트 고려사항 중 정확도와 정밀도에 대한 설명으로 가장 적절하지 않은 것은 무엇인가?

① 분석 안정성을 확보해야 하는 경우 정밀도보다 정확도를 중시해야 한다.
② 정확도는 모델의 예측값과 실젯값이 얼마나 가까운지를 나타낸다.
③ 정밀도는 반복적으로 모델을 사용했을 때 모델 값들의 편차 수준을 나타낸다.
④ 의료 진단과 같이 일관성이 중요한 경우에는 정확도를 높이는 것이 중요하다.

해설
분석 안정성, 즉 결과의 일관성과 재현 가능성을 확보하려면 정확도(Accuracy)보다는 정밀도(Precision)를 중시해야 한다. 정확도는 단순히 얼마나 정답을 맞혔는가를 평가하는 것이므로 데이터가 변할 때마다 결과가 달라질 수 있다. 하지만 정밀도는 분석 결과가 일관되게 유지되는지 평가하는 척도이므로 분석 안정성을 확보하는 데 중요한 요소이다.

정답 14 ④ 15 ①

16 다음 중 데이터 분석의 데이터 준비 단계에서 고려해야 할 사항으로 짝지어진 것은 무엇인가?

> (가) 정형, 비정형, 반정형 데이터를 모두 사용할 수 있어야 한다.
> (나) 기업 데이터 사용 시 전사적으로 이전 자료들에 대한 사용이 필요하다.
> (다) 회사 내부 정보 활용 시 기업은 정보 주체에 대한 동의를 받지 않아도 된다.
> (라) 수집된 데이터에 대해 정합성 검증을 수행해야 한다.

① (가), (나)
② (나), (다)
③ (가), (나), (다)
④ (가), (나), (라)

해설

(가) 데이터 분석에서는 정형(테이블 형태의 데이터), 비정형(텍스트, 이미지, 영상 등), 반정형(JSON, XML 등) 데이터를 모두 활용할 수 있어야 한다. 다양한 데이터 유형을 효과적으로 활용해야 보다 정교한 분석이 가능하다.
(나) 과거의 데이터는 추세 분석, 패턴 탐색, 예측 모델 구축 등에 중요한 역할을 하므로 분석에 포함해야 한다. 예를 들어 고객 구매 데이터를 분석할 때 과거 몇 년간의 데이터를 활용하면 더욱 정확한 패턴을 도출할 수 있다. 단, 불필요한 데이터까지 무조건 활용하는 것은 비효율적이므로 분석 목적에 맞는 데이터 선별이 필요하다.
(다) 기업 내부 데이터라고 하더라도 개인정보를 활용할 경우 정보 주체(개인)의 동의가 필요하다.
(라) 데이터 정합성 검증은 데이터의 오류, 중복, 누락 등을 확인하고 신뢰할 수 있는 데이터만을 분석에 활용하는 과정이다. 데이터 오류가 존재하면 분석 결과의 신뢰도가 낮아질 수 있으므로 정합성 검증을 수행해야 한다.

17 다음 중 데이터 거버넌스 체계에서 데이터 표준화를 위해 수행해야 할 과제로 가장 적절한 것은 무엇인가?

① 데이터 저장 공간 확대
② 데이터 표준 용어 설정, 명명 규칙 수립, 데이터 사전 정의
③ 데이터 보안 및 접근 관리
④ 데이터 표준 개선 및 확장

오답 Check

① 데이터 저장 공간에 대한 문제는 데이터 저장소 관리 단계에서 수행한다.
③ 데이터 보안 및 접근 관리는 데이터 관리 체계 단계에서 수행된다.
④ 데이터 표준 개선 및 확장은 표준화 활동 단계에서 수행된다.

18 준비도와 성숙도를 기준으로 기업의 데이터 분석 수준을 진단하여 확산형으로 분류되었다. 이 기업의 준비도와 성숙도에 대한 설명으로 알맞은 것은 무엇인가?

① 낮은 준비도, 낮은 성숙도
② 높은 준비도, 낮은 성숙도
③ 낮은 준비도, 높은 성숙도
④ 높은 준비도, 높은 성숙도

해설

분석 수준 진단은 일반적으로 분석 준비도(데이터, 조직, 인프라 등 기본적인 역량)와 분석 성숙도(데이터 활용 및 분석의 정교화 정도)를 함께 평가하며, 이를 바탕으로 기업이 어느 단계에 속하는지 판단할 수 있다.

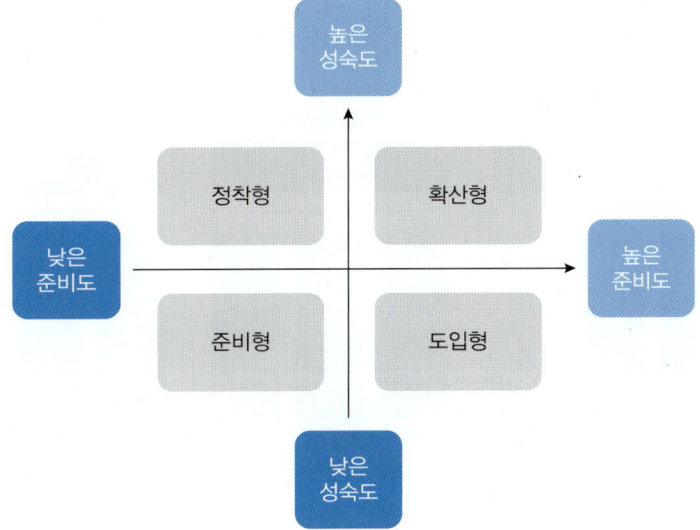

19 다음 중 데이터 분석 조직 구조에 대한 설명으로 가장 적절한 것은 무엇인가?

① 집중형 : 분석 조직 인력들을 현업 부서로 직접 배치하여 분석 업무를 수행한다.
② 기능형 : 별도 분석 조직 없이 해당 부서에서 직접 분석을 수행한다.
③ 분산형 : 전사 분석 업무를 별도의 분석 전담 조직에서 수행한다.
④ 분산형 : 전사적 관점의 핵심 분석이 어렵다.

> 해설
기능형 조직 구조는 각 부서에서 분석 업무를 자체적으로 수행하는 형태이다. 따로 분석 전담 조직을 두지 않고 마케팅, 영업, 생산 등 각 부서의 담당자가 직접 데이터를 분석하며, 전사적 관점의 핵심 분석이 어렵고 일부 중복된 분석 업무가 이원화되어 행해질 수 있다는 이슈가 존재한다.

> 오답 Check
① 분산형에 대한 설명이다.
③ 집중형에 대한 설명이다.

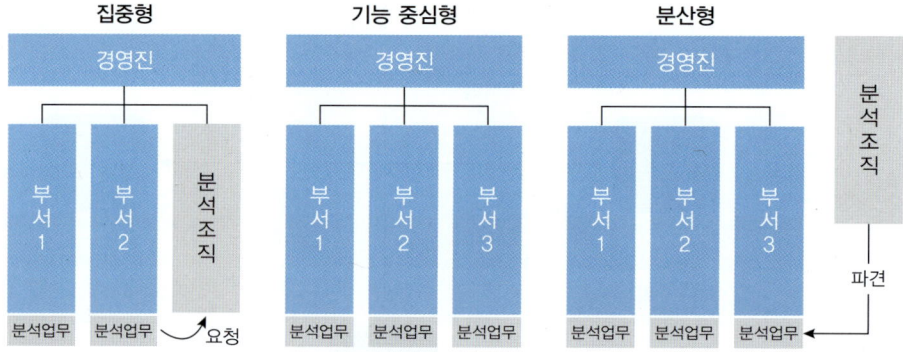

20 분석 과제의 우선순위를 설정할 때 다음 중 가장 우선순위가 높은 과제는 무엇인가?

① 시급성이 높고 난이도가 높은 문제
② 시급성이 낮고 난이도가 높은 문제
③ 시급성이 높고 난이도가 낮은 문제
④ 시급성이 낮고 난이도가 낮은 문제

> 해설　우선순위 설정 원칙
• 시급성이 높을수록 우선순위가 높다.
• 같은 시급성이라면 난이도가 낮은 문제를 먼저 해결하는 것이 효율적이다.
• 즉, 비즈니스 영향이 크면서도 해결이 쉬운 과제부터 완료하면 빠른 성과를 낼 수 있다.

3과목 데이터분석

21 다음 중 하나의 종속변수가 여러 개의 독립변수를 가질 때 이들의 관계를 분석하는 기법으로 가장 적절한 것은 무엇인가?

① 다항 회귀
② 다중 회귀
③ 로지스틱 회귀
④ 단순 회귀

해설
회귀분석은 종속변수(예측하고자 하는 값)와 독립변수(설명변수) 간의 관계를 분석하는 기법이다.

오답 Check
① 독립변수와 종속변수 간의 관계가 직선이 아니라 곡선(비선형)일 때 사용하는 방법이다.
③ 종속변수가 연속형이 아닌 범주형(이진 또는 다항)일 때 사용하는 기법이다.
④ 하나의 종속변수(Y)와 하나의 독립변수(X) 간의 관계를 분석하는 기법이다.

22 다음 중 결측값 대치에 대한 설명으로 가장 적절하지 않은 것은 무엇인가?

① 평균 대치는 결측값이 있는 변수를 해당 변수의 평균값으로 채우는 방법이다.
② 단순 확률 대치법은 결측값을 임의의 확률값으로 채우는 방법이다.
③ 다중 대치법은 결측값을 여러 번 대치하여 불확실성을 반영하는 기법이다.
④ 완전 분석법은 낮은 정보 손실률을 보인다.

해설
- 결측값 대치는 분석을 수행하기 전에 데이터셋 내의 누락된 값을 처리하는 방법이다. 대표적인 결측값 대치 기법에는 평균 대치법, 단순 확률 대치법, 다중 대치법, 완전 분석법 등이 있다.
- 완전 분석법은 결측값이 있는 데이터를 삭제하는 방식으로 결측값이 많을 경우 정보 손실이 크며 데이터가 편향될 위험이 있다. 따라서 완전 분석법은 오히려 높은 정보 손실률을 보이며 '낮은 정보 손실률을 보인다'는 설명은 부적절하다.

23 다음 중 척도에 대한 설명으로 가장 적절하지 않은 것은 무엇인가?

① 등간척도는 측정 대상이 가지고 있는 속성의 양을 측정하며 절대적 기준 0이 존재한다.
② 서열척도는 범주형 자료이면서 순서를 갖는 자료를 의미한다.
③ 명목척도는 범주형 자료를 의미한다.
④ 비율척도는 범주형 자료이면서 순서가 존재하고 사칙연산이 가능하다.

해 설

척도는 변수의 측정 수준을 의미하며 데이터의 속성을 정의하는 기준으로 명목척도, 서열척도, 등간척도, 비율척도로 구분된다.
등간척도는 변수 간의 차이를 나타낼 수 있지만 절대적 기준 0이 존재하지는 않는다. 예를 들어 섭씨 온도(℃)는 등간척도이지만 0℃가 '없음'을 의미하는 것은 아니다. 그러나 비율척도에서는 절대적 0이 존재하며, 예를 들어 무게(kg)나 길이(m)는 0이 의미를 갖는다. 따라서 등간척도에 절대적 기준 0이 존재한다는 설명은 잘못되었다.

24 다음 중 표본 추출 방법에 대한 설명으로 가장 적절한 것은 무엇인가?

① 단순 랜덤 추출법은 데이터를 여러 집락으로 구분한 뒤 단순 추출법에 의해 선택된 집락의 데이터 표본을 사용하는 방법이다.
② 계통 추출법은 N개의 모집단에서 n개의 데이터를 무작위로 추출하는 방법이다.
③ 층화 추출법은 서로 이질적인 여러 개의 모집단으로 데이터를 나누고 각 모집단 내에는 동질적인 특성의 원소들로 구성한 뒤 표본을 추출하는 방법이다.
④ 집락 추출법은 모집단의 원소에 차례대로 번호를 부여한 뒤 일정한 간격을 두고 데이터를 추출하는 방법이다.

해 설

표본 추출 방법은 모집단에서 대표적인 데이터를 선택하여 분석하는 과정이며, 주요 표본 추출법으로 단순 랜덤 추출법, 계통 추출법, 층화 추출법, 집락 추출법 등이 있다.

오답 Check

① 집락 추출법에 대한 설명이다.
② 단순 랜덤 추출법에 대한 설명이다.
④ 계통 추출법에 대한 설명이다.

25
다음 중 변수 간의 거리를 측정하여 데이터를 시각화하는 방법으로 고차원 데이터를 저차원 공간에 점으로 표현하는 기법을 무엇이라고 하는가?

① 다차원 척도법
② 상관분석
③ 회귀분석
④ 혼합 분포 군집

해설
고차원 데이터를 저차원으로 변환하여 시각화하는 기법을 차원 축소 기법이라고 한다. 이 중에서 다차원 척도법(MDS)은 변수 간의 거리를 측정하여 데이터를 저차원 공간에 점으로 표현하는 대표적인 기법이다.

오답 Check
② 두 변수 간의 관계(선형 상관관계)를 측정하는 기법이다.
③ 한 변수(독립변수)가 다른 변수(종속변수)에 미치는 영향을 분석하는 기법이다.
④ 데이터를 여러 개의 확률분포로 가정하고, 이를 기반으로 클러스터를 찾는 군집분석 기법이다.

26
다음 중 확률에 대한 설명으로 가장 적절하지 않은 것은 무엇인가?

① 확률은 0과 1 사이의 값을 가진다.
② A와 B가 독립사건일 때 A와 B의 교집합의 확률은 두 확률의 합과 같다.
③ A와 B가 배반사건일 때 A와 B의 합집합의 확률은 두 확률의 합과 같다.
④ 조건부 확률은 사건 A가 발생했을 때 사건 B가 발생할 확률을 의미한다.

해설
독립 사건이란 한 사건의 발생이 다른 사건의 발생에 영향을 미치지 않는 경우를 의미한다. 두 사건 A와 B가 독립일 때 A와 B의 교집합의 확률(동시에 발생할 확률)은 두 확률의 곱과 같다.
$P(A \cap B) = P(A) \times P(B)$

27
다음 중 다중공선성에 대한 설명으로 가장 적절하지 않은 것은 무엇인가?

① 다중공선성은 독립변수 간에 강한 상관관계가 존재할 때 발생한다.
② VIF(분산 팽창 요인) 값이 10 이상이면 다중공선성이 있다고 판단한다.
③ 두 독립변수 사이의 상관계수가 1에 가까울수록 다중공선성이 있다고 판단한다.
④ 다중공선성을 제거하기 위해 독립변수를 추가해야 한다.

해설
다중공선성을 해결하기 위해 독립변수를 추가하는 것은 잘못된 접근법이다. 오히려 다중공선성이 높은 변수 중 하나를 제거하거나 주성분 분석(PCA)과 같은 차원 축소 기법을 활용하는 것이 일반적인 해결 방법이다. 예를 들어, '연령'과 '경력' 변수가 강한 상관관계를 가진다면 둘 중 하나를 제거하여 다중공선성을 줄이는 것이 효과적이다.

28 두 벡터 간의 유사도를 측정하는 지표로 두 벡터 사이의 각도를 활용하는 것을 무엇이라고 하는가?

① 자카드 유사도
② 피어슨 유사도
③ 코사인 유사도
④ 캔버라 거리

> **해설**
> 코사인 유사도(Cosine Similarity)란 두 벡터 사이의 각도를 이용하여 유사도를 측정하는 방법으로 두 벡터가 이루는 각도가 작을수록 유사도가 높고, 각도가 90°(직각)이면 유사도가 0이 된다.

> **오답 Check**
> ① 집합(Set) 간의 유사도를 측정하는 방법으로 교집합과 합집합의 비율을 계산한다.
> ② 두 변수 간의 선형 상관관계를 측정하는 지표로 상관계수를 계산한다.
> ④ 두 벡터 간의 거리(차이)를 측정하는 방법 중 하나로 유클리드 거리와 유사하지만 정규화된 형태이다.

29 다음 중 앙상블 기법의 목적으로 가장 적절한 것은 무엇인가?

① 모델의 수행 속도 향상
② 다차원 데이터의 차원 축소
③ 분류의 정확도 향상
④ 데이터의 품질을 높이기 위해 이상값 제거

> **해설**
> 앙상블 기법이란 여러 개의 모델을 조합하여 단일 모델보다 더 높은 예측 성능을 얻는 기법으로, 개별 모델의 한계를 보완하고 분류나 회귀의 정확도를 높이는 것이 주요 목적이다. 대표적인 앙상블 기법으로는 배깅(Bagging), 부스팅(Boosting), 스태킹(Stacking) 등이 있다.

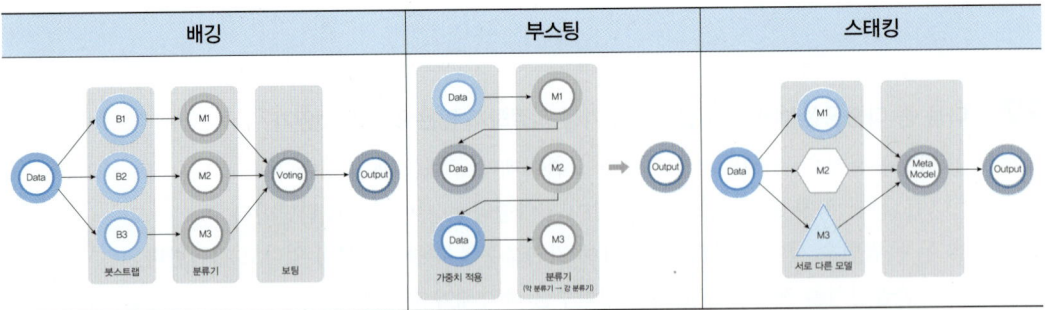

> **오답 Check**
> ① 앙상블 기법은 여러 개의 모델을 조합하여 예측하는 방식이므로 오히려 수행 속도가 느려질 수 있다.
> ② 차원 축소는 PCA(주성분 분석), t-SNE, LDA 등과 같은 기법을 활용하여 데이터의 차원을 줄이는 과정이다.
> ④ 데이터 전처리 과정에 해당한다.

30 다음 중 나이브 베이즈 이론에 대한 설명으로 가장 적절하지 않은 것은 무엇인가?

① 베이즈 정리는 연역적 추론 방법이다.
② 나이브 베이즈 분류기는 조건부 확률을 이용하여 클래스(Label)를 예측한다.
③ 베이즈 정리는 과거 경험과 현재 증거를 기반으로 미래를 추정한다.
④ 나이브 베이즈는 독립변수 간 상관관계를 고려하지 않고 확률을 계산한다.

해설

나이브 베이즈는 베이즈 정리를 기반으로 한 확률적 분류 기법으로 특정 사건이 주어진 상황에서 발생할 확률을 조건부 확률을 이용하여 계산한다. 텍스트 분류(스팸 필터링, 감성 분석) 및 다양한 머신러닝 응용에서 사용되며 귀납적 추론에 속한다.

31 다음 오분류표에서 F1-Score 값을 올바르게 계산한 것은 무엇인가?

구분		예측치	
		TRUE	FALSE
실젯값	TRUE	200	300
	FALSE	300	200

① 0.2
② 0.3
③ 0.4
④ 0.5

해설

F1-Score는 정밀도와 재현율의 조화 평균으로 계산된다.

$$F1 = 2 \times \frac{정밀도 \times 재현율}{정밀도 + 재현율}$$

여기서,

$$정밀도 = \frac{TP}{(TP+FP)} = \frac{200}{(200+300)} = 0.4$$

$$재현율 = \frac{TP}{(TP+FN)} = \frac{200}{(200+300)} = 0.4$$

이므로

$$F1 = \frac{2 \times 0.16}{0.8} = 0.4$$

32 다음은 표본의 크기가 71이고 신뢰 수준이 90%인 모집단에서 t-분포를 사용하여 모평균에 대한 신뢰구간을 구하는 식이다. 빈칸에 적절한 값으로 나열된 것은 무엇인가?

$$신뢰구간 = \overline{X} \pm (\square, \square) \times \frac{S}{\sqrt{71}}$$

① t 70, 0.95
② t 71, 0.95
③ t 70, 0.90
④ t 71, 0.90

해설
- t-분포에서 자유도는 표본 크기인 71에서 1을 뺀 70이 된다.
- 신뢰수준 90%이면 양쪽 꼬리 영역이 1 – 0.90 = 0.10이 되어 상·하한선에 각각 0.05씩 신뢰할 수 없는 부분이 존재함을 의미하고, 따라서 빈칸에는 0.95가 와야 한다.

33 다음 중 인공신경망에서 가중치를 사용하는 목적으로 가장 적절한 것은 무엇인가?
① 모델 복잡도 증가
② 분석의 정확도 증가
③ 모델의 규모 축소
④ 입력 변수의 강도 조절

해설
인공신경망에서 가중치는 입력 신호의 중요도를 조절하는 역할을 한다. 각 뉴런은 입력값을 받아들이고 특정 가중치를 곱한 후 활성화 함수를 통해 최종 출력값을 결정한다. 즉, 가중치가 클수록 해당 입력값이 결과에 미치는 영향이 커지고 가중치가 작으면 영향력이 감소한다.

34 다음 중 K-평균 군집분석에 대한 설명으로 가장 적절하지 않은 것은 무엇인가?
① 초기 K값 설정 시 제곱합 그래프를 이용할 수 있다.
② 군집이 형성되는 과정에서 하나의 데이터가 여러 군집에 배정될 수 있다.
③ 이상값에 민감하다는 단점이 있다.
④ 초기 군집의 중심을 임의로 설정할 수 있다.

해설
K-평균(K-Means) 군집분석은 데이터를 K개의 군집으로 나누는 비지도 학습 기법이다. 각 데이터는 가장 가까운 군집 중심(Centroid)으로 배정되며, 새로운 중심을 반복적으로 갱신하여 최적의 군집을 찾고 각 데이터는 오직 하나의 군집에 속한다.

35. 다음 중 제1종 오류에 대한 설명으로 가장 적절한 것은 무엇인가?

① 귀무가설이 거짓일 때, 귀무가설이 거짓이라고 판정하는 경우
② 귀무가설이 거짓일 때, 귀무가설이 참이라고 판정하는 경우
③ 귀무가설이 참일 때, 귀무가설이 참이라고 판정하는 경우
④ 귀무가설이 참일 때, 귀무가설이 거짓이라고 판정하는 경우

해설

제1종 오류란 귀무가설이 참인데도 불구하고 이를 기각하는 오류를 의미한다. 즉, 원래 참인 가설을 잘못된 판단으로 거짓이라고 결론 내리는 오류이다.

오답 Check

② 제2종 오류에 해당한다.

36. 다음 중 앙상블 모형에 대한 설명으로 가장 적절하지 않은 것은 무엇인가?

① 랜덤 포레스트는 분할에 사용될 예측 변수를 중요도에 따라 선택하고 선택된 변수 내에서 최적의 분할을 만들어 나가는 방식이다.
② 배깅은 원본 데이터에서 여러 개의 샘플을 복원 추출로 뽑아낸다.
③ 부스팅은 여러 모델을 순차적으로 학습하면서 각 모델이 이전 모델의 잘못 예측한 부분을 집중적으로 학습하는 방식이다.
④ 스태킹은 서로 다른 종류의 모델들을 결합하여 최종 예측을 하는 방식이다.

해설

- 앙상블이란 여러 개의 모델을 결합하여 더 강력한 예측 모델을 만드는 기법으로 배깅(Bagging), 부스팅(Boosting), 스태킹(Stacking)등이 있다.
- 랜덤 포레스트는 결정 트리를 여러 개 조합하는 배깅 기반 기법이다. 트리의 분할에 사용될 예측 변수를 중요도에 따라 선택하는 것이 아니라 무작위로 선택하여 학습한다. 즉, 각 트리는 독립적으로 학습되며 변수를 선택할 때 무작위성을 추가하는 것이 핵심이다.

37. 다음 중 의사결정나무에서 가지치기를 하는 이유로 가장 적절한 것은 무엇인가?

① 다중공선성 제거
② 데이터 분산 최소화
③ 과적합 방지
④ 예측 정확도 향상

해설

의사결정나무란 데이터를 분할하여 의사결정 규칙을 만드는 지도 학습 알고리즘이다. 하지만 트리의 깊이가 너무 깊어질 경우 훈련 데이터에 과하게 맞춰져서 새로운 데이터에 대한 일반화 성능이 떨어지는 과적합 문제가 발생할 수 있고, 이를 해결하기 위해 가지치기(Pruning) 기법을 사용한다.

38. 다음 데이터셋 결과에 대한 해석으로 가장 적절하지 않은 것은 무엇인가?

```
> summary(sample_data)
   Min.  1st Qu.  Median  Mean  3rd Qu.  Max.  NA's
   2.10   3.50     4.80   5.23   6.10    7.90   1
```

① 해당 데이터에는 결측치가 1개 존재한다.
② 해당 데이터에는 이상값이 존재한다.
③ IQR의 값은 2.60이다.
④ 데이터의 중앙값이 평균값보다 작다.

해 설

이상값을 판단하려면 IQR을 이용한 상한값과 하한값을 계산해야 한다.
IQR = Q3 − Q1 = 6.10 − 3.50 = 2.60
하한값 = Q1 − (1.5 × IQR) = 3.50 − 3.90 = −0.40
상한값 = Q3 + (1.5 × IQR) = 6.10 + 3.90 = 10.00
주어진 데이터의 최솟값(2.10)과 최댓값(7.90)이 하한값(−0.40)~상한값(10.00) 범위 내에 있으므로 이상값이 없다고 판단할 수 있다.

오답 Check

① NA's = 1이므로 결측치가 1개 존재한다.
③ IQR은 사분위 범위로 Q3 − Q1으로 계산한다.
④ 중앙값(Median) = 4.80, 평균(Mean) = 5.23

38 ②

39 데이터셋의 변수 간 상관관계를 분석하여 히트맵(Heatmap)으로 시각화한 결과가 다음과 같이 주어졌다. 보기의 그림에 대한 설명으로 적절하지 않은 것은 무엇인가?

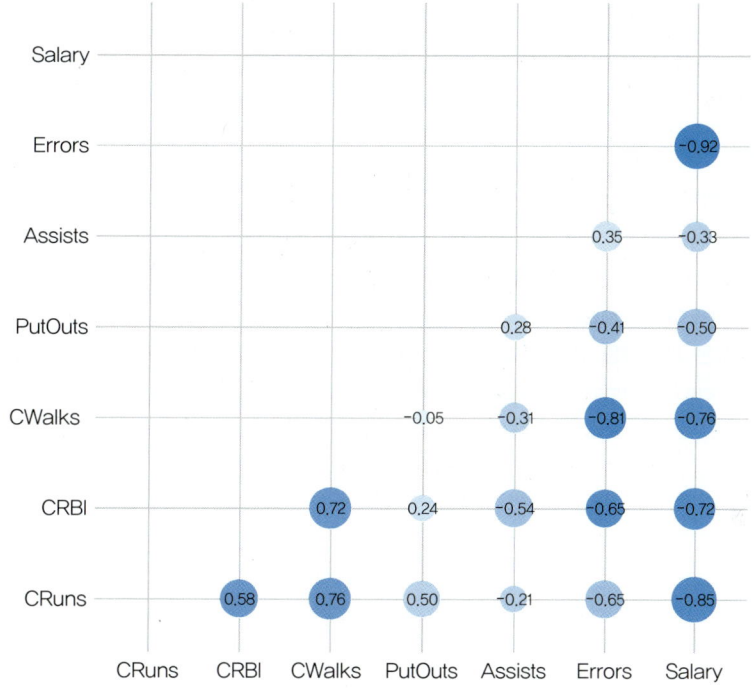

① CRuns와 CRBI는 강한 음의 상관관계를 보인다.
② Assists와 Errors는 약한 양의 상관관계를 보인다.
③ CRBI와 CWalks는 강한 양의 상관관계를 보인다.
④ 상관계수는 -1~1 사이의 범위를 갖는다.

해설

히트맵에서 CRuns와 CRBI의 상관계수는 0.58로 나타나 있으며 이는 양의 상관관계를 의미한다.

40 다음 중 분석의 종류와 해당하는 기법이 올바르게 연결된 것은 무엇인가?

① 분류분석 – 회귀분석
② 군집분석 – 의사결정나무
③ 주성분 분석 – 시계열분석
④ 연관분석 – 장바구니 분석

> **해설**
> 연관분석은 항목 간의 연관성을 찾는 분석 기법으로 장바구니 분석, Apriori 알고리즘, FP-Growth 등이 있다.

> **오답 Check**
> ① 분류분석은 데이터를 미리 정의된 그룹(범주)으로 분류하는 기법으로 의사결정나무, 로지스틱 회귀, 랜덤 포레스트, 서포트 벡터 머신(SVM) 등이 있다.
> ② 군집분석은 데이터를 유사한 그룹으로 자동으로 묶는 분석 기법으로 K-평균(K-Means), 계층적 군집분석(Hierarchical Clustering), DBSCAN 등이 있다.
> ③ 주성분 분석은 차원 축소 기법으로 데이터의 중요한 정보를 유지하면서 변수를 줄이는 역할을 한다.

41 다음 중 회귀분석에서 데이터의 정규성을 검증하는 방법으로 가장 적절하지 않은 것은 무엇인가?

① 히스토그램
② QQ Plot
③ 샤피로-윌크 테스트
④ 더빈-왓슨 테스트

> **해설**
> 정규성 검증에 사용되는 방법으로는 히스토그램, QQ Plot, 샤피로-윌크 검정 등이 있고, 더빈-왓슨 테스트는 정규성이 아닌 자기상관 검정을 위한 방법이다.

42 군집분석에서 두 군집 간의 거리를 측정할 때 가장 먼 데이터를 기준으로 측정하는 방법을 무엇이라고 하는가?

① 중심 연결법
② 최장 연결법
③ 와드 연결법
④ 평균 연결법

해설
최장 연결법은 완전 연결법이라고도 하며 두 군집 간의 가장 먼 데이터(최대 거리)를 기준으로 거리를 측정하는 방법이다.

오답 Check
① 각 군집의 중심을 기준으로 거리를 측정하는 방법이다.
③ 군집 내 분산을 최소화하는 방향으로 군집을 형성하는 방법이다.
④ 두 군집 간 모든 데이터 쌍의 거리 평균을 기준으로 측정하는 방법이다.

43 다음 중 연관분석에 대한 설명으로 가장 적절하지 않은 것은 무엇인가?

① 거래 횟수가 적은 품목에 대해서도 규칙을 쉽게 발견할 수 있다.
② 비교적 분석 결과를 이해하기 쉽다.
③ 비지도 학습 유형이다.
④ A가 구매되었을 때 B가 구매될 확률을 신뢰도라고 한다.

해설
연관분석은 데이터 내 항목 간의 관계를 찾는 비지도 학습 기법으로 거래 횟수가 많은 품목에서 의미 있는 규칙을 찾는 데 유리하다. 반대로 거래 횟수가 적은 품목은 지지도 값이 낮아 규칙이 발견되기 어려우며 연관규칙이 형성되지 않거나 신뢰도가 낮아 실용성이 떨어진다.

44 다음 중 추정에 대한 설명으로 가장 적절하지 않은 것은 무엇인가?

① 점추정은 모집단의 모수를 추정하기 위한 것으로 특히 모평균을 추정할 때 하나의 특정 값으로 예측한다.
② 구간추정은 모수가 특정 구간 안에 존재할 거라고 예측하는 것이다.
③ 신뢰구간에는 항상 모수가 포함된다.
④ 구간추정에서 신뢰수준은 90%, 95%, 99%를 이용하는 경우가 많다.

해설
• 추정이란 모집단의 모수(예 모평균, 모분산 등)를 표본 데이터로부터 예측하는 과정이다.
• 신뢰구간은 일정 확률(신뢰수준)로 모수를 포함할 가능성이 높은 구간을 제공한다. 하지만 모수를 항상 포함한다고 단정할 수는 없다. 예를 들어 95% 신뢰구간을 설정했다면 100번 중 95번은 모수를 포함하지만 5번은 포함하지 않을 수 있다.

45 다음 중 파생변수에 대한 설명으로 가장 적절하지 않은 것은 무엇인가?

① 기존 변수들을 가공하여 새로운 의미를 가진 변수를 생성할 수 있다.
② 파생변수는 데이터 분석의 성능을 높이는 데 도움을 줄 수 있다.
③ 원본 데이터가 훼손되지 않도록 기존 변수를 삭제한 뒤 파생변수를 생성해야 한다.
④ 주관적인 변수이기 때문에 논리적 타당성을 확보해야 한다.

해설

파생변수란 기존 데이터를 변형하거나 조합하여 새로운 변수를 생성하는 과정을 의미한다. 파생변수를 생성하기 위해 기존 변수를 삭제할 필요는 없다. 오히려 기존 변수와 함께 활용하여 더 다양한 분석이 가능하므로 원본 데이터를 보존하는 것이 일반적이다.

46 다음 그림은 두 연속형 변수에 대한 산점도이다. 관련된 설명으로 가장 적절한 것은 무엇인가?

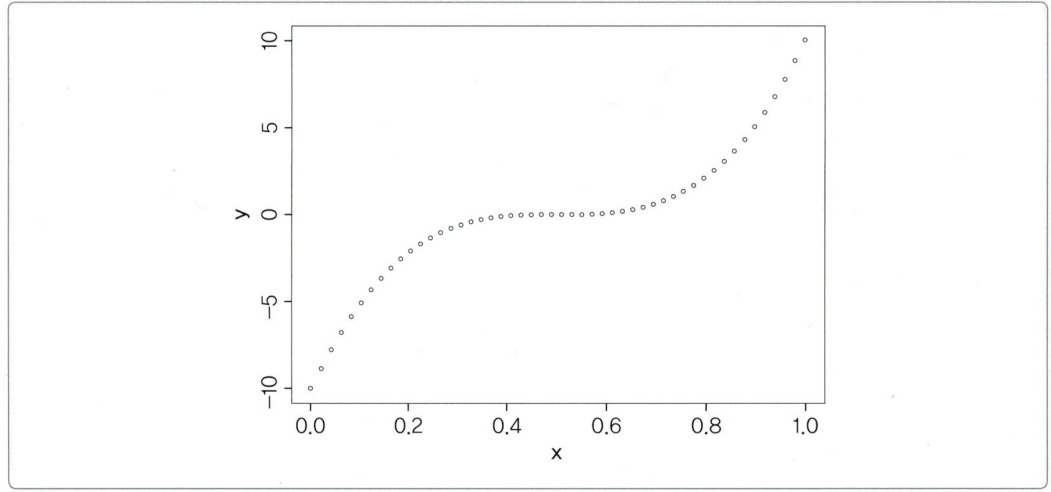

① 두 변수는 완벽한 선형 관계를 갖는다.
② 두 변수는 음의 상관관계를 갖는다.
③ 피어슨 상관계수가 1이다.
④ 스피어만 상관계수가 1이다.

해설

스피어만 상관계수는 데이터의 순위(순서)를 이용해 단조 관계를 측정하는 비모수적 상관계수이다. 데이터가 단조 증가 관계를 가지면 스피어만 상관계수는 1이 될 수 있다. 현재 주어진 데이터는 단조 증가하는 패턴을 보이므로 스피어만 상관계수가 1이 될 수 있다.

오답 Check

① 선형 관계라면 산점도가 직선 형태로 나타나야 한다.
② 산점도에서 x 값이 증가할 때 y 값도 전반적으로 증가하는 경향이 있으므로 양의 상관관계를 갖는다.
③ 피어슨 상관계수는 선형적 관계를 측정하는 값으로 현재 데이터는 비선형 관계를 가지므로 피어슨 상관계수가 1이 될 수 없다.

47 다음은 R에 내장된 Wage 데이터를 활용하여 학력별 임금의 평균을 계산한 결과이다. 다음 설명 중 가장 적절하지 않은 것은 무엇인가?

```
> avg_wage_by_edu <- aggregate(wage ~ education, data = Wage, mean)
> print(avg_wage_by_edu)
            education      wage
1       1. < HS Grad    84.10441
2         2. HS Grad    95.78335
3     3. Some College  107.75557
4     4. College Grad  124.42791
5   5. Advanced Degree 150.91778
```

① education이 HS Grad인 경우 평균은 84.104이다.
② 학력이 높아질수록 평균 임금도 증가하는 경향을 보인다.
③ 위 데이터를 활용해 분산분석(ANOVA)을 수행하면 처리 자유도는 4이다.
④ Advanced Degree가 가장 높은 평균 임금을 보유하고 있다.

해설

< HS Grad(고등학교 미졸업)의 평균 임금이 84.104이고 HS Grad(고등학교 졸업)의 평균 임금은 95.783이다.

48 다음 Residuals vs Fitted 그래프에 대한 해석으로 가장 적절하지 않은 것은 무엇인가?

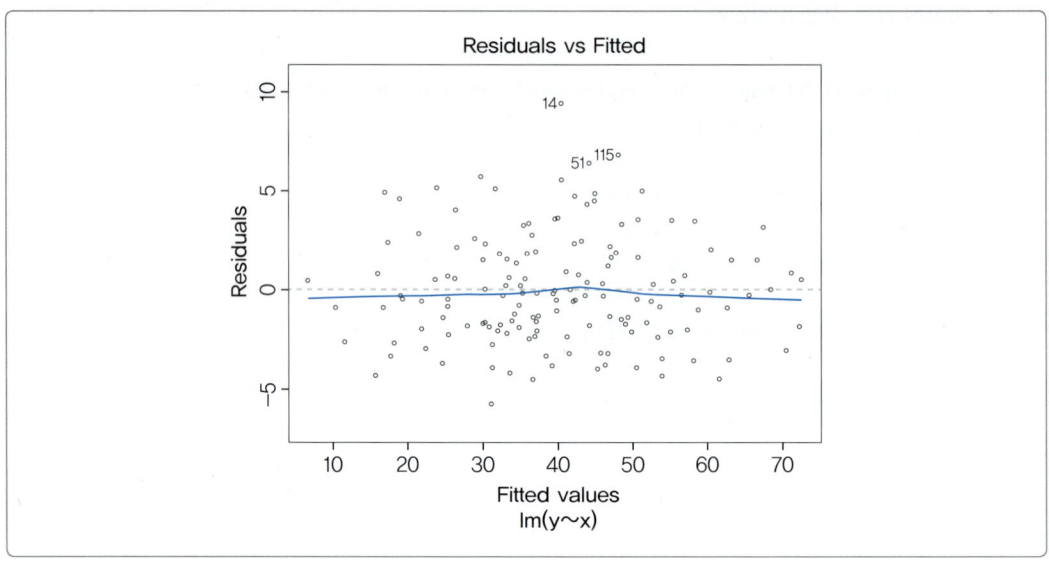

① x축은 예측값, y축은 잔차를 나타낸다.
② 잔차들이 독립성을 만족하지 않는다.
③ 이상값 여부를 파악할 수 있다.
④ 영향점 여부를 파악할 수 있다.

해 설

Residuals vs Fitted 그래프는 회귀분석의 잔차 진단에 사용되는 도구로 x축은 예측값(Fitted Values), y축은 잔차(Residuals)를 나타낸다. 파란 선은 잔차의 전반적인 패턴을 보여주는 추세선이다. 이 그래프에서 잔차들은 특별한 패턴 없이 무작위로 분포되어 있어 독립성을 만족하고 있다.

49 다음 그림은 산점도 행렬로 여러 변수 간의 관계를 시각적으로 탐색하는 데 사용된다. 다음 설명 중 가장 적절하지 않은 것은 무엇인가?

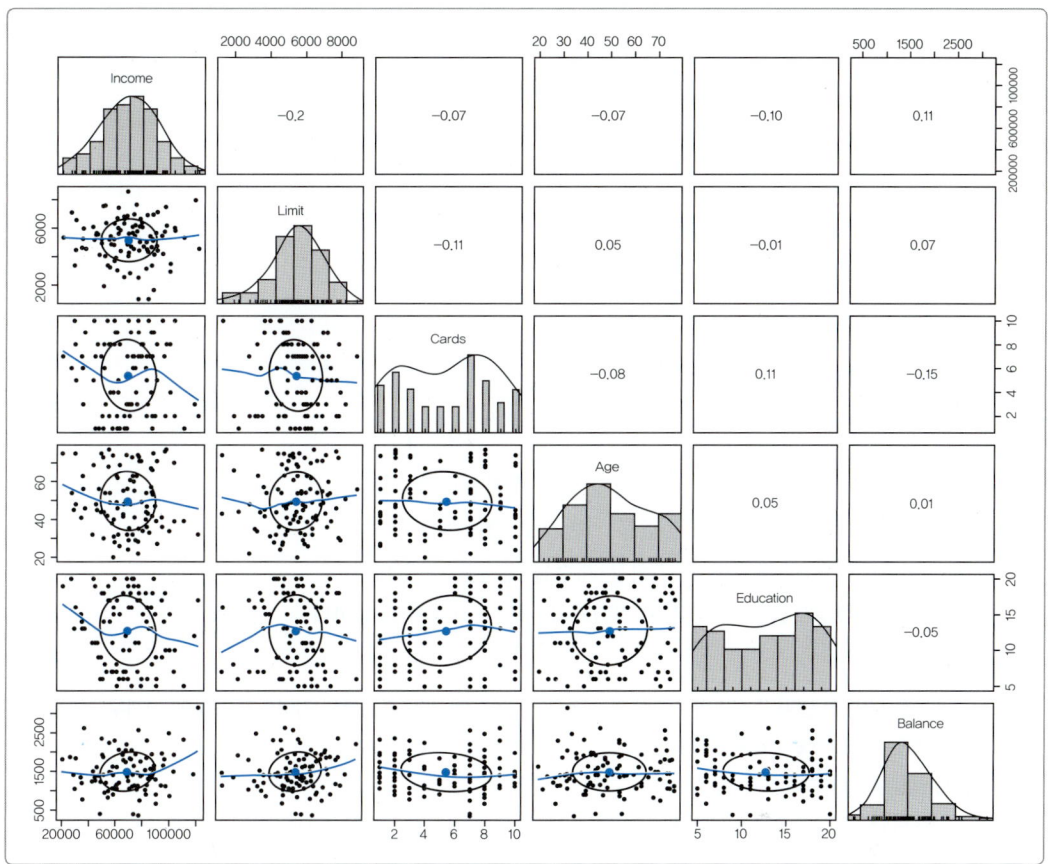

① Income과 Limit은 상관관계가 약하다.
② Cards와 Balance는 약한 양의 상관관계를 갖는다.
③ Age와 Balance 간의 상관계수는 0에 가깝다.
④ Education과 Balance는 음의 상관관계를 갖는다.

해설
Cards와 Balance의 실제 상관계수는 −0.15로, 약한 음의 상관관계를 보인다.

오답 Check
① Income과 Limit의 상관계수는 −0.2로, 상관관계가 약하다고 볼 수 있다.
③ Age와 Balance의 상관계수는 0.01로, 0에 가깝다.
④ Education과 Balance의 상관계수는 −0.05로, 약한 음의 상관관계를 갖는다.

50 다음 그림은 주성분 분석에 대한 Scree Plot이다. 가장 적절하지 않은 설명은 무엇인가?

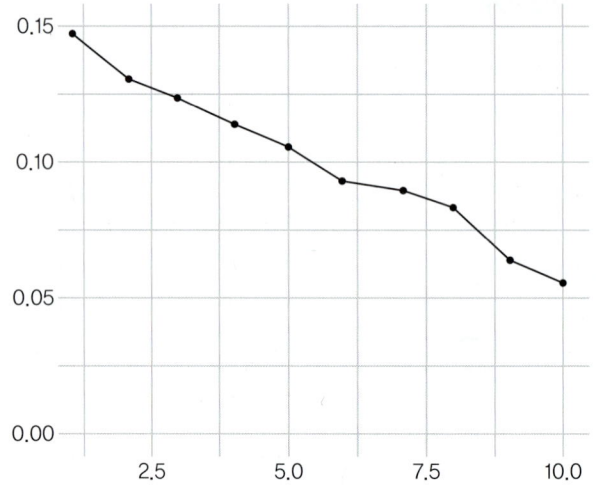

① 첫 번째 주성분으로 약 15%의 분산 설명이 가능하다.
② Scree Plot은 주성분의 고윳값을 기반으로 변동성을 분석하는 그래프이다.
③ Scree Plot을 통해 적절한 주성분 개수를 결정할 수 있다.
④ 두 개의 주성분을 사용할 경우 약 13%의 분산 설명이 가능하다.

> **해설**

그래프를 보면 첫 번째 주성분의 기여도가 15%에 가깝고 두 번째 주성분의 기여도가 13%에 가까우므로 두 개의 주성분을 합하면 대략 28%의 설명력을 갖는다.

> **오답 Check**

③ Scree Plot의 엘보우 포인트를 찾으면 유의미한 주성분 개수를 선택할 수 있다.

CHAPTER 02 기출변형 모의고사(제42회)

1과목 데이터의 이해

01 다음 중 빅데이터가 등장하게 된 배경으로 가장 적절하지 않은 것은 무엇인가?

① 정형 데이터의 폭발적인 증가
② 하둡과 같은 기술의 발전
③ 스마트폰과 SNS의 급속한 활성화
④ 클라우드의 발전

해설
- 빅데이터가 등장하게 된 배경은 데이터의 양적 증가뿐만 아니라 이를 처리하고 분석하는 기술과 환경의 발전이 함께 이루어진 결과이다.
- 정형 데이터(예 엑셀, 관계형 데이터베이스에 저장된 데이터)는 기존에도 존재했던 데이터 유형으로, 빅데이터의 핵심은 비정형 데이터의 증가와 이를 처리하기 위한 기술의 발전이다. 따라서 정형 데이터의 증가만으로는 빅데이터가 등장한 배경을 설명하기 어렵다.

02 다음 중 DIKW 피라미드의 구성요소 중 지식에 대한 예시로 가장 적절한 것은 무엇인가?

① A 마트의 우유가 B 마트의 우유보다 더 싸다.
② A 마트의 다른 상품들도 B 마트보다 더 쌀 것이다.
③ B 마트보다 가격이 상대적으로 저렴한 A 마트에서 우유를 사야겠다.
④ A 마트는 우유를 2,000원에, B 마트는 2,500원에 판매한다.

해설
DIKW 피라미드는 데이터 → 정보 → 지식 → 지혜의 단계로 구성된다. 즉, 데이터에서 의미를 찾으면 정보가 되고, 정보를 해석하여 패턴과 관계를 도출하면 지식이 된다. 그리고 지식을 바탕으로 도출되는 창의적인 아이디어가 지혜이다.

오답 Check
① 정보에 해당한다.
② 지혜에 해당한다.
④ 데이터에 해당한다.

정답 01 ① 02 ③

03 다음 중 데이터의 특성이 다른 것은 무엇인가?

① 풍속
② 강수량
③ 습도
④ 기상특보

해설

이 문제는 데이터를 정량적 데이터와 정성적 데이터로 구분하는 문제이다. 기상특보는 정성적 데이터로 수치가 아닌 문자나 범주로 구분되는 데이터라고 할 수 있다.
예) 태풍주의보, 폭염경보, 한파특보 등

오답 Check

①·②·③ 측정이 가능하며 수치(숫자)로 표현되는 데이터로 비교 및 계산이 가능하다.
예) 풍속 5.3m/s, 강수량 12.7mm, 습도 65%

04 다음 중 데이터 사이언티스트에게 필요한 역량으로 가장 적절하지 않은 것은 무엇인가?

① 네트워크 구축 역량
② 스토리텔링
③ 통찰력 있는 분석
④ 데이터 시각화

해설

데이터 사이언티스트는 데이터를 수집, 분석, 해석하여 의미 있는 인사이트를 도출하는 전문가이다. 이를 위해 여러 가지 핵심 역량이 필요하지만, 네트워크 구축 역량은 직접적인 핵심 역량과는 거리가 있다.

오답 Check

② 데이터 분석 결과를 효과적으로 전달하기 위해서는 이해하기 쉬운 스토리 구성 능력이 중요하다.
③ 데이터를 해석하고, 숨겨진 패턴과 트렌드를 파악하는 분석적 사고력이 필요하다.
④ 데이터를 그래프, 차트 등으로 시각적으로 표현하는 능력이 필수적이다.

03 ④ 04 ① **정답**

05 다음 중 빅데이터가 불러온 변화로 가장 적절한 것은 무엇인가?

① 사후조사 → 사전조사
② 데이터의 양 → 질
③ 전수조사 → 표본조사
④ 인과관계 → 상관관계

해설

빅데이터(Big Data)의 등장은 데이터 분석 방식과 의사결정 프로세스에 큰 변화를 가져왔다. 기존 분석 방식과 비교했을 때, 빅데이터의 핵심 변화는 상관관계를 중심으로 의사결정을 하는 경향이 증가했다는 점이다.

오답 Check

① 데이터를 먼저 수집한 뒤 필요시 분석하는 사후처리 방식으로 변화하게 되었다.
② 기존 데이터 분석에서는 데이터의 질을 중요하게 여겼지만, 빅데이터 시대에는 데이터의 양이 분석의 핵심 요소가 되었다.
③ 기존 통계 분석에서는 시간과 비용 문제로 인해 표본조사를 활용하는 경우가 많았지만, 빅데이터의 등장으로 전수조사가 가능해졌다.

06 다음 중 빅데이터의 위기 요인에 해당하지 않는 것은 무엇인가?

① 사생활 침해
② 책임 원칙 훼손
③ 데이터 오용
④ 분석 기술 발달

해설

분석 기술이 발전하는 것은 위기가 아니라 기회 요소이다. 더 정교한 알고리즘과 효율적인 데이터 분석 기법이 등장하면서 빅데이터 활용도가 높아지고 정확도가 증가하기 때문이다.

오답 Check

① 빅데이터 분석을 통해 개인의 행동 패턴이 예측 가능해지면서 개인정보 유출 및 사생활 침해 문제가 심각해지고 있다. 예를 들어 검색 기록, 위치 정보, SNS 활동 등의 데이터를 분석하면 개인의 취향, 건강 상태, 심지어 경제적 상황까지도 파악할 수 있다.
② 빅데이터로 인한 미래 예측이 가능해지면서 발생하지 않은 일에 대한 책임을 묻는 문제가 발생할 소지가 생겼다.
③ 빅데이터가 잘못 해석되거나 악의적으로 사용될 경우 큰 문제가 될 수 있다. 예를 들어 특정 집단을 차별하는 방식으로 데이터를 활용하거나 허위 정보 및 조작된 데이터를 사용하여 의사결정을 내리는 경우가 발생할 수 있다.

07 다음 중 빅데이터가 미치는 영향이라고 볼 수 없는 것은 무엇인가?

① 정부의 환경 탐색
② 고객에게 획일화된 서비스 제공
③ 의료와 교육 개선
④ 기업의 매출 증대

> **해설**
> • 빅데이터는 다양한 분야에서 혁신적인 변화를 일으키고 있으며, 의사결정의 정확도를 높이고, 맞춤형 서비스 제공을 가능하게 하며, 경제 및 사회 전반에 긍정적인 영향을 미친다.
> • 빅데이터는 획일화된 서비스가 아니라 오히려 개인화된 맞춤형 서비스를 제공하는 데 활용된다. 예를 들어 넷플릭스나 아마존 같은 기업들은 사용자의 데이터(검색 기록, 구매 패턴, 관심사)를 분석하여 개인 맞춤형 추천 시스템을 제공한다.

08 다음 중 빅데이터가 야기하는 사생활 침해 문제에 대한 통제 방안으로 가장 적절한 것은 무엇인가?

① 제공자 동의에서 사용자 책임으로 전환한다.
② 알고리즘에 대한 접근을 허용한다.
③ 결과 기반 책임 원칙을 고수한다.
④ 개인정보 제공 동의를 받는다.

> **해설**
> 개인정보 제공자의 동의제로는 사생활 침해 문제를 해결하기 어려워 사용자 책임제로 대응하는 것이 필요하다.

09 다음 중 데이터의 가치 패러다임 변화에서 사물인터넷이 발전함에 따라 급증하고 복잡해진 연결을 효과적으로 관리해야 하는 단계는 무엇인가?

① 디지털
② 연결
③ 에이전시
④ 아날로그

> **해설**
> 데이터의 가치 패러다임 변화는 디지털 → 연결(Connection) → 에이전시의 순서로 발전해왔다.
>
> **오답 Check**
> ① 아날로그의 세상을 어떻게 효과적으로 디지털화하는가?
> ② 디지털화된 정보와 대상들이 서로 연결되어 얼마나 효과적으로 제공되는가?

10 다음은 데이터베이스의 특징을 나타낸 것이다. 각각의 특징을 의미하는 용어를 올바르게 나열한 것은 무엇인가?

> (가) 동일한 데이터가 중복되어 저장되지 않도록 한다.
> (나) 데이터를 컴퓨터로 접근 가능한 매체에 저장한다.
> (다) 여러 사용자가 서로 다른 목적으로 데이터를 공유하여 사용한다.
> (라) 추가, 변경, 삭제를 통해 항상 정확하게 최신의 데이터가 유지된다.

① 공용 – 저장 – 통합 – 변화
② 공용 – 변화 – 통합 – 저장
③ 통합 – 공용 – 변화 – 저장
④ 통합 – 저장 – 공용 – 변화

해 설

데이터베이스는 통합, 저장, 공용, 변화라는 네 가지 주요 특징을 가지며, 각각의 특징을 살펴보면 다음과 같다.

- 통합(Integration) → 중복 방지
  중복 데이터가 많으면 저장 공간 낭비 및 데이터 불일치 문제가 발생하므로 이를 방지하기 위해 데이터베이스는 정규화 기법을 사용한다.
- 저장(Storage) → 물리적 저장
  데이터를 컴퓨터가 접근할 수 있는 매체(디스크, SSD, 클라우드 등)에 저장하는 것을 의미한다.
- 공용(Shared) → 다중 사용자 접근
  하나의 데이터베이스를 여러 사용자가 서로 다른 목적으로 공유하여 사용할 수 있다. 예를 들어 은행의 데이터베이스를 고객은 계좌 조회, 직원은 대출 심사, 관리자는 시스템 모니터링 등의 목적을 가지고 사용할 수 있다.
- 변화(Dynamic) → 실시간 데이터 갱신
  데이터는 계속해서 변경(추가, 수정, 삭제)되며, 항상 최신 상태를 유지해야 한다.

2과목 데이터분석 기획

11 다음 중 CRISP-DM 분석 방법론의 데이터 이해 단계에서 수행해야 할 업무로 가장 적절한 것은 무엇인가?

① 데이터 마이닝 목표 설정
② 초기 데이터 수집
③ 모델링 기법 선택
④ 데이터 통합

해설

CRISP-DM은 데이터 마이닝 프로젝트를 수행할 때 사용하는 대표적인 방법론으로 6단계로 구성되며 각 단계에서 수행해야 할 주요 업무가 다르다.

1단계	업무 이해	업무 목적 파악, 데이터 마이닝 목표 설정
2단계	데이터 이해	초기 데이터 수집
3단계	데이터 준비	분석용 데이터셋 선택, 포맷팅
4단계	모델링	모델링 기법 선택, 설계, 작성, 평가
5단계	평가	분석 결과 평가, 모델링 과정/적용성 평가
6단계	전개	리뷰, 유지보수 계획 수립

12 다음 중 협의의 분석 플랫폼 구성요소로 가장 적절한 것은 무엇인가?

① 분석 애플리케이션
② 분석 서비스 제공 API
③ 분석 라이브러리
④ 운영체제

해설

분석 플랫폼은 데이터 분석을 위한 환경을 제공하는 시스템으로, 광의의 분석 플랫폼과 협의의 분석 플랫폼으로 구분할 수 있다.
- 협의의 분석 플랫폼 : 실제 데이터를 분석하는 핵심 구성요소(데이터 처리 프레임워크, 분석엔진, 분석 라이브러리 등)
- 광의의 분석 플랫폼 : 분석을 수행하기 위한 전체 시스템 포함(데이터 저장소, 분석 애플리케이션, 분석 API, 분석 도구 등)

13 다음 중 분석 방법을 알고 있지만 분석 대상이 불분명한 경우 분석 주제 유형으로 가장 적절한 것은 무엇인가?

① 탐색
② 최적화
③ 솔루션
④ 통찰

> **해설**
>
> 분석 주제 유형은 데이터 분석의 목적과 문제 정의 방식에 따라 구분되며, 일반적으로 탐색(Discovery), 최적화(Optimization), 솔루션(Solution), 통찰(Insight)의 네 가지 유형이 있다.
>
> | 탐색 | 분석 대상과 방법이 모두 불명확할 때 |
> |---|---|
> | 최적화 | 분석 대상과 방법이 모두 명확할 때 |
> | 솔루션 | 분석 대상이 명확하고 방법이 불명확할 때 |
> | 통찰 | 분석 방법은 알고 있지만 분석 대상이 불분명할 때 |

14 다음 중 빅데이터의 4V에서 비즈니스 효과에 해당하는 것은 무엇인가?

① Volume
② Variety
③ Value
④ Velocity

> **해설**
>
> 빅데이터의 4V는 Volume(데이터의 양), Variety(데이터 종류), Velocity(데이터 속도), Value(데이터 가치)를 의미하며 빅데이터의 특성과 활용 가치를 설명하는 핵심 개념이다.
> - Volume : 데이터의 양, 규모의 증가 → 투자 비용 요소
> - Variety : 데이터 유형의 증가, 다양성 → 투자 비용 요소
> - Velocity : 데이터 처리 속도의 증가 → 투자 비용 요소
> - Value : 데이터가 가지고 있는 내적 가치 → 비즈니스 효과

정답 13 ④ 14 ③

15 다음 중 KDD 분석 방법의 프로세스 순서로 가장 적절한 것은 무엇인가?

① Selection → Preprocessing → Transformation → Data Mining → Evaluation
② Preprocessing → Selection → Transformation → Data Mining → Evaluation
③ Data Mining → Preprocessing → Selection → Transformation → Evaluation
④ Selection → Preprocessing → Data Mining → Transformation → Evaluation

해설

KDD(Knowledge Discovery in Databases) 분석 방법론은 대규모 데이터에서 의미 있는 패턴과 지식을 발견하는 과정을 정의하는 방법론으로, 핵심 단계는 다음과 같이 구성된다.
- Selection : 원천 데이터에서 분석에 적절한 데이터셋을 추출
- Preprocessing : 데이터 정제(Cleaning) 및 품질 향상을 위한 데이터 전처리 과정
- Transformation : 데이터를 분석하기 적합한 형태로 변환하는 과정
- Data Mining : 머신러닝, 통계 분석 등을 활용하여 유의미한 패턴을 발견하는 과정
- Evaluation : 발견된 패턴의 신뢰도 및 유용성을 평가하고 결과를 해석하는 과정

16 데이터 분석을 진화시켜 혁신 및 성과 향상에 기여하고 있는 기업의 데이터 분석 성숙도는 다음 중 어느 단계에 해당하는가?

① 도입
② 활용
③ 확산
④ 최적화

해설

데이터 분석 성숙도는 기업이 데이터를 얼마나 효과적으로 활용하고 있는지를 평가하는 기준으로 일반적으로 도입 → 활용 → 확산 → 최적화의 4단계로 구분된다.

도입 초기 단계	• 데이터 분석을 시작하는 단계로 분석 역량이 미흡하고 단순한 보고서 작성 수준 • 분석 인프라가 부족하며 데이터 기반 의사결정이 이루어지지 않음 예 단순 Excel 보고서 활용, 데이터 기반 의사결정 부족
활용 부분적 활용 단계	• 특정 부서에서 부분적으로 데이터 분석을 활용하지만 조직 전반으로 확산되지 않음 • 기존 프로세스 개선 수준에서 데이터를 활용하며 전략적 분석보다는 운영 효율화 목적이 강함 예 영업팀에서 CRM 데이터를 분석하여 고객 관리에 활용
확산 전사 차원으로 확산 단계	• 데이터 분석이 여러 부서로 확산되며 조직 전체가 데이터 중심으로 변화하는 단계 • AI, 머신러닝 등 고급 분석 기법을 활용하며 실시간 데이터 분석 가능 예 마케팅, 생산, 물류 등 다양한 부서에서 데이터 분석을 활용하여 업무 최적화
최적화 분석의 진화 단계	• 데이터 분석이 기업의 핵심 경쟁력으로 자리 잡으며 지속적인 혁신을 주도 • 실시간 데이터 기반 의사결정 및 자동화된 분석 시스템 도입 • 기업 성과 향상 및 혁신에 직접적인 기여 예 AI 기반 추천 시스템, 자동화된 의사결정 시스템 운영

17 다음 중 데이터 분석 준비도 영역으로 가장 적절하지 않은 것은 무엇인가?

① 분석 기법
② 분석 비용
③ 분석 문화
④ IT 인프라

해설

데이터 분석 준비도는 기업이 데이터 분석을 효과적으로 수행할 수 있는 역량을 갖추고 있는지를 평가하는 기준이다. 주요 영역으로는 분석 기법, 분석 문화, IT 인프라, 분석 데이터, 분석 업무, 분석 인력 및 조직 등이 있으며, 분석 비용은 직접적인 준비도 평가 요소가 아니다.

18 데이터 분석 과제의 우선순위를 ROI를 활용하여 평가할 때 다음 중 시급성에서 고려해야 하는 항목은 무엇인가?

① 전략적 중요도
② 분석 범위
③ 난이도
④ 분석 수준

해설

ROI를 활용한 분석 과제의 우선순위 평가는 시급성과 난이도를 중심으로 이루어진다.
- 시급성 : 전략적 중요도, 목표가치(KPI)
- 난이도 : 데이터 획득/저장/가공 비용, 분석 적용 비용, 분석 수준

19 다음 중 상향식 접근 방식에 대한 설명으로 가장 적절하지 않은 것은 무엇인가?

① 다양한 데이터의 조합 속에서 인사이트를 찾아내는 방식이다.
② 분석 대상을 모를 때 사용하는 접근법이다.
③ 사전에 정의된 문제를 해결하기 위한 접근법이다.
④ 프로토타이핑이 상향식 접근법에 해당한다.

해설

- 상향식(Bottom-up) 접근 방식은 데이터 중심의 탐색적 분석 방식으로 사전에 문제를 정의하지 않고 다양한 데이터를 분석하면서 새로운 인사이트나 패턴을 발견하는 방식이다.
- 반면 하향식(Top-down) 접근 방식은 미리 정의된 문제를 해결하는 접근법으로 경영진 또는 의사결정자가 특정 문제를 설정하고 이를 해결하기 위한 분석을 수행하는 방식이다.

오답 Check

④ 프로토타이핑은 빠르게 시도하고 실패를 통해 학습하며 지속적으로 개선하는 것이 핵심으로 상향식 접근법에 해당한다.

20 다음 중 분석 과제 관리에서 고려해야 할 요소가 아닌 것은 무엇인가?

① 데이터 분류
② 데이터의 양
③ 데이터 복잡도
④ 분석 속도

> **해설** 분석 과제에서 고려해야 할 5가지 요소
> - 데이터의 양
> - 분석 속도
> - 데이터 복잡도
> - 분석 복잡도
> - 정확도&정밀도

3과목 데이터분석

21 특정 서비스에 대한 고객 만족도 조사에서 매우 만족, 만족, 보통, 불만족, 매우 불만족의 5단계로 평가를 할 때 여기에 해당하는 척도는 무엇인가?

① 명목척도
② 서열척도
③ 구간척도
④ 비율척도

> **해설**
> 데이터의 측정 수준(척도)은 명목척도, 서열척도, 구간척도, 비율척도로 구분된다.

명목척도	측정 대상이 어느 집단에 속하는지 나타내는 자료(성별, 지역) → 범주
순서척도 (서열척도)	측정 대상이 명목척도이면서 서열 관계를 갖는 자료 → 범주 + 순서
구간척도 (등간척도)	측정 대상이 가지고 있는 속성의 양을 측정할 수 있으며 두 구간 사이에 의미가 있는 자료(온도, 지수) → 범주 + 순서 + 상대적 크기
비율척도	측정 대상이 등간척도이면서 절대적 기준 0이 존재하여 사칙연산이 가능한 자료(신장, 무게, 점수, 가격) → 범주 + 순서 + 상대적 크기 + 절대적 크기

22 다음 중 회귀방정식의 단계적 변수 선택법에 관련된 설명으로 가장 적절하지 않은 것은 무엇인가?

① 전진 선택법 : 빈 모델에서 시작해서 변수를 하나씩 추가하면서 모델의 성능이 좋아지는지 확인한다.
② 단계 선택법 : 전진 선택법과 후진 제거법을 결합한 방식이다.
③ 라쏘 회귀 : L1 규제를 활용하며 불필요한 변수를 아예 0으로 만들어서 모델에서 제외시킨다.
④ 후진 제거법 : 모든 변수를 포함한 모델에서 시작해서 상수항만 남을 때까지 반복한다.

해설
후진 제거법은 모든 변수를 포함한 모델에서 시작하여 변수를 하나씩 제거해 가면서 모델의 성능이 좋아지는지 확인하는 방식으로, 성능이 더 이상 좋아지지 않을 때까지 반복한다.

23 다음 중 이상치 데이터를 활용하기에 가장 적합한 시스템은 무엇인가?

① 부정 구매 방지 시스템
② 장바구니 분석
③ 주가 예측 시스템
④ 교차 판매 시스템

해설
이상치란 일반적인 데이터 패턴과 크게 벗어나는 값을 의미한다. 대부분의 분석에서는 이상치를 제거하거나 수정하지만, 특정 시스템에서는 이상치를 활용하여 유용한 정보를 얻을 수 있다. 이상치를 적극적으로 활용하는 대표적인 분야가 부정행위 탐지 시스템이다.

예) 동일 고객이 평소보다 훨씬 큰 금액을 결제함
　　짧은 시간 내에 여러 국가에서 로그인 및 결제 발생
　　동일한 IP에서 다수의 계정이 반복적으로 구매 진행

Tip
부정행위 탐지 시스템
부정 거래(신용카드 사기, 해킹된 계정 사용, 불법 구매 등)를 탐지하기 위해 평소와 다른 비정상적인 구매 패턴(이상치)을 분석하는 시스템

24 다음 중 혼합 분포 군집에서 사용하는 알고리즘으로 가장 적절한 것은 무엇인가?

① K-NN
② DBSCAN
③ EM 알고리즘
④ 역전파 알고리즘

> **해설**
> 혼합 분포 군집은 데이터가 여러 개의 확률분포(예 정규분포)의 조합으로 이루어져 있다고 가정하고 군집을 찾는 방법이다. 이러한 확률 기반 군집화를 수행하는 대표적인 알고리즘이 EM 알고리즘이다.

> **오답 Check**
> ① 지도 학습 분류 알고리즘
> ② 밀도 기반 군집화 알고리즘
> ④ 인공신경망의 학습 방법

25 다음 중 다중공선성에 대한 설명을 가장 적절하지 않은 것은 무엇인가?

① VIF 값이 10 이상이면 다중공선성이 있다고 판단한다.
② 두 독립변수 사이의 상관계수가 1에 가까울수록 다중공선성이 있다고 판단한다.
③ 다중공선성이 존재하면 상관계수를 낮추기 위해 변수의 값을 조정한다.
④ 다중공선성이 존재하면 상관계수가 높은 변수 중 중요도가 낮은 변수를 제거한다.

> **해설**
> - 다중공선성이란 회귀분석에서 독립변수들 간의 상관관계가 매우 높아 분석 결과가 왜곡되는 문제를 의미한다. 즉, 독립변수들 간에 강한 선형 관계가 있으면 변수들이 중복된 정보를 제공하게 되어 회귀계수의 신뢰성이 떨어지는 문제가 발생한다.
> - 다중공선성 문제를 해결하는 방법은 변수 제거, 주성분 분석(PCA), 정규화 회귀(Lasso, Ridge) 등을 활용하는 것이며 다중공선성 때문에 변수의 값을 인위적으로 변경하는 것은 원본 데이터 훼손의 측면에서 바람직하지 않다.

26 다음 중 시계열분석에 대한 설명으로 가장 적절하지 않은 것은 무엇인가?

① 차분은 현재 시점에서 여러 시점 전의 값을 빼는 것이다.
② 자기상관성이 높다는 것은 과거의 데이터가 현재에 큰 영향을 주고 있다는 의미이다.
③ 자기상관계수가 -1에 가까울수록 오늘의 데이터가 어제와 반대로 움직일 가능성이 높다.
④ 이동평균법은 장기적인 추세를 파악하는 데 효율적이다.

> **해설**
> - 시계열분석은 시간의 흐름에 따라 변하는 데이터를 분석하는 방법으로 주로 경제, 금융, 기후 데이터 등에 사용된다. 대표적인 개념으로 차분, 자기상관, 이동평균 등이 있다.
> - 차분은 현재 시점의 값에서 직전 시점의 값을 빼는 것을 의미하며 시계열 데이터를 정상성으로 변환하기 위한 기법으로 단순한 시차 연산이 아니다.

27 다음 중 지도 학습이 아닌 것은 무엇인가?

① 인공신경망
② 의사결정나무
③ SOM
④ 로지스틱 회귀분석

해설

지도 학습과 비지도 학습은 머신러닝에서 중요한 개념이다.

지도 학습	입력 데이터(X)와 정답(Y, 레이블)이 주어진 상태에서 학습하는 방식 예 로지스틱 회귀, 의사결정나무, 인공신경망(딥러닝)
비지도 학습	정답(레이블) 없이 데이터를 학습하여 패턴을 발견하는 방식 예 K-평균 군집(K-Means), SOM(Self-Organizing Map), 주성분 분석(PCA)

28 다음 중 앙상블 기법이 아닌 것은 무엇인가?

① 시그모이드
② 배깅
③ 부스팅
④ 스태킹

해설

시그모이드(Sigmoid) 함수는 머신러닝에서 활성화 함수로 사용될 뿐 앙상블 기법과는 무관하다.

앙상블 기법

여러 개의 머신러닝 모델을 결합하여 더 높은 성능과 안정성을 갖춘 예측 모델을 만드는 방법으로, 대표적인 앙상블 기법에는 배깅(Bagging), 부스팅(Boosting), 스태킹(Stacking)이 있다.

오답 Check

② 여러 개의 모델을 독립적으로 학습한 후 평균(회귀) 또는 다수결(분류)로 최종 예측하는 앙상블 기법
③ 이전 모델이 틀린 부분을 보완하면서 여러 모델을 순차적으로 학습하는 앙상블 기법
④ 여러 개의 모델을 조합하여 새로운 메타 모델(Meta Model)이 최적의 예측을 수행하는 앙상블 기법

29 다음 중 분해 시계열 요인으로 가장 적절하지 않은 것은 무엇인가?

① 순환요인
② 추세요인
③ 교호요인
④ 계절요인

> 해설

시계열분석에서 분해 시계열은 시계열 데이터를 주요 구성요소로 분해하여 분석하는 기법이다. 일반적으로 추세요인, 계절요인, 순환요인, 불규칙요인으로 구성되며 교호요인은 독립변수 간의 상호작용을 분석할 때 사용하는 개념으로 시계열 분석의 기본 요인이 아니다.

> 오답 Check

① 일정하지 않은 주기로 반복되는 경제적 변동 패턴
② 데이터가 장기적으로 증가 또는 감소하는 패턴
④ 연간, 월간 등 일정한 주기로 반복되는 패턴

30 의사결정나무에서 트리를 더 이상 세분화하지 않고 현재 마디를 끝마디로 설정하는 것을 무엇이라고 하는가?

① 가지치기
② 정지규칙
③ 분할규칙
④ 과대적합

> 해설

의사결정나무는 데이터를 여러 개의 분기로 나누어 예측하는 머신러닝 알고리즘이다. 트리가 지나치게 복잡해지는 것을 방지하기 위해 정지규칙을 사용하여 더 이상 분할하지 않고 마디(Node)를 종료할 수 있다.

> 오답 Check

① 트리가 너무 복잡해졌을 때(과적합 방지) 불필요한 분기를 제거하는 과정
③ 어떤 변수를 기준으로 데이터를 분할할 것인지 결정하는 규칙
④ 트리가 너무 깊어지면서 학습 데이터에 과도하게 맞춰져 일반화 성능이 떨어지는 현상

29 ③ 30 ② 정답

31 다음 중 결측값 대치 방법에 대한 설명으로 가장 적절하지 않은 것은 무엇인가?

① 완전 연결법으로 결측값을 완전히 제거할 수 있다.
② 단순 확률 대치법은 전체 데이터의 분포에 따라 평균값, 중앙값, 최빈값으로 대치하는 방법이다.
③ 다중 대치법은 여러 번의 대치를 통해 완전성을 높인다.
④ 평균 대치법은 결측값을 평균이나 중앙값으로 대치하는 방법이다.

해설

- 결측값 대치는 데이터 분석에서 중요한 전처리 과정 중 하나로 데이터셋 내에 누락된 값(결측값, NA, NULL 등)을 처리하는 방법을 의미한다.
- 완전 연결법은 결측값이 포함된 행(Row) 전체를 삭제하는 방법으로 결측값을 제거하는 것이지 대치하는 방법이 아니며, 결측값이 많은 경우 데이터 손실이 심해질 위험이 크므로 주의가 필요한 방법이다.

32 다음 중 DBSCAN에 대한 설명으로 가장 적절하지 않은 것은 무엇인가?

① 임의 형태의 군집으로 분류하는 데 유용하다.
② 밀도를 기준으로 군집을 형성한다.
③ 이상치에 민감하지 않은 분석 방법이다.
④ 초기 군집 수 K를 설정해야 한다.

해설

DBSCAN은 밀도 기반 군집화 알고리즘으로, K-평균(K-Means)과 같은 거리 기반 군집화 알고리즘과 차별화되는 특징을 가진다.
- 초기 군집 개수(K)를 설정할 필요가 없으며, 데이터의 밀도를 기준으로 군집을 자동으로 형성하는 것이 특징
- 이상치에 강한 군집화 기법으로 데이터 내 밀도가 낮은 이상치는 군집에서 제외됨
- 원형(구형)이 아닌 복잡한 형태의 군집을 찾는 데 유리함

33 다음 중 전체 회귀모형의 통계적 유의성을 판단할 때 사용하는 검증 방법으로 가장 적절한 것은 무엇인가?

① 카이제곱
② F-통계량
③ T-통계량
④ Z-통계량

해설

회귀모형에서 통계적 유의성을 판단할 때 F-통계량(F-statistic)과 T-통계량(T-statistic)이 주로 사용된다.

F-통계량	전체 회귀모형의 유의성을 검정할 때 사용
T-통계량	개별 독립변수(회귀계수)의 유의성을 검정할 때 사용

오답 Check

① 범주형(카테고리) 변수 간의 독립성 검정을 수행할 때 사용
④ 주로 정규분포 기반 가설검정에서 사용

34 가설검정에서 귀무가설이 참일 경우 실제로 관측된 결과와 같거나 더 극단적인 값이 나타날 확률을 나타내는 것은 무엇인가?

① α
② p-value
③ β
④ $1-\alpha$

해설

p-value(유의확률)는 귀무가설이 참일 때 실제로 관측된 결과와 같거나 더 극단적인 값이 나올 확률을 의미한다. 즉, p-value가 작을수록 귀무가설이 사실일 가능성이 낮아지므로 귀무가설을 기각하고 대립가설을 채택할 가능성이 커진다.

오답 Check

① 귀무가설이 참인데도 불구하고 이를 기각할 확률(제1종 오류)을 의미
③ 귀무가설이 거짓인데도 불구하고 기각하지 않는 확률(제2종 오류)
④ 귀무가설이 참일 때 올바르게 유지될 확률

35 모집단이 정규분포를 따를 때 신뢰구간 95%는 다음과 같이 계산된다. 다음 중 모평균 신뢰구간에 대한 설명으로 가장 적절하지 않은 것은 무엇인가?

$$신뢰구간 = 0.5 \pm 1.96 \times \frac{2}{\sqrt{100}}$$

① 신뢰도를 99%로 변경하면 1.96 대신 2.57을 사용한다.
② 표본평균은 0.5이다.
③ 모집단의 평균이 신뢰구간에 포함되지 않을 수도 있다.
④ 동일한 모집단에서 같은 방식으로 표본을 재추출하더라도 신뢰구간은 동일한 값을 갖는다.

오답 Check
① 정규분포에서 신뢰수준 95%에 해당하는 z값은 1.96, 99%에 해당하는 z값은 2.57이다.
② 주어진 신뢰구간 식에서 표본평균($\overline{X}$)이 0.5로 주어져 있으므로 올바른 설명이다.
③ 신뢰구간은 표본을 기반으로 모집단 평균을 추정하는 구간이다. 하지만 표본의 특성이나 표본 추출 과정의 오차로 인해 모집단 평균이 신뢰구간에 포함되지 않을 가능성도 존재한다.

36 다음 오분류표에서 오분류율을 올바르게 계산한 것은 무엇인가?

구분		예측치	
		TRUE	FALSE
실젯값	TRUE	40	65
	FALSE	65	30

① 13/20
② 5/9
③ 7/20
④ 2/3

해 설
오분류율은 모델이 잘못 분류한 샘플의 비율을 의미한다. 이를 구하는 공식은 다음과 같다.

$$오분류율 = \frac{잘못 분류된 개수}{전체 샘플 수}$$

이제 주어진 오분류표에서 오분류된 샘플 개수를 확인해 보면
- 실제 TRUE인데 FALSE로 예측된 개수 : 65
- 실제 FALSE인데 TRUE로 예측된 개수 : 65
- 총 오분류 개수 : 65 + 65 = 130
- 전체 샘플 수 : 40 + 65 + 65 + 30 = 200

따라서, 오분류율은 13/20이다.

37 다음 중 이상값에 대한 설명으로 가장 적절하지 않은 것은 무엇인가?

① 일부 데이터셋은 원래 이상값이 포함될 가능성이 높다.
② 이상값이 존재할 경우 모델의 분석 결과가 왜곡될 수 있다.
③ IQR을 활용해서 이상값을 판별할 수 있다.
④ ESD 알고리즘은 다중변수의 이상치를 탐색하는 데 활용된다.

해설
- 이상값은 데이터의 일반적인 패턴에서 크게 벗어나는 값을 의미하며 이를 올바르게 탐지하고 처리하는 것이 데이터 분석에서 매우 중요하다.
- ESD(Extreme Studentized Deviate) 알고리즘은 평균으로부터 표준편차 3만큼 떨어진 값들을 이상값으로 인식하는 방법으로, 단일 변수에서 이상값을 탐지하는 방법이다. 다변량 이상치 탐색에는 Mahalanobis Distance, DBSCAN 등의 방법이 사용된다.

38 다음 중 K-Means 군집에서 초기 K값(군집의 개수)을 설정하기 위해 활용할 수 있는 방법으로 가장 적절한 것은 무엇인가?

① 상관계수
② 지니 지수
③ 엘보우 메소드
④ 유클리드 거리

해설
- K-Means 군집분석은 데이터 포인트를 K개의 군집으로 나누는 비지도 학습 기법이다. 이때, K값을 적절히 설정하는 것이 중요하며 여러 방법을 활용하여 최적의 K값을 결정할 수 있다.
- 엘보우 메소드는 K-Means에서 최적의 군집 개수를 설정하는 대표적인 방법이다. 군집 수(K)를 변화시키면서 군집 내 거리(SSE ; Sum of Squared Errors)를 계산하여 그래프로 나타낸다. SSE 값이 급격히 감소하는 지점(Elbow Point)에서 적절한 K를 결정한다.

오답 Check
① 변수 간 선형 관계를 측정하는 지표이며, 군집 개수(K)를 결정하는 데 사용되지 않는다.
② 의사결정나무나 랜덤 포레스트에서 분류 성능을 평가하는 지표로 K-Means 군집 개수 결정과 관련이 없다.
④ 데이터 간 거리 계산에 사용되지만, 군집 개수를 결정하는 방법이 아니다.

37 ④ 38 ③ 정답

39 다음 중 최적의 회귀방정식을 도출하기 위한 변수 선택법에 대한 설명으로 가장 적절하지 않은 것은 무엇인가?

① AIC는 변수의 수가 많이 복잡해진 모형에 벌점을 주는 방식이다.
② BIC는 변수의 수가 많이 복잡해진 모형에 가중치를 주는 방식이다.
③ Mallows' Cp는 예측값에 대한 MSE를 고려한 평가지표이다.
④ 수정된 결정계수는 결정계수의 단점을 보완하기 위한 방법이다.

해설
- 회귀분석에서 최적의 회귀방정식을 도출하기 위한 변수 선택법은 모델의 성능을 높이면서도 불필요한 변수를 제거하여 과적합을 방지하는 것이 핵심이다. 대표적인 방법으로 AIC, BIC, Mallows' Cp, 수정된 결정계수(Adjusted R^2) 등이 사용된다.
- BIC도 AIC와 유사하지만, 변수 개수 증가에 더 강한 패널티를 부과한다. 즉, 변수의 수가 많아질수록 가중치를 주는 것이 아니라 불이익(벌점)을 준다.

오답 Check
① 모형의 적합도와 복잡도 간의 균형을 고려하는 지표로 변수 개수가 많아지면 페널티(벌점)를 부과하여 과적합을 방지하며 AIC 값이 낮을수록 좋은 모델로 평가된다.
③ 예측값의 MSE(Mean Squared Error)를 고려한 평가지표이다. 선택된 변수들이 적절한지 확인하는 데 사용되며 Cp 값이 작을수록 좋은 모델로 간주된다.
④ 결정계수(R^2)의 단점을 보완하여 변수의 개수가 증가해도 성능이 개선되지 않으면 조정된 R^2 값이 증가하지 않도록 하는 방법이다. 불필요한 변수가 포함되었는지 판단하는 데 유용하다.

40 다음은 유형별 광고가 상품의 판매량에 미치는 영향을 평가한 회귀분석 결과이다. 다음 중 결과에 대한 해석으로 가장 적절한 것은 무엇인가?

```
Call:
lm(formula = sales ~ tv + radio, data = data)
Residuals:
      Min       1Q   Median       3Q      Max
  -1139.64  -409.28   -65.15   344.96  2019.75
Coefficients:
             Estimate Std. Error t value Pr(>|t|)
(Intercept) 765.5237   171.7023   4.458  2.22e-05 ***
tv            2.9945     0.6913   4.332  3.61e-05 ***
radio         0.2443     4.4817   0.055  0.957
---
Signif. codes:  0 '***' 0.001 '**' 0.01 '*' 0.05 '.' 0.1 ' ' 1
Residual standard error: 585.9 on 97 degrees of freedom
Multiple R-squared:  0.1628,    Adjusted R-squared:  0.1456
F-statistic: 9.434 on 2 and 97 DF,  p-value: 0.0001804
```

① TV 광고비가 증가하면 Radio와 상관없이 Sales가 오른다.
② Radio 광고 또한 TV 광고만큼 영향력이 있다.
③ 모델의 설명력이 높다.
④ p-value를 고려했을 때 전체 모델이 의미 있다고 볼 수 없다.

해설

회귀분석의 결과에는 다음과 같은 내용이 포함되어 있다.
- TV 광고비(tv)가 1 증가하면 매출(sales)이 2.99 증가하는 것으로 나타남
- 라디오 광고비(radio)가 1 증가하면 매출(sales)이 0.24 증가하는 것으로 나타남
- 절편(Intercept)은 765.52로 TV와 라디오 광고비가 0일 때의 예측 매출을 의미함

∴ tv 변수의 p-value=3.61e-05(p<0.001)이므로 TV 광고비는 sales(매출)에 유의미한 영향을 미친다고 볼 수 있다.

오답 Check

② radio 변수의 p-value=0.957(p>0.05)이므로 Radio 광고는 유의미한 영향을 미치지 않는 것으로 판단된다.
③ R^2 = 0.1628(설명력 16.28%)로 설명력이 낮다. 일반적으로 R^2 값이 0.7 이상이어야 설명력이 높다고 평가할 수 있다.
④ F-statistic=9.434, p-value=0.0001804(p<0.05)이므로 모델 전체는 유의미하다고 볼 수 있다.

41 다음은 성별에 따라 어떤 과일을 더 좋아하는지에 대한 설문 결과이다. 설문 응답자 중 한 명을 뽑았을 때 그 사람이 사과를 좋아할 확률은 얼마인가?

구분	사과	바나나
남자	30	20
여자	10	40

① 1/10
② 6/10
③ 3/10
④ 4/10

해설

무작위로 한 명을 뽑았을 때 사과를 좋아하는 확률은

$$\frac{\text{사과를 좋아하는 사람 수}}{\text{전체 응답자 수}} = \frac{40}{100} = \frac{4}{10}$$

42 다음 중 신용카드 고객의 파산 확률을 'YES' or 'NO'로 예측하려고 할 때 활용할 수 있는 기법으로 가장 적절하지 않은 것은 무엇인가?

① 랜덤 포레스트
② 선형회귀분석
③ 로지스틱 회귀분석
④ SVM

해설

- 신용카드 고객의 파산 확률을 'YES' 또는 'NO'로 예측하는 문제는 이진 분류(Binary Classification) 문제이다. 따라서 분류 기법을 활용해야 한다.
- 선형회귀분석은 종속변수가 연속형 데이터일 때 사용하는 회귀 기법으로 이진 분류 문제에 적합하지 않다. 이진 분류 문제에서는 로지스틱 회귀, 랜덤 포레스트, SVM과 같은 분류 기법이 더 적절하다.

오답 Check

① 앙상블 학습 방법 중 하나로 여러 개의 결정 트리를 결합하여 높은 예측 성능을 보장하는 분류 기법이다. 이진 분류 문제에 적합하므로 활용할 수 있다.
③ 이진 분류 문제에 적합한 통계적 기법이다. 입력 변수를 이용하여 특정 사건이 발생할 확률을 0과 1 사이의 값으로 변환하며 분류 문제에서 널리 사용된다.
④ 데이터를 두 그룹으로 나누는 알고리즘으로 가장 잘 나누는 기준선을 찾아서 분류하는 방식이다. 데이터가 단순하게 나뉘면 직선(또는 평면)으로 구분할 수 있지만 그렇지 않은 경우에도 커널 트릭이라는 방법을 사용해 복잡한 데이터도 잘 분류할 수 있다. 즉, YES/NO 같은 이진 분류 문제에 적합한 알고리즘이다.

43 다음 중 시계열 모형에 대한 설명으로 가장 적절한 것은 무엇인가?

① AR 모형은 현재 값을 이전 시점의 오차들의 가중합으로 표현한다.
② MA 모형은 비정상 시계열 자료를 다룰 수 있다.
③ AR(1)은 1개의 시점을 사용하고 AR(2)는 2개의 시점을 사용하여 현재 값을 예측한다.
④ ARIMA(p,d,q) 모형에서 p는 MA 모형의 차수를 의미한다.

해설
- 시계열 모형은 시간에 따라 변화하는 데이터를 분석하고 예측하는 방법으로, 대표적인 시계열 모델에는 AR(자기회귀), MA(이동평균), ARMA(자기회귀-이동평균), ARIMA(자기회귀-이동평균-차분) 모형 등이 있다.
- AR(p) 모형에서 p는 과거 몇 개의 시점을 사용할지를 의미한다. 예를 들어 AR(1)은 한 시점 전의 값만 사용하여 현재 값을 예측하고 AR(2)는 두 시점 전까지 고려하여 예측한다.

오답 Check
① AR(자기회귀) 모형은 현재 값을 과거 값들의 가중합으로 표현하는 모델이다. 이전 시점의 오차들의 가중합을 사용하는 것은 MA(이동평균) 모형이다.
② MA(이동평균) 모형은 과거의 오차(노이즈)들의 가중합을 이용해 현재 값을 예측하는 모델이다. 하지만 MA 모형은 정상성(Stationarity)을 만족하는 데이터에서 적용하는 것이 일반적이며 비정상 시계열을 직접 다룰 수 있는 모델은 아니다. 비정상 시계열을 다룰 때는 차분(Differencing) 과정을 포함하는 ARIMA 모형이 주로 사용된다.
④ ARIMA(p,d,q) 모형에서 p는 AR(자기회귀) 모형의 차수, d는 차분의 횟수, q는 MA(이동평균) 모형의 차수를 의미한다.

44 다음 중 인공신경망에 대한 설명으로 가장 적절하지 않은 것은 무엇인가?

① 인간의 뇌를 모방하여 만들어진 모형으로 뉴런이 적으면 과대적합, 많으면 과소적합이 발생한다.
② 최적화 과정에서 찾을 수 있는 가장 좋은 답을 전역해라고 한다.
③ 모형의 결과를 해석하기 어렵다는 단점이 있다.
④ 편향은 데이터에 일정한 값을 더해 조정하는 역할을 한다.

해설
- 인공신경망은 인간의 뇌 구조를 모방하여 만든 모델로 입력층(Input Layer), 은닉층(Hidden Layer), 출력층(Output Layer)으로 구성된다. 이 모델은 복잡한 패턴을 학습하는 데 강력하지만, 학습 과정에서 최적화 및 해석의 어려움이 있다.
- 뉴런(노드)의 개수가 적으면 학습할 수 있는 패턴이 제한되어 과소적합이 발생할 수 있다. 뉴런이 많아질수록 복잡한 패턴을 학습할 수 있지만 또 너무 많으면 훈련 데이터에 지나치게 맞춰져 일반화 성능이 떨어지는 과대적합이 발생한다.

45 다음 보기의 내용이 설명하는 것이 무엇인지 고르시오.

> A 없이 B만 구매될 확률 대비 A가 구매될 때 B도 구매될 확률

① 지지도
② 신뢰도
③ 향상도
④ 재현율

해설

이 문제는 연관규칙 분석에서 사용되는 개념에 대한 문제로 해당 내용은 향상도에 대한 설명이다.

오답 Check

① 전체 거래 중에서 A와 B가 함께 등장하는 비율을 의미한다.
② A가 발생했을 때 B도 발생할 확률을 의미한다.
④ 분류 모델에서 사용되는 개념으로 실제 정답 중에서 모델이 올바르게 예측한 비율을 의미하며, 연관규칙 분석과는 관련이 없다.

46 다음 중 Apriori 알고리즘에 대한 설명으로 가장 적절한 것은 무엇인가?

① 최소 지지도를 사용해 빈발 아이템 집합을 판별한다.
② 신뢰도가 높은 규칙만을 생성하여 연관규칙을 도출한다.
③ 모든 가능한 아이템 집합을 생성하여 연관 관계를 탐색한다.
④ 단계별로 후보 아이템 집합을 생성하며 이전 단계의 결과를 활용하지 않는다.

해설

Apriori 알고리즘은 연관규칙 분석에서 자주 발생하는 아이템 집합(빈발 항목 집합)을 찾는 데 사용되는 대표적인 알고리즘으로 최소 지지도(Minimum Support)를 기준으로 빈발한 아이템 집합을 판별한다. 즉, 전체 거래에서 일정 비율 이상 등장하는 아이템 조합만 후보로 남긴다.

오답 Check

② 신뢰도는 연관규칙을 평가하는 지표이지만 Apriori 알고리즘 자체는 빈발 아이템 집합을 찾는 과정이므로 신뢰도만을 기준으로 연관규칙을 생성하지 않는다.
③ Apriori 알고리즘은 모든 가능한 아이템 조합을 생성하는 것이 아니라 자주 등장하는 아이템 조합을 점진적으로 확장하는 방식을 사용한다. 즉, 최소 지지도 기준을 만족하는 아이템 집합만을 대상으로 연관 관계를 탐색한다.
④ Apriori 알고리즘은 이전 단계에서 발견된 빈발 아이템 집합을 기반으로 다음 후보 집합을 생성하는 방식을 사용한다. 즉, 이전 단계의 결과를 적극적으로 활용한다.

정답 45 ③ 46 ①

47 다음 내용을 기반으로 A 질병으로 진단받은 사람 중 실제 A 질병에 걸린 사람의 비율을 계산한 결과는 무엇인가?

> - A 질병에 걸린 사람은 전체의 10%이다.
> - A 질병으로 진단받은 사람은 전체의 20%이다.
> - A 질병을 가진 사람 중 A 질병으로 진단받은 사람은 90%이다.

① 1/10
② 1/2
③ 9/10
④ 9/20

해설

쉽게 계산하기 위해 전체 사람 수가 100명이라고 가정해 보자.
- A 질병에 걸린 사람 : 10명
- A 질병으로 진단받은 사람 : 20명
- A 질병을 가진 사람 중 A 질병으로 진단받은 사람 : (10명 중 90%이므로) 9명

이제 A 질병으로 진단받은 사람(20명) 중 실제 A 질병에 걸린 사람(9명)의 비율을 계산하면 = 9/20

48 다음 중 의사결정나무 분석 시 범주형 변수의 분할 기준으로 가장 적절하지 않은 것은 무엇인가?

① 카이제곱 검정
② 지니 지수
③ 분산 감소량
④ 엔트로피 지수

해설

분산 감소량은 회귀 문제에서 연속형 변수의 분할을 평가하는 기준으로 사용되며, 일반적으로 범주형 변수를 분할하는 기준이 아니므로 적절하지 않다.

의사결정나무
데이터를 분류하거나 회귀분석을 수행할 때 특성을 기준으로 데이터를 분할하는 알고리즘이다. 변수를 분할할 때는 각 노드에서 정보 이득을 최대로 만드는 방향으로 분할하며 이를 위해 여러 가지 기준이 사용된다.

범주형 변수	카이제곱 검정, 지니 지수, 엔트로피 지수
연속형 변수	F-통계량(CHAID 알고리즘), 분산의 감소량(CART 알고리즘)

47 ④ 48 ③

49 다음 중 계층적 군집분석에 대한 설명으로 가장 적절하지 않은 것은 무엇인가?

① 군집의 개수를 미리 지정하지 않아도 된다.
② 거리 기반으로 계층 구조를 형성하며 덴드로그램을 통해 군집의 관계를 시각화할 수 있다.
③ 최적의 군집 개수를 찾기 위해 K값을 설정하고 반복적인 재할당을 수행한다.
④ 병합 방식과 분할 방식이 있다.

해설

이 설명은 K-평균(K-Means) 군집화에 해당한다. K-Means는 미리 군집 개수(K)를 정한 뒤 데이터 포인트를 반복적으로 할당하여 군집을 형성하는 방식이다. 계층적 군집분석은 K값을 미리 정하지 않고 군집을 합치거나 분할하면서 계층 구조를 형성한다.

오답 Check

① 계층적 군집분석은 군집의 개수를 사전에 지정할 필요가 없으며 덴드로그램을 분석하여 적절한 군집 개수를 결정할 수 있다.
② 계층적 군집분석은 데이터 간의 거리를 기반으로 군집을 형성하며 덴드로그램을 사용하여 결과를 시각화할 수 있다.
④ 계층적 군집분석에는 병합적 방식과 분할적 방식이 존재한다.

병합적 방법 (Bottom-up)	각 데이터가 개별 군집으로 시작하여 가장 유사한 군집과 결합해 나가면서 결국엔 모든 데이터가 하나의 군집으로 합쳐지는 방식
분할적 방법 (Top-down)	전체 데이터가 하나의 군집으로 시작하여 반복적으로 군집을 분할하며 점진적으로 세부 군집으로 나누어지는 방식

50 다음 회귀분석 결과에서 plastic의 $T-$통계량을 계산하는 방법으로 알맞은 것은 무엇인가?

```
Call:
lm(formula = y ~ steel + plastic, data = data)
Residuals:
     Min      1Q  Median      3Q     Max
 -18.730  -6.607  -1.244   6.214  20.798
Coefficients:
             Estimate Std. Error t value Pr(>|t|)
(Intercept) -85.1294     4.1538 -20.494  < 2e-16 ***
steel         4.1201     0.5243   7.858 5.38e-12 ***
plastic       4.1221     0.9899   4.164 6.78e-05 ***
---
Signif. codes:  0 '***' 0.001 '**' 0.01 '*' 0.05 '.' 0.1 ' ' 1
Residual standard error: 9.513 on 97 degrees of freedom
Multiple R-squared:  0.4394,    Adjusted R-squared:  0.4278
F-statistic: 38.01 on 2 and 97 DF,  p-value: 6.456e-13
```

① $-85.1294/4.1538$

② $4.1221/0.9899$

③ $0.9899/4.1221$

④ $4.164 - 4.1221$

해 설

회귀분석에서 $T-$통계량($t-$value)은 각 독립변수(설명변수)의 회귀계수가 0인지(귀무가설 : $\beta=0$) 검정하기 위한 값이다.

$T-$통계량 계산 공식

$$t = \frac{\text{Estimate(회귀계수)}}{\text{StandardError(표준오차)}}$$

∴ plastic 변수의 T 통계량은 4.1221/0.9899이다.

CHAPTER 03 기출변형 모의고사(제41회)

1과목 데이터의 이해

01 다음 중 DIKW 피라미드의 구성요소에 대한 설명으로 가장 적절하지 않은 것은 무엇인가?

① Data : 별로 의미가 없는 객관적인 사실
② Insight : 의미가 도출된 데이터
③ Knowledge : 개인적인 경험을 결합하여 고유의 지식으로 내재화한 것
④ Wisdom : 축적된 지식과 아이디어가 결합된 창의적 산물

해 설

DIKW 피라미드는 데이터(Data) → 정보(Information) → 지식(Knowledge) → 지혜(Wisdom)의 단계로 구성된다.

데이터 (Data)	• 데이터 자체만으로는 별로 의미가 없는 객관적인 사실 • 다른 데이터와의 연관 관계를 가지지 않는 가공하기 전의 순수한 수치나 기호 예) A 마트는 우유를 2,000원에, B 마트는 우유를 2,300원에 판매한다.
정보 (Information)	데이터 간의 연관 관계나 가공 및 처리 과정에서 의미가 도출된 데이터 예) A 마트의 우유가 더 저렴하다.
지식 (Knowledge)	• 다양한 정보를 구조화하여 유의미한 정보를 분류하고 개인적인 경험을 결합하여 고유의 지식으로 내재화한 것 • 정보들의 상호 연관 관계를 이해하여 이를 토대로 예측한 결과물 예) 가격이 저렴한 A 마트에서 우유를 사야겠다.
지혜 (Wisdom)	• 축적된 지식과 아이디어가 결합된 창의적 산물 • 근본 원리에 대한 깊은 이해를 바탕으로 도출된 창의적 아이디어 예) A 마트의 다른 상품들도 저렴할 것이다.

정답 01 ②

02 다음 중 빅데이터가 만들어 내는 본질적인 변화로 가장 적절하지 않은 것은 무엇인가?

① 인과관계 → 상관관계
② 질 → 양
③ 사전처리 → 사후처리
④ 전수조사 → 표본조사

해설

기존에는 표본조사를 통해 일부 데이터를 분석하여 전체를 예측했지만, 빅데이터 시대에는 가능하면 모든 데이터를 수집하고 분석하는 전수조사 방식이 일반적이다.

오답 Check

① 기존 데이터 분석은 인과관계를 밝히는 데 집중했지만, 빅데이터 분석은 상관관계를 기반으로 패턴을 찾아내는 방식이 주를 이룬다.
② 기존에는 적은 양의 고품질 데이터를 분석했지만, 빅데이터 환경에서는 방대한 양의 데이터를 수집하고 활용하는 것이 중요해졌다.
③ 기존 데이터 분석은 데이터를 사전에 정제 및 가공한 후 분석했지만, 빅데이터 시대에는 데이터가 실시간으로 유입되므로 사후처리 방식이 증가했다.

03 다음 중 데이터 사이언티스트가 통찰력 있는 분석을 수행하기 위해 갖춰야 할 역량으로 가장 적절하지 않은 것은 무엇인가?

① 호기심
② 창의적 사고
③ 연구 윤리
④ 논리적 비판

해설

연구 윤리는 데이터 분석 과정에서 중요하지만, 분석을 수행하기 위한 필수 역량이라기보다는 준수해야 할 기본 원칙에 가깝다.
예 개인정보 보호, 데이터 조작 금지 등은 필수 윤리 사항이지만 분석 수행 역량과는 직접적인 관련이 적다.

오답 Check

① 데이터 사이언티스트는 데이터 속에서 숨겨진 패턴을 발견하려는 탐구심이 필요하다.
② 기존 방식이 아닌 새로운 접근법을 시도하고 데이터를 색다른 방식으로 해석하는 능력이 중요하다.
④ 데이터를 맹목적으로 신뢰하는 것이 아니라 데이터의 한계를 인식하고 논리적으로 검토할 수 있는 능력이 필요하다.

04 다음 중 데이터 사이언티스트에게 요구되는 역량 중 소프트 스킬에 해당하는 것을 고르시오.

> (가) 커뮤니케이션
> (나) 분석 설계 노하우
> (다) 스토리텔링
> (라) 창의적 사고
> (마) 이론적인 지식

① (가), (다), (라)
② (가), (나), (다)
③ (다), (라), (마)
④ (나), (다), (라)

해설

데이터 사이언티스트에게 요구되는 역량은 크게 하드 스킬(Hard Skill)과 소프트 스킬(Soft Skill)로 나눌 수 있다.

하드 스킬 (Hard Skill)	• 빅데이터에 대한 이론적인 지식 : 관련 기법에 대한 이해와 방법론 습득 • 분석 기술에 대한 숙련 : 최적의 분석 설계 및 노하우 축적
소프트 스킬 (Soft Skill)	• 통찰력 있는 분석 : 창의적 사고, 호기심, 논리적 비판 • 설득력 있는 전달 : 스토리텔링, 데이터 시각화(Visualization) • 여러 분야들 간의 협력 : 커뮤니케이션 능력

05 다음 중 다양한 매체를 통해 표현된 데이터, 정보, 지식, 저작물 등의 집합체를 의미하는 것은 무엇인가?

① 암묵지
② 콘텐츠
③ 형식지
④ 데이터베이스

해설

다양한 매체(텍스트, 이미지, 동영상 등)를 통해 표현된 데이터, 정보, 지식, 저작물 등의 집합체는 콘텐츠이다.

오답 Check

① 경험을 통해 습득되며 문서화되기 어려운 지식을 의미한다(예 숙련된 장인의 기술, 감각적인 노하우 등).
③ 문서화, 구조화할 수 있는 명확한 지식을 의미한다(예 교과서, 매뉴얼, 논문 등).
④ 체계적으로 저장된 데이터의 집합으로 데이터를 저장·관리하는 시스템을 의미한다.

06 다음 중 기업 내부의 유통 및 공급망을 최적화하고 고객 만족을 향상시키는 시스템은 무엇인가?

① SCM
② CRM
③ ERP
④ ITS

> **해설**
> 기업이 유통 및 공급망을 최적화하고 고객 만족을 향상시키기 위해 사용하는 시스템은 SCM(공급망 관리)이다. SCM은 제품 생산에서 최종 소비자에게 도달하기까지의 전체 과정(공급망)을 효율적으로 관리하여 원가 절감과 고객 만족을 극대화하는 역할을 한다.

> **오답 Check**
> ② 고객 데이터를 분석하고 고객 맞춤형 서비스를 제공하여 충성도를 높이는 시스템
> ③ 기업 내부의 재무, 회계, 인사, 생산, 물류 등의 자원을 통합적으로 관리하는 시스템
> ④ 교통 흐름을 효율적으로 관리하기 위한 시스템

07 다음 중 가치 패러다임의 변화 순서가 올바르게 나열된 것은 무엇인가?

① 연결 → 디지털화 → 에이전시
② 에이전시 → 연결 → 디지털화
③ 디지털화 → 에이전시 → 연결
④ 디지털화 → 연결 → 에이전시

> **해설**
> 가치 패러다임은 기술 발전과 사회 변화에 따라 가치 창출 방식이 변화하는 과정을 의미하며 디지털화(Digitalization) → 연결(Connection) → 에이전시(Agency) 순서로 진행된다.

정답 06 ① 07 ④

08 다음 보기에서 설명하는 것으로 가장 적절한 것은 무엇인가?

> - 알고리즘으로 인한 부당한 피해를 방지하기 위해 탄생한 직업
> - 다양한 산업에서 생성된 알고리즘을 분석하여 피해를 입은 사람을 구제하는 전문가

① 데이터 사이언티스트
② 데이터 분석가
③ 알고리즈미스트
④ 데이터 엔지니어

해설
알고리즈미스트(Algorithmist)는 알고리즘으로 인해 발생하는 부당한 피해를 방지하고 이를 분석하여 해결하는 전문가이다. 최근 AI 및 자동화 시스템이 확산되면서 알고리즘의 편향(Bias)이나 불공정성으로 인해 피해를 입는 사례가 증가하고 있으며, 이를 감시하고 조정하는 역할이 중요해지고 있다.

09 다음 중 빅데이터의 가치 산정이 어려운 이유로 가장 적절하지 않은 것은 무엇인가?

① 기존에 없던 새로운 가치 창출
② 폐쇄적인 데이터 관리 방식
③ 분석 기술의 발전
④ 다양해진 데이터 활용 방식

해설
빅데이터의 가치는 기존에 없던 새로운 가치 창출, 분석 기술의 발전, 다양해진 데이터 활용 방식 등으로 인해 정확한 금액이나 효과를 산정하기 어렵게 되었다.

10 다음 중 빅데이터의 위기 요인과 그에 대한 통제 방안이 알맞게 짝지어진 것은 무엇인가?

> (가) 사생활 침해 – 동의에서 책임으로
> (나) 책임 원칙 훼손 – 결과 기반 책임 원칙 고수
> (다) 데이터 오용 – 알고리즘 접근 제한

① (가), (다)
② (나), (다)
③ (가), (나)
④ (가), (나), (다)

해설
데이터 오용을 막기 위해 알고리즘 접근을 제한하는 것은 적절한 해결책이 아니다. 오히려 알고리즘 접근을 허용함으로써 투명성과 공정성을 확보하는 방안이 더 적절하다.

2과목 > 데이터 분석 기획

11 다음 중 상향식 접근방법에 대한 설명으로 가장 적절하지 않은 것은 무엇인가?

① 분석 대상을 모를 경우 데이터를 기반으로 문제를 정의하고 해결 방법을 찾아가는 방식이다.
② 사물을 그대로 인식하는 'What'의 관점에서 데이터를 탐색한다.
③ 데이터를 분석하는 과정에서 문제를 찾아내고 해결책을 도출하는 방식이다.
④ 일반적으로 지도 학습을 활용한다.

해설
상향식 접근방법은 분석 대상을 미리 정의하지 않고 데이터를 기반으로 문제를 탐색하고 해결책을 도출하는 방식이다. 이는 탐색적 데이터 분석(EDA)에 자주 사용되며 비지도 학습이 주로 활용된다.

12 다음 중 분석 거버넌스 체계의 구성요소로 가장 적절하지 않은 것은 무엇인가?

① 조직
② 비용
③ 데이터
④ 시스템

해설
분석 거버넌스는 조직 내에서 데이터를 효과적으로 활용하고 분석 프로세스를 관리하기 위한 체계를 의미한다. 이는 조직, 데이터, 시스템, 프로세스, 교육 등의 요소로 구성되며 기업이 데이터 기반 의사결정을 효과적으로 수행할 수 있도록 지원한다.

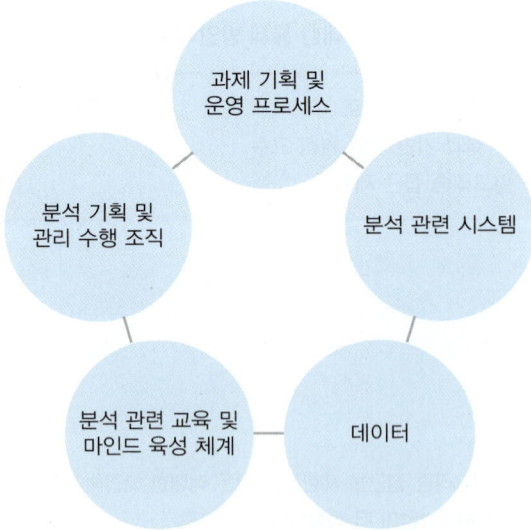

13 다음 설명은 KDD 분석 방법론의 프로세스 중 어느 단계에 해당하는지 고르시오.

> 선택된 데이터를 분석에 적합한 상태로 만드는 과정이다. 데이터셋에 포함된 잡음, 이상값, 결측치 등을 식별하고 필요시 제거하거나 의미 있는 데이터로 대체하여 데이터의 질을 향상시킴으로써 분석 결과의 신뢰성을 높인다.

① 데이터 전처리
② 데이터 변환
③ 데이터 마이닝
④ 모델링

해설

문제의 설명은 데이터 전처리 과정에 해당한다.

KDD(Knowledge Discovery in Databases) 분석 방법론
데이터에서 유용한 지식을 추출하는 일련의 과정을 의미하며, 다음과 같은 주요 단계를 포함한다.
- 데이터셋 선택
- 데이터 전처리
- 데이터 변환
- 데이터 마이닝
- 데이터 마이닝 결과 평가

14 다음 중 데이터 분석 기획에서 위험을 체계적으로 관리하기 위해 사용하는 방법으로 가장 적절하지 않은 것은 무엇인가?

① 회피
② 전이
③ 완화
④ 제거

해설

데이터 분석 기획에서는 예측할 수 없는 위험을 효과적으로 관리하고 프로젝트의 안정성을 확보하는 것이 중요하다. 이를 위해 일반적으로 위험 관리 전략을 적용하며 대표적인 방법으로 회피, 전이, 완화, 수용 등이 있다.

회피	위험이 발생할 가능성이 높은 경우, 해당 위험을 초래하는 작업 자체를 수행하지 않는 방법 예 법적 규제가 복잡한 데이터를 활용하려 했으나, 문제가 발생할 가능성이 높아 해당 데이터를 사용하지 않기로 결정
전이	위험을 외부 기관 등 다른 주체에게 이전(보험 가입, 외주 계약 등)하는 방법 예 데이터 보안 사고 발생 시 보상 부담을 줄이기 위해 사이버 보험에 가입하거나 클라우드 보안 관리를 전문 업체에 위탁
완화	위험이 발생할 가능성을 줄이거나 발생 시 피해를 최소화하는 방법 예 데이터 품질 문제를 방지하기 위해 데이터 검증 및 정제 프로세스를 추가
수용	위험을 받아들이고 피해에 대비하는 방법 예 AI 모델의 예측 정확도가 100%가 아니더라도, 실용적으로 충분한 수준이라면 그대로 사용

15 다음 중 분석 대상을 알고 있지만 분석 방법을 모르는 경우 분석 주제 유형으로 가장 적절한 것은 무엇인가?

① 탐색
② 최적화
③ 솔루션
④ 통찰

해설

데이터 분석 주제 유형은 분석 목표에 따라 탐색, 최적화, 솔루션, 통찰로 나뉜다.

정답 15 ③

16 다음 중 기업에서 활용하는 분석 업무 및 분석 기법 등은 부족한 상태지만 조직 및 인력 등 준비도가 높은 유형으로 바로 데이터 분석 도입이 가능한 유형은 무엇인가?

① 준비형
② 도입형
③ 정착형
④ 확산형

해설

기업이 데이터 분석을 활용하는 수준은 준비도(조직, 인력)와 분석 역량(기법, 업무 활용도)에 따라 구분할 수 있다.

준비형	• 낮은 준비도, 낮은 성숙도 수준의 기업 • 분석을 위한 데이터, 조직 및 인력, 분석 업무, 분석 기법 등이 적용되지 않아 사전 준비가 필요
정착형	• 낮은 준비도, 높은 성숙도 수준의 기업 • 준비도는 낮은 편이지만 조직, 인력, 분석 업무, 분석 기법 등을 기업 내부에서 제한적으로 사용하고 있으며 우선적으로 분석의 정착이 필요
도입형	• 높은 준비도, 낮은 성숙도 수준의 기업 • 기업에서 활용하는 분석 업무 및 분석 기법 등은 부족한 상태지만 조직 및 인력 등 준비도가 높은 유형으로 바로 데이터 분석 도입 가능
확산형	• 높은 준비도, 높은 성숙도 수준의 기업 • 데이터 분석을 위해 기업에 필요한 6가지 분석 구성요소를 모두 갖추고 있으며 현재 부분적으로 도입하여 지속적인 확산 가능

17 분석 프로젝트 관리 영역 중 다음 내용에 해당하는 것으로 가장 적절한 것은 무엇인가?

> 새로운 분석 모델의 PoC(개념 검증) 단계에서 우리 조직이 자체적으로 구축하기 어려운 대규모 연산용 클라우드 인프라(예 AWS, Azure, Google Cloud 등)의 도입을 검토하고, 필요한 전문 기술 솔루션이나 외부 데이터 셋을 확보하기 위한 공급업체 선정 및 계약 절차를 진행해야 한다.

① 조달
② 의사소통
③ 원가
④ 범위

해설

조달 관리는 프로젝트 수행을 위해 외부에서 필요한 자원(제품, 서비스, 인프라 등)을 확보하고 계약을 관리하는 과정이다. PoC(개념 검증) 단계에서는 외부 클라우드 인프라(AWS, Azure, Google Cloud 등)의 활용 가능성을 검토하여 적절한 기술과 서비스를 선택해야 한다. 따라서, 외부 소싱과 클라우드 인프라 검토는 조달 관리의 주요 역할에 해당한다.

18 다음 중 데이터 분석 과제의 단계별 구현 로드맵 중 분석 유효성 검증 단계에서 수행해야 하는 과제로 가장 적절한 것은 무엇인가?

① 분석 과제 정의
② 파일럿 테스트
③ 마스터플랜 수립
④ 시스템 고도화

해설
파일럿 테스트는 분석 유효성 검증 단계에서 수행해야 하는 핵심 과제로, 소규모 데이터를 활용하여 설정한 분석 모델이 실제로 효과적인지 실험적으로 검증하는 과정이다.

19 다음 중 하향식 접근법의 문제 탐색 방식 중 유사 업계 벤치마킹을 통해 분석 기회를 발굴하는 방식을 무엇이라고 하는가?

① 비즈니스 모델
② 고객 니즈 분석
③ 외부 참조 모델
④ 거시적 관점 탐색

해설
하향식 접근법은 먼저 문제를 정의한 후 이를 해결하기 위한 데이터를 탐색하는 방식이다. 이 과정에서 유사 업계의 벤치마킹을 통해 분석 기회를 발굴하는 방법을 외부 참조 모델이라고 한다.

20 다음 중 분석 조직에 대한 설명으로 가장 적절하지 않은 것은 무엇인가?

① 다양한 분석 과제를 발굴한다.
② 데이터 수집, 정제, 분석 등의 기술적 작업을 수행한다.
③ 분석 결과를 해석하고 인사이트를 도출한다.
④ 분석 결과를 기반으로 최종 의사결정을 내린다.

해설
분석 조직은 기업 내에서 데이터를 수집하고 분석하여 인사이트를 제공하는 역할을 하지만, 최종 의사결정을 내리는 조직은 아니다.

3과목 데이터분석

21 다음 중 거리 측도 방법에 대한 설명으로 가장 적절하지 않은 것은 무엇인가?

① 체비셰프 거리는 두 데이터 사이 최장 거리를 측정하는 방식이다.
② 유클리드 거리는 두 데이터 사이의 직선거리를 측정하는 방식이다.
③ 맨해튼 거리는 두 데이터 사이 최단 거리를 측정하는 방식이다.
④ 민코프스키 거리는 유클리드 거리와 맨해튼 거리를 일반화한 거리 측정 방식이다.

해설
맨해튼 거리는 최단 거리가 아니라 축을 따라 이동하는 총 거리(격자형 거리)를 측정하는 방식이다.

22 선형회귀분석이 충족해야 할 가정 중 독립변수의 값에 상관없이 오차의 분산이 일정해야 한다는 가정을 무엇이라고 하는가?

① 정규성
② 비상관성
③ 등분산성
④ 독립성

해설
등분산성은 독립변수(X)의 값과 관계없이 오차의 분산이 일정해야 한다는 가정으로, 등분산성이 만족되지 않으면 잔차의 크기가 독립변수에 따라 달라지는 문제가 발생할 수 있다.

오답 Check
① 오차가 정규분포를 따라야 한다는 가정이다.
② 오차들 간에 강한 상관관계가 없어야 한다는 가정이다.
④ 독립변수(X)의 값에 상관없이 오차들이 서로 독립적이어야 한다는 가정이다.

정답 21 ③ 22 ③

23 다음 중 군집분석에 대한 설명으로 가장 적절하지 않은 것은 무엇인가?

① 계층적 군집분석은 군집의 개수를 사전에 설정해야 한다.
② 계층적 군집분석의 결과를 덴드로그램으로 시각화할 수 있다.
③ 데이터 간의 유사성을 판단하기 위해 거리 측도가 사용된다.
④ 비지도 학습 기법 중 하나로 데이터를 유사한 특성을 가진 그룹끼리 묶는 데이터 분석 기법이다.

해설
계층적 군집분석은 군집의 개수를 미리 설정하지 않아도 된다. 데이터 간의 유사도를 기반으로 점진적으로 군집을 형성하거나 분할하는 방식을 사용하며 덴드로그램을 활용하여 최적의 군집 개수를 사후적으로 결정할 수 있다.

오답 Check
② 덴드로그램을 통해 데이터 간 유사도를 확인하고 최적의 군집 개수를 선택할 수 있다.
③ 대표적인 거리 측도로 유클리드 거리, 맨해튼 거리, 코사인 유사도가 있다.

24 다음 중 의사결정나무에 대한 설명으로 가장 적절하지 않은 것은 무엇인가?

① 트리가 성장할수록 불순도가 낮아진다.
② 가지치기를 통해 과소적합을 해결할 수 있다.
③ 분류 경계선에서 높은 오차를 갖는다.
④ 정지규칙을 통해 과적합을 해결할 수 있다.

해설
가지치기는 트리가 과도하게 성장하는 것을 방지하기 위해 불필요한 노드를 제거하는 과정으로 과적합에 대한 해결 방법이다.

오답 Check
① 의사결정나무는 트리가 성장하면서 데이터를 점점 더 세분화하여 결과적으로 각 노드에 포함된 데이터가 더 동질적인 상태가 됨으로써 불순도가 낮아진다.
④ 정지규칙을 설정하면 트리의 무분별한 성장을 막아 과적합을 해결할 수 있다.

25 단순히 대상을 이름이나 분류로 구분하는 것으로 성별이나 혈액형과 같은 자료를 측정하는 방법을 무엇이라고 하는가?

① 명목척도
② 서열척도
③ 등간척도
④ 비율측도

> **해설**
> 명목척도는 단순히 대상을 이름이나 분류로 구분하는 척도로 숫자가 부여되더라도 크기 비교나 연산이 불가능하다.

> **오답 Check**
> ② 대상을 순위나 등급으로 나타내는 것으로 선택 사항에 서열 관계 및 일정한 순서가 존재한다.
> ③ 수치 간의 차이가 일정한 간격으로 측정되지만, 절대적인 0점이 없다.
> ④ 등간척도의 모든 성질을 가지며, 절대적인 0점이 존재하는 것으로 수학적 계산이 가능하다.

26 다음 중 데이터 요약 항목에 대한 설명으로 가장 적절하지 않은 것은 무엇인가?

① 분산이란 데이터 값들이 평균에서 얼마나 떨어져 있는지를 나타낸 값이다.
② 백분위수는 데이터를 100개의 동일한 구간으로 나눈 값으로, 특정 백분위수에 해당하는 값보다 작은 데이터가 몇 % 있는지를 나타낸다.
③ 사분위수는 데이터를 네 부분으로 나누는 기준이 되는 값이다.
④ 중앙값이란 데이터를 크기 순서대로 정렬했을 때 가운데 있는 값으로 이상치에 영향을 많이 받는다.

> **해설**
> 중앙값이란 데이터를 크기 순서대로 정렬했을 때 가운데 있는 값으로 평균은 이상치에 영향을 많이 받지만 중앙값은 이상치에 영향을 거의 받지 않는다.

> **오답 Check**
> ② 백분위수는 데이터를 100개 구간으로 나누어 해당 값보다 작은 데이터의 비율을 나타내는 지표이다.
> ③ 사분위수는 데이터를 4등분하여 분포를 요약하는 지표이다.
> • Q1(제1사분위수) : 하위 25%에 해당하는 값
> • Q2(제2사분위수, 중앙값) : 하위 50%에 해당하는 값
> • Q3(제3사분위수) : 하위 75%에 해당하는 값

27 다음 중 앙상블 모형의 배깅에 대한 설명으로 가장 적절하지 않은 것은 무엇인가?

① 같은 데이터가 한 표본에 여러 번 추출될 수 있다.
② 모델이 병렬적으로 동작하므로 동시에 학습할 수 있다.
③ 모델 간의 분산을 줄이는 방식으로 과적합의 가능성이 높다.
④ 배깅의 대표적인 예로 랜덤 포레스트가 있다.

> **해 설**
> 배깅은 여러 개의 모델을 독립적으로 학습한 후 결과를 평균 내거나 투표 방식으로 결합하여 성능을 향상시키는 앙상블 학습 기법으로, 모델의 분산을 줄여 과적합을 방지하는 효과가 있다.

> **오답 Check**
> ① 배깅은 복원 추출 방식으로 여러 개의 표본을 생성하기 때문에 같은 데이터가 여러 개의 표본에서 중복해서 추출될 가능성이 있다.
> ② 배깅은 각 모델이 독립적으로 학습되므로 병렬 처리가 가능하여 계산 속도를 개선할 수 있다.

28 결측값 대치 방법 중 완전 분석법에 대한 설명으로 가장 적절하지 않은 것은 무엇인가?

① 결측값이 존재하는 행이나 열을 삭제하는 방법이다.
② 결측값이 많다면 데이터 손실이 발생할 수 있다.
③ 결측값을 그대로 둘 경우 분석 결과가 왜곡될 수 있다.
④ 결측값을 변수의 평균값으로 대체하는 방법이다.

> **해 설**
> 완전 분석법은 결측값이 포함된 행이나 열을 삭제하는 방법이다.

29 다음 중 상관계수에 대한 설명으로 가장 적절하지 않은 것은 무엇인가?

① 상관계수가 0이면 두 변수는 독립성을 가진다.
② 상관계수는 두 변수 간 선형 관계의 강도를 나타낸다.
③ 상관계수의 절댓값이 1에 가까울수록 두 변수 간의 선형 관계가 강하다.
④ 상관계수는 −1과 1 사이의 값을 갖는다.

> **해 설**
>
> 상관계수는 두 변수 간 선형적 관계의 정도를 측정하는 값으로 −1에서 1 사이의 값을 가지며 0에 가까울수록 선형 관계가 약하다.
> - $r=1$ → 완벽한 양의 선형 관계
> - $r=-1$ → 완벽한 음의 선형 관계
> - $r=0$ → 선형 관계가 없음
>
> 독립성은 선형 관계가 없는 것보다 훨씬 더 강한 조건으로, 모든 형태의 관계가 없어야 한다. 예를 들어, $Y = X^2$처럼 곡선 관계일 경우 상관계수는 0이지만 두 변수는 완전히 독립적이지 않다.

30 다음 중 시계열분석에 대한 설명으로 가장 적절하지 않은 것은 무엇인가?

① 자기회귀(AR) 모형은 자기상관성이 높은 데이터에서 유용하다.
② 부분자기상관함수(PACF)는 시차가 증가함에 따라 증가하는 그래프를 나타낸다.
③ 자기회귀(AR) 모형은 과거 데이터 자체가 현재 값을 결정하는 주요 요인이라고 가정한다.
④ 자기상관함수(ACF)는 빠르게 감소하는 형태의 그래프를 나타낸다.

> **해 설**
>
> 부분자기상관함수(PACF)는 특정 시차에서의 직접적인 상관관계를 측정하며 일반적으로 특정 시차 이후에는 급격히 감소하는 형태를 나타낸다.
>
> **시계열분석**
> 데이터가 시간의 흐름에 따라 변화하는 패턴을 분석하는 기법이다. 대표적인 시계열 모델로는 자기회귀(AR), 이동평균(MA), 자기회귀누적이동평균(ARIMA) 모형 등이 있다.
>
> **오답 Check**
> ① 자기회귀(AR) 모형은 과거의 데이터가 현재 값을 결정하는 중요한 요인이라고 가정하는 모델로, 자기상관성이 높은 데이터(즉, 과거 값과 현재 값이 강한 연관성을 가짐)에 효과적이다.
> ③ 자기회귀(AR) 모형은 현재 값이 과거 값의 선형 결합으로 표현될 수 있다고 가정하는 모델이다.
> ④ 자기상관함수(ACF)는 시차(Lag)가 증가할수록 과거 값과의 상관관계를 나타내는 함수로, 일반적으로 ACF는 시차가 증가할수록 빠르게 감소하는 형태를 보인다.

31 다음 중 Cook's Distance에 대한 설명으로 가장 적절한 것은 무엇인가?

① 잔차값이 클수록 항상 Cook's Distance 값도 커진다.
② Cook's Distance 값이 작은 데이터 포인트는 이상치일 가능성이 높다.
③ 개별 데이터 포인트가 모델에 미치는 영향을 측정하는 지표이다.
④ 회귀분석에서 종속변수와 독립변수 간의 다중공선성을 측정하는 지표이다.

해설
Cook's Distance는 회귀분석에서 각 데이터 포인트가 회귀모델에 얼마나 큰 영향을 미치는지를 평가하는 지표이다. 즉, 특정 데이터가 회귀계수에 미치는 영향이 큰지를 판단하는 데 사용되며, 값이 클수록 해당 데이터가 회귀모델을 왜곡할 가능성이 높다.

32 다음 중 다중공선성에 대한 설명으로 가장 적절한 것은 무엇인가?

① 다중공선성이 존재하면 독립변수 간 상관관계가 낮아진다.
② 다중공선성이 높을수록 회귀분석의 설명력이 증가한다.
③ 다중공선성은 회귀계수의 표준오차를 증가시켜 계수의 정확한 추정을 어렵게 한다.
④ VIF 값이 작을수록 다중공선성이 심각하다고 볼 수 있다.

해설
다중공선성은 회귀분석에서 독립변수들 간의 상관관계가 높아져 회귀계수의 신뢰성이 떨어지는 문제를 의미한다. 다중공선성이 존재하면 회귀계수의 표준오차가 증가하여 계수를 정확하게 추정하기 어려워지고 변수의 유의성이 왜곡될 수 있다.

오답 Check
① 다중공선성은 독립변수들 간의 상관관계가 높을 때 발생하는 문제이다.
② 다중공선성이 높으면 모델의 회귀계수 추정이 불안정해지고 예측력이 저하될 가능성이 높다.
④ VIF(분산 팽창 계수)는 다중공선성을 측정하는 지표로 VIF 값이 클수록 다중공선성이 심각한 상태를 의미한다(일반적으로 VIF > 10이면 다중공선성이 높다고 판단).

정답 31 ③ 32 ③

33 다음 중 단계별 변수 선택 방법에 대한 설명으로 가장 적절하지 않은 것은 무엇인가?

① 라쏘 회귀는 L2 규제를 사용하여 변수 선택을 수행한다.
② 단계적 선택법은 전진 선택법과 후진 제거법을 결합한 방법이다.
③ 전진 선택법은 처음에는 변수를 포함하지 않고 하나씩 추가하며 모델을 최적화한다.
④ 엘라스틱넷은 라쏘 모형과 릿지 모형의 장점을 적절히 결합한 모델이다.

해설

라쏘 회귀는 L1 규제를 사용하여 변수 선택을 수행한다.

변수 선택 방법

회귀분석에서 모델의 성능을 높이고 해석력을 향상시키기 위해 중요한 변수를 선택하는 기법이다. 대표적인 방법으로 전진 선택법, 후진 제거법, 단계적 선택법 등이 있다.

34 R의 기본 데이터셋인 Orange를 사용하여 나무의 수령과 둘레를 확인한 결과이다. 다음 중 이 데이터에 대한 설명으로 가장 적절하지 않은 것은 무엇인가?

```
> head(Orange)
  Tree  age circumference
1   1   118           30
2   1   484           58
3   1   664           87
4   1  1004          115
5   1  1231          120
6   1  1372          142
> summary(Orange)
 Tree        age         circumference
 3:7   Min.   : 118.0   Min.   : 30.0
 1:7   1st Qu.: 484.0   1st Qu.: 65.5
 5:7   Median :1004.0   Median :115.0
 2:7   Mean   : 922.1   Mean   :115.9
 4:7   3rd Qu.:1372.0   3rd Qu.:161.5
       Max.   :1582.0   Max.   :214.0
```

① 수령의 평균은 922.1이다.
② 나무 둘레의 최댓값은 214이다.
③ 관측 데이터는 6개이다.
④ 나무의 50%는 수령이 1004 이상이다.

해설

head(Orange) 함수는 데이터의 첫 6개 행만 보여주는 것으로 실제 전체 데이터 개수는 더 많다(수령과 둘레의 Max 값이 위 6개 데이터 중에 없는 값인 것으로 보아 데이터가 더 있는 것으로 판단).

정답 33 ① 34 ③

35 다음 중 의사결정나무에서 분리 기준이 되는 지니 지수에 대한 설명으로 가장 적절한 것은 무엇인가?

① 지니 지수는 데이터의 불확실성을 측정하는 지표로 값이 클수록 순수도가 높아진다.
② 지니 지수가 0이면 데이터가 한 가지 클래스로만 구성되었다는 의미이다.
③ 지니 지수는 값이 1에 가까울수록 노드가 순수한 상태임을 의미한다.
④ 지니 지수는 C4.5 알고리즘에서 주로 사용된다.

> **해설**
> 지니 지수는 의사결정나무에서 데이터의 불순도를 측정하는 지표로 CART 알고리즘에서 노드를 분할하는 기준으로 사용된다. 지니 지수 값이 작을수록 노드의 순수도가 높고, 0이면 완전히 한 가지 클래스만 포함된 상태를 의미한다.

36 다음 거래 데이터를 활용하여 '와인 → 치즈' 연관규칙의 지지도와 신뢰도를 계산한 값으로 알맞은 것을 고르시오.

거래 건수	상품 목록
3	와인, 치즈, 빵
2	와인, 과일
4	치즈, 빵, 과일
5	와인, 치즈
1	빵, 과일
3	와인, 치즈, 과일

① 지지도 = 11/18, 신뢰도 = 11/13
② 지지도 = 11/18, 신뢰도 = 11/15
③ 지지도 = 10/18, 신뢰도 = 10/13
④ 지지도 = 10/18, 신뢰도 = 10/15

> **해설**
> 지지도 $= \dfrac{\text{와인과 치즈가 함께 거래된 수}}{\text{전체 거래 수}} = \dfrac{11}{18}$
> 신뢰도 $= \dfrac{\text{와인과 치즈가 함께 거래된 수}}{\text{와인이 포함된 거래 수}} = \dfrac{11}{13}$

37 다음 중 계층적 군집분석에 대한 설명으로 가장 적절하지 않은 것은 무엇인가?

① 군집 간 거리를 측정하는 방법으로 단일 연결법, 완전 연결법, 평균 연결법 등이 있다.
② 덴드로그램을 활용하여 군집화 과정을 시각적으로 표현할 수 있다.
③ 하나의 개체가 두 개 이상의 군집에 할당될 수 있다.
④ 군집의 개수를 사전에 설정하지 않고 분석을 수행할 수 있다.

> 해 설

계층적 군집분석에서는 개체가 중복될 수 없으며 각 개체는 오직 하나의 군집에만 속한다.

계층적 군집분석
데이터들을 계층적으로 병합하거나 분할하면서 군집을 형성하는 방법이다. 이 방법은 군집의 개수를 사전에 설정할 필요가 없으며 덴드로그램(Dendrogram)을 통해 군집의 구조를 시각적으로 확인할 수 있다.

38 다음 중 모수 검정과 비모수 검정에 대한 설명으로 가장 적절하지 않은 것은 무엇인가?

① 모수 검정에는 $t-$검정, ANOVA가 있다.
② 비모수 검정은 데이터가 정규분포를 따르지 않을 때 유용하다.
③ 비모수 검정에는 부호 검정, 윌콕슨 순위합 검정이 있다.
④ 모수 검정은 모집단 분포에 대해 아무런 가정을 하지 않고 데이터를 분석하는 방법이다.

> 해 설

모수 검정(Parametric Test)과 비모수 검정(Non-Parametric Test)은 통계적 가설검정에서 사용되는 두 가지 주요 방법이다.

모수 검정	모집단이 특정한 분포(예 정규분포)를 따른다는 가정을 기반으로 평균, 분산 등의 모수를 이용하여 가설을 검정하는 방법
비모수 검정	모집단의 분포를 가정하지 않고 순위나 범주형 데이터를 이용하여 분석하는 방법으로, 특히 작은 표본이나 정규성을 만족하지 않는 데이터에 유용

39 의사결정나무에서 지니 지수(Gini Index)는 불순도를 측정하는 지표로 특정 노드 내 데이터가 얼마나 균일한지를 나타낸다. 다음 중 지니 지수를 활용하는 알고리즘은 무엇인가?

① CHAID
② CART
③ C4.5
④ C5.0

해 설

의사결정나무(Decision Tree)는 데이터를 분류하거나 회귀분석을 수행하는 데 사용되는 기법이며, 분할 기준으로 지니 지수(Gini Index) 또는 엔트로피(Entropy)를 활용할 수 있다. 이 중 CART(Classification and Regression Tree) 알고리즘은 지니 지수(Gini Index)를 활용하여 데이터를 분할하는 대표적인 방법이다.

오답 Check

① CHAID 알고리즘은 카이제곱 검정을 이용하여 데이터를 분할하는 의사결정나무 알고리즘이다.
③ C4.5 알고리즘은 엔트로피를 활용하여 데이터를 분할하는 알고리즘이다.
④ C5.0 알고리즘은 엔트로피를 활용하여 데이터를 분할하는 알고리즘이다.

40 다음 중 로지스틱 회귀분석에 대한 설명으로 가장 적절하지 않은 것은 무엇인가?

① 독립변수의 변환 없이 직관적으로 해석할 수 있다.
② 로지스틱 회귀분석의 종속변수는 범주형이다.
③ 결괏값을 확률로 변환하여 0과 1 사이로 유지한다.
④ 오즈(Odds), 로짓(Logit) 변환, 시그모이드 등의 알고리즘을 활용한다.

해 설

로지스틱 회귀분석은 종속변수가 범주형인 경우 사용되는 회귀분석 기법으로, 결괏값을 확률로 변환하여 0과 1 사이로 유지하는 특징이 있다. 그러나 독립변수의 계수(β)는 로짓 변환을 거치므로 직관적으로 해석하기 어렵고 오즈비 개념을 활용해야 한다.

오답 Check

③ 로지스틱 회귀는 시그모이드(Sigmoid) 함수를 사용하여 예측값을 확률로 변환하며 이 값은 항상 0과 1 사이로 유지된다.
④ 오즈(Odds)는 사건이 발생할 확률과 발생하지 않을 확률의 비율이며, 로짓(Logit) 변환은 오즈에 로그(Log) 변환을 적용하여 선형회귀 형태로 변환하는 것이다. 시그모이드(Sigmoid) 함수는 결괏값을 확률(0~1)로 변환하는 역할을 한다.

41 다음 중 다차원 척도법에 대한 설명으로 가장 적절하지 않은 것은 무엇인가?

① 고차원 데이터를 저차원 공간에 시각적으로 표현하는 기법이다.
② 데이터 간의 상대적 거리를 완벽하게 보존하는 분석 기법이다.
③ 유사성 또는 거리 행렬을 기반으로 개체 간의 상대적 위치를 찾는다.
④ 주어진 거리 데이터를 바탕으로 개체들을 2차원 또는 3차원 공간에 배치할 수 있다.

해설
다차원 척도법(MDS)은 개체 간의 거리 또는 유사도를 기반으로 고차원 데이터를 저차원 공간에 배치하는 기법이다. 그러나 MDS는 모든 상대적 거리를 완벽하게 보존하지 못하며 근사적으로 표현하는 방법을 사용한다.

42 다음 중 시계열분석에 대한 설명으로 가장 적절하지 않은 것은 무엇인가?

① 이동평균법은 일정 기간의 데이터를 평균 내어 변동성을 줄이고 추세를 파악하는 기법이다.
② 자기회귀 모형은 과거의 데이터가 현재 값을 결정하는 주요 요인이라고 가정한다.
③ 지수평활법은 모든 과거 데이터를 동일한 가중치로 반영하여 미래를 예측하는 통계 기법이다.
④ 시계열 데이터가 정상성을 만족하지 않을 경우 차분이나 변환을 적용할 수 있다.

해설
시계열분석은 시간의 흐름에 따라 변화하는 데이터를 분석하고 미래 값을 예측하는 통계적 기법이며, 지수평활법은 최근 데이터에 더 큰 가중치를 부여하여 미래를 예측하는 기법이다.

43 다음 중 인공신경망 모형에서 은닉층의 수가 너무 적을 경우에 대한 설명으로 가장 적절한 것은 무엇인가?

① 모델이 너무 복잡해져 과적합이 발생할 가능성이 높아진다.
② 단순한 모델이 되어 복잡한 패턴을 학습하기 어렵고 표현력이 제한된다.
③ 계산량이 증가하고 학습 속도가 느려질 가능성이 높다.
④ 은닉층의 수가 적을수록 더 깊은 특징을 학습할 수 있어 성능이 향상된다.

해설
인공신경망에서 은닉층의 수는 모델의 학습 능력과 직접적인 관계가 있다. 은닉층이 너무 적으면 단순한 모델이 되어 복잡한 패턴을 학습하기 어렵고 표현력이 제한되며 이로 인해 모델의 성능이 저하되고 과소적합이 발생할 가능성이 높다.

44. 다음 오분류표에서 재현율을 구하는 식으로 가장 적절한 것은 무엇인가?

구분		예측치	
		True	False
실젯값	True	TP	FN
	False	FP	TN

① TN/(FP + TN)
② TP/(TP + FP)
③ TN/(FN + TN)
④ TP/(TP + FN)

해설

오분류표는 모델의 예측 성능을 평가하는 데 사용되며 재현율은 실제 양성(Positive) 샘플 중에서 모델이 올바르게 예측한 비율을 의미한다.
- TP(True Positive, 진양성) : 실젯값이 True이며 예측도 True인 경우
- FN(False Negative, 거짓 음성) : 실젯값이 True지만 예측이 False인 경우

$$재현율 = \frac{TP}{TP+FN}$$

45. 다음 중 연관분석에 대한 설명으로 가장 적절하지 않은 것은 무엇인가?

① 연관분석은 데이터 내 항목 간의 관계를 탐색하는 기법으로 주로 장바구니 분석에 활용된다.
② 신뢰도는 특정 항목이 주어졌을 때 다른 항목이 함께 나타날 확률을 의미한다.
③ A와 B가 서로 연관성이 없는 독립적인 관계일 경우 지지도가 1이다.
④ 향상도 값이 1보다 크면 두 항목 간의 연관성이 양의 관계를 가지며 1보다 작으면 음의 관계를 가진다.

해설

지지도는 특정 항목들이 함께 등장하는 비율이므로 독립적인 관계일 경우 지지도는 1이 아니라 낮은 값이 나오며 향상도 값이 1이 된다.

46. 다음 중 회귀분석의 자유도에 대한 설명으로 가장 적절하지 않은 것은 무엇인가?

① 단순선형회귀에서 회귀식의 자유도는 1이다.
② 단순선형회귀에서 오차의 자유도는 $n-2$이다.
③ 다중선형회귀에서 전체 자유도는 $n-1$이다.
④ 다중선형회귀에서 오차의 자유도는 $n-k$이다.

해설

다중선형회귀의 오차 자유도는 $n-k-1$이다.

47 다음 중 결측값에 대한 설명으로 가장 적절하지 않은 것은 무엇인가?

① 결측값이 많으면 데이터 분석의 신뢰성이 낮아질 수 있다.
② 결측값은 데이터 분석 속도에 영향을 주지 않는다.
③ R에서 is.na 코드로 결측값을 확인할 수 있다.
④ 다중 대치법은 결측값 대치, 분석, 결합의 단계를 거치게 된다.

> 해 설

결측값이란 데이터에서 값이 누락된 경우를 의미하며 입력 오류, 센서 오작동, 응답자의 응답 누락 등 다양한 원인으로 발생한다. 결측값을 제대로 처리하지 않으면 데이터 분석의 신뢰도가 낮아지고 알고리즘 성능이 저하될 수 있다.

48 다음은 R의 USArrests 데이터셋에 대한 요약 결과이다. 변수 Murder의 이상치 범위를 구하려고 한다. 이상치를 판단하는 기준으로 IQR을 사용할 때 Murder 변수의 이상치 범위로 가장 적절한 것은?

```
> summary(USArrests)
     Murder          Assault         UrbanPop          Rape
 Min.   : 0.800   Min.   : 45.0   Min.   :32.00   Min.   : 7.30
 1st Qu.: 4.075   1st Qu.:109.0   1st Qu.:54.50   1st Qu.:15.07
 Median : 7.250   Median :159.0   Median :66.00   Median :20.10
 Mean   : 7.788   Mean   :170.8   Mean   :65.54   Mean   :21.23
 3rd Qu.:11.250   3rd Qu.:249.0   3rd Qu.:77.75   3rd Qu.:26.18
 Max.   :17.400   Max.   :337.0   Max.   :91.00   Max.   :46.00
```

① $(-\infty, -6.688) \cup (22.013, \infty)$
② $(-\infty, 0.800) \cup (17.400, \infty)$
③ $(-\infty, -1.662) \cup (17.394, \infty)$
④ $(-\infty, -3.406) \cup (18.731, \infty)$

> 해 설

이상치는 사분위 범위(IQR)를 이용하여 다음 공식을 통해 계산한다.

IQR = Q3 − Q1
하한값 = Q1 − 1.5 × IQR
상한값 = Q3 + 1.5 × IQR

사분위수 정보

Q1(1사분위수) : 4.075
Q3(3사분위수) : 11.250
IQR = Q3−Q1 = 11.250 − 4.075 = 7.175

이상치 경계값 계산

하한값(Lower Bound) Q1 − 1.5 × IQR = 4.075 − 10.7625 = −6.688
상한값(Upper Bound) Q3 + 1.5 × IQR = 11.250 + 10.7625 = 22.013

기호 설명

- ∞(무한대) : 끝이 없는 큰 수를 의미
- ∪(합집합) : 두 집합을 합친다는 의미

→ (−∞, −6.688)과 (22.013, ∞) 둘 중 하나라도 속하면 이상치로 간주

정답 47 ② 48 ①

49 ARIMA는 비정상 시계열 모형이므로 차분이나 변환을 적용하여 AR, MA, ARMA 모형으로 정상화할 수 있다. ARIMA(2, 3, 1) 모형에서 차분의 횟수는 몇 회인가?

① 2회
② 3회
③ 1회
④ 6회

해설 ARIMA(p, d, q) 모형의 구성요소
- p(자기회귀 차수, AR) : 과거 값이 현재 값에 영향을 주는 정도
- d(차분 횟수) : 비정상성을 제거하기 위해 수행한 차분의 횟수
- q(이동평균 차수, MA) : 과거 오차가 현재 값에 영향을 주는 정도

문제에서 주어진 ARIMA(2, 3, 1) 모형에서 차분 횟수(d)는 3이므로 이 시계열 데이터를 정상 시계열로 만들기 위해 3번의 차분을 수행해야 한다.

50 다음은 R의 cars 데이터셋을 이용하여 속도(Speed)와 제동거리(Dist) 간의 관계를 단순 회귀분석으로 추정한 결과이다. 주어진 회귀분석 결과에 대한 설명 중 가장 적절하지 않은 것은 무엇인가?

```
> summary(lm(dist~speed,data=cars))
Call:
lm(formula = dist ~ speed, data = cars)
Residuals:
    Min      1Q  Median      3Q     Max
-29.069  -9.525  -2.272   9.215  43.201
Coefficients:
            Estimate Std. Error t value Pr(>|t|)
(Intercept) -17.5791     6.7584  -2.601   0.0123 *
speed         3.9324     0.4155   9.464 1.49e-12 ***
---
Signif. codes:  0 '***' 0.001 '**' 0.01 '*' 0.05 '.' 0.1 ' ' 1
Residual standard error: 15.38 on 48 degrees of freedom
Multiple R-squared:  0.6511,    Adjusted R-squared:  0.6438
F-statistic: 89.57 on 1 and 48 DF,  p-value: 1.49e-12
```

① 회귀식은 $\widehat{dist} = -17.5791 + 3.9324 \times speed$이다.
② 속도(Speed) 변수의 p-value가 유의수준 0.05보다 작으므로 제동거리(Dist)에 유의미한 영향을 준다고 볼 수 있다.
③ 결정계수가 0.65이므로 모델이 데이터를 완벽하게 설명한다고 볼 수 있다.
④ 속도가 1 증가할 때 제동거리는 약 3.93만큼 증가하는 경향을 보인다.

해설 Multiple R-squared = 0.6511($\approx$ 65.1%)
결정계수는 종속변수(Dist)의 변동을 독립변수(Speed)가 얼마나 설명하는지를 나타낸다. 결정계수(R^2)가 0.65라는 것은 속도(Speed)가 제동거리(Dist)의 변동을 약 65% 설명한다는 의미이고, 이는 100% 설명하는 것이 아니므로 데이터 내에서 설명되지 않는 다른 요인(예) 도로 상태, 차량 무게 등)도 영향을 미칠 수 있다.

교육은 많은 책을 필요로 하고,
지혜는 많은 시간을 필요로 한다.

— 레프 톨스토이 —

교육이란 사람이 학교에서 배운 것을
잊어버린 후에 남은 것을 말한다.

– 알버트 아인슈타인 –

좋은 책을 만드는 길, 독자님과 함께 하겠습니다.

유선배 데이터분석 준전문가 ADsP 합격노트

초 판 발 행	2025년 07월 25일 (인쇄 2025년 06월 05일)
발 행 인	박영일
책 임 편 집	이해욱
저 자	정미나
편 집 진 행	노윤재 · 최은서
표지디자인	김도연
편집디자인	홍영란 · 고현준
발 행 처	(주)시대고시기획
출 판 등 록	제10-1521호
주 소	서울시 마포구 큰우물로 75 [도화동 538 성지 B/D] 9F
전 화	1600-3600
팩 스	02-701-8823
홈 페 이 지	www.sdedu.co.kr
I S B N	979-11-383-9217-4 (13000)
정 가	28,000원

※ 이 책은 저작권법의 보호를 받는 저작물이므로 동영상 제작 및 무단전재와 배포를 금합니다.
※ 잘못된 책은 구입하신 서점에서 바꾸어 드립니다.

유선배 과외!

자격증 다 덤벼! 나랑 한판 붙자

- ✓ 혼자 하기 어려운 공부, 도움이 필요한 학생들!
- ✓ 체계적인 커리큘럼으로 공부하고 싶은 학생들!
- ✓ 열심히는 하는데 성적이 오르지 않는 학생들!

유튜브 **무료 강의** 제공
핵심 내용만 쏙쏙! 개념 이해 수업

[자격증 합격은 유선배와 함께!]

맡겨주시면 결과로 보여드리겠습니다.

| SQL개발자 (SQLD) | 데이터분석 준전문가 ADsP | 웹디자인 개발기능사 | 컴퓨터그래픽 기능사 | GTQ 포토샵 / GTQ 일러스트 | 경영정보시각화 능력 |

유튜브 선생님에게 배우는
유·선·배 시리즈!

▶ **유튜브** 동영상 강의 무료 제공

체계적인 커리큘럼의 온라인 강의를 무료로 듣고 싶어!

혼자 하기는 좀 어려운데… 이해하기 쉽게 설명해줄 선생님이 없을까?

문제에 적응이 잘 안 되는데 머리에 때려 박아주는 친절한 문제집은 없을까?

그래서 시대에듀가 준비했습니다!